《周礼》以八辟丽邦法，附刑罚，即八议也。自魏、晋、宋、齐、梁、陈、后魏、北齐、后周及隋皆载于律。

（唐）李林甫等
《唐六典·尚书刑部》
『八议』小注

中國法制通史

【第三卷】魏晋南北朝

总主编 张晋藩
本卷主编 乔伟
本卷副主编 陈汉生

中国法制出版社
CHINA LEGAL PUBLISHING HOUSE

撰稿人（以撰写章节为序）

陈汉生　绪言、第十一章、第十二章、第十三章

乔　伟　第一章、第二章、第三章

孙季萍　第四章、第五章、第六章

郭　建　第七章、第八章、第九章、第十章

CONTENTS

目录

绪　言

历史是前人走过的道路的总结。“前车之覆，后车之鉴”，研究历史的目的都是总结历史上的经验教训，指导当前的伟大斗争。我们研究中国法制史的目的，也是如此。

本书是国家“七五”规划哲学社会科学重点科研项目《中国法制通史》（十卷本）的第三卷。从断代史的角度来看，本书可以成为一部独立的专著；从通史的角度来看，它又是《中国法制通史》全书的一个组成部分。

本书的内容，具有时间跨度大和所涉及的朝代多两大特点：从时间上来看，自公元220年曹魏王朝建立之时起，到公元589年隋朝灭亡南陈统一中国时止，总共370年的时间；从朝代上来看，包括魏、蜀、吴、西晋、东晋、南宋、南齐、南梁、南陈和北魏、北齐、北周等封建政权以及与东晋对立的北方一些少数民族建立的地方政权的法律制度。这370年的时间，在中国封建社会的历史上是一个政治、经济大变动和民族大迁移时期。与此相适应，中国封建法律制度的各个方面也都发生了巨大的变化，为隋唐以后的封建法律制度走向成熟打下了基础。因此，魏晋南北朝时期的法律制度，在中国法律发达史上居于承前启后的重要地位。

但这一历史时期，由于战争连绵不断，国家处于分裂状态，政权又更迭频繁，历史上遗留下来的法律资料很不完整也很不系统，而一些研究中国法制史的专门著作对这一时期法律制度的叙述又十分简略，语焉不详。所以中国法律制度史研究中的这一重要历史时期，至今还基本上处于空白状态。正因为如此，我们在编写这一时期的法制史时，不得不从基础工作开始，首先要钻到古书堆中去“大海捞针”，搜集资料，然后再考证、梳理、分析、编纂，费时五年，修改数次，终于形成现在这样一部著作，虽然其中还有许多不妥当的地方，但作为拓荒者的一个初步成果，我们愿意本着“抛砖引玉”的心情献给读者，并恳切希望能得到专家、学者的批评指正。

全书由乔伟、陈汉生审核定稿。

在本书将面世之际，噩耗传来，主编乔伟教授不幸去世，哀哉！哀哉！记得那年在京研究分工撰编中国法制史多卷本，乔老师承领了“基本上处于空白状态”的本卷任务，他热情地邀请我担任副主编，共同完成这一艰巨的任务。

在研究编写体例时，他告诉我一定要全力以赴，把这块硬骨头啃下来，这也是作为他在中国法制史领域上留给后人的一个贡献。

为了编撰本书，他倾注了全力，亲自拟定大纲样式，并对各编的撰写提出宝贵修改意见。我俩沪鲁之间切磋不下几十次，经过五年时间，本书终于在法律出版社支持下得以出版。

谨以此书悼念乔伟教授！

第一章　曹魏政权的法律制度

东汉末年，经过黄巾农民大起义的有力打击，中央集权力量大大削弱，地方割据势力有了极大的发展。这些互相混战的武装集团，“山东大者连郡国，中者婴城邑，小者集阡陌，以还相吞灭”[①]。在长期兼并战争的过程中，曹操打败了袁绍，统一了北方，“挟天子以令诸侯”，在政治上取得了优势，并想乘胜统一全国。但赤壁大战曹操失败以后，刘备与孙权各自巩固了自己的地位，三国鼎立的局面遂告形成。公元 220 年，曹操死，子曹丕废汉献帝，自立为帝，国号魏，都洛阳。221 年，刘备在蜀称帝，国号汉，都成都。222 年，孙权称吴王，229 年正式称帝，国号吴，都建业（今江苏南京）。直到 280 年晋灭吴，三国并立的局面才告结束。

三国时期，国家分裂，战争频仍，社会经济与文化事业虽然有一定的发展，但却给人民带来了深重的灾难。残酷的军事斗争，不仅严重地破坏了社会生产力，而且加重了人民的各种负担，所以三国时期的社会矛盾和阶级斗争一直都十分尖锐。封建统治阶级为了镇压人民的反抗并打击和约束统治集团内部的异己势力，在加强军事机器的同时，还非常重视法制建设。中国封建专制主义的法律制度自秦汉统一并确立以来，到三国时期又有了重大的发展。以魏律为代表的三国时期的法律制度，不论其内容或形式，都发生了很大的变化，从而为两晋及隋唐以后建立完备的封建法律制度奠定了基础，因此，三国时期的法律制度在中国法制发展史上占有重要的地位。

---

① 《三国志・魏书・文帝纪》。

公元196年，曹操迁汉献帝都许昌，“奉天子以令不臣”，中央政权实际上落到了曹操的手中，汉献帝成为名副其实的傀儡。曹操名为汉相，实为汉主，是一个掌握实权但未加冕的皇帝。220年曹操死，子曹丕废汉献帝，自立为帝（文帝），正式建立魏朝，实际上是曹操统治的继续。中经明帝曹叡。齐王曹芳，高贵乡公曹髦，至陈留王曹奂，于265年被司马炎所废，曹魏政权遂告结束，实际存在的时间共六十九年。在三国之中，曹魏政权的法律制度在汉律的基础上又有较大的发展与变化，是比较完备的法律制度。

第一节　曹魏统治区的社会发展

曹魏政权虽然仅仅存在六十多年，但也经历了一个由盛到衰的发展过程。在曹氏集团的统治下，北方社会的经济、政治、军事与文化都有极大的发展，尽管他们自己没有完成统一中国的任务，但却为西晋王朝统一国家奠定了物质基础。

一、曹操的屯田政策与北方经济的恢复与发展

三国鼎立局面的形成，是豪强地主势力的兼并性与割据性的恶性发展。而在地方割据势力的混战中，又充分暴露出他们的野蛮性与破坏性，使社会生产力遭到空前的摧残。时人仲长统说：“名都空而不居，百里绝无民者，不可胜数。”[①] 广阔的中原地区变成一片荆棘丛生的荒野。故曹操有诗云：“白骨露于野，千里无鸡鸣。”充分刻画出当时的残破景象。

三国之中，曹魏政权占据中原，并跨有关中，自然条件比吴、蜀优越。但由于北方的经济遭到战争的严重破坏，曹操虽想统一中国，而人力与物

① 《后汉书·仲长统传》。

力的缺乏是他称雄天下的一大障碍。在这种情况下，曹操为了恢复和发展北方的经济，解决军粮不足与群众生活需要的问题，就吸取两汉在边疆屯田的成功经验，推行了屯田的制度，先在许昌地区取得经验以后，第二年便下令“州郡例置田官”，把屯田制度推广到其他地区，都取得了很好的效果。曹操在实行屯田的同时，还采取了安定自耕农，保护社会生产力的措施。他责成地方官吏大力招徕流民，帮助农民发展生产。自耕农有自己的土地和经济，有较其他劳动者为多的人身自由，因此他们的生产积极性较高。但由于自耕农的经济力量薄弱且不稳定，往往因封建国家的残酷剥削和地主豪强的兼并迫害而成批的破产和流亡。为了保护自耕农，曹操在攻克袁绍的根据地邺城后，于 204 年颁布了田租户调令，令曰：“有国有家者，不患寡而患不均，不患贫而患不安。袁氏之治也，使豪强擅恣，亲戚兼并，下民贫弱，代出租赋，衒鬻家财，不足应命；审配宗族，至乃藏匿罪人，为逋逃主。欲望百姓亲附，甲兵强盛，岂可得邪，其收田租亩四升，户出绢二匹、绵二斤而已……”[①] 这种按户征收粮、绵、绢的户调制，相对地减轻了农民的负担。曹操在颁布此令时还特别强调“他不得擅兴发”，即不准地方官再乱收苛捐杂税，并严禁“强民有所隐藏，而弱民兼赋也”。

应当指出，曹操的屯田政策及其他各项保护生产的措施，促进了北方经济的恢复和发展。据《晋书·食货志》载：“由于郡国例置田官，数年之中，所在积粟，仓廪皆满。”而到曹魏后期，“自寿春到京师，农官兵田，鸡犬之声，阡陌相属。每东南有事，大军出征，泛舟而下，达于江淮，资食有储”。昔日荒凉残破的局面已为繁荣富庶的景象所取代。至曹魏末年，官府控制的人口有户六十六万三千四百二十三，口四百四十三万二千八百六十一，比前大为增加。经济发展和户口滋殖，自然是劳动人民辛勤努力的结果，但曹操所实行的一些有利于生产发展的政策也起了重要的作用。

---

① 《三国志·魏书·武帝纪》。

二、曹操对豪强大族的抑制及其开明的政治措施

东汉时期，豪强大族控制了从中央到地方的大权，他们还占有大量的土地，拥有由家兵、部曲组成的私人武装，成为当时左右全国局势的力量，也是造成东汉末年政治腐败的一个原因。曹操胸怀大志，为了壮大自己的势力，他虽然对各地豪强大族不得不曲意拉拢，但在战胜袁绍以后，就力矫汉末的弊政，系统地推行打击豪强大族的政策，企图抑制大族势力的发展。例如建安九年（公元 204 年）九月，曹操令曰："河北罹袁氏之难，其令无出今年租赋！"[①] 并强调"重豪强兼并之法，百姓喜悦"[②]。汉末时，豪强大族依仗权势，都不向国家服役和纳税，一切负担都落到了农民身上。曹操此令不仅剥夺了豪强大族的特权，也使久受战祸的农民有了喘息的机会。对那些横行不法的豪强大族，曹操还令地方官予以严惩。如杨沛治长社、邺二县，王脩治魏郡，赵俨治朗陵县，都以抑挫不法豪强而著称。

曹操在打击豪强大族的同时，还实行一些有利于社会发展的开明政策。如坚定不移地推行"唯才是举"的用人政策，注意从中小地主阶级甚至平民百姓中选拔治国治军的人才；对因连年战乱而破产流亡的农民由国家"授土田，官给耕牛"，以发展农业生产并解决农民的生计问题；虽在战争频繁期间，仍"令郡国各修文学，县满五百户置校官，选其乡之俊造而教学之"，以发展教育，培养人才；为了整顿社会秩序，"令民不得复私仇，禁厚葬，皆一之于法"，以保护人民生命财产和缓和矛盾、整齐风俗；重视法制建设，"其选明达法理者，使持典刑"，从而改善军中与民间的审判工作，防止冤狱的发生；等等。毫无疑问，所有这些政策与措施对于巩固曹魏的统治，发展北方的经济和改善社会风气都起了重大的作用。

应当指出，对曹操功过的评价，在历史上是有争议的。《三国志》作

---

① 《三国志 · 魏书 · 武帝纪》。

② 《三国志 · 魏书 · 武帝纪》。

者陈寿评价说："汉末，天下大乱，雄豪并起，……太祖运筹演谋，鞭挞宇内，揽申，商之法术，该韩、白之奇策，官方授才，各因其器，矫情任算，不念旧恶，终能总御皇机，克成洪业者，惟其明略最优也。抑可谓非常之人，超世之杰也。"[①]我们认为陈寿的评价是公允的。

三、豪强大族势力的发展及曹魏后期的政治腐败

曹操死后，曹丕废汉献帝，自立为帝。为了取得豪强大族的支持，一改曹操时打击和抑制豪强大族的政策，积极支持和扶植豪强大族的发展，并为此用九品中正制度取代曹操时的"唯才是举"的用人政策，从而为门阀政治的形成铺平了道路。魏文帝曹丕虽然也有"欲伐不从命以一天下"的志向，并采取了严禁后宫及后族之家干政的开明措施，但由于豪强地主势力逐渐把握政权，贪图安逸，无所作为，曹操时代的进取精神已逐步消失。

及至魏明帝曹叡即位以后，在经济实力日益增长的情况下，曹魏统治集团的贪得无厌的剥削阶级本性也充分地暴露了出来。魏明帝除了对蜀、吴不断地发动战争以外，大肆修造宫室，既作许昌宫，又治洛阳宫。明帝还"耽于内宠，妇官秩石拟百官之数"[②]。据史书所载，太和中，自夫人以下十二等，自贵人以下至掖庭洒扫凡数千人。以致"力役不已，农桑失业"，"民耕稀少，浮食者多"，结果造成了"帑藏岁虚""民力岁衰"的恶性循环。这和曹操时"后宫食不过一肉，衣不用锦绣，茵蓐不绿饰，品物无丹漆"[③]的俭朴生活形成了鲜明的对比。当时在名义上"大魏奄有十州之地，而承丧乱之弊，计其户口不如往昔一州之民"[④]。人力物力都十分有限，而如此

① 《三国志·魏书·武帝纪》。
② 《资治通鉴·魏纪五·明帝青龙三年》。
③ 《三国志·魏书·卫觊传》。
④ 《三国志·魏书·杜恕传》。

挥霍，民何以堪？事实上，即使曹魏统治者有统一中国的志向，但以一州之民而统九州之地，其艰难可想而知。曹魏政权逐渐失去民心，再加上封建统治集团内部不断地进行尔虞我诈的争权夺利的斗争，从根本上动摇了曹魏的统治基础，最后被司马氏取而代之也就不足为奇了。

第二节　曹魏统治集团的法律思想

东汉末年，由于军阀混战，不但在经济上造成“野荒民困，仓庾空虚”的局面，而且法制废弛，社会秩序极端混乱，特别是地方的豪强大族纵容犯法、藏匿罪人，连官吏都不敢过问。例如“高密孙氏素豪侠，人客数犯法。民有相劫者，贼入孙氏，吏不能执。（王）修将吏民围之，孙氏拒守，吏民畏惮不敢近”[①]。其气焰又何其嚣张！

汉末法制废弛，在三国并立的残酷军事斗争中，为了恢复和发展北方的经济与文化事业，巩固曹魏政权的统治地位，以曹操为首的曹魏统治集团形成了独具特色的法律思想。

一、礼首刑先，权法并用

在汉末军阀混战的情势下，如果说东汉中央政权是一座行将崩溃的大厦，那么独自支撑这座大厦的人就是曹操。为了拨乱反正，恢复和维持业已遭到严重破坏的封建统治秩序，曹操除用军事手段讨伐那些“不从王命者”外，还特别重视法制的威慑与镇压作用。他的主导思想是：“夫治定之化，以礼为首；拨乱之政，以刑为先。”[②] 曹操一生南征北战，东讨西伐，其

① 《三国志 · 魏书 · 王修传》。
② 《三国志 · 魏书 · 高柔传》。

目的就是在汉末封建统治秩序日益崩溃的情况下，重建中央政权的权威，实现国家的统一。所以曹操的一生，实可以说是拨乱反正的一生。首先是镇压黄巾农民大起义，后来再去对付各地拥兵自重的豪强势力。在这种形势下，自然不能采用什么“以礼为先”的“治定之化”，只能实行“以刑为先”的“拨乱之政”了。正因为曹操一生都非常重视法制，所以后人认为他是“揽申、商之法术”的法家的信徒，也不是没有一定道理的。

综观曹操的一生，他不仅继承了法家的一断于法、轻罪重罚的衣钵，还能熟练地应用法家所倡导的统治方法——权术。据《曹瞒传》载，曹操不但“持法峻刻”，而且“有所刑杀，辄对之垂涕嗟痛之，终无所活”[①]。既“垂涕嗟痛”，又“终无所活”，岂非是猫哭老鼠假慈悲！又据同书所载：“常出军，行经麦中，令‘士卒无败麦，犯者死’。骑士皆下马，付麦以相持，于是太祖马腾入麦中，敕主簿议罪；主簿对以《春秋》之义，罚不加以尊。太祖曰：‘制法而自犯之，何以帅下？然孤为军帅，不可自杀，请自刑。’因援剑割发以置地。”又：“常讨贼，廪谷不足，私谓主者曰：‘如何？’主者曰：‘可以小斛以足之。’太祖曰：‘善。’后军中言太祖欺众，太祖谓主者曰：‘特借君死以压众，不然事不解。’乃斩之，取首题徇曰：‘行小斛，盗官谷，斩之军门。’其酷虐变诈，皆此类也。”如果说前者“割发代首”以申军令还情有可原，而后者滥杀无辜并嫁祸于人就完全是玩弄权术了。

应当肯定，曹操提出“拨乱之政，以刑为先”的法律思想，既是对历史经验的正确总结，也适合于当时斗争的需要，对夺取和巩固北方统一的胜利起了重要的作用。而在如何运用法律手段整军治国，曹操一方面坚持依法办事，取信于民，但另一方面又玩弄权术，时有变诈。正如《魏书》所云：“太祖自统御海内，芟夷群丑，其行军用师，大较依孙、吴之法，而因事设奇，谲敌制胜，变化如神。”[②]曹操的这种做法对曹魏政权的继任者

① 《三国志·魏书·武帝纪》引。

② 《三国志·魏书·武帝纪》引。

影响极大，几乎成为一种经常运用的统治模式。“自建安以来，至于青龙，神武拨乱，肇基皇祚，……及经邦治戎，权法并用，百官群司，军国通任，随时之宜，以应政机。”[①]必须指出，运用法律应随着形势的改变而不拘于常格，以便更加适应阶级斗争的需要，这是可以理解的。但不断地玩弄权术、巧施诈谋，就不是一个正派的政治家所应有的作风了。

二、赏功罚罪，刑无等级

有功必赏，有罪必罚，是曹操法律思想的另一个特点。正如司马光所说的那样：“勋劳宜赏，不吝千金；无功望施，分毫不与。”[②]这说明曹操为了鼓励人们帮助他整军治国，在赏有功这一点上是非常坚决的。建安十二年春，曹操下令曰：“吾起义兵诛暴乱，于今十九年，所征必克，岂吾功哉？乃贤士大夫之力也。天下虽为悉定，吾当要与贤士大夫共定之；而专飨其劳，吾何以安焉！其促定功行封。”[③]于是大封功臣二十余人，皆为列侯，食邑三万户；其余有功之人，各以功劳大小受封赏。甚至连死者之遗孤，亦按其先人的功劳大小享受相应的租谷收入。而他之所以决心实行重赏，也正是为了鼓励那些追随他的“诸将与士大夫”死心塌地地为其卖力，事实上也确实收到了这样的效果。

曹操在坚持重赏的同时，还实行重罚。在适用法律上，曹操“用法峻急，有犯必戮。”[④]对任何犯了法的人都依律论断，决不宽纵。建安八年春下令曰：“司马法‘将军死绥’，故赵括之母，乞不坐括。是古之将者，军破于外，而家受罪于内也。自命将征行，但赏功而不罚罪，非国典也。其

① 《三国志 · 魏书 · 傅嘏传》。

② 《资治通鉴 · 魏纪一 · 文帝黄初元年》。

③ 《三国志 · 魏书 · 武帝纪》。

④ 《资治通鉴 · 魏纪一 · 文帝黄初元年》。

令诸将出征，败军者抵罪，失利者免官爵。”[①] 这说明曹操对赏与罚这两手都非常重视，一方面赏有功者不吝千金，另一方面罚有罪时不讲情面。赏罚并重，向来是古代政治家所主张的治国之良法。曹操注意此点并身体力行，就说明他是一位杰出的地主阶级的政治家。能“芟刈群雄，几平海内”，也绝不是侥幸可以取得的。

在贯彻以赏与罚为主要内容的法律时，曹操还坚持主张不以亲贵废法而加恩。即“不官无功之臣，不赏不战之士”的原则，对任何人都是适用的。如《魏略》载，初卞后弟秉，当建安时为别部司马，卞后常对太祖有怨言，太祖答曰：“但得与我作妇弟，不为多邪？”后又欲太祖给其钱帛，太祖又曰：“但汝盗与，不为足邪？”故讫太祖世，秉官不移，财亦不益。卞太后由于受到曹操的教诲与影响，后来对外戚也逐渐严格要求。据《魏书》载，太后每见外亲，不假以颜色。常言：“居处当务节俭，不当望赏赐，念自佚也。外舍当怪吾遇之太薄，吾自有常度故也。吾事武帝四五十年，行俭日久，不能自变为奢，有犯科禁者，吾且能加罪一等耳，莫望钱米恩贷也。”[②] 在曹魏统治时期，外戚既不干政，也比较自重和收敛，这和曹操执法严明的传统是分不开的。

特别在对待东阿王曹植犯罪的问题上，更显出太后大公无私的胸怀。据《魏书》载：“东阿王植，太后少子，最爱之。后植犯法，为有司所奏，文帝令太后弟子奉车都尉兰持公卿议白太后，太后曰：‘不意此儿所作如是，不可以我故坏国法。’及自见帝，不以为言。”[③] 曹丕与曹植兄弟之间的矛盾究竟如何，在此可以暂且不论。卞太后不以爱子坏国法的精神，确实是难能可贵的。也正由于曹魏统治者在执法中能坚持不以亲贵而废法的刑无等级的原则，所以才能取信于民，巩固和发展统一北方的胜利。

① 《三国志·魏书·武帝纪》。
② 《三国志·魏书·后妃传》引。
③ 《三国志·魏书·后妃传》引。

三、提倡仁义，尊孔尚礼

法家之学急功近利，当时取强，可为一时之计，而不可长用也。而儒家之学难与进取，可与守成，对巩固封建统治则是不可缺少的。早在魏国初建之时，御史大夫袁涣就向曹操建议："今天下大难已除，文武并用，长久之道也。以为可大收籍，明先圣之教，以易民视听，使海内斐然向风，则远人不服可以文德来之。"① 曹操非常赞赏袁涣的这个建议。他虽然主张拨乱反正以刑为先，但又强调治定之化以礼为首。他认为封建统治者根据不同的历史任务，礼刑并用，儒法结合，才能达到天下大治的目的。

正是从这一指导思想出发，建安八年秋，曹操下令曰："丧乱以来，十有五年，后生者不见仁义礼让之风，吾甚伤之。其令郡国各修文学，县满五百户置校官，选其乡之俊造而教学之，庶几先王之道不废，而有益于天下。"② 所谓"先王之道"，就是儒家所倡导的"仁义礼让之风"。这说明在三国对峙的军事斗争时期，曹操在强调刑事惩罚的同时，并没有放弃礼义教化手段。这也正如高柔所说："昔汉末陵迟，礼崩乐坏，雄战虎争，以战阵为务，遂使儒林之群，幽隐而不显。太祖初兴，愍其如此，在于拨乱之际，并使郡县立教学之官。高祖即位，遂阐其业，兴复辟雍，州立课试，于是天下之士，复闻庠序之教，亲俎豆之礼焉。"③ 但在曹操之时，他虽然也提倡礼义教化，因为忙于战争，在实际上并没有得到贯彻执行，直到曹丕时礼义教化才有了较大的发展。当然促成这种变化的原因是由社会的发展所决定的。曹丕的任务是巩固曹操所开创的事业，而"难与进取，可与守成"的儒家学说就更加适应曹魏统治者的需要。正因为如此，文帝黄初二年明确提出要尊孔尚礼，称孔子为"命世之大圣"，"亿载之师表"，封孔子后

① 《三国志·魏书·袁涣传》。
② 《三国志·魏书·武帝纪》。
③ 《三国志·魏书·高柔传》。

裔议郎孔羡为“宗圣侯”，邑百家，奉孔子祀。令鲁郡修复旧庙，置百户吏率以守卫之，又于其外广为室屋以居学者。这是曹魏统治时期的一次最大的尊孔活动，从而把儒家学说提到了重要地位，成为官方的指导思想。

必须指出，尽管曹魏统治者如此大力提倡儒学，但由于自曹操以来一贯重视法家学说，所以在当时儒家的礼义思想并未完全取得支配地位。这正如杜恕所说：“今之学者，师商、韩而上法术，竞以儒家为迂阔，不周世用，此最风俗之流弊，创业者之所致慎也。”[①] 这说明法家的法术思想在当时仍占上风。为了扭转这种局面，明帝即位以后，在“特留意于法理”的同时，于太和二年诏告天下曰：“尊贵儒学，王教之本也”。同时“申敕郡国，贡士以经学为先”[②]。太和四年又颁诏强调：“世之质文，随教而变。兵乱以来，经学废绝，后生进趣，不由典谟。岂导训未洽，将进用者不以德显乎？其郎吏学通一经，才任牧民，博士课试，擢其高第者，亟用；其浮华不务道本者，皆罢退之。”[③] 至此，曹魏统治集团的法律思想才完成了由以刑为先到以礼为首的转变。这就是说，随着阶级斗争形势的变化和曹魏统治者历史任务的改变，曹操时强调以刑为主，曹丕时主张礼刑并用，而到了曹叡时则把宣扬“先王之道”的儒学提到了“王教为本”的重要地位，确立了礼主刑辅的法律思想。毫无疑问，其法律思想的这种历史的演变，对曹魏统治集团的法制建设是有重大影响的。

四、关于恢复肉刑的争论

自汉文帝废除肉刑以后，封建统治阶级关于是否应当恢复肉刑的问题，一直争论不休。到了三国时期的魏朝，是否应当恢复肉刑的问题，又被提

① 《三国志·魏书·明帝纪》。
② 《三国志·魏书·明帝纪》。
③ 《三国志·魏书·明帝纪》。

出来讨论，而且不止一次。据《晋书 · 刑法志》载：“及魏国建，陈纪子群，时为御史中丞，魏武帝下令又欲复之，使群申其父论，群深陈其便。时钟繇为相，亦赞成之。而奉常王脩不同其议。魏武帝亦难以藩国改汉朝之制，遂寝不行。”这是第一次。《后汉书 · 钟繇传》载：魏“文帝临飨群臣，诏谓太祖欲复肉刑，此诚圣王之法，公卿当善共议。”这是第二次。据《通鉴纲目》说：魏明帝太和元年冬十月，“议复肉刑，不果”。这是第三次。据《通典》云，魏废帝“正始中，征西将军夏侯玄、河南尹李胜又议肉刑，竟不能决”。这是第四次。总之在曹魏统治时期关于恢复肉刑的争论始终未断，而主张最力者为陈群、钟繇、傅干等人，现将他们的主要论点介绍如下：

陈群——“臣父纪以为汉除肉刑而增加笞，本兴仁恻而死者更众，所谓名轻而实重者也。名轻则易犯，实重则伤民。”《书》曰：“‘惟敬五刑，以成三德。’《易》著劓、刖、灭趾之法，所以辅政助教，惩恶息杀也。且杀人偿死，合于古制；至于伤人，或残毁其体而裁剪毛发，非其理也。若用古刑，使淫者下蚕室，盗者刖其足，则永无淫放穿窬之奸矣。”[①]由此可知，陈群反对除肉刑的理由是“名轻实重”，其主张复肉刑的理由则是以牙还牙以眼还眼的报复主义，不是什么新的见解。

钟繇——“大魏受命，继踪虞、夏。孝文革法，不合古道。……陛下远追二祖遗意，惜斩趾可以禁恶，恨入死之无辜，使明习律令，与群臣共议。出本当右趾而入大辟者，复行此刑。……使如孝景之令，其当弃市，欲斩右趾者许之。其黥、劓、左趾、宫刑者，自如孝文，易以髡笞。能有奸者，率年二十至四五十，虽斩其足，犹任生育。今天下人少于孝文之世，下计所全，岁三千人。”[②]他的主要论点是原为斩右趾而入于死刑的，仍复行斩右趾，以减少死刑的人数，以解决“名轻实重”的问题。

---

① 《三国志 · 魏书 · 陈群传》。

② 《三国志 · 魏书 · 钟繇传》。

傅干——“盖礼乐所以导民，刑罚所以威之，是故君子忌罚而小人畏刑。虽汤、武之隆，成康之盛，不专用礼乐，亦陈肉刑之法。而康哉之歌兴，清庙之颂作，由此推之，肉刑之法不当除也。”傅干也没有提出什么新的见解，不过是重复荀子“杀人者死，伤人者刑”的老调而已。

曹魏之时，反对恢复肉刑的也大有人在。其代表人物主要有奉常王脩、司徒王朗和征西将军夏侯玄等人，现将他们所持的理由介绍如下：

王脩——“太祖议行肉刑，脩以为时未可行，太祖采其议。”[①]他并不是从根本上反对恢复肉刑，只是认为时机尚不成熟，所以尚不能恢复肉刑。

王朗——“司徒王朗议，以为‘繇欲减轻大辟之条，以增益刖刑之数，此即起偃为竖，化尸为人矣。然臣之愚，犹有未合微异之意。夫五刑之属，著在科律，自有减死一等之法，不死即为减。施行已久，不待远假斧凿于彼肉刑，然后有罪次也。前世仁者，不忍肉刑之惨酷，是以废而不用。不用以来，历年数百。今复行之，恐所减之文未彰于万民之目，而肉刑之问已宣于寇仇之耳，非所以来远人也。今可按繇所欲轻之死罪，使减死之髡、刖。嫌其轻者，可倍其居作之岁数。内有以生易死不訾之恩，外无以刖易钛骇耳之声。’”[②]王朗从政治上考虑，三国争霸，在得民心，勿复肉刑，必然失去群众的支持，这理由还是十分充足的。特别是他提出用“倍其居作之岁数”的办法，来填补死刑与生刑之间的差距，从完善刑罚体系上来看，也是十分可取的。

夏侯玄——“荀、班论曰：‘治则刑重，乱则刑轻。’又曰：‘杀人者刑，是百王之所同也。’夫死刑者，杀妖逆也。伤人者不改，是亦妖逆之类也；如其可改，则无取于肉刑也。……仲尼曰：‘既富且教。’又曰：‘苟子之不欲，虽赏之不窃’，何用断截乎？下愚不移，以恶自终，所谓

① 《三国志·魏书·王脩传》。

② 《三国志·魏书·钟繇传》。

翦妖也；若饥寒流沟壑，虽大辟不能制也，而况肉刑哉？赭衣满道，有鼻者羞，终无益矣。”他认为如果不能从根本上清除犯罪产生的原因，即解决群众的饥饿与贫困，即使恢复肉刑也无益于治，这种见解也是比较深刻的。

综上所述，从曹魏时有关恢复肉刑的争论来看，虽然所有主张恢复肉刑的人都以“宽刑省罚”为理由，但实质上则是对于肉刑作为残酷镇压被压迫者的刑罚方法来说，总是恋恋不舍，一有机会就主张恢复肉刑。而在这一时期，虽然恢复肉刑之呼声十分强烈，但肉刑在实际上却未恢复，这当然不是上述几个反对恢复肉刑的人所能阻止得了的，而主要是斗争形势并没有为恢复肉刑提供有利的条件，特别是人民群众的斗争也使得统治阶级不敢贸然从事。从总体上来看，刑罚由野蛮残酷日益走向文明，是历史发展的必然趋势。即使少数保守势力想要阻挡这种前进的历史潮流，也终究是要失败的。

第三节　曹魏政权的立法成就

三国时期，魏、蜀、吴虽然各有自己的法律、法令，但其中曹魏的法律制度比较完备。而影响较大且可以作为这一时期法律制度的代表者，则是魏明帝时所制定的魏律十八篇。

国家的法律制度作为社会上层建筑的一个重要的组成部分，自然要随着经济基础的变化而变化，这是没有疑问的。但法律制度作为国家制度的一个独立部分，又有它自身的继承关系和发展规律，其沿革演变的脉络从来都是比较清楚的。各朝的法律制度既是当代经济基础的反映，又一般总是以前代法律为蓝本而制定出来的。

魏律产生的过程也是如此。

一、曹操的甲子科

曹魏王朝自命为汉朝的当然继承者；在魏朝建立前后一直沿用汉律。但汉律自萧何于汉高祖时在秦律的基础上改订以来，经过四百多年的发展变化，显得十分庞杂与苛碎，已不适应当时的政治经济发展的情况。正如《晋书·刑法志》所指出的那样："世有增损，率皆集类为篇，结事为章。一章之中或事过数十，事类虽同，轻重乖异。而通条连句，上下相蒙，虽大体异篇，实相采入。《盗律》有贼伤之例，《贼律》有盗章之文，《兴律》有上狱之法，《厩律》有逮捕之事，若此之比，错糅无常。后人生意，各为章句。叔孙宣、马令卿、马融、郑玄诸儒章句十有余家，家数十万言。凡断罪所当由用者，合二万六千二百七十二条，七百七十三万二千二百余言，言数益繁，览者益难。"这说明汉律不但条目繁多，十分庞杂，而且前后矛盾、互相重复，所以在实际上应用起来是十分困难的。

但在曹操的时代，战争成为政治生活的主要内容。曹操虽然是一个地主阶级法治主义者，看到了汉律的缺陷及制定新律的必要性，但他在无休止的戎马生活中，尚没有时间与精力考虑全面修律的事情。而当时魏朝尚未建立，汉天子虽徒有虚名，仍是天下的共主，故而曹操亦不好以藩国之名，去改汉朝之制，只得从权处理，制定《甲子科》，颁下州郡，与汉律并行。《三国志·魏书·何夔传》载："是时太祖始制新科，下州郡，……皆以明罚敕法，齐一大化也。"所谓新科，即甲子科。而甲子科的内容究竟是什么？《晋书·刑法志》则只是记其大略云："魏武帝……于是乃定甲子科，犯钛左右趾者易以木械，是时乏铁，故易以木焉。又嫌汉律太重，故令依律论者听得科半，使从半减也。"由此可知，甲子科的内容主要有两项：一是犯钛刑者易以木械；二是依法律论罚可以减去一半刑罚。

必须指出，犯钛刑者易以木械，是甲子科的基本内容，故《隋书·刑法志》又称"魏武造易钛之科"。钳钛，为刑具中的一种，亦称脚镣。《说文解字》金部云："钛，铁钳也。"《史记 · 平准书》云："敢私铸铁器煮盐者，钛左趾。"《集解》引韦昭曰："钛，以铁为之，著左趾，以代刖也。"《索隐》引《三老》云："钛，踏脚钳也。"晋张斐《晋律序》云："状如跟衣，著左足下，重六斤，以代膑，至魏武改以代刖也。"这说明曹操的甲子科，是把受钛刑所用的铁镣改为木械。之所以如此，《晋书 · 刑法志》说是因为当时缺铁。而我们认为缺铁是一个重要原因，而主要原因还在于使受刑者减少痛苦，是轻刑省罚的一种措施。观甲子科的第二项内容就可以知道。凡依法律审理的案件，一律"从半减"，即减去一半的刑罚，这在当时是一项了不起的重大决策。可以设想，在"从半减"的原则下，将有多少应被处死的人获得了生的希望。

十分明显，曹操颁布甲子科的目的，也就在于轻刑省罚，争取民心，缓和当时的阶级矛盾，其用意虽在巩固曹魏的统治地位，在客观上对人民群众还是有利的。但由于当时尚处于战乱时期，甲子科下达州郡以后，有的地方并未立即执行。例如《三国志 · 魏书 · 何夔传》载："是时太祖始制新科下州郡，又收租税绵绢。夔以郡初立，近以师旅之后，不可卒绳以法，乃上言曰：'自丧乱以来，民人失所，今虽小安，然服教日浅。……若一切齐以科禁，恐或有不从教者。有不从教者不得不诛，则非观民设教随时之意也。先王辨九服之赋以殊远近，制三典之刑以平治乱，愚以为此郡宜依远域新邦之典，其民间小事，使长吏临时随宜，上不背正法，下以顺百姓之心。比及三年，民安其业，然后齐之以法，则无所不至矣。'太祖从其言。"何夔时任长广太守。郡滨山海，迭遭变乱，农桑失业，民大饥馑，社会矛盾比较尖锐，如一切齐以科禁，必然犯法者众，被刑者多，更加激化矛盾，导致社会混乱，故何夔有此请，可见他是一位善于因时而施法的有远见的地方官吏。而曹操之所以从其请，同意在三年以后，人民生活有了改善，社会风气有所好转，再"齐之以法"。这说明曹操在立法和执法方面都是十分谨慎的，对其继任者留下了较好的影响。

二、魏律的制定及其历史地位

每一封建王朝制定新律，既需要有一定的社会条件，又需要统治阶级对法制建设的经验有充分的积累。曹丕代汉称帝以后，因为忙于对付蜀、吴的进攻，军事斗争的任务十分繁重，仍未进行修律工作，只是颁布了一项“怨毒杀人者减死之令”。《晋书·刑法志》云：“时有大女刘朱，挝子妇酷暴，前后三妇自杀，论未减死输作尚方，因是下怨毒减死之令。”即当时有一老妇，残暴地殴打媳妇，先后有三人不堪其虐待而自杀，对此老妇本应处以死刑，但减死改为劳作二年。输作，即司寇作，二岁刑。自此以后，凡“怨毒杀人”者，均依此例减死刑为输作。除此以外，文帝在立法方面就没有其他作为了。

及至明帝曹叡即位，三国各方势均力敌，哪一方都很难把对方吃掉。曹魏统治区内部又比较稳定，经济与文化都有较大的发展。在主客观条件都基本具备的情况下，制定魏律的任务又提到了议事日程。首先提出订律的是晋阳王昶。他于文帝时为兖州刺史，明帝即位加扬烈将军，赐爵关内侯。据《三国志·魏书·王昶传》载：“昶虽在外任，心存朝廷，以为魏承秦汉之弊，法制苛碎，不大釐改国典以准先王之风，而望治化复兴，不可得也。”所谓“法制苛碎”，的确是对汉律的定评。二万六千二百七十二条的汉律，可以称之为“律文烦广，事比众多，离本依末”了，在实际上应用起来没有一个固定的标准。“决狱之吏如廷尉狱吏范洪受囚绢二丈，附轻法论之；狱吏刘象受属偏考囚张茂物故，附重法论之。洪、象虽皆弃市，而轻枉者相继。”[1]一个是审判官接受犯人所赠绢布二丈，但未造成严重的后果；一个是审判官受别人的嘱托，不公正地审问拷打犯人而致死人命。虽然各用轻重不同的法律论之，结果都被判处以死刑。如果这样的法律不修改，必然要造成轻罪重判或重罪轻判，冤死者又怎么能避免呢？这说明

---

① 《晋书·刑法志》。

曹魏所用的“秦汉旧律”是非改不可了。

正是在这种情况下，太和三年（公元229年）魏明帝下诏改定刑制，命司空陈群、散骑常侍刘劭、给事黄门侍郎韩逊、议郎庾嶷、中郎黄休、荀诜等删约旧科，傍采汉律，定为魏法，制《新律》十八篇，《州郡令》四十五篇，《尚书官令》《军中令》，合一百八十余篇。《资治通鉴》胡三省注云：“州郡令，用之刺史、太守；尚书官令，用之于国；军中令，用之于军。”《新律》早已失传，具体内容无可考。《唐六典》注云：“魏命陈群等采汉律为魏律十八篇，增汉萧何律劫掠、诈伪、毁亡、告劾、系讯、断狱、请赇、惊事、偿赃等九篇也。”《州郡令》《尚书官令》亦早佚，今存的各书中常常引用《魏武军令》《魏武军策令》《魏武船战令》《魏武步战令》等，可能都属于《军中令》中汇集的法令。《晋书·刑法志》认为此次定律，“于正律九篇为增，于旁章科令为省矣”。所以曹魏定律，是在秦汉律由简到繁以后，中国封建刑律由繁到简的又一个重要的转折点，对晋律和唐律的产生具有直接的影响。

关于魏律颁布的时间，据《资治通鉴》的记载，似在太和三年（公元229年）。但仔细考证《三国志·魏书》有关纪传，则太和三年为魏明帝下诏修订律令的开始时间。何时律成并颁行天下，《明帝纪》中并无记载。《三国志·魏书·刘劭传》云：“明帝即位，出为陈留太守，敦崇教化，百姓称之。征拜骑都尉，与议郎庾嶷、荀诜等定科令，作《律》十八篇，著《律略论》。”此传虽未著明具体时间，但接着又叙述刘劭于“青龙中”的事迹，故其与庾嶷、荀诜等修订律令应在太和年间无疑。又据《三国志·魏书·卢毓传》载：“青龙二年，入为侍中。先是，散骑常侍刘劭受诏定律，未就。毓上论古今科律之意，以为法宜一正，不宜有两端，使奸吏得容情。”这说明刘劭等人定律，到青龙二年尚未完成，因此《资治通鉴》认为魏律于太和三年公布是不对的。据以上史料记载推算，曹魏正式修订律令，开始于太和三年，律成及公布的时间当在青龙末年与景初初年。因为此次修订律令，是秦汉以来的一次大规模的法典编纂活动，削烦去蠹，重定体例，短时间内是很难完成的。从太和三年到景初元年，历经数年，如能完成如此大量的修律工作就是一件很了不起的事情了。

据《晋书·刑法志》载，魏明帝时修订律令，涉及封建刑律的各个方面，从体例到内容都作了重大的修改，主要包括以下几个方面：

第一，增加篇目。《魏律序略》云："旧律所难知者，由于六篇篇少故也。篇少则文荒，文荒则事寡，事寡则罪漏。是以后人稍增，更与本体相离。今制新律，宜都总事类，多其篇条。"[①]《法经》原为盗、贼、网、捕、杂、具六篇，汉初萧何定律益事户、兴、厩三篇，合为九篇，称九章律。但在萧何之后，"前主所是著为律，后主所是疏为令"，封建刑律的内容急剧增加，到东汉末凡断罪所当由用者已达二万六千二百七十二条，九章律的体例已不能囊括封建刑律的全部内容了。篇少必然疏略，疏略必然使犯罪者漏网。为了消除这些弊端，就需要对法条按事类加以综合，增加其篇目。据《唐六典》注云，魏律于萧何的汉律九篇之外，又增加劫掠、诈伪、毁亡、告劾、系讯、断狱、请赇、惊事、偿赃九篇，合为十八篇，比原有篇目增加了一半。当然，这些新增加的篇目，大部分都不是陈群、刘劭等人的新作，而是在重新整理旧的律、令、科、比的基础上重新编入的。《晋书·刑法志》云魏律"于正律九篇为增，于旁章科令为省"。这说明在修律时必有大量的科令纳入了正律。

第二，改革体例。《魏律序略》云："旧律因秦《法经》，就增三篇，而《具律》不移，因在第六。罪条例既不在始，又不在终，非篇章之义。故集罪例以为《刑名》，冠于律首。"[②] 按《具律》,《法经》谓"具其加减"，后世称为《名例律》，类似现代刑法之总则，而《法经》却置《具律》于末篇。萧何增律九篇之后，《具律》第六，央于诸篇之中，故"既不在始，又不在终"。而具律既为刑法之总则，就应放在律首。《唐律疏议》云："魏因汉

① 《晋书·刑法志》。

② 《晋书·刑法志》。

律，为一十八篇，改汉《具律》为刑名第一。”这说明我国封建法典把具律改为刑名（即后来的《名例律》）并置于全律的首篇，是创始于魏《新律》。而“集罪条例为刑名，冠于篇首”的这种法典编纂体例，可以突出刑名作为刑法基本原则的作用，使其统率全文，更加符合封建刑律的“篇章之义”。所以自魏《新律》确立这种体例以后，一直为其后历代封建法典所沿用。

第三，调整篇章之间互相重复抵触的条文。由于旧律“世有增损”而又从未对其进行过整理编纂，结果造成了“事类虽同，轻重乖异”，既叠出互见，前后矛盾；又交相混杂，没有一定的章法。为了解决这些问题，在修订魏律时对各篇的内容作了以下重要的调整：

1.《盗律》有劫略、恐猲、和买卖人，科又有持质，以上皆非盗事，故从《盗律》分出以为《劫略律》。

2.《贼律》有欺谩、诈伪、逾封、矫制，《囚律》有诈伪生死，《令丙》有诈自复免，事类众多，故总归为一章，分为《诈律》。

3.《贼律》有贼伐树木、杀伤人畜产及丢失印信，《金布律》有毁伤亡失县官财物，上述行为均属毁亡，故总为一章，分为《毁亡律》。

4.《囚律》有告劾、传覆，《厩律》有告反逮受，即诬告反坐，科有登闻道辞，皆属告反诉冤之类，故集为一章，分为《告劾律》。

5.《囚律》有系囚、鞫狱、断狱之法，《兴律》有上狱之事，科有考事报谳，宜别为两篇，故分为《系讯律》和《断狱律》。

6.《盗律》有受所监临财物及受财枉法，《杂律》有假借不廉，《令乙》有呵人受财，科有使者验赂，其事相类，故总为一章，分为《请赇律》。

7.《盗律》有勃辱强贼，即施用暴力索取财物，《兴律》有擅兴徭役，《具律》有出卖呈，科有擅作修舍事，其事大体相同，故分为《擅兴律》。

8.《兴律》有乏徭稽留，《贼律》有储峙不办，《厩律》有乏军之兴，及旧典有奉诏不谨，不承用诏书，汉时动辄刻以乏军兴腰斩，是以小愆获重罚，不宜复以为法，故别为之《留律》。

9. 秦世旧有厩置、乘传、副车、食厨，汉初承秦不改，后以费广稍省，故后汉但设骑置而无车马，而律犹著其文，则为虚设，故除《厩律》，取其可用合科者，以为《邮驿令》。其告反逮验，别入《告劾律》。上言变事，以为《变事令》。惊事告急，与《兴律》烽燧及科令合者，以为《惊事律》。

10.《盗律》有还赃畀主，《金布律》有罚赎入债以呈黄金为价，即以黄金作为计算的标准。科有平庸坐赃事，即指合理地估计赃物价值的大小来决定其刑罚，事类基本相同，故集为一章，以为《偿赃律》。

11. 律之初制，无免坐之文，张汤、赵禹始作监临部主、见知故纵之法。其见知而故不举劾，各与同罪；失不举劾，各以赎论；其不见不知，不坐也，是以文约而例通。科之为制，每条有违科，不觉不知，从坐之免，不复分别，而免坐繁多，宜总为免例，以省科文，故更制定其由例，以为《免坐律》。

以上十一项是曹魏修律时对秦汉旧律的篇目所作的调整，基本上解决了篇章之间内容互相重复抵触的问题。

第四，重新统一刑种。秦朝刑罚残酷，沿用奴隶制五刑，即墨、劓、刖、宫、大辟，刻人肌肤断人肢体，天下仇怨，二世而亡。汉初承用秦制，刑罚无所更改。文帝顺应历史潮流，大胆地废除肉刑，使刑罚之种类为之一变。后世虽有恢复肉刑的议论，但刑制改革的总趋势是不可逆转的。及至曹魏修律，又进一步“改汉旧律不行于魏者皆除之、更依古义制为五刑”。其刑种有：“死刑有三，髡刑有四，完刑、作刑各三，赎刑十一，罚金六，杂抵罪七，凡三十七名，以为律首”[①]。由此可知，曹魏时的五种刑罚方法完全排除了肉刑，因此是进一步巩固了汉文帝以来刑制改革的成果。

曹魏修律时，除对秦汉旧律在上述四个方面作了重要的修改以外，“又改《贼律》，但以语言及犯宗庙园陵，谓之大逆无道，要斩，家属从坐，不及祖父母、孙。至于谋反大逆，临时捕之，或汗潴，或枭菹，夷其三族，不在律令，所以严绝恶迹也。贼斗杀人，以劾而亡，许依古义，听子弟得追杀之。会赦及过误相杀，不得报仇，所以止杀害也。正杀继母与亲母同，

① 《晋书·刑法志》。

除继假之隙也。除异子之科，使父子无异财也。殴兄姊加至五岁刑，以明教化也。囚徒诬告人反，罪及亲属，异于善人，所以累之使省刑息诬也。改投书弃市之科，所以轻刑也。正篡囚弃市之罪，断凶强为义之踪也。二岁刑以上，除以家人乞鞫之制，省所烦狱也。改诸郡不得自择伏日，所以齐风俗也”[①]。这些修改缩小了连坐的范围，对子弟私复仇给以限制，加重诬告反坐的刑罚，减轻投书弃市之科，改定家人乞鞫之制等，对息诬止讼，宽刑省罚，稳定社会秩序都有重要的作用。

综上所述可知，魏律是在总结秦汉以来的立法与司法经验的基础上制定出来的，它使封建刑律的体例更加完善合理，使其内容更加充实与发展，对其后晋律和唐律的制定有直接的影响，在中国法律制度史上居于承前启后的重要地位。

三、曹魏政权的法律形式

法律形式，确切地说是法的形式，是指作为统治阶级意志的集中表现并以国家强制力保障其施行的社会行为规范的总和，是由一些规范性的文件所组成的。由国家制定的每一种规范性文件，都是法的一种表现形式。各个朝代由于历史条件和统治经验的不同，法的表现形式也不一样。两汉时期的法的形式为律、令、科、比。曹魏沿用汉制，因此其法的形式也与汉朝基本相同。

律。律是由国家制定的并具有普遍约束力的一种比较稳定的法律形式。在古代，律与法基本同义。《尔雅 · 释诂》谓律为“常也，法也”。这说明律是国家通常使用的一种行为规范。《说文》云：“律，均布也”。段玉裁注：“律者，所以范天下之不一而归于一，故曰均布也。”所以律又是把各种不同的事物整齐划一的标准，具有不分亲疏、不别贵贱而一断于法的含义。

① 《晋书 · 刑法志》。

《释名·卷六》云："律，累也，累人心使不放肆也。"这说明律的内容，主要是统治阶级规定科罪判刑的条款，通过惩罚来保证人们遵守社会秩序的工具，故杜预云："律以正罪名，令以存事制"，[①]就是这个意思。所以自商鞅改法为律以来，秦汉时期一直大量使用律的这种法律形式，至曹魏时期也仍然如此。如魏律十八篇，有刑名律、盗律、贼律、捕律、囚律、杂律、户律、兴律、劫略律、诈伪律、毁亡律、告劾律、系讯律、断狱律、请赇律、惊事律、偿赃律、免坐律。前八篇为秦汉旧律，后十篇为曹魏修律时经过改编整理所增加的新律，合为一十八篇，为曹魏时的基本法律。此外还有金布律、乏留律，则属于单行法律。

令。令就是以皇帝的名义所发布的诏令，是秦汉时的一种重要的法律形式。《汉书·宣帝纪》文颖注曰："天子诏所增损，不在律上者为令。"所以令是皇帝于法律之外所发布的规范人们行为的文告，其效力在法律之上。《尔雅·释诂》谓令为"告也"。《释名·卷六》云："令，领也，理领之使不得相犯也。"这说明令和律一样，都具有国家的强制力，所谓令必行、禁必止；任何人都不得违反。特别是皇帝的诏令，具有至高无上的权威，可以取消法律，更改法律，补充法律，代替法律。西汉时廷尉杜周审判案件不按照法律判决，而专门以皇帝的个人意见为转移。有人责问他说："君为天下决平，不循三尺法，专以人主意指为狱，狱者固如是乎？"杜周则坦然地回答说："三尺法安在哉？前主所是著为律，后主所是疏为令，当时为是，何古之法乎！"[②]这说明在君主专制的条件下，皇帝的个人意志就是具有最高效力的法律。除此以外，即使是公之于天下并写在书面上的成文法，也都必须置于皇帝的诏令之下，这是封建专制主义法律制度的一个基本特征。

正由于令是皇帝根据形势需要随时所发布的一种极为灵活的法律形

① 《太平御览》卷638引《律序》。

② 《汉书·杜周传》。

式，所以汉朝的诏令有两大特点：一是数量繁多，到西汉成帝时已达“百有余万言”了；二是涉及的内容非常广泛，几乎包括政治、经济、军事、法律、文化等社会生活的各个方面。及至曹魏统治时期，令仍然是一种重要的法律形式。据《晋书·刑法志》载，魏令亦和汉令一样分为《令甲》《令乙》《令丙》。如“《令乙》有呵人受财”“《令丙》有诈自复免”等，皆为定罪判刑的规定。此外，“除厩律，取其可用合科者，以为《邮驿令》”，“上言变事，以为《变事令》”等，皆为律以外的单行法令。魏令与前代所不同者，有以皇帝名义发布的诏令，有以丞相名义发布的命令，此二者在法律效力上都是相同的。前者如魏文帝即位时所发布的“怨毒杀人减死之令”，黄初四年又颁诏“敢有私复仇者皆族之”。魏明帝时“改士庶罚金之令”，又于青龙二年春二月“诏减鞭杖之制”，冬十二月“诏有司删定大辟”“减死刑”等，均系以皇帝名义发布的诏令。而在文帝代汉以前，曹操虽为汉相，但大权在握，威震天下，他经常以命令的形式来决定军国大事。如建安八年已酉，（曹操）令曰：“其令诸将出征，败军者抵罪，失利者免官爵”；建安九年九月令曰：“河北罹袁氏之难，其令无出今年租赋”；建安十五年春，十九年十二月发布的“唯才是举”的求贤令等，都是以丞相或三军统帅的名义发布的。曹操的这些命令其效力不仅在法律之上，甚至还凌驾于皇帝的诏令之上，这也正是汉末魏初皇权衰落、丞相专政在法律上的一种反映。

科。科也是汉朝的一种重要的法律形式。所谓科有两种含义：一是对犯罪者论罪判刑，也叫作科刑。如《释名》云：“科，课也。课其不如法者罪责之也。”二是关于规定犯罪与刑罚的法律条文，也叫作“事条”或“科条”。如《后汉书·桓谭传》曰：“今可令通义理，明法律者，校定科比。”注云：“科谓事条，比谓类例。”又如《文选》“金科玉律”注云：“科条，谓法令也。”作为法律形式之一的科，不是指判罪科刑，而是指“事条”或“科条”而言。汉朝的科条也非常繁多，至东汉章帝时已是“宪令稍增，科条无限”了。及至曹魏统治时期，科则更成为一种重要的法律形式。如曹操时制定的“甲子科”，嫌汉律太重，故令依律论者从半减也，实际上是对汉律的修改，故而成为与律并行的基本法律。是时汉祚未移，曹公“亦难以藩国改汉朝之制”，不便公言改律而只好别定科令，此是其审时度势之权宜措施，未可非也。此外，《晋书·刑法志》载：“科有持质”“科有登闻道辞”“科有使者验赂”“科有擅作修舍事”“科有平庸坐赃”及“科之为制，每条有违科，不知不觉，从坐之免”等，充分说明科在曹魏时是被广泛应用的一种法律形式，它的内容则涉及刑事犯罪的各个方面，与律令互为补充、互相照应，从而使封建法网更加严密。

比。比就是以典型案件作为判决的依据，又叫“决事比”，是由秦代的“廷行事”发展而来的。《周礼·秋官·大司寇》郑注云：“若今律有其断事，皆依旧事断之；其无条，取比类以决之，故云决事比。”就是在无法条规定的情况下，取已经判决的案例，作为裁判新的犯罪行为的标准。《礼记·王制》云：“已行故事，曰比。”这说明能够作为“比”的案件，必须是已经判决过的典型案例。因此“比”是刑法中类推制度的萌芽，也可以叫作古代的类推，是封建统治阶级进行司法镇压的一种灵活的法律形式。正因为如此，在汉代可以作为比附定罪的案例，更是多得数不胜数，至汉武帝时，“奸吏巧法，转相比况，……大辟四百九十条，千八百八十二事，死罪决事比一万三千四百七十二事。文书盈于几阁，典者不能遍睹。”[①] 到东汉时期又有增加，简直可以说是泛滥成灾了。及至曹魏统治时期，比附定罪的方法仍然使用，但受到比较严格的限制。因为曹操是一个主张依法断狱的法治主义者，他强调健全法制，按律科刑，不容许任意地出入人罪，故在曹魏时关于比附定罪的案例很少见。《隋书·经籍志》载有《魏廷尉决事》十卷，但至《新唐书·艺文志》则不录，盖已亡失。此书是否就是魏朝的廷尉决事比，已无法考证了。

---

① 《汉书·刑法志》。

四、曹魏时的“春秋决狱”

春秋决狱，是以《春秋》这部书的内容作为判决案件的基本依据，故是一种特殊的法律形式。它起源于汉代的董仲舒，到曹魏统治时期仍然沿用之。

封建统治者为什么用《春秋》来决狱呢？回答这个问题要从《春秋》这部书本身谈起。《春秋》本是由孔子修订的一部鲁国的编年史，起于鲁隐公元年（公元前722年），终于鲁哀公十四年（公元前481年），共计二百四十二年，文字十分简洁，内容非常费解，基本上是一部未加修饰的大事记。据说孔子作《春秋》，含有褒贬之意。董仲舒说：“周道衰废，孔子为鲁司寇，诸侯害之，大夫壅之。孔子知言之不用，道之不行也，是非二百四十二年之中，以为天下仪表，贬天子、退诸侯、讨大夫，以达王事而已矣。”[①] 正由于孔子作《春秋》的目的，在于“讨伐乱臣贼子”，所以其内容主要是：“上明三王之道，下辨人事之纪，别嫌疑，明是非，定犹豫，善善恶恶，贤贤贼不肖，存亡国，继绝世，补敝起废，王道之大者也。”[②] 这就是说，作为《春秋》的基本指导思想与其判断是非、善恶及贤与不肖的根本标准，即儒家所倡导的礼义学说。换言之，“克己复礼归仁”，是《春秋》的基本出发点与归宿。故被认为“拨乱反之正，莫近于春秋”。孔子确实希望用《春秋》这部书所表达的观念与思想来纠正当时礼崩乐坏、天下大乱的局面。很显然，孔子的这种思想从今天来看未免有些幼稚与迂阔，对于那些由于互相争夺土地与财富而红了眼的剥削者来说，企图用“垂空文以断礼义，当一王之法”的办法来制止他们，那是根本办不到的。但在“孔子之时，上无明君，下不得任用”的情况下，也实在是明知其不能而为之了。

自从秦始皇焚书坑儒、禁绝孔学以来，到西汉武帝时在思想政策上发

---

① 《史记·太史公自序》。

② 《史记·太史公自序》。

生了一个重大的变化，由汉初的所谓黄老的无为思想过渡到罢黜百家、独尊儒术，宣布儒家学说为官方的指导思想。正是在这种历史条件下，董仲舒、公孙宏、隽不疑等汉代的名儒与重臣便纷纷使用《五经》的经义，特别是《春秋》的精神与内容作为审判案件的依据，从而掀起了“春秋决狱”之风，把儒家的经典提到与法律同等的地位。由于封建统治者的大力提倡，当时的公卿大臣们引用经典决狱之风非常盛行。据后汉应劭说：“故胶东相董仲舒老病致仕，朝廷每有政议，数遣廷尉张汤亲至陋巷，问其得失。于是作《春秋决狱》二百三十二事，动以经对，言之详矣。”[①] 甚至汉武帝还要求他的儿子学好《公羊春秋》，作为将来处理国事的依据。正是在这种风气的影响下，汉代名儒还争相以《春秋》为根据来论述决狱的原则，写了许多有关“春秋决狱”的著作。一些经学大师如公孙宣、郭令卿，马融、郑玄之流，还以儒家之经典来解释法律。“诸儒章句十有余家，家数十万言。”[②] 结果造成了“言数益繁，览者益难”的局面。“天子于是下诏，但用郑氏章句，不得杂用余家”，[③] 确认其解释具有法律效力。及至曹魏统治时期，由于曹操忙于战争，基本上采用以刑为先的拨乱之政，虽也提倡学习儒家的经典，但以商、韩为代表的法家学说仍占上风，而到文帝、明帝统治时，情况就不同了。他们基本上奉行以礼为首的治定之化，所以儒家经典就逐渐取法家学说而代之。这样以《春秋》来决狱的风气虽不如两汉时那样盛行，但也时有用之者。例如《三国志・魏书・王凌传》载，太尉王凌与外甥兖州刺史令狐愚并典重兵。“凌、愚密协计，谓齐王不任天位，楚王彪长而才，欲迎立彪都许昌”。凌子广劝其父：“废立大事，勿为祸先。”凌不听，仍按原计划进行。后愚病死，事发露，被司马宣王击败，凌饮药自杀。宣王乃追究余党，穷治其事。“彪赐死，诸相连者，悉夷三族。朝

① 《晋书・刑法志》。
② 《晋书・刑法志》。
③ 《晋书・刑法志》。

议咸以为《春秋》之义，齐崔杼、郑归生皆加追戮，陈尸斲棺，载在方策。凌、愚罪宜如旧典。乃发凌、愚冢，剖棺，暴尸于所近市三日，烧其印绶、朝服，亲土埋之。”为对凌、愚剖棺戮尸，由于当时法律无此规定，只得引用《春秋》之义以裁决之。这是曹魏时“春秋决狱”的一个典型案例。

由此可知，“春秋决狱”是抛开法律、法令，或在法律、法令无有规定的情况下，而以儒家的经典特别是《春秋》这部书所表达的思想观念，作为判决案件的根据。我们都知道，儒家之经典只是某些著述者的一种学说，内容比较庞杂，其中虽也记述了古代的一些典章制度，但多为作者理想化的表述，并不如法律、法令那样规范、明确与肯定，可以根据需要作出各种解释。正因为如此，“春秋决狱”的实质是没有固定的标准与界限，而是完全根据封建统治者的个人意愿来随心所欲地决定案件的结局，所欲重则重，所欲轻则轻，怎样判决都可以。对于此点，《盐铁论·刑德篇》说得非常明白：“春秋之决狱，论心定罪，志善而违于法者，免；志恶而合于法者，诛。故其治狱，时有出于律之外者。”这说明“春秋决狱”的主要特点，就是“论心定罪”。而所谓“论心定罪”，就是以犯罪者的“志善”或“志恶”等主观动机作为定罪判刑的标准，不仅可以抛开客观事实，还可以不受法律的约束。如果认为犯罪者的主观动机是“善”的，即使犯了大罪，也可以减免其刑罚；如果认为犯罪者的主观动机是“恶”的，即使犯有小过，也可以加重处理。而如何来确定行为人的主观动机的“善”与“恶”呢？那只有由司法官吏去主观臆断了。这样，即使应用所谓“春秋之义”的同一标准去判案，也可以得到不同的结果。例如三国时的名将邓艾，对曹魏政权可以说是“心怀至忠而荷反逆之名，平定巴蜀而受夷灭之诛”。而邓艾为什么遭“夷灭之诛”呢？因为他平定巴蜀之后，不待朝廷之命，自封刘禅为扶风王，爵其子孙为侯。司马文王使人喻艾：“事须当报，不宜辄行。”艾对曰：“春秋之义，大夫出疆，有可以安社稷，利国家，专之可也。”事实上，根据“春秋之义”和当时的情况，他虽有专权自擅的行为，但是为了“安社稷，利国家”，也是无可非议的。如果“论心定罪”，邓艾不仅不应受罚，反应受赏，可这个“春秋之义”却未能使其免遭诛戮。及至晋泰始元年，有议郎段灼为其翻案时，又是引用的“春秋之义”。他说：“艾功名已成，当书之竹帛，传祚万世。七十老公，反欲何求！艾诚恃养育之恩，心不自疑，矫命承制，权安社稷，虽违常科，有合古义，原心定罪，本在可论。”[①] 而这一次“春秋之义”的“原心定罪”却起了作用。泰始九年，晋为邓艾彻底平反。这说明原心定罪的“春秋之义”，根本没有一个固定的标准，完全以办案人的主观意志为转移。所以“春秋决狱”的妙用，就在于它给为所欲为的司法专横，披上了儒家经典的华美外衣。

综上所述可知，春秋决狱是汉代的一种特殊的法律形式，至曹魏时仍然存在。以《春秋》的内容作为判决案件的依据，比之任何律，令、科、比都具有更大的随意性，它可以使封建司法机关不受任何约束地用“志善”来保护特权者阶级，用“志恶”去镇压劳动群众。这就是“春秋决狱”在阶级矛盾比较尖锐的汉武帝时风行起来而到曹魏时沿用的根本原因。

第四节　曹魏政权的行政法律制度

由于曹魏政权所处的特殊的历史环境，从而形成了独具特色的行政法律制度，一是军事机构与行政机构合二而一，而军事官员的权力超过行政官员；二是地方州郡的行政官员的权力较大，而诸侯王封国的权力则十分薄弱。曹魏时期的行政法律制度的这些特点，正是该时代政治、经济的一种反映。

一、曹魏政权的国家体制

曹魏政权的国家体制和行政机构，是在三国对立的军事斗争中建立起

① 《三国志・魏书・邓艾传》。

来的，它既继承沿用了汉代的一些传统的机构，制度和活动的准则，又根据当时斗争的需要而有所发展和改革。

1. 皇帝及皇室活动的准则

在封建专制时代，君主居于最高的统治地位，独揽国家的一切大权。秦始皇时，“天下之事无小大，皆决于上”。到了汉代，更从理论上和制度上明确肯定了皇帝的至高无上的权力和神圣不可侵犯的地位。如蔡邕《独断·卷一》云：“汉天子正号曰皇帝，自称曰朕，臣民称之曰陛下。其言曰制诏，史官记事曰上。车马衣服器械百物曰乘舆，所在曰行在，所进曰御。其命令一曰策书，二曰制书，三曰诏书，四曰戒书。”这些规定，使得皇帝成为人中之至尊，权力之顶峰。任何人都必须置于他的绝对统治之下，超过他固然不能容忍，就是企图与他比肩而立，平起平坐，也是大逆无道。魏朝是取汉朝而代之。关于皇帝的权力和地位完全承袭了秦汉以来的各项规定，并进一步成为不可动摇的法律制度。

自有国家以来，居于政权顶端的君主，一直实行嫡长子继承制，以维护封建的宗法制度。正如陈寿所指出的那样：“古者以天下为公，唯贤是与。后代世位，立子以適。若適嗣不继，则宜取旁亲明德，若汉之文、宣者，斯不易之常准也。”[①] 曹魏初期，权位的继承还是严格按照嫡长子继承制的原则进行的，而不容许有所改变。例如魏国初建，曹操为魏王，当时尚未立太子，虽曹丕为操之嫡长子，但操因曹植有才气而格外偏爱，有意立植为太子。尚书崔琰谏之曰：“盖闻《春秋》之义，立子以长，加五官将仁孝聪明，宜承正统。琰以死守之。”[②] 由于群臣的谏诤，曹操不得不忍痛割爱，立曹丕为太子，后继操代汉而为魏文帝。明帝曹叡为文帝曹丕长子，虽因其母甄夫人被诛，开始未被立为嗣君，但黄初七年，文帝病重，依嫡长子继承制，仍被立为太子，即皇帝位。明帝无子，按惯例应取宗室近枝且有

① 《三国志·魏书·三少帝纪》。
② 《三国志·魏书·崔琰传》。

德行者入继大统，而“明帝既不能然，情系私爱，抚养婴孩，传以大器”。且其养子“宫省事秘，莫有知其所由来者”。这个连出生都不清楚的婴孩自然坐不稳皇帝宝座，后被司马景王所废。这说明，在封建时代坚持嫡长子继承制，是保持政局稳定和政权巩固的一项重要措施。如果君主接班人的问题解决不好，直接关系到王朝的兴衰与存亡。这样的事例在历史上是很多的。

值得注意的是，明帝自知无子，将来必定以宗室支子入继大统，并未想到他死后竟以养子为继承人。故于太和三年下诏约饬为人子为人臣者应遵礼守法，不得妄建非正之号。其诏曰：“礼，王后无嗣，择建支子以继大宗，则当纂正统而奉公义，何得复顾私亲哉！”诏令在历数历史教训后指出：“其令公卿有司，深以前世行事为戒。后嗣万一有由诸侯入奉大统，则当明为人后之义；敢为佞邪导谀时君，妄建非正之号以干正统，谓考为皇，称妣为后，则股肱大臣，诛之无赦。其书之金策，藏之宗庙，著于令典。”[①]事实上，明帝死后并未由“诸侯入奉大统”，所以这道诏令对明帝的后继者并没有什么实际意义。但它确立一项重要的原则，即以诸侯而继承皇位的人不得“谓考为皇，称妣为后”，这从封建礼法的规定来看，对维护封建正统观念，防止混淆名分，还是具有重要意义的。

汉末外戚专政，与宦官集团不断地进行残酷的夺权斗争，是造成朝纲紊乱、政治腐败的一个重要原因。曹魏统治者接受这一教训，严禁妇人与后族干政，这是当时政治的一大特色。曹操当权时，卞后每见外戚，不假以颜色，常言：“居处当节俭，不当望赏，念自佚也。外舍当怪吾遇之太薄，吾自有常度故也。吾事武帝四五十年，行俭日久，不能自变为奢。有犯科禁者，吾且能加罪一等耳，莫望钱米恩贷也。”[②]卞后不仅自己从不干预朝政，且教育外戚当奉公守法，居处俭约，莫望钱米恩贷，这是难能可贵的。

① 《三国志·魏书·明帝纪》。
② 《资治通鉴·魏纪一·黄初三年》。

后文帝即位，于黄初三年九月又下诏明令规定："夫妇人与政，乱之本也。自今以后，群臣不得奏事太后，后族之家不得当辅政之任，又不得横受茅土之爵。以此诏传之后世，若有背违，天下共诛之。"[①] 曹魏统治时期，确实无妇人干政与外戚擅权之事，政治比较清明，这是应当肯定的。

2. 宰相制度的发展变化

曹魏统治时期，作为中枢行政机构的宰相制度发生了很大的变化，丞相的权力与地位由极端强化到逐步削弱，直到被毫无实权的"三公"取而代之。东汉末年曾罢丞相置三公，宰相之权由三人分使。但曹操执政以后，为了独揽国家的一切大权，于建安十三年春三月"汉罢三公官，置丞相、御史大夫。夏六月，以公为丞相。"此时的丞相，不仅是掌丞天子助理万机的皇帝助手而已，实际上是权力集于一身的大独裁者，而汉献帝则是名副其实的傀儡。在魏文帝取代汉朝以后，仍然设置丞相，后又改称相国。如钟繇"魏国初建，为大理，迁相国"。华歆"文帝即位，拜相国，封安乐乡侯"。但至文帝黄初元年十一月，即罢相国一职。"改相国为司徒，御史大夫为司空。"自此时起，丞相一职即被取消，至魏末均未置。名义上是因为曹操做过丞相，后世无人敢居此任。实际上是丞相的权力太大，地位又非常显赫，对皇权构成了直接的威胁，所以魏文帝取消丞相是皇权与相权的矛盾与斗争的结果。

曹魏时期丞相一职被取消以后，所谓"上公"还有太傅、太保，过去与丞相一起，习惯上称为"三公"，但此时只是优礼大臣的官位，实际上并不假以事权。"魏初，三公无事，又希与朝政。"[②] 但曹魏的"五府"，即大司马、大将军、太尉、司徒、司空，在中枢的地位倒是十分重要。特别是大司马，大将军，如果加上"录尚书事"的头衔，就可以处理一切军国大事，成为无名有实的丞相。所以曹魏时期，丞相从制度上说无此官，但

① 《资治通鉴·魏纪一·黄初三年》。

② 《三国志·魏书·高柔传》。

事实上又确有此官。凡是总揽中枢大权，必须是加上“录尚书事”的头衔。如《三国志·魏书·曹爽传》载：“帝寝疾，乃引爽入卧内，拜大将军，假节钺，都督中外诸军事，录尚书事，与太尉司马宣王并受遗诏辅少主。……丁谧画策，使爽白天子，发诏转宣王为太傅，外以名号尊之，内欲令尚书奏事，先来由己，得制其轻重也。”由此可知，“录尚书事”可以核阅一切公文奏事，处理国家的日常政务。如果是当了“三公”之一的太傅，官位虽然尊崇，但却成为毫无实权的闲职了，这就是曹爽所以鼓动天子升任司马懿为“太傅”的根本原因。

3. 三省制度的初步形成

曹魏时中枢行政机关的另一个重大变化，就是三省体制的初步形成。秦汉时作为少府掌管文秘的属官尚书，到曹魏时已发展成为拥有众多属员的尚书台，以尚书令、尚书仆射为尚书台的长官，品级虽为三品，但总典纲纪，无所不统，职权日益增大。不仅尚书令尊崇无比，甚至连尚书仆射都被认为是“官之师长，天下所望”，[①]其显赫荣耀如此。尚书台下设吏部尚书、左民尚书、客曹尚书、五兵尚书、度支尚书等，分别掌管各种政务。原九卿官职虽仍然存在，但其所主管的事务都逐渐转入尚书各曹的手中。这样，尚书台就成了国家各项政务的总汇机关，尚书令、尚书仆射则成为中央最高行政长官。魏文帝即位以后，为加强皇权，“黄初初，改秘书为中书，以放为监、资为令，各加给事中；放赐爵关内侯，资为关中侯，遂掌机密”。[②]刘放、孙资均系曹丕的亲近幕僚，以他们为首成立中书省，其目的是与尚书台分权，削弱尚书的权力与地位，使它们互相牵制，以利于君主加以控制。所以《通典·职官》云“自魏晋重中书之官，居喉舌之任，则尚书之职，稍以疏远”。另外，曹魏又将汉代侍中以上的亲近侍臣，如侍中、常侍之类的官员，提高其地位，成立门下省，以备皇帝的顾问应对，

① 《三国志·魏书·贾诩传》。
② 《三国志·魏书·孙资传》。

并掌章表诏命手笔之事。这样，就为中书决策，门下审议，尚书执行的三省六部体制的形成奠定了基础。

总之，曹魏时期是中央行政机构由三公九卿向三省六部过渡的时期，所以这一时期的官制很不规范化、制度化，有些官职有名无实，有些官职则有实无名。新旧交替，庞大复杂，军民不分，变化不定，是这一时期行政体制的基本情况。

4. 地方行政机关的特点

曹魏时的地方行政机构沿用汉制，分为州、郡、县三级。州一级的行政长官，除京师称河南尹以外，其他各州均称刺史。曹魏政权属下分十三州：除京师外，还有扬州、青州、徐州、兖州、荆州、豫州、雍州、凉州、秦州、冀州、幽州、并州。另外梁州、益州虽未入版图，也置刺史遥领。因为三国对立，争战不休，魏时地方行政机构的最大特点，是多以军人兼任州的行政长官，置都督诸州军事，兼领刺史，后又加东西南北“四征将军”的称号，这样一来州刺史之权力日益膨胀，集军事、政治、经济、司法等大权于一身，成为地方上的实权派。

魏时州以下的地方行政机构与汉时相同；州下设郡，郡下设县。郡置太守，掌管一郡政务，另置郡尉，典兵禁、备盗贼，维持地方上的治安秩序。县万人以上置令，万人以下置长，掌管本县政务。县亦置县尉，其职责与郡尉相同。此外，曹魏还在少数民族地区设立各种校尉以统兵镇守之。事实上，郡县的行政官吏虽不全由军人充任，但也负有筹措军需、征调兵役的职责。因此郡县的行政机构也都具有浓厚的军事色彩，这是它的一个特点。

应当指出，在曹魏时期，为了应付战争的需要，虽然赋予地方行政机构以较大的权力，但却没有发生过拥兵自重、军阀割据的事情，这是因为经过曹操多半生的艰苦斗争，使被破坏了的中央集权的权威不仅恢复而且大为加强，从而保持和促进了曹魏统治区的政局稳定和社会的发展。

二、曹魏政权的选官和考核办法

封建统治阶级为了维护自己的统治地位，必须选拔和任用有治国之才的人来充当各级官吏，并对各级官吏的德行才能进行经常性的考核，以保证他们胜任自己所承担的任务。荀况曾说过："法者，治之端也；君子者，法之原也。故有君子，则法虽省，足以遍矣；无君子，则法虽具，失先后之施，不能应事之变，足以乱矣。"① 只有德才兼备的人才才能把国家治理得井井有条，这是历史经验的正确总结。曹魏统治者吸收这一历史经验，为了发现和选拔人才，建立了比较完备的选官和考核制度。

（一）曹操"唯才是举"的选官政策

在三国并立的斗争中，曹操为了战胜吴、蜀，一统天下，对争夺人才的问题尤其重视，非常注意从中小地主和一般群众中选拔人才。

东汉时期，实行以经术、德行和门第为选官标准的察举制度，被选拔的官吏大多是徒有虚名而无实才的士族地主。曹操为统一国家，在政治与军事斗争都十分激烈的情况下，当然要选拔有真才实学的人充当官吏，决不能让那些无能之辈占据重要岗位。因此于建安八年（公元 203 年），他发布《庚申令》，明确批驳了"或以军吏虽有功能，德行不足堪任郡国之选"的所谓"可与适道，未可与权"的议论，强调指出："未闻无能之人，不斗之士，并受禄赏，而可以立功兴国者也。"坚持实行"不官无功之臣，不赏不战之士；治平尚德行，有事赏功能"② 的用人政策。建安十五年（公元 210 年）春，他又下达《求贤令》，令曰："自古受命及中兴之君，曷尝不得贤人君子与之共治天下者乎？……今天下尚未定，此特求贤之急时也。……若必廉士而后可用，则齐桓其何以霸世！今天下得无有被褐怀玉

① 《荀子·君道》。

② 《三国志·魏书·武帝纪》。

而钓于渭滨者乎？又得无盗嫂受金而未遇无知者乎？二三子其佐我明扬仄陋，唯才是举，吾得而用之。”[①] 此令充分反映曹操求贤若渴的迫切心情，和他敢于向世俗挑战的革命进取精神。建安十九年（公元214年）十二月，曹操又发布《乙未令》，重申“夫有行之士未必能进取，进取之士未必能有行也。……士有偏短，庸可废乎！”[②] 指令各级官吏对人不要求全责备，应当更广泛地搜罗人才。建安二十二年（公元217年），曹操又发布《举贤勿拘品行令》，在令文中明确提出“负污辱之名、见笑之行，或不仁不孝而有治国用兵之术，其各举所知，勿有所遗。”[③] 曹操这种不拘一格选拔人才的做法在所谓重视“德行”的古代确实是少有的，也的确使他在三国争霸的斗争中获得一批很有作为的治国用兵的人才。在“唯才是举”的方针下，曹操“拔于禁、乐进于行阵之间，取张辽、徐晃于亡虏之内，皆佐命之功，列为名将。其余拔出细微，登为牧守者，不可胜数”[④]。曹操当政期间，朝中文臣武将，人才济济，对于巩固和发展统一北方的胜利都创造了光辉的业绩。所以“唯才是举”的用人政策，是曹操在事业上取得成功的重要原因之一。

（二）九品中正制

曹操提出“唯才是举”的目的是否定门第出身，所以这种选官办法是和他所推行的抑制与打击士族豪强的政策相一致的。但曹操死后，由于士族豪强势力的日益发展并逐步在政治上取得了主导地位，因而曹操时期所推行的“唯才是举”的选官办法也就逐渐废弛，代之以九品中正制的选官制度。据《资治通鉴·魏纪一》载，文帝黄初元年，“尚书陈群，以天朝

① 《三国志·魏书·武帝纪》。
② 《三国志·魏书·武帝纪》。
③ 《三国志·魏书·武帝纪》注。
④ 《三国志·魏书·武帝纪》注。

选用不尽人才，乃立九品官人之法；州，郡皆置中正以定其选，择州郡之贤有识鉴者为之，区别人物，第其高下”。胡三省注云：“九品中正自此始。九品，上上、上中、上下、中上、中中、中下、下上、下中、下下也。”《文献通考·卷二十八》云：“州、郡、县俱置大小中正，各取本处人在诸府公卿及台省郎吏有德充才盛者为之，区别所管人物，定为九等。其有言行修著，则升进之，或以五升四，以六升五。倘或道义亏缺，则降下之，或自五退六，自六退七。是以吏部不能定审核天下人才士庶，故妄中正铨第等级，凭之授受，谓免乖失及法弊也。”《二十二史札记·卷八》云：“郡邑设小中正，州设大中正。由小中正品第人才以上大中正，大中正核实以上司徒，司徒再核然后付尚书选用。”从以上史料的记载来看，九品中正的选官制度，主要包括以下几个方面的内容：

第一，选官的机构，在中央为司徒和吏部尚书，在地方为州郡的大小中正。先由郡县小中正选拔，然后报州大中正审核，由州大中正上报司徒，由司徒复核后交付吏部尚书选用之。这样一来，曹魏时的选官权力主要落到州、郡大小中正的手中，而大小中正又都由州郡之“贤有识鉴者”充任之，所以选官的权力实际上为地方上的世家大族及官僚豪绅所垄断。

第二，选官的标准，主要是由世、状、品所构成的铨衡三条。世，是指对家世、财产、地位、资格的审定；状与品则是对本人才德的衡量。咸熙二年（公元 265 年）颁布的《诸郡中正六条举淹滞令》规定的品评人物的标准为：“一曰忠恪匪躬，二曰孝敬尽礼，三曰友于兄弟，四曰洁身劳谦，五曰信义可复，六曰学以为己。”把忠孝友信作为选拔人才的主要标准和基本原则，充分说明九品中正制已经完全儒家化了。

第三，选官的方法，主要是品评等第，即将人物按其“言行”“道义”分为三等九品。每年品评均有升降：“言行修著者”则升进之：“道义亏缺者”则降下之，如此来激励被品评者不断力求上进，以应官选。然品评人物既以“言行”“道义”为标准，则其实际才干如何，就很难正确地反映出来。因此，九品中正制与曹操的“唯才是举”的选官办法之优劣，就昭然若揭了。而在实践中，选官只注意“言行”“道义”的结果，是往往以“门第”“出身”之高下为依据，因此就必然形成“上品无寒门，下品无士族”的局面。

第四，选官的程序，采用品评等第与选用授官两个步骤。第一步先由州、郡大小中正将人物按九品分为等次，然后造册上报司徒核实；第二步再由吏部尚书根据需要和本人的条件，授以不同的官职。这样就把州郡主持的品评与中央主持的授官分开，两者之间既互相联系，又互相制约，从形式上来看确实可以免去“乖失及法弊”。而实际上，无论是州郡的品评还是中央的选授，都充满了人情与世故，因而必然造成“官以贿成”的结果。

总之，九品中正制作为汉代的陈腐的察举选官制度的替代者，在历史上有一定的进步意义。但由于这种选官制度基本上为世家大族和官僚豪强所把持、所操纵，因而成为保护和发展士族门阀制度的一种手段，对于选拔有真正治国用兵之才的人，并没有发挥有利的作用。

（三）五经课试之法

九品中正制度在选拔人才时，只重门第、德行而不重真才实学的弊端从一开始就显露出来，因此人们就不得不去探讨弥补这种缺陷的办法，所以在九品官人之法刚刚实行不久，曾任魏相国的华歆就提出“五经课试之法”。据《三国志 · 魏书 · 华歆传》载：“三府议：‘举孝廉；本以德行，不复限以试经。’歆以为：‘丧乱以来，六籍堕废，当务存立，以崇王道。夫制法者，所以经盛衰。今听孝廉不以经试，恐学业遂从此而废。若有秀异，可特征用。患于无其人，何患不得哉？’帝从其言。”华歆主张举孝廉不能只是根据其“德行”，还要课试五经。只有五经考试合格者，才能量才选用授官。《资治通鉴 · 魏纪二》载，文帝黄初五年，“初平以来，学道废堕。夏四月，初立太学，置博士，依汉制设五经课试之法”。五经，指儒家的五部经典，始称于汉武帝，即《诗》《书》《礼》《易》《春秋》。所谓五经课试之法，即以五经为内容来考取人才。“吏通一艺以上者，清皆选择以补右职。”胡三省注云：“吏，谓百石以上及比百石以下也。右职，谓中二千石、二千石之卒史也。”即通过五经考试而被证明其精通一经者，才能授以相应的官职。在汉朝，“平帝时，岁课甲科四十人为郎中，乙科二十人为太子舍人，丙科四十人补文学掌故。东都五经立十四博士，皆以家法教授。《古文尚书》《毛诗》《谷梁》《左氏春秋》虽不立学官，然皆擢高第为讲郎，给事近署。顺帝增甲乙之科，员各十人”[①]。这说明五经课起自汉代，就是以儒家的经典作为选官的考试课本，这当然是汉武帝“罢黜百家，独尊儒术”的主要措施之一。这样，人们若想做官，必须去攻读五经。所以采用五经课试之法，虽然选拔官吏时不再完全根据难以捉摸的“德行”为标准。而以个人对经学掌握的程度为依据，而这样做的结果又必然把人们引向钻研古董，脱离现实的道路上去，离选拔具有真才实学的治国之才的目标仍有相当大的差距。所以大司农卫尉刘靖上疏曰：“自黄初以来，崇立太学二十余年，而寡有成者，盖由博士选轻，诸生避役，高门子弟，耻必其伦，故无学者。虽有其名而无其人，虽设其教而无其功。”他建议重整太学，高选人师，“明制黜陟荣辱之路，其经明行修者，则进之以崇德；荒教废业者，则退之以惩恶；学善而教不能则劝，浮华交由，不禁自息矣”[②]。但此时已到曹魏的末期，封建统治集团内部斗争十分激烈，无暇顾及此事了。

总之，五经课试之法是作为补救九品中正制的弊端而实行的一种选官办法，它虽然不能完全弥补九品官人法的缺陷，但却为隋唐以后的科举考试制度奠定了基础，因此其历史进步作用也是应当肯定的。

（四）都官考课之法

考课，是封建统治者按一定的标准考察官吏的功过善恶，分别等次加

---

① 《资治通鉴·魏纪二·黄初四年》注。

② 《三国志·魏书·刘馥传》。

以升降赏罚的一种制度。《通典 · 选举三》云："书称：明试以功，三考黜陟，帝王之盛制。"这说明考课之法，由来已久。而考课之目的，"使有能者当其官，有功者受其禄，譬犹鸟获之举千钧，良、乐之选骥足也"。官吏是推行国家政策的工具。为官者是否称职，勤政和廉洁，对于巩固统治阶级的统治地位是十分重要的。曹操及曹丕都重视对官吏的考核，实行"三载考绩，黜陟幽明"的政策，曾导致政治清明，吏治廉洁的短暂时期。但到了魏明帝曹叡时代，吏治即日益变坏，不但统治集团上层逐渐腐败，下层官吏也多贿赂公行。为整饬吏治，魏明帝遂令散骑常侍刘劭作都官考课七十二条，并颁布实施。《三国志 · 魏书 · 刘劭传》云"景初中，受诏作《都官考课》。劭上疏曰：'百官考课，王政之大较，然而历代弗务，是以治典缺而未补，能否混而相蒙。陛下以上圣之宏略，愍王纲之弛颓，神虑内鉴，明诏外发。臣奉恩旷然，得以启矇，辄作《都官考课》七十二条，又作《说略》一篇。臣学寡识浅，诚不足以宣畅圣旨，著定典制。'"都官考课法有七十二条之多，并有《说略》一篇加以解释，可见其内容是相当丰富的。可惜已失传，故其具体内容不得而知了。但从同时代的另一位大臣散骑常侍杜恕关于考课的议论中可以看到：

第一，考课的对象，一为州郡的地方官吏，二为公卿及内职大臣。如杜恕云："其欲使州郡考士，必由四科，皆有事効，然后察举，试辟公府，为亲民长吏，转以功次补郡守者，或就增秩赐爵，此最考课之急务也。臣以为便当显其身，用其言，使具为课州郡之法，法具施行，立必信之赏，施必行之罚。至于公卿及内职大臣，亦当俱以其职考课之也。"[①] 这说明考课的重点在州郡地方官吏，同时也包括公卿及内职大臣。通过考课，明其功过，信赏必罚，使各级官吏尽职尽责。

第二，考课的内容，主要有以下几点："其有夙夜在公，恪勤特立，当官不挠贵势，执平不阿所私，危言危行以处朝廷者，自明主所察也。若尸

① 《三国志 · 魏书 · 杜恕传》。

禄以为高，拱默以为智，当官苟在于免负，立朝不忘于容身，絜行逊言以处朝廷者，亦明主所察也。诚使容身保位，无放退之辜，而尽节在公，抱见疑之势，公议不脩而私议成俗，虽仲尼为谋，犹不能尽一才，又况于世俗之人乎！”[①]由此可知，考课的内容涉及个人品质、工作态度、学识水平和实际能力等各个方面，比较庞杂与笼统。

所以正如杜预对都官考课之法所评价的那样：“其文可谓至密，然由于累细以违其体，故历代不能通也。”[②]特别是明帝后期，大权旁落，司马氏逐步取代曹魏而成为国家的实际统治者。在这种情况下，统治集团内部争权夺利的斗争日益激烈，整顿吏治的工作遂被搁置起来，而《都官考课之法》虽然颁布，在实际上并没有完全施行。

三、关于惩治职务犯罪的若干规定

曹魏统治者为用法纪整饬吏治，使各级官吏都能忠于职守，勤于政事，对官吏有关职务方面的违法犯罪行为，都要绳之以法，决不宽贷。从史料所载的处罚官吏的案例来看，其职务方面的犯罪，主要有以下几种：

1. 擅去官，如官吏擅离职守，即构成此罪。如《魏略》云：“初，茂同产兄黄，以十二年中从公府掾为长陵令。是时科禁长吏擅去官，而黄闻司徒赵温薨，自以为故吏，违科奔丧，为司隶钟繇所收，遂伏法。”[③]时三国斗争激烈，官吏如果擅离职守，则有可能贻误军机大事，故为法令所严禁。

2. 侵官越职，即超越本官的职权而侵夺他官的职事。《资治通鉴·魏纪五·青龙三年》载：“殿中监督役，擅收兰台令史，右仆射卫臻奏按之。诏曰：‘殿舍不成，吾所留心，卿推之，何也？’臻曰：‘古制侵官之法，

① 《三国志·魏书·杜恕传》。

② 《晋书·杜预传》。

③ 《三国志·魏书·常林传》引。

非恶其勤事也，诚以所益者小，所堕者大也。臣每察校事，类皆如此，若又纵之，惧群司将遂越职，以至陵夷矣。'" 按兰台令史，属御史台管辖。此殿中监的职责仅是“以其时营造宫室，使监作殿中耳”，无权监察殿中官吏是否有违法的行为，故其擅自收捕兰台令史，为越职侵权，所以卫臻才奏劾之。

3. 应言上而不言上，即应奏报朝廷的政事而不奏闻的，即获此罪。如杜恕为幽州刺史，使持节、护乌丸校尉。嘉平元年，“有鲜卑大人儿，不由关塞，径将数十骑诣州，州斩所从来小子一人，无表言上。喜于是劾奏恕，下廷尉，当死。以父畿勤事水死，免为庶人，徙章武郡”[①]。杜恕身为一州的军政长官，像鲜卑数十人入州并斩杀来人这样大事，本应上表奏报朝廷。但“恕倜傥任意”，却无表言上，故被劾去宫，得免一死，亦属侥幸了。

4. 故不以实，即用意为奸欺者。文帝黄初三年诏曰：“今之计、孝（计为上计吏，孝为孝廉也），古之贡士也。十室之邑，必有忠信。若限年然后取士，是吕尚、周晋不显于前世也。其令郡国所选，勿拘老幼；儒通经术，吏达文法，到皆试用。有司纠故不以实者。”[②] 所谓“故不以实”，主要是指选官、考课时弄虚作假，欺骗朝廷的行为。而这样的事例又确实存在。如杜恕上疏揭发说：“近司隶校尉孔羡辟大将军狂悖之弟，而有司嘿尔，望风希指，甚于受属。选举不以实，人事之大者也。”[③] 大将军，指司马宣王。孔羡举荐司马宣王狂悖之弟，自然是为了讨好于他。所以在封建官场之中，若想杜绝“选举不以实”，是根本不可能的。

以上是曹魏时期关于官吏职务犯罪的一些案例，虽不能反映这方面立法之全貌，亦可以看到曹魏统治者用法律手段整顿吏治的决心与魄力。

---

① 《三国志·魏书·杜恕传》。
② 《三国志·魏书·文帝纪》。
③ 《三国志·魏书·杜恕传》。

曹魏统治者为驾驭官吏，使其成为驯服的工具，除对构成犯罪者坚决绳之以法外，对因职事而有轻微过错的官吏还经常处以杖罚，类似后世的廷杖。据《魏略》载：韩宣“黄初中，为尚书郎，尝以职事当受罚于殿前，已缚，束杖未行。文帝辇过，问：‘此为谁’？左右对曰：‘尚书郎勃海韩宣也。’帝追念前临菑侯所说，乃寤曰：‘是子建所道韩宣邪！’特原之，遂解其缚。时天大寒，宣前以当受杖，豫脱袴，缠裈而缚，及其原，裈腰不下，乃趋而去。”[①]。对官吏的这种杖罚，在殿堂之上公开执行，要将受罚者绑缚起来，还要脱掉裤子。所以这种处罚于士大夫来说对其尊严的凌辱甚于肌肉的痛苦。古人云：士可杀而不可辱。对官吏的杖罚，除了显示专制君主的淫威外，又能说明什么呢?

四、诸侯王的法律地位

秦始皇纳李斯之建议，未割裂州国，封王子弟，遂乃郡国离心，众庶溃叛，被认为是导致二世而亡的一个重要原因。汉朝鉴于秦朝之失，分封子弟，各自为王，地过古制，尾大不掉，终于酿成七国之乱。曹丕代汉称帝以后，吸取秦汉的历史教训，又因民人减少，虽然分封子弟为王侯，但皆有其名而无其实。正如《资治通鉴·魏纪一》所指出的那样：“是时，诸侯王皆寄地空名而无其实；王国各有老兵百余人以为守卫，隔绝千里之外，不听朝聘，为设防辅监国之官以伺察之；虽有王侯之号而侪于匹夫，皆思为布衣而不能得。”这段记述基本上反映了当时诸侯王的情况。以曹植为例，“时法制，待藩国既自峻迫，寮属皆贾竖下才，兵人给其残老，大数不过二百人。又植以前过，事事复减半，十一年中而三徙都，常汲汲无欢，遂发疾薨，时年四十一”[②]。曹植尝作歌曰：“流转无恒

① 《三国志·魏书·裴潜传》引。
② 《三国志·魏书·任城陈萧王传》。

处，谁知吾苦艰？”可见当时诸侯王的处境是何等窘迫。曹丕即位之时，在曹操诸子之中，有武功卓著者，有文采超群者，且“彰问玺绶，将有异志”[①]，“植常自愤怨，抱利器无无所施”[②]，对文帝曹丕均表示不服与不满。在这种情况下，曹丕为了保住帝位，清除来自宗室内部的威胁，自然不会封其竞争者以大国，坐让其壮大势力，进而夺取政权。最好的办法，就是让他们“既徒有国土之名，而无社稷之实”[③]。而且诸侯王的封地还日益缩小。如黄初元年，“改封诸侯王，皆为县王”，其封地由一郡缩小到一县。很显然，曹丕对诸弟所采取的这些防范措施，实际上反映曹魏宗室内部争权夺位的斗争，自古亦然，不足为奇。及至文帝死，明帝即位以后，为改善诸侯的状况，他连续颁下两道诏令：一是准许诸侯王派遣适子一人来朝，解除文帝时不准诸侯朝聘的禁令；二是扩大诸侯王的封地，改诸侯王以郡为国。明帝以后，诸侯王的处境虽稍有好转，但并未从根本上改变那种“有名无实”的状况。

综观曹魏统治时期，诸侯王不仅始终处于一种“有名无实”的地位，而且还对他们“又禁防壅隔，同于囹圄”，在法律上严加限制，防止他们有越轨的行为。不但触犯刑律者要受到严厉的惩处，即使稍有过愆亦被横加罪名。从诸侯所受的处罚来看，其罪名主要有以下几种：

1. 图危社稷，即逆谋篡权，便获重罪。如楚王曹彪，于嘉平元年，“而谋于奸邪，乃与太尉王凌、兖州刺史令狐愚构通逆谋，图危社稷”，企图取齐王曹芳（当时为帝，后废）而代之，事发后，本人被赐死，妃及诸子皆免为庶人，其属官以下及监国谒者坐知情无辅导之义皆伏诛。

2. 犯令违例，即违反令禁，逾制非度。如任城王曹楷，青龙三年，“坐私遣官属诣中尚方作禁物，削县二千户”。又如彭城王曹据，景初元年，“坐

① 《三国泰·魏书·任城陈萧王传》引《魏氏春秋》。
② 《三国志·魏书·任城陈萧王传》。
③ 《三国志·魏书·武文世王公传》。

私遣人诣中尚方作禁物，削县二千户。”据《魏书》云：“王遣司马董和，赍珠玉来到京师中尚方，多作禁物，交通工官，出入近署，踰侈非度，慢令违制，绳王以法。”凡君主专用而不准臣民所用之器物，均为禁物。所以遣人到京师中尚方作禁物，即是逾制犯法的行为。曹操尚节俭，后宫不衣绣。据《世语》云：“植妻衣绣，太祖登台见之，以违制命，还家赐死。”这说明此禁早已有之，而在曹操时执行的更加严厉。

3. 私通宾客，尤其是交通京师的宾客，被认为是严重的罪行。如中山王曹衮，于青龙元年，有司奏：“王乃者来朝，犯交通京师之禁，……今削县二，户七百五十。”又如赵王曹干，青龙二年，“私通宾客，为有司所奏，赐予玺书诫诲之曰：‘……重诸侯宾客交通之禁，乃使与犯妖恶同。夫岂以此薄骨肉哉？徒欲使子弟无过失之愆，士民无伤害之悔耳’”。严禁诸侯交通宾客，即严禁诸侯与外界特别是与京师大臣交往，以防他们互相勾结，图谋不轨。防范之严，无甚于此。

4. 劫胁使者，殴打县吏。黄初二年，“（曹）植醉酒悖慢，劫胁使者”，有司请治罪，帝以太后故，贬爵安乡侯。按使者，即皇帝的使臣。劫胁使者是大不敬行为，本应处以死刑，因为植系“骨肉之亲，析而不殊”。又青龙二年，东平王曹徽“使官属挝寿张县吏，为有司所奏。诏削县一，户五百”。指使属官殴打县吏，亦为法律所不容。

总之，魏自黄初以来，对诸侯王法禁严切，虽亲姻皆不敢相通问。正如曹植所说：“近且婚媾不通，兄弟乖绝，吉凶之问塞，庆吊之礼废，恩纪之违，甚于路人；隔阂之异，殊于胡、越。”[①] 曹魏对诸侯王的这种处置，虽然防止了如汉代封国势力强大而威胁中央集权的弊端，但却造成了亲戚骨肉之间的分离与仇恨。“今魏尊尊之法虽明，亲亲之道未备”，斯亦为矫枉而过正也乎？

---

① 《资治通鉴·魏纪四·明帝太和五年》。

第五节　曹魏政权的刑事法律制度

曹魏政权的刑事法律制度，基本上沿用两汉时期的刑事法律制度，并根据时代的需要而有所发展。正如《晋书·刑法志》所说："秦立重辟，汉又修之，大魏承秦汉之弊，未及革制。"虽然曹魏时曾制定新律十八篇，除在刑罚种类上有较大的改革以外，秦汉律所确立的罪名及判刑原则并无多大改变，基本上与前代相同。

一、罪名

魏律所规定的罪名比较详密，除了承袭汉律的一些罪名以外，又根据当时斗争的需要而加以发展，比之汉律更加规范化制度化。

1. 侵犯皇帝罪

在封建专制时代，皇帝权力至高无上，是封建政权的总代表，因而反对皇帝与反对国家被认为是同一概念。魏律中的侵犯皇帝罪主要有两方面：一是侵犯皇帝人身安全及统治地位方面的犯罪；二是侵犯皇帝尊严及权威方面的犯罪，有来自被压迫者的反抗，也有统治集团上层的篡权活动，前者是阶级斗争的表现，后者是统治阶级内部争权夺利的一种反映。现举其重要者叙述如下：

大逆无道。一般是指以言语或行动直接侵犯皇帝的人身安全及宗庙陵园或阴谋夺取帝位的行为。如刺杀高贵乡公的成济，被宣布为："济凶戾悖逆，干国乱纪，罪不容诛。辄敕侍御史收济家属，付廷尉，结正其罪。"[①]，其实成济刺杀少帝是由司马昭的指使，结果他被定罪为大逆无道，纯粹是

① 《三国志·魏书·三少帝纪》。

掩人耳目的一种把戏。另外太尉王凌和兖州刺史令狐愚拥立楚王彪失败以后，被定为“构通逆谋，图危社稷，有悖忒之心，无忠孝之意”①，彪赐死，其他与谋之人均被治罪。又如曹爽反对司马懿专政失败以后，亦被加上“阴谋反逆”，“谋危神器”，“皆为大逆无道”的罪名，曹爽及其同谋者皆被处死。按魏律规定：“科律大逆无道，父母、妻子、同产皆斩。”②由此可知，曹魏时的所谓“大逆无道”罪，主要是统治阶级内部争权斗争的胜利者用以打击和镇压失败者的最严厉的法律武器。

谋反大逆。谋反大逆与大逆无道有所不同，主要是封建统治者镇压被统治阶级反抗的法律工具。三国时期，战争频繁，人民负担甚重，反抗封建统治的斗争此起彼伏，连绵不断。曹魏统治者对这些走投无路，起而造反的农民，在采用军事围剿的同时，亦用刑法镇压之。例如《三国志·魏书·田豫传》载：“迁南阳太守。先时，郡人侯音反，众数千人在山中为群盗，大为郡患。前太守收其党与五百人，表奏皆当死。”即凡造反的农民按律皆应被处以死刑，且处死的方法又极其残酷。据《晋书·刑法志》载：“至于谋反大逆，临时捕之，或污潴，或枭菹，夷其三族，不在律令，所以严绝恶迹也。”曹魏统治者对“谋反大逆”的处罚之所以比“大逆无道”更加严厉残酷，就是因为“大逆无道”多为统治集团内部斗争，政权易手，性质不变；而“谋反大逆”，则不然，它关系到封建政权的生死存亡的问题。

大不敬。所谓大不敬罪起自汉代。《唐律疏议》云：“汉制九章，虽并湮没，其不道不敬之目见存，原夫厥初，盖起诸汉。”魏承汉制，其律亦没有不敬罪。据《三国志·魏书·王粲传》载，始文帝为五官将，粲与东平刘桢等并见友善。但“桢以不敬被刑，刑竟署吏。”具体事由是刘桢辞旨巧妙，特为诸公子所喜爱。“其后太子尝清诸文学，酒酣坐欢，命夫人

① 《三国志·魏书·楚王彪传》引《汉魏春秋》。

② 《三国志·魏书·三少帝纪》。

甄氏出拜。坐中众人咸伏，而桢独平视。太祖闻之，乃收桢，减死输作。”①只因对太子夫人“平视”，就被定为不敬罪，处以“减死输作”，如果是对君主本人有不敬的行为，其后果就可想而知了。所以在封建专制时代不仅皇帝的尊严是不可侵犯的，皇族家属的尊严也受法律的保护。

擅开司马门。所谓司马门是指皇帝所居住的宫殿门。《周礼 · 天官 · 宫正》注云：“司马殿门者，汉宫殿门。每门皆使司马一人守门，比千石，皆号司马殿门。”又贾谊《新书》曰：“天子宫门曰司马，阑入者为城旦；殿门阑入者弃市。”阑入，即未经允许而擅自出入。皇帝居于深宫之中。为保护其人身不受侵犯，对宫殿门必然要严加防卫，凡臣民出入时，必须有“门籍”和“引人”，否则即为“阑入”。据《三国志 · 魏书 · 任城陈萧王传》载：“植常乘车行驰道中，开司马门出。太祖大怒，公车令坐死。由是重诸侯科禁，而植宠日衰。”《魏武故事》载令曰：“从子建私开司马门来，吾都不复信诸侯也。”这说明曹魏统治时，擅开司马门亦为法律所严禁，即使是宗室支子如曹植私开司马门出，也要被认为是严重违法的行为。而法律之所以这样规定，就是为了保护皇帝的人身安全。

矫制罪。魏诈伪律设有矫制罪。矫制，即假托皇帝的诏令，是侵犯皇帝权威的一种行为。《玉篇》云：“矫，诈也，擅也。”《公羊传 · 僖公三十三年》何休注：“诈称曰矫。”《汉书 · 冯安世传》云：“汉世之法有矫制。”颜师古注：“汉家之法，擅矫诏命，虽有功劳，不加赏也。”汉矫制罪，亦称矫诏罪，分为“矫诏害”与“矫诏不害”两种情况，根据有无危害后果判处不同的刑罚。矫诏大害应腰斩或弃市；矫诏不害则可以减轻其刑罚。魏律中的矫制罪即汉代矫诏罪的继续与发展，二者基本相同。

欺谩罪。曹魏的欺谩罪亦在诈伪律。欺谩即指对皇帝有欺骗、蒙蔽的行为。张斐《律表》称：“违忠欺上谓之谩。”亦来自汉律。《说文义征》桂馥注：“汉律有欺谩、诈伪之科。”欺谩，亦称抵欺。《汉书 · 东方朔传》云：

① 《三国志 · 魏书 · 王粲传》引《典略》。

“朔擅抵欺天子从官，当弃市。”魏律中的上书奏事及考核官吏“故不以实”，亦属此类犯罪，要追究行为人的刑事责任。

不承用诏书。魏乏留律有不承用诏书，即汉代的废格诏令罪。《史记·淮南王列传》载：“公卿治者曰：‘淮南王安拥阏奋击匈奴者雷被等，废格明诏，当弃弃。’”《索隐》崔浩曰：“诏书募击匈奴，而雍遏应募者，汉律所谓废格。”废格诏令，就是公然阻止皇帝诏令的执行，这是对皇帝权威的挑战。不承用诏书，就是不按皇帝的诏书办事，与废格诏令罪性质相同。又魏律尚有奉诏不谨，亦来自汉律，即执行皇帝的诏令时不谨慎不认真，也构成大不敬罪。

2. 诽谤妖言罪

自从秦始皇确立诽谤妖言罪以来，中经两汉而至曹魏一直相沿不改，作为专制君主箝制臣民思想言论的一项重要的法律武器。马克思指出：“凡是不以行为本身而以当事人的思想方式作为主要标准的法律，无非是对非法行为的公开认可。”[①] 封建专制时代惩治“思想言论”的法律，实质上就是对封建专制主义的非法镇压的公开认可，其结果必然造成万马齐喑的恐怖局面。

据史料所载，在曹魏统治时期，曾大力推行以思想言论定罪的法律，藉以树立曹操的个人权威。曹操虽名为汉相，实为天下的主宰。他大权在握，生杀由己；置天子于不顾，视群臣如奴仆。为消除臣民对其擅权专政之不满，对所谓诽谤怨言者，经常以重法治之。例如曹操为魏王，有人上表称赞其功德。崔琰写书劝上表者“省表，事佳耳”。有人向曹操告密说崔琰“此书傲世怨谤者”，曹操大怒，以其“腹诽心谤”，乃收付廷尉，髡刑输徒。向曹操告密者又说：“琰为徒，虬须直视，心似不平”，曹操亦以为然，遂赐琰死。[②] 崔琰仅仅是劝告别人省去给曹操歌功颂德的表章，就

① 《马克思恩格斯全集》(第 1 卷)，人民出版社 2006 年版，第 16 页。

② 《三国志·魏书·崔琰传》引《魏略》。

被加上一个“腹诽心谤”的罪名而被处死，真是岂有此理！崔琰死后，又有毛玠对此不平，有人密告操：“出见黥面反者，其妻子没入官奴婢，阶言曰：‘使天不雨盖此也。’”太祖大怒，收玠付狱。大理钟繇责玠曰：“讥诽之言，流于下民；不悦之声，上闻圣听。”后由人进言相救，毛玠虽然没有丢了脑袋，却丢了乌纱帽，“玠遂免黜，卒于家”[①]。另有娄圭，少与太祖有旧，从破马超等，立功为多。后与南郡习授同车，见曹操父子出，授曰：“父子如此，何其快耶！”圭曰：“居世间，当自为之，而但观他人乎！”授乃告太祖，太祖“以为有腹诽之意”，遂见诛[②]。此外，北海孔融、南阳许攸、娄圭，均因言辞侵犯曹操而被处死。故陈寿云：“初，太祖性忌，有所不堪者，鲁国孔融、南阳许攸、娄圭，皆以恃旧不虔见诛。而琰最为世所痛惜，至今冤之。”[③] 这些事例充分说明曹操既有“唯才是举”，知人善任的精神，又处处提防部属对自己猜忌怀疑和不忠的行为，甚至运用法律手段残酷镇压不满者，这也反映出曹操专横暴虐的阴暗面。

及至魏文帝曹丕即位以后，由曹操所确立的以诽谤妖言治罪的法律更为变本加厉地推行起来。如《三国志·魏书·高柔传》载：“文帝践阼，……民间数有诽谤妖言，帝疾之，有妖言辄杀，而赏告者。”如此做法，必然要助长奸民诬告之风；而危害好人的安全，绝不会给国家带来安宁。所以治书侍御史高柔上疏谏曰：“今妖言者必戮，告之者辄赏，既使过误无反善之路，又将开凶狡之徒群相诬罔之渐，诚非所以息奸省讼，缉熙治道也。昔周公作诰，称殷之祖宗，咸不顾小人之怨。在汉太宗，亦除妖言诽谤之令。臣愚以为宜除妖言赏告之法，以隆天父养物之仁。”但文帝对高柔的建议并未立即采纳，而相互诬告者日甚一日。在这种情况下，文帝才不得不下诏：“敢以诽谤相告者，以所告者罪之。”曹魏关于诽谤妖言罪的立法，

① 《三国志·魏书·毛玠传》。

② 《三国志·魏书·崔琰传》。

③ 《三国志·魏书·崔琰传》。

至此才被废除。但在此诏发布以后，是否就没有以诽谤妖言而被治罪的，那是很难得出这样的结论的。历史证明，在封建专制时代以思想言论治罪的法律，往往是废而不除，基本上是与封建专制制度相始终的。

3. 违犯军法罪

曹魏统治时期，自始至终战争不断。为在三国争霸中取得胜利，曹操及他的继承人都非常注意军事建设，经常使部队处以可以随时投入战斗的良好状态。曹操在三国领导人中，不仅是一位杰出的政治家，而且是一位杰出的军事家。他坚持以法治军，规定了极严格的军事战斗纪律，用以约束部队的将领与士卒。据史料所载，曹魏时期有关军事方面的犯罪，主要有以下几种：

逃亡罪。《三国志·魏书·卢毓传》载："时天下草创，多逋逃，重亡士之法，罪及妻子。"从曹操到曹丕，战争不断，征役频繁。农民群众不堪忍受其奴役驱使，不肯为封建统治者送死卖命，自然要采用逃亡的方式进行反抗，这就是当时"多逋逃"的一个重要原因。为了制止这种情况，曹魏政权"重亡士之法"以镇压之。"时有亡妻白等，始适夫家数日，未与夫相见，大理奏弃市。"卢毓虽然引经据典作了反驳，但仍然认为："白等皆受聘礼，已入门庭，刑之为可，杀之为重。"一个刚进门的媳妇，尚未与夫君见面，就要根据"重亡士之法"连坐被刑，可见当时对逃亡士卒之惩罚是何其严苛也。

后至罪。后至罪是一条古老的军法，用以惩治不按期到达前线的将士。后至，又称稽留，指应服劳役或兵役的人。拖延迟缓，不能按时到达指定地点的稽误行为。汉《急就篇》师古注云："律有乏兴之法，谓官有所兴发，而辄稽留，乏其事也。"至曹魏时，此法继续存在。如《三国志·魏书·鲍勋传》载："会郡界休兵有失期者，密敕中尉奏免勋官。"失期，亦后至的一种，又如《三国志·魏书·郭淮传》载："黄初元年，奉使贺文帝践阼，而道路得疾，故计远近为稽留。及群臣欢会，帝正色责之曰：'昔禹会诸侯于涂山，防风后至，便行大戮。今溥天同庆而卿最留迟，何也？'"后由于郭淮回答的得体，文帝高兴，他才免遭刑辟。这说明“后至者斩”这一军令，在魏仍适用之。

乱行罪。乱行，即行军作战混乱行伍阵次之行为，也是一条古老的军法。《左传 · 襄公三年》载：“晋侯之弟杨干乱行于曲梁，魏绛戮其仆。”杜预注：“仆，御也。”魏绛因杨干为晋侯之弟而未杀他，仅把为杨干驾车的士兵处死。曹魏时仍然沿用这条古老的军法。《三国志 · 魏书 · 贾逵传》载：“文帝即王位，……迁魏郡太守。大军出征，复为丞相主薄祭酒。从至黎阳，津渡者乱行，逵斩之，乃整。”这说明行军打仗时必须行伍整齐，队列分明。如有乱行者，则要处以死刑。

乏军兴罪。乏军兴所包括的内容十分广泛，凡在战时不能按期完成封建官府或军事当局所布置的各项任务，如耽误军用物资、人员的征集及调拨等，都可以构成乏军兴之罪。《后汉书 · 章帝纪》注云：“军兴而致缺乏，当死刑也。”魏律沿用汉制，在《乏留律》中设有乏军兴之罪。另外，魏律还有“乏徭稽留”，“储峙不办”，亦皆属乏军兴之类。

4. 其他妨害秩序罪

除上面所列各项犯罪以外，还有几项犯罪，可以统归之为妨害秩序罪：

持质。魏《劫略律》设持质罪。持质即劫持人质，作为抵押，以勒索财物的行为。按汉代即有此罪名。特别是东汉后期，政教陵迟，劫质不避王公，官府莫敢攻击，故劫持人质之行为日益猖獗。至魏，此风不止。据《三国志 · 魏书 · 夏侯惇传》载，曹操与吕布交战时，布“遣将伪降，共执持惇，责以宝货，惇军中震恐”。惇将韩浩领兵攻击持质者，惇因而得救。曹操闻之谓浩曰：“卿此可为万世法。”乃著为令：“自今以后有持质者，皆当并击，勿顾质。”据史料载，“由是劫质者遂绝”，而事实也并非如此。

左道。后汉谶纬迷信盛行，妄言吉凶祸福，小者扰乱人心，大者聚众闹事，对封建统治者是一个很大的威胁。故魏文帝代汉之后于黄初五年下诏禁左道，其文曰：“先王制礼，所以昭孝事祖，大则郊社，其次宗庙，三辰五行，名山大川，非此族也，不在祀典。叔世衰乱，崇信巫史，至乃宫殿之内，户牖之间，无不沃酹，甚矣其惑也。自今，其敢设非祀之祭，巫祝之言，皆以执左道论，著于令典。”[①]此令至明帝时仍在执行，“制书禁绝淫祀，以正风俗”[②]。据《三国志·魏书·司马芝传》载：“特进曹洪乳母当，与临汾公主侍者共事无涧神系狱。”卞太后派人去疏通，司马芝不理，敕县考竟，依法判刑。这说明曹魏时对左道淫祀的禁绝是非常坚决的。

偷猎。明帝即位，大兴宫殿，广采美女，又游猎无度，劳民伤财。“时猎法甚峻。”“是时，杀禁地鹿者身死，财产没官，有能觉告者厚加赏赐。”故高柔上疏曰：“中间以来，百姓供给众役，亲田者既减，加顷复有猎禁，群鹿犯暴，残食生苗，处处为害，所伤不赀。民虽障防，力不能御。至如荥阳左右，周数百里，岁略不收，元元之命，实可矜伤。”[③]但明帝只顾个人享乐，哪管人民死活，故而对偷猎者严惩如故。宜阳典农官刘龟窃于禁地内射兔，被告发，明帝大怒：“刘龟当死，乃敢猎吾禁地！”历来皇帝专用的猎场均为禁地，臣民均不得在此狩猎。但如魏明帝猎法之严苛，尚属少见。

杀人。魏律中的杀人罪分为贼杀人，斗杀人和误杀人三种。贼杀人为故意杀人；斗杀人为斗殴杀人；误杀人为过失杀人。分别情况，不同处理。贼斗杀人要处死刑，但过失杀人不坐死，一般可以赎免。魏律对杀人罪的处理除了遵守上述原则以外，还有两点规定值得注意：第一，禁民私复仇。三国时军阀混战，互相杀戮，在民间造成无数的仇恨，私相复仇者时有之，对稳定社会秩序是很不利的。故曹操于平定袁绍之后，于建安十年发布命令：“令民不得复私仇，禁厚葬，皆一之于法。”[④]文帝即位后于黄初四年发布命令重申：“丧乱以来，兵革未戢，天下之人，互相残杀。今海内初

---

① 《三国志·魏书·文帝纪》。

② 《三国志·魏书·司马芝传》。

③ 《三国志·魏书·高柔传》。

④ 《三国志·魏书·武帝纪》。

定，敢有私复仇者皆族之。”[①] 这说明自曹操、曹丕以来，就严格禁止私复仇。至明帝修律时，把复仇问题纳入法律范围以内，明确规定什么情况下允许复仇，什么情况下禁止复仇。正如《晋书·刑法志》所说：“贼斗杀人，以劾而亡，许依古义，听弟子得追杀之。会赦及过误相杀，不得报仇，所以止杀害也。”第二，杀害继母与亲母同样治罪。继母，即后母。非亲生的子女与继母之间总有一定的嫌隙，如因此而杀害继母的，应与杀害亲生母亲判处同样的刑罚。这一规定与汉代略有不同。据《通典·卷一六六》载：“汉景帝时有继母杀父而子为父报仇又杀继母者。依律，杀母以大逆论，景帝疑之。时武帝年十二，答谓：‘继母为母，缘父之故，比之于母。今继母无状，手杀其父，则下手之日，母恩绝矣。宜与杀凡人者同，不宜与大逆论。’景帝从之。”即继子杀继母，不以杀母论，以杀凡人同样治罪。而法律如此规定必然要在实际上损害继母的法律地位，不利于巩固宗法家庭制度，所以魏律作了修改，强调母子名分，正如《晋书·刑法志》所说：“正杀继母，与亲母同，防继假之隙也。”由此可知，魏律关于杀人罪的规定，比前代有所发展与完善，反映出统治阶级的司法经验有了充分的积累。

此外，魏律尚有投书、篡囚、劫略、恐猲和买卖人、诈伪、逾封、贼伐树木、杀伤人畜产、毁伤亡失县官财物、受财枉法、假借不廉、呵人受钱、勃辱强贼、擅兴徭役等罪名，在这就不一一论述了。总之，魏律中的罪名是比较详备的，后来隋唐律中所有的罪名，在魏律中几乎都有了，这说明魏朝的法律制度是相当发达的。

二、刑制

自汉文帝废除肉刑以来，封建的刑罚制度发生了重大的变化。奴隶制时代的残人肢体、刻人肌肤的肉刑基本上被废除了，而新的封建制五刑正

---

① 《三国志·魏书·文帝纪》。

在孕育与发展之中。曹魏的刑制既有别于奴隶制五刑，又有别于隋唐以后的封建制五刑，而是中间过渡的一种刑罚形态。据《晋书·刑法志》载，曹魏时订律，“改汉旧律不行于魏者皆除之，更依古义制为五刑。其死刑有三，髡刑有四，完刑、作刑各二，赎刑十一，罚金六，杂抵罪七，凡三十七名，以为律首。”以上是关于曹魏刑制的总述，现分别说明如下：

1. 死刑

曹魏时死刑中的正刑有三，但《晋书·刑法志》只举其纲而未详其目，所以死刑都有哪三种，该书并未交代清楚。但晋朝沿用曹魏的刑制，因此以晋朝刑制考之，曹魏的三种死刑，应为枭首、斩刑、弃市也。晋张斐注律表云：“枭首者恶之长，斩刑者罪之大，弃市者死之下。”① 这说明曹魏订律时从法律上废除了前代许多残酷的处死方法，这是死刑制度的一个很大进步。

枭首，是一种很古老的死刑。按《说文》云：“枭，不孝鸟也。故日至捕枭磔之，从鸟在木上。”钮树玉《校录》云：“磔而县之于木也，因即谓之为枭者，凡磔而县之，皆象此枭也。”又《玉篇》云：“县，野王谓县首于木上竿头，以肆大罪，秦刑也。”按此，则枭首即将首级斩下悬挂于木上竿头以示众也。

斩刑，也是一种古老的死刑。《尔雅》云：“斩，杀也。”《说文》车部云：“斩，法车裂也。”注云：“此说从车之意。盖古用车裂，后人乃法车裂之意而用铁钺，故字亦从车。斤者，铁钺之类也。”据此，斩即斩以铁钺，亦即用铁钺以断首也。如《三国志·魏书·贾逵传》载：“津渡者乱行，逵斩之，乃整。”斩杀是曹魏时执行死刑的一种主要办法。

弃市，也是一种古老的死刑。《周礼·秋官·掌戮》郑注：“杀以刀刃，若今弃市也。”《汉书·景帝纪》师古注：“弃市，杀之于市也。谓之弃市者，取刑人于市，与众弃之也。”又《汉书·高帝纪》载：“偶语者弃市。”《索隐》

① 《晋书·刑法志》。

云："按礼云：'刑人于市，与众弃之'，故今律谓绞刑为弃市是也。"魏以前弃市为斩杀之，自魏开始则弃市为绞缢而死也。按《三国志 · 魏书》有"盗官布弃市""以牛褥弃市"的记载。《晋书 · 刑法志》云："改投书弃市之科""正篡囚弃市之罪"。这说明弃市是曹魏时一种广泛应用的执行死刑的方法。

曹魏时的死刑，除上述枭首、斩刑、弃市三种正刑以外，还有不在律令的死刑非正刑有："大逆无道，腰斩，家属从坐"，"至于谋反大逆，临时捕之，或污潴，或枭菹，夷其三族"[①]。据此，魏时之死刑，还有腰斩、污潴、枭菹、从坐、夷三族等，虽然"不在律令"，亦被广泛应用，故其刑罚也是极其残酷的。

要斩，即腰斩。《周礼 · 秋官 · 掌戮》郑注："斩以鈇钺，若今要斩也。"《战国策 · 秦策》范雎曰："今臣之胸不足以当椹质，腰不足以待斧钺。"言胸伏于椹质之上，而以斧钺斩其腰也。《史记 · 商君列传》载："不告奸者，腰斩。"腰斩在秦代广为实行，汉因之，至曹魏时仍然存在。

污潴，亦作污池。《礼记 · 王制》云："杀其人，坏其室，洿其宫而猪焉。"郑玄注："明其大逆，不欲人复处之。猪，都也。南方谓都为猪。"《汉书 · 王莽传》云："臣闻古者畔逆之国，既以诛讨，则潴其宫室以为污池，纳垢浊焉。"即把罪人原来居住的房屋拆毁，作为污浊的烂泥坑，使人无法居住也。

枭菹，菹与醢同。《汉书 · 刑法志》云："菹其骨肉于市。"师古注："菹谓醢也。"《说文解字》云："醢，肉酱也。"即将人杀死后剁成肉酱，是古代的一种酷刑。《史记 · 殷本纪》云："九侯女不憙淫，纣怒，杀之。而醢九侯。"此刑魏时仍在使用。

从坐，亦称随坐、连坐、缘坐。从坐是以有罪株连无罪的一种古老的刑罚。《史记 · 商君列传》载："令民为什伍，而相牧司连坐。"秦时有全家

① 《晋书 · 刑法志》。

连坐、邻伍连坐、军队中连坐、官吏中连坐等，建立了完备的连坐制度。魏律为“家属从坐”，即全家连坐，一人犯罪，罚及父母、兄弟、妻子也。《三国志·魏书·钟繇传》大理钟繇云：“自古圣帝明王，罪及妻子。……汉律，罪人妻子没入奴婢，黥面。汉法所行黥墨之刑，存于古典。今真奴婢祖先有罪，虽历百世，犹有黥面供官，一以宽良民之命，二以宥并罪之辜。”这说明凡被连坐之家属，虽本人无任何过错，也要没收官府为奴婢，供官府役使，虽经百世，未得赦免，其子孙仍要世代为奴。

夷三族，亦名族诛之刑，古已有之。夷三族适用的范围很广泛，包括父母、兄弟、妻子，有时则扩大到父族、母族、妻族。《三国志·魏书·文帝纪》载，黄初四年诏曰：“今海内初定，敢有私复仇者，皆族之。”这是曹魏明令使用族刑之始。后在明帝修订魏律时，明确规定“夷其三族，不在律令”，作为一种特殊的镇压手段而应用之。在曹操、曹丕时夷三族刑应用较少，但至后期由于政治斗争的恶性发展，夷三族刑应用较多。例如嘉平元年春正月，“曹爽与谋不轨，又尚书丁谧、邓飏、何晏、司隶校尉毕轨、荆州刺史李胜、大司农桓范，皆与爽通奸谋，夷三族”[①]。又正元二年，毌丘俭起兵失败后，被夷三族[②]。这些都是司马氏利用族刑来排除政敌的“杰作”。

2. 髡刑

《晋书·刑法志》载魏“髡刑有四”。至于都有哪四种，未予说明，无可考。按髡，是剔去头发；钳，是用铁钳束住头颈。髡钳城旦舂，是劳役五年的徒刑。魏髡刑即指此。《汉旧仪》云：“男髡钳为城旦，女为舂，皆作五岁。”《太平御览》卷六四四引《晋律》云：“钳重二斤，翅长一尺五寸。”由此可知，髡钳城旦舂，是剔去头发以后，戴钳劳作五年的一种徒刑。《三国志·魏书·崔琰传》引《魏略》云：“太祖以为琰腹诽心谤，乃收付狱，髡刑输徒。”又《三国志·魏书·贾逵传》引《魏略》云：“杨沛字孔渠，……

① 《三国志》卷四《魏书·三少帝纪》

② 《三国志·魏书·毌丘俭传》。

坐与督军争斗，髡刑五岁。”此皆为髡钳城旦舂。按髡刑为五年徒刑，故又称“正刑五岁”。注云:“正，结正也。五岁刑，髡钳为城旦。”[①]五岁刑为当时期间最长之徒刑，所以魏律规定:“殴兄姊加至五岁刑。”五岁刑乃徒刑之最重者，常用于减死一等的替代刑，称为“减死输作”[②]。

3. 完刑、作刑

完刑，指剔去犯人的鬓发和颊毛，但保留头发并使之劳作的一种徒刑。完刑劳作四岁，如完城旦舂。完也作耐，又写作耏。《汉书 · 高帝纪》注引应劭曰:“罪轻不至于髡，完其耏鬓，故曰耏（而）。古耐字从彡，发肤之意义也。”作刑，指劳役刑。汉代称一年徒刑为罚作（或复作），二年徒刑为司寇，三年徒刑为鬼薪，白粲。所谓作刑三，可能即指此也。

完城旦舂，四岁刑。《汉书 · 惠帝纪》诏曰:“民年七十以上不满十岁当刑者，完为城旦舂。”应劭注曰:“城旦者，旦起行治城;舂者，妇人不豫外徭，但舂作米，皆四年刑也。”城旦刑乃汉制，魏沿用之。

鬼薪、白粲，三岁刑。男子取薪以供宗庙为鬼薪，女子择米使之正白为白粲。《汉书 · 惠帝纪》诏曰:“上造以上及内外公孙耳孙有罪当刑及当为城旦舂者，皆耐为鬼薪白粲。”按鬼薪、白粲亦汉制，魏沿用之。

司寇，二岁刑。司寇者，是在边境伺察寇盗，即戍边。《后汉书 · 鲁丕传》云:“建安七年，鲁丕坐事下狱，司寇论。”司寇亦汉制，魏沿用之。

罚作、复作，一岁刑。《汉书 · 宣帝纪》载:“使女徒复作。”注引李奇曰:“复作者，女徒也。谓轻罪，男子守边一岁，女子软弱不任守，复令作于官，亦一岁，故谓之复作徒也。”罚作、复作亦汉制，魏沿用之。

4. 赎刑

赎刑，是由犯人用缴纳一定数量的钱谷（亦可折作劳役）的办法来赎免其所被判处的刑罚。奴隶制时代即有赎刑，至秦汉仍沿用之。汉武帝时

---

① 《资治通鉴 · 魏纪 · 文帝黄初七年》。

② 《三国志 · 魏书 · 贾逵传》引《魏略》。

明确规定："令死罪人赎钱五十万，减死一等。"[①] 到东汉时，赎罪之法更加盛行。魏律沿用汉制，亦制定赎罪之法。如明帝四年诏曰："罪非殊死，听赎有差。"[②] 但《晋书·刑法志》云魏"赎刑十一"，具体项目有哪些，史料未载，无可考。

5. 罚金

罚金，即令违法犯罪者向官府交付一定数量的金钱，使其在经济上受到损失。罚金亦汉制。汉律有罚金二两、四两至二斤的案例，多用于轻微的违法犯罪行为。魏承汉制，亦设罚金之刑。如文帝黄初七年诏曰："勋指鹿作马，收付廷尉。"廷尉法议："正刑五岁"，三官驳，"依律，罚金二斤"[③]。由此可知，魏罚金刑亦由二两至二斤，每等以二两为差。

6. 杂抵罪

杂抵罪，指上述几种刑罚以外的处罚方法，可能是指除名、夺爵之类。具体内容，已不可考。

以上是魏律所规定的刑罚方法，"凡三十七名，以为律首"[④]。自汉初实行刑罚制度改革以来，魏律所规定的刑罚体系比较规范化、制度化。在此基础上经过两晋、南北朝的发展沿革，至隋唐始形成完备的封建制五刑。正由于魏律所规定的刑罚制度是由奴隶制五刑向封建制五刑过渡进程中的中间形态，因而它也就不可避免地带有某些缺陷。如下死即得髡钳，即减死一等即入于徒刑五年，这在由重到轻的刑罚序列上就缺少一种杀之则太重而髡之则太轻的处罚方法，从而很难达到罪与刑相适应的目的。

还要指出，曹魏时的刑罚，除《晋书·刑法志》所记载的刑名以外，还经常使用鞭杖之刑，用以决罚犯人。明帝二年诏曰："鞭作官刑，所以纠

---

① 《汉书·武帝纪》。

② 《三国志·魏书·明帝纪》。

③ 《资治通鉴·魏纪·文帝黄初七年》。

④ 《晋书·刑法志》。

慢怠也，而顷多以无辜死。其减鞭杖之制，著于令。”[①] 从“顷多以无辜死”来看，其鞭杖数目可能均在二百以上。如何减法，未予说明，不好妄加推测。但在曹魏之时，鞭杖不仅作为治官的刑罚，也广泛应用于治民。如《三国志 · 魏书 · 司马朗传》载，朗为堂阳长，“其治务宽惠，不行鞭杖，而民不犯禁”。这说明鞭杖也是一种常用刑。又《三国志 · 魏书 · 仓慈传》载，慈为敦煌太守，“先是属城狱讼众猥，县不能决，多集治下；慈躬往省阅，料简轻重，自非殊死，但鞭杖遣之，一岁决刑曾不满十人”。这说明鞭杖又可以作为死刑以外的其他刑罚的替代刑。后至南北朝时，鞭杖发展成为法定刑之一，其基础则奠定于曹魏也。

此外，曹魏统治者除鞭杖之外，还沿用秦汉以来所广泛使用的笞刑。《晋书 · 刑法志》载：“男听罚金，妇女加笞还从鞭督之例，以其形体裸露故也。”罚金本汉制，魏沿用之，已如上述。笞刑可单独使用，有时也可以用于罚金的附加刑。三国时期重视礼教。故对妇女施加笞刑时，为不使其形体裸露在外，有伤风化，法律规定只准笞打脊背，不准笞打其他的部位。所谓“妇人加笞还从鞭督之例”，就是这个意思。按鞭督，即笞督。督，脊背也。中医称人身后的中脉为督脉，是奇经八脉之一，因称脊背为督。此项规定不是对妇女取消笞刑，只是限制加笞的部位而已，故而没有什么实际意义。

三、刑事政策

曹魏统治时期，虽然国家尚未统一，战争连绵不断，但其刑事立法还是比较完备的，罪名、刑制都比较规范，较之前代有很大的进步。特别是在曹操及曹丕当政时期，由于魏国初建，战争频仍，为了激励士气，争取民心，武帝与文帝基本上都能做到明法慎刑、赏罚严明。而自明帝以后，

---

① 《三国志 · 魏书 · 明帝纪》。

曹魏政权的执法情况就日益走下坡路。明帝时除了战争不断，“军国多事”以外，封建统治者更加追求享乐，“帝愈尊崇宫殿，彫饰观阁”，劳民伤财，阶级矛盾日益尖锐。在这种情况下，明帝为了维护其统治地位，遂严刑刻法，加以镇压。“帝情严急，其督宫室有稽限者，帝亲召问，言犹在口，身首已分。”[①] 上行下效，既然皇帝可以在宫殿中任意杀人，则地方官吏也争相以苛为能，致“郡国蔽狱，一岁之中尚过数百”[②]。所以曹魏统治时期，虽然法制比较完备，但也经常有法外用刑的情况。封建统治者带头破坏自己所制定的法律，这就是曹魏统治时期的一个特点，也是一切封建专制统治的通病。

为了实现封建刑法保护统治阶级等级特权和镇压被统治阶级反抗的二位一体的任务，曹魏政权制定了一系列的刑事政策，用以指导其刑法的适用和调整阶级矛盾。现就其刑事政策中的主要之点，叙述如下：

1. 八议制度入于律

曹魏统治时期，封建刑事立法的一个重要发展，就是八议制度正式上升为法律制度。《唐六典》注云：“八议自魏、晋、宋、齐、梁、陈、后魏、北齐、后周及隋，皆载于律。”

什么叫八议？封建刑法中的八议，就是从法律上公开保护贵族、官僚、地主的等级特权，使他们在违法犯罪时得以减轻或免除其刑罚的一种法律制度。列宁曾说过：“在奴隶社会和封建社会中，阶级的差别，也是用居民的等级划分而固定下来的，同时还为每个等级确立了在国家中的特殊法律地位。”[③] 中国的封建社会就是一个等级社会。中国封建刑法在把其刑事镇压的锋芒直接指向农民及其他被压迫阶级反抗的同时，对贵族、官僚和地主规定了种种特权和优待的办法，保证他们即使在违法犯罪的情况下也可

① 《资治通鉴·魏纪·明帝青龙三年》。

② 《三国志·魏书·明帝纪》。

③ 《列宁全集》(第6卷)，人民出版社1958年版，第93页。

以合法地逃避惩罚而逍遥法外。八议制度就集中表现了封建刑法作为特权法的这种阶级本质。

中国封建刑法中的八议制度起源于奴隶制时代的西周，经过秦汉封建王朝的改造与发展，到曹魏时期正式入律。所谓八议，是指议亲、议故、议贤、议能、议功、议贵、议勤、议宾。“若亲贵犯罪，大者必议，小者必赦。”一般都可以得到减刑或免刑的优待。但在有的情况下，封建帝王亦不一定按“八议”办事。例如鲍勋为官时守正不挠，得罪了曹丕。及曹丕即帝位，寻事指控鲍勋“指鹿为马，收付廷尉。”时太尉钟繇、司徒华歆，守廷尉高柔等并表“勋父信有功于太祖”，求请勋罪，帝不许，竟诛勋，莫不为勋叹恨。[①] 这个事例说明，如果得罪了专制君主，则八议制度也不能挽救其性命。

2. 族刑连坐立法的变化

由于曹魏统治时期处于三国对峙的局面，军国多事，用刑严酷，因而在事实上广泛应用族刑连坐之法，用以打击异己势力和镇压农民的反抗。其与前朝所不同者在于：“至于谋反大逆，临时捕之，或污潴，或枭首，夷其三族，不在律令，所以严绝恶迹也”[②]。所谓“不在律令”，是说明在法律、法令上不立夷三族的条目，即将夷三族排除在法定刑之外。这样做的目的自然是曹魏统治者标榜自己“推行仁政”“省刑薄罚”，用以招徕远人。但除在法律、法令上没有规定以外，曹魏统治者在实际上仍然颁发过夷三族的诏令。如文帝黄初四年诏曰：“今海内初定，敢有私复仇者，皆族之。”[③] 皇帝的诏令亦是法律的一种表现形式，且其效力是高于法律的。因此《晋书 · 刑法志》认为曹魏时期夷三族“不在律令”是不确切的。或者仅指“谋反大逆”而言，虽然“不在律令”，实际上也被广泛应用。所以曹魏政权

① 《三国志 · 魏书 · 鲍勋传》。
② 《晋书 · 刑法志》。
③ 《三国志 · 魏书 · 文帝纪》。

在立法上的这种变化只是一种策略，并无多大实际意义。

相比之下，曹魏末期在族刑连坐范围上所发生的变化，却很值得注意。据《晋书·刑法志》载："是时魏法，犯大逆者诛及已出之女。毌丘俭之诛，其子甸妻荀氏应坐死。荀氏所生女芝，为颍川太守刘子元妻，亦坐死。主簿程咸上议曰：'大魏承秦汉之弊，未及革制，所以追戮已出之女，诚欲殄丑类之族也。然则法贵得中，刑慎过制。臣以为女有三从之义，无自专之道，出适他族，还丧父母，降其服纪，所以明外成之节，异在室之恩。而父母有罪，追刑已出之女；夫党见诛，又有随姓之戮，一人之身，内外受辟。今女既嫁，则为异姓之妻，如或产育，则为他族之母，此为元凶之所忽，戮无辜之所重。于防则不足惩奸乱之源，于情则有伤孝子之心。男不得罪于他族，而女独婴戮于二门，非所以哀矜女弱，蠲明法制之本分也。臣以为在室之女，从父母之诛；既醮之妇，从夫家之罚。宜改旧科，以为永制。'于是有诏改定律令。"

我们在这里所以全部转述了程咸的建议，因为他这篇议论是很精彩的。其中含有在适用法律上男女平等的思想，这在男尊女卑的封建社会里尤其是少见的，而由于程咸的建议，曹魏统治者曾一度免除了出嫁之女与父母连坐的责任，这在族刑连坐立法上是一个重大的改革，使株连的范围有所缩小，无疑是一个很大的进步。

3. 以奸止奸的执法措施

以奸止奸，是法家的一大发明。法家认为从道德品质上来分析，人可以分为"善民"与"奸民"两种。"善民"生性慈爱，与人为善，重于私人情谊，不肯揭发别人的罪过；而"奸民"则不然，他们习性刁钻，与人为恶，为了私利肯于出卖别人，从而能够揭发隐私，检举他人的罪过。商鞅说过："用善则民亲其亲，任奸则民亲其制。合而复者善也，别而规者奸也。章善则过匿，任奸则罪诛。过匿则民胜法，罪诛则法胜民。民胜法，国乱；法胜民，兵强。故曰：以良民治，必乱至削；以奸民治，必治至强。"[①]

① 《商君书·说民》。

很显然，商鞅这一套以奸治奸的理论为后来历代封建统治阶级实行法西斯特务统治奠定了思想基础。

曹操是一个法治与权术并用的地主阶级政治家，因此他很自然地继承了法家以奸止奸的思想，并在实践上加以应用。据《三国志 · 魏书 · 高柔传》载："时置校事卢洪、赵达等，使察群下，柔谏曰：'设官分职，各有所司。今置校事，既非居上信下之旨，又达等数以爱憎擅作威福，宜检治之。'太祖曰：'卿知达等，恐不如吾也。要能刺举而办众事，使贤人君子为之，则不能也。昔叔孙通用群盗，良有以也。'"曹操认为只要能发奸举事，奸人、小人，甚至盗贼皆可用之，这和商鞅的主张不是同出一辙吗？后人认为曹操奸诈，善于玩弄权术，这可能是原因之一。

4. 追查造意的用刑原则

何谓造意？张斐注律表云："唱首先言，谓之造意。"造意，即制造犯意的人。唱首先言，是指首先提出犯罪意图及方案的倡导者，包括主谋和教唆别人犯罪的人。

汉代的法律即注意区分主犯与从犯，把打击的重点放到制造犯意的人，即追查主谋者。如淮南王刘安谋反，淮南中郎伍被参预其谋，"后事发觉，被诣吏自告与淮南王谋反踪迹如此。天子以伍被雅辞多引汉美，欲勿诛。张汤进曰：'被首为王画反计，罪无赦。'遂诛被"[①]。又成帝鸿嘉中，"广汉群盗起"，选孙宝为益州刺史。"宝到部，深入山谷，谕告群盗，非本造意，渠帅，皆得悔改自出，遣归田里。"[②]区分造意与从犯有利于分化瓦解群众有组织的武装斗争，故而为历代封建统治者在执法用法时所重视。

曹操是一个注重法治手段的统治者，因此他在执法用法的过程中很注意区分首从，追查造意。据《三国志 · 魏书 · 贾逵传》引《魏略》云："太祖欲征吴而大霖雨，三军多不愿行。太祖知其然，恐有谏者，教曰：'今孤

---

① 《汉书 · 伍被传》。

② 《汉书 · 孙宝传》。

戒严，未知所之，有谏者死。’逵受教，谓其同寮三主薄曰：‘今实不可出，而教如此，不可不谏也。’乃建谏草以示三人，三人不获已，皆署名，入白事。太祖怒，收逵等。当送狱，取造意者，逵即言‘我造意’，遂走诣狱。”后曹操经过了解，以为“逵无恶意，原复其职”。这个事例一方面说明曹操在执法时重点在于打击首谋，实行孤立少数而争取多数的政策；另一方面也说明他并不完全实行客观归罪的原则，还非常注意分析犯罪者主观上是出于恶意还是善意。曹操当政时期保护了一大批“意善而功恶”的有才干的文臣武将，而不轻易地对他们实行杀戮，这也是他取得成功的重要因素之一。

第六节　曹魏政权的民事及经济法律制度

在三国并峙的情况下，军事斗争是十分激烈的。曹魏政权为恢复和发展北方的经济，从而为满足战争的需要，制定了一系列旨在保护和促进生产发展的民事与经济法律法令，形成了比较完备的民事与经济法律制度。

一、封建土地所有制

在封建社会里，作为财产所有制的主要对象是土地。汉末农民大起义摧毁了许多大土地所有者和官僚地主，从而使无数良田成为无主的土地。时人仲长统说：“名都空而不居，百里绝无民者，不可胜数。”[①] 但农民起义的胜利果实从来都不为农民自己所占有，均被封建统治阶级所篡夺。汉末魏初的情况也是如此。曹魏统治集团凭借自己手中的政权，把大量无主的

① 《后汉书·仲长统传》。

土地收归国有，使“土业无主，皆为公田”[①]，形成封建土地国有制，这是当时土地占有的主要形式。除此以外，还有地主土地所有制和个体农民土地所有制，也是土地私有的两种形式。不过农民占有的土地很少，经济力量十分薄弱，如遇水旱天灾则食不果腹，经常为实力雄厚的大土地所有者所吞并。曹操打败袁绍以后指出：“有国家者，不患寡而患不均，不患贫而患不安。袁氏之治也，使豪强擅恣，亲戚兼并，下民贫弱，代出租赋，衒鬻家财，不足应命，……欲望百姓亲附，甲兵强盛，岂可得邪！”故颁布“重豪强兼并之法，百姓喜悦”[②]。但虽有法令禁止，土地仍不免向少数人手中集中。最后广大农民都不免要失去土地，成为一无所有的贫民，这是封建经济发展的必然规律。

正因为曹魏统治初期，官府掌握大量的国有土地，所以就为他们推行屯田制度提供了充分的物质条件。汉末自董卓之乱，百姓流离，谷石至五十余万钱，人多相食。曹操既破黄巾，欲经略四方，而苦军粮不足，于是羽林监颍川枣只建议设置屯田，曹操乃下令曰：“夫定国之术，在于强兵足食，秦人以急农兼天下，孝武以屯田定西域，此先世之良式也。”[③]遂以任峻为典农中郎将，募百姓屯田于许昌，得谷百万斛。后郡国例置田官，推行屯田，数年之中，所在积粟，仓廪皆满。曹魏政权自建安元年开始屯田，到陈留王咸熙元年，大约七十年，效果非常显著，基本上保证了曹魏时的战争需要，是一项成功的政策。

曹魏时的屯田分为民屯、军屯两种。民屯是由各级政府通过招募和强制迁移来的移民，在典农官的直接管理下耕种国家的土地，把收获物的五成至六成上缴给国家。民屯实际上是把地主豪强剥削佃客的办法应用到封建国有土地上，因而使屯田客受到沉重的剥削，他们经常“面有饥色，衣

① 《三国志 · 魏书 · 司马朗传》。

② 《三国志 · 魏书 · 武帝纪》。

③ 《晋书 · 食货志》。

或短褐不完”。军屯是由士兵及他们的家属在度支中郎将、度支校尉、度支都尉直接管理下耕种国家的土地，其收获物上缴的比例与民屯基本相同。军屯的基本单位为每营六十人，“秋冬习战阵，春夏修田桑”，劳武结合，亦兵亦农，他们所受的剥削与压迫也是十分沉重的。

应当指出，曹魏统治者所推行的屯田制度，只是土地使用的一种形式，并未改变封建土地国有制的性质。其土地所有权仍属封建国家所有，而在屯田土地上耕作的士兵和农民则无土地所有权，基本上相当于租种地主土地的佃户，要按规定向官府交纳一定的租税。但由于屯田制度的推行使渴望得到土地的农民在官府的帮助下取得了土地使用权，并可将收获物的一部分归自己所有，从而就提高了他们的生产积极性，这是屯田制度取得成功的一个重要原因。

二、奴婢的法律地位

曹魏统治时期，虽已进入发达的封建社会，但仍然有奴婢的存在。且主人对奴婢虽然不可以任意杀戮，但却可以作为财产来赠与和买卖。

曹魏时的奴婢分为官府奴婢与私家奴婢两种。官府奴婢的主要来源是被籍没的犯罪者的家属。《三国志・魏书・毛玠传》载，大理钟繇诘玠曰：“汉律，罪人妻子没入奴婢，黥面。汉法所行黥墨之刑，存于古典。今真奴婢祖先有罪，虽历百世，犹有黥面供官，一以宽良民之命，二以宥并罪之辜。”这说明曹魏统治者一直沿用汉时关于犯罪者家属没官为奴的法律，而且对官奴婢还要行黥面之刑，以示其与良人的区别。据《三国志・魏书・高柔传》载：“顷之，护军营士窦礼近出不还。营以为亡，表言逐捕，没其妻盈及男女为官奴婢。”后经高柔审理，弄清窦礼不是逃亡而是被害，“诏书复盈母子为平民”。这个案例充分说明，曹魏时仍然把罪犯的家属罚作奴婢，这是官奴婢的主要来源之一。至于经济上破产或无力还债的农民，因生活所迫而沦为奴婢的，则是形成私家奴婢的基本途径。

曹魏时的奴婢可以作为财产赏赐、赠与和买卖。如《三国志·魏书·华歆传》载：文帝“践阼，改为司徒。……公卿尝并赐没入生口，唯歆出而嫁之”。《魏书》曰：“又赐奴婢五十人。”又《魏略》云：“（杨）沛从徒中起为邺令。已拜，太祖见之，……赐其生口十人，绢百匹，既欲以励之，且以报乾椹也。”这里是太祖及文帝赐给臣下的奴婢，生口均系官奴婢，而且赐给奴婢是当权者对有功之臣的奖赏。官奴婢不仅可以赐与，还可以买卖。齐王曹芳正始七年诏曰：“属到市观见所斥卖官奴婢，年皆七十，或癃疾残病，所谓天民之穷者也。且官以其力竭而复鬻之，进退无谓，其悉遣为良民。”① 七十岁的官奴婢，已失去劳动能力，但官府还要将他们拍卖，可见奴婢的地位与畜产及有价物没有什么区别，其处境是非常悲惨的。

但值得注意的是，曹魏时的奴婢与秦汉时一样，虽可赠与和买卖，却不可以任意加以杀害，这是封建社会奴隶与奴隶社会奴隶的基本区别。在封建时代凡杀奴者必告官，如不告官而擅杀，即要追究其法律责任，虽然擅杀奴婢比擅杀常人判刑要轻得多，但还是要受处罚的，谓之“不请擅行之罚”②。奴婢的生命虽然取得了相对的保障，但奴婢在平时却要为主人服劳役，稍有不慎即可招来极大的不幸。如《三国志·魏书·杨俊传》载：“本郡王象，少孤特，为人仆隶，年十七八，见使牧羊而私读书，因被箠楚。”像“私读书”这样小事都被禁止，其他违反主人意志的行为就更加不能容许了。所以在封建社会里奴婢没有任何人身自由，只不过是主人的“会说话”的工具而已。

曹魏时奴婢的数量有多少，很难估计。从奴婢的职业来看，前期奴婢多从事家务劳动，也有少数从事田作的。但至后期，因为官奴婢数量不断增加，家务劳动已容纳不了，故从事田间劳作者大为增多。如晋初咸宁元年十二月诏曰：“出战入耤，……其以邺奚官奴婢著新城，代田兵种稻，奴

① 《三国志·魏书·三少帝纪》。
② 《三国志·魏书·刘晔传》。

五十人为一屯，屯置司马，使皆如屯田法。”① 竟用奴婢来替代士兵屯田，奴婢的数目定然很大。而且这么多的官奴婢也不会是短时期内所能积累而成的，必定是自曹魏以来就不断发展起来的。所以从晋初用奴婢来取代士兵屯田一事可以推定，曹魏时官奴婢的数量也是相当可观的。

在封建社会里，一旦沦为奴婢，若想改变自己的社会地位是十分困难的。官奴婢只有官府放免一途，才可免去奴婢的身份。如齐王曹芳即皇帝位，曾下诏：“官奴婢六十以上，免为良人。”② 这样的机会是很少的，且是否彻底执行也成问题。私家奴婢主要是通过赎免，才能成为良人。如上述为人仆隶的王象，“（杨）俊嘉其才质，即赎象著家，聘娶立屋，然后与别。”后王象在魏朝，官至常侍，封列侯，又受诏撰皇览，领秘书监，文采风雅，京师为美，称为儒宗。他年轻时得人赎免，由奴婢转为良民，是他人生中一个重要转折，恐怕绝大多数奴婢无此好运，不仅自己终身为奴，还要传之于子孙后代，岂不悲乎！

三、赋税及劳役制度

东汉末期，军阀混战，兵员与军粮均来自百姓，农民的负担十分沉重，致饥寒交迫，背井离乡，亦难寻活路。曹操为笼络民心，发展生产，于平定袁绍之后，对赋税制度进行了改革，建安九年，“令收田租亩粟四升，户绢二匹而绵二斤，余皆不得擅兴”③。并令“郡国守相明检察之，无令强民有所隐藏，而弱民兼赋也”④。亩粟四升为田租，户绢二匹而绵二斤为户调，实为租调并行制。从其征收的数量来看，虽比汉代多了一些，但它免

---

① 《晋书·食货志》。

② 《三国志·魏书·三少帝纪》。

③ 《晋书·食货志》。

④ 《三国志·魏书·武帝纪》引《魏书》。

去了租调以外的苛捐杂税，所以还是减轻了农民的负担，对发展生产是有利的。而且租调制的实行是封建国家租税制上的重大改革，对后世产生了重要的影响。

曹魏统治时除了对农民实行租调制以外，对商旅则征收关税。特别是曹丕称帝以后，减低了东汉时期的关税征收率。据《三国志·魏书·文帝纪》引《魏书》载庚戌令曰："关津所以通商旅，池苑所以御灾荒，设禁重税，非所以便民，其除池御之禁，轻关津之税，皆复什一。"汉代实行抑商政策，对商人一贯实行"重租税以困辱之"办法，财产课税比常人高出一至二倍。如《汉书·惠帝纪》注云："汉律：人出一算，贾人与奴婢倍算。"曹丕的"轻关津之税，皆复什一"的诏令，就是规定从商人所得之中收取十分之一作为关税。这样的税率虽然不低，但比之汉代是大为下降了。

曹魏时，农民除上交赋税以外，还要向官府无偿的服劳役和兵役。三国时期，战争不断，输作频繁，故农民的劳役与兵役负担都非常沉重。曹魏时期的徭役究竟有多少，史料记载不详。但汉代的徭役是成年男子每人每年服役于郡县一个月，号为更卒；又戍边三日，称为戍卒。农民可以亲身应役，亦可以向国家交钱雇人代役。曹魏统治者虽承袭汉制，但因民人锐减，国家多事，既要征兵打仗，又要修筑官室，因此其徭役负担肯定要大大超过汉代的规定，这是没有疑问的。从曹魏政权有关征发徭役和惩治逃避徭役的立法来看，也可以证明当时的徭役是非常繁重的，政府不得不采取严厉的法律措施，以保证徭役的供给。例如：

1. 重去子之法。《三国志·魏书·郑浑传》载："天下未定，民皆剽轻，不念产殖；其生子无以相活，率皆不举。浑所在夺其渔猎之具，课使耕桑，又兼开稻田，重去子之法。民初畏罪，后稍丰给，无不举赡；所育男女，多以郑为字。"这虽然是一个地方县令所实行的办法，但也反映了上层统治者的要求。在封建社会里，农民不愿养育子女，或无力养育子女，其负担沉重是一个重要原因。而封建政府之所以用法律手段强制农民生儿育女，促进人口的增殖，也是为了使国家有充足的兵源和为官府出劳役。所以"重去子之法”的实行，既说明曹魏时的徭役负担已到了不堪忍受的程度，也说明当时国家对徭役承担者的迫切需要。

2. 重刑亡士之法。据《三国志·魏书·高柔传》载：“鼓吹宋金等在合肥亡逃。旧法，军征士亡，考竟其妻子。太祖患犹不息，更重其刑。金有母妻及二弟皆给官，主者奏尽杀之。”后由于高柔的劝阻，“即止不杀金母，弟”，然其妻子仍被处死。这个案例至少说明两点：一是曹魏时士卒逃亡的情况是十分严重的；二是当时对亡逃者的刑罚也是非常严酷的。连年不断的战争，使农民从军出征，妻离子散，不是战死沙场，就是老死边疆，因此逃亡虽然有性命之忧，却是获得生路的主要途径。而且军士“见一人亡逃，诛将及己，且亦相随而走”，这样就必然造成军心不稳、大批逃亡的局面。尽管“更重其刑”，仍然是“患犹不息”。所以重刑亡士之法充分证明当时兵役负担的沉重，而农民反抗这种负担的斗争也是异常激烈的。

3. 客徭主代之法。为保证封建国家征得足够的兵力和劳力，任何人对他应负的徭役都不能随便舍免。《三国志·魏书·司马芝传》载：“太祖平荆州，以芝为营长。时天下草创，多不奉法。郡主薄刘节，旧族豪侠，宾客千余家，出为盗贼，入乱吏治。顷之，芝差节客王同等为兵，掾史据白：‘节家前后未偿给繇，若至时藏匿，必为留负。’芝不听，与节书曰：‘君为大宗，加股肱郡，而宾客每不与役，既众庶怨望，或流声上闻。今调同等为兵，幸时发遣。’兵已集郡，而节藏同等。……芝仍驰檄济南，具陈节罪。太守郝光素敬信芝，即以节代同行，青州号芝‘以郡主薄为兵’。”逃避徭役者，主要是地方的豪强势力。曹操奉行打击地方豪族的政策，故司马芝才敢于“以郡主薄为兵”，实行客徭主代。他严于执法的目的在于杀一儆百，以保证士庶百姓都能认真履行自己对封建国家所承担的各种义务。

四、其他民事与经济方面的立法

由于北方生产的逐步恢复与发展，曹魏时的商业贸易也日益活跃。为使民事与经济活动服从封建国家的需要，曹魏政权制定许多民事与经济立法，重要者有以下几项：

1. 盐铁专卖。秦汉以来，一直实行盐铁专卖政策，由国家控制盐的买卖，以增加政府的财政收入。但东汉以来，盐的专卖制度逐渐废弛，政府对盐的买卖无法控制，于是卫觊通过荀彧向曹操建议："夫盐，国之大宝也，自乱来散放，宜如旧置使者监卖，以其直益市犁牛。若有归民，以供给之。勤耕积粟，以丰殖关中。远民闻之，必日夜竞还。"① 他建议恢复盐的专卖，以其收入购买耕牛供给百姓耕种，这当然是个好主意。"太祖从之，始遣谒者仆射监盐官"②，正式恢复了盐的专卖制度，"流人果还，关中丰实"，收到了显著的效果。

关于铁的专卖，在曹操当权时就任命王脩为司金中郎将，脩并"陈黄白之议"。曹操回书答之曰："察观先贤之论，多以盐铁之利，足赡军国之用。昔孤初立司金之官，念非屈君，余无可者。"并勉励王脩要像主张盐铁专卖的桑弘羊一样，不要小看了"冶官"之职，辜负了他的信任与期望③。这个事例说明曹魏时盐与铁的专卖均恢复，成为国家一项重要的法律制度。嘉平四年，关中饥馑，司马懿曾"表徙冀州农夫佃上邽，兴京兆，天水、南安盐池，以益军实。"④ 邓艾平蜀后也建议："留陇右兵二万人、蜀兵二万人，煮盐兴冶，为军农要用。"⑤ 这说明当时煮盐冶铁的规模很大，盐铁专卖的收入也十分可观，成为曹魏政权财政的主要来源之一。

2. 私饮之禁。曹魏政权在实行盐铁专卖的同时，还禁止个人酿造与饮酒。《三国志 · 魏书 · 徐邈传》载："魏国初建，为尚书郎。时科禁酒，而邈私饮至于沈醉。校事赵达问以曹事，邈曰：'中圣人。'达白之太祖，太

---

① 《三国志 · 魏书 · 卫觊传》。
② 《三国志 · 魏书 · 卫觊传》。
③ 《三国志 · 魏书 · 王脩传》引《魏略》。
④ 《晋书 · 食货志》。
⑤ 《三国志 · 魏书 · 邓艾传》。

祖甚怒。度辽将军鲜于辅进曰：‘平日醉客谓酒清者为圣人，浊者为贤人，邈性脩慎，偶醉言耳。’竟坐得免刑。”这个事例说明当时私饮酒是为法律所禁止的；而徐邈之所以被免刑，是因为他偶犯之耳。而酿酒需要粮食，禁酿的目的主要在节约粮食，以供军需。另外，三国斗争激烈，为官需时时勤勉，稍有不慎即可酿成大错。禁止私饮酒也是防止酒醉后误事的一种措施。

3. 币制立法。汉代使用五铢钱，自董卓起改铸小钱，致使货轻而物贵，谷一斛至钱数百万，百姓皆以为不便。至曹操为相，为平稳物价，遂罢小钱，还用五铢钱。但当时因久不铸钱，毁坏又多，因此钱币短缺，造成谷贱无已，物价狂跌，怨声载道的局面。文帝黄初二年，只好罢用五铢钱。至明帝太和元年，又复用五铢钱。《资治通鉴·魏纪二》在说明这种变化的过程时指出：“初，文帝罢五铢钱，使以谷帛为用，人间巧伪渐多，竞湿谷以要利，薄绢以为市，虽处以严刑，不能禁也。司马芝等举朝大议，以为：‘用钱非徒丰国，亦所以省刑，今不若更铸五铢钱为便。’夏四月乙亥，复行五铢钱。”这就是说，曹魏前期以谷帛为交换物，明帝以后才以汉代的五铢钱作为通行的货币。正如《宋书·孔琳之传》说：“魏明帝时钱废谷用三十年矣，以不便于民，乃举朝大议。”明帝复行五铢钱后，直到晋朝“不闻有所改制”。由此可知，曹魏的货币制度比较单一，对促进物品交流与经济发展起了积极的作用。

为了保持货币的稳定与信誉，封建政府一向禁止私铸钱。虽然汉文帝时一度除“盗铸钱令”，“听民放铸”，但至汉武帝时又恢复禁止盗铸钱法，严禁私人铸钱。武帝时更制定“盗铸诸金钱罪，皆死”的法令，严厉惩治破坏国家货币的行为。曹魏政权在货币制度上继承汉制，魏律有《金布律》，是关于货币铸造与流通的法律，因此可以推定曹魏时也必然有禁止私人铸造钱币的规定。

4. 边境贸易。曹魏政权与周边少数民族的关系比较融洽，经常开展互市贸易以通有无。据《三国志·魏书·梁习传》引《魏略》云：“鲜卑大人育延，常为州所畏，而一旦将其部落五千余骑诣习，求互市。习念不听则恐其怨，若听到州下，又恐为所略，于是乃许之往与会空城中交市。遂敕郡县，自将治中以下军往就之。”梁习时为并州刺史，与鲜卑族交往甚密。从鲜卑大人以五千骑求互市来看，边境贸易的规模是很大的。为了保证贸易活动正常进行，梁习安排在“空城中交市”，并派军队予以保护，这说明官府对互市是非常重视的。为维护互市的秩序，在市场中设有“市吏”，对扰乱市场的不法之徒，要坚决绳之以法。

第七节　曹魏政权的婚姻及家庭法律制度

中国的封建婚姻家庭制度到两汉时期已发展到完备形态。曹魏时期的婚姻家庭制度虽比汉代有所发展，但其基本内容却无多大变化。在封建时代，调整婚姻家庭的行为规范主要是一些古老的礼仪制度，而不是国家制定的法律法令。但这些礼仪制度和一般的道德规范有所不同，它是经国家认可的风俗习惯，具有国家的强制性，即“出于礼而入于刑”了。因此，在封建时代作为调整婚姻家庭关系的那一部分礼仪规范，可以看作法律规范的一个组成部分。

一、婚姻制度

曹魏时的婚姻制度仍然是由父母包办买卖的封建婚姻，完全排除当事人对婚姻的选择，一切均由“父母之命，媒妁之言”来决定。同时官僚、地主实行一夫多妻制，而劳动人民则实行一夫一妻制。具体来说，曹魏时期的婚姻制度的主要特点，有以下几个方面：

1. 多妻制。多妻制向来是封建统治阶级的特权，在中国几千年来的封建社会里一直存在，当然曹魏时期也不例外。据《三国志 · 魏书 · 后妃传》

载：“汉制，帝祖母曰太皇太后，帝母曰皇太后，帝妃曰皇后，其余内宫十有四等。魏因汉法，母后之号，皆如旧制，自夫人以下，世有增损。太祖建国，始命王后，其下五等；有夫人，有昭仪，有倢伃，有容华，有美人。文帝增贵嫔、淑媛、脩容、顺成、良人。明帝增淑妃、昭华、脩仪；除顺成宫。太和中始命夫人，登其位于淑妃之上。”历代封建专制帝王，都是最大的多妻者。曹魏时期的君主，亦都是如此。自曹操以下，君主的妻妾不仅越来越多，而且待遇也越来越高。至明帝曹叡时，大造宫室，广选民间女子，“自贵人以下至尚保，及给掖庭洒扫，习伎歌者，各有千数”[①]。甚至“又录夺士女前已嫁为吏民妻者，还以配士，既听以生口自赎，又简选其有姿色者内之掖庭”[②]。一位堂堂的君主，竟然抢夺百姓之妻以为嫔妃，可以说是今古奇闻！由于皇帝一人占有众多的妇女，所以上行下效，官僚、地主、豪绅也都妻妾成群。而且他们的多妻特权还受封建法律的保护，这是封建婚姻制度的最大弊端。

2. 纳妾有禁。曹魏统治时期，由于连年战争，人口减少，故法律一方面保护统治集团上层人物的多妻特权，另一方面又禁止一般士民任意纳妾。据《三国志·魏书·文德郭皇后传》载：“后姊子孟武还乡里，求小妻，后止之。遂敕诸家曰：‘今世妇女少，当配将士，不得因缘取以为妾也。宜各自慎，无为罚首。’”这说明当时对士民百姓纳妾是有一定限制的。原因是“妇女少”，应当先配将士，以鼓舞士气，夺取战争的胜利。如果有人纳妾超过了法定的限制，就要受到法律的制裁。由此可知，曹魏时期不是一律禁止纳妾，而是对纳妾有一定的限制，这也是适应战争需要所采取的一种权宜性的措施。

3. 内表不婚。自春秋时期确立“同姓不婚”的原则以来，同姓之间的婚姻被认为是非礼非法的行为。但姑表两姨之间结婚不仅不被禁止，在民

---

① 《三国志·魏书·明帝纪》引《魏略》。
② 《三国志·魏书·明帝纪》引《魏略》。

间还被认为是“亲上加亲”、值得赞许的事情。到了曹魏时期，人们的观念开始发生变化，对姑表两姨之间的婚姻提出异议。如袁準《正论》云：“或曰同婚不相娶，何也？曰远别也。曰今之人外内相婚，礼欤？曰中外之亲，近于同姓。同姓且犹不可，而况中外之亲乎！古人以为无疑，故不制也。今以古之不言，因谓之可婚，此不知礼者也。”袁準主张内表不婚，是为了“附远厚别”，这主要是从政治上考虑不应结婚的理由。但从优生学的角度来看，姑表两姨联姻，因为血缘关系太近，对后代的健康发育有害无利。当时限于科学发展水平，可能人们还没有注意到这一点，但无论如何，关于内表不婚原则的提出，尽管当时尚未成为法律制度，也应认为是我国古代婚姻学说史上的一大进步。

二、家庭制度

家庭以婚姻为基础，因此婚姻与家庭制度从来都是一致的，有什么样的婚姻制度，必然形成什么样的家庭制度。

在封建买卖以及一夫多妻制婚姻基础上所形成的家庭，必然是以家长制为首的封建家庭。在封建时代，“家无二尊”正如“国无二王”一样，被认为是天经地义的。这种封建家庭制度到两汉时已发展到完备形态，曹魏统治集团则沿用不改。从现有史料来看，曹魏时的家庭制度又特别强调以下几点：

1. 不准乱妻妾位。在封建家庭里，不仅丈夫与妻子居于不平等的地位，就是妻与妾的界线也泾渭分明。正妻为主妇，姬妾为奴婢，自古如此。在宗法制度下，实行嫡长子继承制。正妻所出为嫡子，姬妾所出为庶子。嫡庶在家庭中的地位完全不同。不准乱妻妾位的目的，就在于严格保护嫡长子的继承权和其他应得的利益。到了曹魏统治时期，不得以妾为妻的观念仍然根深蒂固，成为人们严格遵守的信条。例如文德郭皇后，原为文帝的妃嫔，即姬妾。甄皇后死后，文帝欲立其为皇后，中郎栈潜上疏谏诤，以为不可，其理由是："（易）曰：'家道正而天下定。'由内及外，先王之令典也。（春秋），书宗人衅夏云，无以妾为夫人之礼。齐桓誓命于葵丘，亦曰'无以妾为妻'。今后宫嬖宠，常亚乘舆。若因爱登后，使贱人暴贵，臣恐后世下陵上替，开张非度，乱自上起也。"[1]从维护封建宗法家庭制度来说，栈潜所强调的理由是无可非议的。但封建君主立谁为后，主要取决于个人的好恶。文帝既宠爱郭氏，别人的意见再有道理他也听不进去。所以"文帝不从，遂立为皇后"。况且封建专制时代，皇帝个人的意志是高于法律的。因此他虽然破坏了"无以妾为妻"的古老原则，作臣子的又能奈他何！

2. 二嫡并存议。为了维护封建宗法继承制，在法律上是不允许一人有两个嫡妻同时存在的。《左传》云："内宠并后，外宠二政，……乱之本也。"但在曹魏时期，就遇到过这种情况。据《通典卷六十八·礼二十八》载，魏征东长史吴纲亡逃入吴，妻子留在曹魏统治区，吴纲在吴又另娶一妻，后他与妻子俱还魏，这样吴纲就形成二妻并存的局面。"时人以为依典礼，不宜有二嫡妻。"但袁準持不同看法。他"以为并后匹嫡，礼之大忌，然此为情爱所偏，无故而立之者耳。纲夫妻之绝，非犯宜出之罪，来还则复初，焉得而废之。在异域则事势绝，可以娶妻，后妻不害，焉得而遣之。按并后匹嫡，事不两立，前嫡承统，后嫡不传，重可也"。他认为吴纲前妻未犯七出之条，夫妻关系仍然存在。后妻在异域隔绝的情况下聘娶，也是合理合法的。所以对前妻既不可"废之"，对后妻也不可"遣之"，两个妻子都应当留下，但应以前妻之子为继承人，后妻之子不能作继承人。这样吴纲既保留了两个嫡妻，又维护了嫡长子继承的宗法制度，可以说两全其美，不失为解决这一问题的良策。然则像吴纲这种情况是三国对立时期的特殊历史条件下的产物。特殊问题特殊对待，故而不能成为常法也。

3. 收养。战争与伤亡总是连在一起的，故有"一将成名万骨枯"的诗句，

---

① 《三国志·魏书·文德郭皇后传》。

并不是夸大之词。汉末到三国，战争不断，死伤无数，在社会上必然要留下大量的孤儿寡母。以曹魏当时的情况来看，在社会上就存在“遇兵饿馑有卖子者，有弃沟壑者，有生而父母亡复无缌麻亲其死必也者，有俗人以五月生子妨忌之不举者”，这四种情况，时人谓之“四孤”。对这四种孤儿，有家无儿者是否可以收养教训成人，并作为自己的继承者，当时议论不一。有人认为：“汝非此家儿，礼异姓不为后，于是便欲还本姓”，主张不能收养异姓孤儿为传人。但大多数人不同意此种观点，如博士田琼谓：“虽异姓不相为后，礼也。《家语》曰：‘绝嗣而后他人，于理为非。’今此四孤，非故废其家祀，既是必死之人，他人收养以活，且褒姒长养于褒便称曰褒，无常姓也。其家若绝嗣可四时祀之，于门户外有子可以为后，所谓神不歆非类也。”大理王朗同意他的主张，认为“收捐拾弃，不避寒暑，且救垂绝之气，而肉必死之骨，可谓仁过天地，恩踰父子者也”[①]。对于由战争造成的孤儿，准许无子者收养，并承认养子作为继承人的法律地位，这对我国封建家庭制度是一个重大的发展，其进步意义是应当充分肯定的。

4. 养老。尊老爱幼，是中华民族的传统美德。孟子所谓“老吾老以及人之老，幼吾幼以及人之幼”，成为人们自觉遵守的道德准则。尊老，首先要养老，即作为子女的要认真履行奉养父母之义务，恪尽孝道，恭敬有加。即使在封建时代，不尊老，不爱老，不养老也被认为是很不道德的行为，甚至被认为是“与禽兽几希”的行为，而受到人们的谴责。曹魏统治者为发扬尊老、爱老、养老的优良传统，身体力行，大加提倡。据《通典卷六十七 · 礼二十七》载：“魏高贵乡公甘露二年，天子亲帅群司行养老之礼，于大学命王祥为三老，郑小同为五更，祥南面几杖以师道自居，天子北面乞言详陈明王圣帝君臣政化之要以训之，闻者莫不砥砺。”曹魏统治者提倡“养老”之举，不论其主观意图如何，对在社会上造成一种养老、爱老、尊老的风气，都是有好处的。

① 《通典卷六十九 · 礼二十九》。

三、其他有关婚姻家庭的立法

曹魏统治者虽然沿用汉代的婚姻家庭制度，但根据当时的社会情况及军事斗争的需要，又制定一些与前代不同的法律措施。这些措施有利有弊，从一个侧面反映出曹魏统治的特点。

1. 强嫁寡妇。在汉代，寡妇是否改嫁，本人还有一定选择的自由。但到了曹魏时由于封建统治者急于增殖人口，并安定士兵的情绪，采取了强嫁寡妇的措施，即强制死去丈夫的妇女再嫁给士兵为妻。具体做法是：首先由地方官府对寡妇登记造册，然后录取到郡，再由官府配人。据《三国志·魏书·杜畿传》引《魏略》云："初畿在郡，被书录寡妇。是时他郡或有已自相配嫁，依书皆录夺，啼哭道路。畿但取寡者，故所送少；及赵俨代畿而所送多。文帝问畿：'前君所送何少，今何多也？'畿对曰：'臣前所录皆亡者妻，今俨送生人妇也。'帝及左右顾而失色。"本来强制寡妇嫁给士兵已经是极为不得人心的疵政，造成"啼哭道路"的悲惨景象。而有的郡守为邀功请赏，竟然录夺生人之妻以配他人，从而活生生地拆散家庭，使夫妻、母子分离，这种做法就不仅是疵政，而可以称之为暴政了。更有甚者，魏明帝还趁火打劫，从被录夺的妇女中挑选有姿色者充作他的嫔妃，实在是荒唐已极。故太子舍人张茂上书谏曰："臣伏见诏书，诸士女嫁非士者，一切录夺，以配战士，斯诚相时之宜，然非大化之善者也。……又诏书听得以生口年纪，颜色与妻相当者自代，故富者则倾家尽产，贫者举假贷贳，贵买生口以赎其妻；县官以配士为名而实内之掖庭，其丑恶者乃出于士。得妇者未必有欢心，而失妻者必有忧色，或穷或愁，皆不得志。夫君有天下而不得万姓之欢心者，尠不危殆。"这篇上疏可以说是切中要害，是有识之见。但魏明帝看过以后，环顾左右，置之不理。所以到曹魏统治结束时，强嫁寡妇的这一弊政始终不改，只给历史留下一篇悲惨的记录而已。

2. 连坐出嫁之女。封建宗法家庭是以血缘关系为基础而结合成的一个集体。为了增强家庭的凝聚力，使每个家庭成员都把个人的荣辱与集体的兴衰紧密地连在一起，法律规定了家庭成员的集体责任，使封建家庭一荣俱荣，一损俱损；即一人得道，可鸡犬升天，如一人犯罪，则株连九族。封建法律上这种家庭成员的连带责任，是历代封建统治者“齐家、治国、平天下”的一项重要的法律措施，各朝均沿袭不改。但株连的范围有多大，是三族、五族、九族，则因时代的不同而有所区别。特别是对出嫁之女，是否在家庭连坐的范围之内，历代均不一致。曹魏统治时期国内外斗争激烈，用刑极为严酷，所以法律明确规定连坐出嫁之女。据《三国志·魏书·郭淮传》引《世语》云：“淮妻，王凌之妹。凌诛，妹当从坐，御史往收。……妻上道，莫不流涕，人人扼腕，欲劫留之。”后郭淮命人将妻追回，上书司马宣王曰：“五子哀母，不惜其身；若无其母，是无五子；无五子，亦无淮也。今辄追还，若于法未通，当受罪于主者，觐展在近。”司马宣王虽然赦免了郭淮之妻，但在法律上出嫁之女还是要连坐被刑的。郭淮身为大将，掌重兵于外，功高位显，司马懿不得不考虑这些因素，赦免其妻是对他的让步，这不单纯是法律问题，而是为服从政治斗争之需要所采取的一种权宜之计。

关于连坐已嫁之女的这种不合理的法律规定，到了曹魏统治的末期才改变。据《晋书·刑法志》载：“是时魏法，犯大逆者诛及已出之女。”正始中，毌丘俭因起兵反对司马师兄弟擅权，失败后被定为“大逆无道”，夷其三族，其子甸妻荀氏应坐死，因其族兄荀顗与司马师是姻亲，通表魏帝，诏听离婚，得以活命。荀氏所生女芝，为颍川太守刘子元妻，虽出嫁亦应追回连坐而死，但因怀孕暂时系于狱中，荀氏亲到司隶校尉何曾家求情，愿自身没入为官奴婢，以赎芝命，何曾对她表示同情，故使主簿程咸上疏议曰：“男不得罪于他族，而女独婴戮于二门，非所以哀矜女弱，蠲明法制之本分也。臣以为在室之女，从父母之诛；既醮之妇，从夫家之罚。宜改旧科，以为永制。”[①] 魏朝统治者接受了程咸的建议，“于是有诏改定律

① 《晋书·刑法志》。

令”，免去了出嫁之女与父母连坐的规定，这是对族刑连坐之法的一项重要改革。但是好景不长，到司马氏取代曹魏建立晋朝以后，就重新恢复了追刑已出之女的规定，虽然法律仅限于“谋反罪”，但实际的株连范围要比法律规定广泛得多。

3. 严惩通奸。在封建时代，为了维护宗法制家庭，特别是为了维护嫡长子继承制，法律严格禁止婚姻以外的性生活，各朝法律都设有“通奸罪”，曹魏时亦不例外。《三国志·魏书·胡质传》载，胡质为顿丘令时，“县民郭政通于从妹，杀其夫程他，郡吏冯谅系狱为证。政与妹皆耐掠隐抵，谅不胜痛，自诬，当反其罪。质至官，察其情色，更祥其事，检验俱服。”一般的通奸行为，均可导致对家庭的破坏。郭政从妹与其通奸，即杀其夫程他，此正所谓奸情出人命者也。所以封建立法之严惩通奸行为，主要是为了保护封建家庭，维护纲常礼教。但在封建时代，婚姻是由父母包办，当事人不能自主。这种不以感情而以金钱、门第为基础的婚姻，是导致婚外性爱的主要原因。即使有法律禁止，所谓“通奸”行为仍是不能杜绝的。而由“通奸”所引发的种种悲剧，正充分反映出封建婚姻制度的罪恶本质。

第八节　曹魏政权的司法监察制度

曹魏政权为了保证法律的贯彻执行，不但自上而下的建立一整套的司法机构，还制定了比较完善的诉讼程序。从现有史料来看，曹魏时的司法制度基本上沿袭汉代，但又根据当时的社会情况有所改革与发展。

一、司法机关

曹魏时期掌握国家审判权的司法机关，在中央为皇帝，丞相（三公）及廷尉（大理），在地方由州、郡、县的行政长官兼理。

1. 中央司法机关

皇帝居于至高无上的统治地位，对天下臣民握有生杀予夺的大权。魏文帝时，赏罚由帝作主，大臣只奉成命而已。例如文帝曹丕当太祖未立嗣时，杨俊“虽并论文帝、临菑侯才分所长，不适有所据当，然称临菑犹美，文帝常以恨之。黄初三年，车驾至宛，以市不丰乐，发怒收俊。尚书仆射司马宣王、常侍王象、荀纬清俊，叩头流血，帝不许。俊曰：‘吾知罪矣。’遂自杀。众冤痛之”[①]。又“帝之为太子也，郭夫人弟有罪，魏郡西部都尉鲍勋治之；太子清，不能得，由是恨勋”[②]。及即位，寻事治死鲍勋。这两个事例说明，以个人恩怨而妄加罪名，任意地屠戮臣下，是专制君主的特权。文帝之所以能官报私仇，盖由此也。及明帝即位，皇帝仍然掌握审判大权。明帝常言：“狱者，天下之性命也。”故每断大狱，常幸观临听之。皇帝直接审判案件，往往有超出法律之外者。明帝虽不像其父那样公开地官报私仇，但妄赏妄诛者，亦事类无究也。故大臣们对皇帝亲自审断狱讼，也有不同的看法。如常侍领秘书监王肃曾上疏云：“凡陛下临时之所行刑，皆有罪之吏，宜死之人也。然众庶不知，谓为仓卒、故愿陛下下之于吏而暴其罪，钧其死也，无使污于宫掖而为远近所疑。且人命至重，难生易杀，气绝而不续者也，是以圣贤重之。孟轲称杀一无辜而取天下，仁者不为也。”他认为“天子之吏犹不可以失平，而天子之身反可以惑谬乎？”[③]尽管王肃的意见对维护封建法制的权威是正确的，但在封建专制时代，封建君主是不会放弃“临时制刑”的特权的。除非君主的权力被篡夺，否则他就必然要作威作福，擅断擅杀。明帝以后，三少帝相继为天子，但皇权逐渐旁落，司马氏成为实际的统治者。在这种情况下，皇帝作为国家最高审判官的权力名存实亡。权臣当道，国政日非，曹髦不甘心作傀儡，眼见“司马昭之心，

① 《三国志·魏书·杨俊传》。

② 《资治通鉴·魏纪二·文帝黄初七年》。

③ 《三国志·魏书·王肃传》。

路人所知也”，自出讨司马，被杀。

丞相的职责本来是掌丞天子，助理万机，是皇帝的助手。但曹操为汉相，大权独揽，成为未加冕的君主，一切生杀赏罚大权均出自曹公一人。及魏文帝取汉而代之，虽设有丞相（或称相国），但相权日益削弱，皇权日益加强。丞相虽享有一定的审判权，但重大案件必须报皇帝裁决。魏初既设丞相，又设三公。但丞相无独断之权，三公更成为摆设，所谓“三公无事，又希与朝政”[①]，充分说明三公虽地位尊崇，但并无实权。故高柔上疏云：“古者刑政有疑，辄议于槐棘之下。自今之后，朝有疑议及刑狱大事，宜数以咨访三公。”[②]即听取三公对刑狱的意见，以作为判决时的参考。文帝接受了高柔的建议，命三公参预重大刑狱的评议，这一方面可以分散宰相的权力，防止丞相独断专行；另一方面三公议狱不过是“坐而论道”，对皇帝在审判案件上的专断权力并无任何影响。

廷尉是中央主管司法审判的官吏，又称为大理，钟繇、王朗、高柔等人均担任过此职。曹魏时的几任廷尉，因受曹操法治思想的影响，均能严格执法，不枉不纵，给各级司法官吏树立了良好的榜样。例如魏国初建，王朗为大理，“务在宽厚，罪疑从轻”。文帝即位后迁御史大夫，上书劝帝育民省刑，曰：“夫治狱者得其情，则无冤死之囚”，主张祥刑慎法，恩威并济。高柔为廷尉，刚正无私，守法不阿。时猎法严峻。有人窃于禁内射兔，被举报，帝大怒，匿举报者名姓，收偷猎者付狱治罪。高柔表请举报人与偷猎者对质，以查明事实。帝不许，柔曰：“廷尉，天下之平也，安得以至尊喜怒而毁法乎？”[③]重复为奏，辞指深切。帝意觉寤，乃告举报者姓名，经过讯问，各得其罪。又如文帝官报私仇，命廷尉高柔处死鲍勋。“高柔固执不从诏命，帝怒甚，召柔诣台，遣使者承指至廷尉诛勋。勋死，乃

① 《三国志·魏书·高柔传》。

② 《三国志·魏书·高柔传》。

③ 《三国志·魏书·高柔传》。

遣柔还寺。”[①] 作为主管司法审判的最高长官高柔在皇帝盛怒之下，敢于坚持依法办案的原则，并对皇帝的错误判决敢于顶着不办，拒不执行，骨头可谓硬矣。这和那种专以君主意指断狱的封建官吏，成为鲜明的对比，确实是难能可贵的。

廷尉之下设正、监、平，称为三官，虽为廷尉属吏，亦可驳正廷尉的法议。例如文帝责鲍“勋指鹿作马，收付廷尉”。廷尉法议：“正刑五岁”，三官驳：“依律，罚金二斤。”注云：“三官，廷尉正、监、平也。”[②] 这说明在中央司法机关中，为了防止错判，已经建立了互相驳议，互相制约的审判制度。

2. 地方司法机关

曹魏时期的地方司法审判工作由州、郡、县的行政长官兼理。

魏朝的地方行政机构分为州、郡、县三级，官称为州牧（或刺史）、郡守、县令（长）。由于汉末中央集权的削弱，地方行政长官的权力增大，所以“是时生杀之柄，决于牧守”[③]，州、郡、县的行政长官都有判决死刑的权力。例如《三国志 · 魏书 · 李通传》载：“通妻伯父犯法，朗陵长赵俨收治，致之大辟。……通妻子号泣以请命。通曰：‘方与曹公戮力，义不以私废公。’嘉俨执宪不阿，与为亲交。”一个县长都有权判处死刑，又何况州、郡长官了。但至魏文帝即位以后，中央集权逐步恢复，牧守的生杀之权遂受到一定的限制。据《三国志 · 魏书 · 司马芝传》载：“诸应死罪者，皆当先表须报。”即地方行政长官不得擅行杀戮，案件审结后，对判决死刑的人应先行上报皇帝，有诏书批准后才可执行。

曹魏时因连年战争，社会矛盾比较尖锐，犯法者众，履刑者多。各地方官都忙于军务，无暇顾及狱讼，各州、郡、县都有大量的积案滞狱，因此能否及时的论决囚徒就成为考核地方官政绩的一个重要方面。例如陈矫为魏郡

① 《资治通鉴 · 魏纪二 · 文帝黄初七年》。
② 《资治通鉴 · 魏纪二 · 文帝黄初七年》。
③ 《三国志 · 魏书 · 李通传》。

太守，“时系囚千数，至有历年。矫以为周有三典之制，汉约三章之法，今惜轻重之理，而忽久系之患，可谓谬矣。悉自览罪状，一时论决”[①]。又如敦煌太守仓慈，陈留相司马岐，均以能清结积案而著称。为了稳定社会秩序，各地牧守除尽量做到狱无冤滞以外，还采取以教止讼的办法，缓解群众间的纷争。例如河东郡守杜畿，“崇宽惠，与民无为。民尝辞讼，有相告者，畿亲见为陈大义，遣令归谛思之，若意有所不尽，更来诣府。乡邑父老自相责怒曰：‘有君如此，奈何不从其教？’自是少有辞讼”。[②]作为封建官吏，能对民众循循善诱，使之息讼止争，这种做法也是非常可取的。

二、告诉与诬告

曹魏时期法律既允许首告并要求比伍相告，又对告诉给以一定的限制，特别是对捏造事实诬告他人的犯罪者，规定了“即以其罪罪之”的反坐责任。

首告，即发现有犯罪者能向官府主动揭发的行为。按照汉代的法律，“先自告者除其罪”，即首告犯罪的人应当免除其刑事责任。但在曹魏统治时期，由于军事政治斗争都非常激烈，先自告者除其罪的规定并未得到完全执行。例如“公孙渊兄晃，为叔父恭任内侍，先渊未反，数陈其变。及渊逆谋，帝不忍市斩，欲就狱杀之。柔上疏曰：‘晃及妻子，叛逆之类，诚应枭县，勿使遗育。而臣窃闻晃先数自归，陈渊祸萌，虽为凶族，原心可恕。今进不赦其命，退不彰其罪，闭著囹圄，使自引分，四方观国，或疑此举也。’帝不听，竟遣使杀之。”[③]公孙晃已首告其弟公孙渊有逆谋，本应免除其连坐责任，但晃与妻子竟一起被杀，这表明封建君主为铲除异己势力和潜在的敌人，是随时都可以不顾法律规定的。故而裴松之评之曰：“晃以兄

① 《三国志·魏书·陈矫传》。
② 《三国志·魏书·杜畿传》。
③ 《三国志·魏书·高柔传》。

告弟，而其事果验。谓晃应杀，将以遏防。若言之亦死，不言亦死，岂不杜归善之心，失正刑之中哉？”[①]这可能是个别的案例，但亦足以说明封建统治者如何言而无信，肆意破坏法制的。

曹魏统治者为使居民互相监督，互相举发，还实行比伍相告的制度。早在太祖之时，郑浑为京兆尹，“浑以百姓新集，为制移居之法，使兼複者与单轻者相伍，温信者与孤老为比，勤稼穑，明禁令，以发奸者。由是民安于农，而盗贼止息”[②]。早在战国时期，商鞅在秦就实行什伍连坐制度，不告奸者腰斩，告奸者与斩敌首同赏。自此以后，连坐告奸遂成为历代封建统治阶级管理与控制居民的一种有效的办法，至汉则沿用不改。曹魏时的比伍相告，亦是连坐告奸制度的继续与发展。在这种制度下，一人有罪，比伍相告；如不举发，则与之同罪。很显然，比伍相告的制度虽有利于揭发犯罪、打击犯罪，但其必然在群众中造成一种互不信任的心理状态。如果社会上存在一种人人自危的恐惧气氛，则国家又如何能达到长治久安呢？正因为如此，及魏文帝即位，广议轻刑，以惠百姓，于黄初五年下诏曰：“初令谋反大逆乃得相告，其余皆勿听治；敢妄相告者，以其罪罪之。”[③]此令说明：一是除谋反大逆以外的罪名，不得相互举发；二是即使谋反大逆而妄告不实者，亦反坐之。此令对比伍相告是一种限制，其目的在于安抚人心、缓和紧张气氛，以建立稳定的社会秩序。

诬告反坐是一项古老的立法原则，曹魏统治者亦沿用不改。为了维护封建法制的威信，封建统治者从来都是一方面鼓励告奸，另一方面又禁止妄告人罪。魏律明确规定：“囚徒诬告人反，罪及亲属，异于善人，所以累之使省刑息诬也。”[④]即对囚徒诬告人谋反者，要加重处理。至于一般人诬

---

① 《三国志·魏书·高柔传》。
② 《三国志·魏书·郑浑传》。
③ 《三国志·魏书·文帝纪》。
④ 《晋书·刑法志》。

告他人谋反的，也要负反坐的责任。据《魏略·桓范传》载："宣王乃忿然曰：'诬人以反，于法何应？'应者曰：'科律：反受其罪。'"即一般人举告他人犯有谋反大逆罪的，亦不得编造事实，诬陷他人；依律凡诬告人反者，皆应以所诬之罪罪之。然则如何查明当事人的举报是否属实呢？曹魏时实行"考实法"，即对举报人和被举报人分别进行考讯。若在考讯中，被举报人不承认犯有举报人所告之罪，即要考讯举报人。例如《三国志·魏书·和洽传》载："魏国既建，为侍中。后有白毛玠谤毁太祖，太祖见近臣，怒甚。洽陈玠素行有本，求案实其事。太祖不听，洽争之，太祖曰：'所以不考，欲两全玠及言事者耳。'洽对曰：'玠信有谤上之言，当肆之市朝；若玠无此，言事者加诬大臣以误主听；二者不加检覈，臣窃不安。'"曹操之所以不同意考讯，其目的是保护告密者。他说"安可受人言便考之邪？"但按科律的规定，必须通过考讯来证明举报之事实是否存在，以防止奸诈之徒陷害好人。但在专制时代，封建统治者出于其怀疑猜忌的本性，一般都是宁可信其有，不可信其无；对告密者总是百般庇护，不愿通过考讯来弄清事实真相，因此被诬告陷害的刚直忠正之士是屡见不鲜的，毛玠不过是其中的一个受害者而已。

三、审理及刑讯

曹魏时因被犯罪而收狱拘禁之人，都必须加戴刑具。例如太祖欲征吴而大霖雨，贾逵不顾曹操禁令而谏诤，"太祖怒，收逵等。……狱吏以逵主簿也，不即着械。逵谓狱吏曰：'促械我。尊者且疑我在近职，求缓于卿，今将遣人来察我。'逵著械适讫，而太祖果遣家中人就狱视逵"[①]。这个事例说明，不论任何人，一旦被收狱审理，都必须加戴桎梏之类的刑具，一者刑具为国法之标志，著械即表示被收狱者为有罪之人；二者是为了防止犯

① 《三国志·魏书·贾逵传》引《魏略》。

人逃走，以保证审判工作顺利进行。

曹魏时审理案件，被告人之供辞是定罪判刑的主要依据。即使有人检举告发，如无被告人之供辞，亦不能判决被告人有罪，如《三国志·魏书·满宠传》载，满宠为许令，“故太尉杨彪收付县狱，尚书令荀彧、少府孔融等并属宠：‘但当受辞，勿加考掠。’宠一无所报，考讯如法。数日，求见太祖，言之曰：‘杨彪考讯无他辞语。当杀者宜先彰其罪；此人有名海内，若罪不明，必大失民望，窃为明公惜之。’太祖即日赦出彪”。在封建时代，被告人的口供被认为是“证据之王”。如果有了被告人的供辞，即使没有其他旁证，也可以给被告人定罪；如果没有被告人的供辞，不论其他证据如何充分确实，也不能认定被告人有罪。正因为如此，封建时代的司法审判的主要任务，就是千方百计地获取被告人的招供，而不管你采用什么方法与手段。本案的被告人杨彪之所以被赦免罪行，不是出于曹操的“仁慈”，主要是因为审判官没有取得杨彪的供辞。如果杨彪不胜拷掠，而对所控告之罪名胡乱招供，他也难免要受刑罚的。

那么，封建时代的实判官如何获取被告人的供辞呢？唯一的方法就是刑讯逼供。刑讯是手段，逼其招供是目的。不论任何人一旦被当作嫌疑犯而送上大堂受审，都不可避免地要受到残酷的拷打。例如上述杨彪，原任太尉之职，地位可谓尊崇。尚书令荀彧和少府孔融还一再为他说情，要审判官“但当受辞，勿加考掠。”但审判官仍然“一无所报，考讯如法”。裴松之很为杨彪鸣不平，他说：“杨公积德之门，身为名臣，纵有愆负，犹宜保祐，况淫刑所滥，而可加其楚掠乎？若理应考讯，荀、孔二贤岂其妄有相请属哉？”[①] 其实裴松之不懂得，若按封建审判制度，杨彪虽然曾任过太尉，一旦沦为阶下囚，也是“理应考讯如法”的。应当指出，当时的一些比较开明的司法官吏，对以考讯而取得的供辞也有不同的看法。例如司马芝为大理正。“有盗官练置都厕上者，吏疑女工，收以付狱。芝曰：‘夫刑

① 《三国志·魏书·满宠传》。

罪之失，失在苛暴。今赃物先得而后讯其辞，若不胜掠，或至诬服。诬服之情，不可以折狱。'"[①] 司马芝认为若被告人“不胜掠”，就必然“自诬服”，所以刑讯逼供是导致冤假错案的一个重要原因，并不是祥刑折狱的好办法。但在封建专制时代，尽管有人对刑讯逼供持否定态度，但这种野蛮、暴虐的审判方法并没有取消，也不能够取消。因为封建专制的审判程序与刑讯逼供是互相依存的一个整体，失去任何一方面，另一方面都无存在的依据。

在古代，狱与讼是有区别的。刑事诉讼称为狱，要追究被告人的刑事责任；民事与婚姻纠纷称为讼，除追究当事人的经济责任以外，大多也要给以刑事处分，这是封建审判制度的一个特点。在刑事诉讼中，被告人的口供是判罪定刑的主要依据。而在民事与婚姻诉讼中，则比较注意运用证据。例如，“清河、平原争界，八年不能决。冀州刺史孙礼请天府所藏烈祖封平原时图以决之；（曹）爽信清河之诉，云图不可用，礼上疏自辨，辞颇刚切。爽大怒，劾礼怨望，结刑五岁”。注云：“烈祖，明帝也，封平原王。画壤分国，有地图在天府。”[②] 在争界的诉讼中，地图应该成为主要书证。孙礼请以明帝封平原王时的地图为证，本来是合情合理的，也说明当时人们很重视并善于运用书面证据。而曹爽偏袒清河一方，竟宣布“图不可用”，并给坚持以图为证的孙礼扣上“怨望”朝政的罪名，可以说是既专横跋扈，又愚昧无知，后被司马懿所击败，也就不足为奇了。

四、监察机关的职责与作用

曹魏时期的监察机关比之汉代更为发展与健全，在中央设有专掌监察的御史台，在地方设有州刺史。

汉代监察机关的最高长官为御史大夫，掌言论纠察之事，与丞相、太

① 《三国志·魏书·司马芝传》。

② 《资治通鉴·魏纪七·邵陵厉公正始九年》。

尉合称三公，地位十分尊崇。但至成帝时改御史大夫为司空，并以司马、司徒、司空为三公，其职权遂由实变虚，成为坐而论道之官。魏时设御史台，职掌公卿奏事，举劾纠察等事。虽亦设御史大夫，但不领台事，而以御史中丞为长官。御史中丞又称宫正，其下有治书执法、侍御史、殿中侍御史、兰台令史等属官。魏时具有监察职能的官吏还有司隶校尉，掌管察举百官及京师近郡犯法者，并领一州叫司州。地方监察官吏为各州刺史，其职责是循行郡国、察录囚徒，考核官吏。司隶校尉及州刺史均设有从事属官。

曹魏时期的监察机关，从中央到地方，其主要任务是纠察官吏中的违法行为，确保国家法律、政令的通行。因此封建时代的监察制度可以说是“治官”的制度，而不是直接治民的制度。所以监察机关是否健全，监察官吏是否尽职尽责，对封建时代的吏治有极大的影响。曹魏政权是在汉末天下大乱、纲纪废弛的基础上建立起来的。各级官吏又大都由军人来担任，没有受过专门的训练。因此与官吏中的违法行为做斗争，成为政权建设的一项主要任务。统治阶级中的有识之士，也都要求加强监察工作，惩治官吏中的不法行为，例如黄门侍郎杜恕上疏批评监察官员失职而不称职。他说：“骑都尉王才，幸乐人孟思所为不法，振动京师，而其罪状发于小吏，公卿大臣初无一言。自陛下践阼以来，司隶校尉，御史中丞宁有举纲维以督奸宄，使朝廷肃然者邪？”[①] 他要求监察官员恪尽职守，整顿吏治，提高封建国家机关的统治效能。

曹魏时的地方监察权由州刺史行使。但由于三国争战，州刺史除掌民事以外，并负领兵之责，不能专心一意的从事监察。故杜恕上疏云：“古之刺史，奉宣六条，以清静为名，威风著称，今可勿令领兵，以专民事。”[②] 但在战争决定政权存亡的三国时代，杜恕的建议虽好但不可行。当时的州

① 《三国志 · 魏书 · 杜恕传》。
② 《三国志 · 魏书 · 杜恕传》。

刺史均外修军旅，内治民事，是地方上的最高军政长官，只能在完成军政任务的条件下从事监察工作，而不可能专司监察。但是即便如此，有的刺史仍能认真履行其监察职责，作出了出色的成绩。例如贾逵为豫州刺史，“是时天下初复，州郡多不摄。逵曰：‘州本以御史出监诸郡，以六条诏书察长吏二千石已下，故其状皆言严能鹰扬有督察之才，不言安静宽仁有恺悌之德也。今长吏慢法，盗贼公行，州知而不纠，天下复何取正乎？’”他尽职尽责，加强监察。“考竟其二千石以下阿纵不如法者，皆举奏免之。帝曰：‘逵真刺史矣。’布告天下，当以豫州为法。”①

封建时代的监察机关除掌纠举违法之任以外，还享有对违法官吏审判定罪之权。有时单独审理，有时与司法机关（廷尉、大理）会审。曹魏时期虽然尚未形成固定的“三司会审”制度，但监察机关对重大刑事案件尤其涉及官吏违法案件如何判决，享有充分的发言权。监察机关参预审判活动，一方面是为了追究犯罪，使违法者受到应有的惩罚；另一方面也是对审判活动进行监督，保证司法机关正确地适用法律。总之，封建时代的监察机关对于严肃官纪，纠举不法，监督审判活动不枉不纵，维护封建法制的权威，都具有极其重要的作用。

① 《三国志·魏书·贾逵传》。

第二章　蜀汉政权的法律制度

在曹丕废汉献帝建立曹魏政权的第二年，即公元221年，刘备在西蜀称帝，建都成都，国号汉，史称蜀或蜀汉，与曹魏、东吴三足鼎立，成为西南地区一个封建割据政权。222年刘备伐吴大败，223年死于白帝城，子刘禅继位，由诸葛亮辅政，至263年后主刘禅出降于魏，蜀亡。蜀汉政权共存在43年。

蜀汉政权从刘备到刘禅，实际统治者都是诸葛亮，特别是刘备死后，“政事无巨细，咸决于亮”[①]。由于诸葛亮重视国家的法制建设，所以蜀汉政权的法律制度虽不及曹魏那样完备，但也是比较健全的。可惜由于史料有缺，我们现在尚不能得知蜀汉法律制度的全貌，只能就史书所载作一个大略的介绍。

第一节　蜀汉统治区的社会发展

三国之中，蜀汉政权以益州为根据地，占有今四川、云南、贵州广大地区，官府注录的人口90余万，其实力虽不及曹魏与东吴，但由于这一地区在东汉末年遭战乱破坏较轻，再加上诸葛亮兢兢业业，善于治国，蜀汉地区的政治、经济与文化事业也取得了很大的发展。

---

① 《三国志·蜀书·诸葛亮传》。

诸葛亮是中国历史上一位著名的地主阶级政治家。他少有“逸群之才，英霸之器”，早在未出山以前的“隆中对”中，对当时天下大势就作了精辟的分析，并为刘备制定了图霸一方并进而统一中国的方针路线。诸葛亮指出：“自董卓以来，豪杰并起，跨州连郡者不可胜数。……今操已拥百万之众，挟天子而令诸侯，此诚不可与争锋。孙权据有江东，已历三世，国险而民附，贤能为之用，此可以为援而不可图也。荆州北据汉、沔，利尽南海，东连吴会，西通巴、蜀，此用武之国，而其主不能守，此殆天所以资将军，将军岂有意乎？益州险塞，沃野千里，天府之土，高祖因之以成帝业。刘璋暗弱，张鲁在北，民殷国富而不知存恤，智能之士思得明君。将军既帝室之胄，信义著于四海，总揽英雄，思贤如渴，若跨有荆，益，保其岩阻，西和诸戎，南抚夷越，外结好孙权，内修政理，天下有变，则命一上将将荆州之军以向宛、洛，将军身率益州之众出于秦川，百姓孰敢不箪食壶浆以迎将军者乎？诚如是，则霸业可成，汉室可兴矣。”[①]由此可知，诸葛亮为刘备所规划的战略方针就是：在群雄争斗的情况下，先取荆、益为基地，然后西和诸戎，南抚夷越，外结孙权，内修政理，待天下有变，兵分两路北伐曹魏，以完成统一中国的伟大事业。后来，诸葛亮一生的活动基本上是按照这一战略方针进行的。虽然由于主观与客观条件的限制，他并未能实现自己的理想。但历史从不以成败论英雄，他精髓的思想、高贵的品格以及为了完成自己所信奉的事业的那种鞠躬尽瘁、死而后已的精神，是永远值得赞扬的。

益州地区土地肥沃，物产丰富，所谓“沃野千里，天府之国”。刘备在此建立政权，并作为北伐的根据地。诸葛亮就必然把经营益州放到首要地位。他立法施度，奖励耕战，使蜀国的经济得到迅速地恢复与发展。史载：“亮之治蜀，田畴辟，仓廪实，器械利，蓄积饶，朝会不华，路无醉人。”[②]

① 《三国志·蜀书·诸葛亮传》。

② 《三国志·蜀书·诸葛亮传》。

这个记载基本上反映了当时的情况。由于劳动人民的辛勤开发，西蜀的农业生产继续发展，耕地面积不断扩大，单位产量不断提高。为了保障成都平原的水利灌溉，诸葛亮曾派一千二百丁夫对都安大堰（都江堰）进行整修护理，从而形成了“沟洫散脉、疆理绮错、黍稷油油，粳稻莫莫”的繁荣景象。当时的农业产量是很高的。例如绵竹、广田一带的水田，一般亩产三十斛以上。同时，诸葛亮为了解决军粮不足的问题，还曾实行过屯田制度。例如章武十二年春，“亮每患粮不继，使己志不申，是以分兵屯田，为久驻之基。耕者杂于渭滨居民之间，而百姓安堵，军无私焉”[①]。诸葛亮连年发动北伐，每次动员大军都在十万人左右，而蜀汉地区所生产的粮、棉既能保证军队的需要，在民间又没有出现大的饥荒，可见蜀汉地区农业生产的成就还是十分显著的。蜀汉地区的手工业，以盐、铁、织棉业最为发达。益州的许多地方都产井盐，成都“家有盐泉之井”，临邛的盐井工人已发明用天然气熬盐，即所谓“火井煮盐”。蜀国设有司盐校尉，专掌盐铁的生产与经营，王连任此职时，“较盐铁之利，利入甚多，有裨国用”。此外还设有司中郎将，专门“典造农战之器”。蜀锦更驰名全国，远销吴魏，是国家财政的一大来源。蜀锦产地成都，“阛阓之里，伎巧之家，百室离房，机杼相和”，织锦业是非常繁荣的。直到蜀亡，国库尚有锦、绮、彩、绢各二十万匹，其织锦业之盛可见一斑。

诸葛亮在用心经营益州的同时，还积极从事安定南中的工作。蜀汉的南部，即今云南、贵州和四川的南部，散居许多少数民族，统称“西南夷”。他们大部分处于奴隶社会阶段，与汉族杂居者已进入封建社会阶段，有些偏远地区还停留在原始部落阶段，情况比较复杂。为了在北伐中原时有一个稳定的后方，就必须安抚这些少数民族，使他们服从或接受蜀汉政权的统治。但在刘备死后，南中地区发生叛乱，蜀汉统治者面临着失去南中的危险。在这种情况下，诸葛亮为了保住南中，巩固后方，不得不于 225 年

① 《三国志 · 蜀书 · 诸葛亮传》。

对南中用兵。诸葛亮亲自挂帅，兵分三路，向南中进发。诸葛亮用马谡“夫用兵之道，攻心为上，攻城为下，心战为上，兵战为下，愿公服其心而已”的建议，七擒七纵孟获，始令其心服投降。不久三路大军会于滇池，南中四郡便完全平定，并改四郡为越嶲、建宁、永昌、牂柯、兴古六郡，选得力官员为郡守，从而形成一个“纲纪粗定、夷汉粗安”的局面。应当指出，蜀汉政权在南中地区确立统治，固然给这一地区人民带来新的剥削与压迫，但它却打破了这一地区的闭塞状态，加强了南中各族人民与汉族的经济文化交流与友好往来，这对促进南中地区的发展是有积极作用的。

诸葛亮经营益州和安定南中的目的，都是北伐曹魏，以完成统一中国的夙愿。在《前出师表》中说：“受命以来，夙夜忧叹，恐托付不效，以伤先帝之明，故五月渡泸，深入不毛。今南方已定，兵甲已足，当奖率三军，北定中原，庶竭驽钝，攘除奸凶。兴复汉室，还于旧都。此臣所以报先帝，而忠陛下之职分也。”[①]诸葛亮始终念念不忘的就是北伐中原，光复汉室。从公元 227 年诸葛亮率军北驻汉中以图攻魏开始，到 234 年他于五丈原卒于军中，共八年时间进行了五次北伐。而每一次北伐，蜀军虽然都取得一些局部的胜利，但始终未能给曹魏政权以致命性的打击，因而从全局来说还是失败了。究其原因，主要是因为蜀魏两国力量相差悬殊，蜀汉只占有西南一隅之地，官府领有的人口仅 94 万，比曹魏少 300 多万；蜀汉有军队 10 万左右，而曹魏用来对付他的第一线军队就有 20 多万。诸葛亮实际上是仅以一州之人力物力与占据中原广大地区的曹魏相对抗，焉有不败之理？为什么诸葛亮明知少有取胜之把握而还要屡次北伐呢？因为他明确认识到：“今天下三分，益州疲弊，此诚危急存亡之秋也。”蜀汉以正统自居，曹魏对它又虎视眈眈。在“汉贼不两立，王业不偏安”的思想指导下，“然不伐贼，王业亦亡，惟坐待亡，孰与伐之”。[②]所以诸葛亮之北伐，

① 《三国志·蜀书·诸葛亮传》。
② 《三国志·蜀书·诸葛亮传》。

是以攻为守的一种战略措施，是为巩固蜀汉政权并进而统一天下所采取的军事步骤。尽管他的北伐失败了，但他为蜀汉政权争得了鼎足三分的地位，保卫和促进了这一地区的生产发展，其功绩是不可抹煞的。

在治理蜀国和北伐战争中，诸葛亮都表现出巨大的政治和军事才能。他立法施度、内修政理，奖励耕战，科教严明，把蜀国治理得井井有条；他以法统军、赏罚公平，因而他所指挥的军队纪律严明，具有很强的战斗力。所以诸葛亮不但是我国历史上一位著名的政治家，也是一位颇有智慧与谋略的军事家。

第二节　诸葛亮的法律思想

蜀汉统治集团的法律思想当以诸葛亮的法律思想为代表。而诸葛亮是一个坚决奉行以法治国方针的地主阶级政治家，因此他的法律思想比同时代人更加系统而又丰富，不仅对当时蜀汉政权的法制建设具有指导性的作用，而且是留给我们后人的一份宝贵的法律文化遗产。

一、厉行法治，恩威并济

封建专制主义的本质虽然是人治而不是法治，但地主阶级中有远见的政治家仍然认为以法治国不仅有利于巩固君主专制的统治地位，而且也是保持社会安定、维护统治阶级整体利益的一项根本的战略措施。诸葛亮就是一个坚持以法治国的地主阶级政治家。他指出："威武加则刑罚施，刑罚施则众奸塞。不加威武，则刑罚不中；刑罚不中，则众奸不理，其国亡。"[①] 又说："夫一人之身，百万之众，束肩敛息，重足俯听，莫敢仰视者，法制

① 《诸葛亮集·喜怒》。

使然也。”[①] 他认为刑法是禁奸止邪、维护封建统治者权威的重要手段。如果不能正确地运用法制与刑法，就不能保持其统治地位。所以他说：“上无刑罚，下无礼义，虽贵有天下，富有四海，而不能自免者，桀、纣之类也。”[②] 这说明诸葛亮把是否实行法治看作国家兴盛与危亡的关键。他认为治国必须厉行法治。如治国而没有法，或者有法而不严，就必然出现“人不畏法”的情况，而那是“必败之征也”。[③] 由此可知，诸葛亮对以法治国有很高的认识。而为了巩固蜀汉政权，他始终坚持厉行法治，毫不动摇地贯彻以法治国的方针。

当然，对诸葛亮采用法治手段治理国家的做法，蜀汉统治集团内部也有不同的看法。特别是当地的豪强势力，因为他们的不法行为受到抑制和打击，因而指责诸葛亮：“刑法峻急，刻剥百姓，自君子小人咸怀怨叹。”于是法正向诸葛亮提出建议，曰：“昔高祖入关，约法三章，秦民知德。今君借威力，跨据一州，初有其国，未垂惠抚，且主客之义，宜相上下，愿缓刑弛禁，以慰其望。”诸葛亮回答说：“君知其一，未知其二。秦以无道，政苛民怨，匹夫大呼，天下土崩，高祖因之，可以弘济。刘璋暗弱，自焉已来有累世之恩，文法羁縻，互相承奉，德政不举，威刑不肃。蜀土人士，专权自恣，君臣之道，渐以陵替；宠之以位，位极则贱，顺之以恩，恩竭则慢。所以致弊，实由于此。吾今威之以法，法行则知恩，限之以爵，爵加则知荣；荣恩并济，上下有节。为治之要，于斯而著。”[④] 诸葛亮认为当时益州的情况与高祖入关时大不相同。“秦以无道，政苛民怨”，天下若秦苛法久矣。而刘璋正好相反，他为政暗弱，法制废弛，豪强跋扈，专权自恣。在这种情况下，只有坚决地“威之以法”，“限之以爵”，才能重新确立“上

---

① 《诸葛亮集·威令》。

② 《诸葛亮集·威令》。

③ 《诸葛亮集·胜败》。

④ 《诸葛亮集·答法正书》。

下有节”的封建统治秩序。

应当肯定，诸葛亮针对益州的具体情况所采用的以法治国的措施是正确的，收到了明显的效果。按诸葛亮“起于巴、蜀，蹈一州之土，方之大国，其战士人民，盖有九分之一也，而以贡贽大吴，抗对北敌，提步卒十万，长驱祁山”者，就是因为他有一个稳定而又巩固的后方。正如陈寿评价的那样：“立法施度，整理戎旅，工械机巧，物究其极，科教严明，赏罚必信，无恶不惩，无善不显，至于吏不容奸，人怀自厉，道不拾遗，强不侵弱，风化肃然也。”[①] 西蜀地区民殷国富，秩序井然，这说明诸葛亮以法治国是成功的。而且他“行法严而国人悦服，用民尽其力而下不怨”[②]，这就更加难能可贵了。

二、以法治军，赏罚分明

三国对峙，战争不断。诸葛亮志在先灭曹魏，然后统一中国。故其身虽在蜀汉，而心胸却包含九州。诸葛亮的一生活动，主要在于行军作战，故其始终把军队建设放在首位。他认为在军阀割据混战的情况下，若想克敌制胜，必须有一支强大的军队。而若建设一支强大的军队，又必须坚决实行以法治军。故而诸葛亮与先秦法家一样，把“严赏罚之科”，列为“行兵之要”。在他看来，“若赏罚不明，法令不信，金之不止，鼓之不进，虽有百万之师，无益于用”[③]。只有军纪严明，步调一致，“退若山移，进如风雨，击崩若摧，合战如虎”的军队，才能无往而不胜。他说：“有制之兵，无能之将，不可以败；无制之兵，有能之将，不可以胜。”[④] 所谓“有制”“无

① 《三国志 · 蜀书 · 诸葛亮传》。

② 《三国志 · 蜀书 · 诸葛亮传》。

③ 《诸葛亮集 · 整师》。

④ 《诸葛亮集 · 兵要》。

制”，就是有法，无法。诸葛亮认为以法治军是提高军队战斗力的基本途径，因此在选将用兵和行军作战时他都严格依法办事。他明令规定：出师行军，要队伍整齐，行动一致，“进有厚赏，退有严刑”；“令不可犯，犯令者斩”。很多人甚至包括他的敌人都称赞他“法令明，赏罚信，士卒用命，赴险而不顾，所以能斗也”①。“及其兵出入如宾，行不寇，刍荛者不猎，如在国中。其用兵也，止如山，进退如风，兵出之日，天下震动，而人心不忧。”②十分明显，蜀汉军队之所以纪律严明，秋毫无犯，深得群众的信任，并有较强的战斗力，这和诸葛亮坚持以法治军是分不开的。

以法治军的关键在于做到执法公平，赏罚分明。诸葛亮在这方面堪称后人楷模。他一贯主张：“赏不可不平，罚不可不均”“赏罚不曲，则人死服”，③他认为在执行赏罚时只有做到公正无私，才能使人心服口服，才能调动人的积极性。如“赏罚不正，则忠正死于非罪，而奸邪起于非功”④，其结果必然是忠良受害，奸邪得志，是非颠倒，政治腐败，国家又焉得不亡？特别可贵的是：诸葛亮不仅对赏罚严明的重要性有深刻的认识，在执法实践中也能不折不扣地去履行。诸葛亮依法处死马谡就是一个明显的例证。马谡“才器过人，好论军计，丞相诸葛亮深加器重”。虽然刘备告诫他“马谡言过其实，不可大用”，但诸葛亮仍提拔他为前敌指挥官，给以重用。但在第一次北伐中原的战斗中，马谡自以为是，不听忠谏，“违亮节度，举动失宜”，为魏将张郃所败，致使士卒离散，街亭失守，蜀军进无所据，只好退回汉中。对马谡这种违犯军纪，造成战败的行为，诸葛亮坚持“诛罚不避亲戚”的原则，去掉私情，“戮谡以谢众”。蒋琬后至汉中，谓亮曰：“天下未定，而戮智斗之士，岂不惜乎？”亮流涕曰：“孙武之所

---

① 《三国志·蜀书·诸葛亮传》。

② 《三国志·蜀书·诸葛亮传》。

③ 《诸葛亮集·赏罚》。

④ 《诸葛亮集·赏罚》。

以能制胜于天下者，用法明也。是以杨干乱法，魏绛戮其仆。四海分裂，兵交方始。若复废法，何用讨贼邪？”[①] 由此可知，诸葛亮处死马谡，是他的赏罚严明的法律思想的具体表现，也是他的以法治军的主张的重要实践。通过诸葛亮的所作所为可以看到，他是一位言行一致、取信于民的政治家。

三、严于律己，廉洁自守

大智大勇，无私无畏，诸葛亮兼而有之。诸葛亮虽不能称为完人，但他的严于律己，清廉自守的高贵品格是非常可贵的。

诸葛亮认为在治国治军中能厉行法治，严明赏罚的关键，在于当权者能以身作则，成为官民的表率。即只有“理上”，才能做到“下正”。特别是为人若者，只有“先正其身，然后乃行其令。身不正则令不从，令不从则生变乱”。[②] 他要求统治集团上层人士，要真正做到：“非法不言，非道不行，上之所为，下之所瞻也。”[③] 诸葛亮的可贵之处，就在于他言行一致，身体力行。例如在北伐中原的战争中，马谡违纪战败，本来是“街亭之役，咎在马谡”，责任十分明确，但作为三军主帅的诸葛亮却上疏自责曰：“臣以弱才，叨窃非据，亲秉旄钺以厉三军，不能训明章法，临事而惧，至有街亭违命之阙，箕谷不戒之失，咎皆在臣授任无方。臣明不知人，恤事多暗，春秋责帅，臣职是当。请自贬三等，以督厥咎。”[④] 于是诏“以亮为右将军，行丞相事，所总统如前”。一般的封建官吏总是有胜时争相报功请赏，有败时则各自推脱责任，像诸葛亮这样严以律己，深自贬责的做法，在封建时代是不多见的。

① 《三国志・蜀书・马谡传》。
② 《三国志・蜀书・马谡传》。
③ 《诸葛亮集・教令》。
④ 《三国志・蜀书・诸葛亮传》。

诸葛亮虽然身为丞相，居一人之下，万人之上，权势与地位都可以说是达到了顶点。如欲以权谋私，则唾手可得。而诸葛亮与此相反，他能清廉自持，公而忘私，不仅从不利用职权谋取私利，甚至不治田宅产业。他曾自表后主曰："成都有桑八百株，薄田十五顷，子弟衣食自有余饶。至于臣在外任，无别调度，随身衣食，仰悉于官，不别治生，以长尺寸。若臣死之日，不使内有余帛，外有赢财，以负陛下。"[①]本传云："及卒，如其所言。"这样的严于律己，这样的清廉自守，在历代宰相之中也是少有的。这说明诸葛亮具备了"先天下之忧而忧，后天下之乐而乐"的高贵品质。他对自己所信奉的事业确实做到了"鞠躬尽瘁，死而后已"。

应当指出："蜀土富贵，时俗奢侈，货殖之家，侯服玉食，婚姻葬送，倾家竭产。"[②]在这种争奇斗富，奢侈成风的环境里，诸葛亮能做到廉洁自持，这是很不容易的。而在他的带动下，蜀汉政权的一些主要官吏，都以廉洁为荣，以奢侈为耻。例如与诸葛亮并署左将军大司马府事的董和，"居官食禄，外牧殊域，内干机衡，二十余年，死之日家无儋石之财"[③]。尚书令刘巴"躬履清俭，不治产业，……恭默守静，退无私交，非公事不言"[④]。大将军费祎"雅性谦素，家不积财，儿子皆令布衣素食，出入不从车骑，无异凡人"[⑤]。大将军姜维"据上将之重，处群臣之右，宅舍毕薄，资财无余，侧室无妾媵之亵，后庭无声乐之娱，衣服取供、舆马取备，饮食节制，不奢不约，官给费用，随手消尽；察其所以然者，非以激贪厉浊，抑情自割也，自谓如是为足，不在多求"[⑥]。车骑将军邓芝"为将军二十余年，赏罚明断，善邮士卒。身之衣食资仰于官，不苟素俭，然终不治私产，妻子不免饥寒，

① 《三国志·蜀书·诸葛亮传》。
② 《三国志·蜀书·董和传》。
③ 《三国志·蜀书·董和传》。
④ 《三国志·蜀书·刘巴传》。
⑤ 《三国志·蜀书·费神传》引别传。
⑥ 《三国志·蜀书·姜维传》。

死之日家无余财。”[①]很显然，诸葛亮之所以能把蜀国治理得井然有序，是与这些不贪财、不爱色的清官廉吏分不开的。

正因为诸葛亮能以身作则，廉洁自守，赏罚公平，取信于民，所以在民众中留下了不可磨灭的记忆。正如陈寿所记载的那样：“其秋病卒，黎庶追思，以为口实。至今梁、益之民，咨述亮者，言犹在耳，虽《甘棠》之咏召公，郑人之歌子产，无以远譬也。孟轲有云：‘以逸道使民，虽劳不怨；以生道杀人，虽死不忿。’信矣！”[②]诸葛亮真可谓一代贤相，名传古今也。

第三节　蜀汉政权的立法活动

刘备、诸葛亮皆以继汉正统而自居。因此蜀汉政权在法制建设方面，基本原则是遵行汉律。故陈寿《三国志》及其他史料对蜀汉政权的立法活动记载甚少，只是在《三国志·蜀书·伊籍传》中提到制定《蜀科》一事，这可以说是蜀汉政权的唯一立法活动。该传云：“伊籍，字机伯，山阳人。……益州既定，以籍为左将军从事中郎，见待于简雍、孙乾等。……后迁昭文将军，与诸葛亮、法正、刘巴、李严共造蜀科，蜀科之制，由此五人焉。”由此可知，蜀科是蜀汉政权的主要法典，与汉律并行。至于蜀科的具体内容，因为史料没有记载，我们不得而知了。但从当时的社会情况来看，汉律太重，有失民心，因而曹操制定《甲子科》，“故令依律论者使从半减也”。蜀汉政权所制定的《蜀科》也是对汉律的变通与补充，可能与曹操制定的《甲子科》用意基本相同。

蜀汉政权虽在立法方面不及曹魏，但在执法方面因有诸葛亮亲自监管，却基本上可以说达到了平允公正。据《魏氏春秋》载：“诸葛公夙兴夜寐，

① 《三国志·蜀书·邓芝传》。
② 《三国志·蜀书·诸葛亮传》。

罚二十以上，皆亲临焉。”这说明诸葛亮作为丞相亲自掌握蜀国的审判大权，因此对蜀汉的执法情况有极大的影响。他认为在执法过程中做到公正无私，是厉行法治的一项基本内容。在《前出师表》中，他对后主刘禅建议说：“宫中府中俱为一体，陟罚臧否，不宜异同。若有作奸犯科及为忠善者，宜付有司论其刑赏，以昭陛下平明之理，不宜偏私，使内外异法也。”意谓对皇帝宫中和丞相府中的人执行赏罚时，应一视同仁。要根据其功过由主管官司予以赏罚，不要同罪异法，更不可偏袒亲近的人，必须做到公平合理。诸葛亮一生中，在执法方面确实以公正无私而著称。时人张裔称赞他说：“公赏不遗远，罚不阿近，爵不可以无功取，刑不可以贵势免，此贤愚之所以佥忘其身者也。”[①] 正由于诸葛亮执法公平，所以虽被处罚者亦无怨言。如前述马谡因违犯军令被斩，他临终与亮书曰：“明公视谡犹子，谡视明公犹父，愿深惟殛鲧兴禹之义，使平生之交不亏于此，谡虽死无恨于黄壤也。”[②] 陈寿的父亲被诸葛亮处以髡刑，但他在《三国志》中仍然对诸葛亮作出很高的评价：“诸葛亮之为相国也，抚百姓，示仪轨，约官职，从权制，开诚心，布公道，尽忠益时者虽仇必赏，犯法怠慢者虽亲必罚，服罪输情者虽重必释，游辞巧饰者虽轻必戮，善无微而不赏，恶无纤而不贬；庶事精练，物理其本，循名责实，虚伪不齿；终于邦域之内，咸畏而爱之，刑政虽峻而无怨者，以其用心平而劝戒明也。可谓识治之良才，管萧之亚匹矣。”[③]

诸葛亮公正无私、赏罚严明的思想与行动，对当世与后代都产生了极大的影响。例如继诸葛亮之后掌握蜀国大权的蒋琬，官居大司马、大将军、录尚书事之职。他居官清正、宽容大度，很有诸葛亮的遗风。时有“督农杨敏曾毁琬曰：‘作事愦愦，诚非及前人。’或以白琬，主者请推治敏，琬曰：

---

① 《三国志·蜀书·张裔传》。

② 《三国志·蜀书·马谡传》引《襄阳记》。

③ 《三国志·蜀书·诸葛亮传》。

‘吾实不如前人，无可推也。’主者重据听不推，则乞问其愦愦之状。琬曰：‘苟其不如，则事不当理，事不当理，则愦愦矣。复何问邪？’后敏坐事系狱，众人犹惧其必死，琬心无适莫，得免重罪。其好恶存道，皆此类也”[①]。蒋琬虽然还未做到闻过则喜，但他却没有乘人之危利用宰相之权官报私仇，落井下石。此种容人之度量，在封建时代是少有的。很显然，蒋琬一直在诸葛亮手下为官，并被诸葛亮认为“当与吾共赞王业”的人才。所以他的公正无私、宽容大度，那是与诸葛亮的教诲与熏陶分不开的。诸葛亮的事迹在他死后更广为流传，成为人们学习的榜样。唐太宗李世民就非常赞赏诸葛亮的大公无私的精神。他说：“诸葛孔明，小国之相，犹曰‘吾心如称，不能为人作轻重，’况我今理大国乎？”[②]他提出“以天为公，无私于物”，作为自己的行动准则。由此可知，诸葛亮厉行法制，严明赏罚的事迹对后人的影响是非常深远的。他在人们的心目中，不仅是智慧的化身，而且是公正无私的典范。

综观蜀汉政权的执法情况，在三国之中是比较好的。蜀汉统治者特别注重有法必依，取信于民；秉公执法，不枉不纵，对稳定蜀国的社会秩序起了重要的作用。

第四节　蜀汉刑法中的犯罪种类

蜀汉政权采用法律，因此法律中所规定的各种罪名，在蜀汉统治地区仍然适用。但由于当时正处于三国争战时期，为了适应军事斗争的需要，强化中央集权成为当时的主要任务。因此从蜀汉统治时期的一些犯罪案例来看，主要是侵犯皇帝权威与军事方面的犯罪。

① 《三国志 · 蜀书 · 蒋琬传》。
② 《贞观政要 · 公平》。

一、诽谤先帝，疵毁众臣

在封建专制时代，君主居于最高的统治地位，独揽国家的一切大权。即使君主与朝中大臣有失误，亦不准臣民批评指责。如有背后议论者，则被认为是毁谤朝政，即获大罪。例如蜀国名将廖立，“自谓才名宜为诸葛亮之贰，而更游散在李严之下，常怀怏怏”。后丞相掾李邵、蒋琬至廖立所在，立议论曰：“昔先帝不取汉中，走与吴人争三南郡，卒以三郡与吴人，徒劳役吏士，无益而还。既亡汉中，使夏侯渊、张郃深入于巴，几丧一州。后至汉中，使关侯身死无孑遗，上庸复败，徒失一方。是羽怙恃勇名，作军无法，直以意突耳，故前后数丧师众也。……”廖立的这篇议论，虽有牢骚不满之言，但他对刘备、关羽的种种失误的分析还是正确的。可是为了维护专制君主的绝对权威，这种议论就构成了“诽谤先帝，疵毁众臣”的大罪。于是后主下诏曰：“三苗乱政，有虞流宥，廖立狂惑，朕不忍刑，亟徙不毛之地。”[①] 即废立为庶民，徙汶山郡。

二、口出欲反之言

在封建时代，作为朝廷的大臣，必须对君主忠心不贰。如果稍有怨恨，而萌异志，口出欲反之言者，即被视为大罪。例如益州治中从事彭羕一向得到刘备器重，后因其“形色嚣然，自矜得遇滋甚”，左迁为江阳太守。羕闻当远出，私情不悦，往诣马超。超曰：“卿才具秀拔，主公相待至重，谓卿当与孔明、孝直诸人齐足并驱，宁当外授小郡，失人本望乎？”羕曰：“老革荒悖，可复道邪？”又谓超曰：“卿为其外，我为其内，天下不足定也。”超闻羕言大惊，具表羕辞，于是收羕付有司治罪。羕于狱中与诸葛亮书中表示他未有异志，并辩之曰：“至于内外之言、欲使孟起立功北州，勠力主

---

① 《三国志·蜀书·廖立传》。

公，共讨曹操耳，宁敢有他志邪？”[①] 其实彭羕贬称刘备为“老革”（按：老革即老兵也），骂其行事为“荒悖”（即荒诞悖谬也），并鼓动马超起来造反，可谓谋反的意图已经十分明显，故依律被处以死刑，也是罚当其罪。另外杨仪的案例也与此案有共同之点。杨仪原为丞相府参军、署府事。为诸葛亮卒于军中，仪既领军而还，又诛讨反将魏延，自以为功勋至大，宜代亮秉政。后蒋琬为尚书令，领益州刺史。仪为中军师，无所统领，于是怨愤形于声色，叹咤之音发于五内，遂对费祎曰：“往者丞相亡没之际，吾若举军以就魏氏，处世宁当落度如此邪！令人追悔不可复及。”[②] 费祎密表其言，遂废仪为民，徙汉嘉郡。仪至徙所，复上书诽谤，辞指激切，遂下郡收仪，仪自杀。杨仪也与彭羕一样，由不满怨愤发展到口出欲反之言，甚至对朝政加以诽谤，结果都招来了杀身之祸。

三、上疏忤旨

在封建时代，臣子对君主的所作所为，发现有不合于纲常礼教之事者，如不上疏谏诤，是为未尽职守；如果上疏谏诤而违反君主意志者，是为忤旨，有时亦获重罪。例如曹丕代汉称帝后，群臣议推汉中王刘备称尊号，益州前部司马费诗上疏表示反对。他说：“殿下以曹操父子逼主篡位，故乃羁旅万里，纠合士众，将以讨贼。今大敌未克，而先自立，恐人心疑惑。昔高祖与楚约，先破秦者王。及屠咸阳，获子婴，犹怀推让，况今殿下未出门庭，便欲自立邪！愚臣诚不为殿下取也。”[③] 他劝谏刘备效法汉高祖，讨灭曹魏后再称帝，这显然是与当时的政治斗争的需要不相符合的。但费诗的这篇议论，即使有不当之处，也可以说是他的率意直言，并无恶意。

① 《三国志·蜀书·彭羕传》。
② 《三国志·蜀书·杨仪传》。
③ 《三国志·蜀书·费诗传》。

因此他被定为“忤旨”罪，并被左迁部永昌从事，充分暴露出封建专制主义刑法箝制人们思想言论的反动本质。

四、不逊与漏言

不逊，是指对君主有不驯服的言辞；漏言，是指漏泄不应该说的机密大事。如蜀郡张裕晓占候，尝私语人曰：“岁在甲子，天下当易代，刘氏祚尽矣。主公得益州，九年之后，寅卯之间当失之。”[①] 有人密告先主，先主不悦。又刘备无须，张裕讽之。故刘备“常衔其不逊，加忿其漏言”，下狱将诛之。诸葛亮表请其罪，先主答曰：“芳兰生门，不得不鉏。”张裕遂被处以死刑。

五、违反军令

行军作战，必须遵守统一军令，方能克敌制胜。为保障军令之执行，古代军法都明确规定：违令者死。蜀汉亦不例外。例如马谡：“违亮节度，举措烦扰，舍水上山，不下据城。张郃绝其汲道，击，大破之，士卒离散。亮进无所据，乃拔西县千余家还汉中。收谡下狱，杀之。”[②] 诸葛亮此次北伐，兵败而还，纯粹由于马谡违反军令所致。故依法将其处以死刑，马谡死而无怨，全军为之慑服。

六、运粮不继

兵马未动，粮草先行，是古代战争中的一条重要法则。如果军粮有缺，

---

① 《三国志·蜀书·张裕传》

② 《资治通鉴·魏纪三·明帝太和二年》。

则往往是导致战争失败的主要原因。正因为如此，运粮不继就构成重罪。例如建兴九年春，亮军祁山，李平催督运事。“秋夏之季，值天霖雨，运粮不继”。于是亮表平曰：“平所在治家，尚为小惠，安身求名，无忧国之事。”[①]以军兴有所“稽留”的罪名，废平为庶民，徙梓潼郡。

七、禁酒

据《三国志 · 蜀书 · 简雍传》载：“时天旱禁酒，酿者有刑。吏于人家索得酿具，论者欲令与作酒者同罚。”后由简雍的劝谏，而原欲酿者。这说明在蜀汉地区，不仅酿酒者有罪，欲酿者亦有罪。战争时期急需粮食，特别是遇到水旱灾害，粮食更加奇缺，禁止酿酒是节约粮食的一项重要的措施。

上面所述各种罪名，除违反军令，运粮不继和禁酒之外，均系反对皇帝权威方面的犯罪，主要不是由于当事人的行为，而是由于言论思想而取罪。列宁说过：“国家实行君主制时，政权归一人掌握。”[②]独揽大权的专制君主为了维护自己的统治与权威，必然要消灭思想言论的自由，不能容许不同意见的存在。这是封建专制主义法律严惩言论与思想犯罪的根本原因。即使像待人宽厚的刘备和开明无私的诸葛亮在他们成为封建统治者之后也不得不如此。

第五节　蜀汉刑法中的刑罚方法

汉文帝废肉刑以后，封建刑罚制度发生了重大的变化。自此以后，除

① 《三国志 · 蜀书 · 李严传》。
② 《列宁选集》（第 4 卷），人民出版社 1972 年版，第 51 页。

剥夺人的生命的死刑以外，那些残人肢体、刻人肌肤的肉刑，基本上不再使用。蜀汉政权以汉朝正统自居，因此在刑罚方法上也基本上遵循汉文帝废肉刑以后的刑罚制度。从现有史料来看，在蜀汉统治时期未有使用肉刑的案例。其刑罚方法主要有以下几种。

一、杖罚

自汉文帝废肉刑，劓及斩左止并改为笞。至后汉初期，笞刑之外又有杖刑。三国时期，曹魏行鞭杖之制，蜀汉则有杖罚。凡官民过犯，情节轻微者，一律处以杖刑。《三国志·蜀书·诸葛亮传》引《魏氏春秋》曰："亮使至，问其寝食及其事之烦简，不问戎事。使对曰：'诸葛公夙兴夜寐，罚二十以上，皆亲临焉。'"此处所讲之"罚二十以上"，即杖二十以上。《太平御览·卷六百五十》引《晋阳秋》云："诸葛武侯杖二十以上亲决，宣王闻之，喜曰：吾无患矣。"由此可知，杖二十可能是杖罚的最低数。最高数为多少，无可考。

二、废徙

废徙包含两种含义：一是剥夺其官爵，废为庶民；二是迁往荒芜不毛之处，就地安置。此种刑罚方法主要是对有官爵者所采用的，兼有行政处罚与刑事处罚两方面的特点。从现有史料来看，废徙是蜀汉政权应用比较多的一种刑罚方法。例如建兴九年，都护李平因"运粮不继"，乃废平为民，徙梓潼郡。十三年，杨仪"上书诽谤"，废仪为民，徙汶山郡。此外，尚有免官为庶人，而不远徙不毛之地者，亦属此类。例如射声校尉杨戏，"延熙二十年，随大将军姜维出军至芒水。戏素心不服维，酒后言笑，每有傲弄之辞。维外宽内忌，意不能堪，军还，有司承旨奏裁，免为庶人"[①]。蜀

---

① 《三国志·蜀书·杨戏传》。

汉统治时期，除对少数严重违法犯罪的官吏如马谡等人不得已而使用死刑外，对大多数有不法行为的人采用“废徙”的处罚方法，这也是一种宽刑省罚的重要措施。

三、弃市

蜀汉政权执行死刑的主要方法是弃市。据《三国志 · 蜀书 · 刘琰传》载：“琰失志慌惚。十二年正月，琰妻胡氏入贺太后，太后令特留胡氏，经月乃出。胡氏有美色，琰疑其与后主有私，呼卒五百挝胡，至于以履搏面，而后弃遣。胡具以告言琰，琰坐下狱。有司议曰：‘卒非挝妻之人，面非受履之地。’琰竟弃市。”刘琰之被弃市，并非仅仅是因为他殴打妻子，而是因为他“疑其妻与后主有私”，这有损君主的声威，是为大不敬，又如何能饶他不死呢？又据《三国志 · 蜀书 · 周群传》载，张裕对先主言语不逊，又漏泄政权得失的“天机”，亦被弃市。按弃市，即杀人于市，与众弃之，是一种古老的执行死刑的方法，蜀国亦用之。从众多的执行死刑的方法来看，弃市比之车裂、磔戮、腰斩等残酷的杀人方法，还算比较“文明”一些。蜀汉政权执行死刑主要用弃市，说明其刑罚制度比之秦汉时期有所进步。

四、连坐

一人犯罪，并连坐其父母、兄弟、妻子，是以有罪诛及无罪，此种刑罚古已有之。汉文帝认为它是“不正之法”，曾明令予以废除。但由于封建统治者不愿放弃此种残酷镇压之手段，故不久又恢复。至三国时期，由于社会矛盾比较尖锐，族刑连坐之法被广泛应用。尤其在曹魏与孙吴统治地区，使用此刑较多。而在蜀汉统治地区虽族刑连坐之法仍然存在，但很少使用。例如麋竺、麋芳为兄弟。“芳为南郡太守，与关羽共事，而私好携贰，叛迎孙权，羽因覆败。竺面缚请罪，先主慰谕以兄弟罪不相及，崇待如初。”[1] 又如刘备举兵伐东吴，“以权为镇北将军，督江北军以防魏师；先主自在江南。及吴将军陆议乘流断围，南军败绩，先主引退。而道隔绝，权不得还，故率将所领降于魏。有司执法，白收权妻子。先主曰：‘孤负黄权，权不负孤也。’待之如初”[2]。从麋竺“面缚请罪”和“有司执法白收权妻子”来看，在蜀汉统治地区也有连坐之法，只是刘备等人没有完全使用这种刑罚手段，故麋竺与黄权之妻子才幸免于一死。再从其他一些案例来看，蜀汉统治者也很少使用连坐之刑。例如廖立废徙汶山郡后，躬率妻子耕殖自守，后立终于徙所，妻、子还蜀。又如杨仪废徙汉嘉郡后自杀而死，其妻、子亦还蜀。特别是马谡被斩之后，不仅没有诛及其妻、子，而且诸葛亮“待其遗孤若平生”。蜀汉统治者不以连坐无辜来实行惩罚的做法，与曹魏、孙吴滥用族刑连坐来实行镇压的做法，形成鲜明的对比。就执法公平、宽刑省罚来说，蜀汉政权是值得称道的。

第六节　赦不妄下的刑事政策

所谓赦者，是在判定被告人有罪的前提下免除其刑罚的一种法律制度。《尚书·舜典》云：“眚灾肆赦。”疏云：“若过误为害，原情非故者，则缓纵而赦放之。”《史记·五帝本纪》集解郑玄曰：“眚灾，为人作患害者者也。过失，虽有害则赦之。”据此，则古代所谓赦者，仅限于过误犯罪，并就一人一事而言。后世不论过误还是故意，凡已被判罪之人，一概免去其刑罚，实则是赦刑制度的发展与演变，已与赦之原意有所不同。

赦刑制度作为宽刑省罚的一种措施，对在阶级社会中缓和统治阶级与被压迫者之间的矛盾，有过一定的作用。但如运用不当，滥赦有罪，也可

① 《三国志·蜀书·麋竺传》。
② 《三国志·蜀书·黄权传》。

以给社会稳定造成一定的威胁。正因为如此，历史上比较有远见的地主阶级政治家都主张慎用赦刑。如《汉书 · 匡衡传》载，元帝初，衡上疏曰：“臣窃见大赦之后，奸邪不为衰止，今日大赦，明日犯法，相随入狱，此殆导之未得其务也。盖保民者，陈之以德义，示之以好恶，观其失而制其宜，故动之以和，绥之以安。今天下俗贪财贱义，好声色，上侈靡，廉耻之节薄，淫辟之义纵，纲纪失序，疏者逾内；亲戚之恩薄，婚姻之党隆，苟合徼幸，以身设利。不改其原，虽岁赦之，刑犹难使错而不用也。”他认为治理国家应以德教为本，导之以礼，齐之以刑，使民众分清善恶，明其祸福，改恶向善，知所避就，这样才能预防犯罪和减少犯罪。如不务德而务利，虽年年大赦，仍不免犯罪日增，触刑日多也。诸葛亮对赦的看法与运用，也基本上与匡衡的主张相吻合。《三国志 · 蜀书 · 后主传》评曰：“诸葛亮为政，军旅屡兴，而赦不妄下，不亦卓乎！”《华阳国志》曰：“丞相亮时，有言公惜赦者，亮答曰：‘治世以大德，不以小惠，故匡衡，吴汉不愿为赦。先帝亦言，吾周旋陈方元，郑康成间，每见启告，治乱之道悉矣，曾不语赦也。若刘景升、季玉父子，岁岁赦宥，何益于治？’”诸葛亮当政时期，除章武元年夏四月，刘备即皇帝位，大赦及章武三年五月，后主刘禅继皇帝位，大赦，改元等这两次大赦外，基本上没有再颁布过大赦令。诸葛亮治国治军，厉行法治，赏罚严明，有罪必诛，有功必赏。因此对定罪判刑的人，决不轻易赦免，形成了“赦不妄下”的刑事政策，亦其为政的一大特点。

自诸葛亮死，“兹制渐亏”。此后蒋琬、费祎当政，大赦连续不断。据不完全统计，延熙元年，立皇后张氏，大赦，改元。六年十一月，大赦。九年秋，又复大赦。这时大司农孟光指责大将军费祎曰：“夫赦者，偏枯之物，非明世所宜有也。衰弊穷极，必不得已，然后乃可权而行之耳。今主上仁贤，百僚称职，有何旦夕之危，倒悬之急，而数施非常之恩，以惠奸宄之恶乎？又鹰隼始击，而更原宥有罪，上犯天时，下违人理。老夫耄朽，不达治体，窃谓斯法难以经久，岂具瞻之高美，所望于明德哉。”[1]费祎“但顾谢踧踖而已”，并没有采纳他的意见。十二年夏四月，又大赦。十四年冬，大赦。十七年春正月，大赦。十九年秋八月，大赦。二二年，又大赦。景耀元年，大赦，改元。四年冬十月，大赦。六年夏，大赦，改元为炎兴。冬，魏将邓艾破绵竹，后主降于艾。由此可知，诸葛亮死后，蜀汉政权共实行十一次大赦，平均为两年多就有一次大赦。诸葛亮时“赦不妄下”，表明当时的刑政比较清明公正，社会秩序也比较稳定。而诸葛亮之后，大赦屡下，则表明当时的政治日益腐败，社会矛盾也比较尖锐。特别是大将军姜维连年兴师北伐，耗尽了蜀汉的国力。后宦官黄皓擅权，刑政更加混乱。“主暗而不知其过，臣下容身以求免罪，入其朝不闻正言，经其野民皆菜色。”[2]在这种情况下，蜀汉政权即使不为曹魏所吞并，也难以持久也。

① 《三国志·蜀书·孟光传》。
② 《三国志·吴书·薛莹传》引《汉晋春秋》。

第三章　东吴政权的法律制度

公元 222 年，孙权称吴王，229 年正式称帝，都建业（今江苏南京），国号吴，史称孙吴或东吴，与曹魏、蜀汉鼎足三分，成为东南地区的一个封建割据政权。东吴由孙坚、孙策而至孙权，在江东已历三世，得到大江南北世族豪强的支持，政权比较稳固。又有长江天险，易守难攻，故虽据有东南一隅之地，但却存在半个世纪之久，直到 280 年吴主孙皓向晋将王濬投降，吴亡。

三国之中，立法成就最大者首推曹魏，执法情况最好者则为蜀汉。惟东吴统治者既在立法方面无所建树，又在执法方面表现得酷暴野蛮。所以东吴政权的法制建设不仅在三国之中是比较差劲的，在封建社会的历史上也可以说是一个坏的典型。兹就现有史料，对东吴政权的法律制度略述如下。

第一节　东吴统治区的社会发展

东吴政权是在流寓到江南的江北大族和江南土著大族的联合支持下建立起来的一个地方封建割据政权。在这个政权存在的时间内，江南地区的经济与文化事业都取得了很大的发展。

东汉末年，军阀之间的战争愈演愈烈，中原地区成为他们互相争夺的厮杀场。而江南地区虽然也受到北方混战的影响，但相对比较安定。因此不堪战争蹂躏的北方人民，大量地渡江南迁，寻找一个和平劳动的环境。

仅213年一次，淮南人民渡江南下的就有十余万户之多。十分明显，北方人民南迁给江南增加了劳动力，带来了先进的生产技术，为进一步开发江南提供了有利的条件。

当时的吴国占有今江苏、浙江、福建、安徽、江西、广东、两湖等广大地区，物产丰富，素称“鱼米之乡”。在吴国境内除汉人外，还居住许多没有编入政府户籍的山越人。他们种植谷物，用铜铁铸造农具和兵器。在长期的民族融合与交往中，已与汉人很少区别。但在东吴政权建立之后，为了扩大奴役对象和补充兵源，曾多次派军队对山越人进行掠夺性的征伐，抢劫庄稼，杀伤人口，山越人被迫离开山区，迁至平原与汉人杂居。在东吴的“强者为兵，羸者补户”①的政策下，挑选丁壮编入军队，其余老弱编入郡县户口，山越人与汉人一道开发江南，为江南地区经济与文化的发展做出了巨大的贡献。

吴国为了发展农业生产，也和魏、蜀一样推行屯田制度。赤乌年间（公元238—250年），在毗陵（江苏武进）民屯土地上生产的男女各有数万口之多。国家设典农校尉、典农都尉来管理民屯生产。屯田客受到很重的剥削，东吴政权甚至把他们作为赏品赐给将帅。东吴的军屯也很广泛。东吴政权实行世兵制，士兵要在将帅的统领下且耕且战，“春惟知农，秋惟收稻，江渚有事，责其死敌”②。佃兵所受的剥削更为沉重，他们吃不饱穿不暖，连儿女也无力抚养。所以他们经常“父子相弃，叛者成行”③，以大规模的逃亡来进行反抗。

由于广大人民的辛勤劳动，江南地区的经济有了很大的发展。这主要表现在垦田面积显著增加，单位产量不断提高。在京都建康，“其四野则

---

①《三国志·吴书·陆逊传》。

②《三国志·吴书·陆凯传》。

③《三国志·吴书·贺邵传》。

畛畷无数，膏腴兼倍”[①]。当时有些地区水稻可收两季，每亩收米三斛左右，较前有显著增加。东吴的手工业以盐铁、丝织最为发达。冶铸业的基地在武昌地区，海盐业的基地在浙江沿海。盐铁的收入成为国家财政的主要来源。三吴还盛产“八蚕之绵”，诸暨、永安一带所产的丝质量最高，吴宫廷内的织络作坊拥有上千的生产者，这些都说明江南的丝织业已有了相当的发展。此外，东吴的造船能力也很强。长江中的战船上下五层，有的可容纳士兵三千人。东吴政权曾多次派遣万人船队北上辽东半岛，南到海南岛、台湾等地活动。

在东吴经济得到充分发展的同时，江南世家豪族势力也随之而发展起来。到了东吴后期，以吴郡顾、陆、朱、张为首的江南大族开始压倒江北大族，在政权机构中占主导地位。陆氏一门出二相、五侯、将军十余人。四姓子弟及孙氏宗室担任郡县官吏者“常以千数”。时人陆凯说：孙权“外仗顾、陆、朱、张，内近胡综、薛综，是以庶绩雍熙，邦内清肃”[②]。江南大族成为东吴政权的主要支柱。而由于东吴政权的培植，江南世家豪族势力非常强大。史称吴国大族“势利倾于邦君，储积富乎公室，……僮仆成军，闭门为市，牛羊掩原隰，田池布千里，……金玉满堂，妓妾溢房，商贩千艘，腐谷万庾，园囿拟上林，馆第僭太极，粱肉余于犬马，积珍陷于帑藏”[③]。他们确实是富可敌国，成为东吴政权的实际操纵者。

为了保护世家大族的利益，东吴政权还推行复客制和世袭领兵制。所谓复客制，即国家允许官僚大族所占有的佃客一律免除赋役。他们的佃客多由国家赐予，也有自行招募的。但不论哪种佃客，都不向国家服役纳税。孙权曾下令说：“故将军周瑜、程普，其有人客，皆不得问。”[④]这样就把所

① 左思：《吴都赋》。

② 《三国志·吴书·陆凯传》。

③ 《抱朴子外篇·吴失》。

④ 《三国志·吴书·周瑜传》。

有赋役负担都转嫁到劳动人民的身上。所谓世袭领兵制，即准许大族将领所统率的士兵可以世袭。如凌操死，子统摄父兵；统死，子烈袭兵；后烈有罪免，弟封继领故兵。东吴的士兵还得为将领种地，服各种杂役，实际上是将领的农奴。

东吴的世家大族虽然占有大量的财富，却不承担国家的任何负担。而人民群众尽管一贫如洗，却要承担调赋、酤籴、算缗等多种名目的封建义务。其结果只能是富者越富，贫者越贫。人民交不上税，财物便被没收，逼得许多人卖儿卖女，家破人亡。特别是暴君孙皓继位以后，政治更加腐败。他广营宫室，滥用民力。沉重的赋调徭役使人民更加贫困，致“老有饥寒，家有菜色”①。士兵打仗、种田、交税、服役、却“衣不全短褐，食不赡朝夕”②，处境更加悲惨。孙皓又任用奸佞，滥施酷刑，上下离心，人人自危。在社会矛盾日益尖锐的情况下，人民纷纷起来反抗，东吴政权如坐在火山口上。279 年 11 月晋军大举伐吴，而吴国已失去抵抗能力。280 年 3 月晋将王濬率水军自巴蜀顺流而下，直逼吴都建业，吴主孙皓向王濬投降，吴亡。自 190 年（汉初平元年）关东军讨董卓，经过九十年的分裂混战，至此，中国又重新统一了。

第二节　东吴统治集团的法律思想

东吴政权共历四帝：孙权、孙亮、孙休、孙皓是也。而在位时间最长者为大帝孙权及暴君孙皓。孙权之为人，正如《三国志・吴书・吴主传》所评价的那样：“孙权屈身忍辱，任才尚计，有勾践之奇，英人之杰矣。故能自擅江表，成鼎峙之业。然性多嫌忌，果于杀戮，暨臻末年，弥以滋甚。”

① 《三国志・吴书・贺邵传》。

② 《三国志・吴书・贺邵传》。

如果从孙权一生的所作所为来看，他的法律思想的核心是重刑。至孙皓当政，在推行重刑思想方面比之孙权有过之而无不及。《江表传》云："皓初立，发优诏，恤士民，开仓廪，振贫乏，科出宫女以配无妻，禽兽扰于苑者皆放之。当时翕然称为明主。"这说明孙皓即位之初还作出一副爱护子民、泽及牛马的姿态，颇得世人的称赞。但他很快就原形毕露。"皓既得志，粗暴骄盈，多忌讳，好酒色，大小失望。"[1]特别是在用刑方面更加峻刻。"皓之淫刑所滥，陨毙流黜者，盖不可胜数。是以群下人人惴恐，皆日日以冀，朝不谋夕"[2]，是一个名副其实的肆行残暴的"凶顽"。他"忠谏者诛，谗谀者进，虐用其民，穷淫极侈"，可以说干尽了人间的坏事。故孙盛曰："虐过辛、癸，枭首素旗，犹不足以谢冤魂；洿室荐社，未足以纪暴迹。"[3]从人们对孙皓的评价中可以看出他是一个用刑极为冤滥的杀人狂，是一个人人恨之入骨的暴君。

面对孙权、孙皓滥施刑罚、杀戮无辜的暴行，东吴统治集团中的开明人士纷纷提出意见，要求宽刑省罚、轻徭薄赋，以争取民心。据《三国志 · 吴书 · 顾雍传》载："权尝咨问得失，张昭因陈听采闻，颇以法令太稠，刑罚微重，宜有所蠲损。权默然，顾向雍曰：'君以为何如？'雍对曰：'臣之所闻，亦如昭所陈。'于是权乃议狱轻刑。"张昭、顾雍均为孙权的左辅右弼，是东吴统治集团中的核心人物。他们指出"法令太稠，刑罚微重"，可谓切中要害。孙权虽然答应"议狱轻刑"，但实际上并无任何改变。不仅如此，"又诸官司有所患疾，欲增重科防，以检御臣下"[4]，即还要加重刑罚，以强化镇压职能。为了遏制重刑思想的发展，中书令阚泽提出应以暴政亡秦为戒，"宜依礼、律"[5]来治理国家。《三国志 · 吴书 · 阚泽传》云：

① 《三国志 · 吴书 · 孙皓传》。
② 《三国志 · 吴书 · 孙皓传》。
③ 《三国志 · 吴书 · 孙皓传》。
④ 《三国志 · 吴书 · 阚泽传》。
⑤ 《三国志 · 吴书 · 阚泽传》。

“权尝问：‘书传篇赋，何者为美？’泽欲讽喻以明治乱，因对贾谊《过秦论》最善，权览读焉。”孙权虽然读了《过秦论》，但并未从秦王朝的灭亡中吸取教训，其滥施刑罚，果于杀戮的思想与行为毫无改变。而当时也有个别的文人学士如刘廙，鼓吹先刑后礼论，为孙权的重刑思想作辩护。南阳谢景还用此种观点去教育太子，遭到陆逊的反对。陆逊指责谢景说：“礼之长于刑久矣，廙以细辩而诡先圣之教，皆非也。君今侍东宫，宜遵仁义以彰德音，若彼之谈，不须讲也。”[①]陆逊虽为将在外，乃心忧国事，对孙权的严刑峻法很不以为然。他还上疏陈时事曰：“臣以为科法严峻，下犯者多。顷年以来，将吏罹罪，虽不慎可责，然天下未一，当图进取，小宜恩贷，以安下情。……昔汉高舍陈平之愆，用其奇略，终建勋祚，功垂千载。夫峻法严刑，非帝王之隆业；有罚无恕，非怀远之宏规也。”[②]他还强调指出：“国以民为本，强由民力，财由民出。……故为国者，得民则治，失之则乱，若不受利，而令尽用立效，亦为难也。”[③]所以他要求宁济百姓，养育士民，轻刑省罚，宽徭薄赋，如此数年积蓄，才能达到“国用少丰，然后更图”的目的。由此可知，陆逊的这些主张与孙权的重刑思想显然是针锋相对的，而且对维护东吴政权的封建统治来说也是有利的。这说明陆逊不但是一位杰出的军事家，还是一位开明的地主阶级政治家。

应当指出，孙权在治理江东方面，虽然取得了很大的成就，但他用刑严酷，果于杀戮的统治方法，虽有许多开明之士进谏，但他却始终无有改变，而且越到晚年越甚。特别是在孙皓统治时期，除了继承孙权的重刑思想使刑政更加冤滥以外，他又“徙都武昌，扬土百姓泝流供给，以为患苦，又政事多谬，黎无穷匮”。故左丞相陆凯上疏曰：“臣闻有道之君，以乐乐民；无道之君，以乐乐身。乐民者，其乐弥长；乐身者，不乐而亡。夫民者，

① 《三国志·吴书·陆逊传》。
② 《三国志·吴书·陆逊传》。
③ 《三国志·吴书·陆逊传》。

国之根也，诚宜重其食，爱其命。民安则君安，民乐则君乐。自顷年以来，君威伤于桀纣，君明暗于奸雄，君惠闭于群孽。无灾而民命尽，无为而国财空，辜无罪，赏无功，使君有谬误之愆，天为作妖。而诸公卿媚上以求爱，困民以求饶，导君于不义，败政于淫俗，臣窃为痛心。”① 他对东吴君臣只顾自己吃喝玩乐，不顾民众饥寒死活的行为提出了尖锐地批评，并告诫他们这样一味地倒行逆施只能招致“不乐而亡”的后果。所以他又沉痛地指出：“臣暗于大理，文不及义，智慧浅劣，无复冀望，窃为陛下惜天下耳。臣谨奏耳目所闻见，百姓所为烦苛，刑政所为错乱，愿陛下息大功，损百役，务宽荡，忽苛政。”② 很明显，陆凯这番议论，可以说是“乃心为公，义形于色”，他“指事不饰，忠恳内发”，是一个难得的诤臣。但暴君孙皓不仅不接纳陆凯之谏诤，反而“常衔凯数犯颜忤旨”，再加上佞臣何定对凯“谮构非一”，孙皓以凯为“重臣”，活着对他“难绳以法”，但凯死后“竟徙凯家于建安”。由于孙皓“凶暴骄矜，政事日弊”，又有中书令贺邵上疏谏曰：“臣闻兴国之君乐闻其过，荒乱之主乐闻其誉；闻其过者过日清而福臻，闻其誉者誉日损而祸至。是以古之人君，揖让以进贤，虚己以求过……。至于陛下，严刑法以禁直辞，黜善士以逆谏臣，眩耀毁誉之实，沈论近习之言。”此公之矛头也是直指孙皓，而且一针见血，切中时弊。他接着说：“自登位以来，法禁转苛，赋调益繁；中宫内竖，分布州郡，横兴事役，竞造奸利；百姓罹杼柚之困，黎民罢无已之求，老幼饥寒，家户菜色，而所在长吏，迫畏罪责，严法峻刑，苦民求办。是以人力不堪，家户离散，呼嗟之声，感伤和气。……愿陛下宽赋除烦，振恤穷乏，省诸不急，荡禁约法，则海内乐业，大化普洽。”他也以秦朝短促而亡为例，指出：“昔秦建皇帝之号，据殽函之阻，德化不修，法政苛酷，毒流生民，忠臣杜口，是以一夫大呼，社稷倾覆。”贺邵本人素以“奉公贞正”而著称。在他的

① 《三国志 · 吴书 · 陆凯传》。

② 《三国志 · 吴书 · 陆凯传》。

奏疏中忧国忧民的心情溢于言表，而他所提出的“宽赋除烦”“荡禁约法”，也都是救治时弊的良丹妙药。但昏君在位、奸佞当道的情况下，总是阿谀之徒得势，正直敢言之士遭忌。孙皓不但拒绝了贺邵的建议，还对他怀恨在心，最后给他加上个“谤毁国事”的罪名，而被杀害。这说明在孙皓的统治下，确实是“法政苛酷”“忠臣杜口”，东吴政权正在步暴政亡秦之后尘也。

综上所述，在东吴统治集团内部，自始至终贯穿着两种法律思想的斗争。一是以孙权、孙皓为代表的严刑峻法的思想，一是以张昭、顾雍、阚泽、陆逊、陆凯、贺邵等人为代表的宽刑省罚的主张，尽管后一种主张有利于维护东吴的封建统治，但并没有为孙氏祖孙所采纳，甚至坚持这种主张的正直敢言之士还遭到他们的残酷迫害。这种情况说明，在封建时代，一种正确的思想、理论、学说能否为专制君主所采纳，并不是由这种思想、理论、学说的本身价值所决定的，而是以专制君主的个人需要与好恶为转移。“遇明君礼乐兴，遇暴君动大刑。”即使历史一再证明严刑峻法不是维护国家长治久安之策，但像孙皓那样的暴君也还是要坚持下去。这样做并不反映统治阶级力量的强大，而正是世家大族腐朽没落与软弱无能的一种表现。

第三节　东吴的立法与执法情况

东汉建安五年，“曹公表权为讨虏将军，领会稽太守，屯吴，使丞之郡行文书事”[①]。十四年，“刘备表权行车骑将军，领徐州牧”[②]。二十五年，魏文帝曹丕践阼后，又策命孙权为吴王，以大将军使持节督交州，领荆州

① 《三国志·吴书·吴主传》。

② 《三国志·吴书·吴主传》。

牧事[①]。这说明孙权在称帝以前，曾受汉、魏之策封，可以说是汉魏之臣属。故吴国的法律制度，基本上可以说与汉、魏是一脉相承的。考东吴立国五十余年中，从未制订过科律，这是它与曹魏、蜀汉不同的地方。但孙权在称帝前作为汉、魏的臣属，在其统治地区内遵循及应用汉律和魏律，那是理所当然的。孙权称帝后虽然脱离曹魏而独立，仍未制定新律，继续使用汉、魏旧法，而且用刑严酷，上下怨恨。故于黄武五年冬十月，“陆逊陈便宜，劝以施德缓刑，宽赋息调”。权报曰：“夫法令之设，欲以遏恶防邪，儆戒未然也，焉得不有刑罚以威小人乎？此为先令后诛，不欲使有犯者耳。君以为太重者，孤亦何利其然，但不得已而为之耳。今承来意，当重咨谋，务从其可。”[②]孙权认为立法设刑，在于防患于未然。重刑治民，实不得已而为之。但他还是采纳了陆逊的建议，“于是令有司尽写科条，使郎中褚逢赍以就逊及诸葛瑾，意所不安，令损益之”[③]。这是有史可查的东吴政权的一次重大的修订法律的活动。至于“损益”的具体内容都是些什么，因史料未载，我们就不得而知了。但从陆逊建议“施德缓刑”及孙权所说的“君以为太重”的话来看，东吴这次修订律令，总的指导思想是由重改轻，宽刑省罚，在东吴法制建设上占有重要的地位。此后，“嘉禾三年，权征新城，使登居守，总知留事。时年谷不丰，颇有盗贼，乃表定科令，所以防御，甚得止奸之要”[④]。此次“表定科令”，是在太子孙登以留守的身份主持下进行的。从“年谷不丰，颇有盗贼”的历史背景来看，所表定之科令，主要是有关惩治“盗贼”的立法。而为了达到“防御”的目的，其刑罚只能加重，不能减轻，故被认为是“甚得止奸之要”。由此可知，孙登之“表定科令”与孙权之“损益科条”的宗旨正好相反，它表明东吴统治区的社

① 《三国志·吴书·吴主传》。
② 《三国志·吴书·吴主传》。
③ 《三国志·吴书·吴主传》。
④ 《三国志·吴书·孙登传》。

会及阶级矛盾正在日益加深。

东吴政权不但在立法上少有建树，在执法方面的情况更为糟糕。孙权本人即“性多嫌忌，果于杀戮”，喜怒无常，用刑严酷。例如《三国志·吴书·虞翻传》载：“权既为吴王，欢宴之末，自行起酒，翻伏地阳醉，不持。权去，翻起坐。权于是大怒，手剑欲击之，侍坐者莫不惶遽，惟大司农刘基起抱权谏曰：‘大王以三爵之后手杀善士，虽翻有罪，天下孰知之？且大王以能容贤畜众，故海内望风，今一朝弃之，可乎？’权曰：‘曹孟德尚杀孔文举，孤与虞翻何有哉？’基曰：‘孟德轻害士人，天下非之。大王躬行德义，欲与尧、舜比隆，何得自喻于彼乎？’翻由是得免。”由于刘基的谏诤，孙权虽然未杀虞翻，但也说明他以杀人为儿戏，视人命如草芥，这种本性一直没有改变，尤其到了晚年，他任用酷吏吕壹，致刑罚更加冤滥。吕壹与孙权气味相投，本性苛惨，用法严峻。据《三国志·吴书·顾雍传》载：“久之，吕壹、秦博为中书，典校诸官府及州郡文书。壹等因此渐作威福，遂造作榷酤障管之利，举罪纠奸，纤芥必闻，重以深案丑诬，毁短大臣，排陷无辜，雍等皆见举白，因被谴让。”又据《三国志·吴书·步骘传》载：“后中书吕壹典校文书，多所纠举，骘上疏曰：‘伏闻诸典校擿抉细微，吹毛求瑕，重案深诬，趋欲陷人以成威福，无罪无辜，横受大刑，是以使民跼天蹐地，谁不战栗？’”对于这样一个专以诬陷好人为职业的酷吏，孙权却信任有加，甚至“太子登数谏，权不纳，大臣由是莫敢言”，[①] 皆畏之侧目。后吕壹奸罪发露，才被收系廷尉诛死，孙权不得不“引咎责躬”，并表示“凡百事要所当损益，乐闻异计，匡所不逮”。[②] 实际上其严刑峻法，果于杀戮的习性并无改变，而且越到晚年，“弥以滋甚”。

孙皓当政期间，东吴的刑政更加错乱，法制被破坏殆尽。皓性凶顽，肆行残暴，淫刑所滥，令人发指。例如“皓爱妾或使人至市劫夺百姓财物，

---

① 《三国志·吴书·吴主传》。

② 《三国志·吴书·吴主传》。

司市中郎将陈声，素皓幸臣也，恃皓宠迁，绳之以法。妾以愬皓，皓大怒，假他事烧锯断声头，投其身于四望之下”[①]。又会稽太守车浚“在公清忠，值郡荒旱，民无资粮，表求振贷。皓谓浚欲树私恩，遣人枭首。又尚书熊睦见皓酷虐，微有所谏，皓使人以刀环撞杀之，身无完肌”[②]。再如“皓每宴会群臣，无不咸令沈醉。置黄门郎十人，特不与酒，侍立终日，为司过之吏。宴罢之后，各奏其缺失，迕视之咎，谬言之愆，罔有不举。大者即加威刑，小者辄以为罪。后宫数千，而采择无已。又激水入宫，宫人有不合意者，辄流杀之。或剥人之面，或凿人之眼”[③]。孙皓之种种暴行真是罄竹难书，举不胜举。如此暴君不仅在三国之中独占鳌头，就是在古今历史上也是少有的。孙皓不但滥施刑罚，随意杀人，还大兴功役，民不堪命，倒行逆施，积恶已极，是以上下离心，土崩瓦解，其为晋所灭，不亦宜乎！

第四节　东吴刑法中的犯罪种类

东吴政权既然承用汉律，故汉律所规定的各种罪名，在东吴统治地区仍然适用。从史料所记载的案例来看，东吴刑法中的犯罪种类，主要有以下几种。

一、谋大逆

谋大逆，即图谋危害皇帝人身安全及统治地位的犯罪行为，是封建刑法打击镇压的重点。《三国志 · 吴书 · 吴主传》云：赤乌八年，“秋七月，

① 《三国志 · 吴书 · 孙皓传》。
② 《三国志 · 吴书 · 孙皓传》引《江表传》。
③ 《三国志 · 吴书 · 孙皓传》。

将军马茂等图逆，夷三族”。注引《吴历》曰：“茂本淮南钟离长，而为王凌所失，叛归吴，吴以为征西将军、九江太守、外部督，封侯，领千兵。权数出苑中，与公卿诸将射。茂与兼符节令朱贞、无难督虞钦、牙门将朱志等合计，伺权在苑中，公卿诸将在门未入，令贞持节称诏，悉收缚之；茂引兵入苑击权，分据宫中及石头坞，遣人报魏。事觉，皆族之。”即马茂叛魏降吴之后，又与人图谋杀害孙权、劫持大臣，以投降魏国。如其计划实现，东吴政权危矣。但着手实行前，即被发觉，故以“图逆”罪而被夷三族。由此可知，图逆，即谋大逆罪直接侵犯的客体是专制君主与封建政权，在封建刑法中被认为是最危险的犯罪之一，不论既遂或未遂，都要予以严惩。隋唐以后，干脆列为“十恶”大罪之道。

二、投降叛国

西晋灭魏以后，与东吴隔江相对，仍然处于敌对状态。晋欲灭吴，以统一天下；吴则负隅顽抗，以图苟安。故晋、吴之间，互有征伐，战争不断。任何一方，如有背叛本朝，投降他国者，即构成叛降敌国罪。据《三国志·吴书·孙皓传》载：“凤皇元年秋八月，征西陵督步阐。阐不应，据城降晋。遣乐乡都督陆抗围取阐，阐众悉降。阐及同计数十人皆夷三族。”步阐本为吴将，官居西陵督之职。但他竟萌异志，背吴降晋，即构成叛降敌国的重罪，对东吴政权是一大威胁。为了镇压这一反叛行为，先是派兵围剿，而后又夷其三族，这说明东吴政权也把叛降罪列为重点打击对象之一。

三、诬罔大不敬

在封建专制时代，臣子对于皇帝必须毕恭毕敬、慎言慎行，稍有不恭敬雅顺的言辞，即被认为是大不敬。例如《三国志·吴书·顾雍传》引《吴录》云：全综父子屡言芍陂之役为典军陈恂诈增张休、顾承之功，而休、承与恂通情。休坐系狱，权为谭故、沉吟不决，欲令谭谢而释之。及大会，以向谭，谭不谢，而曰："陛下，谗言其兴乎！"《江表传》曰："有司奏谭诬罔大不敬，罪应大辟。权以雍故，不致法，皆徙之。"顾谭、顾承均系东吴名相顾雍的孙子，谭为官太常，平尚书事；承为杂号将军。全琮父子诬告张休，顾承等通情军典陈恂以诈增军功。后张休系狱，事连顾承，孙权欲令顾谭请罪而释之。顾谭非但不请罪，反而批评孙权听信谗言，诬陷好人。于是有司就给顾谭加上一个"诬罔大不敬"的罪名，与其兄顾承一起被徙流交州。由于封建时代把君主神化圣化，所以君主被认为是英明睿智绝对正确的化身。他即使有了过错，只能反躬自省，自行纠正，也不允许臣民百姓批评指责。凡批评指责皇帝过错的人，都被认为是"诬罔""攻击"而作为"大不敬"受到严惩。这是封建专制法律箝制和消灭人们思想言论自由的典型表现。

四、谤毁国事

谤毁国事，又称之为非论国政，没有固定的内涵与外延，凡是批评指责朝政的言论，都可以构成此罪。例如凤皇三年，"会稽妖言章安候奋当为天子。临海太守奚熙与会稽太守郭诞书，非论国政。诞但白熙书，不白妖言，送付建安作船。遣三郡督何植收熙，熙发兵自卫，断绝海道，熙部曲杀熙，送首建安，夷三族"①。奚熙的罪名之一是"非论国政"，但具体内容不详。又如中书令贺邵上疏批评孙皓法禁严苛，赋调益繁，小人得势，忠良杜口，民怨沸腾，叛者成行。"书奏，皓深恨之。邵奉公贞正，亲近所惮。乃共谮邵与楼玄谤毁国事，俱被诘责。"②后玄被徙交州，邵竟被杀害。从贺邵的案例中可以看到，所谓"谤毁国事"，都是从巩固君主统治出发，

① 《三国志 · 吴书 · 孙皓传》。
② 《三国志 · 吴书 · 贺邵传》。

批评朝政错谬与不当，并希望当权者能有所觉悟与改正。即使言辞十分激烈，亦无“谤毁”的恶意。但专制君主，特别像孙皓那样的暴君，总是亲洽宠媚之臣，愿闻顺意之辞。凡正言直谏者，均被认为是“谤毁国事”。如此则“忠良排坠，信臣被害”，又怎能不招致危亡呢？

五、不承用诏命

自秦汉确立皇帝称号以来，皇帝即“命为制，令为诏，天子自称曰朕”，具有至高无上的权威，居于最高的统治地位。对皇帝的诏命，所有臣民都必须执行，决不容许有所违反。如果有违背皇帝意旨的行为，不论出于何种理由，都构成“不承用诏命”罪，亦称“忤旨罪”。例如张尚于孙皓时为侍中、中书令。“皓使尚鼓琴，尚对曰：‘素不能。’敕使学之。后宴言次说琴之精妙，尚因道：‘晋平公使师旷作清角，旷言吾君德薄，不足以听之。’皓意谓尚以斯喻己，不悦。后积他事下狱，皆追以此为诘，送建安作船。久之，又就加诛。”[①] 孙皓令张尚鼓琴，尚拒之，是为“忤旨”，又以言辞讽刺孙皓，故招来杀身之祸。又如孙皓“每飨宴，无不竟日，坐席无能否，率以七升为限，虽不悉入口，皆浇灌取尽。曜素饮酒不过三升，初见礼异时，常为裁减，或密赐茶荈以当酒，至于宠衰，更见逼强，辄以为罪。又于酒后使侍臣难折公卿，以嘲弄侵克，发摘私短以为欢。时有愆过，或误犯皓讳，辄见收缚，至于诛戮。曜以为外相毁伤。内长尤恨，使不济济，非佳事也，故但示难问经义言论而已。皓以为不承用诏命，意不忠尽，遂积前后嫌忿，收曜付狱，是岁凤皇二年也”[②]。韦曜因不能遵照孙皓的意旨，饮酒七升并折难公卿、发摘私短，遂被加上一个“不承用诏命”的罪名，可以说是荒唐已极。但在皇帝的意志就是法律的封建专制时代，不论

① 《三国志·吴书·张纮传》。
② 《三国志·吴书·韦曜传》。

皇帝的意志有多么荒唐，为臣子者都不得违反，否则就要承担一定的罪责，这正是封建专制主义制度蛮横无理的一种表现。

六、盗乘御马

御马，即皇帝专用之坐骑。除皇帝外，任何人都不可以乘用。如擅自乘用者，即构成盗乘御马罪。据《三国志 · 吴书 · 孙霸传》载，鲁王孙霸子孙基，“侍孙亮在内，太平二年，盗乘御马，收付狱。亮问侍中刁玄曰：‘盗乘御马罪云何？’玄对曰：‘科应死。然鲁王早终，惟陛下哀原之。’亮曰：‘法者，天下所共，何得阿以亲亲故邪？当思惟可以释此者，奈何以情相迫乎？’玄曰：‘旧赦有大小，或天下，亦有千里、五百里赦，随意所及。’亮曰：‘解人不当尔邪！’乃赦宫中，基以得免”。按律盗乘御马应处以死刑。由于孙基为宗室近亲，故得宽免。但孙皓即位以后，因与孙霸有旧怨，此案重提，削基爵位，与祖母谢姬俱徙会稽乌伤县。

七、盗铸钱

钱币在封建社会是一种流通手段。为保证封建国家的财政收入和维护货币流通秩序，铸造钱币的权利一律属国家专有。私人铸造者，即构成盗铸钱罪。汉律已有此规定，三国时沿用之。《三国志 · 吴书 · 吴主传》载，嘉禾五年春，“铸大钱，一当五百。诏使吏民输铜，计铜畀值，设盗铸之科”。犯之者，必绳之以法。东吴政权为聚敛之目的，其后又铸造币值为一千、二千、甚至五千的大钱，致使币值暴跌。出现了“钱既太贵，但有空名，人间患之”的情况。“权闻百姓不以为便，省息之，铸为器物，官勿复出也。”[①] 东吴取消钱币之后，盗铸之科也随之废弛。

---

① 《晋书 · 食货志》。

八、擅奔丧

依礼：三年之丧，天下之通制，古今之成规也。但东吴以“方事之殷，国家多难”为理由，特立科禁：“长吏奔丧，皆不得去。”实际上因传统道德观念的影响而数有犯者，故孙权命朝臣评议。将军胡综议曰：“丧纪之礼，虽有典制，苟无其时，所不得行。方今戎事军国异容，而长吏遭丧，知有科禁，公敢干突，苟念闻忧不奔之耻，不计为臣犯禁之罪，此由科防本经所致。忠节在国，孝道立家，出身为臣，焉得兼之？故为忠臣不得为孝子。宜定科文，示以大辟，若故违犯，有罪无赦。以杀止杀，行之一人，其后必绝。”[①] 丞相顾雍奏从大辟，即身为官吏而奔丧者，处以死刑。其后吴令孟宗母死奔丧，触犯科令，自拘于武昌以听刑。陆逊陈其素行，因为之请罪，权乃减宗一等，但“后不得以为此”。至此，私奔丧者遂绝。东吴政权禁奔丧的立法，是对传统礼教的否定。这种情况说明，封建统治者虽然都以礼义道德的倡导者相标榜，可是一旦礼义道德与统治阶级的利益发生冲突时，它就可以公然撕掉这张华美的外衣，而求助于赤裸裸的法律暴力手段。

九、杀人

杀人者死，伤人者刑，是历代法律的一项基本准则，东吴亦不例外。据《三国志·吴书·凌统传》载：“先期，统与督陈勤会饮酒，勤刚勇任气，因督祭酒，陵轹一坐，举罚不以其道。统疾其侮慢，面折不为用。勤怒詈统，及其父操，统流涕不答，众因罢出。勤乘酒凶悖，又于道路辱统。统不忍，引刀斫勤，数日乃死。”此案说明凌统因不堪陈勤的侮辱，而将他杀死，已构成杀人罪。凌统自己也知道杀人者当死，故于战前表示“非死

① 《三国志·吴书·吴主传》。

无以谢罪”。及至作战时“身当矢石，所攻一面”，遂大获全胜。即便如此，统自知不能赎其罪，故“还，自拘于军正”，请依法处理。“权壮其果毅，使得以功赎罪”。这个案例说明，杀人者死这一古老的法律准则，在各朝都是适用的。

第五节　东吴政权的刑罚方法

由于孙权、孙皓都是重刑主义的信奉者与实践者，故东吴政权的刑罚方法比之魏、蜀更加残酷与野蛮，不仅恢复了已被汉文帝废除了的肉刑，而且还采用一些前所未有的杀人方法。据史料所载，东吴政权的刑罚方法如下：

一、族刑

族刑，即夷三族。一人犯罪，三族灭绝，是古代一种极其野蛮而又残酷的刑罚方法。在三国之中，吴国是一个使用族刑较多的封建政权。据史料所载：“赤乌八年，将军马茂等图逆，夷三族。”[①] 太元二年夏四月，孙权死，孙峻袭杀诸葛恪，“恪外甥都乡侯张震及常侍朱恩等，皆夷三族”[②]。五凤二年，滕胤起兵反孙綝，胤兵败被杀，“夷胤三族”。[③] 太平元年，吕范子吕据起兵反孙綝，兵败自杀，“夷三族”。[④] 永安七年七月，右典万彧濮阳兴、张布立皓，皓即践阼，彧又谮兴，布追悔前事，皓因收兴、布，徙

① 《三国志·吴书·吴主传》。
② 《三国志·吴书·诸葛恪传》。
③ 《三国志·吴书·孙綝传》。
④ 《三国志·吴书·吕范传》。

广州，追杀之，夷三族[1] 建衡二年，民间或谓皓死，讹言齐王孙奋当立，豫章太守张俊“疑其或然”，为奋母扫墓，皓闻之，车裂俊，夷三族[2]。凤皇元年，征西陵督步阐，阐不应，据城降晋，事败后阐及同计数十人皆被夷三族。[3] 凤皇三年，临海太守奚熙“非论国政”，拒捕被杀，“送首建业，夷三族”。[4] 从上述夷三族的案例来看，东吴统治者一方面用族刑来镇压敌对势力的反抗，另一方面也用族刑来铲除内部的异己力量。为了夺取政治权力，封建统治集团内部的互相残杀，有时比和敌对势力的斗争更加残酷。因为在封建专制时代，有了权就有了一切。所以权力的转移必然要伴随着“你死我活”的政治乃至军事的斗争。胜利者一方为了保住自己取得的权力，不仅要把他的政敌置于死地，还要灭其三族，不留遗育，以防死灰复燃，这就是东吴统治者大量使用族刑的一个重要原因。

二、连坐

连坐，亦称从坐，即一人犯罪，全家或邻里共受处罚，也是一种古老的刑罚制度，东吴亦沿用之。据《三国志・吴书・妃嫔传》载：“吴主权潘夫人，会稽句章人也。父为吏，坐法死。夫人与姊俱输织室……”父亲因犯法被处死，家属连坐输往织室服劳役。特别是军队中的将领，不但实行连坐，还实行“保质”制度。《搜神记》云：“吴以草创之国，信不坚固，边屯守将，皆质其妻子，名曰保质。”丈夫如果犯法，被质之妻子也要同受处罚。这种制度反映了东吴统治者对将士的不信任，它必然要招致将士的离心和反对。故孙权于赤乌七年下诏曰：“督将亡叛而杀其妻子，是使妻

① 《三国志・吴书・濮阳兴传》。
② 《三国志・吴书・孙奋传》。
③ 《三国志・吴书・孙皓传》。
④ 《三国志・吴书・孙皓传》。

去夫，子弃父，甚伤义教，自今勿杀也。”[①] 这是明令废除在军队中所实行的家属从坐的制度。但实际上是废而未除，仍然应用。如天册元年，孙皓使人谮贺邵、楼玄“谤毁国事”，邵被杀害，家属徙临海；玄自杀，仍下诏诛其子孙[②]。又天纪元年，司直中郎将张俶“奸情发闻，伏诛”。而在此之前，其父“知俶不良，上表云：若用俶为司直，有罪乞不从坐。皓许之”。但后俶“擅杀无辜，众奸并发，父子俱见车裂”[③]。张俶之父曾得孙皓免予从坐的许诺，但孙皓竟言而无信，仍令其父子连坐，同被处死，这也是孙皓暴政的表现之一。

三、死刑

死刑，即剥夺犯人的生命的刑罚。东吴刑法严酷，处死的方法不仅名目繁多，而且极其残暴。据史料所载有以下几种：

1. 弃市。《江表传》云：权欲废太子和，朱据、屈晃谏诤，“权幽之，遂弃市”。

2. 枭首。《江表传》云：会稽太守车浚值郡荒旱，表求振贷。“皓谓浚欲树私恩，遣人枭首。”

3. 斩首。《吴历》云：中书郎奚熙谮徐粲“顾护不即决断”，皓遣使“就宛陵斩粲”。《三国志 · 吴书 · 孙皓传》载：“湘东太守张咏不出算缗，就在所斩之，徇首诸郡。”

4. 车裂。《江表传》云：司直中郎将张俶“擅杀无辜，众奸并发，父子俱见车裂”。

5. 烧锯断头。《三国志 · 吴书 · 孙皓传》云：“皓大怒，假他事烧锯断

① 《三国志 · 吴书 · 吴主传》引《江表传》。
② 《三国志 · 吴书 · 贺邵传》。
③ 《三国志 · 吴书 · 孙皓传》引《江表传》。

声头，投其身于四望之下。”

6. 刀环撞杀。《三国志·吴书·孙皓传》云：“又尚书熊睦兄见皓酷虐，微有所谏，皓使人以乃环撞杀之，身无完肌。”

7. 拉杀。朱桓之子朱异，为孙綝所枉害。《吴书》曰：“綝使力人于坐上取之。异曰：‘我吴国忠臣，有何罪乎？’乃拉杀之。”

上述弃市、枭首、斩杀、车裂、古已有之。惟以烧锯断头，以刀环撞杀和以人力拉杀，则为东吴统治者所发明的杀人方法，而在魏、蜀两国不见。由此也说明东吴统治者用刑之残酷，在三国之中是突出的。在这些残酷的杀人方法之外，还有人主张用“焚裂”的方法处死。如吕壹奸发，有司奏以大辟，或以为宜加“焚裂”，后由人谏诤而未行。对吕壹这样的酷吏，人人恨之入骨，那是可以理解的。但法外加刑，欲以“焚裂”，则不可取也。

四、肉刑

自西汉文帝废肉刑以后，除宫刑恢复以外，其他肉刑基本上未再使用。三国时期，虽魏国统治集团中的某些人士主张恢复肉刑，但怕招致民众的反对，也未成为现实。而东吴的统治者虽无恢复肉刑的议论，却在实际上已经应用。据《三国志·吴书·孙皓传》云：“又激水入宫，宫人有不合意者，辄流杀之。或剥人之面，或凿人之眼。”注云：“吴平后，晋侍中庾峻问皓侍中李仁曰：‘闻吴主剥人面，刖人足，有诸乎？’仁曰：‘以告者过也。君子恶居下流，天下之恶皆归焉。盖此事也，若信有之，亦不足怪。昔唐、虞五刑，三代七辟，肉刑之制，未为酷虐。皓为一国之主，秉杀生之柄，罪人陷法，加之以惩，何足多罪！’又问曰：‘云归命侯乃恶人横睛逆视，皆凿其眼，有诸乎？对曰：‘视人君相迕，是乃礼所谓傲慢；傲慢则无礼，无礼则不臣，不臣则犯罪，犯罪则陷不测矣。正使有之，将有何失？’”李仁不仅没有否定孙皓的暴行，还为孙皓进行辩护，这说明东吴统治者确实使用了剥人之面、凿人之眼和刖人之足的肉刑，这虽属法外施暴，却也骇人听闻。

五、流徙

流徙，即将犯罪人或其家属迁居到指定地点居住而不得返回原籍的一种刑罚，是古代流刑的一种发展。三国时期大量使用流徙，东吴亦不例外。据《三国志·吴书·虞翻传》载："翻性疏直，数有酒失。……权积怒非一，遂徙翻交州。"《三国志·吴书·陆逊传》载：孙权欲废太子，陆逊书三四上，"欲口论适庶之分，以匡得失。既不听许，而逊外生顾谭、顾承、姚信，并以亲附太子，枉见流徙"。《三国志·吴书·孙皓传》云：时杨竺等阴附霸，图危太子，"太子以败，霸亦赐死。流竺尸于江，兄穆以数谏戒竺，得免大辟，犹徙南州"。《三国志·吴书·孙奋传》载，孙奋游猎弥甚，擅杀傅相，"坐废庶人，徙章安县"。《三国志·吴书·濮阳兴传》云："皓因收兴、布，徙广州。"《三国志·吴书·王蕃传》载：甘露二年，皓杀王蕃，"徙蕃家属广州"。《三国志·吴书·常曜传》云："皓不许，遂诛曜，徙其家零陵。"由上所述可见，徙流作为一种刑罚，有时对犯罪者本人适用，有时又应用于被连坐的家属。对有官爵的流徙者，可并处废为庶人。对于被连坐流徙的家属，如系错案平反尚可召回原籍。如《三国志·吴书·孙綝传》载："休又下诏曰：'诸葛恪、滕胤、吕据盖以无罪为峻、綝兄弟所见残害，可为痛心，促皆改葬，各为祭奠。其罹恪等事见远徙者，一切召还。'"虽系冤狱，如不获平反，也只得老死徙所了。

六、劳役

劳役刑古已有之，至三国时期仍然应用，不过劳役之内容随时间、地点、对象不同而有所区别。东吴的劳役刑，除女子输入织室以外，男子则大多罚作造船。如《三国志·吴书·孙皓传》载："凤皇二年，会稽妖言章安侯奋当为天子。临海太守奚熙与会稽太守郭诞书，非论国政。诞但白熙书，不白妖言，送付建安作船。"又《三国志·吴书·张纮传》载："皓意谓尚以斯喻己，不悦。后积他事下狱，皆追以此为诘，送建安作船。”东吴的造船业很发达，急需大量的劳动力。所以罚作造船也是补充造船劳动力的一种方法。

七、鞭杖

鞭杖作为对轻微罪行的一种处罚方法，在三国时广泛应用。据《三国志·吴书·黄盖传》云，盖教署掾曰：“若有奸欺，终不加以鞭杖，宜各尽心，无为众先。”这说明鞭杖首先是用来惩戒下吏的一种刑罚方法，又据《三国志·吴书·孙和传》载：“权欲废和立亮，无难督陈正，五营督陈象上书，称引晋献公杀申生，立奚齐，晋国扰乱，又据、晃固谏不止。权大怒，族诛正、象，据、晃牵入殿，杖一百，竟徙和于故鄣。”这说明对大臣也可施用杖刑，而且于殿廷之上。后代之廷杖，概起源于此。又鞭杖之刑可以独立使用，也可作为其他刑罚的附加刑。至于鞭杖数目为多少，已不可考。

第六节　东吴婚姻家庭制度的特点

东吴政权的婚姻家庭制度与一般的婚姻家庭制度基本相同，都是由父母包办的买卖婚姻和以父权为首的家长制家庭。但吴国地处江南，受中原礼教的影响较小，因此其婚姻家庭制度与魏、蜀相比又有许多不同的特点。

一、一夫多妻制

一夫多妻制，是中国封建婚姻制度的一大特点，而在东吴表现得尤为突出。特别是在上层统治集团当中，多妻的情况非常严重。据《江表传》云：“皓又使黄门偏行州郡，科取将吏家女。其二千石大臣子女，皆当岁岁言名，年十五六一简阅，简阅不中，乃得出嫁。后宫千数，而采择无已。”封建君主从来就是多妻制的典型。皇帝应该拥有多少嫔妃，法律上并没有明确规定，完全取决于君主个人的占有欲。像孙皓这样的暴君虽已占有“千数”妇女，但他仍不满足。正如陆凯上疏中指出：“今宫女旷积，而黄门复走州郡，条牒民女，有钱则舍，无钱则取，怨呼道路，母子死诀。”[①]他不但强取“将吏”之女，还进而扩大到“民女”。如此大肆强征妇女以充后宫，竟使中宫达到“万数”，必然造成“外多鳏夫，女吟于中”的局面。有了皇帝带头，地主官僚们都纷纷蓄婢纳妾。特别是在世家豪族中，多妻成风。据《江表传》载：司直中郎将张俶“奢淫无厌，取小妻三十余人”。以致形成“僮仆成军，……妓妾溢房”[②]的现象。由此可知，多妻制是剥削阶级的一种特权，是男女不平等的必然结果。多妻制造成大量的旷夫怨女，是对人性的摧残。所以一夫多妻制是一种极不合理的婚姻制度。

二、严嫡庶之分

在一夫多妻的婚姻制度下，严明嫡庶之分就成为十分必要的事情了。在封建时代，一个男人虽然可以占有众多的妇女，但其中只能有一个正妻，其他均为姬妾。正妻曰嫡，其所生子女曰嫡出；正妻以外的其他姬妾均曰庶，他们所生的子女曰庶出。在封建家庭中，嫡庶的地位与权利均不一样：嫡长子享有对父亲的官爵与财产的法定继承权，这是宗法制度的一项基本原则。正因为如此，在封建家庭中，嫡庶的名分绝不允许混淆。侧如《三国志 · 吴书 · 陈武传》载，孙权偏将军陈武有子二人，名为修、表。修为嫡子，表为庶子。“兄修亡后，表母不肯事修母，表谓其母曰：‘兄不幸早亡，表统家事，当奉嫡母。母若能为表屈情，承顺嫡母者，是至愿也；若母不能，

---

① 《三国志 · 吴书 · 陆凯传》。
② 《抱朴子外篇 · 吴失》。

直当出别居耳。’表于大义公正如此。由是二母感寤雍穆。”这个事例说明当时在人们的观念中，嫡庶之分还是十分严格的。

但在封建统治集团上层人物当中，由于各派政治势力之间争权夺利，故而嫡庶之间的矛盾有时也非常尖锐，甚至酿成“你死我活”的残酷斗争。孙权晚年以太子孙和为一党，以鲁王孙霸为一党，互相攻讦，争权夺利，就是一个突出的事例。据《资治通鉴卷七十四·魏纪六》载：“鲁王之党杨竺、全寄、吴安、孙奇等共谮毁太子，吴主惑焉。陆逊上疏谏曰：‘太子正统，宜有盘石之固，鲁王藩臣，当使宠秩有差，彼此得所，上下获安。’书三四上，辞情危切；又欲诣都，口陈嫡庶之义，吴主不悦。太常顾谭，逊之甥也。亦上疏曰：‘臣闻有国家者，必明嫡庶之端，异尊卑之礼，使高下有差，等级逾邈；如此，则骨肉之恩全，觊觎之望绝。……今臣所陈，非有所偏，诚欲以安太子而便鲁王也。’由是鲁王与谭有隙。”东吴的废立太子之争，从政治上来看是权力之争，而从法律上来看则是嫡庶之争。尽管群臣谏诤的理由，从封建正统礼教来说都是颠扑不破的真理，但仍不能打动或改变孙权废弃太子的决心。遂于赤乌十三年废太子和为庶人，立少子亮为太子。《三国志》作者陈寿对此评论说：“至于谗说殄行，胤嗣废毙，岂所谓贻厥孙谋以燕翼子者哉？其后叶陵迟，遂致覆国，未必不由此也。”①吴之灭亡，虽由多种因素所造成。但孙权废长立幼和废嫡立庶，加剧了东吴统治集团内部的矛盾与斗争，也不能不说是其亡国的一个重要原因。

三、寡妇改嫁

后汉时期，法律对寡妇改嫁不仅不加以禁止，有时还传为佳话。如《后汉书·列女传》载，蔡邕之女蔡文姬，先适河东卫仲道，后侍于南匈奴左贤王，最后又嫁于董祀为妻，已经是两次改嫁，这在“饿死事小，失节事大”

① 《三国志·吴书·吴主传》。

的唐宋以后是不可想象的，不仅不能进入《列女传》，必然要遭到人们的责骂与唾弃。

三国时期继承了这一传统，寡妇改嫁受到社会的支持与鼓励。例如《三国志·吴书·妃嫔传》载，孙权妃徐夫人，“初适同郡陆尚。尚卒，权为讨虏将军在吴，聘以为妃，使母养子登”。孙权明知徐夫人为亡夫之妻，仍聘其为妃，这说明人们对寡妇改嫁并不歧视。又如《三国志·吴书·骆统传》载：“父俊，官至陈相，为袁术所害。统母改适，为华歆小妻，统时八岁，遂与亲客归会稽。其母送之，拜辞上车，面而不顾。御者曰：‘夫人犹在也。’统曰：‘不欲增母思，故不顾耳。’”骆统并不是对父死母嫁有所不满，而是不欲使其母亲在感情上留恋于他，故而才“面而不顾”地毅然离母而去。

如果说东吴法律允许寡妇改嫁是合乎情理的，那么东吴政权剥夺人妻的做法则是极不可取的。例如孙权加罪张温以后，“温姊妹三人皆有节行，为温事，已嫁者皆见剥夺。其中妹先适顾承，官以许嫁丁氏，成婚有日，遂饮药而死”[①]。这说明犯罪人的姐妹，如已出嫁者，均强制其离婚，并由官府再重新配给他人为妻。这种做法造成妻离子散、家破人亡的后果，是十分残酷的。

第七节　东吴政权的诉讼程序

东吴政权审理案件的诉讼程序与魏、蜀两国基本相同，但在刑讯逼供方面表现得尤为残酷。

封建审判制度的核心是以犯人的供辞作为定罪判刑的基本依据。而为了取得犯人的招供，就必然要使用刑讯。据《三国志·吴书·陈武传》附

① 《三国志·吴书·张温传》引《文士传》。

陈表事迹云："时有盗官物者，疑无难士施明。明素壮悍，收考极毒，惟死无辞，廷尉以闻。权以表能得健儿之心，诏以明付表，使自以意求其实情。表便破械沐浴，易其衣服，厚设酒食，欢以诱之。明乃首服，具列支党。表以壮闻，权奇之，欲全其名，特为赦明，诛戮其党。"此案先对嫌疑犯采用刑讯，虽然"收考极毒"，仍是"惟死无辞"，这样就不能定罪判刑。于是又改用"厚设酒食，欢以诱之"的方法，才取得供辞，并行结案。由此可知，在审讯中对犯人软硬兼施的唯一目的，就是获取他的供辞。犯人如不招供，即使他有天大的罪行，也无法对他施以刑罚；如果被告人被屈打成招，即使他确实无罪，也要照例定罪判刑。如《三国志·吴书·朱据传》载："嘉禾中，始铸大钱，一当五百。后据部曲应受三万缗，工王遂诈而受之，典校吕壹疑据实取，考问主者，死其杖下，据哀其无辜，厚棺敛之。……数月，典军吏刘助觉，言王遂所取，权大感寤，曰：'朱据见枉，况吏民乎？'"这本来就是一桩冤案，但证人竟被拷打致死，充分暴露刑讯逼供的残酷性。在封建时代，至死不屈的硬骨头不止"主者"一人。例如陆凯之弟陆胤，"始为御史、尚书选曹郎，太子和闻其名，待以殊礼。会全寄，杨竺等阿附鲁王霸，与和分争，阴相谮构，胤坐下狱，楚毒备至，终无他辞"[①]。陆胤被人"谮构"，下狱考问，但他为了保护太子和，虽"楚毒备至"，也没有招供任何证辞，这当然又是一条硬汉子！又如"典校郎吕壹诬白故江夏太守刁嘉谤讪国政，权怒，收嘉系狱，悉验问。时同坐人皆怖畏壹，并言闻之，仪独云无闻。于是见穷诘累日，诏旨转厉，群臣为之屏息，仪对曰：'今刀锯已在臣颈，臣何敢为嘉隐讳，自取夷灭，为不忠之鬼！顾以闻知当有本来。'据实答问，辞不倾移。权遂舍之，嘉以得免"[②]。是仪是作为证人而被拷问的。由于他不顾个人生死，"据实以答，辞不倾移"，不但本人被释放，被诬告者也以此得幸免，所以是仪也可以称之为

① 《三国惠·吴书·陆凯传》。

② 《三国志·吴书·是仪传》。

宁折不弯的大丈夫。综观上述各案，审判官为了取得供辞，对原告、被告及证人都可以使用刑讯进行拷问。被拷死者有之，自诬服者亦有之，所以刑讯逼供是造成冤假错案的主要原因。至于少数被拷问者能够不畏毒打、据实以答，虽然可以被免罪释放，已经是九死一生了。所以刑讯逼供是一种反人道的审判方法，是封建司法野蛮专横的一种表现。

为了保证封建法律的贯彻执行，东吴政权对法官断案时的法律责任也有明确地规定：一是“顾护不即决断”，即包庇罪犯不即判决的，要追究法官的刑事责任。如《吴历》云：“中书郎奚熙谮宛陵令贺惠。惠，邵弟也。遣使者徐粲讯治，熙又谮粲顾护不即决断。皓遣使就宛陵斩粲。”二是“擅杀无辜”，即擅杀无罪之人的，要以死相抵。例如《江表传》云：司直中郎将张俶，“表立弹曲二十人，专纠司不法，于是爱恶相改，互相谤告。弹曲承言，收系囹圄，听讼失理，狱以贿成。擅杀无辜，众奸并发，父子俱见车裂”。这两个案例虽然说明东吴政权对审判官在判案中的不法行为是要予以严惩的，但这仅是个别现象。由于孙权、孙皓经常滥杀无辜，所以东吴的刑政一直比较冤滥。在三国之中，它是执法最坏的一个政权。

第四章　西晋政权的法律制度

两晋，即西晋、东晋。曹魏后期，大权落入司马氏集团手中，司马昭时，派邓艾、钟会灭蜀汉，公元 265 年，司马炎即帝位建西晋后，于太康元年（公元 280 年）灭掉东吴，三国分立的局面至此结束。西晋是继三国分裂割据之后中国历史上又一统一的封建帝国。但这一政权建立不久，内部即叛乱迭起，兵战不断，盘踞北方的少数民族趁机进入中原，并最终灭掉了西晋。逃亡到江南的司马氏家族在建康再建偏安政权，是为东晋，时在公元 317 年。

与西晋、东晋同时并存的是北方十六国地方政权：在西晋末年，北方已有匈奴族建前赵政权，汉人张氏建前凉政权，东晋存在期间，北方先后有后赵、前燕、前秦、后秦、西燕、后燕、南燕、夏、北燕政权，西北有西秦、后凉、南凉、西凉、北凉政权，这些少数民族和汉人所建立的封建王朝在其短暂的存续期间进行了不间断的互相掠夺、兼并的战争，其间氐族前秦曾于公元 376 年统一了北方，但随后北方很快再度陷入分裂。十六国各政权兴灭更替的频繁是中国历史上所仅有的。

公元 420 年，东晋靠镇压农民起义而发家的刘裕夺晋帝位，建刘宋政权；在北方，十六国后期，鲜卑拓跋氏建北魏政权，并于公元 439 年统一北方。中国历史进入南北朝对峙时期。

西晋政权是魏末司马氏豪族以“禅让”的方式建立起来的一个世族地主阶级的封建政权。曹魏统治末期，司马氏家族控制了朝中大权，司马懿、司马师、司马昭历任曹魏的佐政大臣，他们利用自己的显赫权位，杀戮异己宗党、培植家族势力，随意朝政，至司马炎时期，取曹奂而代之，建立了西晋政权。西晋政权建立后，统治者在政治上曾采取了一些积极措施，但随后却多因循旧制，无大作为，曹魏以来的门阀政治在此时进一步恶性发展，统治日见腐朽，随后的“八王之乱”又从根本上动摇了西晋政权的统治基础，给西晋社会经济、生产造成了极大破坏，匈奴族刘渊乘虚攻陷了晋都洛阳，俘怀帝、杀愍帝，西晋灭亡。

西晋自开国皇帝武帝司马炎到亡国皇帝愍帝司马邺，历四代国君，时五十一年。这是继三国鼎立后中国历史上一个短暂的统一时期，同时又是内乱不断，混战不已的时期，在这一时期，士族门阀势力进一步发展，国家以法律、制度的形式明确承认和保护贵族豪门的经济、政治特权，维护世族地主的统治。

第一节 西晋时期的社会发展

一、占田课田制与西晋经济的发展

曹魏时，为解决粮食问题，曾大兴屯田；屯田制的实行，对恢复、发展农业生产确曾起到了积极作用，但民屯中的屯田客是被政府以强制手段从农民或流民中征发而来的，他们在屯田上所受的剥削比一般编户齐民要重，社会地位、身份也都非常低下，因此，这些屯田客经常逃亡、反抗。晋统治者早在魏末年间已发现了这一问题，并开始着手解决，其方法即罢曹魏民屯而实行占田课田制。魏末咸熙元年（公元 264 年）司马昭时，曾“罢屯田官，以均政役。诸典农皆为太守，都尉皆为令长”[①]。武帝司马炎立国后，又于泰始二年（公元 266 年）下令“罢农官为郡县”，平吴后，颁

① 《三国志 · 陈留王奂纪》。

占田课田式。西晋行占田制的另外原因，一是由于三国战乱，晋初存在大量无主荒地，流亡人口数目也很大，贵族豪门荫庇严重，劳动力大量减少，为发展农业生产，必须将浮浪人口与土地结合在一起；二是魏末以来豪门势力极端发展，大量土地被少数豪门所垄断，占田制的实行可以在一定程度上对此加以限制。

占田课田制是在全国范围内明确规定统治者内部各个阶层及被统治者一般农民占有土地的数量，同时规定统治者可享受的特权及被统治者所应负的赋税义务的制度，其具体内容留待后叙。它的实行，鼓励了农民垦荒的积极性，促进了大量荒地的开发利用，使晋初的垦荒政策得以较好地实现，给西晋的经济带来了好的作用，据记载，西晋太康元年（公元280年），有“户二百四十五万九千八百四十，口一千六百一十六万三千八百六十三”[①]，占田法实施后的第三年（太康三年，公元282年），“户有三百七十七万”[②]，增加了一百三十多万户，且“牛马被野，余粮栖亩”，“天下无事，赋税平均，人咸安其业而乐其事”，[③]出现了战乱以来少有的发展景象。当然，对贵族占田的限制，占田制未达到预期的目的。

农业经济发展的同时，西晋的工商业也较曹魏有所恢复，手工纺织、陶瓷、冶铁、造船等业都达到了一定的水平，各色织锦，织成绫、绮、纱等丝织品的记载广见于西晋史籍中，青瓷器的烧造技术，金银等器物的制作镂刻技术，造船、造车技术都在曹魏、孙吴的基础上进一步发展，后世考古发现可以充分说明这一点。商业也在三国战乱后开始呈现出一定程度的繁荣，贵族、百姓纷纷卷入经商，珍宝奇货、一般的民间手工艺品、日常杂用等都可作为买卖标的物，参与流通，交易货卖，商业活动频繁，社会上曾一度出现了弃农经商之风，如晋泰始二年（公元266年）

---

① 《晋书·地理志》。

② 《三国志·陈群传》注引。

③ 《晋书·食货志》。

诏书说“豪人富商，挟轻资，蕴重积，以管其利。故农夫苦其业，而未作不可禁也”。

经济的恢复与发展得益于晋初稳定的社会环境，得益于晋初统治者有效的治国政策，可惜好景不长，占田法颁布仅仅十年之后，八王之乱便结束了这种民乐其生的太平之治，社会重又陷入混乱与饥苦之中。

二、西晋对世家大族利益的保护

西晋政权的建立不同于一般封建时期农民起义的改朝换代，它是在农民起义的低潮时期，司马氏集团依靠地方豪门和世家大族的支持和拥戴，通过宫廷政变的方式从统治层内部篡取了政权，所以这个政权的存在就不得不继续仰赖于豪门势族的力量。西晋时期所推行的许多措施都是围绕着这个中心，以维护世家豪门的利益为根本的。

在职官设置上，西晋因人设官，中央最高统治层设置八公、九卿，以安置开国勋老。地方的行政官职也署置繁杂，平吴后，设十九州，一百七十三郡，郡下设县，州郡皆掌兵权，并委之以地方豪门。

选举上，继续行曹魏九品中正之法，世家豪门把持用人之权，他们权贵相倚，任意高下，“操人主之威福，夺天朝之权势”，使选举成为贵族控制朝政的工具。

晋初还行分封制，将诸子分封各地，赋以地方军事、政治大权，这一制度在最初未真正实现，但后来的宗室出镇都督军事与分封制相结合，却给西晋的政治带来了极大的混乱。

除此之外，晋主还经常大量地封赏赐爵，对建晋过程中以及后来平乱过程中的功勋之臣，不吝高官厚禄和大量的田土奴婢，希望借此加强晋室的力量，巩固晋王朝的天下。对手握重权的达官要人，晋室施以“宽简之政”，对其不法行为也往往不加约束，任其所为，这样一来，使诸王和豪门大族在政治上成为一个特殊阶层，他们把握了西晋王朝的政治权力，扰乱了西晋的政治，曹魏以来的门阀政治更极端地走向腐朽。

政治上的特权和势力，使这个特权层可以倚此进行疯狂的经济掠夺，他们通过抢占无主荒地、侵占官田、掠夺民田等方式，积敛了大量的土地，并利用皇帝赏赐的奴婢、佃客，建立发展起了自己的田园经济，占田制对世家大户的占田数量进行了限制，但实际上，这一限制却是以法律的形式对他们的经济利益、土地财产加以确认，助长了地主私有制田园经济的发展，壮大了豪族世门的经济势力，他们据此进一步掠夺更多的财富，役使、剥削更多的佃客、奴婢。

门阀政治和世族庄园经济的壮大是西晋时期政治、经济的基本特征，门阀政治就意味着腐败，世族庄园经济则意味着世族阶层的腐朽、奢侈和堕落，而西晋政权对此一直无能为力，相反，它所实行的一些保护世族利益的政策却更把西晋的统治推向黑暗。

三、文化思想、学术活动较为自由的发展

西晋政治的腐败，政治权力的分散，环境的动荡，造成了政府对思想、学术干预的减弱，世族地主庄园经济的发展，也要求弱化君权限制，突出个体，故而这一时期文化意识形态领域呈现出一定的繁荣，西晋连同曹魏、南北朝时期被称为“中国周秦诸子以后第二度的哲学时代”，是“精神上极自由、极解放，最富于智慧、最浓于热情的一个时代”。[①]

在这一时期，经学遭到冷落，礼律受到怀疑、批判，以嵇康、阮籍为代表的一些放达之士从人性出发，否定道德名教的陈腐与不合理，指出“六经以抑引为主，人性以从欲为欢；抑引则违其愿，从欲则得自然”[②]。唯有解除礼教束缚，顺其自然，才能全其人性。他们甚至进一步大胆提出了无君

① 宗白华:《美学散步》，上海人民出版社 1977 年版，第 177 页。

② 《嵇康集·难自然好学论》。

无臣的理论，认为“无君而庶物定，无臣而万事理”，“君立而虐兴，臣设而诈生”，因此应废君臣，任百姓回到无束缚、无压抑的自然状态去，他们的这些理论在西晋社会产生了相当的影响，对专制的批判，对人性的颂扬动摇了经学的独尊地位，给人性的解放，给世人弃背礼教提供了理论基础。玄学在西晋也逐渐兴起，出现了一批清谈玄学的人士。西晋玄学是在老庄哲学的基础上发展来的，它以探讨宇宙、本体为中心论题，从政治观点而言，玄学是反传统、反专制的，同时作为一种社会思潮，作为一种文化现象，它也具积极的意义，玄学的重析理，重理性思辨在一定程度上改变了晋人的传统心理，改变了两汉以来儒学重章句训诂、重教条的传统思维方式，晋人在文学艺术上所达到的全新境界，在数学、农业科学等方面的成就与此都有直接关系。西晋法律思想的活跃,《晋律》超乎前世的总结、高度的概括当也受益于此。

第二节　西晋政权的法律思想

西晋政权是中国历史上又一个混乱的短命王朝，但在律学家眼中，它却是一个光辉的时代，在这个时期，中国律学在以致用、致讼为根本目的的实践性科学的基础上，又被赋予了深刻的、抽象的理论内涵，理论性与实践性实现了统一，律学进入昌盛阶段。在这个时期，律学家活跃于西晋政治舞台，司法实践家与法律思想家们对西晋的法律建设各抒己见，建树颇多，综而言之，有以下两方面。

一、立法上，主张“文约例直，听省禁简”

晋初，由于政权的和平交替，阶级矛盾相对缓和，统治者采取了与民休息、令百姓各安其业的统治政策，推崇无为而治。曾任尚书三公郎的刘颂曾说“凡政欲静，静在息役，息役在无为”[①]。大臣荀勖也曾提出以省事、省官、省吏、清心为修政之要旨。政治上无为而治必然要求法律的宽简省约。杜预说：“法者，盖绳墨之断例，非穷理尽性之书也。故文约而例直，听省而禁简。”在他看来，“例直易见，禁简难犯”。而“易见则人知所避，难犯则几于刑措。刑之本在于简直……”[②]，只有法条简要明了，才能使百姓知所避就，而且易于避就，才能减少刑狱，天下太平。刘颂也是主张法简而刑宽的，他给犯罪下了定义，说“害法在犯尤”。犯罪是危害政权的一些极端行为，惩罚这些严重错误的极端行为才是法之要务，他说：“微过不足以害政，举之则微而益乱。”人非圣贤，小过是不可避免的，只要它不足以危害朝政，则可置之法外，“善为政者”，当是“纲举而网疏”，“简而不漏，大罪必诛，法禁易全也”。[③]大罪者，乃危害政权之犯罪。可见，刘颂的法简刑宽是有一定的针对性的，其目的在于集中打击豪强横肆，解决西晋政权的心腹之患。杜预、刘颂等人的宽刑主张得到了武帝司马炎的支持，晋泰始四年（公元268年）新律颁行天下时，武帝曾发诏“汉氏以来，法令严峻。故自元成之世，及建安、嘉平年间，咸欲辩章旧典，删革刑书。述作体大，历年无成。先帝愍元元之命陷于密网，亲发德音，釐正名实。……今法律既成，始班天下，刑宽禁简，足以克当先旨”[④]。

西晋政权约法思想的形成是西晋初年的政治经济形势决定的，但它与当时的玄学之风也有一定的关系。玄学主张析理，它在本体论上提出“统之有宗，会之有元”的理论，主张穷尽事物之理，探求事物之本，以理之简概事之繁，当时的律学家杜预、张斐等人即受到了这种影响。杜预在为晋律作注后，上奏朝廷，称其注释皆“网罗法意”，使“用之者，执名例

---

① 《晋书·刘颂传》。

② 《晋书·杜预传》。

③ 《晋书·刘颂传》。

④ 《晋书·贾充传》。

以审趣舍”。[①] 概一而统全；张斐对犯罪概念的定义，立法精神的阐述等，也体现了以原则统法条、以简御繁的玄学风范。

二、严格维护法律的统一性、严肃性

统一性、严肃性贯穿于立法、司法的全过程。晋律制定后，有杜预、张斐为之作注，并赋之与律文同样的法律效力，颁行天下，以保证对法律的统一理解。在执法过程中，晋初统治者亦强调依法行事，维护法律的权威性。汝南王司马亮曾说：“观人设教，在上之举；守文直法，臣吏之节也。”[②] 官吏的任务只有遵法守法，这是为臣的本分。惠帝时，门下属三公曾上书批评惠帝为政多于法外随意轻重，“既以立法，诚不宜复求法外小善也。若帝以善夺法，则人逐善而不忌法也”[③]。法既立，则应以法取信于民，否则，与朝政之危害胜于无法。

关于法律的统一性、严肃性问题，刘颂与张斐均有较充分的论述，但二人的方法、途径、强调的重点各有不同。

刘颂的表述更为直接，他批评“自近世以来，法渐多门，令甚不一”的现象，批评为政者“尽善伤法”，造成“法不得全”的情况，指出为人主者应循法而行之，过多地法外定制，法外用事，必然荒其朝政。“人主详，其政荒”，“人君与天下共者，法也。”人君守法，“然后法信于天下，”然后才“可以言政”。刘颂强调“君臣之分，各有所司”，君主不随意立法定制，臣下更应当守法如一，为此，他提出了罪刑法定的原则，“律法断罪，皆当以法律令正文；若无正文，依附名例断之；其正文名例所不及，皆勿论”。法无名文规定者不为罪，不受处罚，在这里，刘颂的思想已相当科学了。

---

① 《晋书·杜预传》。
② 《晋书·刑法志》。
③ 《晋书·刑法志》。

他反对在执法中的“随时之宜”，“看人设教”，指出，“看人随时”，皆“制法之谓也”，法律一经制定之后，必须严格执行，“法轨既定则行之，行之信如四时，执之坚如金石……”[①] 司法官吏不得随意解释，妄加曲意，不得枉法而行私，这是保证法律统一性的关键。

与刘颂相比，张斐的表述带有一定的灵活性。他也强调法律的统一性、严肃性，他在总结历史上定罪量刑制度的基本经验的基础上，为一些罪名及量刑原则做了统一的概念规定“其知而犯之谓之故，意以为然谓之失，违忠欺上谓之谩，背信藏巧谓之诈……”[②] 等，从法理学角度为法律的统一性奠定了基础。在谈到法律的执行时，张斐提出了“随事轻重取法”的主张，他认为“律之名例，非正文而能分明也，”社会情况复杂，犯罪种类多样，法律条文不可能一一道尽，这就要求执法者在执法过程中，“临时观衅”，随机而断，其所根据的原则则是法之“理”，即法的基本精神，他说，“夫理者，精玄之妙，不可以一方行也；律者，幽理之奥，不可以一体守也。”“理”是立法、执法的基本原则，它寓于律文之中，因此官吏断案，关键在合“理”，要以“理”为指导，服从于“理”的要旨，律文可以灵活变通，“律者，当慎其变，审其理，”司法官吏要认真分析各种犯罪情况，注意罪与罪、罪与非罪之间的细微差别，依“理”做出决断，“通天下之志唯忠也；断天下之疑唯文也；切天下之情唯远也；弥天下之务唯大也；变无常之体唯理也”。只有掌握了法律的精髓和内涵，掌握了“理”，才能最终完成法律的使命。

虽然刘颂与张斐在维护晋律的统一性、严肃性时采取了不同的方式，张斐强调以理统法，“夫形而上者谓之道，形而下者谓之器，化而财之谓之格”[③]。律文与法理相互结合，道器结合，以道为本，而刘颂则强调严守律文，反对变通，但二人最终殊途同归，他们的法律的根本统一于礼乐制

① 《晋书·刘颂传》。
② 《晋书·刑法志》。
③ 张斐引文均出自《晋书·刑法志》。

度，他们在维护司马氏政权的大目标下汇合了。

第三节　西晋政权的立法概况

一、《晋律》的制定

司马昭魏末受命辅佐幼主，掌握了朝中大权，在被封为晋王之后，他即着手制礼仪、修律令、定官制，为以晋代魏作准备。他认为前代的汉律令本注烦杂，魏时虽经陈群、刘劭等人改革，而科网之密、法条之烦及儒学章句解释的混乱仍未改观，“未可承用”，所以他命贾充、郑冲、荀顗、荀勖、羊祜、杜预等十四人参酌旧律，因时而变法，共定新律。新律于泰始三年（公元 268 年）修成，史称《晋律》或《泰始律》，次年颁布天下。颁行天下之日，武帝亲自临讲，使“善宣吐”之裴楷执读，又下令“钞新律死罪条目，悬之亭传。”可见其对新律的重视。

新定的《晋律》贯彻了晋初“务从简约”的立法思想，对汉魏旧律进行了大刀阔斧的删改，将《魏律》的《刑名》改为《刑名》《法例》两篇，删《劫略》《惊事》《偿赃》《免坐》四篇，增《卫宫》《水火》《关市》《违制》《诸侯》五篇，恢复了《汉律》中《厩律》一篇，共计有二十篇，先后为：《刑名》《法例》《盗律》《贼律》《诈伪》《请赇律》《告劾律》《捕律》《系讯律》《断狱律》《杂律》《户律》《兴擅律》《毁亡律》《卫宫律》《水火律》《厩律》《关市律》《违制律》《诸侯律》，共六百二十条，二万七千六百五十七言，从篇目上看，比汉律九篇增加了十一篇，但其条目只是汉律的十分之一，可见其简约。所以说，《晋律》的最大特点在于“蠲其苛秽，存其清约，事从中典，归于益时”[1]。与旧律相比，它在篇章体例的设置上更趋完

① 《晋书·刑法志》。

善，在文字的简明上更显科学，它对旧律删繁就简的改革，是中国法制史上法条由繁入简的一个典型。正因为如此，新律颁行天下之后，“百姓便之”；也正因为如此，它成为后来南北朝时期均加承用的一部法典，程树德《九朝律考·晋律考序》中说“晋自泰始四年颁定新律，刘宋因之，萧齐代兴，王植撰定律章，事未施行，盖断自梁武改律，承用已经三代，凡二百三十七年，六朝诸律中，行世无如是之久者”。

二、西晋的法律形式

西晋一改过去汉魏律令混杂的状况，将法律形式明确划分为律、令、故事。

《太平御览》卷638引杜预注律序曰：“律以正罪名，令以存事制。”《晋书·刑法志》又说“若军事、田农、酤酒，未得皆从人心，权设其法，太平当除，故不入律，悉以为令”，“施行制度，以此设教，违令有罪则入律”。可见，律是较稳定的法律形式，而令具有两个特点：一、令的内容只为制度，无惩罚，违令则入律，依律治罪；二、令是临时之制，日后可随时宜而修改、弃除。西晋在制律的同时，又制令四十篇，分别为：一户，二学，三贡士，四官品，五吏员，六俸廪，七服制，八祠，九户调，十佃，十一复除，十二关市，十三捕亡，十四狱官，十五鞭杖，十六医药疾病，十七丧葬，十八杂上，十九杂中，二十杂下，二十一门下散骑中书，二十二尚书，二十三三台秘书，二十四王公侯，二十五军吏员，二十六选吏，二十七选将，二十八选杂士，二十九宫卫，三十赎，三十一军战，三十二军水战，三十三至三十八皆军法，三十九四十皆杂法。晋令共有二千三百零六条，九万八千六百四十三言。

故事，属品式章程方面的内容，由各主管官府自行掌握。《唐六典》注曰：“晋贾充等撰律令，兼删定当时制诏之条，为故事三十卷，与律令并行。”

三、《注律表》

《晋律》制定之后，张斐为之作注，释文与律文具有同等法律效力，并颁之天下。律注为《晋律》的规范化实施提供了保证，它从法理学角度对《晋律》的篇章结构、定罪量刑基本原则等方面做了简明深刻的阐述，对罪与非罪，一罪与它罪的区分做了明确的说明，并为一些一般的法律术语做了科学的定义。在中国法制史上，张斐的《注律表》第一次总结了前人立法司法的经验成果，并进行了高度的理论概括，因而是一篇有较高水平的刑法理论著述。

《注律表》的具体内容见《晋书 · 刑法志》。

第四节　西晋政权的行政法律制度

西晋统治者初定天下，曾很想有一番作为，他们非常重视政权建设工作，中央到地方的行政机构设置、官吏的任免、考核、奖惩以至致仕、行政管理等在晋初都曾形成制度并在一定时期推行。两晋南北朝时期，唯有西晋政权的行政法律制度内容相对完备，相对丰富。

一、西晋政权的行政机构设置

1. 中央行政机构的设置

西晋中央行政机构的设置及权力分配处在由秦汉三公九卿制向隋唐三省制度的演变阶段，在这个时期，相权继曹魏之后进一步削弱，三省代之而起，成为行政中枢。

晋初武帝立国之后，在中央最高统治层内设八公：太宰、太傅、太保、太尉、司徒、司空、大司马、大将军，古代三公、汉魏三公以及魏以来与太尉职同而名异的大司马、大将军合在一起，构成中国历史上少有的八公之制，所谓“八公同辰，攀云附翼者也”[①]。八公在西晋时，名位虽尊，但实际上并无实权，《历代职官表》载“武帝即位，八公并置，盖皆台司之职，然特假以名号，不必尽知国政”[②]。《晋书》又说，太宰、太傅、太保是为上公，“论道经邦，燮理阴阳，无其人则阙”[③]。可知此时八公与秦汉时统领诸卿的三公大有不同，变成了尊崇之职，论道之官，有些公位，已是有位无人，完全虚设了。

西晋时丞相一职自惠帝之后虽曾设置，但也是省置无常，时置时废，且这时的丞相也已失去了“助理万机”之权。《通志》说，自魏晋以来，“宰相但以他官参掌机密或委知政事者则是矣，无有常官，其相国、丞相或为赠官，或则不置自为”[④]。已成优待重臣之位，相权已被剥夺，“其真为宰相者，不必居此官”。那么真为宰相者，身居何官？西晋时人称真宰相者，为尚书台、中书省、门下省长官。

尚书台。西晋承曹魏制，在中央设尚书台，综理朝政，《晋书·羊祜传》说，尚书台“总齐机衡，允厘六职，为朝政之本”。杜预为尚书，“损益万机，不可胜数，朝野服焉。”[⑤]“号为杜武库，言其无所不有。”[⑥]可见此时尚书台权位仍然很高。尚书台正职长官为尚书令，总理台部事务，“揔百揆之得失，管王政之开塞”[⑦]。副职为左右仆射，“广登贤俊，经始万机”[⑧]。与尚书令配合共同领导尚书台事务。在正副长官之上，还设録尚书事，其人选由

① 《晋书·职官志》。
② 《历代职官表》卷2，《内阁》上。
③ 《晋书·职官志》。
④ 《通志》卷52。
⑤ 《太平御览》卷212。
⑥ 《晋书·杜预传》。
⑦ 《太平御览》卷210。
⑧ 《太平御览》卷211。

皇帝亲定，其职责为“参弼机衡，以亮天工”。《晋书 · 卫瓘传》载，惠帝时，以卫瓘录尚书事，“加绿綟绶，剑履上殿，入朝不趋，给骑司马，与汝南王亮共辅朝政”。以诸公兼理尚书事，由来已久，晋仍如此，它是尚书台的实际最高长官，但这一官职并非常设。

尚书设六曹：吏部、殿中、五兵、田曹、度支、左民，左右丞各一，各有所掌，尚书郎若干，为各曹属员。

中书省。中书省之设，始于曹魏，西晋因之，其职掌为“掌赞诏命，记会时事，典作文书”①。设正职长官中书令、中书监各一人，副职中书侍郎四人，中书通事、舍人各一人。西晋中书地位已开始居尚书之上，《文献通考》说西晋“中书监令掌管机要，多为宰相之任”②。晋初荀勖由中书迁至尚书，有人贺之，荀悻悻作答“夺我凤凰池，诸公贺我邪！”③怀帝时，以缪播为中书令，“朝事莫不咨之，人君之所取信于臣下，无以尚也”④。可见其权位已非常重要。

门下省。门下省之称始于西晋。长官为侍中，副职为黄门侍郎，下有给事中若干，《通志》载：“给事黄门侍郎与侍中俱管门下众事，或谓之门下省。”“侍中，魏晋以来置四人。”“御登楼与散骑常侍扶，侍中居左，常侍居右，备切问近对，拾遗补阙。”⑤由于与皇帝的亲密关系，其权位迅速提高，已超过尚书。《通志》载侍中刘卞语“侍中职任机务之司，不必他名亦多为宰相”⑥。《晋书》说，任恺为侍中，“总门下枢要”“万机大小多管综之，……帝器而昵之，政事多咨焉”。⑦

① 《通志》卷 52。
② 《文献通考》卷 49。
③ 《晋书 · 荀勖传》。
④ 《太平御览》卷 220。
⑤ 《通志》卷 52。
⑥ 《通志》卷 52。
⑦ 《晋书 · 任恺传》。

尚书、中书、门下为西晋中央位居八公之下，却掌握最高权力的决策、执行机关，三机关的职能分工在这时还未十分清楚，也多有一人身兼两省之职的情况，但三省的出现无疑能有效地防止一省专权，它为隋唐三省制的最终形成奠定了基础。

三省之下，设九卿，有太常、光禄勋、卫尉、太仆、廷尉、大鸿胪、宗正、大司农、少府，另有将作大匠、太后三卿、大长秋等，职掌各有不同，各置丞、功曹、主薄、五官等员。太常掌邦国礼乐宗庙，光禄勋掌宫殿门户守卫，卫尉掌宫门卫屯兵，太仆掌车马，廷尉掌刑法狱讼，大鸿胪掌宾客，宗正掌宗室亲属，大司农掌邦国仓储、田曹，少府掌财政。九卿的职位在西晋并不重要，其设置也是时有时无，变化无常，或有些已是名存实亡，这是与秦汉时所不同的。

八公、三省、九卿之外，西晋中央还设监察机构御史台，留待监察制度一节介绍。

2. 地方行政机构设置

西晋地方行政机构的设置沿曹魏实行州、郡、县三级制，其数量在曹魏基础上又有增加，设 19 州，173 郡，1232 县。州置刺史，郡置郡守，县大者置令，小者置长。刺史已由原来的监察之官变而为地方最高行政长官。

司隶校尉。汉时在中央地区设司隶校尉，职位如刺史，但实权高于刺史，西晋与此同，在京师地区置司州，以司隶校尉统之，其权力是很大的。《太平御览》载，刘毅为司隶校尉，"奏太尉何曾、尚书刘宽父子及羊琇、张他等所犯狼籍"①。

州置刺史，下有别驾、治中从事、诸中从事等员。刺史掌一州内之政务，可自行任命属下的一般官员，如《太平御览》卷 256 记，山涛为冀州刺史，"搜术贤才，旌命所知三十余人"。

刺史与都督的关系。据《南宋书·百官志》州牧刺史条载：晋太康中，

① 《太平御览》卷 250。

都督知军事，刺史治民，各用人。惠帝末乃并任，非要州则单为刺史。可见在武帝年间，刺史与统军的都督分而任之，但惠帝后，这一制度受到破坏，刺史、都督往往合而为一，都督兼领刺史，州内的军政大权都由都督掌握。都督甚至可以同时督几州以上，如南阳王司马模以征西将军督秦、雍、凉、益四州，东海王越都督司、冀、兖、豫、幽、并六州，这些都督府实际上取代了地方州府，其军事势力十分强大，中央也逐渐失去了对他们的控制，这为西晋政局的动荡，为“八王之乱”埋下了祸根，都督豫州的齐王冏，都督徐州的东海王越，都督冀州的成都王颖，都督雍凉的河间王颙，正是在出镇地大力扩充军队，发展了自己的势力，然后谋夺皇位，互相间拚杀、混战，他们是八王之乱以至晋亡的主要祸首。

郡置太守，河南郡为京师所在地，所以置尹。其属员有主簿、主记室、门下贼曹、议生、门下史、记室史、录事史、书佐、循行、幹、小史、五官掾、功曹史、功曹书佐、循行小史等员。太守掌一郡之军政，职权较重，西晋时，常有尚书、中书出为要郡太守，或郡守入为尚书者。如中书令李缊为河南尹，李胤由河南尹入为尚书等。西晋时，常以治郡有功而作为入仕中央的条件，《太平御览》卷 259《职官部》57 转晋起居注“太康八年诏曰，昔先王御俗以兴至治，未有不先成民事者也，汉宣识其如此，是以叹息良二千石，今欲皆先外郡治良著绩，然后入为常伯纳言及典兵宿卫、黄门散骑中书郎”。

县置令长。《北堂书钞》78 引《晋令》：“县千户以上，州郡治五百以上，皆为令；不满此为长。”县令长属员有主簿、録事史、主记室史、门下书佐、幹、游徼、议生、循行功曹史、小史、廷掾、功曹史、小史书佐幹、户曹掾史幹、法曹门幹、金仓贼曹掾史、兵曹史、吏曹吏、狱小史、狱门亭长、都亭长、贼捕掾等，以所辖户数人口的多少，给配吏员。晋制，“大县令有治绩官报以大郡，不经宰县不得入为台郎”[①]。基层县令长的政绩可

① 《通志》卷 56。

作为将来入室登堂的政治资本。

乡。按晋制，县五百户以上置一乡，三千户以上置二乡，五千户以上置三乡，万户以上置四乡，乡置啬夫一人，乡户不满千以下，置治书史一人；千以上置史、佐各一人，正一人；五千五百以上，置史一人，佐二人。

3. 诸子分封制度

西晋统治者认为，汉魏灭亡的重要原因之一在于诸侯王势力遭到很大削弱，有名无实，朝廷孤立而无藩辅，政权一旦为人所谋夺，地方无能为力，故晋武帝泰始元年（公元 265 年）即分封宗室诸王，“以郡为国，邑二万户为大国，置上中下三军，兵五千人。邑万户为次国，置上军下军，兵三千人。五千户为小国，置一军，兵千五百人”①。共分封同姓二十七王，后来又“更制户邑”，不满万户的小国皆增满万户，大国增至四万户，甚至有汝南王亮食邑八万户，成都王颖食邑十万户。

王国领地相当于一郡，据《晋书・职官志》载，王置师、友、文学各一人，“改太守为内史，省相及仆，有郎中令、中尉、大农为三卿。大国置左右常侍各一人，省郎中，置侍郎二人，典书、典祠、典卫、学官令、典书丞各一人，治书四人，中尉司马、世子庶子、陵庙牧长各一人，谒者四人，中大夫六人，舍人十人，典府各一人”。王国内史由朝廷任命。据《晋书・琅玡王伷传》记，武帝时，曾“特诏诸王自选令长”，《晋书・齐王攸传》也记，武帝时，诏议藩王令自选国内长吏，攸上书以“而今草创，制度初立”辞让，帝不许，后来国相上长吏缺，典书令请求差选，攸下令曰：“……至于官人叙才，皆朝廷之事，非国所宜裁也。其令自上请之。”《晋书・梁王肜传》中又有“时诸王自选官属”之语，可见诸王任命长吏并非常制。王国以所邑编户租调的三分之一作为诸侯王的租秩。

晋初，分封的诸侯王仍是“徒享封土，而不治吏民”。《晋书・段灼传》载，段灼曾于泰始年间上疏，建议“……其余诸王自州征足任者，年十五

① 《晋书・地理志上》。

以上悉遣就国。为选中郎、傅、相才兼文武以辅佐之。听于其国缮修兵马，广布恩信”。可见这时诸王虽已分封，却都留在京都，没有就国，至于王国的政治机构，军事装备等更是不可能完善，王国是形同虚设。咸宁三年（公元 277 年），卫将军杨珧等上书，以为诸王“既各不臣其统内，于事重非宜”。再次建议就国。其后有司又奏议“更制户邑”，并主张实行五等封爵，非皇子不得为王，诸王之子除继承王位者以外，依次封为公、侯、伯、子、男，公侯之制度分别如五千户、不满五千户之国等。这些建议后来被采纳并形成制度，于是诸公“涕泣而去”，分别就国。

西晋时诸王就国之前已有为都督者，其出镇地与封国往往非属同一州郡，解决这一问题的方法就是移封就镇。《资治通鉴》卷 80 咸宁三年云“诸王为都督者，各徙其国使相近”。但自惠帝以后，这一做法渐渐疏淡，封地与镇地相分离的状况也就经常存在了，而诸王皆以都督为己任，封国势力一直很弱。所以说，导致西晋亡国的八王之乱与分封有一定关系，但更主要的原因是宗室出镇，都督诸军事，掌握兵权。

二、西晋的选官制度

1. 官吏的产生途径

《文献通考》卷 28 载“魏晋以来虽立九品中正之法，然仕进之门则与两汉一而已，或公府辟召，或郡国荐举，或由曹掾积累而升，或由世胄承袭而用，大率不外此三四途”。马端临先生此论告诉我们，西晋时选官行九品中正之法，但入仕途径沿于两汉，主要有几种：吏部铨选；辟召；察举等。

吏部铨选。尚书吏部直接选官任官，这是西晋入仕的主要途径之一。吏部铨选所任之官多居朝中各部门，其为官者有初入仕途之人，也有仕途晋升转迁之人。在当时，这一途径多为高门士族所把持，如《太平御览》转载《晋书》“王戎为左仆射领吏部尚书。自戎居选，未尝进一寒素”。寒门之士很难有此机遇跻身高层，身居要位。

辟召。部、府长官自行任命属员。有中央公府辟召及地方州郡辟召两种，公府辟召指中央八公及位从公者自置府佐，这通常也为士族高门子弟所垄断，如卫瓘之子卫玠“辟命屡至，皆不就。久之，为太傅西阁祭酒”[①]。王戎“袭父爵，辟相国掾”[②]等。州郡长官也有权自行任命佐吏，苟晞领青州刺史，“多置参佐，转易太守”，陈颙为“太守刘享拔为主簿，州辟部从事，”[③]孙铄，少为县吏，“太守吴奋转以为主簿”[④]等。州郡召辟是一般士族和寒门入仕的重要途径。

察举。自下而上推举，考核后授以官职。西晋时，察举的科目主要有孝廉、秀才、贤良方正、直言之士等，具体察举办法未见规定，但须策试是一定的。《晋官品令》规定：“举秀才必五策皆通为郎中，二策不通不得选。”[⑤]武帝时，曾亲策贤良，选拔治世之才，《晋书》卷52记，武帝泰始中，诏天下举贤良直言之士，太守文立推荐郤诜应选，武帝亲自策试，郤诜对策精彩，拜为议郎，后武帝问郤诜，“卿自以为如何？”郤诜笑而作答“臣举贤良对策，为天下第一，犹桂林之一枝，昆山之片玉。”至于察举的时间、人数则无以确定，武帝时，以“西虏内侵，灾眚屡见，百姓饥馑，诏三公、卿尹、常伯、牧守各举贤良方正直言之士”[⑥]。可见只是随机之宜，并未形成定制。

西晋时入仕途径以上述三种为主，除此，还有自汉魏以来形成的任子、纳赀、荐举以及因特殊需要而进行的诏举等。武帝太康三年，刘毅曾指责武帝“桓灵卖官钱入官库，陛下卖官钱入私门”，说明当时买官之风犹存。

① 《晋书·卫玠传》。
② 《晋书·王戎传》。
③ 《晋书·陈郡传》。
④ 《晋书·孙铄传》。
⑤ 《北堂书钞》卷79。
⑥ 《晋书·阮种传》。

泰始八年诏举奇才可安边者，泰始中“召有士勇秀异才力杰出者”，皆为应时所特召，也是选官的一种途径。

选官途径不一，但入仕者皆须经一定的品状考查，合格者，方能授任，西晋时，行使这项考查权力的首先是中正。

2. 九品中正制度

曹魏时期形成的九品中正制度至西晋仍然实行，其主要内容：州置大中正，郡国置小中正，中正按一定标准划所辖范围内的世人为上中下三等，每等内又划三级，形成上上、上中、上下、中上、中中、中下、下上、下中、下下九品，选官者依中正所定品位的高低授官任职，品高者居高位，反之则居次职。

中正的产生：州大中正由司徒选授，小中正一般先由大中正推举，司徒任命。按西晋制，凡中正官必须有较高品位，一般由诸府公卿、台省郎吏中所谓“德充才盛者”“有人伦鉴识者”为之，且一般须是本籍人，如刁协为“本郡大中正”，陶侃为鄱阳人，领鄱阳小中正等，但也有例外，《晋书 · 李含传》载，李含为陇西狄道人侨居始平，司徒选含领始平中正，含“反覆言辞，说非始平人，不宜为中正”。但最后还是就任。小中正的产生既然赖于大中正，则大小中正之间形成隶属关系，大中正对小中正的去留都有参与乃至决定权。上引《晋书 · 李含传》又记，李含领始平中正后，“秦王柬薨，含依台仪，葬讫除服。本州大中正傅祗以名义贬含”。

中正的权力。中正的权力即为三年一次的定品，具体来说有初次定品、升品、降品、过品、复品几种情况。《文献通考》中说，中正“区别人物，定为九等。其有言行修著，则升进之，或以五升四，以六升五。倘或道义亏缺，则降下之，则自五退六，自六退七”[①]。就是说，品位初定之后，中正还可根据其后来操行品德的好坏及为政政绩之优劣重新加以评定，或升之或贬之或保持原品，若有因德行败劣被贬之后静心修德或受特别恩赦者，

① 《文献通考》卷 28。

还可复品，恢复原来的品位。据《文献通考》卷28记载，阎缵被继母诬告偷父时金宝，有司受理此案，阎缵“遂被清议十余年。缵孝谨不怠，母后意解，更移中正，乃得复品”。西晋时，中正定品的标准主要有三：品、状、世。所谓品指未仕者“居乡履行之善恶”；状指既仕者居官才能政绩之优劣，其具体标准，泰始元年，武帝曾制六条：一曰忠恪匪躬，二曰孝敬尽礼，三曰友于兄弟，四曰洁身劳谦，五曰信义可复，六曰学以为己，达到这六条标准的，方为好官；世指薄世，家世等第，父祖官名，在西晋时期，“世”的标准最为关键，它往往是品位高下的决定因素乃至唯一因素，如《晋书·段灼传》所说“据上品者，非公侯之子孙，则当涂之昆弟也”。《晋书·刘毅传》亦云“上品无寒门，下品无世族”，高门子弟出身显赫，其品状自为高上，自然取居高品。

中正定品要听取乡里清议，并以此为依据，但这种制度后来逐渐被废弃，《文献通考》卷28说“时有清议尚能劝俗，陈寿居丧，使女奴丸药，积年沈废，郄诜笃孝以假葬违常，降品一等，其为惩劝如是。其后中正任久爱憎由己，而九品之法渐弊”。中正“寄雌黄于一人之口”。

中正定品为世人确定了为官的资格，它可作为选官任官的根据，但中正本人并无权任官，按《文献通考》卷28，九品中正之法，“评论自是一人，提用自是一人……体统脉络各不相关”。中正的职责只在于参谋，而任官之权则由吏部或其他部门掌握，“郡设小中正，州设大中正。由小中正品第人才以上大中正，大中正核实以上司徒，司徒再核然后付尚书选用”[①]。“内官吏部尚书、司徒左长史，外官州有大中正，郡国有小中正，皆掌选举，吏部选用必下中正征其人居及祖父官名。”[②]中正报于司徒，司徒总于吏部，最后的用人权在吏部。

九品中正制是西晋选官制度的基础，中正定品是选官程序的第一步，

① 《二十二史札记》卷8。
② 《文献通考》卷36。

这一制度推行的初衷本来是“论人才优劣”，但在后来的实行中却弊端丛生。西晋时握有定品之权的并非中正一职，其他如高门士族、朝中显贵也经常一言以定品，一言以废品，或通过直接选官的方式而自行升品、定品，中正权力的实际行使并不彻底，而且中正所实际拥有的一些权力也往往被世族门阀所把握、所控制，“中正定九品，高下任意”，“畏祸者不敢疾恶”，“趋势者不暇举贤”[①]，甚至这一权力有时已成为用来报解个人恩怨的工具。《晋书·何曾传》载，何劭初亡，袁粲前去哀吊，何劭子何岐以身体不适辞而不见，袁粲心中恼怒，出而对人说“今年决下婢子品”。王诠劝道“知死吊死，何必见生！岐前多罪，尔时不下，何公新亡，便下岐品，人谓中正畏强易弱”。袁粲这才作罢。所以说，九品中正制实行日久，已逐渐失去其公正性和本来的积极意义，它与世族门阀制度结合一起，成为西晋政治腐败的重要祸源。

三、官吏考课与奖惩

西晋泰始初，武帝曾诏杜预制考课之制，杜预定制：“今科举优劣，莫若委任达官，各考所统。在官一年以后，每岁言优者一人为上第，劣者一人为下第，因计皆以名闻。如此六载，主者总集采案，其六岁处优举者超用之，六岁处劣举者奏免之，其优多劣少者叙用之，劣多优少者左迁之。”[②]杜预所言，为设考课官各考所统官吏，一年一小考、六年总其政绩，决定升迁降贬，这项建议在西晋具体实行情况如何未见确切说明。《通典》卷14中载，散骑常侍傅元以为“虞书曰，三载考绩，三考黜陟幽明，是为九年之后乃有叙迁也。故居官久则念立慎终之化，不久则竞为一切之政，六年之限，日月浅近，不周黜陟……武帝善之而终不能用”。从这段记载看，

① 《文献通考》卷28。
② 《晋书·杜预传》。

杜预一载考绩，六考黜陟之法当是实行了的。泰始四年（公元268年）六月，武帝又下诏“郡国守相，三载一巡行属县，必以春，此古者所以述职宣风展义也。见长吏，观风俗，协礼律，考度量，存问耆老，亲见百年。录囚徒，理冤枉，详察政刑得失，知百姓所患苦。……田畴辟，生业修，礼教设，禁令行，则长吏之能也。人穷匮，农事荒，奸盗起，刑狱烦，下陵上替，礼义不兴，斯长吏之否也。若长吏在官公廉，虑不及私，正色直节，不饰名誉者，及身行贪秽，谄黩求容，公节不立，而私门日富者，并谨察之。扬清激浊，举善弹违，此朕所以垂拱总纲，责成于良二千石也。”[①] 十二月，又“班五条诏书于郡国：一曰正身，二曰勤百姓，三曰抚孤寡，四曰敦本息末，五曰去人事”[②]。这两次诏命均颁行于郡国，为郡县定考课之制。泰始中，司徒石苞又奏“州郡农桑未有赏罚之制，宜遣掾属循行，皆当均其土宜，举其殿最，然后黜陟焉”[③]。武帝接受石苞奏议，“增置掾属十人”，考核州郡农官得失能否，行其奖惩。

西晋行官吏考课权的还有一特殊职官：中正。前已述及，中正定品的根据之一为状，即为官者之政绩，政绩的优劣清浊可决定其品位的升贬，所以这实际上是赋予中正以考核权。

对官吏考课之后，区分优劣，决定奖惩，奖励主要有增秩、封爵、加禄、升品、升官，惩罚则有降品、贬职，免官等，犯纲违法者，受刑。须提到的是，对官吏的奖惩并不限于定期考课之后，若官吏在职期间勤于政务，政绩突出，皇帝还可随时增爵加禄，如晋初裴楷为卫尉，太保卫瓘、太宰司马亮称楷“贞正不阿附，宜蒙爵土”，武帝便封裴楷临海侯，“食邑二千户”。[④] 泰始初，王宏为汲郡守，有殊绩，武帝“赐谷千斛，布告天下，咸

① 《晋书·武帝纪》。
② 《晋书·武帝纪》。
③ 《晋书·石苞传》。
④ 《晋书·裴秀传》。

使闻知”[1]。同样，在职官不勤政事，稽延公务，甚或违纪乱纲者，随时黜免也是经常的。

尽管西晋曾建立过一定的官吏考课制度，但由于这个时期战乱频繁，政局动荡，政治腐败，这些制度一直未能得到很好的实行。如史籍中所说，其时，“进仕者以苟得为贵而鄙居正，当官者以望空为高而笑勤恪。是以刘颂屡言治道，傅咸每纠邪正，皆谓之俗吏”[2]。始平王文学李重说，西晋“百官等级遂多，迁补转徙如流，能否无以著，黜陟不得彰”[3]。刘颂也称晋官“无考课，吏不竭节”[4]。官吏官职的升贬并不以实际功过为前提，家世显赫之人，或攀龙附凤，得宠于上，交结朝中权贵者，即使是无能之辈，也可以升迁如流，平步青云，而刚正直言之士，薄世无援者则屡遭弃贬，仕途艰难。

四、秩禄与致仕

西晋官品秩禄之规定沿于曹魏，官吏自上而下定为九品，俸禄依品级高下而有多寡。如诸公及开府位从公者，品秩第一，食奉日五斛，太康二年，又给绢，春百匹，秋绢二百匹，绵二百斤。元康元年，给菜田十顷，田驺十人，立夏后不及田者，食奉一年。特进品秩第二，食奉日四斛，太康二年始给绢，春五十匹，秋绢百五十匹，绵一百五十斤，元康元年，又给菜田八顷，四驺八人。光禄大夫假银章青绶者，品秩第三……食奉及绵绢供给依次递减。除定期定额官俸之外，西晋皇帝还经常大开封赏，赐功勋之臣以良田美宅、绢丝布帛，武帝时，一次封卫瓘厨田十亩，园五十亩，

① 《晋书·良吏王宏传》。
② 《晋书·孝愍帝纪》。
③ 《通典》卷16。
④ 《晋书·刘颂传》。

钱百万，绢五百匹，封张华为广武县侯，增邑万户，赐绢万匹。大量封赏为官吏的奢侈生活提供了条件，西晋时官吏沉于享乐，上下比富之现象颇多，西晋吏治之腐败与滥行封赏是有直接关系的。

西晋官吏致仕的年龄大约是沿袭古制，《礼记·曲礼》曰“大夫七十而致仕”。《晋书·纪瞻传》中有“七十之年，礼典所遗”一句。武帝时，御史中丞、侍中庾峻上疏“今自非元功国老，三司上才，可听七十致仕”。但七十致仕的规定并未见之明文，故这时有未到七十而致仕者，也有年过七十致仕者，也有终身居职，老死官位的。刘毅年七十，告老，久之，见许。告老归第之后，又为司徒举为青州大中正，虽经一番争论推辞，最后还是走马上任。王祥致仕八十四岁，何曾年八十卒于太宰位，等等，说明这时致仕年龄较为灵活。

官吏致仕，依官品高低而有厚薄不同的待遇，年老功高的公卿告退，皇帝一般赐以“大夫”等荣职，并有丰厚馈赠，以示礼遇。刘毅致仕，“以光禄大夫归第，门施行马，复赐钱百万”①。卫瓘告老逊位，诏赐“亲兵百人，置长史、司马、从事中郎掾属；及大车、官骑，麾盖、鼓吹诸威仪，一如旧典。给厨田十顷，园五十亩、钱百万、绢五百匹……”②

重臣勋老致仕之后，仍可参议朝中之事。王祥致仕，帝曰：“古之致仕，不事王侯，今以国公留居京邑，……大事皆咨访之。”③

第五节　西晋政权的刑事法律制度

《晋律》基本上是一部刑事法典，其620条条款大多涉及犯罪与刑罚

① 《晋书·刘毅传》。

② 《晋书·卫瓘传》。

③ 《晋书·王祥传》。

的内容，张斐为之所作的注，又从定罪量刑的基本原则、罪与非罪，一罪与它罪的界限等各方面对晋律进行了深刻的论述，所以，西晋的刑事立法内容相当丰富而科学，在中国古代刑事立法史上占有重要地位。

一、定罪量刑的基本原则

从张斐《注律表》及《晋书 · 刑法志》等处记载来看，西晋刑法的基本原则有以下几个方面。

1. 区分故意和过失

故意、过失的概念在张斐《注律表》中有明确说明，“其知而犯之谓之故，意（不）（《通典》加）以为然为之失”①。故意是行为人明知行为的必然结果而故意为之，过失则是行为人主观上以为其行为不会造成某种后果而为之，一种“想当然”的心理状态。可见，这里的故意、过失的概念与现代刑法是相一致的，故意与过失区别的要点在于是否有犯罪的动机。（《通典》加“不”，其解释当是一致的。）划分二者不同的目的在于区别用刑，故意犯罪加重处刑，过失则可从轻。如《军法令》规定：“误举烽燧，罚金一斤八两，故不举者，弃市。”②但也有例外，张斐在《注律表》中列出了几种特别情况如：第一，“若不承用诏书，无故、失之刑，当从赎”。第二，“谋反之同伍，实不知情，当从刑。”第三，“向人室庐道径射，不得为过，失之禁也”。在这种情况下，不能按照一般的故意、过失概念的划分而定罪量刑。

须注意的是，《晋律》中“失”与“过失”概念的使用是不同的，“过失”当专指“过失杀伤”而言，《注律表》中、“故”“失”并列对称，而“过失”则与“斗”“戏”“贼”等杀伤行为做比较而言，“不意误犯谓之过失”，“过

① 《晋书 · 刑法志》本节所引张斐《注律表》的内容均引自《晋书 · 刑法志》，以下略注。
② 《太平御览》卷 734。

失”属杀伤情形中的一种，这与后来《唐律疏议》中“过失”的特定使用是一致的。“失”与“过失”是种概念与属概念的关系。

2. 共同犯罪区分首从

《晋律》区别两人以上共同故意犯罪中不同行为人的不同作用，据此确定其各自的刑事责任。《注律表》中说，“唱首先言为之造意，二人对议谓之谋，制众建计谓之率”。首谋、策划与组织犯罪者应作为主犯，一般情况下应从重处罚。这里的“造意”当还包括“教唆”的含义。《晋书·阎缵传》记，阎缵曾为太傅杨峻舍人，“骏之诛也，缵弃官归，要骏故主簿潘岳、掾崔基等共葬之。基、岳畏罪，推缵为主。墓成，当葬，骏从弟模告武陵王澹，将表杀造意者。众咸惧，填冢而逃，缵独以家财成墓，葬骏而去”。又《晋书·庾纯传》中记载：“庾纯之子庾旉为博士，与博士太叔广、刘暾等上表谏帝，触怒了皇帝，诏有司治罪，以旉是议主，应为戮首。”在这两例中，造意者，谋主都是加重用刑的对象。但在张斐《注律表》中，我们又可以看到一些例外情况，“殴人教令者与同罪，即令人殴其父母，不可与行者同得重也”。“教令”即教唆，属“造意”，本应加重，但在这里却与实施殴人行为的人同罪同罚，而教唆他人殴打父母者，其罪责则轻于殴打父母者。所以说，《晋律》对造意者也是区别不同情况而分别加以对待的。

3. 准五服以制罪

《晋书·刑法志》中说，《晋律》“峻礼教之防，准五服以制罪也”。五服，即按照亲属关系亲疏远近而划分的五等丧服服制，其由亲而疏分别为斩衰、齐衰、大功、小功、缌麻。五服是亲等关系的标志。准五服以制罪是指按亲等关系来确定亲属相犯刑罚的轻重，其基本原则是：服制越近，亲等关系越近，以尊犯卑处罚越轻，以卑犯尊处罚越重；相反，服制越远，亲等关系越远，以尊犯卑的处罚相对加重，而以卑犯尊的处罚相对减轻。如前引张斐律表中“即令人殴其父母，不可与行者同得重也”。教唆犯罪一般应加重处罚，但由于行为人所加害的是自己父母，处刑加重，故没有亲属关系的教唆者相对而言所受刑罚应轻。准五服以制罪是以礼入律、礼律结合的重要表现，它自西晋律中首次出现后，终封建之世而未改。

4. 八议原则

八议原则自曹魏首创，后世历代法典皆加以继承，西晋时期的世族门阀地主政权对官僚贵族的利益更是加以特殊保护，凡属八议范围的人犯罪，一般都可上奏朝廷议减其刑罚。《晋书·杜预传》中记“石鉴奏预擅饰城门官舍，稽乏军兴，遣御史槛车征诣廷尉。以预尚主，在八议，以侯赎论”。又《晋书·赵王伦传》中记载，赵王伦坐使散骑将刘缉买工所将盗御裘，当与缉同罪弃市，有司奏伦爵重属亲，不可坐罪，谏议大夫刘毅不以为然，反驳道“王法赏罚，不阿贵贱，然后可以齐礼制而明典刑也。伦……当以亲贵议减，不可阙而不论”。为帝肯定了刘毅的驳论，但以司马伦亲亲之故，仍旧下诏赦之。晋武帝在回答良吏胡威“谏时政之宽”的奏疏时说：“尚书郎以下吾无所假借。”[①] 言外之意，尚书郎六品以上官犯罪就可以“假借”，随意宽减免了。

八议之人犯罪在关押与受刑时也可享受特权。《北堂书钞》卷44引《晋律》规定“诸侯应八议以上，请得减收留赎，勿髡钳笞”。

八议制度只适用于一般刑事犯罪，若为严重的威胁皇朝统治、直接指向专制政权的政治性犯罪，则犯罪者本人虽亲贵也不免。但在这种情况下，其亲属有时仍可享受减免特权。《晋书·东海王越传》中记，怀帝即位，周穆与其妹夫诸葛玫劝司马越反，越斩之。因穆为清河王覃之舅，司马越之姑子，可称“世家”，故“罪止其身”，越并“因此表除三族之法。”三族之法在永嘉元年确曾被废止，但随之不久又被恢复，而在这一案中，周穆的亲属未受牵连也是事实。

5. 老幼减免刑罚

《注律表》曰：“若八十，非杀伤人，他皆勿论，即诬告谋反者反坐。

---

① 《晋书·良吏胡威传》。

十岁，不得告言人。”十岁以下被视为无行为能力人，既然不得告人，则其犯罪行为也当不受法律追究。八十岁以上一般的刑事犯罪都可免除刑事责任。又《晋律》规定“其年老小笃疾病及女徒，皆收赎。”“诸应收赎者，皆月入中绢一匹，老小女人半之。”[①]老疾妇幼都可不同程度地减免刑罚。

6. 自首减免刑罚

犯罪未被发现，犯罪人先到官府投案自首的，可减免刑罚；犯罪已被发现，犯罪人先自请罪者，也与未发自首同论。前引庾纯子庾旉上表帝怒，收旉等八人付廷尉议罪，庾纯到朝廷自首，曰“旉以议革见之，愚浅听之”。诏免纯罪，后来庾旉也向有司自首，故诏曰“旉及家人并自首，大信不可夺”。免治其罪。从这一案中也可以看出，西晋自首者无论首从，均可免罪，这与汉时自首赦从犯，首恶不免是不同的。

7. 数罪并罚原则

一人犯有数罪，《晋律》的处罚原则为“不可累者，故有并数；不可并数，乃累其加。以加论者，但得其加；与加同者，连得其本”。“徒加不过六，囚加不过五，累作不过十一岁，累笞不过千二百。”[②]《太平御览》卷642注曰：“五岁徒犯一等加六岁，犯六等加为十一岁作，五岁徒加六等笞一千二百。”

二、罪名

依所侵犯客体的不同，西晋刑法所确立的罪名主要有以下几类。

1. 直接威胁封建专制政权的犯罪

谋反。阴谋推翻封建皇权的犯罪。谋反的刑罚处罚一般为弃市并夷三族，曹魏时已议定的已出之女不复还坐父母的规定在这时不适用于谋反犯

① 《太平御览》卷651。
② 张斐《注律表》。

罪。西晋时政局混乱，八王先后问鼎王权并互相残杀，弃市族诛之刑遂经常、频繁地使用。楚王玮以汝南王亮、卫瓘“二公潜谋，欲危社稷”之名，杀二公，卫瓘子孙九人皆被害。齐王冏“不守臣节”，意欲“谋反”，长沙王乂之于阊阖门外，其党属皆夷三族，幽其子于金墉。孙秀诬潘岳、石崇、欧阳建谋奉淮南王允及齐王冏为乱，于是潘岳等被诛，并夷三族，“岳母及兄弟侍御史释，弟燕令豹、司徒掾据、据弟诜，兄弟之子，已出之女，无长幼一时被害，唯释子伯武逃难得免”[①]。父子相残、兄弟相杀，在西晋惠帝之后几乎是无日不作，正如大臣孙惠上谏中所说，自永嘉以来，“公族构篡夺之祸，骨肉遭枭夷之刑，……历观前代，国家之祸，至亲之乱，未有今日之甚者也”[②]。谋反罪是骨肉相杀的重要武器。

诬告谋反。谋反是不赦重罪，犯罪被以严刑酷罚、夷灭三族，若误定此罪，滥开刑杀，后果严重。故此《晋律》规定，诬告谋反反坐，犯此条者，即使八十岁以上的老弱之人也不得免。泰始八年六月，盖州牙门张弘诬其刺史皇甫晏反，杀之，并传首京师，“弘坐伏诛，夷三族”。[③]

非所宜言。言语不当，有损皇权统治的犯罪。犯者本人处斩，并夷三族。《晋书 · 东海王越传》中记，怀帝即位，委政于司马越，周穆、司马玫劝越反，言未了，司马越起而斥道“此岂宜言邪！”令左右斩二人。因玫穆高门世族，免其三族之刑。

不敬。律表曰“亏礼废节谓之不敬”。对皇帝的不敬，称为大不敬，这是对皇帝权威与尊严的公然蔑视。《北堂书钞》引干宝《晋纪》，“刘毅为司隶校尉。皇太子朝，鼓吹入东掖门，毅以为大不敬，止之于门外”。《晋书 · 王濬传》记：“濬至京都，有司奏，濬表既不列前后所被七诏月日，又赦后违诏不受浑节度，大不敬，付廷尉科罪。”后来帝以濬征战有功，不

① 《晋书 · 潘岳传》。
② 《晋书 · 齐王冏传》。
③ 《晋书 · 武帝纪》。

应以一过而掩之，免其罪。可见，不受诏书、怠慢君上、有违人臣之礼的行为，都属大不敬，甚至上书言谏有犯也可致大不敬罪而招杀身之祸。《晋律》如《汉律》，大不敬罪所侵犯的对象不仅及于当朝国君，先王国君宗庙陵墓也在特别保护之列，冒犯侵毁者，同样罪在不赦。惠帝光熙元年（公元 306 年），太庙吏贾苞盗太庙灵衣及剑，伏诛。元康八年（公元 298 年），周龙烧草延及山陵兆域，“廷尉遂奏族龙，一家八口并命”[①]。又有山陵上荆一枝围七寸二分被斫，司徒太常，奔走道路，骚扰驱驰，各竞免负，可见其责任一定是很重的。

西晋时，臣相间、诸侯间的亏礼废节称为不敬。《北堂书钞》引《晋律》，“凡诸侯上疏言及诸侯不敬，皆赎论。”法律责任较轻。又献皇后崩于弘训宫，设丧位，傅玄因位在卿下而“对百僚而骂尚书以下，”御史中丞庾纯奏玄不敬，免其官。

恶逆、不道。《注律表》曰：“逆节绝礼谓之不道，陵上僭贵谓之恶逆。”不道即灭绝人伦的犯罪；恶逆即在车服器械或其他方面以下僭上，以贱陵贵，乱尊卑之序的犯罪。这与《唐律》中的“恶逆”概念差异很大。

矫诏。假造皇帝诏命。它往往是同谋反、叛逆联系在一起的，是谋反、叛逆的一种手段。楚王玮欲诛汝南王亮及太保卫瓘，于是矫诏召三十六军克平亮瓘祸乱，又矫诏使亮、瓘上太宰太保印绶、侍中貂蝉，又矫诏赦亮、瓘官属，后杀二公。“帝诏以玮矫制害二公父子，又欲诛灭朝臣，图谋不轨，遂斩之。”[②]赵王伦矫诏使车骑入废中言，“矫诏自为使持节、大都督、督中外诸军事、相国、侍中、王如故，一依宣王辅魏故事”。后三王起兵讨之，伦被赐死。又《晋书》中记，荣晦矫诏杀人遭族诛。所以矫诏罪责是很重的。

诬罔。诬蔑欺罔朝廷圣上的行为。惠帝时，庾纯曾被免官，后复为国子祭酒，后将军荀眅于朝会中奏纯不宜升进。侍中甄德进曰：“后将军眅敢

① 《晋书·刑法志》。
② 《晋书·楚王玮传》。

以私议贬夺公论，抚言矫情，诬罔朝廷，宜加贬黜。”于是免皈官。诬罔罪轻者一般被免官、除名，重者可论死。

讪谤时政。毁谤当朝政治。永嘉时，高韬有忧国之言，司马越“诬以讪谤时政害之”[①]。以讪谤时政罪名杀言谏之官，诛抗争直言之士，控制、惩罚异端思想，这在中国古代封建时期屡见不鲜，秦王政时“诽谤者族”，汉“怨望诽谤政治不道弃市”。专制统治政权为不满于皇权统治者预备下的是大辟酷刑，严惩不贷。西晋惠帝后，政局混乱，皇位不固，八王为乱，“讪谤时政”者频有出现。另外，统治阶层内部互相猜疑，互相杀伐，“讪谤时政”也成为其相互间陷人于罪，清除异己的重要手段。

泄漏。泄漏朝中机密的犯罪。《晋书 · 郗鉴传》，“郗隆初为尚书郎，转左丞，在朝为百僚所惮，坐漏泄事免”。《太平御览》卷 642 引晋律规定，“漏泄选举事，四岁刑”。

2. 官吏职务犯罪

贪赃行为。官吏因赃而获罪名，包括行贿、受贿、受故吏财物等。《晋律》规定，收受故吏财物者，“虽经赦宥，宜皆禁止”。官吏已调离原职而受原官属故旧之财，罪在不赦之列，这是为防止官吏在职期间上下勾结、互为利益。《晋书 · 何曾传》记，咸宁初，有司奏何曾之子何劭及其兄遵等受故鬲令袁毅货，虽经赦宥，宜皆禁止。事下廷尉。诏以“太保与毅有累世之交，遵等所取差薄，一皆置之”。这一案最后以何曾与袁毅为旧交，何劭等受袁毅货为人情往来之限，无受财枉法之嫌而搁置下来，但从中也可看出对受故吏财物者的追究与处罚是比较认真的。《晋阳秋辑本》卷二载，“司隶校尉刘毅奏南郡太守刘肇以布五十匹杂物遗前豫州刺史王戎，请槛车征付廷尉治罪，除名终身”。

对一般的收受贿赂、枉法曲断的行为，《晋律》规定，吏犯“受财枉法”，

① 《晋书 · 东海王越传》。

“虽遇赦，皆除名为民。”“所取饮食之用之物非以为财利者，罚金。”①

西晋王朝是中国封建史上吏治腐败，政以贿成的典型，上起帝王将相，下至九品小吏莫不以货财为贪。鬲令袁毅武帝时以交通货赂致罪，于是“大兴刑狱，在朝多见引逮”。可见当时官吏贪赃之风极盛，而西晋惩治赃吏的刑罚又多以免官、除名等为主，相较而言是为轻的。

擅权行为。官吏超越职权、滥用职权，擅自行事的犯罪，如擅赋、擅兴造、擅役使等。

擅赋，“敛人财物积藏于官为擅赋”②。

擅役使，擅自征发劳役的犯罪。武帝时，“王戎坐遣吏修园宅，应免官，诏以赎论”③。《晋书·何曾传》又载，何曾之子何遵役使御府工匠作禁物，又鬻行器，免官。又有郁林太守介登役使所监，朝廷召还介登，依律治罪。

擅纵，擅自放纵罪囚的犯罪。王宏为河南尹，擅纵五岁刑以下二十一人，为有司所劾，帝以宏累有政绩，听以赎罪论。郭舒为领军校尉，坐擅放司马彪，被收付廷尉。

无法律依据，又未奏明皇帝而擅自行事者，属擅权；已奏明皇帝，未得旨而先擅自行为的，也属擅权，后者与前者同样得罪。《晋书·刘颂传》中记，“时蜀新平，人饥土荒，刘颂表求振贷，不待报而行，由是除名”。

失职。主管官吏玩忽职守，贻误公事，给国家造成损失的犯罪。《晋书·刑法志》记，张华为太常，“以太庙屋栋折，免官”。惠帝时，“太祝署失火，烧屋三间半，尚书坐免”。杜预曾被奏乏军兴，并被槛车征付廷尉，后因预属八议，诏以赎论。又陆机“失军期，师徒败绩，以法加刑”④。军事失职行为的处罚一般较重。

---

① 《太平御览》卷651。

② 《晋书·刑法志》。

③ 《晋书·王戎传》。

④ 《晋书·陆云传》。

官吏职务犯罪的类别大致有以上几种。西晋时，篡夺继起，朝政不稳，故吏治非常混乱，官吏理事者少，清谈者多；清廉者少，贪赃者多。尽管晋律令、诏文中有一些治官整吏的内容，而且在实践中依法而行者也确曾有之，但这些终究没能改变西晋吏治的混乱腐败，西晋的早亡与此有直接关系。

3. 侵犯人身、财产的犯罪

杀伤行为。按张斐《注律表》的划分，《晋律》中的杀伤行为有谋杀伤、贼杀伤、斗杀伤、戏杀伤、过失杀伤几类。《注律表》曰"二人对议谓之谋"，"两讼相趣谓之斗，两和相害谓之戏，无变斩击谓之贼，不意误犯谓之过失"。两人或两人以上共同策划的杀伤行为为谋杀伤；斗殴行为造成杀伤结果的为斗杀伤；双方素相友善，无冤无仇，互相嬉闹造成杀伤结果的为戏杀伤；他人未所举动而故意以手足、刀杖等加害他人为贼杀伤；本无杀伤之心，也未曾料到杀伤之结果而给他人造成伤害的，为过失杀伤。由此可知，杀伤行为的分类是以犯罪人的主观心理状态与行为的客观背景为前提的，谋杀伤、贼杀伤犯罪人有明确的杀伤动机并直接追求这种结果的发生；斗杀伤、戏杀伤是在双方斗殴、嬉戏的过程中造成的，加害一方无明确的杀伤动机，类似于现代刑法中的间接故意和过失；过失杀伤的行为人主观上也无杀人、伤人动机，只是在偶然情况下，事出意外。由于行为人主观恶性不同，杀伤情节不同，故这几类杀伤罪的处罚也有区别，谋杀伤、贼杀伤罪过最重，其他则依次减轻，《太平御览》卷 642 引《晋律》，"戏杀人，三岁刑"。其他情况的科刑规定没见到明确记载，但在《唐律》中，这些规定已是非常清楚了。

张斐在为以上几种杀伤犯罪做了定义之后，又列出了几种例外。《晋律表》曰"卑与尊斗，皆为贼"，失尊卑之序，以卑犯尊，以下犯上，大逆不道，一律加重处罚，故虽实为斗，也一律按贼论。"斗之加兵刃水火之中，不得为戏，戏之重也。"两相嬉闹应有一定的限度，若动之以凶械水火，则已失去"戏"的本意，出于"戏"之格外，其情节显然重于"戏"，故不应以戏论。“向人室庐道径射，不得为过，失之禁也。都城人众中走马杀人，当为贼，贼之似也。”居室人家、乡村道路、都城人众中，是人所聚居的地方，在这种特殊区域射箭或任马奔走，极易发生伤人后果，故法律严加禁止，有为之者，即使出于过失而造成杀伤，也一律以故、贼论。“斗而杀伤旁人又似误。”两人相斗，第三人受害，这属于杀伤对象错误，按张斐的观点，这种情况虽看似过误，但由于行为人本来就有击人、伤人的故意，所以仍应按斗杀伤论。同样的情况，在《唐律》中有明确规定，“诸斗杀而误杀伤旁人者，以斗杀伤论，至死者减一等”。

《晋书》中还曾出现“受教杀人”一罪，受他人指使、教唆而杀人者，同样不能免除法律责任。《晋书·卫瓘传》记，“律，受教杀人，不得免死”。

关于复仇杀伤。复仇在汉朝已为法律所禁止，西晋法律承袭了这一内容。《续晋阳秋辑本》二载“王谈年十许岁，父为邻人窦度所杀，谈阴有复仇之志。年十八，密贵市利插刃，阳若为耕耘者。度常乘船出入，经一桥下，谈伺度行还，于桥上以插斩之，应手而死。既而归罪有司，太守孔严义其孝男，列上宥之”。由此可见，复仇在西晋时为法律所禁止，但在司法实践中，却往往原情论罪，屈法而申情，赦宥罪犯。

掠人和卖。《太平御览》卷651引《晋律》“吏犯不孝……掠人和卖，诱藏亡奴，虽遇赦，皆除名为民”。

盗及强盗。《注律表》曰“取非其物谓之盗”。从这个定义看，《晋律》的“盗”罪只规定了其所侵犯之客体物为非己所有之他人财产，至于采取什么样的手段、方法，没有明确的说明，但《注律表》中又说“若加威势下手取财为强盗”。可知“盗”是专指以秘密方式窃取他人财物而言的。《晋律》规定：“贼燔人庐舍积聚，盗赃五匹以上，弃市；即燔官府积聚盗，亦当与同。”[1]故意放火烧毁他人或官府房舍财物并趁火行盗的，处刑极严。《晋律》又规定，盗御物弃市。《晋书·赵王伦传》记载，“散骑将刘缉买

① 《晋书·刑法志》。

工所将盗御裘，廷尉杜友正缉弃市”。

《注律表》中又列出了六种“以威势得财”的罪名。“若加威势下手取财为强盗”，以暴力威胁他人从而取得其财物者是强盗罪；“不自知亡为缚守。”将他人捆绑使其不能行动从而取其财者是缚守罪；“将中有恶言为恐猲”，按《唐律疏议》，“恐吓者，谓知人有犯，欲相告诉，恐吓以取财者”。《晋律》的“恐猲”当与此相同；“不以罪名呵为呵人，”这一罪主要与后面的“以罪名呵为受赇”相比较，一般的喝呼、呵斥他人，使他人恐惧，从而取财的，为呵人罪，而以罪名呵斥他人则有挟势乞索之似，故定罪为受赇；“劫召其财为持质”，挟持人质，以诈取财物的犯罪。这六种犯罪的刑罚规定没有见到有关记载，但既然其侵犯了人身与财产两个客体，对其法律追究也就必然是严格的，张斐在《注律表》中对这六种犯罪如此细致的划定，正是为了区别其不同情节，分别定罪量刑。

4. 其他罪名

诈冒复除。以欺骗手段获免除徭役及赋税资格的犯罪。《晋书 · 高阳王睦传》：“咸宁三年，睦遣使募徙国内八县受逋逃、私占及变易姓名、诈冒复除者七百余户。”

犯夜。夜间无特别紧急事而出门者，是为犯夜。

其他如婚姻家庭等方面的犯罪留待婚姻家庭一节中详述。

三、刑罚制度

中国古代刑罚在西晋时期进一步向轻刑方向发展，刑罚种类趋向简要，刑罚强度趋向减轻，晋律“宽简为本”的立法思想在刑罚制度上基本得到了实现，正如《晋书 · 刑法志》所说，《晋律》“事从中典，归于益时”。

1. 刑罚种类

（1）死刑。西晋死刑主要有三种：枭首、斩、弃市。《注律表》曰：“枭首者恶之长，斩刑者恶之大，弃市者死之下。”除这三种外，死刑执行方法还有：

腰斩。《晋书·河间王颙传》记，赵王伦篡位，司马冏谋讨之，夏侯奭聚众应冏，河间王颙遣将兵擒奭，及其党数十人“于长安市腰斩之”。

赐死。这是对皇室宗亲、位高爵重者使用的死刑执行方法。《晋书·赵王伦传》记载，司马伦败，帝“遣尚书袁敞持节赐伦死，饮以金屑苦酒”。

夷三族。西晋夷三族重刑适用于谋反等严重危害封建统治的犯罪。如张弘诬告谋反，夷三族；孙旂受署伪朝，夷三族；齐王冏谋反败，“诸党皆夷三族”等。曹魏时，夷三族之刑已不连及已出嫁之女，西晋律基本沿袭了这一做法，但谋反罪除外。《晋书·刑法志》中说，“除谋反，适养母出、女嫁，皆不复还坐父母弃市。”谋反重罪，已出之女也不能获免。《晋书·潘岳传》说，司马伦辅政，孙秀诬潘岳等人奉齐王冏为乱，“岳母及兄……兄弟之子，已出之女，无长幼一时被害”。晋初的这一制度到惠帝时有所改变。惠帝永康元年（公元300年），雍州刺史解系与其弟解结受到诬陷而被处死，妻、子也当连坐，解结女儿在事发的第二天将出嫁裴氏，裴氏欲救之，其女不从，曰“家既若此，我何活为！”于是随同连坐均被处死。后来朝廷得知此事，“怜之而改旧制”，所以，女不从坐，“由结女始也”，[①]三族之刑不再连坐及妇女，不论已出未出。至此，三族刑较曹魏的免已出之女更前进了一步，连坐范围只限于男子。晋怀帝时，又有东海王越因周穆、诸葛玫一案表请除三族之法，罪只止于己身，永嘉元年，怀帝“大赦，改元，除三族刑”。但不久又恢复。终西晋之世，夷三族刑都是统治者严惩犯罪的主要手段。

（2）徒刑。西晋徒刑有五年、四年、三年、二年几等。《太平御览》卷642引晋律并注曰“髡钳五岁刑，笞二百。若诸士诈伪、将吏越武库垣、兵守逃归家，兄弟保人之属，皆五岁刑也。四岁刑，若复上阑入殿门上变事，漏泄选举事，谋发密事，殴兄姊之属并四岁刑。三岁刑，若伤人上而

① 《晋书·解结传》。

谤，伪造官印、不忧军事、戏杀人之属，并三岁刑也。二岁刑。二岁刑减一等入罚金。二岁以至五岁刑皆耐罪。若越械作阱走马众中，有挟天文图谶之属，并为二岁刑。”五岁刑须加髡钳，即剃去犯人头发，颈上加铁钳，另须加笞二百。《太平御览》卷644引《晋律》，“钳重二斤，翅长一尺五寸”。由此看来，五岁刑是相当重的。

（3）赎刑。赎金与刑罚的对换关系已很明确。《唐六典》注，赎死金二斤，赎五岁刑金一斤十二两，四岁刑一斤八两，三岁刑一斤四两，二岁刑一斤。各差四两。《注律表》曰：“月赎不计日，日作不拘月，岁数不疑闰。”即赎刑若按月计算，则不管大月小月，一律不按日计算；若按日计算，则不论跨月与否；按年计算，则不论有无闰月。可赎之物不一定是金，《唐六典》注，晋赎罪，得并用绢。《太平御览》卷651引《晋律》：“诸应收赎者，皆月入中绢一匹。”《世说新语》中载，扶风王杨峻以布五百匹赎徒罪。可见绢、布、金都可用来赎罪，西晋时商品经济落后，政府曾允许以布帛为钱，则布帛绢用于收赎也是自然的了。

西晋时赎刑广泛使用，死刑可赎，徒刑可赎，免官等刑也可以赎刑代之，《晋书·魏舒传》记，魏舒曾因公事犯罪而应免官，“诏以赎论”。又《注律表》曰：“意善功恶，以金赎之。”始于善的动机，却终于恶的结果，“原心论罪”，这样的犯罪可以赎刑代其行为本应受之刑罚。赎刑还可用于一些特殊身份的犯罪人，如老小废疾及妇人犯罪，皆收赎；“公侯有罪，得以金帛赎”[①]。“诸侯应八议以上，请得减收留赎。”[②]所以，赎刑在西晋时又可作为贵族八议者的一项用刑特权。

（4）杖刑。西晋对杖刑的部位以及杖的规格尺寸已有明确规定。《北堂书钞》卷45引晋令《鞭杖令》载：“应得法杖者，以小杖过五寸者稍行之，应杖而髀有疮者，臀也。”《太平御览》卷650记：“应受杖而体有疮者，督

---

① 《通鉴》晋纪33。

② 《通鉴》晋纪33。

之也。”法定股部受杖，但若该部位恰好有疮，则可易位另行，还是很有些人道的意思的。《北堂书钞》卷45又引晋令“杖皆用荆，长六尺，制杖大头围一寸，尾三分半”。杖刑的等类没有见到明文的规定，史书中杖刑使用的记载也较少，《太平御览》卷650引王隐《晋书》记，武帝时，“左丞自褒，又奏涛违诏，杖五十”。

杖刑在魏以前一般用于郎官，到魏晋时，则开始用于一般犯罪，审讯过程中也可用于拷囚。《晋书·贾充传》曰“贾午考竟用大杖”。

（5）鞭刑。鞭刑的具体规定见于《太平御览》卷649引晋令《鞭杖令》，“应得法鞭者，即执以鞭过五十稍行之，有所督罪，皆随过大小，大过五十，小过二十。鞭皆用牛皮革廉成，法厚生革去四廉，常鞭用熟靼，（之列反，柔革也）不去廉，作鹄头，细长一尺一寸，鞘长二尺二寸，广三分，厚一分，柄皆长二尺五寸”。鞭刑一般施用于较轻微的犯罪。

（6）罚金。《唐六典》注，西晋罚金有十二两、八两、四两、二两、一两之差。《太平御览》卷651记“失赎罪囚罚金四两也”。“其当除名，而所取饮食所用之物非以为财利者，应罚金。”罚金一般也是用于一些轻微犯罪。

（7）徙边。其残酷程度仅次于死刑的一个刑种。《晋书·陆机传》中记，陆机被诬，有司“收机等九人付廷尉，赖成都王颖，吴土晏并救理之，得减死徙边”。《晋书·解系传》又说，解结弟育“与二兄俱被害，妻子徙边”。

（8）禁锢、免官、除名。这是针对官吏犯罪而使用的刑罚。

禁锢作为一种刑罚，其本意为终身剥夺犯罪人本人及其亲属任官的权利。至西晋时，禁锢刑的内容已发生了变化，有了期限的规定，甚至成了免官的一种附加刑。《太平御览》卷651引《晋令》曰，“犯免官，禁锢三年”。“郑玄别传曰，玄病笃，与益恩书曰，‘吾预党禁锢十三年也。’”若为禁锢终身，则一般需要特别的说明。如王衍曾被禁锢终身，《晋书·刘隗传》也记有“清除挺名，禁锢终身”之语。

免官有免所居官与免官之别。《太平御览》卷651引《晋律》曰“有罪应免官而有文武加官者，皆免所居职官”。免官是经常使用的针对官吏的特殊刑罚，同时它也是官吏的一项特权，《晋律》规定，免官比三岁刑。这里，免官已是官当的雏形了。正因为免官涉及的对象是官僚阶层，故西晋对此非常慎重，《晋律》规定，“其当免官者先上”，须奏明皇帝，得旨后才能加刑。

除名。除去官籍。《太平御览》卷651引《晋律》规定，“吏犯不孝，谋杀其国王侯伯子男官长、诬偷、受财枉法、及掠人和卖、诱藏亡奴，虽遇赦，皆除名为民”。又规定“除名比三岁刑。”除名是对官吏的较重的惩罚，所以这一刑罚的使用决定权由朝廷统一掌握。《晋书 · 刘颂传》中说，“除名流徙退免大事，台乃奏处，其余外官皆专断之”。官吏被除名一段时间之后，还可复籍重新做官。刘颂曾被除名，后又为官。潘岳《闲暇赋》叙曰“今天子谅暗之际，领太傅主簿，府诛，除名为民，俄而复官”[①]。

西晋刑罚种类大致为以上所列，其中尤以死刑、徒刑、赎刑为主。张斐在《注律表》中说，“刑杀者是冬震曜之象，髡罪者似秋雕落之变，赎失者是春阳悔吝之疵也。五刑成章，辄相依准，法律之义焉。”又说“枭首者恶之长，斩刑者罪之大，弃市者死之下，髡作者刑之威，赎罚者误之诫。王者立此五刑，所以宝君子而逼小人……”所以西晋的五刑就是指三种死刑枭、斩、弃市和徒刑、赎刑，肉刑已被完全废除，这已经是很大的进步了。

2. 肉刑废复问题

自汉文景废肉刑以来一直持续着的肉刑废复问题的讨论至西晋时仍在进行。惠帝时，廷尉刘颂曾大力提倡恢复肉刑，他在频频上奏的表章中认为，西晋现实中实行的刑罚多有不宜之处，死刑过重，生刑过轻，这样就造成了“非命者众”及“罪不禁奸”的情况。解决的方法是在死刑与生刑之间设一过渡刑，即肉刑，“今宜取死刑之限轻，及三犯逃亡淫盗，悉以肉刑代之”。

刘颂的基本主张是以肉刑代替死刑中情节较轻者和徒刑中情节较重者，在上表中，他提出，受徒刑的罪犯全属无恶不轨之徒，他们服苦役于山谷之中，“饥寒切身，志不聊生”，必然心生逃亡之念，逃亡之后又继续

① 《太平御览》卷651。

为盗为贼，因而“逃亡日属，贼盗日烦”，而按西晋律，重犯逃亡罪被抓获后，发过三寸者则重髡之，而且要加刑一年。重髡、加刑，这在刘颂看来，正是“以刑生刑”“以徒生徒”，与古圣用刑以止刑，以刑去刑的理论是相悖而行的。而且西晋时因囚徒积多，统治者常行大赦天下，刘颂提出这是“刑不制罪，法不胜奸”，是多年以来“奸恶陵暴，所在充斥”的主要原因。如何解决这些问题呢？刘颂说，肉刑可“去其为恶之具，使夫奸人无用复肆其志，止奸绝本，理之尽也”。他进一步设计，“亡者刖足，无所用复亡。盗者截手，无所用复盗。淫者割其势，理亦如之”。“已刑之后，便各归家，父母妻子，共相恤养，不流离于途路。”既去其为恶之具，又使其不流浪于外，继续为恶，且“创愈可役”，刑创恢复之后可以继续生产，创造财富，肉刑之“远有深理”，真乃为圣人之制，何乐而不为呢？

刘颂的复肉刑思想反映了他注重从犯者本身着手，用刑以止刑，注重犯罪的特殊预防、个别预防的合理思想，而且他的去死刑之重，以肉刑代之的主张对解决当时“非命者众”的残酷用刑状况也有一定的积极意义。但从刑罚及文明的发展史上来说，他的恐吓主义理论却是反动的，肉刑自汉文景废除，已是历史进步的必然趋势，恢复肉刑，使社会再回到野蛮与落后的状态之中，这是历史的倒退。也许正因如此，刘颂频表而未见省，西晋之世，肉刑一直未曾实行。

第六节　西晋政权的经济法律制度

一、赋役制度

1. 赋税

《晋书·食货志》中记载了西晋的赋税之制，“男子一人占田七十亩，女子三十亩。其丁男课田五十亩，丁女二十亩，次丁男半之，女则不课。”

其课田租额，《初学记》中有所记录，《初学记》引《晋故事》规定“凡民丁课田，夫五十亩，收租四斛”。这里的课田，并不以占田数为基础，百姓无论占田多少，也无论实际是否占田，都须依法定数额纳税，依“丁”纳税，所以西晋的课田法有田赋、口赋合二为一的性质，正如《文献通考》中所说：“两汉之制，三十而税一者，田赋也；二十始傅，人出一算者，户口之赋也。今晋法如此，则似合二赋而为一。”①

对于边远地区，晋法规定了特别的税制，“远夷不课田者，输义米，户三斛，远者五斗，极远者输算钱，人二十八文”②。

西晋时，世族豪门依法享有免税特权并可荫附一定数量的佃客、部曲，此项特权荫及亲属。为保证国家财政收入，晋占田令对贵族的该项特权做了限制，规定贵族官僚“各以品之高卑荫其亲属，多者及九族，少者三世。宗室、国宾、先贤之后及士人子孙亦如之。而又得荫人以为衣食客及佃客，品第六以上得衣食客三人，第七第八品二人，第九品及举辇、迹禽、前驱、由基、强弩、司马、羽林郎、殿中冗从武贲、殿中武贲、持椎斧武骑武贲、持钑冗从武贲、命中武贲武骑一人。其应有佃客者，官品第一第二者佃客无过五十户，第三品十户，第四品七户，第五品五户，第六品三户，第七品二户，第八品第九品一户”③。尽管有这样的规定，但世族豪强违限荫庇佃客、部曲的现象还是大量存在。

户调之征也是保证国家财政来源，保护国家所有权的一项重要内容。西晋泰始年间，制“户调之式”，“丁男之户，岁输绢三匹，绵三斤，女及次丁男为户者半输。其诸边郡或三分之二，远者三分之一。夷人输賨布，户一匹，远者或一丈”。④《晋故事》又规定“凡民丁课田，夫五十亩，收

① 《通考 · 田赋考二》。

② 《晋书 · 食货志》。

③ 《晋书 · 食货志》。

④ 《晋书 · 食货志》。

租四斛，绢三匹，绵三斤。凡属诸侯，皆减租谷一升（疑为斗），计所减以增诸侯绢，户一匹，以其绢为诸侯秩。又分民租户二斛，以为诸侯奉。余租及旧调绢，二（疑为绢）户三匹，绵三斤，书为公赋，九品相通，皆输于官，自如旧制”。以百姓之租调直接作为诸侯之秩俸。

西晋税赋每年定期征收，逃税者要受到法律制裁。当然，如《册府元龟》卷 489《邦计部》所言“古者使民以时，赋调有数，盖以备国，均民力也。其或天灾流行，水旱作沴，兵革之后必有凶年，故哀其疾苦而有复除之制”。西晋时也曾有免租赋之诏。太康元年（公元 280 年）十二月，诏“四方水旱甚者无出田租”。六年（公元 285 年）正月“以比岁不登，免租贷宿负”。惠帝时也间或有赦免税赋之旨，这是统治者恩德于民的策略手段。

2. 徭役

西晋平吴后颁布的户调式中，有役龄的规定，“男女年十六已上至六十为正丁，十五以下至十三、六十一以上至六十五为次丁，十二以下六十六以上为老小，不事”[①]。分正丁、次丁、老小三类，老小皆可免役。从役龄规定上来看，西晋的徭役较之曹魏有加重的趋向，增加了次丁，老免年龄上限也提高了。

西晋的力役是较重的，傅玄曾说“加以服役为兵，不得耕稼，当农者之半”，其子傅咸也曾主张“并官省事，静事息役”[②]，但西晋时期各种徭役征发不断，尤其在后期，兵兴不已，兵役征发成为劳动者的沉重负担。

二、工商业管理

1. 手工业管理

西晋的手工业有官营、私营两种。由于战乱的影响，以及自古以来封建政府抑商政策的限制，西晋私营手工业发展几近处于静止甚或倒退状态；

① 《晋书·食货志》。
② 《晋书·傅玄传》。

与此相反，官府手工业却由于统治者的奢侈需要，得益于战乱，而呈现发展的势态，纺织、陶瓷、冶炼、造纸、造船等业都较曹魏略有进步，而此时，政府的官营政策继续推行，国家几乎垄断了全部手工业生产。

西晋管理手工业职官为少府。《晋书·职官志》说“少府，统材官校尉，中左右三尚方、中黄左右藏、左校、甄官、平准、奚官等令，左校坊、邺中黄左右藏、油官等丞”。一般皇室所需各种器玩珠宝、帷帐车服，以及官府所需办公用品、车服仪仗，作战所需军用品，武器等，都由官手工业机关统一管理、制造。

西晋官手工作匠的来源主要有世袭匠户、战俘、犯罪没入官的奴婢、政府特别征调等，无论其来源如何，一旦入手工业作坊而为作匠，其地位都同样是低贱的，政府为他们的衣着服饰制定了特别的规则，不得逾越。《太平御览》卷715载“士卒百工，履色无过青绿白，奴履色无过红青。士卒百工都得著假髻”。卷775引晋令“百工不得服大绛紫襈、假髻、真珠珰珥、文犀瑇瑁、越叠以饰路张乘犊车”。《晋书·李重传》又记载，泰始八年（公元272年）武帝诏“诸士卒、百工以上所服乘皆不得违制，若一县一岁之中有违犯者三家，洛阳县十家以上，官长免”。通过官吏责任的明确，防止百工僭越其等级身份。

西晋对官手工业者统一管理，并对其实行一定的奖惩制度，《太平御览》卷857引《晋令》规定“蜜工奴蜜十斛有能增煎二升者，赏谷十斛”。

民间手工业微弱非常，而且仅有的一点生产也在政府的掌握之中。《晋令》规定“欲作漆物卖者，各先移主吏者名，乃得作，皆得淳漆著布器，器成，以朱题年月姓名”[①]。这条规定内容有三：首先，民间造漆器者必须先经过官府的批准；其次，漆器制造必须按一定要求进行，“当淳漆”；最后，制成品后，需用朱砂调漆写上制造时间及制造者姓名。这一规定便于政府有效地控制民间漆器生产，从审核开业资格入手，进而保证生产环节的产

① 《太平御览》卷756。

品质量，以致最后以在产品上注明生产者姓名的方式明确质量责任。既有责任者，就当有实际的责任规定，但这一点尚没有发现史料说明。关于民间漆器生产的规定当可以推及其他手工行业，政府对一般民间手工业生产的控制是比较严格的。

2. 商业管理

泰始年间，傅玄上疏“臣以为亟定其制，通计天下若干人为士，……若干人为农……若干人为工，足其器用，若干人为商贾，足以通货而已。尊儒尚学，贵农贱商，此皆事业之要务也”①。傅玄此论虽落归于重农贱商，但其士农工商各设其分、各安其业的主张却说明商业在当时社会各业中占据了一席之地。时李重也曾上疏“先王之制，士农工商有分，不迁其业，所以利用厚生，各肆其力也”②。提倡农工商并存，这一些主张为晋初商品经济的恢复创造了条件。所以尽管武帝泰始五年（公元269年）曾诏敕全国“务尽地利，禁游食商贩”③，但至泰康中，游食之人已是“较计九州，数过万计”④。皇族宗室、豪门势家均已卷入其中。《晋书》中记愍怀太子曾于“宫中为市，使人屠酤，手揣斤两，轻重不差。……又命西园卖葵菜、蓝子、鸡、麪之属，而收其利”⑤。王戎则“积实聚钱”，“家有好李，常出贷之，恐人得种，恒钻其核”⑥。当时国外贸易也有发展，《晋书》中说，“大宛善市贾，争分铢之利，得中国金银，辄为器物不为市”。商业一定程度的恢复与发展，使西晋统治者对其加强了管理与控制。

第一，市场管理。

西晋商品交易已有固定的聚集点，官府为商贩之人专门设立了市场，

① 《晋书·傅玄传》。
② 《晋书·李重传》。
③ 《晋书·武帝纪》。
④ 《晋书·束晳》。
⑤ 《晋书·愍怀太子遹传》。
⑥ 《晋书·王戎传》。

听其在一定时间内，在指定的区域进行商贸活动。陆机在《洛阳论》中说"三市大市名，金市在大城中，马市在城东，杨阳市在城南"[①]。《晋书·齐王冏传》说，司马冏辅政，"大筑第馆，北取五谷市，南开诸署"，《晋书·羊祜传》又记，羊祜都督荆州，祜卒，"南州人征市日闻祜丧，莫不号恸，罢市，巷哭者声相接"。可知当时市场设立是已成定制的。市场管理有专人，称市长，市丞。《晋书·石苞传》载，石苞曾贩铁于邺市，"市长沛国赵元儒名知人，见苞，异之"。市长的具体职责未见史料记载，大约为负责市设、市罢、市税征收，以及物价高下、度量衡器等，并通过这些内容监督管理工商业者。

市场经营须是一般商品，盐、铁之类及其他民间禁有物，不得民间贸易。西晋行盐的政府专卖制度，中央、地方均设盐官，管理盐政。《晋书·杜预传》说，杜预为度支尚书，"兴常平仓，定谷价，较盐运、制课调，内以利国，外以救边者五十余条"。可知盐运之务在中央属度支尚书管理。在地方，西晋沿曹魏旧制，设司盐都尉、司盐监丞。政府严格控制盐的生产、销售，《晋令》"凡民不得私煮盐，犯者四岁刑"。铁业事实上也由政府垄断经营，中央铁官由卫尉兼领。酒类贸易在这时是被允许的，《太平御览》引《世说新语》中的记载"阮公邑家妇有美色，当庐酤酒"。又说"阮脩字宣子，常步行以二百钱挂杖头，至酒店上便独畅饮"[②]。可见西晋曾开酒禁，允许私人经营酒业。其他禁止民间交易的物品，如《太平御览》卷699记"锦帐为禁物"，卷715"步摇蔽髻皆为禁物"，卷816"织成衣为禁物"，等等，违法经营这些物品同样要受法律制裁。

对市场中商人的衣住等事，西晋有特别规定。《太平御览》引《晋令》的内容"侩卖者，皆当着巾，白帖额题所侩卖者及姓名，一足着白履，一足着黑履"。对庐酒之商，《晋令》规定"坐庐肆者，皆不得宿肆上"。与

① 《太平御览》卷827。
② 《太平御览》卷828。

众不同的服饰及特别规定，表明了商人的微贱地位。

第二，商业税。

西晋商业税有关税、市税两种。关税即关津之税，晋初承曹魏之制，采什一税率。《晋关市令》规定“诸度关及乘船筏上下经津者，皆有所写一道付关吏”。交纳关税，也有因时而得赦免之例，晋武帝泰始元年，“复天下租赋及关市税一年，逋债宿负皆勿收”[①]。皇帝临位、改元，施恩于天下，故关市之税也得以免。市税，西晋时称为市租，在市场的商品交易都须交纳市租。武帝时，陶璜上书“合浦郡土地硗确，无有田农，百姓唯以采珠为业，商贾来去，以珠贸米。……今请上珠三分输二，次者输一，粗者蠲除。自十月至二月，非采上珠之时，听商旅往来如旧”。[②]帝诏从之。商旅贸易商品不同，税率也不同，总的说，西晋的市税是比较重的，这既符合自古以来的政府抑商政策，同时重征之税又可作为政府的重要财源，可以直接用来作公用开支。惠帝时，儒士杜夷避乱故里，刺史刘陶特告知庐江郡“常以市租供给家人粮禀，勿令阙乏”[③]。

第三，平籴法。

晋武帝初定天下时，谷贱而布帛贵，于农不利，于是武帝欲立平籴法，以布帛换谷，作为粮储。当时，议者以为军资尚少，不宜以贵易贱。泰始二年（公元266年），武帝下诏“古人权量国用，取赢散滞，有轻重平籴之法，此事久废，希习其宜，而蓄未广，言者异同，未能达通其制，更令国宝散于穰岁而上不收，贫人困于荒年而国无备，豪人富商挟轻资蕴重积以管其利，故农夫苦其业而末业不可禁也。今宜通籴，主者平议具为条制”[④]。令有司立平籴之法，但事搁未行。至泰始四年（公元268年），才立

① 《晋书·武帝纪》。
② 《晋书·陶璜传》。
③ 《晋书·儒林传》。
④ 《通典》卷12。

常平仓，储有余而供不足，“丰则籴，俭则糶，”以利百姓。咸宁二年，又“起太仓于城东，常平仓于东西市”。[①]常平仓的设立，平籴法的实行，政府更有效地控制了市场，丰灾之年适当地聚散谷物，防止商人囤积牟利，这是重本抑末政策的重要补充。

第四，关于逆旅之设。

在自然经济状态下，农民与土地世代相守，无须他移，而商品经济中的经商者则需运来贩往，游移不定，故商人称游民。古代旅舍的多少，一定程度上反映了商业的发达程度，而旅舍本身，也是商业的一个组成部分。晋初，曾允许私人设旅店，但后来因“逆旅逐本废农，奸淫亡命，多所依凑，败乱法度”而敕除之，并议定“十里一官樜，使老小贫户守之，又差吏掌主，依客舍收钱”。废民间逆旅而设官舍。当时有怀县令潘岳上疏反对：“逆旅，久矣其所由来也。行者赖以顿止，居者薄收其值，交易贸迁，各得其所。”他认为，方今四海会同，九服纳贡，公私满路，客舍之设，使来往行人冬有温炉，夏有阴凉，有百利而无一害。而若去民间旅舍，使“贱吏疲人，独专樜积，管开闭之权，籍不校之势，此道之束，奸利所殖也”。故主张撤官樜，复逆旅。书上，朝廷从其议，于是民间旅舍之设得以继续。

三、货币管理

《晋书·食货志》说，魏明帝“更立五铢钱，至晋用之，不闻有所创”。可知西晋时货币同于曹魏，未曾改进。除此之外，西晋还曾以布帛、铜器等为钱，晋武帝初年，“谷贱而布帛贵，帝欲立平籴法，用布帛市谷”[②]。太始中，“河西荒废，遂不用钱，裂匹以为段数”[③]。《晋书·宗室传》又记，

① 《册府元龟》卷502。
② 《文献通考》卷21。
③ 《太平御览》卷835。

南阳王模镇关中，“时关中饥荒，百姓相啖，加以疾疠，盗贼公行。模力不能制，乃铸铜人钟鼎为釜器以易谷”。尽管布帛、铜器等曾一定时期、一定区域行使交换等价物的职能，但终其西晋，五铢钱之制一直存在。《晋书·惠帝纪》中记“帝单车走洛阳，服御分散，仓卒上下无赍，侍中黄门被囊中赍私钱三千，诏贷用。所在买饭以供”。愍帝时，张轨为凉州参军，索辅言于轨曰，以布帛为钱“缣布既坏，市易又难……今中州虽乱，此方安全，宜优五铢以济通变之会。轨纳之，立制准布用钱，钱遂大行，人赖其利”[①]。惠帝元康时，寒士鲁褒曾做《钱神论》，“钱之为体，有乾坤之象，内则其方，外则其圆”。“动静有时，行藏有节，市井便易，不患耗折”。“失之则贫弱，得之则富昌……钱多者处前，钱少者居后。处前者为君长，在后者为臣仆。”[②]鲁褒的《钱神论》旨在揭露讥刺当时贵族官僚唯钱是求和腐化的社会风气，但同时也说明在当时，钱币是广泛使用，神通不小的。

四、农业管理

农业是国民生计的基础，农业管理是历代封建皇朝为政之要务，“重农务本，国之大纲”。所以西晋时期，虽然国内一直兵戈不息，动乱不止，但历任帝王都非常重视农业生产，在兵荒马乱中，保护、发展封建经济。

1. 鼓励农垦

西晋开国之初，天下太平，武帝多次颁布诏书，劝民垦荒归农。泰始四年（公元268年）正月，武帝亲耕籍田，并诏赐郡县长吏中左典牧种草马，以慰其“使四海之内，弃末反本，竞农务功”之劳。泰始四年春，武帝又亲率王公卿士耕籍田千亩，“以率先天下”。泰始五年，诏敕郡国守相、令、长，“务尽地利，禁游食商贩”。泰康十年，“置籍田令”。平吴之后，武帝

① 《太平御览》卷835。

② 《晋书·隐逸鲁褒传》。

又颁《占田令》，百姓以所垦荒地为己有，并以课田制推促占田制的旋行。

2. 实行屯田

西晋时仍行曹魏兵屯。羊祜镇守荆州，分戍卫军兵垦田八百余顷，大获其利。太康初，朝廷以西平荒毁，以马隆为平虏将军，屯据西平。咸宁元年，曾诏以官奴婢代兵屯，“今以邺奚官奴婢著新城，代田兵种稻，奴婢各五十人为一屯，屯置司马，使皆如屯田法”[①]。兵屯的实行，一方面部分解决了军队粮饷，减轻了国家的财政负担，另一方面又使“地尽其利”，使荒山、荒地得以开发利用，这与晋初的鼓励农垦的政策是相一致的。

3. 定赏罚之制

以地方农业发展与否定地方官政绩的优劣。这一点已在第四节中述及。

第七节　西晋政权的民事法律制度

民事法律制度的产生和发展需以商品经济的产生和发展为前提，商品经济的发展又需要安定的社会环境，西晋初年社会相对稳定，统治者与民休息，社会经济生产得到了一定的恢复，民事法律内容也相应有所发展。但在后期战乱迭起，兵火不息，商品经济遭到极大破坏，原本简单的民事法律关系几乎被窒息，民事立法也就停滞不前了。

一、民事法律主体

1. 国家

国家作为民事法律关系主体时，是以各级封建官府为代表的，各级官府在买卖、借贷、租佃等关系中与百姓个人发生民事法律关系。但在西晋

---

① 《晋书·食货志》。

时与其他封建时代一样，国家作为民事主体，享有着超经济的特权。

2. 个人

与汉魏相似，个人作为民事主体参与民事法律关系在这时也是很普通的，地主、官僚、农民、手工业者、商人在一定程度上都可作为独立主体参与民事交往。但同样，他们不同的政治地位也影响到其民事法律关系的建立，贵族、官僚自然可以凭借其高门势力抢掠、兼占，而一般小农则往往难以自保，这一些也是封建时期始终存在的问题，毋庸赘述。

3. 奴婢、部曲、佃客的法律地位

西晋世家大族一般都拥有大量的奴婢，如《晋书·张方传》载，河间王颙的部将张方攻入洛阳，“大掠洛中官私奴婢万余人，而西还长安”。苟晞有“奴婢将千人”。奴婢属主人的私有财产，无任何人身自由，他们必须为主人从事包括耕作在内的各种劳役，主人可以随意打骂甚至杀戮奴婢，奴婢的转让、买卖也是经常的，《晋书·石勒载记》中记，“勒谓敬曰：今日大饿，不可穷守，诸胡饥甚，宜诱将冀州就谷，因执卖之，可以两济。敬深然之”。后来却是石勒被“卖与茌平人师懽为奴”。《太平御览》中还详细记述了石崇买奴的经过及与奴婢主人签订的契约。《太平御览》卷 598 载“石崇奴券曰，余元康之际，至在荥阳东住，闻主人公言声大高，须臾出趣吾车曰‘公府当怪吾家哓哓邪，中买得一恶羝奴，名宜勤，身长九尺余，力举五千斤，挽五石力弓百步射钱孔，言读书，欲使便病，日食三斗米，不能奈何’。吾闻公卖不，公喜，便下绢百匹开请吾曰‘吾胡王子性好读书，公府事一不上券则不为公府作’，券文曰：取东海巨盐，东齐羝羊，朝歌浦荐，八板桃林，真之安邑，梨栗之乡，常山细缥，赵国之编，许昌缌沙房之绵，作车当取高平英榆之毂，无尾髑髅之状，太良白槐之辐，茱萸之辋，河东乱栉桑辕，太山桑光，长安双入白鸟钉鏁，巧手出于上方，见好弓朴可砍千张，山阴青槻乌嗥柘桑张金好墨过市数之蠡开市豪笔备郎书写，嗥角愤道，金案玉椀。宜勤供笔，更作多辞，乃敛吾绢而归”文中记叙了原主人卖奴的原因及买卖成交的价钱。奴婢既然属于“物”，属于“财产”，则这种买卖交换也都是正常的，他们是民事法律关系的客体。

官奴婢在这时也大量存在，其地位也极为低贱，终生从事苦役，且身份世代相继，官手工业作坊中大量使用的就是这种奴隶性质的奴婢。另外，特殊时期，政府还发奴婢征杀、屯田，武帝时，曾诏“以邺奚官奴婢著新城，代田兵种稻”[①]。

部曲。魏晋之际，豪门势力增强，战乱又很频繁，部曲成为普遍大量存在的一个阶层。部曲属门阀世族和地方豪门的私属武装，具有宗法性和强烈的封建依附性特征，部曲没有独立户籍，且身份世代相承，他们战时作战，平时则边训练，边耕作，具有耕战双重义务。部曲的地位也极其低下，但从法律关系上讲，他们是民事主体，而并非户主的私有财产，主人不得随意将其买卖，杀戮。

佃客。魏晋以来大土地私有制继续发展，世族豪门庄园经济力量壮大，佃客成为私人土地的主要劳动者。这一时期，由于政局动荡及国家赋税的苛重，逃亡农民投靠豪门以为依附的情况非常严重，而豪门地主则更是大量收留，国家赋税来源受到很大破坏。为此，晋武帝即位后曾“诏禁募客”，泰始五年（公元 269 年）又敕云“豪势不得侵役寡弱，私相置名”[②]。太康元年（公元 280 年）颁布占田令，又规定了世族地主按品级高低占有佃客，在以法律形式确认佃客私人占有合法性的同时，也宣布限额外之占有属违法。但豪门违法荫占佃客的现象在西晋一直没有解决。

佃客与部曲的身份地位有些相似，佃客也没有独立的户籍，他们在地主户下主要从事农业生产，一般其身份也是有继承关系的，后代不可私自离开所耕种的土地。他们并非主人的私产，只是“附籍主户”，人身依附关系强烈而已，主户不得随意对其行使买卖权、生杀权，而只可以

① 《晋书 · 食货志》。
② 《晋书 · 食货志》。

将他们转让。

西晋时期，豪门地主所拥有的大量劳动力还有其他一些称谓，如门生、故吏、荫户、衣食客、苍头、田客等，他们都属于封建人身依附关系较强的阶层，人身自由受到很大限制，这是西晋地主庄园经济发展的需要，从流亡农民与土地的结合上来看，它是有利的，但就民事法律关系而言，这显然是落后的。

二、所有权

1. 土地所有权

土地所有权问题始终是封建时期财产所有权问题的根本。西晋时期，土地国家所有仍为所有权制度的主体，在此前提下，私人土地所有制进一步发展，世族、一般地主、农民通过各自不同的方式所拥有的一定数量的土地，为国家所承认和保护。

土地依其所属主体的不同可总分为两类：官田与私田。

官田。国家所有的土地称为官田，其来源主要为继承前朝所遗土地及未开发的荒山、荒地、湖泽等。西晋时期，由于连年兵戈，“人皆流散”，千里无烟，耕地大量被抛荒，官田数量曾相对增加。西晋官田主要用途为：赏赐、职田、屯田等。

私田。西晋政权建立后，司马氏集团在土地问题上面临着这样的现实：一、东汉末年以来所形成的豪强土地兼并情况此时仍很严重，大量土地为少数豪门所掌握；二、连年战乱，造成大量土地荒芜，农业生产遭到极大破坏。土地存在的现实状况影响了封建国家的财政收入，妨碍了封建经济的正常发展，故此，晋灭吴后，武帝于太康年间颁布了占田法。

占田法的主要内容：“男子一人占田七十亩，女子三十亩。”“其官品第一至于第九，各以贵贱占田，品第一者占五十顷，第二品四十五顷，第三品四十顷，第四品三十五顷，第五品三十顷，第六品二十五顷，第七品二十顷，第八品十五顷，第九品十顷。”[①] 占田法颁布的企图在于限制豪强土地兼并，鼓励垦荒，它规定不同阶层，不同等级身份的人均可依法占有一定量的土地，只要所占土地数在法律规定的限额范围内，国家即承认其土地私有，并予以法律保护。所以占田法是允许、承认私人占田，同时又限制私人占田的制度，它的制定、推行，促进了私人土地所有制的发展，对战乱中的经济恢复有一定的积极作用。但占田法的效力似乎并不溯及既往，对法令颁布前豪强大户所占有的土地的超限部分如何处理，法令未予说明，官府也不加干涉，等于默许其存在，而且即使是法令颁布之后，大官豪门仍可置法律于一边，违法超限占田现象并没有得到有效控制。因此终西晋之世，贵族抢占荒田，侵夺官田民田的问题始终未能得到解决，豪门之家倚恃其手中享有的特权成为最大的私人土地所有者。《晋书》传记中这一类的记载很多。泰始初，“故立进令刘友、前尚书山涛、中山王睦，故尚书仆射武陔各占官三更稻田”[②]。幽州刺史王濬“广占山泽”，侵夺民田，愍怀太子司马遹“广买田业，多畜私财”[③]。石崇则有“水碓三十余区，仓头八百余人，他珍宝货贿田宅称是”[④]。除非法侵占外，勋臣权贵还可通过买卖、接受赏赐等合法方式获得大量土地。“王济性豪侈，丽服玉食。时洛京地甚贵，济买地为马埒，编钱满之，时人谓之金沟。”[⑤]合法的或非法的，豪门之族通过各种途径占有大量的土地。

农民也成为小土地所有者，占田令的颁布，刺激了农民开垦荒地、从事农业生产的积极性，无地户显著减少，农民多可在自有耕地上耕作、收益。干宝《晋纪总论》中说，占田令颁布之后，“于时有天下无穷人之谚”。当一定程度上反映了这一史实。

① 《晋书·食货志》。
② 《晋书·李憙传》。
③ 《晋书·愍怀太子遹传》。
④ 《晋书·石崇传》。
⑤ 《晋书·王浑传》。

西晋对官田、私田同样地施以法律保护，这种保护是民事立法的任务，有时也是刑事立法的内容。晋初，骑都尉刘尚为裴秀占官田，武帝诏“使推正刘尚罪”。泰始初，李憙上言，故立进令刘友、山涛、王睦、武陔等人占官田，请免涛、睦等官，陔已亡，请贬谥。武帝诏：“法者，天下取正，不避亲贵，然后行耳，吾岂将枉纵其间哉？然案此事，皆是友所做，侵剥百姓，以缪惑朝士，奸吏乃敢作此。其考竟友，以惩邪佞！涛等不二其过者，皆勿有所问。”[①] 侵犯私人土地所有权也同样是被禁止的，泰始四年，武帝将亲耕籍田，主者定籍田“于东郊之南，济水之北”，为防止侵人私田，特发诏“若无官田，随宜便换，而不得侵人也”[②]。又武帝时，和恰提出“制奴婢限数及禁百姓卖田宅”。李重反对，认为“王者之法不得制人之私也”[③]。李重的主张得到了武帝的认可，可见私有土地财产在西晋时是受到法律保护的。但是，必须看到，承认和保护土地私有，只是在一定程度上，一定范围之内，封建时期，国家始终是封建土地至高无上的所有者，私有土地所有权从来都是相对的，不完全、不充分的，需与国家所有权共分享的，私人土地所有权的法律保护也是须以国家所有权为最高原则的。还必须看到，在私人土地所有者之间，所有权的保护从属于所有者的政治地位，政治的特权可以荫及土地所有权，贫弱者的权利根本得不到切实的法律保障，这在西晋门阀政治的社会里尤其如此。

2. 一般财产所有权

一般财产，指土地之外的所有不动产、动产，如宅舍、牛马、器物等。晋令规定，织成衣为禁物，又规定“凡民不得私煮盐，犯者四岁刑，主吏二岁刑”[④]。泰始八年又规定，禁彫文绮组非法之物。可见，织成衣、盐等

---

① 《晋书·李憙传》。
② 《晋书·礼志上》。
③ 《晋书·李重传》。
④ 《太平御览》卷 865。

不许为一般民间所有，其他物品未见有此限制。

西晋法律严格保护一般官私所有财产。《晋书 · 刑法志》载“贼燔人庐舍积聚，盗赃五匹以上，弃市。即燔官府积聚盗，亦当与同”。盗窃官私财物，侵犯官私所有权，处刑相当严。又据《晋书》记载，太康中，蜀土荒馑，官府开仓振贷，时王长文家贫，因而贷多，事后无以偿还，“郡县切责，送长文到州”[①]。要追究他的法律责任，幸亏刺史放免，才得以还乡。对所有权的保护除刑法措施外，西晋时尚有以民事手段令侵权人返还原物、损害赔偿的痕迹，这一点，留待后面详论。

三、债

1. 买卖之债

这是广泛存在的一种债的形式。西晋时，除民间禁有物外，土地、房屋、奴婢及一般生活资料都可作为买卖标的物，由民间自由交易，王公贵族，平民百姓同样可作为民事权利主体经常地参与买卖活动。《晋书》传记中这一类记载不少，如“太子广买田业、多畜私财以结小人……”，王育为人牧而失羊，“将鬻已以偿之”。“王衍卖牛车以安众心”等。在一般买卖过程中，当事人双方是作为平等主体出现的，双方需共同遵守公平、自愿、无欺的原则，禁止强买强卖，短斤少两，一旦买卖关系成立，双方需依约履行义务，这是商品交换的基本要求。但在贵族政体下，百姓的民事权利是难以保障的，权贵阶层在政治上的特权同样及于民事领域，强占民田、兼并土地，普通商旅被抄劫之事经常发生，《晋书 · 石苞传》记，石崇“在荆州，劫远使商客，致富不赀”。正常平等自由的民间往来被强权践踏，这在西晋时期不足为怪。

一般正常的买卖关系成立是否要订立契约，根据《晋书 · 王濬传》记

① 《晋书 · 王长文传》。

载，王濬军驻秣陵，“诸有市易，皆有伍任证左，明从券契，有违犯者，凡斩十三人，皆吴人所知也”。从这段记载看，驻吴地王濬军所有买卖关系的成立都需有文字契约，犯者受刑。但这里的市易，一般当指大宗买卖或重要物品买卖而言。在西晋，究竟哪些标的物买卖需立文券契约，未见到法律规定，但田宅、奴婢的买卖一般是要立契的。

2. 借贷之债

借贷有使用借贷、消费借贷两种，两者的划分以是否能返还原标的物为标准。借贷可以是私人之间，也可以是官私之间的。泰始六年，诏复陇右五郡遇寇害者租赋，百姓穷困不能自存者，官府“廪贷之”。惠帝永平五年，荆、扬等六州大水，“诏遣御史巡行振贷”。灾荒之年，官府体恤民情，以低息贷粮谷于百姓，在官私之间形成借贷关系。私人借贷就很普遍了。

借贷关系的成立可以是口头形式，也可以是文字形式，如晋时夷甫善施舍，父时有假贷者，皆焚其券，不谋贷利之事，从中可知当时借贷契约是存在的。

无论有无书面契约，借贷双方的权利义务都是明确的，借贷一方有权利从出借方取得并使用标的物，也有义务依约定时间归还之，若系使用借贷，则须按标的物性能使用，并有责任保证其不受损折。出借一方则有权利如期受偿并获得利息。不履行义务者，须受法律制裁，如前引王长文贷官府粮谷，后无以偿还，被送州府。

借贷之债的取消：（1）返还借贷物。《晋书·王戎传》记，王戎“女适裴頠，贷钱数万，久而未还。女后归宁，戎色不悦，女遽还直，然后乃欢”。返还所贷之钱数万，父女借贷关系不复存在，为父方有悦色。（2）赦免。太康六年正月，诏“以比岁不登，免租贷宿负”[①]。这一赦免的范围当首先包含了私借官的官私借贷，私人之间的借贷关系是否也因此而消灭，未见确切说明。（3）债权人放弃权利。

① 《晋书·武帝纪》。

3. 雇佣之债

西晋时，手工业、商业不够发达，而一般农业又大量使用奴隶劳动，故雇佣关系未能得到发展，从《晋书》看，雇佣关系仅有几例。《晋书·孝友传》载，王延家贫，“隆冬盛寒，体无全衣”，于是“昼则庸赁，夜则读书”。吴逵，“家极贫窘，冬无衣被，昼则庸赁，夜烧砖甓”。《晋书·忠义传》载，王育“少孤贫，为人庸牧羊”。庸赁之价，报酬的支付，双方具体权利义务关系等未见史料说明，但有一点是明确的，受雇一方必须为自己的过失行为负责，即在受雇期间由于自己疏忽或其他过错而使雇主受到损失的，应承担相应的法律责任。王育为人庸牧羊，“每过小学，必歔欷流涕。时有暇，即折蒲学书，忘而失羊，为羊主所责，育将鬻己以偿之。同郡许子章，敏达之士也，闻而嘉之，代育偿羊”。

4. 侵权之债

侵权人侵犯他人人身、财产，并因此而给对方造成经济损失，有义务赔偿。西晋侵权行为的构成有以下几方面条件：主观过错；客观的侵权行为；必然的损害结果。侵权之债一旦形成，侵权人必须履行该债的义务，其主要方式有赔偿损失、返还原物、恢复原状等。《晋书·孝友传》载，“王延家牛生一犊，他人认之，延牵而授与，初无吝色，其人后自知妄认，送犊还延，叩头谢罪”。牲畜自然孳息，原所有人当然取得所有权，他人妄认，侵犯所有人权利，形成侵权之债，故当返还原物。《太平御览》卷 862 又记载了这样一例：“桑虞尝行宿寄逆旅，同舍客失脯，疑虞为盗，虞默然无语，便解衣偿之。”后来，脯主至山冢间寻得失脯，知脯为狐狸所偷，于是乃还桑虞衣。这一案例中含两个侵权行为，前一侵权是不真实的，虚假的，但却因此而造成了真实的第二侵权行为，侵权人有义务承担他人财产损失的责任，于是有“还桑虞衣”之举。

侵权之债一般情况下只有当侵权人履行义务后才告消灭，但西晋时却有例外：第一，以刑事责任代替民事责任。如王长文贷官府粮无力归还一案，解决的方式是由郡县送于州，若不是刺史舍之，当是刑罚加身了。又如盗的行为，触犯刑律，同时又必然给公私财产造成经济损失，对这类情况，晋采取简单的刑罚措施加以解决。第二，受害人放弃债权。西晋的礼义、放达之士往往以此为美德。如《晋书·隐逸传》记，朱冲“常以耕艺为事。邻人失犊，认冲犊以归，后得犊于林下，大惭，以犊还冲，冲竟不受”。又“有牛犯其禾稼，冲屡持刍送牛而无恨色”。《太平御览》卷496中又有“皇甫士安逸士传曰，高凤邻里有争财斗者，兵刃相加，凤脱衣中为叩头曰，仁仪逊让不可废也。争财者投兵谢之而罢”。

商品经济不够发达，百姓权利义务观念淡薄，礼让之风为世人所崇，而国家又将某些刑事附带民事或纯粹的民事侵权行为理解为妨害社会秩序的犯罪，致使当时许多侵权之债的解决都并非以债的实际履行为前提，这也是中国古代解决侵权行为的一个共同特点。

第八节　西晋政权的婚姻家庭法律制度

一、婚姻制度

西晋时期是中国封建社会世族门阀地主阶层形成与上升时期，社会经济、政治制度对世族特权阶层的利益从各个方面严加保护，其婚姻法律制度也必然带有时代的特征。

1. 婚姻的成立

西晋婚龄的规定见于晋武帝泰始九年（公元273年）的诏令，“女年十七父母不嫁者，使长吏配之”[①]。十七岁为女子法定婚龄的上限，超龄未嫁的，由地方官负责嫁配，至于女子婚龄的下限及男子婚龄没有见到规定。与西汉“女子年十五以上至三十不嫁五算”相比较，西晋十七岁的上限规

① 《晋书·武帝纪》。

定是大为提前了，这是统治者在战乱之后，为恢复生产，增加人口，增加劳动力而采取的相应措施。据有关资料统计，经汉末三国时的战乱屠杀、灾荒、饥饿，至武帝太康元年（公元 280 年），中国人口从汉桓帝永寿三年（公元 157 年）的五千六百多万降至一千六百多万，劳动力成为突出问题，所以西晋初年以法律形式禁止晚婚，早婚现象普遍。

婚姻的成立须是父母之命，媒妁之言。《晋书 · 孝友王裒传》中，王裒与乡人管彦相友，其“男女各始生，便共许为婚”。六礼仍是婚姻成立的一般程序，《通志》卷 44 载，晋太康制“大婚用玄纁束帛，马二驷，王侯玄纁束帛，加璧，乘马，大夫用玄纁束帛，加羊”。《通典》卷 58 记“诸侯婚礼加纳采告期亲迎各帛五匹及纳征马四匹，皆令夫家自备”。但在一般百姓中间，由于战乱，当时六礼不被严格遵守。“时属艰虞，岁于良吉，急于嫁娶……以纱縠幪女氏之首而夫氏发之，因拜舅姑便成妇道，六礼悉舍。”即使贵族中间，也有违六礼而成婚者，如韩寿之与贾充女，就是由婢潜通音问而成眷属。

正式的婚约具法律效力。《晋律》规定，“崇嫁娶之要，一以下聘为正，不理私约”[①]。尊重嫁娶之约，以下过聘礼作为婚姻关系成立的证明，私下之约定没有效力。如前述王裒与管彦私约子女为婚，但后来王裒将女儿嫁与他人。《晋书 · 五行下》有这样一段记载“元康中，梁国女子许嫁，已受礼聘，寻而其夫戍长安，经年不归，女家更以适人。女不乐行，其父母强逼，不得已而去，寻而病亡。后其夫还，问其女所在，其家具说之。其夫迳至女墓，不胜哀情，便发冢开棺，女遂活，因与俱归。后婿闻知，诣官争之，所在不能决。秘书郎王导议曰：‘此是非常事，不得以常理断之，宜还前夫。’朝廷从其议”。这段记载的真实性尽可怀疑，但其中的内容当一定程度上反映了当时一些婚姻制度的现实状况，已下聘之婚约可以得到法律保护。

① 《晋书 · 刑法志》。

婚姻的限制：第一，士庶不婚。西晋的婚姻重视门第等级，士庶不通婚的基本特征已形成，高门世族内部通婚与“上品无寒门，下品无世族”的九品中正制相结合，成为世族地主巩固扩大其政治势力的重要途径。第二，丧期不可嫁女娶妇。晋惠帝元康二年（公元292年），司徒王浑奏夏侯俊有弟子丧，为息恒纳妇，给事中王琛有兄丧，而为息棱娶妇拜时，“亏违典宪，宜加贬黜，以肃王法”。于是俊、琛俱被免官。第三，关于同姓婚姻问题。《通典》卷60记，刘颂，汉广陵王后，临淮陈矫本为刘氏子，与刘颂为近亲，后出养始改姓陈，刘颂女嫁陈氏，时人讥之。又濮阳太守刘嘏与同姓刘畴婚，司徒下太常诸博士议，非之。庾蔚之谓，“共始祖之后，则百代不得通婚也……同姓之婚，易致小人情巧，又益法令滋章”。而光禄大夫荀菘则以为，刘嘏“不应见责”，可见当时同姓是否可以为婚法律没有明文规定，但一般世俗的观点是持否定态度的。

2. 一夫一妻多妾制

西晋贵族层基本上实行一夫一妻多妾制，娶妾被视为合法。东魏孝元友奏请置妾表中说，晋令诸王置妾八人，郡君侯妾六人，官品令第一第二品有四妾，第三第四品有三妾，第五第六品有二妾，第七第八品有一妾。贵族官僚依官品爵位高低依法享有纳妾特权。

西晋时，曾有一夫二妻现象。据《世说新语》记，贾充原娶李丰之女，李丰被诛，妻属连坐，贾充妻遂与充离婚，随家人徙边。后来遇赦得还，而此时贾充已娶郭配女，晋武帝遂特听充置左右夫人。又有吴国朱某娶妻陈氏，入晋后，晋又赐妻某氏，于是有二妻。“安丰太守程谅先已有妻，后又娶，遂立二嫡。”[①] 两妻现象在西晋只是个别存在，而在一般人的观念中，两妻属违礼。太康元年，曾有一案引起朝廷众议。王昌父毖本居长沙，有妻息，汉末使入中国，吴叛，仕于魏，与前妻生死隔绝，又娶昌母。西晋统一，王昌得知前母久丧，欲为之服丧，此事交付廷议。众大臣引经据

---

① 《晋书·礼志中》。

典，以为“礼无二嫡”，“嫡不可二”，反对服丧，于是有制曰“凡事有非常，当依准旧典为之立断。……昌故不应服制也”。可见一夫二妻在西晋被视为违礼，但是否违法或法律对这种情况如何处置，没有见到明文的规定。

在一妻多妾制下，妻妾嫡庶之分必须明确。武帝泰始十年（公元274年）曾下诏“嫡庶之别所以辨上下，明贵贱。而近世以来，多皆内宠，登妃后之职，乱尊卑之序。自今以后，皆不得登用妾媵以为嫡正”[①]。妻妾之上下贵贱不可失序，禁以妾为妻。妾媵的地位在西晋很低下。《文苑英华》中说“永嘉以来……风俗顿乖，以嫡待庶而若奴，妻遇妾而若婢”。正因为如此，《通典》卷68礼28“夫人不答妾拜”条中，有晋挚虞之议“汉魏故事，王公群妾见于夫人，夫人不答拜。新礼以为礼无不答。臣虞谨按礼……名位不同，本无酬答，礼无不答，义不谓此。先圣殊嫡庶之别，以绝陵替之渐，峻明其防，犹有僭违，宜如旧制”。

3. 婚姻关系的消灭

有两种情形：夫妻一方自然死亡；离婚。离婚制度的内容西晋同于汉魏，七出的主动权为丈夫所掌握。

在丈夫死亡的情况下，妻的再嫁受到一定限制，一定程度上讲，原来的婚姻关系仍对她有约束力，自汉以来形成的贞节观在动荡的西晋仍很顽固。《晋书·列女传》跋云“夫繁霜降节，彰劲心于后雕，横流在辰，表贞期于上德，匪伊君子，抑亦妇人焉”。妇女再嫁尽管不受法律限制，而且在西晋也有不少的实例，但在事实上仍为传统所鄙。

二、家庭制度

西晋玄学盛行，儒学受到怀疑，但在最高统治者阶层，儒家经典始终被奉为正统，晋武帝曾大谈儒道，太傅郑冲曾著《论语集解》，杜预则做《春

---

① 《晋书·武帝纪》。

秋左氏经传集解》，而司空裴秀又是“儒学洽闻”。儒学既然仍占统治地位，则家庭制度中，亲亲尊尊、三纲五常的理论仍是处理家庭关系的基本原则。父权家长制仍是西晋家庭制度的核心。

1. 父母子女关系

在父权家长制下，子女被视为父母的私有财产，对父母必须绝对服从，父母享有对子女的主婚权、财产权、教令权，子女有违父母意志或竟殴骂父母者，会被以“不孝”罪名受到刑罚的严厉制裁。按《九朝律考·晋律考中》解释，西晋“不孝”罪是指子孙“违犯教令，敬恭有亏”的行为，即对父母不乐其心而违其志且供奉有缺。其具体情况有：

父母丧期供给丧事不整，居丧而婚，作乐或诈服丧服者。父母丧期，子女须守丧尽孝，若有违礼的行为，则受法律制裁。华表曾因供给丧事不整而被免官。郤诜为太子洗马，母亡，因家贫无以买马，不得归葬，便在所住堂北壁外假葬，丧过三年，得马八匹，负土成坟，除服为官，后因假葬非真葬，不应除服，被降品一等。

据《礼记·中庸篇》，“父母之丧，无贵贱一也”。士大夫贵族，官吏与庶民百姓服父母之丧应行同制，但封建时期在这一问题上常发生“忠孝”冲突，为官者遭父母亡应弃任归丧，但是否得终三年丧？汉时安帝曾定制，准许官吏行三年丧，期满归任，桓帝时废此制，三国时期未加恢复。西晋武帝时下诏“诸将吏遭三年丧者，遣宁终丧，百姓复其徭役”[①]。咸宁年间，又有大臣郑默“遭母丧。旧制，即葬还职。默自陈恳至，久而见许。遂改法立令，听大臣终丧，自默始也”[②]所。以在西晋时，将吏大臣得终三年丧已成定制。守丧不足三年，当视为不孝。

诈服父母之丧也属不孝，应受重刑。《折狱龟鉴》卷 4 载一案：晋汤仲堪为荆州刺史，有桂阳人黄钦生，二亲久没，诈服衰麻，言迎父丧，府曹

① 《晋书·武帝纪》。

② 《晋书·郑默传》。

依律判其弃市死罪。仲堪曰，“原此法意，当以二亲生存而横言死没，情理悖逆，所不忍言，故同于殴詈之科，正以大辟之刑，钦生徒有证妄之过耳。遂活之”。这一案的实际情况是父死很长时间后，诈称新死而服衰麻，与父在而诈称其死不同，但从案中可以看出，诈服父母之丧要遭弃市重刑，这一罪名后来在唐朝被作为不赦重罪列入十恶“不孝”罪中。

杀父更属不孝重罪。《太平御览》卷 647 引王隐《晋书》曰“晋时有女子李忿竞父北叛，杀父。周处奏道‘竞以父偷生破家以邀福圉告归怀羸结舌，忿无人子之道，证父攘羊，伤化污俗’，奏杀忿”。

《晋律》为不孝罪准备了残酷的刑罚，前述杀父、诈迎父母丧、父母丧事不整等，重者要受大辟死刑。在这一问题上，晋律还给父母对不孝子女以生杀大权，如父母告子不孝，且要求官府处子女以死刑，则执法官可依父母之言而行。《九朝律考 · 晋律考中》载，子女违反教令，敬养有亏，“父母欲杀皆许之”。父母可以自行杀之，也可交由官府解决。《折狱龟鉴》卷 5 载，“晋安重荣镇常山，有夫妇共讼其子不孝者，面加诘责，抽剑令自杀之，其父泣言不忍，其母诟詈逐之，乃继毋也。重荣咄出，一箭毙之，闻者称快”。

2. 夫妻关系

丈夫在家庭中的地位是绝对的，“夫为妻纲”的理论仍被视为正统，妻必须服从丈夫，其在家中的角色只是服侍舅姑、丈夫、只在供酒食衣具而已。《晋书 · 孝友庾衮传》记，庾衮孤兄女芳将嫁，庾刈荆莒为箕帚，送于芳，并曰“今汝适人，将事舅姑，洒扫庭内，妇之道也”。

孔子说，妻，“亲之主也，敢不敬与？”[①] 妻在家族中担负着上事宗宙、下继后世的双重责任，保护妻的一定的法律地位，又是维护家族关系的需要。如西晋时规定，夫妻一方死亡，他方应为之服丧，违反规定的，依法治罪。有庐江太守梁翕身有妇服，明日当除，今日请客奏伎，丞相长史周

① 《礼记 · 哀公问》。

颢等三十余人同会。丞相司直刘隗奏请免梁龛官，削侯爵，并夺周颢等俸一月，诏从之。

3. 其他家庭关系

兄弟之间提倡兄友弟恭，兄弟丧为一年，居丧失礼者，也要依律治罪。

另外，《晋律》以严刑维护家族伦常关系。“重奸伯叔父母之罪，犯者弃市。”①

三、继承制度

有宗祧继承和财产继承两项内容。

1. 宗祧继承

西晋宗祧继承实行嫡长子继承制，一般情况下，嫡妻长子为当然宗祧继承人，但若嫡长子先于父亡，或有罪，或有笃疾，无法享受继承权时，则由次子或嫡长孙继承。《晋书·宗室义阳成王望传》载，义阳成王望有四子：弈、洪、整、楙，长子弈先于父亲早亡，次子洪出继叔父，于是立三子整为世子，但整也早亡，于是又立长子弈之子奇袭爵，后来因奇性好聚敛，遣部使到交趾、广州进行商货买卖，为有司所奏，被贬为侯，夺其嫡，另立洪之长子威为望嗣，后来威因参与司马伦谋反被杀，又重立奇为王，以嗣望。又《晋书·崔洪传》记，冯恢父爱少子淑，欲以爵传之，但这是有违礼制的，故父终之后，冯恢服丧终了，便还乡里，“阳喑不能言”，淑因而得以袭爵。以佯装喑哑使为父意愿得以当然实现，用心良苦。所谓世子犯罪，是指犯终身废弃之重罪，《晋书·华表传》中记载，华表长子华廙因犯交通贿赂被免官，“大鸿胪何遵奏廙免为庶人，不应袭封，请以华表世孙混嗣表”。有司不同意何遵之论，认为“廙所坐除名削爵，一时之制。廙为世子，著在名薄，不听袭嗣，此为刑罚再加”。“嫡统非犯终身弃罪，

---

①《晋书·刑法志》。

废之为重，依律应听袭封。”一般罪过是可以继续保留宗祧继承人身份的。

若无子怎么办呢？无子则发生立嗣的问题，立嗣一般应从近亲属中择同姓为之。《晋书》记，高阳元王司马珪无子，诏以太原王司马辅子司马缉袭爵，缉无子，又诏以司马讼为缉后。宗室王爵自不得无人继承，也不得传与他姓，一般高门也是如此。《晋阳秋辑本》卷2记“高安卿侯，夏侯佐率，惊之孙也，嗣绝。诏曰，惊，魏之元功，勋书行帛，昔庭坚不祀，犹或悼之，况朕受禅于魏，而可以忘其功臣哉。宜择惊近属劭封之”。这是皇帝亲自为勋臣择嗣。立异姓为嗣，在西晋是被禁止的。《晋书》中记载，贾充子黎民三岁死，妻郭槐以外孙韩谧为黎民子，为贾充之后。郎中令韩咸等人谏曰“礼，大宗无后，以小宗支子后之，无异姓为后之文”。武帝为此事诏曰“外孙骨肉至亲，推恩计情，合于人心。其以谧为鲁公世孙，以嗣其国。自非功如太宰，……皆不得以为比”①。武帝念贾充功高，故做特例，可见当时立异姓为嗣是不被允许的，所以博士秦秀曾议贾充“充舍宗族弗授，而以异姓为后，悖理溺情，以乱大伦”②。

宗祧继承还有兄终弟及的情况。《晋书·宗室济南惠王传》载，济南惠王遂有二子：耽、缉。遂亡，耽嗣立，耽亡无子，缉继。这种情况较少见。

2. 财产继承

有法定继承与遗嘱继承两种形式。法定继承的原则为诸子均分。遗嘱继承则遵从被继承人的意愿。石苞临终，分财物与诸子，独不给石崇。其母以为言，苞答“此儿虽小，后自能得”。

在继承上，养子与亲生子有同等权利，但若养子对养父母不尽养老送终之孝情，其继承权便被依法剥夺。《折狱龟鉴》卷8记载了这样一个案例。“晋张希崇镇邠州，有民与郭氏为义子，自孩提以至成人，后因戾不受训，遣之。郭氏夫妇相继俱死，有嫡子已长，郭氏诸亲教义子讼，云是真子，

① 《晋书·贾充传》。

② 《晋书·秦秀传》。

欲分其财，前后数政不能决。希崇判曰：父在已离，母死不至，虽云假子，辜二十年养育之恩，倘是亲儿，犯三千条悖逆之罪，甚为伤害名教，岂敢理认田园。其生涯尽付嫡子所有，讼者与其朋党，委法官以律定刑。闻者皆服其断。”这个义子与养父母共同生活了二十年，但父在已与之离，违父子共居同财之礼，母死不至，又违亲子服丧尽孝之法，无论其为真子假子，无论收养关系是否存在，都不应参与财产的继承分配。

第九节　西晋政权的司法制度

一、司法机关

中央司法机关。西晋初，以三公尚书郎掌刑狱，《晋书·刘颂传》中说，刘颂曾为尚书三公郎，“典科狱，申冤讼”。武帝太康时，省之，而以吏部尚书“领刑狱”。后来，才又正式确定中央司法机关为廷尉。《晋书·职官志》载“廷尉，主刑法狱讼，属官有正、监、评，并有律博士员”。廷尉的具体职掌为典刑律、审理诏狱及地方州郡的大案、疑案。审理皇帝交付的案件是廷尉的重要任务，刘颂守廷尉，时尚书令史扈寅非罪下狱，“诏使考竟”，负责诏狱的廷尉必须遵旨行事。州郡疑难案件一般也须由廷尉最后定夺，《晋书·江统传》说江统为廷尉正，“每州郡所疑，断处从轻”。

特别疑难、重大的案件，西晋有八座议罪之制。《晋书·庾纯传》中，庾旉被廷尉奏以大不敬，弃市论，求平议。尚书夏侯峻说“官立八座，正为此时”。

皇帝历来是封建司法的最高长官，拥有立法、司法的最高权力，西晋时，皇帝经常直接参预审判，决定郡国狱讼。《晋书·武帝纪》记，泰始四年（公元 268 年）十二月，“帝临听讼观，录廷尉洛阳狱囚，亲平决焉”。死案的决定权也时常由皇帝掌握，咸宁二年（公元 276 年），句容令孔恢罪弃市，诏曰“恢自陷刑网，罪当大辟，但以其父年老而有一子，以为恻然可特原之”[1]。

地方司法机关。与汉魏制同，地方仍实行司法行政合一的制度，地方行政长官兼理司法事务，此外县还设有狱小史、狱门亭长等员，负责具体事务。一般案件都可由地方审理，自行判决，大案、要案、疑案则由州郡上交廷尉。

二、诉讼制度

1. 告诉

西晋告诉有两种形式：自诉与公诉。自诉为当事人直接到官府提起诉讼，如家庭纠纷，一般民间诉讼等。如前述“晋安重荣镇常山，有夫妇讼其子不孝者”。公诉是官吏代表国家纠举犯罪。掌此职的有监察官御史丞，司隶校尉及其他司法官吏，《晋阳秋辑本》卷 2 记，司隶校尉刘毅曾奏南郡太守以布行贿，“请槛车征付廷尉治罪”。

告诉一般由下而上逐级提起，严禁越级诉讼。但如有奇冤或特殊情况，可以直接诉之朝廷，这种诉讼方式晋时称为“诣阙告诉”。卫瓘被杀，繇等执黄幡，挝登闻鼓上书论律。

一定范围的亲属之间仍可相互隐瞒除谋反大逆以外的一般犯罪，告官者有罪。如前述周处所言“证父攘羊，伤化汙俗”。

2. 审判与执行

张斐在《注律表》中对审判过程中取证的原则与方法曾作过详细论述。他说“夫刑者，司理之官；理者，求情之机；情者，心神之使。心感则情动于中，而形于言，畅于四肢，发于事业。是故奸人心愧而面赤，内怖而色夺。论罪者务本其心，审其情，精其事，近取诸身，远取诸物，然后乃

① 《太平御览》卷 646。

可以正刑。仰手似乞，俯手似夺，捧手似谢，拟手似诉，拱臂似自首，攘臂似格斗，矜庄似威，怡悦似福，喜怒忧欢，貌在声色。奸真猛弱，候在视息”。张斐主张审判官应从心理学的角度，通过察言观色取舍证据，判别真假，“候在视息”，征象在于考察被告人的细微动作表现。这其中虽有唯心的色彩，但它相对封建的刑讯逼供，显然是一个进步。

张斐此论在西晋的司法审判实践中究竟是否实现，不得而知，但刑讯逼供在此时仍是公开合法的审判方法倒是确实的。为获得口供，司法官可以对被告加以鞭杖之刑，尽管西晋对鞭杖刑具的规格、尺寸都做了规定，但司法官弃法而不顾，任意刑讯逼供的状况始终没能改变，被告人无以承受肉体之痛而诬服罪状，造成冤案的情况经常发生。《太平御览》卷 639 记董丰被疑杀妻一案，丰被送有司后，“不堪楚掠，自诬引杀妻”。不愿诬服者，则可能冤死狱中，如孙拯因陆机一案被收而遭拷掠，“两踝骨见，终不变辞”，遂死狱中。

口供被认为是最具证明力的证据，获取口供，作出判决后，即交付执行。死刑一般行之于市，流刑、徒刑发放所在，鞭杖之刑一般当庭执行。西晋时，死刑仍为秋冬执行，《晋书·良吏曹摅传》中记，曹摅为临淄令，狱有死囚，年末，曹行狱，生怜悯之心，放其省亲，来年行刑。西晋监狱设于京都与地方，《太平御览》卷 643 引王隐《晋书》曰“太康五年夏六月，初置黄沙狱”，“武帝置黄沙狱以典诏囚”。晋时对监狱的规格，狱中囚犯的待遇等都有规定。《太平御览》卷 643 引《晋令》曰“狱屋皆当宁固，厚其草蓐，家人饷馈，狱卒为温暖傅致，去家远无饷馈者，悉给禀，狱卒作食，寒者与衣，疾者给医药”。还是有些人道的。

西晋时仍有考竟之制，考事情于狱中而结束其性命。《晋书·赵王伦传》记“收吴太妃赵粲及韩寿妻贾午等，付暴室考竟”。又《晋书·刘颂传》载“时尚书令史扈寅非罪下狱，诏使考竟”。

3. 赦免

中国历代皇帝都常行赦免，在皇帝登基、改年号，或天下有喜瑞、怪异之时，都要颁诏大赦天下。如泰始五年（公元 269 年）五月辛卯朔，凤凰见于赵国，曲赦交趾、九真、日南五岁刑。七年（公元 271 年）五月，赦死刑以下。太康六年（公元 285 年）三月，大赦，改元，大脯五日，恤孤老穷困。

第十节　西晋政权的监察制度

一、监察机关及其职掌

西晋监察机关在中央为御史台、司隶校尉、尚书左丞。

西晋仿汉制，设御史台，以中丞为台主，督察百官。其主要属官有：

治书侍御史四人。《通考·职官七》记“魏晋以来，持书侍御史分掌侍御史所掌诸曹，若尚书二丞”。太康中，省治书侍御史二人。杜锡为卫将军长史，赵王伦篡位，以为治书侍御史。

侍御史九人。“颇用郡守为之，品同持节，而有十三曹。”其谓十三曹有：吏曹、课第曹、直事曹、印曹、中都督曹、外都督曹、媒曹、符节曹、水曹、中垒曹、营军曹、法曹、算曹。

殿中侍御史四人。“居殿中察非法。”承魏而不改。

黄沙狱治书侍御史一人。泰始四年始设，“掌诏狱及廷尉不当者，皆治之”[①]。其品秩与中丞同。高光以“历世明法”，而为第一任黄沙御史。

禁防御史。后来省之。

监搜御史一人。掌对入殿奏事官的搜检。

司隶校尉之设，西晋与汉魏制同，“时政损益，当世与夺，无不毕综”。司隶校尉职权很大，与御史分督百官，“自皇太子以下，无所不纠”。《册

---

① 《册府元龟》卷 512。

府元龟》卷518记，刘毅为司隶，“皇太子朝鼓吹将入东掖门，毅以为不敬，止之于门外，奏劾保傅以下”。又刘毅曾劾奏何曾侈汰无度。傅咸为司隶，曾奏免河南尹何攀。

尚书左丞。《通典》卷22载傅咸答辛旷诗序曰“尚书左丞，弹八座以下，居万机之会，乃皇朝之司直，天台之管辖”。郗诜为尚书左丞，曾奏推吏部尚书崔洪。

同为监察机关的御史台与司隶的职权起初曾有明确划分。按晋制，御史中丞专纠行马内，司隶校尉专纠行马外，二者各司其职，两不相干。但后来在实际中，“虽制如是，然亦更奏众官，实无其限”[①]。傅咸任司隶校尉时，奏免仆射王戎，御史中丞以咸劾戎“为违典制，越局侵官，干非其分”。奏免傅咸官。傅咸因此上书，认为“按令，御史中丞督司百僚。皇太子以下，其在行马内，有违法宪者，皆弹纠之。虽在行马外，而监司不纠，亦得奏之”。“既云中丞督司百僚矣，何复说行马之内乎！……”司隶所以不复说行马内外者，禁防之事已于中丞说之故也。中丞、司隶共行皇太子以下，则共对司内外矣，不为中丞专司内百僚，司隶专司外百僚，自有中丞、司隶以来，更互奏内外百官，惟所纠得无内外之限也。[②]中丞、司隶共纠百官，无内外之别，自此成为定制。又按制，晋初御史中丞、司隶校尉无权弹及尚书，后来傅咸因此事又上书“司隶与中丞俱共纠皇太子以下，则从皇太子以下无所不纠也，得纠皇太子而不得纠尚书，臣之暗塞，既未所仇”。“皇太子在行马之内而得纠之，尚书在行马之内而不得纠，无有此理。”帝深以为是。自此，尚书也在中丞、司隶监察纠弹之列。

尚书左丞本职为主台内禁令，兼掌台内纠弹之事，后来随着尚书台地位的提高，左丞的权限也随之扩大，其纠弹由台内而推及台外，尚书八座及八座以下众官皆属纠弹范围。相比较而言，左丞的监察权限小于中丞与

---

① 《通典》卷24。

② 《晋书·傅咸传》。

司隶，而且其所纠弹的多为违犯行政法律者或轻微的刑事犯罪。左丞不得弹八座以上官。武帝时，以山涛为司徒，频让不许，涛出遂归家。左丞白褒奏涛违诏。武帝诏杖褒五十。

三机关之间还可互相监督，互相纠弹，形成相互牵制之势。傅咸为尚书左丞，“司隶荀恺从兄丧，自表赴丧，诏听之。而未下，恺乃造杨峻，为咸所奏”[①]。

二、监察活动

西晋三监察机关的监察活动比较频繁，朝中重臣因违法而被纠的事屡有发生。一些刚正守法的监察官居其位、行其事，刚正不阿，堪称一代典范，《册府元龟》卷 512 中记载“傅玄为司隶校尉，每有奏劾或值日暮，捧白简整簪带竦踊不寐，坐而待旦。于是贵游慑服，台阁生风”。又载，“刘毅为司隶都官从事，后为司隶校尉，纠正豪右，京师肃然，司部守令望风投印绶者，甚众。时人以毅方之诸葛丰，盖宽饶”。“崔洪为御史治书，奏免散骑常侍翟婴官，朝廷惮之。寻为尚书左丞，时人谓之语曰：‘丛生棘刺来自博陵，在南为鹞，在北为鹰。’”崔洪为博陵人。又有“石鉴为御史中丞，多所纠正，朝廷惮之”。

监察活动无所不及，监察对象涉及百官臣僚，对肃清吏治，整饬官风无疑发挥了积极作用，但这也必然引起豪右权贵者的怨怒。刘暾为侍御史，武库起火，尚书郭彰率百人自卫而不救火，刘暾正色责郭彰，彰不以为然，反谓暾曰“我能裁君角也”。刘暾大怒，求纸笔奏之，彰这才“伏不敢言”。可见行政与监察权的互为争斗。又《册府元龟》卷 514 记“刘乔为御史丞，齐王冏腹心董艾势倾朝廷，百僚莫敢忤旨，乔二旬之中奏劾艾罪衅者六。艾讽尚书右丞苟晞免乔官”。西晋门阀政治使监察权的行使遇到重重

---

① 《册府元龟》卷 518。

障碍，不能正常发挥其职能，而皇帝又往往避其权贵，以恩典诏赦所弹。《晋书·外戚羊琇传》中记，羊琇放恣犯法，“司隶校尉刘毅劾之，应至重刑。武帝以旧恩，直免官而已”。而且“顷之，复职”。亲、故、旧、贤倚皇帝恩典，监察官也只能望而兴叹。另外，西晋时期官吏守法者少，贪敛者多，监察官纵使恪尽职守，不畏权贵，所纠察者也只是百不及一，因此西晋吏治的混乱至终没有得到根本解决。

第五章　东晋政权的法律制度

公元316年，西晋长安陷落，西晋政权为前赵所灭。公元317年，司马睿与南渡士族在建康建起了侨寓的东晋政权。东晋政权建立后，统治者不思进取，无所作为，几次北伐，都归失败，其内部又是矛盾重重，南渡士族与吴地士族之间，南渡士族内部互相之间，庶族地主与士族地主之间始终摩擦不断。政治的腐败，内部斗争的消耗，使社会经济生活受到极大影响，百姓饥苦不堪。公元399年爆发了破坏性极大的孙恩、卢循领导的农民起义，在镇压农民起义中发展了势力的寒族刘裕最终取东晋而代之，公元420年建立了刘宋政权，东晋灭亡。东晋政权历十一代国君，经一百零三年。

第一节　东晋时期的社会状况

一、统治阶级的内部矛盾

首先，有侨姓士族与吴姓士族之间的矛盾。江南士族早在孙吴时已形成了强大的势力，司马睿初至建业，江南士族反应冷淡，侨迁士族王导、王敦等极力拥戴司马睿并劝其收拢了一批当地名族，东晋政权的建立与稳固正是依靠的南北士族的共同支持。但政权建立之后，司马睿仍重用侨姓士族，对江东世家大族却只委以虚位，不给实权，这自然得罪了一些有功之臣，引起了他们的不满。另外，北方士族南下，在经济上，在土地的占有上也与吴地士族形成了尖锐的冲突，南北士族的矛盾不可避免。周玘父子谋反叛乱等事就是这种矛盾的表现。

侨姓士族之间的矛盾斗争也非常尖锐，其焦点也在于权力分配，其主要表现为王敦之乱。王敦是王导从兄，司马睿建东晋时，敦与导“同心翼戴”，立下了汗马功劳。既得势后，被任命为都督六州军事，势力日增，睿帝深以为患，于是重用刘隗、刁协、戴渊，以刘等为亲信，制约、防范王敦。王敦于322年起兵，杀戴渊、刁协等人，自为丞相，又领扬州牧，但在继续举兵东下谋夺帝位时，王敦病重，叛乱被平息。

苏峻之乱则反映了庶族地主与士族地主的矛盾。苏峻“本以单家”，初仕为郡主薄，后被举孝廉，中原沦丧之后，南渡仕于东晋，在平王敦之乱中立下功劳，威势日重。朝中大臣庾亮建议召苏峻入朝为大司农，夺苏峻兵权，于是苏峻与祖约相联合，率兵打进京城。后被平定。

东晋统治政权内部错综复杂的矛盾冲突，接连不断的反叛、平叛，极大地削弱了东晋政权的力量，使司马氏政权穷于应付，无心问政，这是东晋王朝社会混乱的主要原因。

二、东晋的社会经济

1. 经济的发展

南方社会经济在东吴时已有所建设，但这里在农耕技术方面还较北方落后，晋政权南渡，带去了北方的生产技术，也带去了大量的劳动人手，南方经济就此得到了较大的发展。统治者在建国之初也比较重视农业，元帝司马睿时采取了兵士屯田、流民屯田及令郡县长吏劝课农桑等措施，鼓励发展农业；不仅如此，东晋还大修水利《晋书·张闿传》载，张闿为晋陵内史，“立曲阿新丰塘，溉田八百余顷，每岁丰稔”。《晋书·孔愉传》又载，孔愉为会稽内史时，“溉田二百余顷，皆成良业”。由于统治者重视并采取了一些有效措施，东晋年间经济有了一定的发展，《晋书·食货志》里记，到孝武帝末年，“天下无事，时和年丰，百姓乐业，谷帛殷阜，几乎家给人足矣”。

2. 土断

晋室南移，北方难民大量涌入江南，东晋政府曾设侨州郡县安置这些流民，只要注籍于侨州郡户口簿，就可免赋役，这一政策在当时对于安抚战乱中流离失所的北人确曾起到了一定的作用。但实行久之，却弊端丛生，首先，免调役使东晋政权的财政来源受到很大影响；其次，流民“往往散居”，政府无以控制，易生大乱。所以东晋自成帝开始，先后实行了几次土断，统一编户，以此加强国家对百姓的控制、剥削。第一次土断，成帝咸和中；第二次，在咸康七年（公元 341 年），“实编户，王公以下，皆正土断白籍”①。东晋户籍有黄、白之分，黄籍为土著户籍，侨户户籍为白籍，这是为有朝一日收复北方失地，侨民回复原居地而准备；第三次土断在哀帝兴宁二年（公元 364 年），《晋书·哀帝纪》载，“兴宁二年三月庚戌，大阅户人，严法禁，称为庚戌制”。这次土断较第一、二次要彻底，由桓温主持，他严格执行土断法令，将隐匿户口、逃避土断的一些不法贵族正之以法，因此效果较前两次显著；第四次土断在安帝义熙八年、九年（公元 413 年、414 年），由刘裕主持进行，这也是规模较大、较彻底的一次，“依界土断，唯徐、兖、青三州居晋陵者，不在断限。诸流寓郡县多被省并”。经过几次土断，东晋确实解决了浮浪人口的问题，政府控制下的编户齐民增多了，原侨州郡百姓的免税役特权也被取消了，政府的财政来源有了一定的保障，于是，东晋时有“财富国丰”的景象。但对于百姓来说，他们所受到的封建剥削显然加重了许多，土断无疑把他们推向了更大的灾难。

① 《晋书·成帝纪》。

三、东晋政权的衰败与灭亡

东晋政权曾进行过数次北伐，先有祖逖收复河南，未待继续北进，由于朝中内乱，祖逖倍受牵制，忧愤而死。后又有庾亮、庾翼有志收复中原，但均未待成而病死。殷浩继之，也因朝中矛盾，军资供应不足而失败。最后的一次北伐由桓温领军，曾一度攻至关中、枋头，但桓温意在立功树威，无收复旧土之宏图大志，因此最终也告失败。几次北伐都因朝廷中的种种矛盾而失败，失败又加剧了朝中已有的各种纷争，另外，数次北伐，损耗了大量财力，“军破于外，资竭于内”，“劳役无时，征求日重”，激化了统治者与被统治者的矛盾，大量地发奴客为兵，又引起了贵族地主的不满，致使东晋社会原有的各种矛盾更尖锐、突出。而东晋统治者，尤其是后期的统治者，又极其腐化、堕落，孝武帝晚年“溺于酒色，始为长夜之饮”，专用司马道子，孝武帝死后，其子司马德宗继位，司马道子专擅国政，征发徭役、兵役不断，赋税加重，搞得民不聊生，终于在安帝隆安三年（公元 399 年）爆发了孙恩、卢循农民起义，这次农民起义从根本上摧毁了原已脆弱的东晋政权，加速了东晋的灭亡。

东晋王朝是在贵族联合支持下建立的政权，司马氏家族在这个政权中从未占据绝对优势，南北望族相继左右朝政，司马氏一方面要依靠、拉拢世族地主，一方面又要打击、控制他们的势力，因此各种矛盾交叠复杂，内耗、外损终至晋亡。

第二节　东晋政权的法律思想

一、用商韩之术，以重刑惩奸

如前所述，东晋司马氏家族的统治是建立在世家大族支持的基础上的，司马氏家族与南北士族之间实际上一直处于一种相互对立又相互利用的关系中，从经济、政治势力而言，作为最高统治者的司马睿并不占据绝对优势，因此，为了稳固皇位，从一开始，司马氏就严格防范贵族势力膨胀，以重法御下，打击豪强势力。《晋书 · 阮籍传》中有阮籍从孙孚“避乱渡江……时帝既用申韩以救世”之语，《晋书 · 庾亮传》中又有“时帝方任刑法，以韩子赐皇太子”的记载，都说明元帝弃儒礼而用申韩的基本政策。其实早在元帝于江左为晋王时，即已弃礼于不顾，《晋书 · 刑法志》中记当时司法官卫展上书中提到“今施行诏书，有考子正父死刑，或鞭父母问子所在……伤顺破教，如此之众。相隐之道离，则君臣之义废；君臣之义废，则犯上之奸生矣”。即帝位后，其重法思想继续推行，《世说新语考异》元帝始过江条，敬胤注“（元帝）以法御下，明于黜陟。宋典，上所亲也，其人犯法，免官，典斩其司马以徇；桂阳太守程甫，王敦所私，奢侈逾度，上遣御史戴弘槛车，斩之；永康令胡毋崇侵横百姓，惧罪亡叛，既而归首，于朱雀门顿鞭二百，除名为民；徐州刺史蔡豹征伐违律，斩而磔之”。元帝的重法思想得到了朝臣刁协、刘隗等人的支持，许多高门贵族在任期间遭弹劾，甚至被免官，而协、隗深为元帝所宠信，“诸刻碎之政，皆云隗、协所建”。

东晋年间辞去高官厚禄而身为勾漏县令的葛洪，也是重法任刑的极力推崇者。葛洪认为，东晋社会正处乱世，“黎庶巧伪，趋利忘义”，各种纷争不断，只有重用刑法，以刑“整民”，才能禁奸止乱。他不否认“仁”的作用，但是“仁者，养物之器；刑者，惩非之具”，“天地之道，不能纯仁”，在特殊时期，必须加强刑法的镇压作用，以“惩非之具”来治理乱世。他主张严刑峻法，提出“峻而不犯，全民之术”，认为若“以轻刑禁重罪，以薄法卫厚利”，则“陈之滋彰，而犯者弥多”，严刑可以防患于未然，使民知畏而不敢犯。为了实现他的重刑思想，葛洪进一步提出了恢复肉刑的主张，当然，这一理论在当时未能实现。

葛洪的重刑主张也是有所针对的，“当怒不怒，奸臣为虎；当杀不杀，大贼乃发”，西晋政权的灭亡取咎于统治者驭下无方，权贵横行，东晋政权立国之初也面临着同样的权贵争势的问题，因此，葛洪以此力劝司马氏以威克之，防止以下侵上。

二、为治之本，务在清静

《太平御览》卷248引何法盛《晋中兴书》“中宗迁镇建康，（王导）为司马，委以政事。于是朝野倾心，号曰‘仲父’，导忠于事上，达于从政，以百六之弊寄寓江左，为治之本，务在清静”。《晋书·顾和传》又载，王导“遣八部从事之部，（顾）和为下，传还，同时俱见。诸从事各言二千石官长得失，和独无言。导问和，‘卿何所闻’？答曰‘明公作辅，宁使网漏吞舟，何缘采听风闻，以察察为政’。导咨嗟称善”。反对以察察为政，主张无为而治，“结绳以整奸欺，不言以化狡猾”是宰辅王导的为政基本思想。他的这一思想代表了以王氏为首的南北士族的共同利益，是高门士族与皇族矛盾的一个表现，他们反对皇帝的严苛之政，希望充分享受贵族的政治、经济法外特权。显然，这一主张与元帝重刑止奸的刻碎之政是背道而驰的，但它在当时却有相当的支持。

三、理狱须征文据法，以事为断

元帝初至江左，朝廷草创，制度未备，“议断不循法律，人立异议，高下无状”，立法、执法情况非常混乱，主簿熊远深以为患，上书奏议指出“礼有常典，法有常防，人知恶而无邪心”。但军兴以来，法度陵替，官司断案处事皆不用律令，而“竟作属命，人立异议，曲适物情”，“府立节度，复不奉用，临时改制，朝作夕改，至于主者不敢任法，每辄关谘，委之大官”。他认为要解决这一问题，改变这种状况，必须要树立法律的权威，保持法令的统一性、严肃性，而要实现这一目标，又必须首先严格立法，其次司法官要依法而断，“法之不一，是谓多门，开人事之路，广私请之端，非先王立法之本意也”。他主张“令录事更立条制，诸立议者皆当引律令经传，不得直以情言，无所依准，以亏旧典也”，“主者唯当征文据法，以事为断耳”[①]。熊远此论从维护新的统治政权出发，提出了当时统治者所急需解决的现实问题，强调立法、司法的统一、严格性，反对以私情废法，任情高下，他的所指也同样是高门大族，提醒为政者防范权贵弄法。可惜他的这些积极主张在当时未被采纳，“是时帝以权宜从事，尚未能从”。待至卫展为大理，再次上书，提出严格立法的问题，元帝才接受了这一建议，令蠲除诏书不便于时者，以保证国有常典。

第三节　东晋政权的行政法律制度

一、行政机构的设置

东晋行政机构的设置因循西晋，并在此基础上有所发展。

1. 中央行政机构的设置

八公。西晋八公之置，东晋仍沿袭之，只是太宰、太师、太保三公居之者较西晋更少，常常是空备而已。八公在这时仍是虚位，没有实权，皇帝优待重臣、明升暗降某些权臣时，常借助于此。

宰相。东晋宰相仍是省置无定。《通志》卷52载“元帝渡江，以王敦为丞相，转司徒，荀组为大尉，以司徒官属并丞相为留府，敦不受。成帝以王导为丞相，罢司徒府以为丞相府。导薨，罢丞相府复为司徒府”。丞相府的省并随事随人而行，并无定制。元帝时还曾“以镇东下将军为丞相，府置从事中郎，分掌诸曹，有录事中郎，度支中郎，三兵中郎，其参军则

① 《晋书·刑法志》。

有谘议参军二人，主讽议事……”[①] 这一设置也没有成为永制。

三省在东晋为实际的最高行政机关。

尚书台。东晋尚书台权位较西晋稍减，但仍为中央行政之中枢，参定重大军国事务。长官尚书令，一人；副职左右仆射，各一人。令仆之设也时有变化，《晋书·职官志》记，“迄于江左，（仆射）省置无恒，置二，则为左右仆射，或不两置，但曰尚书仆射。令阙，则左为省主；若左右并阙，则置尚书仆射以主左事”。尚书令的权位较重，《册府元龟》卷470《台省部》曰“卞壶为尚书令，成帝即位，皇太后临朝，壶与庾亮对直省中，英参机要”。

尚书台设五曹：吏部、祠部、五兵、左民、度支，吏部之任为重，故居于首。设列曹尚书领各曹事，其中祠部尚书常与右仆射通职，所以不常置，以右仆射掌其事，如果右仆射缺，则以祠部尚书摄知右事。列曹尚书下设左右丞各一，尚书郎若干。

中书省。中书省掌出纳王命、敷奏万机，朝廷中枢要务，多决而断之。长官为中书令、监各一人，副职中书侍郎四人。又以西晋的舍人、通事为“通事舍人，掌呈奏章。后省而以中书侍郎一人直西省，又掌诏命”。东晋中书省权位益重，《太平御览》卷220载王献之表曰“中书职掌诏命，因非轻才所能独任，自晋建国常命宰相恭领，中兴以来益重其任”。终两晋之世，中书地位继魏之后持续上升，正如《通志》所说，“魏晋以来中书监令掌赞诏命，记会时事，典作文书，以其地在枢近多承宠任，是以人固其位，谓之凤凰池”[②]。

门下省。掌朝中政务决策，为亲近之职。正职侍中，置四人，哀帝兴宁年间，桓温奏省二人，后又复旧。副职黄门侍郎四人，又设散骑常侍、给事中、通直散骑常侍、通直散骑侍郎等若干人。《文献通考》卷50中载“东晋以来，天子以侍中常在左右，多与之议政事，不专任中书，于是又

① 《通志》卷52。

② 《通志》卷52。

有门下，而中书之权始分矣”。

东晋的尚书台、中书省、门下省掌握朝中实权，中书、门下权力进一步发展，尚书台地位相对削弱。中国古代封建皇帝为防止臣下专权，不断转移权力中心，并试图建立一个臣下相互监督牵制的权力制约体制，这种试图实现于隋唐，西晋、东晋正处于其奠基阶段。

九卿。西晋在三省之下设九卿，东晋省九卿中的卫尉，置八卿，但一般仍统称做九卿。东晋九卿的内部组成、员数及省置情况与西晋少有变动。光禄勋，哀帝兴宁二年（公元 364 年）省之，并司徒，孝武宁康元年（公元 373 年）复置；太仆，东晋或省或置，已不常设；大鸿胪，有事则置，无事则省；宗正，哀帝时省并太常，太医以给门下省；大司农，哀帝时曾省并都水，孝武时复置；少府，哀帝时省并丹阳尹，孝武复置。东晋九卿大多省置无常，其权力也进一步被尚书削夺，桓温曾说“今事归台阁，而九卿为虚设，皆宜省并”。建议将九卿与其他部门合并。桓温的建议未被采纳，但九卿在东晋确无作为。

2. 地方行政机构的设置

地方行政州、郡、县三级与西晋同。

扬州刺史。东晋京师地为扬州，故罢西晋之司隶校尉，而置扬州刺史，其权力重于他州刺史。扬州刺史处京辇重地，又实权在握，一般都委之以为皇帝所信任的重臣。扬州刺史与丹阳尹相左右，往往可以控制朝中大势。

刺史。州设刺史，兼领军事。属员置主簿、别驾、治中从事、门亭长、录事、记事书佐等。

太守。郡设太守，京师所在地设丹阳尹，分封王国设内史。属员有主簿、主记室、门下贼曹、议生、门下史、记室史等员。

令、长。县设令、长，下有主簿、录事史、主记室史、门下书佐、干、游徼、议生等属员。

东晋地方州、郡、县的一般设置情况，属员人数，职责等基本与西晋同，这里不再赘述。须提及的是，东晋时期由于北方士族的大量南迁，在当地形成了一些侨州郡县，因此，东晋的地方行政制度中便有特别的侨州郡县制度。《晋书·元帝载记》中载元帝太兴三年（公元320年）之诏“朕应天符，创基江表，兆庶宅心，强负子来。琅邪国人在此者近有千户，今立为怀德县，统丹阳郡……优复之科一依汉氏故事”。西晋王朝实行世族门阀统治，故门第是为第一重要，及至渡江，这些世家大族不愿放弃原有的尊势；东晋政权为了维护其统治，也不得不承认他们原有的势力范围，允许他们在江南划地为界，保持原有的地名。《隋书·食货志》载，“元帝寓居江左，百姓之自拔南奔者，并谓之侨人，皆取旧壤之名侨置郡县，往往散居，无有土著”。这些侨州郡县为数不少，它们在土地范围、人数上往往少于一般州郡县，但权势很重，它们给东晋的地方行政带来了混乱。东晋末年曾试图以土断取消之，但终未能成。

二、东晋选官

东晋选官与门阀制度进一步结合，官宦之途几为士族所垄断，寒门进仕机会极少。据对《晋书》传记中所列人物的统计，西晋时以各种途径入仕的寒门人数为40人，约占入仕总数的24%，而东晋时寒门入仕人数为22人，比例降为13%。门阀政治恶性发展，选官制度更为其控制，成为直接维护和扩大士族特权的有效工具。

1. 选官途径

东晋选官途径大略与西晋同：

吏部铨选，这仍然是高门士族的主要进仕途径。

辟召，中央公府与地方州郡府选拔官员。东晋时，行公府辟召者多为权倾一时的重臣。所以高级士族子弟以应公府辟召为荣，这一仕途较之西晋更受豪门青睐。州郡辟召，起于低品，有时成为寒门庶人通仕途、达显贵的要径。车胤，家贫不常得油，以萤火照书，桓温辟从事，引主簿，迁别驾、征西长史，显于朝廷。但大多情况下，寒门之人为州郡所辟，前程也是有限。州、郡相较，后者显贵更难。

举孝秀。东晋孝秀之举较西晋正轨，元帝时定制，秀才，扬州岁贡二人，诸州各一人。东晋初年，以天下丧乱，“务存慰勉远方”，孝秀皆不策试，径行任署，后来太兴初，陈頵任尚书，上书以为“昔江外初平，中州荒乱，故贡举不试。宜渐循旧，搜扬隐逸，试以经策”①。陈頵的建议很快被元帝采纳，下诏试经，“有不中科，刺史、太守免官”②。策试制度相当严格，以致“孝秀莫敢应命，有送至京师者，皆以疾辞”。告病还乡，不敢亲试。太兴三年（公元320年）尚书孔坦再上书，议请孝秀之试普延五年，设学讲习，然后策试，元帝诏许孝廉普延四年，而秀才仍未免。策试主要内容为治世之道，策试合格的，可直接授官。

东晋孝秀一般也不限本籍举察，侨居他乡仍被举孝秀者，也属平常。

需注意的是，东晋孝秀察举泾渭分明，一人不同取二科，举孝廉者不得为秀才，反之亦然，这与西晋一人先举孝廉、后举秀才是不同的，之所以如此，大约是当时秀才为士门垄断，孝廉多属寒门所致。

举孝秀策试合格后，可为地方令长，也可为中央朝臣佐吏，但对出身寒微的人来说，任高品确非易事。《晋书 · 忠义 · 易雄传》载“易雄举孝廉，为州主簿，迁别驾。自以门寒，不宜久处上纲，谢职还家”。处士族权贵的包围之中，微贱之身难以自立。

荐举。丹扬尹温峤上书荐桓彝为宣城内史。中书令庾亮每嘱桓彝觅一佳吏部，及至都，谓亮曰“为卿得一吏部矣”。荐舆县令徐宁，后来很快迁为吏部郎。

2. 九品中正制度

东晋门阀政治进一步膨胀，九品中正制越加成为保护世家大族进仕特权的工具，故东晋九品中正制度尽管沿西晋而不改，但在选官实践中，中

---

① 《晋书 · 陈頵传》。

② 《文献通考》卷28。

正地位日衰，作用益小，官品升降为士族掌握。《晋书·孔愉传》记，孔愉为司徒左长史，以平南将军温峤母亡遭乱不葬，乃不过其品。后温峤平苏峻有功，孔愉前往造访峤，峤执愉手而流涕曰“天下丧乱，忠孝道废。能持古人之节，岁寒不凋者，唯君一人耳”。可见当时九品中正制度衰微之一斑。

世族控制定品授任之权使得东晋的九品中正制度较西晋更腐朽，更世族化。《唐书·柳冲传》说“魏氏立九品，置中正，尊世胄，卑寒士，权归右姓”。“晋宋因之”，“官有世胄，谱有世官”。《晋书·良吏传》亦云“下僚多英俊之才，势位必高门之胄”。正所谓“公门有公，卿门有卿”，九品中正制度已完全失去了它本来的积极意义。

三、官吏的考课

元帝为晋王时，课督农功，“诏二千石长吏以入谷多少为殿最”。[①]元帝太兴元年（公元318年）正月下诏“听言观行，明试以功。其有政绩可述，刑狱得中，人无怨讼，久而日新，及当官软弱，茹柔吐刚，行身秽浊，修饰时誉者，各以名闻”[②]。这是东晋时仅有的评官吏为政优劣的诏文，其实行如何已无考证。

东晋之世一直没有建立起有效的官吏考课制度，吏治混乱、腐败，如《颜氏家训·涉务篇》所说“晋朝南渡，优借士族。故江南冠带，有才干者，擢为令仆以下，尚书郎、中书舍人以上典掌机要。其余文义之士，多迂诞浮华，不涉世务，纤微细过，又惜行捶楚，所以处于清名，盖护其短也”。即使身居高职，也多有清谈为务、纵酒耽乐者。毕卓为吏部郎，常饮酒废职，曾夜盗邻人酒而被酒掌所缚，常谓人曰“得酒满数百斛船，四时甘味

① 《文献通考·田赋考二》。
② 《晋书·元帝纪》。

置两头，右手执酒杯，左手执蟹螯，拍浮酒船中便足了一生矣”。如此酒肉之徒却可居为朝官，可见东晋吏治之一斑。

第四节　东晋政权的刑事法律制度

一、定罪量刑的基本原则

1. 八议论罪

东晋立法较之西晋更重于保护贵族特权，八议论罪原则也更经常、更广泛地使用。《晋书·羊曼传》记载，成帝时，庐陵太守羊聃刚克粗暴，怀疑郡人简良等为贼，杀200多人，诛及婴孩，髡锁徒谪100多人，征西大将军将其槛车押于京都治罪。有司奏“聃罪当死，以景献皇后是其祖姑，应八议”。成帝诏曰“此事古今所无，何八议之有！犹未忍肆之市朝，其赐命狱所”。因其罪太重，不得原宥，但却以其特殊身份决定以较体面的方式赐死。诏下后，琅邪太妃山氏，为羊聃之甥，入殿叩头为聃请命，王导又为之劝，于是帝再下诏“原聃生命，以慰太妃渭阳之恩”。终于以皇亲国戚之故，免其死罪。康帝时，中南郎将、皇太后舅谢尚杀泾令陈干，也以“尚属外属，宥之有典”而免刑。谋反罪，罪死不赦，但在此时也有以八议而赦者，周勰谋反败，帝即念周族豪望，吴人所宗，故不穷治，抚之如旧。亲、故、贤、能、功、贵、勤、宾可以以其特别的身份地位在东晋享受充分的法律特权，如蔡谟所言“春秋之议，以功补过。过轻功重者，得以加封；功轻过重者，不免诛绝；功足赎罪者无黜”[①]。

2. 自首减免刑罚

康帝时，顾和奏表曰“（谢）尚先劾奸赃罪，入甲戌赦，听自首减死”。

---

① 《晋书·刁协传》。

自首可以减免刑罚，但若自首不实，仍按其所实犯之罪处罚。《折狱龟鉴》卷八载，“王坦之袭封蓝田县侯，时卒士韩帐逃亡，归首云，失牛故叛。有司奏劾怅偷牛，考掠服罪”。

3. 类推比附

司法实践中，遇有法无名文规定的犯罪，则比照其相类似的法条定罪。《九家旧晋书辑本》(一)中载，安帝义熙年间，刘毅镇姑熟，常出行南陵，县吏陈满射鸟，箭误中直帅，虽不伤人，据法当弃市。何承天议曰“今满意在射鸟，非有心于中人，按律，过误伤人三岁刑，况不伤乎？”举重以明轻，伤人尚且不致于死罪，只判三年徒刑，更何况未造成伤害呢？

4. 疑罪从轻

没有确凿证据证明犯罪者，是为疑罪。罪疑从轻，是西周时已确立的一项定罪量刑的基本原则，《尚书·吕刑》中说“五刑之疑有赦，五罚之疑有赦”。东晋时刑法也仍然遵从这一原则，上引《折狱龟鉴》中卒士逃亡归来自首一案，王坦之认为韩帐“束身自归，而法外加罪，懈怠失牛，事或可恕，加之木石，理有自诬，宜附罪疑从轻之例”。遂以见原。又上引刘毅出行被县吏陈满误射一案，何承天议曰“狱类情断，疑则从轻”。

其他刑法原则，如区分故意、过失，区分首从等原则，东晋与西晋基本一致，但在共同犯罪的处罚中有一特别规定，《晋书·刑法志》载“庚寅诏书，举家逃亡家长斩”。“设子孙犯事，将考祖父逃亡，逃亡是子孙，而父祖婴其酷。”家人共犯逃亡罪，无论实际情况怎样，家长父祖是当然的主谋、首犯，加重处罚，这与《唐律》家人共犯处罚同居尊长的规定是相似的。这项规定旨在加强家族中家长的责任，其目的之一在于使其子孙念及父祖之恩而不肆意妄为，另一方面则进一步加强了父祖约束、惩戒子女的权力。

二、罪名

1. 侵犯皇权的犯罪

（1）大不敬。受弃市死刑。《晋书 · 周嵩传》记，周嵩与侍中戴邈同坐，周嵩“褒贬朝士，又诋毁邈，邈密表之。帝召嵩入，面责之。嵩跪谢曰‘昔唐虞至圣，四凶在朝，陛下虽圣明御世，亦安能无碌碌之臣乎？’帝怒，收付廷尉。廷尉以嵩大不敬弃市论”。对皇帝及在皇帝居处有所失礼的行为，都为大不敬。《晋书 · 宗室谯刚王逊传》记，简文帝登阼，未解严，大司马桓温屯中堂，吹警角，敬王恬“奏劾温大不敬，请科罪”。

（2）谋反。桓玄谋反篡逆，改元永始，被义军所斩，其左右或战死，或受刑刀斩，桓玄首级并被传送京师，枭于術。谋反罪在任何一个时期都是封建法律打击的重点。

（3）矫制、矫诏。伪造皇帝之命令。桓玄篡逆，矫诏赠父温为楚王，南康公主为楚王后。又“伪上表求归藩，又自作诏留之，遣使宣旨，玄又上表固请，又讽天子作手诏固留焉”①。矫诏多为谋反的一个步骤，故其处罚一般并入谋反罪。

（4）造妖言惑众。晋明帝太宁二年（公元 324 年），术人李脱造妖言惑众，斩于建康市。

2. 妨害军务犯罪

乏军兴。贻误稽废征战事宜的犯罪。征战乃军国要务，征发军队违延期限，东晋时规定了死刑。建兴中，督运令淳于伯以乏军兴罪受斩刑。乏军兴但指征军而言，其他戍军、供给运漕、征发租调力役等稽误期限的，不以乏军兴论。

3. 侵犯财产犯罪

（1）盗窃。东晋盗窃多发，《太平御览》卷 636 引《晋书》曰，羊亮

---

①《晋书 · 桓玄传》。

为太傅杨峻参军，时京邑多窃盗，骏欲更重其法，盗百钱加大辟，请官属会议。亮曰“楚江母失布以为盗由令尹，公若欲无盗将自止，何重法为？”峻惭而止。尽管如此，东晋对盗窃，尤其对盗官者处罚还是很重的。殿中帐吏邵广盗官幔三张，合布三十匹，有司正刑弃市。“建兴中，宋挺盗割官布六百余匹，正刑弃市。遇赦免。”①

（2）贪赃。东晋吏治更加腐败，官吏贪污、奢侈成风。咸康初，尚书左丞戴抗“脏污百万，付法议罪”。《太平御览》卷651引何法盛《晋中兴书》曰“胡母崇为永康令，多受货赂，政治苛暴，诏都街顿鞭一百，除名为民”。东晋官吏以赃获罪最高刑为死刑，《抱朴子·审举篇》中说“其以贪浊赃污为罪，不足至死者，皆宜禁锢终身，轻者二十年。如此不廉之吏，必将化为夷齐矣”。

4. 侵犯人身犯罪

（1）杀人罪。故杀人弃市。《太平御览》卷74引《晋阳秋》载，桓温府军中人朱兴，有子名道扶，年三岁得痫病，因其病发，其妻周氏掘地将子活埋，为道扶姑双文所告，有司正周弃市刑。徐羡之议以为：“自然之爱，虎狼犹人，周之凶忍，宜加显戮。臣以法律之外，故宏济物之理，愚谓可特原母命，投之遐裔，徒之。”要求赦免是于法律之外而行之，可见母杀子与一般故杀人同等治罪，均为弃市。

东晋与西晋刑律相同，杀人行为也区别故杀，戏杀、斗杀等，并分别论刑。复仇杀人也为东晋法律所禁止，《晋书·宗室谯刚王逊传》载，烈王无忌父为王廙所杀，咸和中无忌遇王廙之子耆之，志欲复仇，“拔刀将手刃之”，幸为左右所拦，耆之得以活命。有司奏无忌“欲专杀人，付廷尉科罪”。成帝诏曰“公私宪制，亦已有断，王当以体国为大，岂可寻绎由来，以乱朝宪。主者其申明法令，自今以往，有犯必诛”。烈王无忌属八议特权享有者，故此案最后判“以赎论”，但从此定制，严

① 《晋书·刘隗传》。

禁复仇，犯者杀无赦。尽管有禁复仇的法律规定，但在司法实践中，复仇杀人往往可以原情减免刑罚。《晋书 · 刁协传》载，刁协为王敦党所杀，刁协子刁彝在王敦被诛之后，“斩仇人党，以首祭父墓”。事后诣廷尉请罪，朝廷赦宥之，并“由是知名”。不仅没有治罪，反而因此以孝有名，历任尚书吏部郎、刺史等显职。在儒家正统的“父之仇不共戴天”的基本原则下，复仇被看作高尚的忠孝的行为，自汉以来多有赦宥，东晋礼律并重，司法中常“引经决狱”，赦复仇杀人也就不足为怪了。正因为如此，东晋时有“避仇移徙之制”，《宋书 · 傅隆传》载“旧令云：杀人父母，徙之二千里外……令亦云：凡流徙者，同籍亲近欲相随者听之”。这里的“旧令”，当指晋律令而言，杀人父母罪不及死的，一律远迁，以防止滥相仇杀。

（2）伤人罪。故伤人加重处罚，过误者减刑，故意，过失之分在于是否有意。前引陈满射鸟，误中直帅一案，何承天议“今满意在射鸟，非有心于人”，非有心于人而伤人，应以过失论。按《晋律》，“过失伤人三岁刑”。

5. 侵犯经济秩序犯罪

藏户。东晋初，法禁宽弛，百姓投靠私门以为荫庇现象很严重，豪族高门利用其经济、政治势力大量挟藏户口，以为私附，国家财政来源、社会秩序受到很大影响，故统治者不得不严明法令，藏户弃市。“（山）遐绳以峻法，到县八旬，出口万余。县人虞喜以藏户当弃市。”[1] 东晋进行的几次土断，尤其是最后两次，执行者雷厉风行，藏户权贵多有被追究者。晋宗室彭城王司马玄，“会庚成制，不得藏户，玄匿五户，桓温表玄犯禁，收付廷尉”[2]。

---

① 《晋书 · 山遐传》。

② 《晋书 · 彭城穆王权传》。

三、刑罚制度

1. 刑罚种类

东晋刑罚种类与西晋基本相同，大略有死刑、徒刑、赎刑、罚金、徙边、禁锢、除名、鞭刑、杖刑，其中以死刑、徒刑、赎刑、鞭刑、杖刑为五种主要刑罚，经常使用。另外“明帝太宁三年（公元 325 年）四月戊辰复三族刑，惟不及妇人”。

2. 肉刑废复之论

东晋肉刑废复之争仍在继续。元帝时，卫展为廷尉，提出肉刑为古代先圣之制，经几世而不改，汉文帝废肉刑，却同时增加了大辟死刑，东晋时，经过连年战乱，人户凋零，百不遗一，若再续续以死刑代肉刑，有违养生之意。所以他建议元帝“宜复古施行，以隆太平之化”。奏章上后，元帝诏内外通议。骠骑将军王导、太常贺循、侍中纪瞻等人认为“肉刑之典，由来尚矣……圣王明哲所未曾改也”。汉文帝废肉刑，以死刑、笞刑等代之，在死刑与生刑之间出现一空白，有些犯罪死刑太重，生刑太轻，因此形成了“生刑纵于上，死刑怨于下，轻重失当”，刑政不中的局面。死者不可复生，死刑大量经常地使用，有失为政之道，而今大晋中兴，正是应取道于天下之时，因此“宜遵复古典，率由旧章”，恢复肉刑。尚书令刁协也认为“今中兴祚隆，大命惟新，诚宜设宽法以宥人”。赞成恢复肉刑，但他又说“惧群小愚蔽，习玩所见而忽异闻，或未能咸服”，百姓未必能一时全部接受，因此，他建议“行刑之时，先明申法令，乐刑者刖，甘死者杀，则心必服矣”。当时反对复肉刑者也有其人，尚书周颛等上书议以为，肉刑是平世所应立，而非救弊之宜，方今圣化草创，奸徒为非者众，死刑犹不足以止奸，更何况断足割鼻之轻刑！况且广施肉刑“受刑者转广，而为非者日多，踊贵屦贱，有鼻者丑也。徒有轻刑之名，而广开长恶之源”。受肉刑的人多了，刑罚的威慑作用也就无从实现，犯罪也无从消除，所以“不如以杀止杀”，以重刑死刑治乱世，待“圣化渐著”，“兆庶易威”，天下太平之日，再逐渐恢复肉刑。内外大臣奏章上后，元帝欲从卫展所言，恢复肉刑，大将军王敦劝阻之，以为“百姓习俗日久，忽复肉刑，必骇远近。且逆寇未殄，不宜有惨酷之声以闻天下”[①]。元帝乃止。

安帝元兴末年，桓玄辅政，又议恢复斩左右趾之肉刑，命百官议，因众臣反对而未实行。

第五节　东晋政权的民事经济法律制度

一、土地所有权

东晋初仍实行西晋的占田制，国家承认私人占地，承认开发无主荒地的合法性，因此，东晋大土地私有制得到了更大发展。

东晋世族豪门私有土地来源主要为：抢占荒地、买卖兼并良田、接受赏赐。晋王室南迁，王公贵族、达官显宦也相随而去，他们失去了原在北方所有的土地，而江南某些地区又是一片原始的荒芜，无人开发，于是南渡贵族凭借其先进技术，开始大规模圈占无主荒地，“抢占田土”，“封略山湖”。王羲之与谢安尝“东游山海并行田视地利，颐养闲暇”。刁协之族“以货殖为务，有田万顷，奴婢数千人”。“固吝山泽，为京国之蠹。”无主荒地被抢占殆尽之后，后来者只有买卖、抢夺他人良田了。《宋书 · 武帝纪》载，“晋自中兴以来，治纲大弛，权门并兼，强弱相凌，百姓流离，不得保其产业”。《宋书 · 刘穆之传》又说“时晋纲宽弛，威禁不行，盛族豪右，负势凌纵，小民穷蹙，自立无所”。当能说明当时的兼并之风。不仅如此，豪族之门还霸占江湖，《全晋文》卷 20 王胡之《与庾安西笺》中言“此间万顷江湖，挠之不浊，澄之不清。而百姓投一纶，下一筌者，皆夺其渔器，

① 肉刑废复之臣议均引自《晋书 · 刑法志》。

不输十匹，则不得放”。

一般小农仍有少量的土地，国家对小农土地所有权也予以一定的保护。《晋书·隐逸郭翻传》记，郭翻贫居无业，欲垦荒田，先立表题，经年无主，然后乃作。稻将熟，有人认之，翻遂悉推与人。“县令闻而诘之，以稻还翻”，县令承认并保护郭翻的垦荒所有权。当然，这种情况在东晋只是少数，普遍的情形却是豪族之门恃强凌弱，对小农土地任意侵夺。《晋书·祖约传》载，祖约率左右数百人奔于石勒而为石勒所杀，原因之一是祖约“占夺乡里先人之田，地主多怨”，一般地主土地所有权尚且没有保障，被侵夺之后也是只有怨，却无它，更何况小农呢？

国家是最大的土地所有者，其土地称为官田，主要用途：职官田、屯田及一般租佃等，国家通过征税收租实现其最大及终极土地所有者的身份。

二、税役

1. 租调制

东晋初年，承西晋之赋税田租制不改，丁男、丁女课田数目不变，但至成帝时，情况发生了变化。《晋书·食货志》记载“成帝咸和五年（公元 330 年），始度百姓田，取十分之一，率亩税米三升（疑为斗）”。“哀帝即位，乃减田租，亩收二升（疑为斗）。”按丁课田制改为度田收租制，这一改变是江南荒地开发之后，统治者针对当时土地占有分配不均的情况而实行的。但此制实行不到五十年，又被依口税米制所取代，“孝武太元二年（公元 377 年），除度田收租之制，王公以下口税三斛，唯蠲在役之身。八年，又增税米，口五石”[①]。每口五石，这个租税是相当高的，马端临在《文献通考》中已提出疑问，“今除度定田收租之制而口税二斛增至五石，则赋颇重矣。岂所谓王公以下云者，又非泛泛授田之百姓欤？当考”。有人

① 《晋书·食货志》。

提出口税之“口”应理解为成丁，但此说尚缺乏史据。

户调制，东晋沿西晋未改。

2. 力役制度

东晋力役法定年龄的规定与西晋同，男女年十六以上至六十为正丁，十五以下至十三，六十以上至六十五为次丁，需负担劳役。孝武帝时，豫章太守范宁曾上疏“今以十六为全丁，则备成人之役矣。以十三为半丁，所任非复童幼之事矣。岂可伤天理，违经典，困苦万姓，乃至此乎？今宜修礼文，以二十为全丁，十六至十九为半丁，则人无夭折，生长滋繁矣”[①]。帝善之，但却未从之。这一制度在东晋一直实行，直到宋文帝永嘉年间才得以改变。

东晋一代，政府征发徭役是经常、大量地，百姓劳役负担很重。《晋书·王羲之传》里说，“自军兴以来，征役及从运，死亡叛散，不反者众。虚耗至此，而补代循常，所在凋困，莫知所出”。《晋书·范汪传》载范宁语“古者使人，岁不过三日；今之劳扰，殆无三日休停。至有残形剪发，要求复除。生儿不复举养，鳏寡不敢妻娶。岂不怨结人鬼，感伤和气！”政府之正役、吏役、兵役、杂役频繁征发，搞得民不聊生，“四野百县，路无男人”。

东晋世族仍可免税役，并享有荫客之特权。荫客制度的内容，与西晋略有差异。《隋书·食货志》载，“都下人多为诸三公贵人左右佃客、典计、衣食客之类，皆无课役。官品第一第二，佃客无过四十户，第三品三十五户，第四品三十户，第五品二十五户，第六品二十户，第七品十五户，第八品十户，第九品五户。其佃谷皆与大家量分。其典计，官为第一第二，置三人，第三第四，置二人，第五第六及公府参军、殿中监、监军、长史、司马、部典督、关外侯、材官、议郎已上，一人，皆通在佃客数中。官品第六以上，并得衣食客三人，第七第八，二人，第九品及举辇、迹禽、前驱、曲基、强弩、司马、羽林郎、殿中冗从、武贲、武骑各一人。客皆注家籍”。自第三品起，

① 《晋书·范汪传》。

荫客数目均比西晋有增，可见世族特权在东晋是进一步扩大了。

三、工商业管理

1. 手工业管理

东晋手工业较之西晋有所发展，织布、造船、青瓷、金银器制作等业都已达到一定的水平，《太平御览》卷770《舟部》引《荆州土地记》曰“湘州土郡，大艑之所出，皆受万斛”。造船业之发达可窥见当时手工业发展的一斑。东晋手工业仍有官营、私营两种，私营手工业在战乱中始终未能有所起色，而官营手工业则由于战乱的原因一直处于较重要的位置，政府对官营手工业的管理控制较西晋更为严格。

东晋手工业管理机关仍为少府，《晋书·职官志》说“少府，统材官校尉、中左右三尚方，……油官等丞。及渡江，哀帝并省丹阳尹，孝武复置。自渡江唯置一尚方，又省御府”。可知少府机关虽有省置，但总的制度是与西晋一致的。

东晋官营手工业作匠来源：一、匠户。匠户是手工业作匠的主要来源，他们需在政府注籍，并世代服役，政府可按期无偿征调。匠户服役时间一般较长，而且工役甚苦。二、犯罪者或其亲属没为官奴者。如《晋书·范汪传》载，“殿中帐吏邵广盗官幔三张，合布三十匹，有司正刑弃市。广二子，宗年十三，云年十一，黄幡挝登闻鼓乞恩，辞求自没为奚官奴，以赎父命”。

东晋由于长期以来政局的动荡，“百工医寺，死亡绝后，家户空尽，差代无所”。注籍匠户及一般民户大量减少，官府征调困难，所以王羲之曾主张以五岁刑者“充杂工医寺”，他说“自今诸死罪原轻者及五岁刑，可以充此，其减死者，可长充兵役，五岁者，可充杂工医寺，皆令移其家以实都邑。都邑既实，是政之本，又可绝其亡叛”[1]。正可谓一举两得。当然，

① 《晋书·王羲之传》。

这一主张并未实行，但从中可以看出匠役之苦及工匠地位的低下。

2. 商业管理

江南商业在晋室渡江之前尚处于极端落后状态，晋室南移，带去了北方农业的精耕技术，带去了北方先进的文化，南方工商业也随之发展起来。《隋书·食货志》说，东晋以来“人竞商贩，不为田业”，虽有夸大不实之处，但也反映了当时商业的一般状况。商业的发展，商业利润的诱惑，致使宗室贵勋竞相从之。如《晋书》中记，会稽王道子“使宫人为酒肆，沽卖于水侧，与亲昵乘船就之，饮宴以为笑乐”。江州刺史刘胤，“纵酒耽乐，不恤政事，大殖财货，商贩百万”。陶侃为武昌太守时“立夷市于郡东，大收其利”。当时南北交通，对外贸易也有发展，祖逖在边境时，石勒使人与逖书信，求通使交市，“逖不报书而听互市，收利十倍”。南方的林邑、扶南等国与东晋的贸易往来也都非常频繁。商业呈现出的一定程度的发展，使东晋统治者加强了对它的管理。

（1）市场管理。东晋城乡有大小许多市场，《册府元龟》卷504载，元帝过江“淮水北有大市，百余所小市，十余所大市”。建康城内，吴时孙权所立大市、东市、孙休所立北市这时都仍存在，晋安帝时又立斗扬市，是建康城内的主要商品交易场所。政府仍设专官管理市场，名之市长或市令，百姓来去、市之聚散全由市长掌握。市场商品货卖管理基本上遵从旧制，同类货品须集中摆放销售，商人须着特别的服装。市场交易只限于流通物，一些禁榷商品不得民间经营。东晋时曾不止一次地行过禁酒令，“孝武帝太元八年（公元383年）十二月庚午，以寇难初平，开酒禁”[①]。安帝隆安五年（公元401年），“是岁，饥，禁酒”。义熙三年（公元407年）又“大赦，除酒禁”[②]。禁酒期间百姓不得酿制，也不得销售。

尽管东晋市场管理有定制，有专官，但事实上市场中“不如法者”常

① 《册府元龟》卷504。

② 《晋书·安帝纪》。

有，而且由于权贵者参与交易，不法现象更难避免。王彪之的《整市教》在谈到山阴市场的情况时说“古之同市朝者，岂不以众之所归，宜必去行物。近检校山阴市，多不如法，或店肆错乱，或商估没漏，假冒豪强之名，拥护贸易之利，凌践贫弱之人，专固要害之处，属城承宽，亦皆如之”[①]。王彪之在这里所谈到的山阴市的情况当是一个典型：货物摆放混乱，偷漏市税，豪强垄断市场、恃强凌弱等，这种景况破坏了正常的市场秩序，妨碍了正常的商品交易，但终东晋之世，这些问题都没有得到解决。

（2）商业税。商业税有二：关税与市税。关税：《隋书·食货志》中说，东晋“都西有石头津，东有方山津，各置津主一人，贼曹一人，直水五人，以检查禁物及亡叛者，其荻炭鱼薪之类过津者，并十分税一以入官，其东路无禁货，故方山津检察甚简”。在交通要道设津卡，以十一税率征关卡之税。市税：越关过卡之后，商品进入市场交易，还要交市场税，《隋书·食货志》中记“晋自过江，凡货卖奴婢、马、牛、田宅，有文券，率钱一万，输估四百入官，卖者三百，买者一百。无文券者，随物所堪，亦百分收四，名为散估”。无论有无文券，交易上述商品的，皆依百分之四纳税，可见这时的市税制度已是比较明确的了，而政府正以此坐收其利，祖逖与石勒听南北互市，“收利十倍，公私丰赡，士马日滋”。但百姓又多有以市税为累者，《册府元龟》卷504载“淮水北有大市，百余所小市，十余所大市，备置官司，税敛既重，时甚苦之”。市税既重，市官又任意侵剥，小民商贸维艰。

市税之制也时有改变，孝武宁康元年（公元373年）曾诏除丹扬竹格等四桁税。又甘卓为梁州刺史，为政简惠，“估税悉除，市无二价”[②]。这都只是在特别时期和地区而实行的制度。

① 《全晋文》卷21引《初学记》。

② 《晋书·甘卓传》。

四、农业管理

东晋的农业是依靠南来的北方先进技术和大量的劳动力而发展起来的，晋室南移之前，南方农业即有相当发展，元帝立国后非常重视农桑，他曾亲自安排农耕，太兴元年（公元318年）诏曰“徐扬二州土宜三麦，可督令熯地，投秋下种至夏而熟，继新故之交，相以周济，所益甚大”[①]。为推动农业生产，以利国泰民安，东晋主要采取了以下制度措施。

首先，实行屯田。有流民屯田、兵屯两种。元帝时，应詹上书“间者流人奔东吴，东吴今俭，皆已返还，江西良田旷废未久，火耕水耨为功差易，宜简流人，兴复农官，功劳报赏皆如魏氏故事，一年中与百姓，二年分税，三年计赋税以使之，公私兼济，则仓盈庾亿，可计日而待也”[②]。又曰“今诸军自不对敌，皆宜齐课”。明帝时，温峤上书“诸外州郡将兵者及都督府，非临敌之军，且田且守”。主张军屯。这些朝议主张多为晋帝所接纳实行，于是东晋时有甘卓镇襄阳“方散兵使大佃，而不为备”。荀羡“屯田于东阳之石鳖”的记载。

其次，以州郡长吏课农。《晋书·应詹传》中记“都督可课佃二十顷，州十顷，郡五顷，县三顷，皆取文武吏医卜，不得挠乱百姓”。

最后，定赏罚，以农谷收成多少作为考课地方官政绩的重要依据。元帝为晋王时曾“诏二千石长吏，以入谷多少为殿最”。温峤也曾上书“司徒置田曹掾，州一人，劝课农桑，察吏能否”。

为保证农业生产的发展，东晋也注意兴修水利工程，成帝时，孔愉为镇军将军，会稽内史，“修复故堰，溉田二百余顷，皆成良业”[③]。张闿立曲阿新丰塘，溉田八百余顷，每岁丰稔，而当时却被有司以擅兴造免官，公

---

① 《文献通考》卷2。

② 《晋书·食货志》。

③ 《晋书·孔愉传》。

卿为之申诉，帝感悟，“以闿为大司农”。可见兴修水利有功者，得以陟升。

五、货币管理

东晋政府一直沿用东吴旧钱，“轻重杂行，大者谓之比纶，中者谓之四文。吴兴沈充又铸小钱，谓之沈郎钱”[①]。可见币制是比较混乱的，大中小兼而用之，由于元帝过江后久不铸钱“钱既不多，由是稍贵”，而当时铜钱又多有被奸商贪利运往四夷销铸铜鼓，更加剧了物贱钱贵的状况，故孝武太元三年（公元378年）诏曰“钱，国之重宝，小人贪利，销坏无已，监司当以为意。广州夷人宝贵铜鼓，而州境素不出铜，闻官私贾人皆于此下贪比轮钱斤两差重，以入广州，货于夷人，铸败作鼓。其重为禁制，得者科罪”[②]。以严刑禁止铜钱外流。但尽管如此，铜钱短缺的问题仍未得到解决，故安帝元兴中桓温曾建议废钱而用谷帛，此说遭到了朝中群臣的一致反对。孔琳之曰“谷帛为宝，本充衣食，分以为货，则致损甚多。又劳毁于商贩之手，耗弃于割截之用，此之为弊，盖自于曩。故钟繇曰，巧伪之人，竞湿谷以要利，制薄绢以充资。……钱之不用，由于兵乱积久，自致于废，有由而然，汉末是也。今既用而废之，则百姓顿亡其利”。认为“救弊之术，无取于废钱”[③]。孔琳之的主张为朝议所赞同，桓玄废钱之议未能实行。

六、债

1. 买卖之债

因买卖关系成立而在当事人之间形成的债权债务关系。

---

① 《晋书·食货志》。

② 《晋书·食货志》。

③ 《晋书·食货志》。

东晋时牛马、奴婢、田宅买卖皆须立契，法律已有明文规定，立契征税的目的之一在于增加国家的财政收入，其二则在于国家以中证人的身份介于民间买卖交往，保证买卖行为的顺利进行。文契一经订立，双方权利义务关系即宣告成立，买卖双方须依约行事。

现有买地契一张：晋《太和元年郭盉买地券》。

“太和元年二月十日，鹑觚民郭盉给从从兄仪宗买地卅五亩，要永为家业。与谷卌斛，要无寒盗。□若有人庶忍，仰倍（赔）还本物。谷时贾石五斗直（值）五十□，布卌尺。地南有大道，道南郭寄地；西有郭凤起地，东右（有）洛侯郭秦地，北临堡南领（岭）。券破之后，各不得变悔。时人郭元智、文照、郭寄、郭僧、郭秦、曾（？）仁。”

地券左侧下部三字□明□。[①]

契约的内容有以下几个方面：第一，买卖时间，买卖双方当事人姓名，系鹑觚民郭盂与其从兄于太和年间进行的一次土地交易；第二，卖价，谷卌斛；第三，产权说明，所卖田产为个人所有，无寒盗□；第四，追夺担保，土地出卖后，若有第三人对该地主张所有权，其责任由卖主承担，“倍还本物”；第五，地界四至；第六，见证人。从以上内容看，这一契约明确规定了双方当事人的权利义务，卖方有权利卖地受价，同时又必须负追夺担保之责；买方有权利出价得地，永为已业，而契约一旦成立，则双方不得反悔，可见当时契约内容已比较完备了。

2. 借贷之债

有使用借贷、消费借贷两种。东晋时国家经常在有天灾人祸、农业歉收时开仓赈贷，官府百姓间形成借贷债权债务关系。灾年过去之后，百姓必须及时偿还所贷之物，否则要依法治罪。监临官贷所监临财物在东晋可

① 张传玺主编：《中国历代契约会编考释》，北京大学出版社 1995 年版，第 121 页。

能已受到限制，《晋阳秋辑本》卷 2 载“荆州刺史庾冰中子袭，尝贷官曹绢十疋，冰怒挞之，市绢还官”。子贷官绢十疋，激怒了为父，招致鞭挞，且旋即买绢还官，据此推测，监临官贷官物已不同于普通借贷。

借贷担保：有以人质钱的事例，《晋书 · 桓冲传》载“彝亡后，冲兄弟并少，家贫，母患须羊以解，无由得之，温乃以冲为质”。

3. 雇佣之债

东晋与西晋相似，雇佣关系仍不发达，史书的记载中也仅有几例。《太平御览》卷 822 载石勒别传曰“石勒元康中流宕山东，寄旅平原茌平界与师欣家傭耕，耳怕闻鼓角鞞铎之音，勒私异之”。《续晋阳秋辑本》卷 2 载“穆帝时，袁宏少孤而贫，以运租为业”。傭耕可能是短期的、季节性的雇佣关系，农忙时节，受雇耕种、收割，时节一过，雇佣关系即解除。运租则更为短期，一次性行为，一次劳务结束，收取报酬，权利义务关系即不复存在。

第六节　东晋政权的婚姻家庭法律制度

一、婚姻制度

东晋的婚姻制度与西晋相比较，世族身份内婚制更加严格，婚姻以门第为主要前提，士庶不婚的特点更加突出，侨姓士族以婚姻为手段，发展、扩张政治势力，形成了强大的婚姻政治集团。

1. 婚姻的成立

婚龄的规定及男女授受不亲的原则仍与西晋同，婚姻须由父母做主，须有媒妁从中做合。一般民间，男女婚娶主婚人为父母，父母过世，由近亲尊亲属为之。

六礼的程序规定在一般情况下仍有效力，东晋王堪曾作“六礼辞”，将六礼的有关程序作了详细的描述。“于版上各方书礼文，壻父名、媒人正版中，纳采于版左方。裹以皁囊，白绳缠之，如封章，某官某君大门下封，某官甲乙白奏，无官言贱子。礼版奉案承之，酒羊雁缯采钱米，别版书之，裹以白缯，同著案上。羊则牵之，豕雁以笼盛，缯以笥盛，采以匳盛，米以黄绢囊盛。米称斛数，酒称器，脯腊以斤数。媒人赍礼到女氏门，使人执雁，主人出，相对揖毕，以雁付主人侍者，媒人进，主人侍者执雁立于堂下，从者以奉案入。媒人退席，当主人前跪曰：'甲乙使某敬荐不腆之礼'，主人跪答曰'君之辱，不敢辞'，事毕还座。从者进奉案主人前，主人侍者以雁退，礼物以次进中庭。主人设酒、媒人跪曰'甲乙使某献酒。'却，再拜，主人答拜，还座。主人酢媒人。媒不复答。"[①]如此详尽的说明，可见六礼在当时还是被严格遵守着的。

婚约不具有法律效力。东晋时由于一方悔约而引起诉讼很多，故当时思想家葛洪曾提出一解决办法，"可使女氏受聘礼无丰约，皆以即日报板；后皆使时人署姓名于别板，必十人以上，以备远行及死亡；又令女之父兄若伯叔答婿家书，必手书一纸，若有变悔，而证据明者，女氏父母兄弟皆加刑罪。如此，庶于公讼乎"[②]。这一主张在当时没有实行。

东晋买卖婚姻有很大的市场，《晋书 · 阮修传》记"修居贫，年四十余，未有室，王敦等敛钱为婚"。葛洪论争婚曰"虽责裨聘倍，贫者所惮也，丰于财者，则适其愿矣。倘令女有国色，倾城绝伦，而位豪右权臣之徒，目玩冶容，心忘礼度，资累千金，情无所吝，十倍还聘，犹所不惮，但况一乎？"豪强权贵之门以丰厚财资强夺他人之女，婚姻比同市买财货。

婚姻的限制：同姓不婚在东晋已不严格，此时婚姻的限制主要是良贱不婚、士庶不婚，世族地主通过这种方式维持其特权地位，排斥寒门士族越入高门。王敦、桓玄都为豪门大族，又为晋室女婿；陈郡大姓谢氏五世十四宗婚姻都在高门贵族内部进行。由于严格士庶界限，婚姻圈狭窄，东

① 《通典》卷58。

② 《抱朴子 · 弭讼》。

晋时不同行辈婚姻及中表婚大量存在，晋明帝娶庾冰之妹，而明帝孙又娶庾冰女；袁耽妹嫁谢尚，谢安女又嫁袁耽子，违反礼俗的乱行辈之婚在东晋也不被禁止，维护世族利益为至上原则。

2. 一夫一妻多妾制

东晋贵族仍行一妻多妾制，一般民间富裕之家，多妾现象也极平常。一夫两妻在这时也曾存在，温峤有二妻，皆封为夫人；《晋书·礼志中》又记，咸康二年（公元336年），零陵李繁姊先适南平郡陈诜为妻，产四子而为贼所掠。诜后又娶严氏，并生三子。后来李繁姊归还诜，于是“诜籍注领二妻”。李亡后，诜之子为服制发生争论，司马王愆期议曰“案礼不二嫡……妻无归期，纳妾可也，李虽没贼，尚有生冀，诜寻求之理不尽，而便娶妻，诚诜之短也”。但他又说“诜有两妻，非故犯法”。可见东晋有法禁二妻的规定，但在特殊情况下，如战乱或皇帝特旨恩准时，二妻可以并存。

妻妾嫡庶之分在东晋也已不像西晋严格，妾有时可以上升为妻。《颜氏家训·后娶第四》中说“江左不讳庶孽，丧室之后，多以妾媵终家事，疥癣蚊虻，或未能免，限以大分，故稀斗阋之耻”。甚至娶妾仪式也有与妻同者。《太平御览》卷541引《桓玄传》曰，元显娶妾殆同六礼，以尚书仆射为媒人，长史为逆客。

3. 婚姻的解除

婚姻的成立，六礼的程序皆以双方父母的名义进行，体现了父母的主体地位和意志，同样，婚姻的解除也以父母意志为前提。成帝时，贺乔妻于氏无子，其母兄求贺氏休妻，而贺乔母“过见矜愍”，以为“无子归于天命，婚姻之好，义无绝离，故使夫乔，多立侧媵”[①]。姑婆无意出于氏，而命贺乔以纳妾方式补救于氏无后之过，子媳婚姻关系得以继续。离与不离都由夫家决定，七出的主动权仍掌握在夫家。但也有例外，《晋书·谢安传》载，“谢邈妻郗氏，甚妒。邈先娶妾，郗氏怨忿，与邈书告绝”。妻

① 《通典》卷69。

可以以某些理由提出与夫和离，这大概是东晋传统儒学动摇、婚姻关系中女子的绝对被动地位有所变化的反映。贞节观念在东晋也稍有松动，妇女离婚再嫁，或寡妇改醮的现象较常见。

二、家庭制度

1. 父母子女关系

子女对父母生时尽心色养，死后尽心服丧，顺于父母、礼于父母才为孝。何琦母过世，“居丧泣血，杖而后起”，被列入《晋书 · 孝友传》。相反，不恭事父母，违反父母教令，或居父母丧嫁娶着吉等，都属不孝，不孝父母仍是严重犯罪。《晋书 · 简文三子传》记“道子酣纵不孝，当弃市”。《世说》注引刘谦之《晋纪》曰“（王）敦畏帝神明，欲诬以不孝废之”。子女对继母的不孝也是法所不容，《晋书 · 卞壶传》记载了淮南小中正王式出继母不孝一案。王式继母于王式父死后，服丧终了，还其前夫家，前夫家之继子，为还家之母奉养送终，死后合葬于前夫。王式自称“父临终，母求去，父许诺”，于是按制为继母服丧一年。御史中丞卞壶对此提出异议，认为若继母还家为王式之父所命，这属夫休妻，当有七出之理由，且当于在时休之。王式继母对王式父“生事奉终，非为既绝之妻，夫亡制服，不为无义之妇。自云守节，非为更嫁”。而后来却离王式还前夫家，这是“子出母”，是王式不孝，后又只为继母服丧齐衰朞，这是王式不孝二，所以奏其“于父无追亡之善，于母则无孝敬之道……生事不以礼，死葬不以礼也。亏损世教，不可以居人伦铨正之任”。将王式付乡清议，废弃终身。

父母对不孝子女可以行使惩戒权，也可以把他送交官府，甚至可以把他杀死，但这一权力只限于父母行之于不孝子女，若子女无违反父母教令等不孝情节，父母擅杀死者，与常人同罪。前引朱兴妻因子有癫病，挖坑将其活埋一案的判决，反映了《晋律》的这一规定。另据《太平御览》卷511引《三十国春秋》曰：“晋安帝时，郭逸妻以大竹杖打逸前妻之子，子死。

妻因弃市如常刑。”

父母对子女的权利既至于生杀予夺，则一般的子女婚姻权、财产权为父母所掌握也是当然的了。

2. 夫妻关系

从史料记载来看，东晋妇女在家庭中的地位有所提高。有记载，谢安深好声乐，每行必以妓女相随，后来颇有立妾之意，而其妻刘夫人戒视甚严，谢安始终未能轻易从事。《太平御览》卷520引《晋书》曰“王导为丞相，妻曹氏性妒，甚惮之，乃密营别馆以处众妾”。虽然妻为妒妻，但从惮妻的情形来看，夫的绝对统治地位是有所削弱的，当然这种变化于夫为妻纲的基本伦理道德没有根本触及，妻妒令夫惮之，在当时被视作“恶德”而为世人所鄙。

3. 收养关系

《通典》卷69载，贺乔妻于氏无子，以乔兄之子率为子，后来乔妾张氏生子纂。及率长大后，知其非母所生，即归还生母陶氏。于氏上表以为，当初乔兄赐率于乔，“非唯以继乔之嗣，乃以存妾之身”，贺率并不是以嗣子的身份过继于叔父，因此不能以叔父有子为由，而还生母。于氏与贺率之间实际上是一种养母子关系，养育之恩，母子关系不能一朝而断。表上之后，敕下太常、廷尉、礼律博士等议之。博士杜瑗认为“于氏所据，皆有明证，议不可夺”。尚书张闿则认为“今人养子，皆以为后”。既为后，则于氏之表应驳，丹阳尹谟、廷史陈序皆附同之。这一案的最后结果不得而知，但从中可以看出，东晋时，收养关系未得到法律的确实保护，一般的收养与过继承嗣不加区别，法律的家族主义宗法内容高于一切，一般的民事身份关系被忽视，这也是古代封建法律的共同特点。

三、继承制度

从现有史料中，只看到宗祧继承的一些内容。

东晋宗祧继承仍基本上行嫡长子继承制，嫡妻长子继承爵位，继承宗祀。但在某些情况下，为父从诸子中自由选择宗祧继承人也是允许的。《晋阳秋辑本》卷 3 引《晋中兴书》载，姚苌试诸子，谓诸子曰："'吾有一宝物，万金不易，汝等技艺胜者，吾以与之。'诸子皆索好马欲于父前试之，唯略不动，苌以为贤，故越诸兄列为嗣子。"略非长子，但以其贤而被列为宗祧继承人，可见立贤不立长在东晋也不被禁止。

关于立嗣，东晋的规定如西晋。《晋阳秋辑本》卷 3 载"王应，字安期，含子也，敦无子，养为嗣"。立嗣原则上一般应从同姓近亲属中择之，养异姓为嗣东晋仍予禁止。《通典》卷 69 载，范宁与谢安书"无子而养人子者，自谓同族之亲，岂施于异姓？今世行之甚重，是为逆人伦昭穆之序，违经典绍继之议"。《晋书·殷仲堪传》也说"异姓相养，礼律所不许"。

若已过继之后，出继之家诸子或死，或因其他原因不能承祧，则过继之子应还本宗。《晋书·宗室彭城穆王权传》载，康王释有二子：雄、纮，康王亡，子雄立，纮出继高密王据，后雄因奔苏峻而被诛，纮乃还继本宗，高密王据又立纮之子俊奉其祀。

入继之后，入继之家又得子，这种情况，《通典》卷 69《东晋养兄弟子为后，后自生子议》条，博士杜瑗议引《令文》曰"养人子男，后自有子男，及阉人非亲者，皆为别户"。如贺循以从子纮为子，后循自生子，于是遣纮归本宗。

第七节　东晋政权的司法制度

一、司法机关

与西晋制基本相同，中央司法机关为廷尉，下设正、监、平三属官，廷尉掌审诏狱、大狱及地方上不能断决的疑狱。

地方仍为司法行政合一，州郡县行政长官同时又是司法长官。从史料来看，地方司法机关权力仍然比较大，死刑案件在郡一级即可自行决定、执行。《晋书·王廙传》载，王彪之为廷尉，时永嘉太守谢毅，赦后杀郡人周矫，周矫从兄诉冤于州。诉冤的理由是“赦后杀人”，可见，郡守正当的杀人之权还是可以得到法律保护的。

军事案件与一般案件似实行分属管辖,《晋书·顾和传》记“非犯军戎，不由都督”。

二、诉讼与审判制度

自诉、公诉仍是两种基本的诉讼形式，但如封建时期任何一个朝代，东晋民告官的自诉权利受到很大限制。刘惔为丹阳尹，时百姓颇有讼官者，惔叹曰“夫居下讪上，此弊道也”。百姓告官，是属以下犯上，干犯名义，故弃之不理的情况常有。子告父罪，父子相证也为法律所禁止。《册府元龟》卷610《刑法部》载“元帝为晋王，时大理卫展以诏有考子证父或鞭父母问子所在，恐伤正教，敕奏除之”。元帝从卫展之议。奴告主一般也是法律所不允许的，但谋反类犯罪除外。《晋书·赵王伦传》中记，“司隶从事游颢与殷浑有隙，浑诱颢奴晋兴，伪告颢有异志”，孙秀不详察，即收颢而杀之，厚待晋兴，奴告主非但不为罪，而且受到褒赏。

诉讼一般须逐级进行，但诣阙公诉制度仍然存在。邵广盗官幔，有司正刑弃市，邵广二子黄幡挝登闻鼓乞恩。又如王蕴私开仓赈贷，朝廷以违科免其官，“士庶诣阙讼之”。诣阙公诉必须是有奇冤或有特别请求者。

东晋的审判制度与西晋相同，无甚变化。

三、赦免

东晋帝在遇有吉庆喜事，或有祥瑞灾变之兆时，也行大赦，而且各种各样赦免经常进行，以致犯罪人多利用赦前机会犯罪，而后借赦免脱身，因此造成了某个阶段犯罪多发。《晋书 · 王廙传》载，时当南郊，简文帝为抚军，执政，访彪之，应有赦否，彪之答曰“中兴以来，郊礼往往有赦，愚意尝谓非宜。何者？黎庶不达其意，将谓郊礼必赦，至此时，凶愚之辈复生心于侥幸矣”。反对郊祀例赦，帝从其意。

四、监察机关及其监察活动

东晋中央监察机关为御史台、尚书左丞，不设司隶校尉，《通志》卷56载“及晋渡江，罢司隶校尉，官变其职为扬州刺史”。扬州刺史不再掌纠察。御史台主为御史中丞，下设属员：治书侍御史四人，殿中侍御史二人，侍御史九人。东晋始设检校御史，为秦监察御史的演变，因东晋署司隶校尉，则司隶校尉掌行马外百官纠弹之权由检校御史行使。督运御史也为西晋所没有，东晋孝武帝太元六年（公元381年）始置此职仿汉督运曹侍御史而设。

东晋与西晋监察机关的设置大体一致，其变化只是细微的，监察系统内部职能分工，东、西晋也基本无异。

从史籍上来看，东晋的监察活动不及西晋活跃，代司隶校尉而行其职权的检校御史已远逊于西晋，御史中丞与尚书左丞的监察纠举也不如西晋积极，但尽管如此，监察活动还是比较经常地进行的。《通典》卷24记，王恬为中丞，简文初即位，未解严，大司马桓温屯中堂，夜吹警角，恬奏劾温大不敬，请理罪。第二天温见奏事，叹曰“此儿乃敢弹我，真可畏也”。《晋书 · 卞壶传》中记，卞壶为御史中丞，“忠于事上，权贵屏迹”。同书《熊远传》又记，熊远为御史中丞，“时尚书刁协用事，众皆惮之”，而远奏免协官。不畏权贵，克尽职守，这些监察官的执法活动对振肃纲纪、整饬吏治确曾起到了积极的作用，但在政治腐败、皇权衰落的东晋，这只是杯水车薪，无济于事。

第六章　十六国统治区的法律制度

西晋末年永嘉之乱，匈奴刘渊乘虚而入，公元 304 年在中原称帝，国号汉，后至刘曜时改称为赵，刘氏政权即为十六国之第一国，史称前赵。公元 329 年，羯族石勒灭前赵，建后赵，公元 350 年，汉人冉闵灭后赵建冉魏，公元 352 年，冉魏为前燕慕容俊所灭。前燕慕容氏于公元 317 年慕容廆时建国，既灭冉魏后，自辽西进据关中，与氐族苻氏所建前秦共据中原，前秦苻氏于公元 370 年灭前燕，376 年灭西北汉人政权前凉，统一北方。公元 383 年，肥水之战前秦大败，北方再度陷入分裂。此后中原先后有羌族姚苌所建后秦（公元 384—417 年），鲜卑慕容泓所建西燕（公元 384—394 年），鲜卑慕容垂所建后燕（公元 384—407 年），鲜卑慕容德所建南燕（公元 398—410 年），匈奴赫连勃勃所建夏（公元 407—431 年），汉人冯跋所建北燕（公元 409—436 年）；在西北地区则有西秦及四凉政权，鲜卑乞伏国仁建西秦（公元 385—431 年），氐族吕光建后凉（公元 386—403 年），鲜卑秃发乌孤建南凉（公元 397—414 年），汉人李暠建西凉（公元 400—420 年），匈奴沮渠蒙逊建北凉（公元 401—439 年）。公元 439 年，北魏灭北凉，统一北方，十六国历史结束。

自公元 304 年刘渊称帝至 439 年北魏灭北凉，十六国历经一百三十五年，此间混乱与黑暗自是当然，而乱中之稳定，乱中之建设与发展也是十六国有为君主有功于中国历史的。

第一节　十六国时期的社会发展

十六国是中国历史上最混乱的时期，一百多年的时间里，北方各民族始终处于兵戈铁蹄的蹂躏之下，匆匆建立又匆匆衰败的各统治政权几乎没有一天停止过战争，掠夺与兼并充满了十六国的历史。但是，战争并不是十六国历史的全部，在征战的同时，各统治权力又程度不同地在其统治区内实行了一些发展经济、稳定政治的措施，尤其石赵、苻秦、慕容燕等政权在其相对稳定的统治时期里，积极学习接受汉民族先进的经济制度、政治制度，学习汉民族发达的文化，对其领域内的百姓实行开明的封建统治，这一些为发展北方生产，加速北方各少数民族的文明进程，促进民族融合，都起到了积极的作用。

西晋后期，乘永嘉之乱在中原建立政权后，十六国各统治者面临着的一方面是曾被汉民族开发的北方广大农业区域，另一方面又是战争带来的极大破坏，“百姓流亡，中原萧条，千里无烟”。他们意识到，只有迅速学习接受中原地区先进的农耕技术及生产管理方式，发展封建农业经济，才能够支持新生的政权，继续长期不断的征战。为此，十六国几位有作为的君主先后在其统治区内实行了发展封建经济的措施。后赵石勒，取得邺城之后，即以“司冀渐宁，人始租赋”，对所辖百姓征收田租赋税，为保证租税来源，又下州郡“阅实人户”，按户收绢征税。前燕慕容皝时，曾“躬行郡县，劝课农桑”。前秦苻坚则开放山泽之利，又“亲耕籍田，其妻苟氏亲蚕于近郊”，并大修水利。北燕冯跋，励意农桑，曾下书“堕农者戮之，力田者褒赏”。命尚书纪达为之条制。北凉沮渠蒙逊亦曾“蠲省百徭，专攻南亩，明设科条，务尽地利”。由于统治者的积极推动，北方生产在一定时期有了一定恢复和发展，据史籍所载，后赵石季龙时“租入殷广”，于是季龙“令中仓岁入百万斛，余皆储之水次”[①]。前秦苻坚时，“田畴修辟，帑藏充盈”“关陇清晏，百姓丰乐”[②]，呈现出一派小康景象。经济的恢复也许是暂时的，而且其发展也是有限的，但在十六国云扰时期，在落后民族跨入文明生产的初期，这已经是非常可贵的了。

在学习汉族先进的农耕生产方式的同时，十六国统治者也积极采纳吸收汉民族丰富的政治统治经验，前凉、西凉、北燕几个汉人政权自不必说，其他十三个少数民族政权也都极力以汉族政治制度为建国之楷模。毕竟在此之前，他们中的几个民族还基本上处于军事部落阶段，国家的政治统治几乎是一片空白。

学习汉族政治统治经验的基本前提是要大胆任用汉族士人。《太平御览》卷474引崔鸿《十六国春秋·前秦录》说，前秦主苻坚“要结英豪，王景略、吕婆楼、强汪、梁平（老）等，皆有王佐之才，坚并倾身礼之，以为股肱羽翼”。前燕慕容廆时也广为搜罗、接纳汉儒以为“谋主”“股肱”之任，建国初期，朝中重臣多有汉人。后赵石勒则更集汉士大夫以为“君子营”，出谋划策、参决朝政，用人唯贤。汉族士人有丰富的政治经验，在战乱频起的困境中，他们又急于寻求安身之所，急于施展自己的政治才能，而少数民族统治者君临广大的汉族区域，又必须借助于汉族士大夫的帮助。因此十六国统治政权中大都集中了不少汉族地主中的优秀人才，他们给新的君主带去了政权建设的现成经验，通过他们，魏晋汉人政权的行政体制、选官制度、中央集权统治秩序，“威德并行”的治国之策等，几乎全部为明智的十六国统治者所接受。如前燕廷尉刘炜所言“大燕虽革命创制，至于朝廷铨谟，亦多因循魏晋”[③]。这道出了十六国政权建设的共同特点。

① 《晋书·石季龙载记上》。
② 《十六国春秋辑补》卷35《前秦》。
③ 《晋书·慕容儁载记》。

文化的流向从来都是自高向低，高层次文化必然输入并改造低层次文化，这是规律。十六国时期的北方中原，多民族交错杂居，各军事上取得胜利的少数族部落建立政权后，都进行过规模不同的移民活动，如苻坚统一北方后，曾把三原、武都、九嵕、汧、雍等地的氐族十五万户，以军事殖民的方式移植到所征服地区的各主要方镇去。前燕慕容氏、后赵石虎也都进行过大量的移民活动。至于在征战的过程中，大量地掠户徙口更是经常的。大量、经常地移民，使得各民族的上层贵族、下层百姓之间广泛杂居，频繁接触，汉民族的先进文化在无形中熏染、改造着少数民族文化，儒家思想及其他汉民族优秀的文化传统成为各民族共同的文化内容。这种改造在十六国的一些统治者中有时是自觉的。前燕慕容廆时，以汉人刘瓒儒学该通，引为东庠祭酒，"其世子皝率国胄束修受业焉"。廆在理政之余，也"亲临听之"[①]。前秦苻坚时，"广修学宫，召郡国学生通一经以上以充之。公卿以下子孙并遣受业"[②]。西北五凉政权也都大力倡办官学、私学。兴学崇儒，自觉接受、继承汉人的文化传统，这在十六国战乱相继的环境中，尤其在刚刚步入文明的少数民族统治政权中，是一种难得的风尚。

大多数十六国政权对汉民族先进的政治、经济、文化表现出的积极态度，对各少数民族实现从氏族制或奴隶制向封建制的巨大跨跃，起到了重要的作用，它为实现中国历史上空前的民族大融合，实现各民族的共同发展、共同进步，为隋唐统一封建帝国的建立及其繁荣稳定提供了前提条件。

但是，十六国的历史是短暂的，各政权存在时间最长的不过数十年，最短的只有十几载，在纷纷扰扰的十六国历史舞台上，有雄才大略的君主们都只不过是昙花一现的匆匆过客，他们几乎没有来得及坐定天下，施展其政治抱负，便在内战外征中让权于后来者。这其中的原因是多方面的。

十六国政权"是一些各有各的生活方式，各有各的语言的部落和部族的

---

① 《晋书·慕容廆载记》。

② 《晋书·苻坚载记上》。

集合体”，它们“不曾有自己的经济基础，而是暂时的，不巩固的军事行政的联合”[①]。这种联合是以强力征服为前提的，其内部是松散的，离心的，一旦这一联合失去军事的支持，便即刻在外力的冲击下土崩瓦解。十六国各统治政权的建立所依靠的是强大的军事优势，而在政权建立之后，他们仍然处于不间断的内外征伐之中，战争损耗了政权的军事、经济力量，同时也影响了其生产的发展，影响了其内部制度的加强和完备，因此其固有的矛盾迅速暴露出来，内耗外损，迅速导致了政权的解体，十六国各政权所走的几乎是同一条衰亡的道路。以十六国中政绩最为突出的前秦政权为例。苻坚在统一北方后，为巩固其政权统治，首先进行了几次大规模的移民，将氐人分散到边远地区镇守各边塞，而将汉人及鲜卑、羌等少数民族留在政权的中心地带，大规模移民对民族融合无疑有积极意义，但却给百姓稳定的生活带来极大的骚扰，给经济生产造成了一定的破坏。同时“远徙种人留鲜卑”也为后来的民族矛盾的激化，为异族反叛留下了祸根。苻坚政权统治者本身在政权初步稳定之后，日渐颓靡，生活奢侈挥霍，营见宫室，修饰器玩，政治日见腐败、残酷，其统治的基本制度如皇位继承制度等始终未能完备，杀兄弑父的内讧屡屡发生，权力交接频繁，政局不稳，而在这种情况下，仍然穷兵黩武，攻打东晋，其肥水惨败自然是不可避免的了。十六国各政权具体情况不同，但其衰败的根本原因及过程都是相同的。

十六国各政权统治的一百多年也给中原带来了极大的灾难，长期的战乱，割据政权的互相纷争和频繁更迭，给人民生产生活造成了巨大的动荡，尤其是南燕、南凉、夏等政权，存在时间太短，而在有限的时间里又一直兴兵不已，东征西讨，基本上没有什么建树，他们只是北中国经济文化的破坏者。所以，十六国统治区的社会是处在不断的破坏与建设中的，其间，北方各民族百姓饱受战争的磨难，但也就在这磨难与痛苦中，民族融合的历史向前迈了一大步。

① 斯大林：《马克思主义与语言学问题》，人民出版社 1953 年版，第 9 页。

第二节　十六国统治者的法律思想

一、法律思想

1. 重儒兴礼，崇宽简之政

十六国的各少数民族统治者和汉人政权对儒学都十分重视，主张加强儒学思想的影响，借此维护儒家的纲常礼教，维护其封建统治。前秦苻健时，与百姓约法三章，“薄赋卑宫，垂心政事，优礼耆老，修尚儒学”[①]。苻坚时曾下令“诸非正道典学，一皆禁止”，希望“庶几周孔微言，不由朕而坠”。[②]后秦姚兴时，有姜龛、淳于岐等人，皆“耆儒硕德，经明行修，各门徒数百，教授长安”，姚兴每于听政之暇，“引龛等于东堂，讲论道艺，错综明理”。于是“姚兴之世，儒风盛焉”[③]。西北五凉政权更是始终大力倡导儒学，南凉时，秃发利鹿孤曾以“刑政未能允中，风俗尚多凋弊”下书征臣下“无讳之言”，祠部郎中史暠建议“孔子曰‘不学礼，无以立’，宜建学校，开庠序，选耆德硕儒以训胄子”[④]。利鹿孤善而从之。西凉、北凉等政权也都积极兴办官学，并鼓励宿儒名家开办私馆，传经授道，于是当时有敦煌人宋纤“明究经纬，弟子受业三千余人”[⑤]、敦煌人刘昞“弟子受业者五百余人”[⑥]等，官府对此予以支持。

儒家是主张王道治国的，故统治者重儒兴礼必崇宽简之政。后秦姚苌

① 《晋书·苻健载记》。
② 《晋书·苻坚载记上》。
③ 《晋书·姚兴载记》。
④ 《晋书·秃发利鹿孤载记》。
⑤ 《晋书·宋纤传》。
⑥ 《魏书·刘昞传》。

曾告诫姚兴“汝抚骨肉以仁，接大臣以礼，待物以信，遇黔首以忍”[①]。姚兴时，兵部郎上言军令烦苛，宜遵简约，姚兴览而善之。姚泓时，有臣下议欲峻刑，姚泓反对，认为“人情挫辱，则壮厉之心生；政教烦苛，则苟免之行立。上之化下，如风靡草，君等参赞朝化，弘昭政轨，不务仁恕之道，惟欲严法酷刑，岂是安上驭下之理乎！”[②]后凉吕光时，刑法严峻，参军段业劝谏，吕光不以为然，反问曰“商鞅之法至峻，而兼诸侯，吴起之术无亲，而荆蛮以霸，何也？”段业再劝“明公受天眷命，方君临四海，景行尧舜犹惧有弊，奈何欲以商申之末法临道义之神州，岂此州士女所望于明公哉！”吕光最后改容谢之，采纳了段业的主张，下诏“崇宽简之政”[③]。西凉王李暠曾手令诫其诸子“蠲刑狱，忍烦扰，存高年，恤丧病，勤省案，听讼诉”[④]。北凉冯跋曾下书“自顷多故，事难相寻，赋役繁苦，百姓困穷。宜加宽宥，务从简易，前朝苛政，皆悉除之”[⑤]。前燕慕容廆时，著家令数千言“狱者，人命之所悬也，不可以不慎”。

重儒兴礼，崇宽简之政是统治者的治国安邦之术，其在法律制度方面的体现即如前述以德化为先，宽简刑罚，慎用刑罚，这在兵连祸结、动荡迷乱的十六国时期显得尤为宝贵，而这一思想在当时的一些地区确也曾得到了贯彻。《十六国春秋辑补》卷97《北凉》载，北凉张谭为和宁令时“政以德化为本，不务威行，民有过者，读孝经及忠臣孝子传训导之”。可惜宽简之政并未行之于更广的地区，更多的时间，十六国各政权尤其是后期的统治者大多法峻政严，残暴无比。

2. 威德并施，宽猛相济

这是前秦主苻坚及其宰辅王猛的基本主张。苻坚即位之初，始平地区

① 《十六国春秋辑补》卷50《后秦》。

② 《晋书·姚泓载记》。

③ 《晋书·吕光载记》。

④ 《十六国春秋辑补》卷93《西凉》。

⑤ 《晋书·冯跋载记》。

“豪右纵横，劫盗充斥”，社会秩序十分混乱，苻坚以王猛为始平令，“猛下车，明法峻刑，澄察善恶，禁勒强豪。鞭杀一吏”，有人上书讼之，王猛被槛车征付廷尉。苻坚责备王猛“为政之体，德化为先，莅位未几而杀戮无辜，何其酷也！”王猛答曰“宰宁国以礼，治乱邦以法”，始平地区混乱非常，惟严刑杀戮，才能禁暴除奸，苻坚听后十分赞赏，称王猛是“夷吾、子产之俦也”[①]。于是对豪右纵横之辈，对不轨之徒威之以刑成为苻坚建国初期强化王权，抑制打击贵族势力的重要方针。特进樊世，氐族豪右，有大功于秦，负气倨傲，当众辱骂王猛，苻坚大怒，斩杀之。又有苻健妻弟特进强德“昏酒豪横，为百姓之患，王猛扑而杀之。于是百僚震肃，豪右屏气，路不拾遗，风化大行。”苻坚慨叹，“吾今始知天下之有法也，天子之为尊也”[②]。徐嵩为长安令，贵戚子弟犯法者，嵩一皆考竟，请托路绝，苻坚大为欣赏，迁其为始平郡。在强调威行的同时，苻坚统治集团又重视“宰宁国以礼”，崇尚德政、教化。苻坚即位后，即“修废职，继绝世，礼神祇、课农桑、立学校、鳏寡孤独高年不能自存者，赐谷帛有差”[③]。秋天大旱，农业歉收，坚又“减膳彻悬，金玉绮绣，皆散之戎士”。宰辅王猛更是推行教化，史称王猛“宰政公平，……外兴兵草，内崇儒学，劝课农桑，教以廉耻，无罪而不刑，无才而不任”[④]。恩威并施、宽猛相济的法律思想对前秦政治秩序的稳定，王权的强化，对其生产的发展及国力的强大以至最终统一北方都起到了至关重要的作用。

3. 法峻政严，威行天下

十六国多为少数民族政权，进入中原之前，尚无法律制度，其社会成员所共同遵守的是相约而成的习俗，“违大人言，死；盗不止，死”。社会

① 《晋书·苻坚载记下》。
② 《晋书·苻坚载记上》。
③ 《晋书·苻坚载记上》。
④ 《晋书·苻坚载记下》。

规范简单而残酷。建立政权后，他们很快学习并接受了汉民族的文化及宽简德化的统治策略，在各方面与汉民族接近，但与此同时，各少数民族本来的社会发展状况，少数民族的游牧性格以及战乱政权的动荡又使其统治始终摆脱不了残酷的特点，十六国的一些统治者是崇行酷刑而治的。后赵石季龙时，“刑政严酷，动见诛夷”，为杜绝“讪谤朝政”，曾立“私论之条，偶语之律，听吏告其君，奴告其主，威行日滥，公卿以下，朝会以目。吉凶之问，自此而绝”[①]。不论上下之序，亲疏之别，告即受理，而且处以严刑，因此搞得人人自危，朝不保夕，这与秦始皇暴政时的“诽谤者族”“偶语者弃市”如出一辙。苻洪谏言中曾指责石季龙，酷法将于纳言大臣，“刑政如此，其如史笔何！其如四海何！”夏赫连勃勃更是“凶残好杀，无顺宗之规，常居城上，置矛剑于侧，有所嫌忿，便手自戮之，群臣忤视者毁其目，笑者决其唇，谏者谓之诽谤，先截其舌而后斩之”。又曾造五兵之器，精锐尤甚。“既成呈之，工匠必有死者。射甲不入，即斩弓人，如其入也，便斩铠匠。……凡杀工匠数千。”[②]慕容宝时，“法政峻严，上下离德，百姓思乱者十室而九”。慕容盛时，“峻极威行，纖芥之嫌，莫不裁之于未萌，防之于未兆。于是上下振局，人不自安，虽忠诚亲戚亦皆离贰，旧臣靡不夷灭”[③]。西凉第二代国君李歆时，也是繁刑峻法，宫室是务，以至人力凋残，百姓愁悴。十六国的峻法严刑繁多迅速导致了朝政的混乱，上下离心以至最终匆匆交出政权。

十六国时还曾有人主张过恢复肉刑。南燕第二代国君慕容超当政期间，不恤政事，游猎无度，不纳忠臣之言，主张以刑治天下。他曾与臣下共议恢复肉刑，并下书于境内，认为在天下初创、兵革尚繁的时期，应突出刑罚的作用，他并不绝对否定德政，但在特殊情况下“不能导之以德，必须

① 《晋书·石季龙载记上》。

② 《十六国春秋辑补》卷65《夏》。

③ 《晋书·慕容盛载记》。

齐之以刑”。他推源五代，认为“虞舜大圣，犹命咎繇作士，刑之不可已也如是！”“王者之有刑纠，犹人之左右手焉。”慕容超重视用刑，主张用酷刑，提出对于一些严重犯罪，如不忠不孝等“枭斩不足以痛之，宜致烹轘之法，亦可附之律条，纳以大辟之科”。认为轘烈烹煮之刑，虽不在五刑之列，然而也是自古以来行之于世的，“渠弥之轘，著之春秋；哀公之烹，爰自中代”。故应继而承之，用之于今世。他主张肉刑，认为肉刑“乃先圣之经，不刊之典”，为万世不变之常法，汉文景帝刑制改革，废肉刑，以致轻重乖度。当今“犯罪弥多，死者稍众”，“肉刑之于化也，济育既广，惩惨尤深”[①]，既可严惩犯罪，又不致落刻薄寡恩之名，正是最好的治国手段。所以他令博士以上参考旧事，依《吕刑》等旧典重新定律，增加肉刑。慕容超的肉刑主张由于群臣的反对而未能实行。

4. 赏罚分明，依法而治

十六国统治者中，反对滥施刑罚、任情用法，主张依法而论赏行罚、严格执法的也大有人在。西凉李暠在《戒子》篇中，明确提出“刑法所应，和颜任理，慎勿以情轻加声色。赏勿疏漏，罚勿容亲”[②]。前凉张轨时，欲严刑峻制，参军黄斌进曰“夫法制所以经纶邦国，笃俗齐物，既立必行，不可窐隆也。若尊者犯令，则法不行矣”[③]。张峻接受了黄斌的劝谏。北凉沮渠蒙逊时，沮渠蒙逊伯父，中田护军亲信、临松太守孔笃并骄奢侵害，百姓苦之。沮渠蒙逊曰“乱君国者，二伯父也，何以纲纪百姓乎！”[④]皆令自杀。后赵石勒制律令后，曾下书“自今诸有处法，悉依科令，吾所忿戮，怒发中旨者……门下皆各列奏之，吾当思择而行也”[⑤]。自古以来，帝王以个人喜怒好恶而决狱讼者屡见不鲜，直臣抗旨多遭杀身之祸，而后赵主石

---

① 《晋书·慕容超载记》。

② 《十六国春秋辑补》卷 93《西凉》。

③ 《晋书·张轨传》。

④ 《晋书·沮渠蒙逊载记》。

⑤ 《十六国春秋辑补》卷 15《后赵》。

勒却特发令旨督促群臣加以监督，及时纠正帝王越法而私断的违失，可称得上是明智之举。石勒身先依法办事，也要求群臣黎民严格守法，他说“夫人君为令，将使下之无犯”。法律一经制定，便应一体严格遵守，任何人不得违法以行私。须提到的是，石勒的依法而治是有一定的灵活性的，在特殊情况下，依事而有所变通。石勒是羯族人，最忌羯胡字样，但有一次，参军樊坦急中失言，直言“羯贼”，事后樊坦“大惧”，而石勒反劝慰道“孤律自防俗士，不关卿辈老书生也”[①]。不仅不罚，且因其清简贫困而加以赏赐。石勒宫殿门始就，制定法律非常严格，“讳胡尤甚”，有一次，一醉胡乘车马入宫门，石勒责问宫门小执法为何不加纠弹，小执法惊慌失言，直称曰“醉胡”云云，石勒亦未加追究。这些实际上又从另一角度说明了石勒的依法而治，罚当其罪，对无意而犯或过失者加以宽宥。后秦主姚兴也是一位依法办事的君主，不因个人的恩怨得失而弃法律于不顾。有一次，姚兴出游晚归，至城门时，天色已晚，平朔门校尉王满聪以天黑不辨奸良，闭门不纳。无奈，姚兴由别门而入。第二天一早，姚兴即以王满聪忠于职守而予以褒赏。

赏罚分明，依法而治，是十六国几位有为君主重要的治国思想。后赵、前秦、后秦的强大与此是有直接关系的。

二、立法概况

十六国各政权来也匆匆，去也匆匆，而且在有限的统治时间里，兵革不息，统治者大多疲于战争，立法工作没有受到特别的重视。从史料记载来看，这一时期只有后赵石勒政权、后秦姚兴政权、南燕慕容超政权等进行过一些立法活动，而其中成绩最突出者尤属石勒。

据《晋书·石勒载记下》中叙，石勒为赵王时，即命记室佐明楷、程

① 《晋书·石勒载记下》。

机撰《上党国记》，中大夫傅彪、贾蒲、江轨撰《大将军起居注》，参军石泰、石同、石谦、孔隆撰《大单于志》，这些单行法规规定了朝廷礼仪方面的典章制度，实行之后，朝廷礼仪齐整、秩序井然，“朝会常以天子礼乐飨其群下，威仪冠冕从容可观矣”。张宾等劝石勒建国称号时，石勒曾下书“今大乱之后，律令滋繁，其采集律令之要，为施行条制”。于是“命法曹令史贯志，造辛亥制度五千文，施行十余岁，乃用律令”[①]。可见在后赵立国之初，行于境内的是科条简要的条制，辛亥制度五千文，该条制删繁就简，为石勒政权在战乱后与民休息政策的一个体现。可惜石勒时所制仪注、条制及后来实行的律令均已失传。

南燕慕容超时，曾令博士已上参考旧事，依《吕刑》及汉魏晋律令，消息增损，议成燕律。

后秦姚兴即位后，“令刑政有不便于时者皆除之”。后来，兵部郎金城、边熙上书陈军令烦苛，姚兴乃依孙吴《誓众之法》以损益之。姚兴还十分重视法律宣传教育，制律令后，又立律学于长安，召郡县官吏以授之，“其通明者还之郡县，论决刑狱”。

十六国立法多依汉魏晋旧事，在此基础上损益而成。

第三节　十六国统治区的行政法律制度

一、行政机构

1. 中央行政机构的设置

十六国时期各政权的中央行政机构多仿效西晋而设，但仿效的同时，又各有取舍。

① 《十六国春秋辑补》卷 13《后赵》。

诸公之设。前赵、后赵、南燕、西燕等都曾在中央设诸公。如公元304年，刘渊称汉王，以刘欢乐为太傅，刘聪为大司徒，刘延年为大司空，刘洋为大司马。后又封刘欢乐为太宰，刘洋为太傅、刘延年为太保。刘聪继王位后，将诸公制度进一步确立，中央设丞相太师、太保、太傅、大司徒、大司空、大司马七公，“位皆上公，绿綟绶，远游冠”，位尊禄厚。与西晋相同，此时的诸公也多为赠官。

丞相。自汉魏以来，丞相废置无常，十六国各政权则大多设丞相一职，其权势轻重因人而异。前赵刘聪继位初，置相国，官上公，是对特别有功于朝廷的、德高望重的大臣的赠官，并无实权。另外，又设丞相为七公之一。后来刘聪以其子刘粲为相国，便省丞相以并相国，并委相国以大权，“羽仪威尊踰于东宫，万机之事无不由之”[①]。自此，前赵相国不仅位高，而且权重，正所谓“一人之下，万人之上”。后赵时，石勒死，石虎逼石弘继位，自任丞相，“总摄百揆”，又以石勒之文武旧臣补任左右丞相，后来石世立，以张豺为丞相，豺又请以石遵、石鉴为左右丞相，目的是“慰”遵、鉴之心，可见左右丞相只是闲官。前秦苻坚曾任王猛为丞相，军国机要均由王猛。前燕、西秦、夏等政权也都设丞相，但其作用远不及上述政权的几任。

三省。十六国三省组成仍为尚书、中书、门下。尚书省的长官为尚书令，下有左右仆射及各部尚书。各部尚书的设置各政权有所不同，如西秦乞伏乾归时有吏部尚书、主客尚书、兵部尚书、民部尚书、三公尚书，前赵时“省吏部，置左右曹尚书。从现有史料看，十六国各政权尚书各部大多只有吏部设置的记载。以公卿权重者录尚书事，十六国仍有之，前赵刘聪时，以其子刘粲录尚书事，后燕慕容垂时，以太子慕容宝录尚书事，军国政务“巨细皆委之，垂总大纲而已”[②]。中书省长官为中书监、令，下有侍郎、中常侍等职。门下省长官为门下侍中。

---

① 《晋书·石聪载记》。

② 《晋书·慕容垂载记》。

三省职责均为参与军国要务。后赵石勒时曾下书“自令有疑难大事，八座及委丞郎齐诣东堂，诠详平决。其有军国要务须启，有令仆尚书随局入陈，勿避寒暑昏夜也”[①]。前秦苻坚时“以猛、薛谠为中书侍郎，权翼为给事黄门侍郎，与猛、谠并掌机要”。前赵时，中常侍王沈等宠幸用事，“杀生除授，王沈、郭猗等意所欲皆从之”[②]。三省与丞相的关系未见有明确规定，三省之间的职权划分也未见记载，前秦时，曾有一人身兼三省之职的情况，丞相王猛，身兼侍中、中书监、尚书令，又被授以为司徒，“军国内外，万机之务，事无巨细，莫不由之”[③]。所以通常情况下，三省权重与否，随君主好恶而定。

三省之下各行政机关的设置较西晋缺乏系统性、严密性，西晋的有些官职在这一时期没有出现，这是十六国的战乱环境所致。

2. 关于胡汉分治

为适应特殊历史环境的需要，十六国的几个政权曾实行胡汉分治，即为汉族和少数民族分别设置统治机构，这成为十六国中央行政机构设置的一个特点。前赵时，设左右司隶，各领户二十余万，万户置一内史，凡内史四十三，统治汉人；又置大单于，置单于左右辅，各主六夷十万落，万落置一都尉，统治少数民族，大单于本为部落首领，在此设为六夷主帅，权力极大，相当于副王，总揆朝政，刘聪、刘乂、刘粲都曾为大单于。所谓六夷，是指胡（匈奴）、羯、鲜卑、氐、羌、巴氐。胡汉分治是汉化程度不深的少数民族政权在君临广大汉族区域的情况下不得已采取的措施，它对于民族融合的进程当然是不利的，而且这其中也包含了对汉民族的不公平待遇，造成了胡汉之间的许多矛盾。这种统治方法在十六国时期见于史籍的只有少数几个政权实行过。后赵石勒时，也曾行胡汉分治，以大单

---

① 《晋书 · 石勒载记下》。

② 《晋书 · 石聪载记》。

③ 《晋书 · 苻坚载记下》。

于“镇抚百蛮”，并曾以门臣祭酒王阳“专统六夷”“专明胡人辞讼”。在胡汉分治的制度下，“胡人号为国人”，其地位远优越于汉人。

3. 地方行政机构的军镇化

十六国各政权的地方行政机构一般有州、郡、县三级，行政长官分别为刺史（或州牧、司隶）、郡守、县令。由于战争，这一时期地方行政长官与军事将领一体化的特点非常明显。如前燕慕容暐以慕容筑为洛州刺史，镇金墉，慕容垂为都督十州诸军事，荆州牧，配兵一万，镇鲁阳。前秦苻丕陷襄阳，以梁成为中郎将，都督荆、扬州诸军事、荆州刺史、领护南蛮校尉，配兵一万镇襄阳。后燕慕容熙时，以仇尼倪为营州刺史，镇宿军，以尚书刘木为冀州刺史，镇肥如等，均以刺史身份领军“镇”于任地，行政长官同时又是统率千军万马的军事将帅，平时治民，战时统军。不惟如此，这时在十六国的一些政权中还出现了地方政权军镇化的特点，这一特点在后秦、西夏表现得尤为典型，以此形成了其特殊的以军镇代郡县的地方行政系统。

后秦境内有许多军镇，如匈奴堡、杏城、李润、安定等，这些军镇或大或小，或相当于州，或相当于郡，其长官是以州刺史或郡守的名义到任的，但其职能最重要的是统军。军队来源为军镇内的所有民户，统称镇户，这些镇户直接隶属“镇将”，中间再无其他行政组织，如匈奴堡相当于郡，其镇将统领所有镇户，县乡组织不复存在。后秦的这种地方行政组织军镇化的特点只是在部分地区实现，后来西夏时，赫连勃勃则把这一特点推行至全境，并且干脆取消了郡县组织。《十六国疆域志》卷 16 作者案语云“案朔方、云中、上郡、五原等郡自汉末至东晋久已荒废，赫连氏虽据有其地，然细校诸书，自勃勃至昌定世，类皆不置郡县，惟以城为主。”夏共分幽、雍、朔、秦、北秦、并、凉、豫、荆九州，不设郡县，完全实现了地方行政机构的军镇化。

4. 关于侨州郡县

十六国时期，政权的强大与否是由其辖地的大小、编户的多少、军事力量的强弱等因素来决定的，因此各政权都通过战争等各种方式大量地徙户掠民，极力扩大地盘。前燕慕容廆时为招徕户民、壮大势力，曾在燕地立侨州郡，专门吸引安置中原逃亡辽西的汉人。《晋书 · 慕容廆载记》记“廆乃立郡，以统流人。冀州人为冀阳郡，豫州人为成周郡，青州人为营丘郡，并州人为唐国郡”。后来燕又取消了郡一级政府，而“以渤海人为兴集县，河间人为宁集县，广平、魏郡人为兴平县，东莱、北海人为育黎县，吴人为吴县”[①]。侨郡县民户享有免役、免税等特权。侨郡县的设置，确实收到了预期的效果，中原汉人苦于战乱，流离失所，多奔于燕，为燕带去了先进的农耕生产技术，为燕的发展打下了基础。这种侨郡县制度在它的最初目标实现之后，也就随之取消了。

从上可以看出，十六国各政权建立后，都曾厘定制度，“大定百官”，在中央和地方建立适合其政权统治的政治机构，这些机构的设置首先更多的是吸收了汉魏晋以来的政治统治经验；其次，由于战争的环境，这个时期的行政机构带有明显的军事化特征；再次，由于十六国多为少数民族政权，胡汉分治成为其统治机构的又一特征；最后，由于各政权建立、消失得匆忙，其统治机构又带有明显的不够稳定，不够成熟的特点，有事而无官，有官而无事的现象在某些政权中大量存在，如前燕慕容暐时尚书左丞申绍上书所言“今之见户，不过汉之一大郡，而备置百官，加之新立军号，兼重有过往时。虚假名位，废弃农业，公私驱扰，人无聊生”[②]。申绍所言的现象大概非只前燕一例。

二、选官

1. 选官机关

皇帝拥有最高的用人权，他有最后的核准权，同时又可根据情况随时

① 《晋书 · 慕容皝载记》。
② 《晋书 · 慕容暐载记》。

自行征辟、任命高官。皇帝之下，尚书省的吏部是专门的选官机关，官吏的任免擢贬一般都须经吏部，而后经尚书令仆，再上奏皇帝。《晋书·石季龙载记上》中记，石季龙时“有所调用，皆选司拟官，经令仆而后奏行。不得其人，案以为令仆之负，尚书及郎不坐”。一些政权还设置了另外一些选官机关，如石勒时，以张宾为大执法，张班、孟单分别为左右执法郎，负责清定九品，选高品入官。石季龙时，又以门下、中书为尚书选官的审核机关等。

2. 选官方式

（1）考试。十六国的一些统治者在戎马倥偬之余曾大力兴办学校，石氏、苻氏、慕容氏及五凉等政权都在京都和各郡地方分别设学校，简将佐豪右等子弟入学教之，然后通过考试选其中的优秀分子直接委以官职。前燕慕容皝时，“亲临东庠考试学生，其经通秀异者，擢充近侍”[①]。苻坚曾亲临太学，“考学生经义，上第擢叙者八十三人”[②]。石勒时，“命郡国立学官，每郡置博士祭酒二人，弟子百五十人，三考修成，显升台府。于是擢拜太学生五人为佐著作郎录述时事”[③]。姚苌时也下令“留台诸镇各置学官，勿有所废，考试优劣，随才擢叙”[④]。十六国时期，考试并没有形成一套制度，往往是帝王随兴而发，临时而定。这种考试由于是由帝王亲自主持，中第者往往能一步登高，身居显职。

（2）察举。两汉以来实行的察举制仍是十六国时期重要的选官方式，且制度比较规范，其科目包括贤良方正、直言、秀异、孝廉等许多，有每年定期进行的，也有是临时性的。石勒时，“令群僚及州郡，岁各举秀才至孝廉清洁贤良直言武勇之士各一人”，“令公卿百僚岁荐贤良方正、直言、

① 《晋书·慕容皝载记》。
② 《晋书·苻坚载记上》。
③ 《晋书·石勒载记下》。
④ 《晋书·姚苌载记》。

秀异、至孝、廉清各一人”。公卿荐举后，由主选官或皇帝亲自策问，“答策上第者拜议郎，中第中郎，下第郎中”[①]。后秦主姚兴时，令郡国各岁贡清行孝廉一人，又命百僚举殊才异行之士。徐嵩在苻坚时被举贤良，为郎中，后迁为长安令，又迁始平郡。刘曜时出现妖变，刘曜命其公卿各举博识直言之士一人，司空刘均举参军台产，台产与刘曜详细论谈灾变之祸、政化之阙，刘曜待之以礼，并拜博士祭酒，后来台产所言皆有应验，刘曜对其越发器重，岁中三迁，位至尚书、光禄大夫、太子少师。秀异奇才之士往往是依需要而临时征举。

（3）征辟。一些清贞德素，高才硕学名闻乡里之士，为君主者还常常直接引车征辟。前秦王猛博学好读兵书，“谨重严毅，气度雄远”，苻坚“闻猛名”，遣吕婆楼前往召之。坚与猛一见如故，谈天下大事“异符同契”，后来苻坚任王猛中书侍郎，王猛尽心辅佐，历任显职，为前秦统一北方立下了功勋。赵郡张宾，博涉经史，阔达有大节，石勒为刘渊辅汉将军时，张宾毛遂自荐，石勒奇之，引为谋主，结果“机无虚发，算无遗策”，成为石赵的佐命功臣，五凉政权中，汉族、少数民族政权统治者也都思贤若渴。前凉张祚时，有略阳人郭荷，才学不凡，张祚“遣使者以安车束帛征为博士祭酒”[②]。又有敦煌人郭瑀、张天锡“遣使者孟公明持节，以蒲轮玄纁备礼”，征其为官。为皇帝所直接征辟是一件很荣耀的事情，一般征召仪式都很隆重，尤其是汉人政权，承袭了先人敬贤重儒的传统，征召时须以安车束帛，或备蒲轮玄纁之礼。一旦征用，其才学为皇帝所赏识，可直接任至高官。

地方官也可随才征辟。如前燕时阳裕，为刺史和演辟为主薄。

十六国时期最为有效的选举方式当为征辟与察举。十六国统治者处多事之秋，急需拔才选士，而戎马倥偬，又难以在短期内一一立定制度，按

① 《晋书·石勒载记下》。

② 《晋书·张轨传》。

步就班地实行，征辟与察举随时论才叙用，可迅速发现人才，使用人才，解燃眉之急，而且以这种方式入仕之人，一般都非平庸之辈，贤相张宾、王猛都是通过这种途径而入仕朝廷的。所以这也是这一时期经常大量实行的选官方式。

（4）九品中正制。魏晋的九品中正制曾在后赵实行。石勒时“清定五品，以张宾领选。复续定九品。署张班为左执法郎、孟单为右执法郎，典定士族，副选举之任”[①]。石季龙时又下书“吏部选举，可依晋氏九班选制，永为揆法。选毕，经中书、门下宣示三省，然后行之”。又强调“其著此诏书于令”[②]。可见其行九品制的决心。南燕慕容超时，也曾议恢复九品选人之法，但因臣下反对而未实行。九品中正制的实行需要稳定的政治环境，而十六国的战乱动荡和政权存在的短促给这一制度在实际中的实行造成很大困难，所以尽管石勒接受了九品中正之法，但其实际效果却并未如愿。

十六国时的选官途径主要有以上四种，从中可以看出，这一时期任官的主要标准有：一、明识兵略；二、究经纬，博通经传；三、贤良孝秀，特异之才。这三个标准反映了身处十六国特殊历史阶段各政权的特别要求，一方面，各政权为了自身的建立和巩固，必须不断地同敌对力量进行军事较量，军事的胜利是政权存在的基本前提，选拔军士人才成为当务之急。“主将者，存亡之机，吉凶所系。”另一方面，作为落后的少数民族，进入汉人区域必须学会汉人的统治方法，接受汉人先进的儒学文化，因此选拔儒学之士，提倡孝廉清行成为十六国选官的又一目标。十六国政权统治者大都从以上几点为根本，不拘一格，广开招贤之路，广泛收罗人才，用人唯贤，许多汉族儒生因此在少数民族政权中得到重用。

关于选官的限制，只在前凉张骏时有所规定，“法律犯死罪，期亲不

---

① 《晋书·石勒载记下》。

② 《晋书·石季龙载记上》。

得在朝，今尽听之，唯不宜内参宿卫耳”[①]。

三、官吏的考课

十六国时期，从现有史料来看，只有北凉沮渠蒙逊时制定过专门的官吏考课法。《晋书 · 沮渠蒙逊载记》中说，沮渠蒙逊时，官制十分混乱，“朝士多违宪制，不遵典章；或公文御案，在家卧署；或事无可否，望空而过”。“黜陟绝于皇朝，驳议寝于圣世，清浊共流，能否相杂，人无劝竞之心，苟为度日之事。”于是群下上书进言，宜“振肃纲纪，申修旧则”，沮渠蒙逊纳臣下建议，命征南姚艾，尚书左丞房晷撰《朝堂制》。“行之旬日，百僚震肃。”《朝堂制》的具体内容已无可考知。

后赵石季龙时曾以九品中正之法为考课之法，《晋书 · 石季龙载记》中记，石季龙时曾下书“三载考绩，黜陟幽明，斯则先王之令典，政道之通塞。魏始建九品之制，三年一清定之，虽未尽弘美，亦缙绅之清律，人伦之明镜”。他认为九品之法既是选官之法，又是课官之制，自魏以来一直遵用不改，先帝石勒时创临天下，曾黄纸再定，因此这一制度应继续实行。

十六国大多数政权对官吏行考课只是临时之制。石勒时，以右常侍霍皓为劝课大夫，与典农使者朱表，典劝都尉陆充等循行州郡，核定户口，劝课农桑。农桑最修者，赐爵五大夫。《十六国春秋辑补》卷 16《后赵》记“季龙如长乐卫国，有田畴辟，桑业不修者，贬其守宰而还”。同书卷 34《前秦》记“苻坚建元十一年正月，遣使巡行四方，观风俗，问政道，明黜陟，恤孤独不能自存者”。《晋书 · 苻坚载记上》又说，苻坚曾遣使巡察四方及戎夷种落，州郡长吏“刑罚失中，为百姓所苦。清修疾恶，劝课农桑，有便于俗者”，皆令具条以闻。前燕慕容皝时也曾下书“君以黎元为国，黎元以谷为命。然则农者，国之本也，而二千石令长不遵孟春之令，

① 《十六国春秋辑补》卷 69《前凉》。

惰农弗劝，宜以尤不修辟者措之刑法，肃厉属域。主者明详推检，具状以闻”[①]。在混乱动荡的十六国时期，各政权的官吏考课基本上都没有成为定制，因而这些临时性的举措成为监督官吏为政，纠正官吏违失的主要途径，这在当时也确曾起到了一定的积极作用。

第四节　十六国统治区的刑事法律制度

十六国时期的刑事立法较其他法律制度而言，相对完备，内容相对丰富，各个政权在建立之后，都迅速从魏晋旧律中吸取有效的刑事法律内容，行之境内，他们懂得，军事征伐与刑事镇压是维护政权的最直接的手段。

一、罪名

1. 侵犯皇权犯罪

（1）谋反。十六国的历史实是一部杀伐史，各敌对政权之间，民族之间，始终征伐不已，政权内部也是篡夺并起，皇族宗亲、贵族子弟、前朝遗老遗少及被统治者弑君谋权的事变经常发生，谋事得逞，他们或杀旧主取而代之，或拥兵另辟新域，划地称王；一旦失败被擒，则要被处以严刑。十六国各政权都规定了谋反罪，以惩罚阴谋推翻政权统治的犯罪。崔洪《十六国春秋》卷16《后赵》记，石季龙时，石遂欲谋反，石季龙“幽遂于东宫杀之，及妃张氏并男女二十六人尽赐死，合一棺埋之。诛其官臣友党二百余人”。又有贝丘人李弘“自言姓名应谶，遂连结奸党，署置百僚”。事发之后，遭诛刑并连坐。刘曜时，长水校尉尹车与巴酋徐库彭密谋反叛，刘曜杀尹车，并杀徐库彭等五十余人，而且“尸诸街巷之中十日，乃投之

① 《晋书·慕容皝载记》。

于水”[1]。姚兴时，姚泓谋反，被赐死。对谋反罪，各政权都规定了严酷的刑罚，死刑并连坐，而且一般情况下不得赦免。但也有例外，前秦苻坚时，就曾屡赦谋反罪。《十六国春秋辑补》卷36《前秦》载，苻坚之兄苻法之子东海公阳谋反，事泄之后，苻坚赦阳而不诛。又《晋书 · 苻坚载记上》中记载，苻坚时，苻健兄之子苻洛谋反，征兵欲围长安，苻坚遣兵将大败苻洛，然后赦苻洛手下大将兰殊，且署为将军，迁苻洛于凉州。屡赦谋反死罪，表现了苻坚的宽容大度，但同时也给他的统治埋下了祸根，正如司马光所说：“夫有功不赏，有罪不诛，虽尧舜不能为治，况他人乎！秦王坚，每得反者辄宥之，使其臣狃于为逆，行险徼幸，虽力屈被擒，犹不忧死，乱何自息哉！”[2]

（2）大不敬。各少数民族政权在称雄中原之前多数尚处于军事部落阶段，这些部落内部军事首脑与属民之间有着严格的等级划分。建立封建制度后，他们很快接受了汉统治者的君臣理论，把原来的等级划分进一步严格化、法律化。而此时的几个汉族政权则更是等级分明，上下有别，君主神圣尊严不可侵犯。《晋书 · 刘曜载记》记，刘曜时，终南山崩，得白玉一块，众臣皆相贺，以为吉祥之兆，而唯有中书监刘均以为不祥，并言于刘曜“玉之于山石也，犹君之于臣下，山崩石坏，象国倾人乱”。御史弹劾刘均“狂言瞽说，诬罔祥瑞，请依大不敬论”。《太平御览》卷503引王隐《晋书》载，刘曜时，有天水人杨轲，自少好易，长而不娶，后来征拜其为太常，再三推辞而未赴任。石季龙嗣位，再三征拜，“迫之乃发，既见季龙不拜，与语不言，有司以轲倨傲，请从大不敬论”。《太平御览》卷427又引崔鸿《十六国春秋 · 前凉录》载，敦煌人汜祎为福禄令，为人刚直不事上府，酒泉太守马汉遣督邮张休祖劾汜祎，休祖临汜祎府而对其曰“君不闻宁逢三千头虎，不逢张休祖乎？”汜祎大怒，愤而“以印击肘，

①《晋书 · 刘曜载记》。
②《资治通鉴》卷104《太和五年》。

出而就缚。缚讫发印以告从事闻。休祖坐不解印擅缚令长，以大不敬论。祎迁居延令”。看来不仅是对君主本人，对在位的君主命臣即使一个小小县令有所侵犯也构成大不敬。对大不敬的处罚没有见到明确规定。

（3）不忠本朝。对皇帝、朝廷有不忠的言论或行为的犯罪。石勒时，以祖约不忠于本朝“诛之，及其诸子姪亲属百余人”①。姚兴时，将讨赫连勃勃，未待各军征集而赫连勃勃骑军已至，众臣皆劝姚兴谨慎从事，惟尚书郎韦宗劝姚兴行动，于是兰台侍御史姜楞进兴“韦宗倾险不忠，沮败国计，宜先腰斩以谢天下”②。不忠本朝罪的处罚也是很重的。

（4）忤旨。违逆、抵触帝王旨意的行为构成忤旨。《太平御览》卷454引崔鸿《十六国春秋前赵录》曰，南阳人赵明，石虎时拜为尚书，石虎杀石勒诸子，赵明以为不可，谏道：“明帝功格皇天，为赵之太祖，安可绝之？”石虎答曰“吾之家事，幸卿不须言也”。赵明以直言忤旨而十年不迁。

（5）慢侮。轻慢、侮辱朝廷、宗室的行为。刘聪时，立中常侍养女为左皇后，尚书令王鉴等人切谏，上表曰“刑余人丑犹不可尘琼寝，污清庙，况其家婢邪！……臣恐无福于国家也”。刘聪览上表后大怒，以“鉴等小子，慢侮国家，狂言自口，无复君臣之礼，其速考竟”。于是收鉴等付廷尉。③

（6）妖言罪。以怪诞邪说惑众之罪。《晋书·苻生载记》中记，苻生时，长安大风，发屋拔树，五日乃止。左光禄大夫谏苻生“此皆由陛下不勉强于政事，乖和气所致也。愿陛下务养元元，平章百姓……去秋霜之威，垂三春之泽”。苻生以为妖言，凿其顶而杀之。又太史令康权以连月阴沉不雨谏苻生“修德以消之”，苻生又以为妖言，扑而杀之。苻生是十六国时有名的暴君。杀谏臣，拒谠言，以己之所欲生杀臣下，这只是他暴政的一个部分。

① 《晋书·石勒载记上》。
② 《晋书·姚兴载记下》。
③ 《晋书·刘聪载记》。

（7）讪谤朝政。石季龙时，尚书朱轨与中黄门严生不合，恰逢连日大雨，道路阻塞不通，严生“因而谮轨不修道，又讪谤朝政”①。石季龙于是杀朱轨，并立私论之条，偶语之律，听吏告其君，奴告其主。

2. 官吏职务犯罪

（1）失职。在职官吏没有认真履行职责、克尽职守，以致造成了不应有的损失。前赵时，左都水使者襄陵王摅坐鱼蟹不供，将作大匠望都公靳陵坐温明、徽光二殿不成，皆被斩于东市。石勒时，命参军晁赞造正阳门，不久门崩，石勒大怒，斩赞。命从事中郎营建德殿，井木斜缩，斩之于殿中。十六国时期吏治比较混乱，官吏的考课制度始终没有健全完备，但从上引几例看，各政权对涉及犯罪的官吏失职行为处罚是非常严的，非杀即斩，这从一个方面反映了各统治者的骄奢与残酷，上有几例均为对皇室营造、供应不力的失职。

（2）擅去官。官吏擅离职守的犯罪。姚兴时下书“身为边将，家有大变，交代未至，敢辄去者，以擅去官罪罪之”②。这是对守卫边境要塞的将帅擅离职守的限制。

（3）黩货，即贪污。姚兴时，始平太守周班、槐里令李彭皆以黩货而被诛。

（4）举非其人，即在职官荐举不实。《太平御览》卷 651 引崔鸿《十六国春秋 · 前燕录》曰，辽东内史宋该举侍郎韩偏为孝廉，慕容俊令曰：“夫孝廉者，道德沉敏，责之王庭，偏往助叛徒迷固之罪，及王威临讨，凭城丑言，此则勃之甚禁，何举之？”于是正该四岁刑。举孝廉是任官的第一步，举荐不实者，也要以举非其人加诸刑罚。

（5）擅杀人。官吏超越职权范围，擅自杀人。前赵时，镇北靳冲攻太原不克，归罪于卜栩，斩之。刘聪闻知后大怒曰：“此人朕所不得加刑，冲

① 《晋书 · 石季龙载记上》。

② 《晋书 · 姚兴载记上》。

何人哉！”遣御史中丞诰衍持节斩冲。后秦姚兴时，凉州刺史王尚“坐匿吕氏宫人，擅杀逃人薄禾等，禁止南台”[①]。

（6）行贿、受贿。十六国时期对行贿、受贿罪的处罚也是较严厉的。前引崔鸿《十六国春秋·前燕录》，侍郎韩偏以财行求，贿辽东内史宋该，举偏为孝廉，一经查出，行贿者韩偏以“亏乱王典”而免官，并禁锢终身。又《晋书·冯跋载记》中记，工人李训，慕容熙败时，窃室而逃，资至巨万，“行货于马弗勤，弗勤以训为方略令”。有司言于冯跋，请免弗勤官，并加以治罪。冯跋曰“大臣无忠清之节，货财公行于朝，虽由吾不明所致，弗勤宜肆诸市朝，以正刑宪。但大业草创，彝伦未叙，弗勤拔自寒微，未有君子之志，其特原之”。而“李训小人，污辱朝士，可东市考竟”。受贿而行私本应是肆诸市朝的死刑，但因立国初始，伦常道德等尚未化之民心，且弗勤又是寒微出身，应赦其不识不知，所以不予追究，而将行贿人李训正之以法。

3. 军事犯罪

（1）逃亡。慕容盛时，辅国将军李旱弃军逃亡，盛曰“旱总三军之任，荷专征之重，不能杖节死绥，无故逃亡，考之军正，不赦之罪也”[②]。在战争中，身为将帅，弃军而走，一旦贻误军事，将危及朝廷，故属不赦之重罪。

（2）督运稽留。《晋书·姚兴载记上》记，姚兴时，鲜卑薛勃叛，围安远将军姚详于金城，姚兴派姚崇、尹纬等前去征讨叛贼，但因租运不济，“三军大饥”。尹纬言于姚崇，“辅国弥姐高地，建节杜成等皆诸部之豪，位班三品，督运稽留，令三军乏绝，宜明置刑书，以惩不肃”。于是斩杜成。督运不济，以致影响三军战事，后果严重，故姚崇可直接对其行极刑，杀一儆百。据书载，既斩杜成之后，“诸部大震，租入者五十余万”。

（3）逃役。逃脱劳役、兵役的犯罪。十六国时，征役频繁，百姓负担

---

① 《晋书·姚兴载记上》。

② 《晋书·慕容盛载记》。

沉重，因而逃役之事经常发生。为保证丁役来源，各政权采取法律措施，强制征发丁壮，并对逋逃者规定了严厉的刑罚。《太平御览》卷416引崔鸿《十六国春秋·前燕录》，慕容暐时，有司奏中山蒲阴民刘洛，县差充征，其弟刘兴代为应征，既应征之后，又背军私自逃回家。案发后，州刺史以本来应充役之本名将刘洛捉拿归案，将执行死刑。刘兴见兄危急，便自己到郡投案，称逃役者是自己，请求代兄死，而刘洛则坚持宜以本名行刑。"两兄弟争命，详刑有疑。"慕容暐断曰"洛应征辄留，兴冒名逃役，俱应极法。但兄弟竞死，义情可嘉，宜特原之"。兄弟二人触犯了两个罪名，兄应征辄留，与弟共犯"征人冒名相代"罪，弟又犯逃役，两罪均属重罪，刑罚至死，只因义情可嘉而特加赦宥，否则定是难免一死了。

4. 妨害社会管理秩序的犯罪

（1）杀人。《晋书·吕光载记》中记，吕光时，张掖郡督邮傅曜考覆属县，丘池县令尹兴恐其贪赃之事被查出，杀傅曜，并将其投之于空井中。案发后，尹兴被诛。一般杀人既遂，需以命偿命，受死刑，但若杀母或其他尊长，即使未遂或只是有所预谋，也不免一死。《太平御览》卷645引崔鸿《十六国春秋·前秦录》曰：前秦时，池阳有一小民，受其妇指使，欲杀其生身母亲。一日，用车将其母亲骗载至南山。临行杀时，想起其妇所言"不可不得中衣来也"，于是背坐令其母亲脱衣，母趁其不备，举刀"断其颈而投之于山穴"，然后乘车而归，告诉邻里将其妇绑缚送官。前秦主苻坚听说此事后，惊叹"宇宙之内乃有此事"，令"轘而杀之"。

《太平御览》卷416又引另一案例，"沙门僧知夜入临淄人冷平舍淫其寡嫂李氏，平与弟安国杀之。郡县按平兄弟以杀人论。而平、安国各引手杀，让生竞死，义形急难"。杀夜间入私宅行奸之人本属正当防卫的性质，但在这里也无论是非，同样以死罪论，可见在十六国的混乱时期，对杀人罪的处刑极严。

复仇杀人，后秦规定了死刑。《十六国春秋辑补》卷50《后秦》记，姚苌时曾下书"有复私仇者，皆诛之"。但一般情况下，杀父之仇不共戴天，子报父仇在提倡儒学的各政权中还是被接受的。《晋书·苻坚载记下》记，石季龙末，清河崔悦为新平相，被郡人所杀。悦子崔液后来仕于苻坚，为尚书郎，自表父之仇不同天地，苻坚愍之，“禁锢新平人，缺其城角以耻之”。

（2）左道惑众，前秦主苻坚初即位，新平王雕陈说图谶，苻坚非常高兴，引为太史令。后来王雕按图谶之文劝苻坚“徙汧陇诸氐于京师，三秦大户置之于边地”。苻坚以此访王猛，王猛以左道惑众罪，劝坚诛之。

（3）私学星谶。石季龙时下令“禁郡国不得私学星谶，敢有犯者诛”①。

（4）盗发墓。吕纂时，即序胡安据盗发张骏墓，得真珠簏、琉璃榼等水陆奇珍，吕纂诛安据党五十余家。

（5）贼盗。十六国兵荒马乱，经济难以恢复，加上连续不断的自然灾害以及统治者的重征厚敛，各地“大饥”“人相食”的惨状经常发生，于是盗贼并起。《晋书·慕容俊载记》中记，慕容俊时，“兵集邺城，盗贼互起，每夜攻劫，晨昏断行”。秩序非常混乱，慕容俊捕杀贼首百余人，并立贼盗相告之法，告奸者，赐奉车都尉。但即使这样，也难禁绝饥寒所生盗贼。

二、刑种

十六国的刑罚没有形成一定的体系，各政权统治者根据需要采用不同的刑罚种类，其中有些是接受了魏晋的刑罚内容，有些则是原各少数民族部落内部制裁手段的继续。

1. 死刑

十六国的死刑执行方法很多，而且大多非常残酷，尤其是各少数民族政权在步入封建社会的初始，文明尚未发展，其刑罚更多地保留了原始的落后与野蛮。

灭三族。一些直接危害君主专制统治的严重犯罪多受此刑。前赵时，

---

① 《晋书·石季龙载记上》。

石勒舍人曹平乐叛刘曜，勒怒“诛平乐三族”[①]。北凉时，沮渠蒙逊寝于新台，阉人王怀祖击蒙逊，伤其足，其妻孟氏擒斩之，夷王怀祖三族。

斩。有斩首与腰斩。苻健时，张琚自立秦王，置百官，苻健率军征之，“斩其首”。崔鸿《十六国春秋·后赵》记，“左校令成公段造庭燎于崇极之末，……庭燎油灌下盘，死者七人。虎大怒，腰斩成公段于阊阖门”。

枭首。前赵刘渊死，西昌王刘锐、宗正呼延攸以刘聪势重，相盟诛聪，反为聪败，于是锐、攸均被枭首通衢。《十六国春秋辑补》卷3《前赵》中又记，刘聪时，杀谏臣，“并其妻子同枭东市，使群鼠共穴”。

车裂。《太平御览》卷645引崔鸿《十六国春秋·南燕录》载，慕容超即位，太后告超曰“左仆射封嵩数遣黄门令牟裳说吾，云帝非太后所生，依如故法，宜勒兵废帝，立钟为主”。超听后非常气愤，命手下以五车裂封嵩。

煮。《太平御览》卷645引《晋中兴书》曰，刘寅于厌次县筑垒拒石勒，勒后来虏执寅，以镬汤煮之。

轘。上引苻坚时，池阳有夫妇欲杀其母，既告官，将其妇轘而杀之。

刳腹。剖腹而后挖空内脏。有生刳与刳尸两种。《十六国春秋辑补》卷87《西秦》载，西秦最后一位国君乞伏慕末时，轲殊罗、什寅等欲谋杀慕末，事发，慕末鞭之。什寅曰“我负汝死，不负汝鞭”。慕末大怒，刳其腹，投尸于河水。《晋书·苻生载记》中又记，苻生时，长安大风，“行人颠顿，宫中奔扰，或称贼至，宫门昼闭，五日乃止。生推告贼者，杀之，刳而出其心”。

扑。苻生时，太史令康权谏苻生修德，苻生扑而杀之。

死刑执行一般在公开场所进行，但一些有身份的贵族大臣犯罪，为保持其体面，往往秘密行刑，或采用赐死的方法。慕容皝时，疑慕容翰谋反，赐其死。石虎时，石遂欲反，事发，妃张氏并男女二十六人尽赐死。

---

① 《晋书·石勒载记上》。

2. 徙、迁

相当于流刑。由于政权地域疆界不稳，这种刑罚在这一时期不常使用，较多见于记载的只是曾经统一北方的前秦。苻坚时，苻洛举兵反，坚徙苻洛于凉州。翼圭执父不孝，迁之于蜀。前秦时还有投之四裔的刑罚，大概也相当于流刑。《太平御览》卷645引前秦录曰“有司奏人有盗其母之钱而逃者，请投之四裔”。

3. 徒刑

前燕慕容儁时，宋该举孝廉而不实，处四岁刑。徒刑在这一时期也较少使用，且未形成定制，徒刑的期限、等级等均未见记载。在十六国动荡时期，徒刑是难以正常执行的。

4. 鞭、杖

石季龙时，燕公石斌辱谏臣贺度，季龙杖斌一百；后来石斌又杀监臣，季龙鞭斌三百，鞭、杖刑的具体执行方法等没有见到明文规定。

三、刑法原则

1. 八议

魏晋以来的保护封建特权的八议制度在这时被十六国的大多数政权接受。石勒时参军周延为馆陶令，断官绢数百匹，下狱以八宥议之。后燕慕容盛时，李旱临阵逃亡，属不赦之重罪，但慕容盛“录其忘身之功，免其丘山之罪”，以有功于朝廷而免受刑罚。

2. 亲亲相隐

后秦姚兴时曾下书“听祖父母昆弟得相容隐”[①]。

3. 赦老弱

《晋书·刘曜载记》记，刘曜曾纳光禄大夫游子远之谏，赦“诸逆人

① 《晋书·姚兴载记上》。

之家老弱没奚官者，使迭相抚育”。同书《慕容超载记》中又记“垂起兵山东，苻坚收纳及德诸子，皆诛之。纳母公孙氏以耄获免”。

4. 诬告反坐

《十六国春秋辑补》卷 10《前赵》中记，“陕有妇人，父死而事叔姑甚谨，后叔姑病死，其父姑有女在夫家，先从此妇乞假不得，因而诬其杀母，有司不得察而诛之……后曜遣呼延谟为太守，既知其冤，乃斩此女”。

刑法内容大致如上。可以看出，十六国统治者们还是十分注意用刑法手段调整其内部的阶级关系、社会关系的，其罪名、刑制的设定大多是接受了魏晋的旧制，但由于政权立废的迅速，兵戈征战的不断，各政权均未能建立较完整的刑法体系，魏晋刑法中的一些有效内容未予接纳，而少数民族的一些原有的野蛮与残酷的特性却在刑法内容中得以体现，这也正构成了十六国刑法的特点。

第五节　十六国统治区的经济民事法律制度

一、所有权

1. 土地所有权

十六国时期土地所有权变化的基本特点是国有土地大量增加，私有土地数量相对减少，这是汉末魏晋以来土地私有发展过程中的一个回流，出现这种情况的主要原因是战乱及政权更迭频繁。《晋书 · 苻坚载记下》记载，慕容冲“毒暴关中，人皆流散，道路断绝，千里无烟”。《晋书 · 孙楚传》中也说“自丧乱以来，六十余年，苍生殄灭，百无遗一，河洛丘墟，函夏萧条，井堙木刊，阡陌夷灭”。连两淮地区也是“百姓死者十有其九”。大量的人员流散、死亡，造成了大片的土地荒芜，国家当然地成为新的土地所有者。而这个时期政权交接的频繁，又更使得土地私有始终没有来得及抬头，国有土地数量始终在增加。

私人土地所有权在有些政权中曾得到一定的保护。石季龙时下书“公侯卿牧不得规占山泽，夺百姓之利”。但这种保护是极其有限的，石季龙好游猎，划地“自灵昌津南至荥阳，东极阳都，使卿使监察，其中禽兽有犯者，罪至大辟”[①]。至于战争的涂炭更是无以数计了。

2. 一般财产所有权

《十六国春秋辑补》卷17《后赵》记载，石季龙时志在穷兵，“以其国内少马，乃禁畜马，匿者腰斩，收百姓马四万余匹以入于公”。战争时期，马匹是重要的战略物资，国家禁止个人畜养、所有。其他个人财产所有权的限制规定及对所有权的保护未见史料的说明。

二、税役

1. 田租、户调

从现有史料中，只可以看到这一时期租调制度的零星内容。《晋书·石勒载记上》记载，石勒平定幽冀二州，“始下州郡阅实人户，户赀二匹，租二斛”。实行的是户税、户调，按户征收。《晋书·慕容皝载记》中又记，慕容皝时，曾将皇室苑圃对百姓开放，“以牧牛给贫家，田于苑中，公收其八,二分入私。有牛而无地者，亦田苑中，公收其七,三分入私”。这个租率是相当高的，故当时记室参军封裕上谏：“臣闻圣主之宰国也，薄赋而藏于百姓，分之以三等之田，十一而税之……魏晋虽道消之世，犹削百姓不至于七八，持官中田者官得六分，百姓得四分，私牛而官田者，与官中分，百姓安之，人皆悦乐。臣犹曰非明王之道，而况增乎！”慕容皝纳封裕意见，“依魏晋旧法”。从开放田苑的租税规定中可以看知前燕田税制之一斑。

① 《晋书·石季龙载记上》。

租调的征发在十六国的各政权中更多的是临时性的。石季龙时，欲图江表，定制“征士五人车一乘，牛二头，米各五十斛，绢十匹，调不能办者以斩论”①。遇有灾荒之年，或是朝廷有吉祥喜庆或败亡之兆等情况时，免租调、赦天下，也是经常的。刘曜时，夜梦三人金面丹唇，以为不祥，便“复百姓租税之半”②。慕容皝时，“以久旱，丐百姓田租”③。石勒即位，也“均百姓田租之半”。后来又下令“武乡，吾之丰沛，万岁之后，魂灵当归之，其复之三世”④。又有石季龙时，“取州郡吏马一万四千余匹，以配曜武官将，马主复除一年”⑤。临时增免租税在十六国时期是比较频繁的，因为这个时期天灾人祸不断，巨大的战争投资及自然灾害的破坏使统治者不得不权宜用事。

为保证军队来源，鼓励征战，十六国时有免兵士之家赋税的规定。《晋书·姚苌载记》记载，姚苌时下书“兵吏从征战，户在大营者，世世复其家，无所豫”。同书姚泓载记中也记，“士卒死王事，赐以爵位，永负其家”。

2. 徭役制度

十六国各统治者取得政权后营造宫室、陵墓、修造城池，制造兵器、修路筑防等都需要大量的劳动力，因此，这一时期的徭役征发都非常繁重。如《晋书·石季龙载记上》记载，“季龙将讨慕容皝，令司、冀、青、徐、幽、并、雍兼复之家，五丁取三,四丁取二，合邺城旧军、满五十万，具船万艘”，运豆谷以备军用。五丁取三、四丁取二，这对百姓来说，是相当重的负担，而这种徭役在当时又是经常的。至于服徭役的年龄及一般的期限、征发办法等没有见到具体的法律规定。

名门望族在这时仍可享受免役特权。《晋书·石季龙载记上》记，石

① 《晋书·石季龙载记上》。
② 《晋书·刘曜载记》。
③ 《晋书·慕容皝载记》。
④ 《晋书·石勒载记下》。
⑤ 《晋书·石季龙载记上》。

季龙时，镇远王擢上表“雍秦二州望族，自东徙已来，遂在戍役之例，既衣冠华胄，宜蒙优免”。季龙从之。

3. 关于户籍管理

少数民族王公贵族、汉族世家豪门享有免税役特权，而且与魏晋相同，这些特殊身份的人还可荫庇一定量的衣食客、佃客，他们同样可以免除赋税、徭役的负担。这一特权本来是统治政权为争取世家大族的支持而设，但实行之后，却给政权的经济、军事力量造成了极大的破坏。《资治通鉴》晋海西公天和三年（公元 368 年）“燕王公贵戚多占民为荫户，国之户口，少于私家，仓库空竭，用度不足”。大量的荫庇，使得国家赋税来源巨减，所以简阅户口、限制荫庇是势所必行的了。前燕慕容暐时，接受尚书左仆射悦绾的建议，下令“一切罢断诸荫户，尽还郡县”。依此令，一次在燕境出户二十余万。后燕慕容宝时，遵慕容垂遗令“定士族旧籍，分辨清浊，校阅户口，罢军营封荫之户，悉属郡县”[①]。南燕慕容德时，“百姓因秦晋之弊，迭相荫冒，或百室合户，或千丁共籍，依托城社，不惧熏烧，公避课役……”于是巡郡县隐实，得荫户五万八千。私冒、隐漏户口很大程度上是由荫庇制所造成的，由于战乱，百姓多想寻求庇护之所，逃避繁重的赋税和徭役，荫庇制的消极作用更显突出，故统治政权不得不采取法律措施加以限制。

三、工商业管理

十六国时期，北方商品经济大衰落，手工业、商业都遭到了极大破坏，但在几个政权中也曾受到了一定的重视，并在一定时期出现过短暂的繁荣。《晋书·苻坚载记上》载，前秦苻坚时，自长安至诸州，“二十里一亭，四十里一驿，旅行者取给于途，工商贸贩于道”。这种现象自然是非常少见，

① 《资治通鉴》晋孝武帝太元二十一年。

但在战乱的十六国也是十分难得的。

1. 手工业管理

这一时期官手工业由于兵器制造和皇室奢侈用度的大量需要而继续一定规模的存在。官手工业作坊中服役的工匠都是被强制征调来的各地匠户，有时为应急需，也发刑徒为之。《晋书 · 石季龙载记上》中，建武六年（公元 340 年）石季龙下书中提到“前以丰国、渑池二冶初建，徙刑徒配之，权救时务，而主者循为恒法，致起怨声”。石季龙“志在穷兵”，故发刑徒罪人充手工作坊锻造兵器。既可发刑徒为工匠，可知一般匠户的身份也是非常低下的，几乎与刑徒无异。工匠在作业过程中要接受严格监督，出现差错，要受到严厉的责罚，有时甚至不免杀身之祸。

民间手工业在这一时期几乎被窒息。由于战乱，用于交换的民间手工业产品已在少数，而且大多有传统技艺的家庭手工业者都已南下，故北方的手工业生产多为衣食之用，政府对此一般不加干涉，也无须管理。只是后秦时姚兴曾下书禁百姓造锦绣及淫祀之物，这大概是出于战时禁奢侈的需要。

2. 商业管理

十六国时商业曾在个别时期有些起色。前秦在苻健时，“于丰阳县立荆州，以引南金奇货弓竿漆腊，通关市，来远商”，以充国用。苻坚统一北方后，社会相对稳定，于是劝课农桑、鼓励生产，因而“关陇清晏，百姓丰乐”。商品经济也随之有所恢复。前秦在长安等地设“市”，作为商品买卖交换的场所。《魏书 · 徒何慕容廆传》载，慕容永在苻坚时，被“徙于长安，家贫，夫妻卖靴于市”。前凉时，也有“市”的记载。商人在市中可以自由买卖，等价交换。“市”有“市长”，负责管理“市”中的一切事物。《十六国春秋辑补》卷 69《前凉》中记“张骏太元七年，境内大饥，谷价踊贵，市长谭详，请出仓谷贷与百姓”。

商人的地位在这个时期仍是很低贱的，《晋书 · 苻坚载记上》记载，由于前秦实行比较宽松的商业政策，在当时出现了许多蓄资千金的富商，

“时商人赵掇，丁妃、邹瓮等皆家累千金，车服之盛，拟则王侯，坚之诸公竞引之为国二卿”。已开始出现了官商结合的趋势，所以黄门侍郎程宪言于苻坚“赵掇等皆商贩丑竖，市郭小人，车马衣服僭同王者，官齐君子”，实为伤风败俗，有尘圣化，主张“肃明典法，使清浊显分”。苻坚采纳了程宪的建议，定制“非命士已上，不得乘车马于都城百里之内。金银锦绣，工商、皂隶、妇女不得服之，犯者弃市”。

关于商税，关税，史料中只见到后秦时有所规定。《晋书·姚兴载记下》记载，姚兴时以国用不足“增关津之税，盐竹山木皆有赋焉”。群臣反对，以为天殖品物以养群生，不宜夺其利，姚兴仍坚持己见，并言于臣下“能逾关梁通利于山水者，皆豪富之家。吾损有余以裨不足，有何不可！”过关渡津长途贩运的商人易获重利，增其税额，既可有效控制商品经济发展，又可增加国家财政收入，何乐而不为！至于具体税率，不得而知。

四、其他经济、民事法律制度

1. 币制立法

商品经济衰落必然带来货币经济的衰落，十六国时期，民间贸易往来多用布帛，金属货币受到冷落，在各政权中，只有后赵石勒时铸过钱币。《晋书·石勒载记上》记，石勒僭号元年，“置挈壶署，铸丰货钱”。同书《石勒载记下》又记，勒僭号三年，“又得一鼎，容四升，中有大钱三十，文曰‘百当千，千当万’。鼎铭十三字，篆书，不可晓。藏之于永丰仓。因此，令公私行钱，而人情不乐。乃出公绢市钱，限中绢匹一千二百，下绢八百。然百姓私买中绢四千，下绢二千。巧利者贱买私钱，贵卖于官，坐死者十数人，而钱终不行”。《十六国春秋辑补》卷13《后赵》又记，石勒时“重立禁制，官赋至皆取钱。廛肆故不行也”。强制推行币制，但仍无效果，这说明当时钱币在经济生活中已没有什么实际作用了。百姓乐于使用布帛、粮谷进行交易，官府也不得不随其自便。如石季龙时下书“令刑赎之物，得以钱代财帛，无钱听以谷麦，皆随时价输水次仓”。

2. 重农桑、禁奢侈

为保证连年的战争军需，以及政权得到有力的经济支持，十六国统治者大多对发展农业生产比较重视。前秦苻坚时，曾赏孝悌力田者爵二级。北燕冯跋立国后“励意农桑，勤心政事，乃下书省徭薄赋，堕农者戮之，力田者褒赏，命尚书纪达为之条制”。又下书“桑柘之益，有生之本，此土少桑，人未见其利，可令百姓人植桑一百根，柘二十根”①。前燕慕容皝时重视兴修水利，令曰“沟洫溉灌，有益官私，主者量造，务尽水陆之势”②。在以法律制度推动鼓励农业生产的同时，各统治者又几乎不约而同地想到了以法禁奢。北燕冯跋时，曾下令禁厚葬、改葬，“圣人制礼，送终有度……厚于送终，贵而改葬，皆无益亡者，有损于生。是以祖考因旧立庙，皆不改营陵寝。申下境内，自今皆令奉之”③。刘曜时，下令“无官者不听乘马，禄八百石以上妇女乃得衣锦绣，自季秋农功毕，乃听饮酒，非宗庙社稷之祭不得杀牛，犯者皆死”④。石勒时“以百姓始复业，资储未丰，于是重制禁酿，郊祀宗庙，皆以醴酒，行之数年，无复酿者”⑤。禁私酿、私饮，禁奢侈对节约粮食，保证国家财力都起到了一定的好的作用。

3. 关于雇佣

十六国时期的兵荒马乱，使民间的交易往来几乎无法进行，故而这一时期民事关系非常简单，买卖、借贷等法律关系均未见于史籍，关于雇佣，也只有一点零星的记载。《十六国春秋辑补》卷 26《前燕》载“豫州刺史张悕，少孤贫，随母于舅氏，令其牧牛。幼而好学，事母以孝闻，每次日必于牧暇，采樵二束，莱二本，一以供母，一以雇人书，昼则折木叶学书，

---

① 《晋书 · 冯跋载记》。

② 《晋书 · 慕容皝载记》。

③ 《晋书 · 冯跋载记》。

④ 《晋书 · 刘曜载记》。

⑤ 《晋书 · 石勒载记下》。

夜则诵所书者”。这里记载了一个简单的雇佣关系，雇佣一方为牧牛童张悕，受雇一方为写书人，张悕以樵一束，苯一本为佣金，支付写书人，写书人则为其写书，双方的权利义务关系非常简单明了。这一雇佣有些临时雇佣的性质，佣金当日支付。

另还有一些雇佣的例子。《十六国春秋辑补》卷 37《前秦》记，前秦姜宁“少孤贫，为河北陈不识家牧羊”。同书卷 48《后燕》中记“魏郡王高，家贫徒有四壁，高秦末饥乱，夫妻昼则佣耕，夜则伐草烧砖”。这些雇佣也大都是临时性的，双方的权利义务关系等都没见到明确说明。

第六节　十六国统治区的婚姻家庭制度

十六国的婚姻家庭制度同样深受汉儒学的影响，重孝道、重封建伦理；同时一些少数民族原氏族部落的特殊习俗在新的政权中又被接受和承认，成为婚姻家庭制度的一部分。

一、婚姻制度

婚姻的成立当然还是父母之命，个人无自由选择的权利。《十六国春秋辑补》卷 61《南燕》中记，慕容垂之母赖呼延平而得以活命，母对垂曰“吾欲为汝纳其女，以答其厚恩”。于是娶之。父母为子女娶妻择夫是自然的权利，子女必须服从。

同姓不婚的原则在十六国时期仍被遵守。《晋书·刘聪载记》载，聪后呼延氏死，将纳太保刘殷女，聪弟刘乂以其同姓而固谏。刘聪为此访太宰刘延年、太傅刘景等人，刘景等投其所好，曰“臣常闻太保自云周刘康公之后，与圣氏本源既殊，纳之为允”。大鸿胪李弘又曰“太保胤自有周，与圣源实别，陛下正以姓同为恨耳。且魏司空东莱王基，当世大儒，岂不达礼乎？为子纳司空太原王沈女，以其姓同而源异故也”。刘聪听后十分高兴，重赏李弘，并诫之“卿当以此意谕吾子弟辈”。乃纳刘氏女，立为后。皇家纳同姓女为后要费如此周折，一般百姓的同姓婚姻也应当是被禁止的。

丧期婚娶也是被禁止的。石勒曾下书“禁国人不听报嫂及在丧婚娶”[①]。

婚姻成立的程序未见有所规定。在某些统治区，原始的习俗仍在实行。如《十六国春秋辑补》卷30《前燕》载，慕容廆之庶长兄吐谷浑之子孙曾据有西零以西甘松之界，“其婚姻，富家厚出聘财，窃女而去”。

一夫多妻制仍是男子在婚姻关系中所享受的特权，其在贵族中尤其如此。刘聪时，立上皇后、左皇后、右皇后，以后则“四后之外，佩皇后玺绶者七人”。苻坚时，以王猛有功，一次赐猛美妾五人，上女妓十二人，中妓三十八人。女子则必须从一而终，夫死守节，不再改嫁仍是妇女遵守的戒律。刘曜时，有妇人，年十九，“嫠居陕县，事叔姑甚谨，其家欲夺而嫁之，此妇毁面自誓”[②]，绝计不从。又有梁纬妻辛氏，纬为刘曜所害，曜将妻辛氏，辛氏据地大哭，仰谓曜曰“妾闻男以义烈，女不再醮，妾夫已死，理无独全……”可见当时妇女贞节观之一斑。

在一些少数民族政权中，仍保留着父兄亡而妻其母嫂的习俗。吐谷浑时“父卒妻其群母，兄亡妻其诸嫂”[③]。前赵刘粲时，靳准之女名为太后，实为刘粲之妻。

二、家庭制度

十六国统治者多提倡以仁孝治国。南燕慕容超曾说“五刑之属三千，而罪莫大于不孝”，“非圣人者无法，非孝者无亲，此大乱之道也”。苻坚时，

---

① 《晋书·石勒载记下》。
② 《十六国春秋辑补》卷10《前赵》。
③ 《十六国春秋辑补》卷30《前燕》。

曾赐孝悌力田者爵二级。在司法中，不孝，是不赦之重罪，不服从父母意志，不供奉父母，甚或对父母财产、人身有所侵犯的行为，处刑是很严的。前引前秦时，有司奏人有盗其母之钱而逃者，请投之四裔。太后闻而怒曰“三千之罪，莫大于不孝，当弃之市朝，禁何投之方外乎？方外岂有无父母之乡乎？”于是轘而杀之。盗母尚且受此重刑，杀母则更是死罪无疑了，前秦苻坚时，有妇人与夫合谋杀母而未成，妇人被轘刑处死。

父母死，子女须尽心守丧，若子女在外地，须即奔丧，官吏和领兵的将帅也不例外。姚兴时曾下书“将帅遭大丧，非在疆场险要之所，皆听奔赴，及期，乃从王役。临戎遭丧，听假百日”①。在父母丧期释服从吉或饮酒作乐被视为不孝。《十六国春秋辑补》卷51《后秦》记，姚兴时，京兆韦高，慕阮籍之为人，居母丧而弹琴饮酒，给事黄门侍郎古成诜闻而泣曰“吾当私刃斩之，以崇风教”。遂持剑求高，韦高惧而四处逃匿藏身，终身不敢见诜，可见当时的风尚。

十六国时期，收养关系仍然存在。西秦乞伏国仁为养子。后赵石虎养于石勒的母亲，实际上也是养子，所以石勒与石虎虽为叔侄，但也有为兄弟之说。在收养关系中，养子女与生子女的法律地位一般说是相同的。

三、继承制度

1. 皇位继承问题

十六国各政权大多未建立起有效的皇位继承制度，嫡长子继承制在这一时期似存似废。一般而言，汉族政权或受汉化较深的少数民族政权多守魏晋旧制，而其他政权则比较混乱。如前凉，行嫡长子继承皇位制。吕光时，立吕绍为太子，而吕纂为庶长子，年龄长于吕绍，吕光临终前谓吕纂、吕弘曰“永业（吕绍字）才非拨乱，直以正嫡有常，猥居元首”。嘱纂、

① 《晋书·姚兴载记上》。

弘二人鼎力相助，勿要内自相图。吕光死后，吕绍惧为吕纂所害，以皇位让纂，曰“兄功高年长，宜承大统”，而纂固辞，“臣虽年长，陛下国家之冢嫡，不可以私爱而乱大伦”[①]。其他政权则无定制，父死子继者有之，兄终弟及者也有之，前燕慕容皝卒，其第二子慕容儁继立，儁卒，第三子暐继立，儁死前想以皝之子慕容恪继位，但恪以“不可以乱正统”固辞，于是副赞朝政，而以暐为帝。前秦苻苌卒，苻健“以谶言三羊五眼应符，故立为太子”。正因为皇位传继无定制，各少数民族政权内部多为此而大动干戈，父子兄弟相残，这也是十六国政权动荡不稳的一个重要原因。如后赵石氏政权，石勒侄石虎杀勒子石弘而夺帝位，石虎定幼子石世为太子，世继位二十二天后，石虎另一子石遵杀石世自立，石遵在位一百八十三天，又为石鉴杀，朝廷一年中数易其主，政治混乱，终于石鉴在位一百零三天后，为石闵所杀，后赵灭亡。

2. 一般继承

姚兴时下书“令士卒战亡者守宰所在埋葬之，求其近亲为之立后”。无子择其近亲为之立嗣是后秦宗祧继承的一项内容。其他政权中未见相类内容的记载。

第七节　十六国统治区的司法制度

一、司法机关

中央最高司法机关为君主，君主拥有生杀予夺的最高司法权，臣下有犯旨意的案件或一些特别重大的案件，如谋反、谋叛之类，一般由皇帝御笔断处。另外，十六国的一些君主还经常理冤狱，申冤情，这也是他们实

① 《晋书·吕光载记》。

现其司法权的一种方式。前秦苻坚曾立听讼观于未央之南，每亲临之，“令百姓有怨者举烟于城北，观而录之。”当时在长安有民谣“欲得必存当举烟”①。石勒时，天下大旱，石勒亲临廷尉录囚徒，“五岁以下皆轻决之，重者赐酒食，听沐浴，一须秋论”②。姚兴时，也“常临谘议堂，听决疑狱”，于是“号无冤滞”。③君主亲自审理案件，可以发现并纠正一些冤案，但更多情况下，君主往往抛开法律，以个人好恶断狱决讼，这在十六国的残暴君主中尤其如此。

廷尉，中央专门司法机关，审理京师地区及涉及大臣要员的重大案件，地方不能判决的疑案也要上交廷尉，《十六国春秋辑补》卷51《后秦》载，姚兴时“论决刑狱，若州郡所不能决者，谳之廷尉”。

十六国的一些政权实行胡汉分治，胡人和汉人案件各由不同的司法机关审理，如石勒时，以“中垒支雄、游击王阳并领门臣祭酒，专理胡人辞讼”。

地方司法机关仍是同级行政机关，司法官吏由州郡县长官为之。地方案件一般都可以自行断决，这一时期未见死刑复核制度，地方官可掌握死刑案的判决权。如苻坚时，王猛为始平令，他可以自行鞭杀害民之奸。

二、诉讼与审判

十六国的诉讼与审判制度多学习魏晋旧制。诉讼必须逐级进行，但若有特别冤情，也可以直诉天子。《晋书·苻生载记》里记，苻生将强怀与桓温战没，其子延未及封而健死，“会生出游，怀妻樊氏于道上书，论怀忠烈，请封其子”。又《太平御览》卷454载，前赵时，阉竖王沈等用事，御史大夫陈远达诣阙固请免沈等官。奴告主，吏告君在这时也是被禁止的，

---

① 《晋书·苻坚载记下》。
② 《晋书·石勒载记下》。
③ 《十六国春秋辑补》卷51《后秦》。

《晋书·石季龙载记上》记，石虎时，行暴虐之政，“立私论之条，偶语之律，听吏告其君，奴告其主”，说明当时一般情况下，奴告主是不允许的。以赦前事相告也属违法，姚苌时曾下书“赦前奸秽，有相举劾者，各以其罪罪之”。

三、执行

死刑一般立即执行，但也有例外，苻坚时，慕容垂起兵，慕容垂之父慕容纳及其诸子皆被诛，“纳妻段氏方娠，未决，囚之诏狱”[①]。

其他刑罚，或鞭杖，或流放也都立即执行，十六国各政权都设有监狱，中央有诏狱，如苻坚时，刘兰治蝗，经秋冬不灭，请征下廷尉诏狱。地方郡县一般也均设监狱。

① 《晋书·慕容超载记》。

第七章　南朝刘宋政权的法律制度

南朝，是指东晋后相继统治南方的宋、齐、梁、陈四朝，从公元 420 年刘裕建宋代晋到公元 589 年隋朝大军渡江灭陈，南朝共历 166 年。

南朝历代皇室大多是由出身寒门的军事将领靠发动政变登上皇位，而要保住政权，就必须获得士族集团的支持。因此，其政权为军阀和士族的联合政权。然而，东晋以来江南士族日趋腐朽，虽占有几乎全部重要官职，但实际政治影响力逐渐缩小，士族与寒族，士族与皇族之间的矛盾冲突不断爆发，从而形成了南朝政局多变，立国短促的特点。

由于中原人民在南朝时期仍时常大批南迁，先进的生产技术因此得以在南方传播。比之东吴、东晋，南朝时期南方社会经济有了进一步的发展，逐渐与北方并驾齐驱。

南朝社会政治、经济状况，决定了南朝法制的发展走向。腐朽的士族集团轻视法学，不屑为“刀笔”之事，使南朝法律因循守旧，基本以沿袭晋律为主，虽有梁、陈两次修律，内容上并无重大创新，与北朝相比，律学和法制的发展速度缓慢，对后世法制影响也不如北朝法制那样重大。然而在一些立法、司法的具体问题上，南朝法制还是具有自己一定的特色，某些方面还成为后世法律的重要内容。

南朝的第一个朝代刘宋（公元 420—479 年），是南朝延续时间最长的一个朝代。历经八帝，共六十年。同时，刘宋又是南朝诸朝中统治区域最广的一个朝代，宋初最强盛时，曾一度统治从黄河以南至珠江流域的广大地区，以后其北部边界也长期维持在秦岭、淮河一线。刘宋统治时期，维持了近两代人的和平，使江南社会经济在东吴、东晋基础上有了很大的发展。因此，刘宋政权为以后南朝历朝偏安江南奠定了基础。刘宋政治、军事、经济措施对以后南朝各朝也有直接的影响。其法律制度虽主要沿用晋代法律，但也陆续增加许多新内容，具有一些特色，并对后世有一定影响。

第一节　刘宋的政治、经济概况

一、刘宋王朝的建立

东晋末年，独霸长江中游的东晋将领桓玄发动叛乱，公元404年，北府兵将领刘裕起兵平叛，并乘机独揽大权。五年后，刘裕为扩大个人权势，发动北伐，先后消灭南燕、后秦，收复黄河南岸。刘裕威望、权势大增，于是仿照东汉、魏晋以来先例，自封宋公、宋王，进而于公元420年称帝，是为宋武帝，建立宋朝，东晋灭亡。

刘宋与依靠江南及南迁大士族势力拥戴的东晋有所不同，刘裕出身贫寒，靠军功而逐步升迁至独揽大权，代表了寒族军阀的势力，其建立的刘宋王朝，就是一个军阀和士族的联合政权，从而为以后诸朝确定了政治格局。

刘裕建立宋朝后，引入寒门士人典掌机要，并对一些不恭顺的世家大族予以一定的打击，如在称帝前灭京口（今江苏镇江）大族刁氏，这一方面是为报年轻时受刁逵欺侮之仇，另一方面也因刁氏“有田万顷，奴婢数千人……奴客纵横，固占山泽，为京口之蠹”[①]，而予以打击。在镇压桓玄叛乱时也乘机惩治了一批附于桓氏的世家大族。刘宋初年，制订公布了一批限制世家大族势力的法令，在一定程度上缓和了社会阶级矛盾。宋文帝刘义隆在位时进一步整顿吏治，重用寒士，抑制兼并，整顿赋役，在其统

① 《宋书》卷69《刁协传附刁逵》。

治的元嘉年间（公元 429—453 年），出现了南方前所未有的政治稳定局面，史称“元嘉之治”。

在对北方的关系上，刘宋前期采取了积极进取的方针，与北方诸国多次征战。公元 450 年北魏大举南侵，刘宋挫败北魏攻势后乘机发起北伐，双方在黄淮平原集中了超过百万的大军，激战后宋军战败退却，北魏军一直追击到长江岸边。第二年北魏军北返。刘宋大伤元气，从此对北魏一直采取守势，固守淮河一线，不再轻言北伐。

二、刘宋王朝的经济发展

刘宋初年社会稳定，江南经济在东吴、东晋基础上取得进一步发展，《宋书·孔季恭传》载：“至于元嘉末，三十有九载，兵车勿用，民不外劳，役宽务简，氓庶繁息，至余粮栖亩，户不夜扃，盖东西之极盛也。……（丹扬）地广野丰，民勤本业，一岁或稔，则数郡忘饥。会土（会稽）带海傍湖，良畴亦数十万顷，膏腴土地，亩直一金，鄠杜（今陕西户县及西安市东南郊，为秦汉以来关中最肥沃的地区）之间不能比也。荆城（荆州）跨南楚之富，扬部有全吴之沃，鱼盐杞梓之利，充仞八方，丝绵布帛之饶，覆衣天下。”至此，江南部分地区的农业纺织业已赶上或超过了中原地区。刘宋初年统治者较注重水利建设，皇族刘义欣为豫州刺史，主持修复芍陂（今安徽寿县南安丰塘一带）的水利设施，疏通淠水入陂，良田万顷得到灌溉。刘秀之为襄阳令，奉宋孝武帝之命，修复六门堰，灌溉良田数千顷。沈攸之为荆州刺史，堰湖开渎，田多收获，当地人民因之命湖名为“获湖”。孔灵符为会稽太守，整治曹娥江水道，设置水闸，“此江得无淹、溃之害”①。宋文帝曾多次下诏，令地方官劝督农桑。江南地区农业达到了很高的水平。

刘宋时期手工业的发展也很迅速。首先，纺织业迅速普及。南方原不

---

①《水经·渐江水注》。

知织锦，刘裕北伐时把关中地区的锦工迁到建康，成立锦署，织锦技术得以传到江南。南方原仅荆、扬地区征收调布，至刘宋孝武帝大明五年（公元461年）规定："天下民户岁输布四匹。"[①]说明家庭纺织业已在整个南方普及。其次，矿冶业也进一步普及，尤其是长江中游的荆州武昌郡（今湖北武汉至黄石港）的铁冶业成为又一铁冶中心，大规模使用"水排"鼓风，蓄水成湖，为水排提供动力，称"冶塘湖"。造纸业也迅速成为一项重要的行业，东晋末年桓玄曾下令停止使用竹简，公文一律使用黄纸，曹娥江上游的剡溪出产的藤纸，行销全国。

江南地区河网密布，对于商业发展提供了便利的交通条件。沿长江重要商业城市均很兴盛，南方的广州仍为海外贸易中心。商品货币经济逐渐深入民间日常生活。刘宋元嘉24年（公元447年），朝廷讨论铸造大钱时，尚书右仆射何尚之说："晋迁江南，疆域未廓，或土习其风，钱不普用。……今王略开广，身教遐暨，金镪所布，爰逮荒服，昔所不及，悉已流行之矣。"[②]可见东晋时南方尚未普遍用钱，至刘宋时，随着商品货币经济的发展，各地才开始普遍用钱。

三、刘宋王朝的灭亡

刘宋时社会经济虽然有了一定的发展，但其社会矛盾尤其是统治阶级内部矛盾斗争不断升级。刘裕开国后，鉴于东晋时世家大族独揽军权，长期镇守一方而形成半割据状态的教训，企图用皇子出镇各军事重地。收回世家大族的兵权。然而骨肉血脉之亲并不能保证统治集团内部的团结，相反皇族内部的争权夺利相互残杀是刘宋政局不稳定的主要因素之一。公元453年，宋文帝刘义隆被其长子刘劭杀死，刘劭自立为帝；文帝第三子武

① 《宋书》卷6《孝武帝记》。
② 《宋书》卷66《何尚之传》。

陵王刘骏又起兵击杀刘劭，自立为帝（宋孝武帝）。当时民谣谓："遥望建康城，小江逆流萦，前见子杀父，后见弟杀兄。"[①] 孝武帝死后，又连年爆发皇族之间争夺皇位的内战。"宋武九子，四十余孙，六七十曾孙，死于非命者十之七八，且无一有后于世者。"[②] 皇族除血腥相残外，又骄奢淫佚，秽声四闻。政治黑暗、社会矛盾激化，最终导致刘宋王朝的覆灭。

第二节　刘宋时期立法思想和立法概况

一、立法思想

刘宋政权是以军事集团起家的，刘裕出身贫寒，建立政权必须取得当时统治阶级主要成分士族阶层的支持。然而东晋政治弊病正如《晋书·庾翼传》所言："伛偻豪强，以为民蠹；时有刑罚，辄施之寒劣。"《宋书·武帝纪》亦曰："权门并兼，强弱相凌，百姓流离，不得保其产业。"要巩固政权，缓和社会矛盾，必须对士族豪强势力予以一定限制。为此，刘宋初年采取了对世家大族又拉又打的策略方针，成为其法制的一个重要指导原则。

刘裕在东晋末年执掌政权后，即"大示轨则，豪强肃然，远近知禁"。在灭京口大族刁氏后，据《宋书·武帝纪》载，又因会稽大姓虞氏"藏匿亡命千余人"，诛杀虞亮，罢免会稽内史、东晋皇族司马休之。并实行"土断"（详见下节），禁止封山占水。刘宋建立后，又以"冠带之伦，沦陷非所"为理由，减轻"役身死叛"罪名连坐范围，以笼络士族阶层。针对东晋时"以奴为兵，取将吏客便转运，……众庶怨望之"，取豪强奴婢为士兵、取

① 《魏书》卷95《刘裕传附子刘骏》。

② 赵翼《廿二史劄记》卷11"宋子孙屠戮之惨"。

豪强部曲宾客之类的依附人口转运物资，损害士族阶层利益。《武帝纪》载，刘宋建国第二年（公元421年）即下诏："……先因军事所发奴婢，各还本主。若死亡及勋劳破免，亦依限还直。"以补偿士族豪强的损失。这种对士族又打又拉的施政和法制方针，保证了刘宋初年统治阶层内部矛盾的缓和，实现了较为平稳的政权易手及政治局面的稳定，并且成为刘宋的一项重要法制原则，在其以后的立法中都注重贯彻这一指导方针。

其次，刘宋对于东晋时期崇尚清淡，统治者不屑政法实务的风气予以纠正。刘宋初年确立了重视刑狱实务、重视法制的原则。《宋书 · 良吏传序》说，刘裕"起自匹庶，知民事艰难。及登庸作宰，留心吏职"。《武帝纪》又说，他即位当年即"遣大使分行四方，旌贤举善，问所疾苦。其有狱讼亏滥，政刑乖愆，伤化扰治，未允民听者，皆当具以事闻"。将司法刑狱状况列为头等监察重点。宋文帝刘义隆也曾多次派出使节巡察各地，也将视察"刑狱不恤"列在首位。另外，刘宋几代皇帝都经常亲自听讼审案。如武帝刘裕仅在称帝的第二年一年中就五次"幸华林园"，或"幸延贤堂"听讼。文帝在元嘉三年一个月内就三次听讼。这种对于司法刑狱实务的重视，在一定程度上扭转了东晋以来的清淡风气，对于法制建设有积极意义。

二、立法概况

刘宋没有遵照魏晋改朝换代即颁新律的惯例，而在立法上采取了全盘沿用晋代法律的指导方针。这种沿用前朝法律的情况在中国法制史上并非罕见，而刘宋时采用这一方针，很明显是为了将"一革故鼎新"的震动减少到最低限度，以维持政治的稳定，取得士族支持。另外晋代制定律令后的一个半世纪多时间里，一直没有对律令本身加以重新修订，司法实践中经常以皇帝的诏制为主要法律形式，这已成为一种惯例。刘宋即遵循此惯例，立法着重采取诏制形式，避免对律令本身进行修改。《宋书 · 刘秀之传》载孝武帝大明四年（公元460年）曾"改定制令"，但并非对全部法律加以整理汇编。

《孝武帝纪》载大明五年诏:“近籍改新制，在所承用殊谬实多，可普更符下，听以令为始。”可见其改定的对象主要是诏制，是对历年诏制进行整理汇编之举，并未涉及律令。这次改制的具体内容史无明文。

三、法律形式

刘宋法律形式主要有律、令、科、诏、制、故事等。律、令即为晋律令，并包括晋律的注解。只是名称上改称“宋律”“宋令”而已。《隋书·经籍志》载南陈蔡法度撰《晋宋齐梁律》二十卷,《旧唐书·经籍志》又记有《条钞晋宋齐梁律》二十卷。仍沿袭晋代旧例，科、诏、制均为皇帝发布的单行法令，而在命名上习惯以该法令发布的日期为名，如“庚戌之科”“壬辰诏书”等，以示区别，便于汇编。

第三节　刘宋的行政法律制度

刘宋行政法律主要沿袭东晋，其较具特色，并对以后各朝发生一定影响的法律制度约有如下几个方面。

一、行政管理机构

在行政机构方面，刘宋沿袭了汉魏以来种种旧有的设置。

1. 中央行政机构

中央行政机构突出的特点是尚书省的职权进一步扩大，成为最主要的行政机构。尚书令、左右仆射、五尚书（吏部、祠部、度支、左氏、都官，另五兵尚书时置时废）号为“八坐”，重大决策一般都经八坐及尚书丞郎议论。刘宋时正式确立尚书令“任总机衡”，仆射、尚书“分领诸曹”的制度，一尚书分辖数曹，曹之长官为曹郎。又另有尚书左丞、尚书右丞辅佐。尚书令、仆射、尚书均为三品官，左右丞及诸曹郎为六品官。

为皇帝起草诏制的中书省，有“凤凰池”之称。刘宋时仿照前代，设立中书令、侍郎、中书舍人等官职，但真正掌机要的则为新设的中书通事舍人，《宋书 · 百官志》载：“宋初又置通事舍人，而侍郎之任轻矣。舍人直阁内，隶中书。其下有主事，本用武官，宋改用文吏。”通事舍人在皇帝住处值班，随时受命起草诏制。主事原为警卫之吏，刘宋改为协助通事舍人的主书令吏，《南齐书 · 倖臣传序》说这一职司“人数无员，所掌无非天下要密”。通事舍人往往由寒族担任，用以牵制士族集团的政治势力。

2. 地方行政机构

刘宋地方行政机构仍为州、郡、县三级。东晋末年裁撤郡丞，刘宋元嘉四年（公元 427 年）复置。《宋书 · 百官志》载：“诸郡各有旧俗，诸曹名号往往不同。”在县一级也是如此，“其余众职，或此县有而彼县无，各有旧俗，无定制也”。可见郡、县二级机构仍沿东吴、东晋以来习惯，并无统一规定。

刘宋时仍仿照两晋制度实行分封，各王国设师友、文学辅导皇子，设内史掌行政，一如郡守。《宋书 · 百官志》载：“宋氏以来一用晋制，虽大小国皆有三军。”王国以郎中令、中尉、大农为三卿。内史原应向国主称臣，宋孝武帝时革去此制，只向国主称“下官致敬”而已，加强了中央集权。

二、中央集权的加强

刘宋鉴于东晋时权臣掌握兵权，变相割据一方的教训，采取了一系列措施以加强中央集权。

1. 限制刺史权力

《宋书 · 武帝纪》载，宋武帝永初二年（公元 421 年）诏：“限荆州府置将不得过二千人，吏不得过一万人。（诸）州置将不得过五百人，吏不得过五千人。兵士不在此限。”以此限制地方军事势力的膨胀。如东晋以来，荆州扼建康上游，权臣往往以此起兵对抗朝廷。为了削弱荆州刺史权力，《宋书·州郡志》载荆州原有三十一郡，宋武帝时“分南阳、顺阳、襄阳、新野、竟陵为雍州；湘川十郡为湘州；江夏、武阳属郢州；随郡、义郡属司州北义阳，省凡余十一郡”。分散荆州属郡，以此削弱荆州刺史权力。

2. 皇子出镇监督

为加强中央集权，刘宋时又采取另一措施，即由皇子出镇重要地区。常常年仅十几岁的皇子便为都督数州军事持节都督，或兼数州刺史。如刘裕东晋末年北伐灭后秦，留下第二子刘义真为持节都督雍、凉、秦三州之河东、平阳、河北三郡诸军事、安西将军等职，当年刘义真仅十二岁。江夏王刘义恭（武帝第五子）年十二即监南豫、豫、司、雍、秦、并州军事、冠军将军、南豫州刺史。以后成为皇子出镇的惯例。

3. 典签监视制度

为了监视各地长官以及辅佐年幼皇子，刘宋又建立了由皇帝亲信充任典签监视地方长官的制度。典签一职原是小吏，《南史·吕文显传》载“故事：府州部内论事皆用签，前叙所论之事，后书某氏某签，故府州县典签掌之。本五品吏耳”。刘宋时以皇帝左右亲信充任典签，辅佐皇子履行政事，并又防止年幼皇子被权臣蒙骗。素族（庶族或非皇族的士大夫）出镇或任州郡长官，也往往设典签监视之。《南齐书·吕文显传》在追述刘宋旧事时载：“典签还都，一岁数反，时主辄与间言，访以方率。刺史行事之美恶，系于典签之口。莫不折节推奉，恒虑不及。于是威行州郡，权重蕃臣。”典签多为“通天”，可直接向皇帝报告，年幼皇子、地方长官只能折节逢迎。但刘宋时典签职权尚轻。很多地方长官并不将典签放在眼里。孝武帝孝建年间，武将出身的豫州刺史宗慤与典签吴喜公冲突，《吕文显传》载：“慤刑政所施，喜公每多违执，慤大怒，曰：‘宗慤年将六十，为国竭命，政得一州如斗大，不能复与典签共临！’喜公稽颡流血乃止。”刘宋初年另一武将吉翰以至杀死与之争权的典签。《宋书·吉翰传》记载，元嘉二十九年（公元 452 年）吉翰假节监徐、兖二州、豫州之梁郡诸军事，“时有死罪囚，典签欲活之。……（吉翰）谓之曰：‘……此囚罪重，不可全贷，既欲加恩，卿当代任其罪。’因命左右收典签，付狱杀之”。有的皇子也不卖典签的帐。《宋书 · 巴陵哀王休若传》载，明帝泰始二年（公元 466 年）十九岁的巴陵王刘休若犯过失降为卫将军。“典签夏宝期事休若无礼，系狱，启太宗（明帝）杀之。虑不被许，启未报辄于狱行刑。信反果锢送，而宝期已死。上大怒，与休若书曰：‘孝建、大明中汝敢行此耶？’休若母加杖三百，降号左将军，贬使持节都督为监，……削封五百户。”可见刘宋时典签权威尚未完全树立。

4. 君主亲掌财权

为加强君主集权。刘宋时又着重保证财权掌于君主之手，规定：“出钱二十万，布五百匹以上，并应奏闻。”宋文帝时江夏王刘义恭“岁给资费钱三千万，布五万匹，米七万斛。义恭素奢侈，用常不充”。元嘉二十一年，刘义恭请求尚书省预支第二年资费，尚书左丞谢元未经奏闻就拨给钱二百万。此事被揭露后，谢元“归田里禁锢终身”[①]。

三、选拔寒族入掌机要

自曹魏行“九品官人”之法后，“下品无高门，上品无贱族”，士族垄断政治权力，《宋书 · 恩倖传序》说：“魏晋以来，以贵役贱，士庶之科，较然有辨。”各级官职主要是士族担任，据统计，史籍所载的刘宋时七个尚书令中有六个是士族，尚书仆射及诸尚书共七十七人中仅有两人是寒素，十六个中书令中十五个是士族，六十二个侍中中仅一人是寒素出身。地方各郡太守二百五十六人中有一百七十人为士族出身，占了三分之二，比之

① 《宋书》卷 65《何承天传》。

两晋士族所占比例更高[①]东晋政权是建筑在士族专权基础上的，刘宋更晋，皇室为寒素武将，为保证统治阶级内部的稳定，对于士族既得权力利益不能触动。因此总的来说刘宋时文官士族成分比例比两晋略高。然而士族权力过大，又威胁到皇帝的地位，因此刘宋着重提拔寒素为亲近之臣，掌管机要，《宋书·恩幸传序》载："刑政纠杂，理难偏通，耳目所寄，事归近习。赏罚之要，是谓国权，出内王命，由其掌握。于是方涂结轨，辐凑同奔，人主谓其身卑位薄，以为权不得重。"另一方面世家大族子弟日趋腐朽，北齐颜子推在《颜氏家训·涉务篇》中指出，南朝士族子弟"多迂诞浮华，不涉世务。纤微过失，又惜行捶楚，所以处于清高。至于台阁令史，主书、监帅、诸王签省，并晓习吏用，济办时须，纵有小人之态，皆可鞭杖肃督，故多见委使，盖用其长也"。寒素官职卑微，易于驱使，黜退刑罚，也无顾忌，由寒素掌机要，皇帝可安心。自刘宋开此例，历齐、梁、陈，寒人掌机要成为惯例。清赵翼在《廿二史劄记》中总结："至宋、齐、梁、陈诸君，则无论贤否，皆威福自己，不肯假权于大臣。而其时高门大族，门户已成，令仆三司，可安流平进，不屑竭智尽心，以邀恩宠。且风流相尚，罕以物务关怀，人主遂不能籍以集事。于是不得不用寒人，人寒则希荣切而宣力勤，便于驱策，不觉倚之为心膂。"

所谓寒素掌机要，是使寒素出身的官员任宣传皇帝圣旨，起草诏制的要职，如台阁令史、通事舍人、主书令史等等位卑职重的官职。寒素即使与士族同列，仍受歧视。《宋书·张敷传》载宋文帝时，重用寒素狄当、周纠，与士族张敷同值中书省。狄当欲访张敷家，周纠说："彼恐不相容接，不如勿往。"狄当认为"吾等并已员外郎矣，何忧不得共坐。"至张敷处，"敷设二床，去壁三四尺，二客就席，敷呼左右曰：'移我远客。'纠等失色而去"。

以寒素掌机要，虽保证了皇帝的专制权力不致落空，但也造成统治阶

① 毛汉光：《两晋南北朝主要文官士族成分的统计分析与比较》，载台湾地区《历史语言研究所集刊》合订本36册下册。

级内部关系紧张。同时寒素掌机要籍以弄权,《宋书·恩幸传序》评论道:“鼠凭社贵,狐藉虎威,外无逼主之嫌,内有专用之功,势倾天下,未之成悟。挟朋树党,政以贿成。”至宋末年,“权幸之徒,慴惮宗戚,欲使幼主孤立,永窃国权。构造同异,兴树祸隙,帝弟宗王,相继屠剿。民忘宋德,虽非一涂,宝祚夙倾,实由于此”。掌机要的寒素反客为主,成为窃取实权的蠹虫。如宋明帝时阮佃夫执权柄,官号冠军将军、领中书通事舍人,“大通货贿,凡事非重赂不行。……宅舍园池,诸王邸第莫及,妓女数十,艺貌冠绝,当时金玉锦绣之饰,宫掖不逮也。……虽晋世王(恺)石(崇)不能过也”。士族寒素势同水火,使社会政治局势动荡,动摇了刘宋的统治。

四、官员的铨选与考察

刘宋官员来源主要仍是按九品中正制举士一如晋制。沿魏晋名教饰让之风,士族拜官习惯上都要上表推辞再三方就官职,以示清高。据《宋书·王华传》,整个刘宋时期,“惟(王)华与南阳刘湛不为饰让,得官即拜,以此为常”。

刘宋时官职铨选掌于吏部尚书。史籍所载刘宋时期三十四位吏部尚书中,士族占了三十三位。琅琊王氏为东晋王导后代,世传朝仪及各种故事,《宋书·王淮之传》记载王氏将这些朝仪故事“缄之青箱,世人谓之王氏青箱学”。吏部尚书身居选职,容易得罪人。王淮之“领吏部尚书,性峭急,颇失缙绅之望”。谢庄虽为望族谢氏之后,但闻拜吏部尚书,上书竭力推辞。《宋书·颜竣传》记载颜竣为吏部尚书,“留心选举,自强不息”。“时人为之语曰:‘颜竣嗔而与人官,谢庄笑而不与人官。’”据《宋书·谢庄传》,宋孝武帝即位后,感到士族掌官职人事安排大权,“常虑权移臣下”,大明三年(公元459年)诏:“以一人之识当群品之诮,望沈浮自得,庸可致乎?吏部尚书可依郎分置”,企图将人事权分散诸曹,遭谢庄、江夏王刘义恭反对,最后改置吏部尚书二人同掌选职。孝武帝死后恢复旧制。

秦汉以来地方官任期有限，一些地方官为欺世盗名，往往在地方上立祠建碑。据《宋书·裴松之传》，东晋末年，刘裕执掌政权，尚书祠部郎裴松之“以世立私碑有乖事实，上表陈之曰：碑铭之作，以明示后昆，自非殊功异德，无以允应兹典”。建议“诸欲立碑者，宜悉令言上为朝议所许，然后听之。庶可以防遏无徵，显彰茂实，使百世之下，知其不虚”。刘裕接受建议，下令禁止地方官私立碑铭。这一法令成为后世律中“长吏辄立碑”条的滥觞。

第四节 刘宋的刑事法律制度

刘宋沿用晋律，因此其刑事法律制度与晋代基本相同。主要特点是在晋律基础上，对部分刑事法律制度内容有所发展创新。

一、定罪量刑的特点

在定罪量刑方面，刘宋法律在以下几个方面较具特色。

1. 刘宋初年的轻刑措施

刘裕在执掌东晋权柄后，为邀买人心作好夺权准备，曾对晋代法律进行宽简处理。

首先，是废除了东晋的“劫科”。《宋书·武帝纪》载，公元411年刘裕攻取江陵，下令江、荆二州“原五岁刑已下。凡所质录贼家余口，亦悉原放”。将当地髡钳五岁刑徒均予放免，并释放贼盗罪犯被官府收押作人质的家属。东晋末年曾大大加重劫盗罪的处罚，据《宋书·何尚之传》东晋法律“凡劫，身斩刑，家人弃市”。而刘宋建国代晋当年的七月，“原放劫贼余口没在台省者，诸徙家并听还本土”[①]。将设于朝廷各机关服役的劫

① 《宋书》卷3《武帝纪下》。

盗罪犯家属放免，因罪迁徙的家属也允许还乡。壬子诏：“往者军国务殷，事有权制，劫科峻重，施之一时。今王道维新，政和法简，可一除之，还遵旧条。‘反叛、淫、盗，三犯补冶士’，本谓一事三犯，终无悛革；主者顷多并数众事，合而为三。甚违立制之旨，普更申明。”正式废除了东晋末年的“劫科”，家人弃市仍改为补士。

其次，废除了若干苛酷罪名。《宋书·武帝纪》载，公元420年七月，刘裕称帝后，于当年七月下制：“有‘无故自残伤者补冶士’，实由政刑烦苛。民不堪命，可除此条。”第二年“六月壬寅诏曰：杖罚虽有旧科，然职务殷碎，推坐相寻，若皆有其实，则体所不堪，文行而已，又非设刑之意。可筹量觕为中否之格”。改革东晋以来长官杖罚僚属之制。“甲辰，制诸署敕吏四品以下，又府署所得辄罚者，听统府寺行四十杖。”限定杖罚不过四十下。

最后，缩小连坐范围。东晋以来经常以罪犯补兵，如有死亡、逃走，则拘拷罪犯亲属。刘宋永初二年（公元421年）冬十月丁酉诏曰：“自今犯罪充兵合举户从役者，便付营押领。其有户统及谪止一身者，不得复侵滥服亲，以相连染。”禁止无限牵连罪犯亲属补兵。

上述宽减刑罚的法令，以后大多成为定制而一直沿用到刘宋灭亡。有的则又恢复重刑。如“劫罪”，不久就恢复缘坐家属，甚至株连同居期亲。据《宋书·何承天传》，元嘉七年（公元430年）“吴兴余杭民薄道举为劫，制：‘同籍期亲补兵’。道举从弟代公、道生等并为大功亲，非应在补谪之例。法（司）以代公等母存为期亲，则子宜随母补兵。（何）承天议曰：‘寻劫制：同籍期亲补兵，大功不在例。妇人三从，既嫁从夫，夫死从子。今道举为劫，若其叔父尚存，制应补谪，妻子营居，固其宜也。但为劫之时，叔父已没，代公、道生并是从弟，大功之亲，不合补谪。今若以叔母为期亲，令代公随母补兵，既违大功不谪之制，又失妇人三从之道。由于主者守期亲之文，不辨男女之异，远嫌畏负，以生疑惧，非圣朝恤刑之旨。’”何承天要求定例为妇人如夫亡即不按期亲补兵之制处理。这一建议是否被定为法律，史无明文，但可看到，当时一人犯劫罪其株连处罚的范围很广。《文献通考·刑考七》称："宋制：为劫者斩，家人弃市，同籍周（期）亲谪补兵。"这当指宋文帝以后的刘宋法律规定，比之东晋末年"劫科"更重。此外，"符伍遭劫不赴救"者也要受到处罚。据《宋书·自序·沈亮传》，刘宋元嘉中曾有官员比附此条判处盗墓案发，附近村民连坐，经沈亮反对才定制"相去百步赴告不时者一岁刑"。这当比遭劫不赴救罪名处罚为轻。但可推测遭劫不劫救可能也是判处耐刑。

2. 保护士族官僚特权

魏晋以后法律发展的趋势之一，就是日益加强保护士族官僚特权。如"八议"，免官比三岁刑等。刘宋时期在晋代法律基础上进一步维护士族官僚的特权地位，主要表现在士族官僚不受邻伍连坐处罚的这一法律问题上。据《宋书·王弘传》载，刘宋元嘉年间（约元嘉八年，即公元 431 年前后）为士族官僚是否应受邻伍连坐处罚问题进行了一次讨论，参加者为"八座丞郎"，有尚书左丞江奥，右丞孔默之、尚书王准之、殿中郎谢元，吏部郎何尚之等人。卫军将军领中书监王弘建议："同伍犯法，无士人不罪之科，然每至诘谪，辄有请诉，若垂恩宥，则法废不可行，依事纠责，则物以为苦怨。宜更为其制，使得忧苦之衷也。"当时法律（晋律）规定凡应邻伍连坐者，无分士庶，但实际司法中，当士族官僚被连坐时，总是奏请皇帝予以宽免。王弘建议直接立法规定士人不须连坐庶民之罪，"圣明御世，士人诚不忧至苦，然要须临事论通，上干天听为纷扰，不如近为定科，使轻重有节也"。在讨论中有官员指出连坐仍有必要，但士族官僚之家如有"奴客"（指奴婢、佃客），即连坐处罚奴客，无奴客则赎免之。"虽比屋邻居，至于士庶之际，实自天隔，舍藏之罪，无以相关。奴客与符伍交接，有所藏蔽，可以得知，是以罪及奴客，自是（奴）客身犯愆非代郎主受罪也。"士族官僚与庶民素不往来，只有奴客与之往来，可能知道邻伍犯罪，因此"士人坐符伍为罪，有奴罪奴，无奴输赎"。这一意见遭到大多数讨论者反对，最后文帝亲自决定。"诏：卫军（王弘）议为久。"虽史籍中没有具体记载王弘的建议而正式产生的法律，但可以得知确立了士族官僚无须因邻伍犯罪而连坐受罚的法律原则。

3. 民杀长官加重处罚原则

刘宋刑事法律制度中另一项对后世法律有较大影响的内容，是确立了民杀长官要加重处罚的原则。《宋书 · 刘秀之传》载刘宋大明四年（公元460年）改定制令，尚书右仆射刘秀之对其中“民杀长官遇赦宜加徙迁”的规定表示异议，“认为律文虽不显民杀长官之旨，若值赦但止徙送，便与悠悠杀人，曾无一异。民敬官长，比之父母，行害之身，虽遇赦，谓宜长付尚方，穷其天命，家口令补兵”。这一建议得到刘宋明帝批准，成为一项法律制度，凡平民杀死所属长官，即使遇赦免死，仍必须补士，家口补兵。这一法律规定对于后世“十恶”大罪中“不义”罪名有直接影响。

4. 严厉处罚“赃”罪

虽然刘宋法律仍突出维护士族官僚特权的法律原则，但在官员士人犯赃罪，“主守偷”或“常偷”情况下则要加重处罚。前述《宋书 · 王弘传》载元嘉年间的讨论中涉及的另一重要法律问题，就是“主守偷五匹，常偷四十匹。并加大辟，议者咸以为苦”。王弘建议修改这条旧有的晋律律条，改为“主（守）偷十匹，常偷五十匹死；四十匹降以补兵”。讨论中尚书左仆射江奥提出：“士人犯盗赃不及弃市者，刑竟自在赃污淫盗之目，清议终身，经赦不原，当之者足以塞愆，闻之者足以鉴诫。若复雷同群小，谪以兵役，愚谓为苦。”而尚书右丞孔默之却认为“常盗四十匹，主守五匹降死补兵，虽大存宽惠以纾民命，然官及二千石及失节士大夫时有犯者，罪及可戮，恐不可以补兵也”。认为士人犯偷盗赃罪仍应处死刑。这一观点得到王弘的支持：“官长以上荷蒙禄荣，付以局任，当正己明宪，检下防非，而亲犯科律，乱法冒利，五匹乃已为弘矣。士人无私，相偷四十匹，理就使至此致以明罚，固其宜耳，并何容复加哀矜！且此辈士人可杀不可谪，有如诸论。”最后仍以孔默之、王弘的建议定为法律，官员士人犯偷不减刑。如有需恩宥的“集议奏闻，决之圣旨”。

二、刑罚制度的若干特色

在刑罚制度上，刘宋仍沿用晋律所定三种死刑，四种髡刑，赎刑，杂抵（罚金）等处罚，比较有特点的为以下几方面。

1. 短时间内恢复肉刑

两晋数次议复肉刑，最终都无结果。刘宋时虽未有议复肉刑之举，但却曾一度恢复肉刑。明帝泰始四年（公元468年）至泰豫元年（公元472年）曾部分恢复肉刑。据《宋书・明帝纪》载，“（泰始四年九月）戊辰诏曰：夫愆有小大，宪随宽猛，故五刑殊用，三典异施。而降辟次网，便暨钳挞，求之法科，差品滋远。朕务存钦恤，每有矜贷。寻劫制科罪，轻重同之大辟，即事原情，未为详衷。自今凡窃执官仗，拒战逻司，或攻剽亭寺及害吏民者，凡此诸条悉依旧制。五人以下相逼夺者，可特赐黥、刖，投畀四远，仍用代杀，方（仿）古为优，全命长户、施同造物，庶简惠之化，有孚群萌；好生之德，无漏幽品”。这一戊辰诏书对于部分罪名恢复使用黥、刖肉刑的理由大加铺陈，强调复肉刑是为了减少死刑，使死生两刑的“差品”得以弥补。但诏书对于黥、刖之刑具体内容未加以说明，只知是对于部分重大犯罪的一种减刑措施。

另据《南史・宋明帝纪》载，则可知当时并非是简单恢复旧肉刑。太（泰）始四年“秋九月戊辰，诏定黥刖之制，有司奏：自今凡劫窃执官仗，拒战逻司，攻剽亭寺及伤害吏人，并监司将吏自为劫，皆不限人数，悉依旧制斩刑。若遇赦，黥及两颊‘劫’字，断去两脚筋，徙付交、梁、宁州。五人以下止相逼夺者，亦依黥作‘劫’字，断去两脚筋，徙付远州。若遇赦，原断徒犹黥面，依旧补冶士。家口应及坐悉依旧结谪。及上崩，其例乃寝”。从“有司”奏定的黥刑之制看来，其特点是对执械抢劫、武装拒捕、攻击官府、伤害官吏、监司将吏为劫盗这五种重大犯罪仍一律处死刑。只是在遇赦的情况下，在犯人两颊上刺“劫”字，并断脚筋远流。五人以下结伙抢劫（不执械）也依此处理，遇赦的情况下免断脚筋，但仍刺字，补为冶士（详下）。显然，这次复肉刑是作为部分重大犯罪的减刑措施而实行的，而且刑罚本身也与古肉刑有所不同，黥改为刺字，刖改为断脚筋。这次复肉刑为期短暂，至明帝死即被废除，总共只实行了不满五年的时间。但是这毕竟是自西汉文帝废肉刑以来首次复肉刑之举，在法制史上有一定的影响。

2. 大量使用劳役刑

按晋律髡耐刑分为五岁刑、四岁刑、三岁刑、两岁刑四种。然而东晋起，对某些罪犯又采取“补士”“补兵”的处罚方法，即将罪犯补入尚方、官冶之类的官府手工工场及军队服劳役终身。到刘宋，这种“补士”刑使用更为普遍。《宋书·王韶之传》载，刘宋末年，“有司奏：东冶士朱道民禽三叛士，依例放遣”。叛在东晋南朝往往是指“叛逃”“逃亡”，不一定就是“反叛”。冶士是指被判至官府冶铁场所服劳役的罪犯。擒获三个叛逃的“士”，按东晋惯例可以放遣归家。王韶之启奏反对：“尚书金部奏事如右，斯诚检忘，一时权制，惧非经国弘本之令典。臣寻旧制，以罪补士凡有十余条，虽同异不紊，而轻重实殊。至于诈列父母死，诬罔父母、淫乱破义、反逆，此四条实穷乱抵逆，人理必尽，虽殊刑过制，犹不足以塞莫大之罪。既获全首领，大造已隆，宁可复遂拔徒隶，缓带当年，自同编户，列齿齐民乎？臣惧此制永行，所亏实大。”可见“补士”之士都终身不得再为平民。补士往往是对死刑者的一种减刑措施，王韶之提出四种重罪罪犯补士后不能放遣。理由即此四种犯罪原应处死刑，后因赦而保全生命为补士，不得再加宽免为平民，必须终身服役。他的建议得到侍中褚谈之的赞同，最后“三条却宜仍旧”，得到皇帝批准。但补士不得宽免的三条不知是四条中的哪三条。

3. 对犯罪官员常用“白衣领职”的处罚

刘宋时对于官员犯罪的处罚除了晋律所定的“免官比三岁刑”，还广泛采用“白衣领职”的处罚方式。白衣领职与后世的“戴罪立功”类似，对于犯罪的官员并不免去全部官职，只是褫夺其官员的特殊身份，看其工作表现予以考虑恢复身份。这种处罚方式在东晋时已有。如《晋书·范泰传》载，东晋末年黄门郎、御史中丞范泰“坐议殷祠事谬，白衣领职，出为东阳太守”。刘宋时作为对于官员轻微犯罪的一种处罚方式而普遍使用。如《宋书·孔觊传》，孔觊为会稽太守，“坐小弟驾郎道穰逼略良家子女，白衣领郡”。《傅隆传》傅隆拜左民尚书，“坐正直受节假对人未至委出，白衣领职”。《蔡兴宗传》载蔡兴宗为广陵太守时，“坐属疾多日，白衣领职”。《王球传》载尚书仆射王球为琅琊王氏后代，放荡不羁，素有脚疾，得罪江夏王刘义恭（时录尚书事），刘义恭“谓尚书何尚之曰：‘当今乏才，群下宜加戮力，而王球放恣如此，恐宣以诘纠之。’尚之曰：‘球有素尚，加又多疾，应以淡退求之。未可以文案索也。’（王球）犹坐白衣领职。《何承天传》载尚书何承天卖茭四百七十束与官属求贵价，承天坐白衣领职”。白衣领职轻于免官，往往适用于一些轻微犯罪，有时也用于起复受免官处罚的官员。《宋书·臧质传》刘宋名将臧质率兵伐汝南西境“山蛮”，“枉杀队主严祖，又纳面首生口不以送台，免官”。宋文帝起兵北伐，起用臧质，“白衣，与骠骑司马王方四等率军出许、洛”。

4. 重开以铜赎罪先例

东汉以来，赎刑一直使用绢帛。刘宋孝武帝孝建三年（公元 456 年），尚书右丞徐爰上书，认为当时政府铸币数量不足，不能满足民间流通需要，“丧乱屡经，堙焚剪毁，日月削减，货薄民穷，公私俱困。不能革造，将至大乏”。要多铸钱币，就要增加政府铜的收入，因此他建议：“式遵古典，收铜熔铸，纳赎刊刑，著在往策。今宜以铜赎刑，随罚为品。诏可。”[①] 他的建议得到了孝武帝的批准，从此刘宋便采取以铜赎刑，虽然其具体制度史载不详。而且施行时间也不长，但是上继周秦传统，下开隋唐先河，在中国法制史上具有一定的历史意义。

---

① 《隋书》卷 24《食货志》。

第五节　刘宋的民事婚姻家庭法律制度

中国古代民事法律制度很大程度上是由民间习惯及礼教构成的，而民间习惯与礼教演变比较缓慢，一般不是以剧烈激变形式表现出来，要一个比较长的时期才能看出其演变的脉络。东晋南朝时期南方的民事法律制度变化并不显著，只能就各个朝代比较突出的几个特点加以介绍。刘宋承东晋旧制遗俗，其民事法律制度较具特色的有如下几个方面。

一、严行土断

东晋以来侨籍，侨郡县始终是一个严重的社会问题。公元 364 年桓温主持下的东晋政权曾颁“庚戌土断之科”，将由北方迁至南方的侨寓人户一律在所居住地区登记编入户籍。《宋书 · 武帝纪》记载，公元 413 年，刘裕执掌东晋政权后，“时民居未一”，侨籍问题又日益严重。刘裕上表：“自兹（桓温土断）迄今，弥历年载，画一之制，渐用颓弛。杂居流寓，闾伍弗修。王化所以未纯，民瘼所以犹在。……夫人情滞常难以虑始，所谓父母之邦，以为桑梓者，诚以生焉终焉，敬爱所托耳。今所居累世，坟垄成行，敬恭之诚，岂不与事而至。请准庚戌土断之科，庶子本所弘，稍与事著。”于是，“依界土断，唯徐、兖、青三州居晋陵者，不在断例。诸流寓郡县，多被并省”。

土断主要是出于与世家大族争夺剥削对象，增加政府赋税收入的目的。但在民法上而言，也具有一定的确定住所地的意义，使户籍地与住所地合一，真实地反映居住情况。同时登记户籍后也确认了侨居人户购置或垦荒所得的田产房屋的所有权，确认了土地所有权的关系。

二、民事行为能力的认定

古代成丁者即应负担赋税、徭役，亦即认定成丁者已具备独立生产、经营活动能力，接近于近代民法中的具有行为能力的概念。刘宋将成丁年龄从东晋的十六岁提高至十七岁，但对女子成丁年龄未加修改（详见下节），当仍为《隋书・食货志》所言的东晋制度，“女以嫁者为丁，若在室者年二十乃为丁”。可以看作法律规定男子年满十七，女子年满二十即具有民事行为能力。

三、债与契约

1. 免收债务的法令

晋代已偶有免放债务的法令，刘宋时这一类诏令成为惯例。每朝皇帝都有发布免放债务诏令的记录。《宋书》历朝《本纪》记载：刘宋武帝永初元年（公元420年）即位诏中有“逋租宿债勿复收”。宋文帝元嘉十七年（公元440年）诏：“凡诸逋债，优量申减。”元嘉二十一年（公元444年）“大赦天下，诸逋债在十九年以前，一切原除去”。元嘉二十四年（公元447年）大赦，“诸逋负宽减各有差”。孝武帝即位（公元453年）大赦，“逋租宿债勿复收”。孝建元年（公元454年），大赦，“逋租宿债勿复收”。大明四年（公元460年）“大赦天下尚方徒系及逋租宿债”。大明五年正月诏：“其逋负在大明三年以前一赐原停。”大明七年大赦，“其逋租余债勿复收”。宋明帝泰始元年（公元465年）改元大赦，“逋租宿债勿复收”。后废帝元徽二年（公元474年）“原除江州逋债”。总计刘宋六十年中共曾发布免除宽减债负的诏令十次，平均六年就有一次。这些诏令是否对于民间的私人债务也有效，史无明文。可能只是放免官债而已。

2. 借贷契约形式

刘宋时士族豪强惯于放高利贷取利。《宋书・蔡兴宗传》：“会（稽）土全实，民物殷阜，公王妃主邸舍相望，桡乱在所，大为民患，子息滋长，督责无穷。”蔡兴宗为会稽太守，对高利贷进行抑制，“原诸逋负，解遣杂役”。然而类似蔡兴宗这样强干清直的官员并不多见。刘宗时官员常常应债权人要求向债务人索债。据《宋书·顾觊之传》，顾觊之为吴郡太守，顾第三子顾绰在吴郡大放私债，顾觊之诱顾绰：“我常不许汝出责，定思贫薄亦不可居。民间与汝交关有几许不尽？我在郡为汝督之，将来岂可得。凡诸券书皆何在？”顾绰大喜，“悉出诸文券一大厨与觊之。觊之悉焚烧，宣语远近：‘负三郎债皆不须还，凡券书悉烧之矣！’绰懊叹弥日”。可见当时官员以政府强制力为债权人索债是常见之事。同时也可见借贷契约都用书面形式。

3. 债务担保方式

刘宋时债务的主要担保方式之一是以债务人的亲属为人质，如逾期不能归还，人质即为债权人服役还债。当时一般称为“贴”。《南齐书·虞愿传》载，宋明帝以其故宅起湘宫寺，立两刹各五层，自称“大功德”，虞愿“在侧曰：‘陛下起此寺，皆是百姓卖儿贴妇钱，佛若有知，当悲哭哀愍，罪高浮图，有何功德’”。刘宋末年，战争频繁，浙东五郡“丁税一千，乃有质卖妻儿。以充此限”。贴字据《说文解字》意为“以物质钱”，与质字相通，而刘宋时往往指“以人质钱”。法律对此并无明文规定。据《宋书·何承天传》，刘宋初年江陵“有尹嘉者，家贫，母熊以身贴钱为嘉偿责。坐不孝当死”。时任江陵南蛮长史的何承天认为：“嘉母辞自求质钱为子还责，嘉虽亏犯教义而熊无请杀之辞。熊求所以生之，而今杀之，非所求之谓。”提议“始以不孝为劾，终于和卖结刑”。可见当时法律禁止和卖良人，但对于以贴钱并没有明确规定，致使法司只能以“不孝”定罪，何承天则建议比照“和卖良人”判判。此案最终遇赦，尹嘉获免。

贴质亲属为债务抵押，就理论上而言，如果被贴人劳役抵充债务至偿清就可恢复自由，但实际上高利贷债务子息滋长，而服役的工价又极低，极少可能还清债务。因此习惯上贴质即与和卖混称，债务人的亲属永为债主服役，与奴婢无异，其生活待遇也与奴婢相同。《宋书·孝义传》载刘宋时著名孝子郭原平，父亲死后为营葬所需费用而“自卖十夫（当指营造坟墓的工匠，可参见《南齐书·吴达之传》)，以供众费。……葬毕，诣所买主执役无懈，与诸奴分务，每让逸取劳。主人不忍使，每遣之，原平服勤未曾暂替。所余私夫（当指服役之余）佣赁养母，有余，聚以自赎。”郭原平营造坟墓技术很好，所遇主人又非苛刻狠毒之徒，因此能在服役之余又为人营墓构冢，得钱养母，并赎还债务，恢复自由。如单靠为主人服役是不可能很快还清债务的。

除了贴质外，当债务人无法偿清债务时，也往往采取“役身折酬”。役身与贴质类似，但又有不同，贴质是在借贷契约成立时就已指定人质甚或转移引渡人身于债权人，而役身是在债务无法清偿时才以劳务服役抵债。役身折酬是法律允许的债务抵偿方式。《宋书·顺帝纪》载，刘宋末年，萧道成执掌政权，于顺帝升明三年（公元479年），“太傅齐王表：诸负官物质役者悉原除之”。可见当时官府已使用贴质和役身为官债的担保方式。民间也应久有此惯例。据《宋书·孝义传》，吴兴吴逵，因染时疾，小功以上亲属十三人去世，仅吴逵夫妻存活。夫妻二人“昼则庸赁，夜则伐木烧砖……斯年中成墓葬、十三棺椁”。依礼安葬，乡邻纷纷出资出力帮助，“葬毕，众悉以施之，逵一无所受，皆佣力报答焉”，即以劳役抵偿债务。

四、婚姻与家庭制度

1. 婚姻制度

婚姻制度在魏晋时已基本定型，刘宋婚姻制度无所更改，仍主要以礼教调整。值得注意的是，婚姻礼制对于皇室成员约束力很小。《宋书·前废帝纪》记前废帝姐山阴公主，“谓帝曰：妾与陛下，虽男女有殊，俱托体先帝。陛下后宫数百，而妾惟驸马一人，事不均平，一何至此。帝为置面首左右三十人”。面首原为美少年的通称，从此专指男宠。皇室成员生活糜烂，秽声四闻。

除了礼制、法律规定“七出”之外，刘宋公主婚姻不和谐者往往离婚。《宋书 · 赵伦之传》载，伦之孙赵倩尚宋文帝女海盐公主，公主与始兴王刘浚私通，赵倩“与主肆詈博击，引绝帐带。事上闻，文帝诏离婚”。而据《南史 · 赵伦之传》赵倩与海盐公主“甚爱重。倩尝因言戏以手击主，事上闻，文帝怒，离婚”。《宋书 · 后妃传》王藻尚文帝女临川长公主，“公主性妒而藻别爱左右人吴崇祖，前废帝景和中，主谗之于废帝，藻坐下狱死，主与王氏离婚”。刘宋皇室为了政治目的，一直注意与世家大族联姻，但“宋世诸主莫不严妒”，与夫家很少和睦，为避免得罪大族，有时皇帝还会阻止联姻。《宋书 · 王皇后传》孝武帝女应与名世家子江敩联姻，孝武帝特意使人为江敩作表让婚。

2. 家庭制度

自从曹魏律“除异子之科”后，法律不再鼓励父子分居，而礼教倡导的累世同居也没有上升为法律规范。孝武帝时周朗上书指斥时弊，其中提到：“今士大夫以下，父母在而兄弟异计，十家而七矣。庶人父子殊产，亦八家而五矣。尤甚者，乃危亡不相知，饥寒不相恤。又嫉谤谗害其间，不可称数。”周朗建议：“宜明其禁，以革其风。先有善于家者务其赏，自今不改则没其财。”[①] 他的建议并未被孝武帝接受，但对于后世父子不得分居法律的制度当有一定的影响。

五、继承制度

爵位、宗祧的嫡长子继承制度早在周秦时就已确立，然而财产继承制度的详细内容史载不详。刘宋时法律有关财产继承的具体规定不见于史籍记载，但可以从若干实例中推求其大概。

① 《宋书》卷 82《周朗传》。

刘宋时最著名的继承案例当属《宋书·谢弘微传》记载的谢民继承案。东晋以来，谢氏是最显赫的士族，东晋名臣谢安之子谢琰与其二子谢峻、谢肇死于平定孙恩之役，仅存少子谢混。谢氏远亲谢弘微出继为谢峻嗣子，与谢混关系亲密。东晋末年，谢混在战争中被杀，妻子晋陵公主被迫改嫁。因谢混仅有二女，嘱咐谢弘微代管家业。“混仍世宰辅，一门两封，田业十余处，僮仆千人……弘微经纪生业，事若在公，一钱尺帛出入皆有文簿。”刘宋代晋后，晋陵公主降为东乡君，仍回谢氏。至元嘉九年（公元432年）东乡君去世，遗产“资财钜万，园宅十余所，又会稽、吴兴、琅琊诸处太傅司空（谢）琰时事业、僮奴犹有数百人。公私咸谓室内资财宜归二女，田宅、僮仆应属弘微。弘微一无所取。自以私禄营葬。混女夫殷叡素好樗蒲，闻弘微不取财物，乃滥夺其妻妹及伯母、两姑之分，以还戏责。……或有讥之曰：‘谢氏累世财产，充殷君一朝戏责。’”当时谢琰之后仅谢弘微一人，从“公私咸谓”来看，当时法律、民间习惯都认定应由男性继承人继承不动产及最重要的动产——奴婢，而女性继承人仅能继承一般动产而已；嗣子的继承权与亲生子并无不同，而且也能继承另一房的财产。但谢弘微认为：“亲戚争财，为鄙之甚。”放弃继承，所以也由谢混的两个女儿继承了全部的遗产。谢琰的财产由另一子的遗孀、两个归宗的女儿继承。

第六节　刘宋的经济法律制度

一、土地立法

东晋南朝土地兼并始终是最大的社会问题之一，世家大族广占良田，侵夺贫民土地，侵夺国有田地。历代皇朝对此虽多次制定法律，企图限制土地兼并，但最终不了了之。

1. 禁止豪强地主封山占水

按照先秦“溥天之下，莫非王土”的悠久传统。秦汉以来，一切荒山野岭、湖陂水面都在名义上属于国有，允许私人樵采渔猎，但禁止私人圈禁占有。据《宋书·孝武帝纪》，东晋有“壬辰诏书”严禁私人封山占水，违者以“强盗律论，赃一丈以上皆弃市”。然实际上毫无效力。世家大族封山占水，圈禁之处日渐增多，贫民樵采渔猎都要交钱才能通行。刘裕执掌东晋政权后，在义熙七年（公元 411 年）就曾下令禁止：“山湖川泽皆为豪强所专，小民薪采渔钓皆责税直，至是禁断之。”实际上并未能“禁断”，豪强封禁山水依旧。宋文帝也下诏要依法令限制豪强“禁断山泽之利”，禁止封山占水成为刘宋土地法令的主要内容。

刘宋大明初年（约公元 457—461 年，因西阳王刘子尚于大明五年改封豫章王，故当在大明五年以前），西阳王扬州刺史刘子尚上言：“山湖之禁，虽有旧科，民俗相因，替而不奉。熂山封水，保为家利。自顷以来，颓弛日甚，豪强者兼岭而占，贫弱者樵苏无托，至渔采之地，亦又如兹。”建议“损益旧条，更申恒制”。修改原有的法律。尚书左丞羊希提议：“壬辰之制，其禁严刻。事既难遵，理与时弛。而占山封水，渐染复滋。更相因仍，便成先业，一朝顿去，易致嗟怨。”确立修改的原则应是减轻壬辰诏书的刑罚，同时默认已被豪强封占的山木既成事实，不再追究。羊希具体起草的条例共有五条。

“凡是山泽先常熂滤（滤原意是过滤，此处当转借指排灌水道），种养竹木杂果为林，及阪湖江海鱼梁鳅（泥鳅）鮆（刀鱼）场常加。功修作者，听不追夺。”

“官品第一第二听占山三顷，第三第四品二顷五十亩，第五第六品二顷，第七第八品一顷五十亩，第九及百姓一顷。皆依定格，条上赀簿。”

“昔先已占山，不得更占。先占缺少，依限占足。”

“若非前条旧业，一不得禁。有犯者，水土一尺以上并计赃，依常盗律论。”

“停除咸康二年（公元 336 年）壬辰之科。”[①]

羊希的草案后被宋孝武帝批准成为取代“壬辰之科”的新法令。这一法令减轻了对于逾限封占山水罪名的处罚，从比照强盗论罪改为比照常盗（窃盗）论罪。按官品限定占山面积，占有的山林即作为私人财产登记以便收税。

大明初年的这一法令发布后，士族豪强置若罔闻，占山封水一如既往。据《宋书·孝武帝纪》大明七年（公元 463 年）孝武帝曾又一次下诏：“前诏江海田池与民共和，历岁未久，浸以弛替，名山大川，往往占固。有司严加检纠，申明旧制。”此诏所提“前诏”可能是指大明初年之制。

刘宋几代皇帝前后累诏禁止占水封水，虽然法令俱在，但却难以贯彻实施，只有清廉方正，不畏豪强的官员才敢于依法检纠。《宋书·蔡兴宗传》蔡兴宗为会稽太守；“会稽多诸豪右，不遵王宪，又幸臣近习，参半官省，封略山湖，妨民害治。兴宗皆以法绳之”。有的士族豪强占山略水还得到皇帝恩宥。《宋书·孔灵符传》载孔灵符“于永兴立墅，周回三十三里，水陆地二百六十五顷，含带二山，又有果园九处，为所司所纠，诏原之。而灵符答对不实，坐以免官”。刘宋时著名诗人谢灵运“因父祖之资，生业甚厚，奴僮既众，义故门生数百，凿山峻湖，功役无已，寻山陟岭，必造幽峻，岩障千重，莫不备尽”。在会稽，向当地官员求回踵湖为田。宋文帝命令当地官府踏勘该湖，会稽太守孔𫖮认为：“此湖去郭近，水物所出，百姓惜之。”拒绝谢灵运的要求，谢灵运“又求始宁岯崲湖为田”，孔𫖮坚持不给，从此与谢氏结怨[②]。从这些事例来看，刘宋禁止占山封水的法令有一定的实效。

2. 分配国有荒地给无地农民

秦汉以来，国家为解决无地农民流离失所的社会问题，往往将国有土

① 以上均见《宋书》卷 54《羊玄保传附兄子希》。

② 《宋书》卷 67《谢灵运传》。

地及皇室禁苑授与或“假（出租）”于贫民，或允许贫民占有名义上属于国家的荒地，垦荒耕种。刘宋时仍沿此旧例，常有假田于民之举。如据《宋书 · 刘劭传》公元453年，宋文帝太子刘劭杀死文帝自立为帝，曾下诏曰：“田苑山泽有可弛者，假与贫民。”《宋书 · 孝武帝纪》有孝建三年（公元455年）诏：“诸苑禁制绵远，有妨肆业，可详所开弛，假与贫民。”此外，刘宋时在局部地区也有将国有土地，荒地授与贫民的举动。《宋书 · 文帝纪》元嘉二十六年（公元449年）文帝巡视丹徒、京口等地，认为京口是要地，而“军民徙散，廛里庐宇，不逮往日”，于是“募诸州与移者数千家，给以田宅，并蠲复”。所给之田当为荒废之田，依长久以来惯例，无主之地即属国有“公田”。以此授予移民。又《宋书 · 孔灵符传》载大明年间（约大明三至五年间，即公元459年至461年）孔灵符为开阳尹，以“山阴县土境偏狭，民多田少。灵符表徙无赀之家于余姚、鄞、鄮三县界（三县皆属会稽郡在今宁波附近），垦起湖田”。孝武帝将此议付“公卿博议”，公卿大夫大多表示反对，孝武帝力排众议，“从其徙民，并成良业”，这批垦出的湖田当属移民私业。

3. 官吏的“职田”与“大田”制度

刘宋时沿东晋旧例，将公田分拨官田为“职田”，职田收入为官员薪俸组成部分。《宋书 · 武帝纪》永初二年（公元421年）二月戊申制：“中二千石加公田一顷。”宋文帝末年军务紧急可能一度收回职田，《孝武帝纪》载大明元年（公元457年）孝武帝“复亲民职公田”。《明帝纪》载明帝泰始三年（公元467年）又一次“复郡县公田”。刘宋时职田具体数额已无法考证。《宋书 · 陶潜传》陶潜“为彭泽令，公田悉令吏种秫稻，妻子因请种秔，乃使二顷五十亩种秫，五十亩种秔”。可见职田的种植由官员自定，指挥吏卒僮仆耕作，收入归官员个人。《宋书 · 良吏传》载刘宋良吏阮长之为武昌太守，“时郡县田禄，芒种为断，此前去官者则一年秩禄皆入前人，此后去官者则一年秩禄皆入后人。始以元嘉末改此科，订月分禄。（阮）长之去武昌郡，代人未至，以芒种后一日解印绶”。故意在芒种后离职，使后任者可得全部职田收入。阮长之此事在元嘉初年，元嘉年间（公元 453 年前）已改为“按月分禄”。

刘宋时国有土地又有“大田”之称。《宋书·良吏传》，宋文帝元嘉三年（公元 426 年）始兴太守徐豁表陈三事，“其一曰：郡大田武吏年满十六，便课米六十斛，十五以下至十三皆课米三十斛。一户内随丁多少，悉皆输米。且十三岁儿未堪田作，或是单迥（单亲）无相兼通。年及应输，便自逃逸。既遏接蛮俚，去就益易。或乃断截支体，产子不养，户口岁减，实此之由”。有人以为大田就是公田，“武吏”是耕种公田的士兵[①]。如此则刘宋时尚有屯田之制，但史载不详，难以细述。

二、赋役立法

刘宋赋役制度基本沿袭东晋而略有变化。

1. 田租税

《晋书·食货志》载东晋孝武帝太元二年（公元 377 年）“除度田收租之制”后，直至东晋灭亡，一直实行“计口收租”。刘宋对于田租税制是否有所改革，史无明文，很可能仍实行计口收租旧制。也有可能与户税合一，“计赀而税”。从刘宋占山之制将已占土地“条上赀簿”来看，私有土地作为资产计算收税的可能性较大。资产税虽理论上是比较公平的税种，但在古代财产估价，税率计算都没有科学合理手段的情况下，尤其在官僚豪强往往凭借权势免税、减税情况下。“计赀而税”并不是一种能使税赋平等的办法。刘宋时具体制度不详，可能也是采用了“九品相通”方式，将资产分为九等，以一县户调、户税总额分摊各等户而征收之[②]。《宋书·周

① 参见李剑农《魏晋南北朝隋唐经济史稿》第六章第一节。另据《宋书》卷 52《袁湛传附弟豹》：“时建议大田”，所议事为垦荒务农。未知孰是。

② 参见李剑农《魏晋南北朝隋唐经济史稿》第六章第三节。

朗传》载宋孝武帝孝建元年（公元454年）周朗上书指责当时实行的计赀而税办法："又取税之法，宜计人为输，不应以赀。……乃今桑长一尺，围以为价；田进一亩，度以为钱。屋不得瓦，皆责赀实。民以此树不敢种，土畏妄垦，栋焚榱露，不敢加泥。岂有剥善害民，禁衣恶食，若此苦者！方今若重斯农，则务削兹法。"周朗建议并未被接受，但从其上书中可看到当时计算资产确实是包括土地在内的。

2. 户调

除了计赀而税的户税外，刘宋时又另有户调。《孝武帝纪》大明五年（公元461年）十二月甲戌制："天下民户岁输布四疋。"实际征收往往改为绢、绵，据《宋书·沈怀文传》当时"斋库上绢，年调钜万匹，绵至称此。期限严峻，民间买绢一匹至二三千，绵一两亦三四百。贫者卖妻儿，甚者或自缢死。（沈）怀文具陈民困，由是绵绢薄有所减，俄而复旧。"

3. 徭役

刘宋对于东晋徭役制度有所修改。《宋书·王弘传》载，文帝元嘉年间（约元嘉六年至九年间，即公元429年至432年），王弘上言："旧制，民年十三半役，十六全役。当以十三以上能自营私及公，故以充役。而考之见事，犹或未尽。体有强弱，不皆称年。且在家自随力所能堪，不容过苦。移之公役，动有定科。循吏隐恤，可无其患；庸宰守常，已有勤剧，况值苛政，岂可称言！乃有务在丰役，增进年齿，孤远贫弱，其敝尤深。至令依寄无所，生死靡告，一身之切，逃窜求免，家人远讨，胎孕不育，巧避罗宪，实亦由之。今皇化维新，四方无事，役召之应，存乎消息。十五至十六宜为半丁，十七为全。"王弘建议得到文帝批准，征发徭役的起征年龄提高到十五岁，十五、十六岁服半役，十七岁服全役。

刘宋时与北魏屡起战事，兵役随之成为徭役中最主要种类。《宋书·自序·沈亮传》载，刘宋初年兵役繁重，"西府兵士，或年几八十，而犹伏隶；或年始七岁而已从役。衰耗之体，气用湮微；儿弱之躯，肌肤未实。"沈亮为之上奏宋武帝，建议"休老以六十为限，役少以十五为制"。宋武帝为之下诏，兵役限制于十五岁至六十岁。另据《宋书·索虏传》，宋文帝元嘉二十七年（公元450年）大举北讨，“军旅大起，……以兵力不足，尚书左仆射何尚之参议，发南兖州三五民丁。父、兄、伯、叔、兄、弟仕州，居职从事，及仕北徐（州）、兖（州）为皇弟皇子从事；庶姓主簿，皇弟皇子府参军、督护、国三令以上，相府舍者，不在发例。其余悉倩暂行，征符到十日装束，缘江五郡集广陵，缘淮三郡集盱眙”。由此可见，凡官员士人之家享有免兵役特权（而据《汉书·昭帝纪注》汉代“虽丞相子亦在戍边之调”），士族居职州从事，其亲属就可免役，庶族为主簿及府参军等僚属官职，亲属也可免役。免役亲属范围为期亲以上。其余百姓全应服兵役。“三五民丁”之句颇费解，可能是指三丁取一，五丁取二之意[①]。当然在没有重大战事时，并不全数征发兵役，故这一征发令中有“暂行”字样，说明兵役并非经常性征发，但法律设定每个丁男都负有服兵役义务是毫无疑问的。

除了兵役之外，其他力役，据《隋书·食货志》“每岁役不过二十日”。此外又有“运役”，“率十八人出一运丁役之”。运役是专门负担为政府运输物资的徭役。地方政府也经常征发各种杂役，并无统一的法律规定。

三、手工业与矿冶业制度

1. 官府手工业制度

刘宋时设立了庞杂的官府手工业管理机构，由少府统一掌管，仍沿东晋旧制。少府之下有左、右尚方，主要制造弓弩、刀铠等兵器以及御用工艺品；有东冶、南冶，专掌冶铸铁器，江南诸郡县有铁矿，置冶令，或置冶丞；有平准（后改为染署），为染织工场；有将作大匠，为建筑手工业管理机构；有相府细作（后改御府）是皇室织造工场，为宫廷织造衣物服饰等。

---

① 参见李剑农《魏晋南北朝经济史稿》第六章第三节。

刘宋时这些官府手工业工场的劳动者主要是工奴及刑徒“补士”，都只能终身服役，毫无个人自由可言。在地方郡县的官府矿冶工场，也征发当地农民服徭役，为官府开采矿石，冶铸铁器。宋文帝元嘉三年（公元426年）始兴太守徐豁上言：“（始兴）郡领银民三百余户，凿坑采砂，皆二三丈。功役既苦，不顾崩坠，一岁之中，每有死者。官司检切，犹致逋违。老少相随，永绝农业，千有余口，皆资他食。”[①] 可见当时官营矿冶往往指定民户担负服役义务。而且地方官府往往也自行设立官营手工工场，征发居民力役，如据《宋书·刘敬宣传》“宣城多山，县、郡旧立屯，以供府郡费用。前人多发调工巧，造作器物。（刘）敬宣到郡，悉罢私屯，唯伐林木，治府舍而已。亡叛多首出，遂得三千余户”。这里的“屯”看来是工场之意，而非屯田之屯。

2. 铁官营制度

西汉以来，铁冶业几乎一直实行官营专卖。刘宋时对此有所松弛，没有采取全面官营专卖、严禁私人开采鼓铸的做法。一般在开设官冶的地区禁止私人鼓铸，未开设官冶地区则仍允许民间私人开矿鼓铸。《宋书·刘道济传》载。刘宋元嘉初年，刘道济为益州刺史。“府又立冶，一断私民鼓铸，而贵卖铁器。商旅吁嗟，百姓咸欲为乱。”可见益州当时并未有官冶，允许私人冶铁，设官冶禁私冶后激起社会动乱。刘宋时各地官府铁冶业规模很大，分布很广，而南方很多地区民间还没有掌握冶铁技术。因此官府冶铁业实际上占据了垄断地位，对于铁器的进一步推广使用具有重要意义。官冶往往成为地方山、湖名称的来源。据《太平御览》引刘宋山谦之《丹阳记》，丹阳的铁砚山“广轮二百余里，山出铁，扬州今鼓铸之地”；剡县三白山“出铁，常供戎器”；唐《太平寰宇记·鄂州》，记江夏冶塘山“依山置冶，故以为名”；武昌白雉山“南山铜矿，自晋宋梁陈以来，置炉烹炼”；鄂县新兴冶塘湖，“（刘宋）元嘉初，发水冶。水冶者，以水排，冶

① 《宋书》卷92《良吏传·徐豁传》。

令颜茂以塘数破坏，难为功力，茂因废水冶，以人鼓排，谓之步冶”。但湖泊名称仍保留了下来。

刘宋时这些铁冶的主要劳动力是刑徒及被连坐的罪犯家属，“冶士”是当时最主要的补士，而铁冶的管理官员、属吏往往是雇募来的专业工匠。《宋书·王弘传》载，刘宋建立前不久王弘上“屯田议”，其中提到：“优见南局诸冶（即少府所属之南冶），募吏数百，虽资以廪赡，收入甚微。愚谓若回以配农，必功利百倍矣。然军器所须，不可都废，今欲留铜官大冶及都邑小冶各一所，重其功课，一准扬州。……又欲二局田曹各立典军募吏，依冶募比例，并听取山湖人。”要求将冶募吏改为田曹募吏，裁撤官冶。可见当时南冶效益并不高。

四、商事立法

东晋以来南方货币商品经济迅速发展，商业规模也越来越大。刘宋时期对管理商业的法律制度重点有所改变，从魏晋以来强调国家政府统制商业逐渐向放松统制方向发展。

1. 放松盐酒专卖

食盐是西汉后历代着重实行官营专卖的商品，两晋法令仍禁止私人煮盐，而据现有史料来看，刘宋虽然没有明文废除晋代法律中有关条文，但至少没有发布新的法令明文禁止，而且史料记载中也很少有关于官盐经营的内容。也没有经营盐业的官职。可见刘宋对于传统的盐业专卖已经“弛禁”。

酒类专卖“榷酤”是西汉以来陆续多次实行的一项经济制度。两晋不实行榷酤，仅曾因饥荒而“禁酒”两三次，时间并不长。刘宋沿袭，《宋书·文帝纪》元嘉十二年（公元 435 年）因五郡遭水灾，六月“断酒”。至元嘉二十一年（公元 444 年）因“诸州水旱伤稼，民大饥”，又下诏南徐州，南豫州、扬州之浙江西“并禁酒”。第二年九月“开酒禁”。另外据《宋书·建平王宏传》孝武帝孝建元年（公元 454 年）建平王刘宏上书称孝武帝即位后“重农食、禁贵游而弛榷酤，通山泽而易失梁”。则似乎刘宋以前曾一度实行榷酤，至此年后则正式取消。

2. 市场管理制度与商税法令

刘宋时对于商业的管理主要是设立正式的市场管理制度，依照秦汉以来传统，城市中划出专门交易的场所“市”，设“市令”，“市司”之类的管理机关加以管理。对于转运贸易也在交通要道设立机构进行检查，抽税，陆路称“关”，水路称“津”。尤其是与北方的道路交通线上，关卡更密，如《何承天传》载文帝元嘉十九年（公元 442 年）何承天上书建议对于往来贸易商旅严加检查，“宜申明旧制，严加禁塞，诸商贾往来，幢队挟藏者，皆以军法治之”。

刘宋商税沿东晋之旧，主要有关津税（通过税）、市税（市场营业税）、估税（交易税）三种。其制仍沿东晋，《宋书 · 文帝纪》载元嘉十七年（公元 440 年）诏：“州郡估税，所在市调，多有烦刻，……自今咸依法令，务尽优允。”可见当时法令之外别有苛求，此外交通要道沿线别有杂税，《孝武帝纪》大明八年（公元 464 年）诏：“东境去岁不稔，宜广商货。远近贩鬻米者，可停道中杂税。”军人、士族官僚有免税特权，过关津无须纳税，因此刘宋时士族官僚经商的风气很盛。如刘宋时著名清官孔觊，《宋书 · 孔觊传》载其弟孔道存、堂弟孔徽“颇营产业。二弟请假东还，觊出渚迎之。辎重十余船，皆是绵、绢、纸、席之属。觊见之，伪喜，谓曰：‘我比困乏，得此甚要。’因命上置岸侧。既而正色谓道存等曰：‘汝辈忝预士流，何至还东作贾客邪！’命左右取火烧之，烧尽乃去”。《吴喜传》载大明初年吴喜平荆州之乱，乘机大作买卖，“从西还，大艑小艒，爰及草舫，钱、米、布、绢，无船不满。自喜以下，逮至小将，人人重载，莫不兼资”。

刘宋时地方政府权力较大，也常自行制定商事政策法令，对民间商业活动进行干预。如《刘道济传》载文帝元嘉初年益州刺史刘道济督护费谦自行决定对外地至蜀贸易的商人经营进行限制。“远方商人多至蜀土，资货或直数百万者。（费）谦等限布、丝、绵不得过五十斤，马无善恶，限蜀钱二万。”对大宗日用商品限量，对马匹交易限价，“商旅吁嗟”。

五、货币立法

两晋以来将近一个半世纪政府没有正式铸造发行钱币，刘宋时随着社会商品经济的发展，铸造发行钱币又被提上了政府的议事日程。《宋书·文帝纪》元嘉七年（公元430年）十月“立钱署，铸四铢钱”，打破了百年多来的空白，这次铸钱又改用“四铢钱”，没有沿袭两汉以来“五铢钱”的传统。这次还在钱币上铸有“元嘉”年号，虽不是历史上首次采用年号钱形式（十六国成汉曾铸“汉兴钱”，一般认为是历史上最早的年号钱），但对于推广年号钱形式有重要意义。[1]元嘉四铢钱比汉五铢钱略轻，约合今三克多，形制轮廓与五铢钱相似，币值比较稳定，民间普遍使用并不发生盗铸问题。

刘宋元嘉末年因与北魏连年战争，而国内内乱发生，朝廷财政困难，《宋书·孝武帝纪》载，孝建元年（公元454年）正月“更铸四铢钱”，称“孝建四铢”，仅重二克左右，实行货币减重，物价腾贵，盗铸盛行。据《颜竣传》载孝建三年（公元456年）刘宋朝廷就货币形制，铸币权是否集中于政府等问题发行争论。始兴郡公沈庆之以为西汉文帝时纵民铸钱，“故能朽贯盈府，天下殷富”，建议开放民间铸钱，铸钱人户集中于各地政府钱署，“万税三千”，就可“公私丰赡，铜尽事息，奸伪自止”。这一建议遭到江夏王刘义恭及颜竣等人反对。

随着刘宋政治逐步混乱，财政窘迫，《宋书·前废帝纪》记载：永光元年（后又改称景和元年，即公元465年）二月，“铸二铢钱”，八月又“开百姓铸钱”，沈庆之的建议成为法律，结果“官钱每出，民间即模效之，而大小厚薄皆不及也。无轮廓、不磨光，如今之剪凿者，谓之‘耒子’。……

---

① 参见彭信威：《中国货币史》第三章第一节，上海人民出版社2007年版。

钱货乱改，一千钱长不盈三寸，大、小称此，谓之‘鹅眼钱’，劣于此者，谓之‘綖环钱’，入水不沉，随手破碎，市井不复料，数十万钱不盈一掬，斗米一万，商货不行”。当年年底，宋明帝即位下令禁止二铢钱与“鹅眼钱”“綖环钱”，并重禁民间私铸。第二年三月又进一步“断新钱，专用古钱”，正式宣布币制改革的全面失败。

刘宋末年这次币制改革虽然为时仅一年多，但对社会经济造成了极大的破坏。西汉武帝后，长期以来铸币权一直集中于政府，刘宋这次改革反其道而行之，明显是为了照顾豪强世族的利益。

第七节　刘宋的司法制度

一、司法机构

刘宋的司法机构一如魏晋之旧。地方上仍分为县、郡、州三级，行政长官兼理司法审判。东晋以来，战事频繁，常设持节都督统领数州的军政司法权。据《宋书 · 百官志》持节都督分为使持节、持节、假节三种，司法权限各不相同，“使持节得杀二千石以下，持节杀无官位人，若军事得与使持节同；假节唯军事得杀犯军令者”。在持节都督以上又有“假黄钺”，代表皇帝出镇一方，“则专戮节、将非人臣常器矣”。刘宋仅孝武帝时江夏王刘义恭曾授“使持节侍中都督扬、南徐二州诸军事、太尉录尚书六条事、南徐、徐二州刺史，……又假黄钺”[①]。

中央司法机构除传统的廷尉外，又设都官尚书，都官尚书领都官、水部、库部、功部四曹，其中都官曹“主军事刑狱”。另吏部尚书领吏部、删定、三公、比部四曹，其中的三公曹、比部曹“立法制”，删定曹由曹

---

① 《宋书》卷61《江夏王义恭传》。

魏时的定科郎改变而来，主管编定诏制科条。各曹设郎主管。这样刘宋中央就有五个与法制相关的机构，具有司法审判职能的机构有廷尉及三公、比部、都官曹。而其中的廷尉仍是主要审判机构。

二、诉讼与审判制度的特点

1. 禁止子孙证父母罪与废除乞鞫

刘宋时对于旧有诉讼审判制度变动最大的是禁止子孙出庭作证使父母受到不利判决。《宋书·蔡廓传》载，宋武帝初年，侍中蔡廓，“以为鞫狱不宜令子孙下辞明言父祖之罪，亏教伤情，莫此为大”，进一步扩大儒家礼教“容隐”的范围。蔡廓又建议“自今家人与囚相见，无乞鞫之诉，使民以明伏罪，不须责家人下辞”。要求废除秦汉以来被告家属可代为“乞鞫”申诉的成法。蔡廓这两项立法建议“朝议咸以为允”，成为一项新的审判诉讼制度，对后世有很大影响。

2. 废除督邮监督审判的制度

汉以来，地方各郡分数部、由郡守遣督邮代表太守分部督察县乡、督邮对于各县县令长审判的案件有监督复审的权力，具有一定的审判监督意义。随着士庶之隔日益严格，士族官僚不愿接受社会地位低于自己的督邮的监察。至刘宋时，这一倾向已极为显著，最为著名的故事莫过于《宋书·陶潜传》所载陶潜不愿“为五斗米而折腰”的故事：“为彭泽令……郡遣督邮至县，吏白应束带见之，（陶）潜叹曰：‘我不能为五斗米折腰向乡里小人。’即日解印绥去职。”陶潜曾祖陶侃为晋大司马，属士族后代，因此不愿折腰向督邮。至孝武帝大明元年（公元457年）谢庄（名族谢氏之后）为都官尚书，“奏改定刑狱”，其建议中心是要求废除督邮监察之制。“旧官长竟囚毕，郡遣督邮按验，仍就施刑。督邮贱吏，非能异于官长，有案验之名而无研究之实。愚谓此制宜革。自今入重之囚，县考正毕，以事言郡，并送囚身，委二千石亲临核辩，必收声吞衅，然后就戮。若二千石不能决，乃度廷尉；神州统外，移之刺史。刺史有疑，亦归台狱。必令死者不怨，生者无恨，庶鬻棺之谚辍叹于终古，两造之察流咏于方今。”[①] 谢庄的这一建议是否被采纳而成为正式制度，史无明文。但从刘宋时期朝议的倾向性来看，这一建议在当时很可能得到施行。至南梁时，郡已不再设督邮一职，说明督邮原来的主要职能就是审判监督，这一职能取消后督邮也就没有存在的必要了。

从以上谢庄的奏疏中也可以看到，刘宋时郡守一级有死罪的终审权，仅“疑狱”才需上报廷尉、刺史，刺史对于疑狱不能判决，要移送尚书台审理。县令长对于非死罪的案件也有终审权，除不能断决的疑狱之外一般案件都自行审结。

3. 开纵囚探亲风气之先

西晋时郡守擅自纵囚为大罪，如《晋书 · 王宏传》载王宏“擅纵五岁刑以下二十一人，为有司所劾。”而刘宋时纵囚返家则为义举。据《宋书 · 谢方明传》，谢方明刘宋初年为南郡相，“年终，江陵县狱囚事无轻重，悉散听归家，使过正三日还到。罪应入重者二十余人，纲纪以下莫不疑惧（参见上段谢庄奏文可知当时‘入重者’为死罪案件），……以为昔人虽有其事，或是记籍过言。且当今民情伪薄，不可以古义相许。方明不纳，一时遣之。囚及父兄皆惊喜涕泣，以为就死无恨。至期，有重罪二人不还，方明不听讨捕。其一人醉不能归，逮二日乃反；余一囚十日不至，……囚逡巡墟里不能自归，乡村责让之，率领将送，遂竟无逃亡者。远近咸叹服焉”。可见当时郡守对罪囚有处罪全权。纵囚探亲从此成为礼教司法的佳话，为后代欲入循吏之列的法官开风气之先。

刘宋时司法审判的实际状况远非上述故事所述那般清良。《宋书 · 孝义传》载义兴人许肇之“坐事系狱，七年不判”，幸有侄许昭先倾家产为之“料诉”，以孝义感动尚书沈演之，“嘉其操行，肇之事由此得释”。狱

① 《宋书》卷 85《谢庄传》。

因淹滞如此之久并未引起重视，如无许昭先之孝义，此案还当再拖延下去。刑讯逼供也是常见之事，《戴明宝传》“建康县考囚或用方材压额及踝胫”，为后世夹棍之雏形。《刘穆之传附子邕》载，南康公刘邕有食人疮痂怪癖，“不问有罪无罪，递互与鞭，鞭疮痂常以给膳”。如此暴虐，冤案之多可以想见。《谢庄传》载谢庄为都官尚书“讯见重囚八人，旋视其初，死有余罪，详察其理，实并无辜”。冤滥之甚，可见一斑。

三、监狱

刘宋监狱由都官主管，并置刑狱诸曹，狱设廷尉狱、建康狱。另有尚方狱，郡县也设置监狱。《宋书·谢庄传》记载刘宋由于偏安一隅，加强政治上的统治，监狱囹圄不虚，刑罚冤滥。虽武帝常幸狱录囚，但并不能根本改变监狱之黑暗。

第八章　南齐政权的法律制度

南齐，也称萧齐，是南朝第二个朝代，从公元 479 年至公元 502 年，共历七帝，二十四年，是南朝诸朝中统治时间最短的一个朝代。南齐的法律制度基本沿袭东晋、刘宋两朝而又有所发挥，在中国法制史上具有一定的历史地位。

第一节　南齐的政治、经济概况

刘宋政权由军阀联合士族开创建立，而刘宋末年，执掌兵权的萧道成也如法炮制，乘刘宋皇室内讧战乱，逐步扩大自己的权势，最后逼迫刘宋顺帝“禅让”帝位，建立了齐朝的统治。

一、南齐的建立和巩固

齐高帝萧道成也是“布衣素族”出身，以军功起家后历经升迁才得高官。比较容易地取得皇位，因而建国后注意总结刘宋政治得失教训，力图实现长治久安。《南齐书·刘瓛传》载，齐高帝称帝不久即向当时著名的儒者刘瓛请教：“吾应天革命，物议以为何如？”刘瓛回答：“陛下诫前轨之失，加之以宽厚，虽危可安。若循其复辙，虽安而必危矣！”齐高帝很赞赏刘瓛的说法。所谓“宽厚”主要是指要向士族集团让步，协调统治阶级内部关系。齐高帝、武帝统治时期注重笼络士族参与政治。士族领袖江敩包庇犯赃门客，武帝不加追究。江敩轻视齐皇室，武帝曾说："敩常启吾为其鼻中恶。"武帝宠臣中书舍人纪僧真想为"士大夫"，武帝要他求江敩，被江拒绝，武帝对此也无可奈何，仍拜江敩为侍中，都官尚书领骁骑将军，"重登礼阁，兼掌六军"，位高禄厚，但"语其事任，殆同闲辈"，有职无权。[①] 南齐一方面引入寒素执掌机要，一方面又注意拉拢士家为高官。据《南齐书·倖臣传》，齐明帝曾说："学士（指士族名士沈约，王融等人）不堪治国，唯大读书耳。"名士虽不堪治国，但引入高层，可以稳定政局，因此南齐皇帝始终注意"宽厚"对待士族集团。

《南齐书·良政传序》指出，齐高帝曾任地方基层官员，"晓达吏事"，称帝后"专务刀笔，未尝枉法申恩，守宰以之肃震"。齐武帝萧赜继位后，也留心政务，"垂心治术，杖威善断，犹多漏网，长吏犯法，封刃行诛"。因此南齐初年政治比较清明。齐高帝比较注意民间疾苦，当政后即大力扭转刘宋末年宫廷官场的奢侈风气。《南齐书·高帝纪》载，公元478年，当时为刘宋录尚书事，独揽大权的萧道成曾下令罢御府、省二尚方"诸饰玩"。又下令"禁民间华伪杂物不得以金银为箔，马乘具不得金银度，不得织成绣裙，道路不得著锦履，不得用红色为幡盖，衣服不得剪彩帛为杂花，不得以绫作杂服饰，不得作鹿行锦及局脚柽柏床、牙箱笼、杂物彩帛作屏障、锦缘荐席，不得私作器仗，不得以七宝饰乐器，又诸杂漆物不得以金银为花兽，不得辄铸金铜为像，皆须墨敕。凡十七条"，称帝后也较重节俭，"身不御精细之物"，常说："使我治天下十年，当使黄金与土同价"。继位的武帝也"以富国为先，颇不喜游宴雕绮之事"，临死时还下诏禁止珠玉玩好。

---

① 《南齐书》卷43《江敩传》。

二、南齐社会经济的发展

南齐初年与北魏有过几次战争，挫败了北魏南侵的企图。齐武帝永明年间（公元483—493年）正值北魏孝文帝主持改革内政，一度放松对南方的军事压力。南齐政权也满足于自保，不轻言北伐，南北得以相安无事。这样南方又保持了一段时期的和平发展，社会经济比较繁荣，尤其是武帝永明年间还出现了小康局面。《南齐书·良政传序》称“十许年中，百姓无鸡犬吠之警，都邑之盛，士女富逸。歌声舞节，袨服华妆，桃风绿水之间，秋月春风之下，盖以百数”。农业、手工业、商业都在东晋，刘宋基础上保持着良好的发展势头，尤其是商品货币经济进一步得到发展，出现大批商业性城市，市面极为繁荣。在农村中，随着商品货币经济的深入，出现了“草市”，即不是由政府设定而是在民间交易中自发形成的集市。如《南齐书·五行志》载，“建武四年（公元497年）王晏出至草市，马惊走，鼓步从车而归”。草市在乡间相当普遍，对于活跃城乡经济，促进生产发展具有积极意义。

三、南齐王朝的灭亡

齐高帝吸取刘宋皇族内争导致政局动荡的历史教训，临死前嘱咐齐武帝：“宋氏若不骨肉相残，他族岂得乘其衰敝。”齐武帝继位后虽对皇族诸王百般猜忌监视，但尚能克制，不采用极端手段。然而齐武帝死后，皇族内部又爆发骨肉相残的争斗，齐高帝之侄萧鸾登上皇位，史称齐明帝。为保住自己子孙世代相传皇位，他大肆杀戮齐高帝、武帝的子孙，造成皇族内部矛盾日益尖锐。[1] 齐明帝死后，继位的东昏侯萧宝卷荒淫无道，触发了久已潜伏的政治统治危机，皇族诸王间接连爆发残酷的内战，南齐政局

① 以上参见清赵翼《廿二史劄记》卷12“齐明帝杀高武子孙”。

动荡不安。把握雍州（镇襄阳）重兵的萧衍乘机起兵，公元501年攻入建康，并逐一剪灭各股南齐势力，在第二年废灭南齐政权，建立梁朝。

第二节　南齐政权的立法活动

南齐政权基础同于刘宋，其统治者的法律原则也相差无几，都竭力维护士族阶层与军阀政权的联合战线，南齐的皇帝也高度注重刑狱之事，也有亲临听讼的频繁记录；同时南齐皇朝也对世家大族势力予以一定限制。

一、对《律注》的修订

晋律自公元268年颁行以来，不仅律文本身没有大变化，就连张斐、杜预对律条的注解也长期通行未加订正，而两注之间原有的矛盾冲突之处也随着时间的推移更加明显，对于司法实践妨碍极大。据《南齐书·孔稚珪传》载，南齐武帝“留心法令，数讯囚徒”，在审判中觉察到律文、律注之间的矛盾不足之处，于是“诏狱官详正旧注”。齐武帝永明元年（公元489年）尚书删定郎王植撰定《律章》表奏：“臣寻《晋律》，文简辞约，旨通大纲，事之所质，取断难释。张斐、杜预同注一章，而生杀永殊。自晋泰始以来，唯斟酌参用。是则更挟威福之势，民怀不对之怨。”认为晋律两注参差已严重影响法制的稳定。王植所撰《律章》是奉武帝敕令而对张、杜二注进行整理集定的草案，“取张注七百三十一条，杜注七百九十一条。或二家两释，于义乃备者，又取一百七条，其注相同者，取一百三条。集为一书，凡一千五百三十二条，为二十卷。清付外详较，适其违谬”。武帝于当年下令由公卿“八坐”讨论，“考正旧注”。竟陵王萧子良也参加了修订工作，并对两注不一、形有轻重之处，都指示从轻。当讨论中“朝议不能断者，制旨手决”。

南齐这次由朝廷最高层次官员，甚至皇帝本人都参加了的修订律注的工作，延续时间较长，直到两年后的永明九年才宣告结束，最终各种意见由廷尉府汇总整编，廷尉监宋躬，廷尉平王植（当即原撰《律章》之尚书删定郎王植）“抄撰同异”，廷尉孔稚珪表上之。经两年时间“始就成立《律文》二十卷，《录叙》一卷，凡二十一卷”。可见最终定稿是采用了律条与律注合编的形式，因而这次虽只是修订律注，但实际上也相当于重新定律。故史书上又称为“永明律”，据《隋书 · 刑法志》，共一千五百三十六条。而据《新唐书 · 艺文志》，唐代尚存《齐永明律》八卷，撰者为“宗躬”，当为南齐廷尉监宋躬之误。

南齐这次修订律注的指导思想在于统一法制，稳定社会。孔稚珪上表称：“臣闻匠万物者以绳墨为正，驭大国者以法理为本。是以古之圣王，临朝思理，远防邪萌，深杜奸渐，莫不资法理以成化，明刑赏以成功也。”突出了治国以法理为本，强调法律的作用，代表了当时统治者的法制指导思想。

另据《通典 · 刑典》载，南齐永明年间的这次修订律注所成之事并未施行，“齐武帝令删定郎王植之集张杜旧律，合为一书，凡千五百三十条，事未施行，其文殆灭”。不过既然花了两年的心血撰定的，律注为何又不施行？况且已经过朝廷最高层讨论决定，似乎没有不施行的理由。详细记载这次修订律注过程的《南齐书 · 孔稚珪传》载，孔稚珪在表上《律文》及《录叙》之后，又建议在国学中设立律助教，“诏报纳从，事竟不施行”。似乎不施行的仅是设立律助教之事。但据《隋书 · 刑法志》载，南梁修律诏中也强调“注释不同，则二家兼载”，则律注仍未统一，可证武帝这次修订律注确实是“事未施行”。不过既经过了讨论、修撰，至少对于律注异同之处及律条的理解更进了一步。其《律文》虽未曾颁行，但传抄流行于士大夫官员之间，对于司法自然会产生一定的指导作用。

二、删省科律

除了永明年间这次修订律注的立法活动外，南齐永泰元年（公元498年）冬十月（时齐明帝萧鸾已死，东侯萧宝卷已即位但尚未改元），“诏删省科律”[①]。对于律条及科条进行了一次删省，但其具体内容史无明文，从包括律条在内而加删省来看，对于传承已久的晋律可能有一定的改动。

三、对礼书的修订

自晋律“准五服以制罪”后，五服亲疏事关刑法，据《隋书·经籍志》载，有《齐王服制》一卷，当为南齐时有关认定五服亲属的具体法律。这在中国法制史上为一创举，为后世律首置《服制图》之滥觞。

魏晋以来，礼律并重，然而违礼而未触犯律条，一般以乡论清议，禁锢处之。南齐武帝永明七年（公元489年）七月诏：“婚礼宜为节文，颁之士庶，如故有违，绳之以法。”违礼以法处之，使礼制进一步具备法律性质。同年十月又诏：“吉凶奢靡，动违矩则，可明为条制，严勒所在，悉使画一。如复违犯，依事纠奏。”[②]在这之前，南齐进行编撰礼典，“永明二年，太子步兵校尉伏曼容表定礼乐，于是诏尚书令王俭制定《新礼》，立治礼乐学士及职局，置旧学四人，新学六人，正书令史各一人，干一人。秘书省差能书弟子二人。因集前代，撰治五礼，吉、凶、宾、嘉、军也”[③]。这次编成的《新礼》在一定程度上也是一种法规形式，尤其在婚姻家庭、继承诸方面更具有重要意义。

---

① 《南齐书》卷7《东昏侯本纪》。

② 《南齐书》卷3《武帝纪》。

③ 《南齐书》卷9《礼志上》。

第三节　南齐的行政法律制度

南齐的行政机构及其法律制度一如刘宋之旧。本节就南齐行政法律制度与刘宋稍有不同、略有发展之处进行若干介绍。

一、中央行政机构

1. 对中央尚书台机构的整顿

魏晋尚书职轻权重（据《宋书·百官志》，魏晋尚书令千石，仆射、尚书六百石），刘宋加至第三品，位次排于旧有的九卿之上，已成文官之首。《南齐书·百官志》载，南宋在刘宋基础上对于尚书令、仆射、各尚书及丞的职权加以明确规定，尚书令“总领尚书台二十曹，为内台主，行遇诸王以下皆禁驻，左右仆射分道。无令，左仆射为台主，与令同”。确定以左仆射为第一副手，无尚书令，左仆射领导尚书台。左仆射的职责有“领殿中、主客二曹事，诸曹、郊庙、园陵，车驾行幸、朝仪、台内非违，文官举、补、叙、疾、假事。其诸吉庆瑞应众贺，灾异贼发众变、临轩崇拜、改号格制、莅官铨选，凡诸除署、功论、封爵、贬黜、八议、疑谳、通关案则左仆射主、右仆射次经；维是黄案左仆射，右仆射署朱符见字，经都丞竟，右仆射横画成目、左仆射画、令画。右官阙，则以次并画。若无左右，则直置仆射在其中间，总左右事”。尚书左、右仆射的职责以及签署文件顺序等都有明确规定。

南齐设七尚书，除吏部尚书（领吏部、删定、三公、比部四曹），度支尚书（领度支、金部、仓部、起部四曹），都官尚书（领诸官、水部、库部、功论四曹），五兵尚书（领中兵、外兵二曹），祠部尚书（右仆射兼、不设右仆射就不置）以外，又设起部尚书，主管“兴立宫庙权置，事毕省”，只是临时性机构。

刘宋已在尚书台置左、右丞，南齐时对于左、右丞的职责也有明确的规定。左丞“掌宗庙、郊祠、吉庆、瑞应、灾异、立作格制、诸案弹、选用、除置、吏补、满、除、遣、注职”。右丞“掌兵士百工补役、死叛、考代、年老、疾病、解遣，其内外诸库藏谷帛、刑罪创业，争讼田地、船乘禀拘、兵工死叛、考剔、讨补、差分、百役、兵器、诸营署，人领州郡租布，人民户移徙州郡县，并帖城邑民户割属，刺史、二千石、令、长、尉被收及免、赠文武、诸犯削官事”。可见左、右丞负责尚书台日常行政事务的处理，左丞偏重人事而右丞偏重于财政、军事后勤。

南齐时对于尚书台各项行政政务的处理程序也有具体明确的规定。据《百官志》白案，右丞上署、左丞次署；黄案，左丞上署，右丞次署。诸立格制及详谳大事，宗庙朝廷仪体，左丞上署，右丞次署。”关于疑案的审理，“详谳事应须命议，相值者皆郎先立意，应奏黄案及关事，以立意官为议主。凡辞诉有漫命者，曹掾谘如旧，若命有谘，则以立意者为议主”。以上提到的“白案”“黄案”当为两种不同种类的文件案卷名称，黄案是要奏请皇帝批准的文件，而白案则主要是在尚书台之内进行传阅批示的文件。

从以上的规定可见南齐对尚书台机构设置职权分工、工作程序等都有明确具体的制度，对于后世的尚书省制度当有一定影响。

2. 加强中书舍人的地位

东晋以来中书监“凤凰池”一直是中枢决策机关，沿刘宋以来惯例，南齐有意识地架空中书令、中书侍郎的职权，进一步加强中书通事舍人参与决策的权力。《南齐书・倖臣传序》称“齐初中书舍人亦用久劳、及以亲信。关谳表启，发署诏敕，颇涉辞翰者，亦为诏文，侍郎之局，复见侵矣。建武世，诏命殆不关中书，专出舍人。省内舍人四人，所置四省”。《南史・吕文显传》又言，南齐永明年间（公元 483 年至 493 年），“中书舍人四人各住一省，世谓之四户。既总重权，势倾天下”。可见从永明至建武（公元 494—497 年）中书令、中书侍郎已形同虚设，并不能干预决策。君主任用亲信寒门人士为中书舍人，可防止受士族大家的掣肘，保证决策大权集中于皇帝之手。“永明中，舍人茹法亮掌杂驱使簿及宣通密敕；吕文显掌谷帛事；其余舍人别无任。”一二亲密近侍代君主总揽大权。

3. 加强监督地方的典签职权

刘宋以皇子出镇的制度也被南齐继承，并设行事、典签辅佐。典签的权势越来越大，已被尊称为“签帅”。《南齐书 · 武十七王传》“史臣曰”指出：典签“辅以上佐，简自帝心，劳旧左右，用为主帅。州国府第，先令后行；饮食游居，动应闻启。端拱守禄，遵承法度，张弛之要，莫敢厝言。行事执其权，典签掣其肘，苟利之义未申，专违之咎已及，处地虽重，行己莫由，威不在身，恩未接下，仓卒一朝，艰难总集，望其释位扶危不可得矣。”而齐鉴于刘宋出镇掌兵权的皇子往往起兵争夺皇位，因此有意加强典签等官职监视作用，防止发生皇族内战的局面，但却造成典签控制皇子、州府，大权独揽的局面。如武陵王萧奕镇江州，得罪典签赵渥，赵渥向明帝报告，萧奕立即被召还建康。南海王萧子军想游东堂，典签姜秀不允许，萧子军只能向母亲哭诉：“儿欲移五步不得，与囚何异？”邵陵王萧子贞想吃熊肉，“厨人答以无典签命，不敢与”。西阳王萧子明想送书给侍读鲍馔，被典签吴修之制止。武帝时戴僧静说，“诸王都应反。……诸王无罪，而一时被囚，取一挺藕、一杯浆，签帅不在，则竟日忍渴。诸州但闻有签帅，不闻有刺史”。明帝屠杀诸皇子，都命令典签出面处置。[①] 典签成为诸州的实际控制者。

二、地方行政机构

与刘宋相比，南齐大大加强了朝廷对于地方州郡的控制，制定了不少制度。首先，将晋宋时地方官六年一任改为三年一任。《武帝纪》载武帝

① 参见《廿二史劄记》卷 12“齐制典签之权太重”。

永明元年（公元 483 年）三月语："莅民之职，一以小满为限。"所谓小满相对于晋宋六年而言。《南史·吕文显传》对此有详细说明，"晋宋旧制，宰人之官，以六年为限。近世（指南齐）以六年过久，又以三周为期，谓之小满。而迁换去来，又不依三周之制"。缩短地方官的任期，有利于中央集权，防止地方势力增长。自永明元年定制后，很快成为惯例，《明帝纪》载，至建武三年（公元 496 年）明帝又曾下诏"申明守长六周之制，事竟不行"。三年轮换制度已牢不可破，皇帝下诏也不能更改，对于后世有很大的影响。

其次，南齐对于地方官的秩禄待遇也建立了制度。据《豫章王传》，南齐武帝永明元年，豫章王萧嶷因"宋氏以来，州郡秩俸及杂供给，多随土所出，无有定准"，上表建议"伏寻郡县长尉俸禄之制，虽有定科，而其余资给，复由风俗，东北异源，西南各绪，习以为常，因而弗变，缓之则莫非通观，澄之则靡不入罪。殊非约法明章，先令后刑之谓也。臣谓宜使所在各条公用，公田秩石，迎送旧典之外，守宰相承，有何供调，尚书精加洗核，务令优衷。事在可通，随宜开许；损公侵民，一皆止却。明立定格，班下四方，永为恒制"。这一建议得到批准，成为一项制度，把刘宋时地方官种种杂项收敛项目正式规定作为地方官附加收入。

另外，南齐又加强了对于地方官的考课。《刘善明传》，南齐建国当年，征虏将军刘善明就建议"宜明守宰赏罚"。武帝即位后，注重吏治，《武帝纪》载永明元年诏"莅民之职，……其有声绩克举，厚加甄异；理务无庸，随时代黜"。永明三年又诏："守宰亲民之要，刺史案部所先，宜严课农桑，相土揆时，必穷地利。若耕蚕殊众，足厉浮堕者，所在即便列奏。其违方骄矜，佚事妨农，亦以名闻。将明赏罚，以劝勤怠。校核殿最，岁竟考课，以申黜陟。"齐明帝建武二年诏进一步规定："守宰亲民之主，牧伯调俗之司，宜严课农桑，罔令游惰，揆景肆力，必穷地利，固筑堤防，考校殿最。若耕蚕殊众，具以名闻，游怠害业，即便列奏。主者详为条格。"将考课地方官制定为正式的制度。

三、铨选制度

1. 官职分配

在官员的选拔任用方面，南齐仍一如东晋、刘宋之旧，士族集团仍占据最主要官职。在士族集团内部，北方迁徙而来的侨姓要尊于土著的吴姓南人。南齐代宋后不愿意触动原有的士族权贵利益。《南齐书 · 张绪传》载，齐高帝时信任吴姓士族张绪，任为中书令散骑常侍，又欲用为尚书右仆射。"以问王俭，俭曰：'南士由来少居此职。'褚渊在座，启上曰：'俭年少，或不尽忆。江左用陆玩、顾和，皆南人也。'俭曰：'晋代衰政，不可以为准则。'上乃止。"由此可见士族内部南北两籍中也存在差别。主要的政治权力由北方士族把握，并已成为惯例，皇帝对之也只能默认。

2. 考试制度

刘宋时除依九品中正荐举士人外，也经常以考试方式举士。尤其是秀才，一般都经策试。南齐加强皇帝对于策举秀才的控制，皇帝本人往往亲临策举现场。《武帝纪》载，武帝永明四年正月"车驾幸中堂策秀才"。《文惠太子传》载文惠太子（武帝长子）萧长懋，在永明五年"临国学，亲临策试诸生"。《东昏侯纪》载东昏侯永元元年（公元499年）也曾下诏"研策秀（才）、孝（廉）"。其策试方式据《南齐书 · 谢超宗传》载，仍沿袭刘宋时的考格"五问并得为上，四三为中，二为下；一不合与第"。但若某一问题能优异也可及第。通过对策举秀才的控制，得以打破北来士族一统天下的局面，有利于提拔一批南方士族及寒素加入政权机构，以分士族之势力。

3. 献奉土贡惯例及其废除

南齐时形成了地方官解任后向皇帝献奉土贡的惯例。《何戢传》言齐高帝喜画扇，何戢为吴兴太守，将宋孝武帝赐其蝉雀扇献给齐高帝。《崔慧景传》载武帝时，崔慧景"每罢州，辄倾资献奉，动数百万。武帝以此嘉之"。《孔琇之传》载孔琇之为临海太守"在任清约，罢郡还，献于姜二十斤。武帝嫌少，及知琇之清，乃叹息"。《刘悛传》载刘悛为司州刺史，

"于州得古礼器铜罍、铜甑、山罍樽、铜豆钟各二口，献之"。"罢广、司二州，倾资贡献，家无留储，在蜀作金浴盆，余金物称是，罢任，欲献之，而武帝晏驾，郁林新立，悛奉献减少。"《萧慧基传》载萧惠休为广州刺史"罢任，献奉倾资"。

献奉惯例的形成可能与南齐政权初建时各地方官向新皇朝表示效忠的形式有关，而南齐初诸帝为与地方官联络感情，以接受贡物表示私人关系，同时也企图以此多搜刮财物充实皇室府库。然此例一开，也为地方官搜刮民脂民膏提供了借口，对于吏治腐败有直接影响。据《武帝纪》载武帝临死时（公元 493 年）诏："自今远近荐献，务存节俭，不得出界营求，相高奢丽。金粟缯纩，弊民已多；珠玉玩好，伤工尤重，严加禁绝，不得有违准绳。"刻意伪装节俭。《明帝纪》载明帝登极后建武元年（公元 494 年）十月诏："蕃牧守宰，或为荐献，事非任土，严加禁断。"十一月又诏："邑宰禄薄俸微，不足代耕，虽任土恒贡，亦为劳费，自今悉断。"从而在法律上废除了献奉惯例。

第四节　南齐的刑事法律制度

一、南齐无刑事法律的创制

南齐对刑事法律一沿刘宋之旧，很少有改动增减。因此仅就南齐刑法若干特点言之。

二、南齐刑法的特点

1. 实行重法

南齐刑法适用上的主要特点是"重法"。被视为重罪的刑罚都大大加重，并形成了残酷施用法外重刑为“能吏”的风气。南齐王敬则对于萧道成登上皇位有功，原为刘宋暨阳令，《王敬则传》载“县有一部劫，逃紫山中为民患，敬则遣人致意劫帅，可悉出首，当相申论。治下庙神甚酷烈，百姓信之，敬则引神为誓‘必不相负’。劫帅既出，敬则于庙中设会，于座收缚曰：‘吾先启神，若负誓，还神十牛。今不违誓。’即杀十牛解神，并斩诸劫”。入齐后为吴兴太守，“郡旧多剽掠，有十数岁小儿于路取遗物，杀之以殉，自此道不拾遗，郡无劫盗”。南齐另一能吏孔琇之为吴令，据《孔琇之传》，“有小儿年十岁，偷刘邻家稻一束，琇之付狱治罪。或谏之，琇之曰：‘十岁便能为盗，长大何所不为！’县中皆震肃”。如此滥杀，并未受到任何处分，反被誉为一时“能吏”而迁官进爵，可见当时刑法适用之重了。

2. 以礼处理复仇

以礼教之义处理复仇案件，是南齐司法重要特色。晋律禁止复仇，但在儒家礼教影响下，在司法实践中对复仇案件往往“屈法伸情”，由皇帝特加赦免复仇杀人者，复仇的处理是当时刑法适用的一个焦点，常常引起争论。南齐最著名的复仇案件是吴郡钱塘朱谦之案。

据《南齐书·孝义传》，朱谦之“年数岁，所生母亡”，其父将其生母“假葬田侧，为族人朱幼方燎火所焚”。朱谦之同产姊将此事告诉谦之，“谦之虽小，便哀戚如持丧，年长不婚娶”。至武帝永明间，“手刃杀幼方，诣狱自系”。钱塘县令申灵勖为之上表乞恩，别驾孔稚珪，记室刘琎，司徒左西掾张融联名向当时兼任扬州刺史的豫章王萧嶷建议：“礼开报仇之典，以申孝义之情；法断相杀之条，以表权时之制。谦之挥刃酬冤，即申私礼，系颈就死，又明公法。今仍杀之，则成当世罪人；宥而活之，即为盛朝孝子。杀一罪人未足弘宪，活一孝子实广风德。”并又建议吴郡士族官僚张绪、陆澄以朱谦之同乡参预讨论。豫章王萧嶷将此事上报武帝，武帝“嘉其义，虑相复报，乃遣谦之随曹虎西行”。特赦其杀人罪，并按晋复仇移徙之制，将其移徙。不料“将发，幼方子恽于津阳汀伺杀谦之，谦之之兄选之又刺杀恽。”冤冤相报，仇杀不已，武帝竟认为“此皆是义事，不可问”，于是“悉赦之”。足见南齐刑法适用的这一重要特色。

3. 首创“漆首”刑

南齐在刑罚制度上首创“漆首”之刑。明帝永泰元年（公元498年）会稽太守王敬则起兵反明帝，败死后，据《南史·王敬则传》载“朝廷漆其首藏在武库”。漆首后成为惯例，用以惩罚反逆重犯，使罪犯枭首后不能安葬，并以此警告企图谋反逆者，历梁陈均有此刑。

第五节　南齐的民事婚姻法律制度

一、检籍制度

刘宋初年曾厉行土断，但至其末年，户籍零乱，既影响赋税收入，又不利于统治秩序的稳定。高帝萧道成曾历任亲民官，久知其弊。登上帝位后就打算检定簿籍。据《南齐书·虞玩之传》，建元二年（公元480年）又下诏要群臣讨论检籍制度：“黄籍，民之大纪，国之治端。自顷氓俗巧伪，为日已久，至乃窃注爵位，盗易年月，增损三状，贸袭万端。或户存而文书已绝，或人在而反托死板。停私而亡隶役，身强而称六疾。编户齐家，少不如此。皆政之巨蠹，教之深疵。比年虽却改籍改书，终无得实。若约之以刑，则民伪已远，若绥之以德，则胜残未易。卿诸贤并深明治体，可各献嘉谋，以振浇化。”虞玩之上表，指出当时户籍零乱主要是因为权豪荫庇，官吏受贿，“自孝建以来，入勋者众，其中操于戈卫社稷者，三分殆无一焉。勋簿所领，而诈注辞簿，浮游世要，非官长所拘录，复为不少。……又将位既众，举邮为禄，实润甚微。即人领数万，如此二条，天下合役之身，已据其大半矣。又有改注籍状，诈入仕流，昔为人役者，今反役人。又生不长发，便谓为道，填街溢巷，是处皆然。或抱子并居，竟不编户。迁徙去来，公违土断。属役无满，流亡不归。宁丧终身，疾病长卧”。因此仅扬州九郡在十一年前尚有四号黄籍七万一千余户，而建元元年（公元 479 年）仅剩四万多户，“神州奥区尚或如此，江湘诸部，倍不可念”。虞玩之建议：“宜更立明科，一听首悔。迷而不反，依制必戮，使官长审自检校，必令明洗，然后上州，永以为正。”

虞玩之的建议被高帝接受，开始在各地推广“检籍”。然而据《沈文季传》，检籍之中“货赂因缘，籍注虽正，犹强推却，以充程限”。检籍遭到了士族权豪的抵制。南齐朝廷不敢得罪大姓，着重清理中下层百姓的户籍，“连年检籍，百姓怨望”。永明三年（公元 485 年）侨居桐庐的富阳人唐寓之聚众起兵，攻陷富阳、钱塘等地，于钱塘自称皇帝，“置太子，以部城戍为天子宫，县廨为太子宫，弟绍之为扬州刺史。钱塘富人柯隆为尚书仆射、中书舍人、领太官令，献铤数千口，为寓之作仗，加领尚方令”。这一事件很快被平息，但以钱塘富人也参加举事来看，连年检籍也造成统治阶级内部的矛盾。永明八年（公元 490 年）又定制：“谪巧者戍缘淮各十年。”将清查出的漏报户籍者补兵戍守淮河一线的边防，“百姓怨望”。

为减少矛盾，武帝最后不得不修改诏令，“夫简贵贱，辨尊卑者，莫不取信于黄籍。岂有假器滥荣，窃服非分。故所以澄革虚妄，式允旧章。然衅起前代，过非近失，既往之愆，不足追究。自宋升明（公元 477—479 年）以前，皆听复注。其有谪役边疆，各许还本，此后有犯，严加翦治”[①]。放松了对隐漏户籍罪的处罚。检籍也就不了了之。

二、所有权

东晋南朝普遍称私有田产房屋为“世业”，表示世代相传之意。《南齐

① 《南齐书》卷 34《虞玩之传》。

书·孝义传》载，孝子吴达之“让世业旧田与族弟，弟亦不受田，遂闲废”。另外，南齐民间又有种桑树于田界表示私有权标志的习俗。《韩系伯传》：“襄阳土俗，邻居种桑树于界上为标志。”襄阳孝子韩系伯“以桑枝荫妨他地，迁界上开数尺。邻畔随复侵之，系伯辄更改种，久之，邻人惭愧，还听侵地，躬往谢之”。

关于遗失物的归属，汉魏以来一直采取公告若干日候主人认领，如无人认领则归官的制度。拾得人不将遗失物交官为犯罪行为，前述王敬则杀十数岁小儿就因其拾物不交官，然而此罪当不至死，王敬则是借此立威而已。另据《南史·范云传》，东晋、刘宋时凡“郡界得之奴婢，悉付作；部曲虽货去，买银输官”。逃跑、走失的奴婢在古代法律上亦为遗失物的一种，被官府捕得即归官所有，而逃跑、走失的部曲却由官府出卖，原主丧失认领权。南齐时始兴内史范云改革此制，“先听百姓志之，若百姓百日无主，依判送台”。台指中央尚书台，即归公所有。这一制度对于其他地方也当有一定启示，并对后世发生一定影响。

三、契约与债

南齐时主要契约种类仍为借贷与买卖，而以借贷契约关系方面的发展变化为较显著，且特点是收取债务人质押财物放债取利的质库兴盛一时，为后世典当业滥觞，并因此影响民间借贷契约逐渐以财产质押为借贷债务主要担保方式。

南齐时经营质库业务的主要是佛教寺院。东晋以来，佛教在南方广为流行，并得到统治者的大力提倡。但佛教太盛又威胁政权。《南齐书·武帝纪》武帝诏：“自今（永明十一年，公元 493 年）公私皆不得出家为道及起立塔寺、以宅为精舍，并严断之。唯年六十，必有道心，听朝贤选序。”此诏并不能禁断佛教发展，而正足以说明当时施舍财产、屋宅起建佛寺风气之盛。武帝次子竟陵王萧子良就是信佛最有力的权贵。寺院收受施舍，积累财富，据《萧颖胄传》当时长沙寺：“僧业富沃，铸黄金为龙数千两埋土中，历相传付，称为下方黄铁。”

佛教教义并不排斥高利贷，佛经中就有许多借贷取利，出借佛物取息的内容。如《僧祇律》：“塔、僧二物出息互贷，分别疏记。”《十诵经》有“塔物出息取利”。《善生经》有“病人贷三宅物，十倍还之”等诸如此类记载相当普遍。寺院积有资财，经义又允许放债取利，而债务人也受宗教信仰约束，不敢欠债不还。种种方便之处俱全，寺院自然将收取质押品放债取利作为主要副业。

寺院收质放债所收的质押品种类繁多。《褚渊传》，南齐初年，功臣、录尚书事褚渊死，“家无余财，负债至数十万”，其弟褚澄时为左民尚书，“以钱万一千，就招提寺赎太祖所赐渊白貂坐褥坏作裘及缨，又赎渊介帻，犀导，及渊常所乘黄牛”。可见招提寺放债收质的财物包括衣物、杂品、黄牛等。寺庙质库收质放债的书面借贷契约也大大简便，只是由质库给债务人一张“质钱帖子”而已，不需要双方再起草签署。《萧坦之传》载萧坦之在皇室内讧中受牵连被捕杀，从兄萧翼宗也被收捕，“检家赤贫。唯有质钱帖子数百。还以启帝（齐明帝），原死，系尚方”。

民间一般借贷中，债务人以财产为质押的情况也很普遍。据《陆澄传》，陆澄弟陆鲜放债，扬州主簿顾测“以两奴就鲜质钱”，以两奴为质押，陆鲜死后，其子陆晖诬称质券为“卖券”，不准赎取。顾测向陆鲜之兄、御史中丞陆澄要求解决。顾又给友人写信，其中指责陆澄“欲遂子弟之非，未及义方之训。此趋贩所不为，况缙绅领袖，儒家胜达乎！”陆澄知道此事后，怀恨在心。利用职权压制顾测，顾由此不得升迁。

南齐法律仍允许以债务人亲属为人质的债务担保方式。《南齐书·顾宪之传》载武帝永明六年（公元 488 年）顾宪之上书言赋役之重，“百端输调，又则常然，比众局检校，首尾寻续，横相质累者，亦复不少。一人被摄，十人相追”。可见当时欠赋调的百姓也被迫向政府提供人质。《虞愿传》载著名良吏虞愿为晋平太守，“前政与民交关，质录其儿妇，愿遣人夺取将还”。如官员放债收取“质录”债务人亲属为违法行为，虞愿可以弹劾前任官而不必采取半路夺回人质的办法。民间贴质亲属借债也很普遍，《周颙传》载山阴县有“滂民之役”，为应付官府差遣，人民“贩佣贴子，权趋急难”。《孝义传》载会稽孝子公孙僧远：“伯弟亡，无以葬，身贩贴与邻里供敛送之费。”

南齐时沿袭刘宋惯例，仍常有免除债负之举。据《武帝纪》，刘宋末萧道成已把握政权，为自己登上皇位作准备，于顺帝升明三年（公元 479 年）正月“表蠲百姓逋负”。当年四月废宋顺帝、受禅为皇帝，改元建元，即位诏中又有“逋租宿债勿复收”。《武帝纪》有武帝永明元年（公元 483 年）三月大赦，“逋负督赃，建元四年三月以前皆特除”。永明四年（公元 486 年），正月诏：“诸逋负在三年以前，尤穷弊者，一皆蠲除。”永明十年（公元 492 年）正月诏：“诸债负众逋，七年以前，悉原除。高赀不在例。”永明十一年七月，因江淮间水旱为灾，曲赦当地六州另四郡，“三调众逋负债，并同原除”。《郁林王纪》有郁林王登基即位诏（公元 493 年）：“凡逋三调及众债在今年七月三十日前悉同蠲除。其备偿封籍货鬻未售亦皆还主。”《明帝纪》建武元年（公元 494 年）十月明帝即位改元大赦，“逋租宿债、换负官物，在建武元年以前悉原除”。永泰元年（公元 498 年）正月大赦，“逋租宿债在四年之前皆悉原除”。总计南齐二十三年中曾八次发布免除债务的诏令，其频率比刘宋更高，平均三年就有一次。所免除的债务可能仍仅是官债。

四、婚姻与家庭

1. 禁止奢华婚礼

刘宋末年风气趋于奢靡，齐高帝代宋后，多次下诏禁止奢侈风气，禁止奢华婚礼成为一项法令。《南齐书·武帝纪》载永明七年（公元 489 年）四月诏：“婚礼下达，人伦攸始，《周官》设媒氏之职，《国风》兴及时之咏。

四爵内陈，义不期侈，三鼎外列，事岂存奢。晚俗浮丽，历兹永久，每思惩革，而民未知禁。乃闻同牢之费，华泰尤甚，膳羞方丈，有过王候，富者扇其骄风，贫者耻躬不逮。或以供帐未具，动致推迁，年不再来，盛时忽往，宜为节文，颁之士庶，并可拟则。公朝方樏，供设合卺之礼，无亏宁俭之义。斯在如故有违，绳之以法。”将婚礼仪式定为法律。齐武帝以婚礼奢费，“敕诸王纳妃与御及六宫，依礼止枣、栗、腶服、脩。加以香泽，花粉，其余衣物皆停。唯公主降嫔则止遣舅姑也”[①]。永泰元年（公元498年）经尚书令徐孝嗣建议，规定：“（婚礼）依古以卺酌终酳之酒，并除金银连锞，自余杂器悉用埏陶。堂人执足克熌燎，牢烛华侈，亦宜停省。”在婚礼制度上贯彻节俭原则。

2. 督促婚嫁

南齐的法定婚龄仍沿袭晋制。晋律规定的女十七以上强迫婚嫁的制度也当仍有效。据《海陵王纪》南齐海陵王延兴元年（公元494年）十月诏：“周设媒官趋及时之制，汉务轻徭在休息之典，所以布德弘教，宽俗阜民。朕君制八纮，志敷九德，而习俗之风，为弊未改，静言多愠，无忘昏昃。督劝婚嫁宜严更申明，必使禽币以时，标梅息怨。”其督促婚嫁所依据的法制当仍为晋代制度。

3. 严禁溺婴弃子

古代政府管理督促民间婚嫁的主要目的在于促进人口增长，为保证人口增加就必须严禁溺婴弃子之风。据《武帝纪》载永明七年（公元489年）正月诏：“今产子不育，虽炳常禁，比闻所在，犹或有之。诚复礼以贫杀，抑亦情由俗淡。宜节以严威，敦以惠泽。主者寻旧制详量附定蠲衅之宜，务存宽厚。”产子不育的“常禁”当为晋代旧律，武帝此诏一方面规定依法禁止弃子之风，另方面也注意到民间主要是由于贫困而弃子，因此又规定要减员赋调。

---

① 《南齐书 · 礼志》

4. 禁止士庶通婚

南齐注重优容士族，在婚姻制度上也强调士庶分别，不得通婚。这是南齐婚姻制度又一重要特点。《昭明文选》收有南齐御史中丞、著名文人沈约《奏弹王源文》，其中说“自宋氏失御。礼教彫衰，衣冠之族日失其序，姻娅沦杂，罔计厮庶，贩鬻祖曾，以为贾道。明目腆颜，曾无愧悔”。沈约“风闻”东海王源嫁女与富阳满氏，即上章弹劾。王源为士族，“虽人品庸陋，胄实参华”，而满氏当时居住吴郡，自称是曹魏时满宠后代，为高平满氏余支。满璋之为儿子满鸾聘王源之女为妻，御史台风闻而传媒人刘嗣之到台作证。嗣之列称：“吴郡满璋之，相承云是高平旧族，（满）宠、（满）奋胤胄，家计温足，见托为息（满鸾）完婚，王源见告穷尽，即索璋之簿阀，见璋之任王国侍郎，鸾又为王慈吴郡正阁主簿。源父子因共评议，判与为婚。璋之下钱五万，以为聘礼。源先丧妇，又以余直纳妾。”沈约据媒人刘嗣之的证词，认为“璋之姓族，士庶莫辨”，而王源身为士族“而托姻结，唯利是求，玷辱流辈，莫此为甚”。因此“王满连姻，实骇物听”，沈约向武帝建议：“臣等参议，请以现事免源所居官，禁锢终身”。可见当时士庶通婚为一项大罪。凡婚姻都须门当户对，查阅簿籍族谱，证明身份。

五、继承

古代财产继承一般均以法定继承为主，但如被继承人生前已有遗嘱的，则按遗嘱处分。立有遗嘱对自己财产预作处分的风气在南齐时比较流行。《南齐书·萧景先传》，齐武帝永明五年（公元 487 年）齐高帝从子，假节都督司州军事、征虏将军、丹阳尹萧景先病重时立下遗嘱，在这一时期遗嘱中较为典型。“（萧）景先遇疾，遗言曰：‘此度疾病异于前后，自省必无起理。但夙荷深恩，今谬充戎，寄阍弱，每事不称，上阐慭慈旨，便长违圣世，悲哽不知所言。可为作启事上谢至尊，粗中愚心。毅（景先长子）

虽成长，素阙训范；贞（景先幼子）等幼稚，未有所识，方以仰累圣明，非残息所能陈谢。自丁荼毒以来，妓妾已多分张，所余丑猥数人，皆不似事，可以明月、佛女、桂支、佛儿、玉女、美玉上台（台指尚书台，引申指朝廷，为南朝惯语）；美满、艳华奉东宫。私马有二十余匹，牛数头，可简（拣）好者十匹、牛二头上台；马五匹、牛一头奉东宫；大司马、司徒各奉二匹；骠骑、镇军各奉一匹。应私仗器亦悉输台。六亲多未得料理，可随宜温邮，微申素意。所赐宅旷大，恐非毅等所居。须丧服竟，可输还台。刘家前宅，久闻其货可合，率市之直，若短少，启官乞足。三处田勤作，自足供衣食，力少更随宜买麤（粗）猥奴婢充使，不须余营生周旋。部曲还都，理应分张，其久旧劳勤者，应料理随宜，启闻乞恩。’卒时年五十。”

此份遗嘱偏重于财产遗赠的内容，对于子女继承的财产则未加具体安排，可能按当时礼教所提倡的兄弟同居共产原则：“三处田”及买得“刘家前宅”都由诸子共同继承。然而也有的遗嘱专门具体规定各子应得财产。《张岱传》载武帝时，散骑常侍，吴兴太守张岱遗嘱：“初作遗命，分张家财，封置箱中，家业张减，随复改易。如此十数年。”可见遗嘱可以修改，而且预分财产以备后事。

第六节　南齐的经济法律制度

一、土地立法

南齐建国后仍注意禁止权贵封略山湖，但东晋、刘宋以来权贵封禁山水早已成惯例，因此南齐进一步放松控制，处罚日益减轻，频繁下达的此类诏令已只是笼络庶族地主的一种政治手段了。立法者，执法者都没有真正将此类禁令付诸切实实施的决心。

见于《南齐书》历朝本纪的禁止封山占水的诏制有如下几道：高帝称帝当年下诏："自庐井毁制，农桑易业，盐铁妨民、货鬻伤治，历代成俗，流蠹岁滋。援拯遗弊，革末反本，使公不专利，氓无失业。二宫诸王，悉不得营立屯邸，封略山湖；太官池籞宫停税入优量省置。"这个诏书比之刘宋大明初年之制要软弱无力得多，毫无具体明确的规定，以后在郁林王继位时（公元 493 年）也曾下诏："御府诸署池田邸冶，兴废沿事，本施一时。于令无用者，详所罢省，公宜权禁，一以还民。"这是将政府公田、池苑部分还归原主。明帝也曾"罢世祖（武帝）所起新林苑，以地还百姓。废文帝（武帝长子文惠太子）所起太子东田。斥卖之"。但这些将公田给民的法令比之刘宋，涉及面愈加狭小，并且也没强调将公田给予贫民，大部被权贵收去，抑制兼并的作用日益减轻。据《顾宪之传》，南齐竟陵王萧子良"于宣城、临成、定陵三县界立屯，封山泽数百里，禁民樵采"。良吏顾宪之"固陈不可，言甚切直。王答之曰：'非君无以闻此德音。'即命无禁"。武帝佞倖吕文度在余姚立邸，"颇纵横"。顾宪之至郡，"即表除之"。但象顾宪之这样的官员实在是太少了。

二、赋役立法

南齐赋役制度仍沿东晋、刘宋之后，但在租调方面调整了货币税收的比重。据《武帝纪》武帝永明四年（公元 486 年）正月诏："扬、南徐二州今年户租，三分二取见布，一分取钱，来岁以后，远近诸州诸钱处，并减布直，匹准四百，依旧折半，以为永制。"

南齐租调理论上仍属资产税性质，依纳税人的赀产定其租调负担。《南齐书·竟陵王传》载永明中竟陵王萧子良的上书。要求减轻之吴地区的租调。"守宰相继，务在裒尅，围桑品屋，以准赀课。致令斩树发瓦，以充重赋，破民财产，要在一时。"可见租调仍以赀产为准，《明帝纪》载，明帝建武四年（公元 497 年）诏："所在结课屋宅田桑，可详减旧价。"以此为据，说明刘宋和南齐时代确定资产主要依据是纳税人所有的房屋、田产、桑树等财产，以估价定税。

除资产税性质的租调外，南齐时有人头税性质的“丁税”。据《南齐书·王敬则传》，齐建元初年（公元 479 年左右）“狡虏游魂，军用殷广，浙东五郡、丁税一千，乃有质卖妻儿，以充此限，道路愁穷，不可闻见。所逋尚多，收上事绝，臣（竟陵王萧子良）登具启闻，即蒙蠲原”。丁税不是各地都有的赋税种类，也并非常制。但只要政府需要即时有开征。此外还另有田租，《武帝纪》载武帝永明三年五月诏：“凡单丁之身及茕独而秩养养孤者，并蠲今年田租。”户调由刘宋户出布四匹之制而来。南齐又有“三调”或“三课”，不知户调外又另有何调。如永明十一年（公元 493 年）五月诏：“水旱成灾，谷稼作弊，凡三调众逋，可同申至秋登。”户调也常称“租布”，《高帝纪》有高帝建元四年（公元 482 年）诏：“建元以来战亡，赏蠲租布二十年，杂役十年。”

与租调相比，百姓负担更沉重的是徭役。徭役在正常情况下的制度与晋宋略同。有战事发生时，则兵役极为沉重。《东昏侯纪》载：“自永元（公元 499 年）魏每来伐，继以内难，扬、南徐二州人丁，三人取两，以此为率，远郡悉令上米准行，一人五十斛，输米既毕，就役如故。”而各地杂役名目繁多，据《王敬则传》会稽有塘役，“会土边带湖海，民丁无士庶皆保塘役。永明二年，令稽太守王敬则以功力有余，悉平敛为钱，送台库以为便宜，上许之”。竟陵王萧子良上书反对未获允许，据《周颙传》山阴有“滂民”之役，“县旧订滂民，以供杂使”。滂民是为国家采集水产品的服役户，此役起自晋宋时，南齐初年山阴令周颙上言：“窃见滂民之困，困实极矣。役命有常，祗应转竭，蹙迫驱催，莫安其所。险者或窜避山湖，困者自经沟渎，尔亦有摧臂断手，苟自残落，贩佣贴子，权赴急难。每至滂使发动，遵赴常促，辄有柤杖，被绿，稽颡阶垂，泣涕告哀，不知所振。”各种杂役屡废屡征，《海陵王纪》载，海陵王延兴元年（公元 494 年）诏：“正厨诸役，旧出州郡，征吏民以应其数，公获二旬，私累数朔。……今并可长停，别量所出。诸县使、村长、路都、防城、直县，为剧尤深，亦宜禁断。”正厨之役不知何谓，似为每年二十日。各地又有给官府打杂供驱使的职役，所禁虽多，保存的种类亦当更多。

南齐时赋役负担主要落在庶族地主及广大农民身上。《顾宪之传》载永明六年（公元488年），行会稽郡事顾宪之上书：“山阴一县，课户二万，其民赀不满三千者，殆将居半，刻又刻之，犹且三分余一。凡有赀者，多是亡人复除。其贫极者，悉皆露户役民。三五属官，盖惟分定，百端输调，又则常然。”可见常时以户赀超过三千为租调起征点，但有资产的太多是享有复除特权的士族。贫穷无赀的百姓虽无须纳租调，但必须服徭役。庶族百姓为避赋役，只能托庇士族，造成户籍混乱、社会动荡。

古代一般各种赋税都由地方官府统一征收，再逐级转送朝廷。据《南齐书・竟陵王传》，刘宋孝武帝时，朝廷急需财货物资，开始由朝廷直接派出使者至各地催征赋调，“始遣台使，自此公役劳扰”。南齐初年，竟陵王萧子良上书：“前台使督逋切调，恒闻相望于道。……凡此辈使人，既非详慎勤顺，或贪险崎岖要求。此役朝辞禁门，情态即异；暮宿村县，威福便行。……侮折守宰，出变无穷。既瞻郭望境，便飞下严符，但称行台，未显所督。先河疆寺，却摄群曹，开亭正榆，便振荆革。其次绛标寸纸，一日数至；征村切里，俄刻十催。四乡所召，莫辨枉直，孩老士庶，具令付狱。或尺布之逋，曲以当匹；百钱余税，且增为千。或诞应质作尚方，寄系东冶，百姓骇迫，人不自固。遂漂衣败力，竟致兼浆。值今夕酒谐肉饫，即许附申赦格；明日礼轻货薄，便复不入恩科。筐贡微阙，箠捉肆情。风尘毁谤，随忿而发。”可见这种由朝廷派员至地方催征赋调制度的弊病。但南齐并未因此而废除该制。

三、货币立法

刘宋末年随意改变货币制度使社会经济混乱，这一教训为南齐初年诸帝目睹，齐高帝即位后就着手整顿币制，而以通货紧缩为指导原则。令二坏钱抵一五铢钱流通。据《南齐书·刘俊传》南齐初年法律，民间使用货币必须是周边完整，未经剪凿的好钱，“小、轻、破、缺、无周郭者，悉不得行”。至建元四年（公元 482 年）齐高帝经孔觊建议，“使诸州郡大市铜炭”，准备广铸新钱，驱逐宋末以来的各种劣质杂钱。但高帝当年去世，没有开铸。武帝永明八年（公元 490 年）经刘俊建议在蜀郡原汉代邓通铸钱遗址开铸官钱，“得千余万，功费多，乃止”。官铸钱成本过高只得半途而废。

南齐由于政府铸钱太少，又实行禁止劣质钱币流通制度，民间经济生活也遭到了破坏。《王敬则传》载永明二年（公元484年），竟陵王萧子良启：“民间钱多剪凿，鲜复完者，公家所受，必须员（圆）大，以两代一，困于所贸；鞭捶质系，益致无聊。”而另据《萧子良传》在第二年萧又陈：“泉铸岁远，类多剪凿，江东大钱。十不一在，公家所受，必须轮廓完整，遂买本一千，加子七百。”指责政府紧缩政策与不合情理的货币制度。但南齐政府并不理会。不合理的货币制度带来的弊病是使南齐后期社会经济陷入危机的原因之一。

第七节　南齐的司法制度

南齐司法机构一如东晋、刘宋旧制。其司法制度略具特色的有以下几个方面。

首先，南齐在刘宋基础上进一步加强中央对地方司法审判的控制监察权。虽然南齐诸帝亲临听讼不如刘宋时频繁，但南齐定制以建康周围二百里以内的地区司法审判的监察复核权收归中央。《武帝纪》载，武帝永明三年（公元 485 年）七月诏：“丹阳所领及余二百里内见囚，同集京师；自此以外，委州郡决断。”以后形成惯例，时常有此类诏书，并且朝廷复核复审该地区案件时，皇帝及太子也时常亲临审判。《文惠太子传》载，永明六年，齐武帝“将讯丹阳所领囚及南北二百里内狱。诏曰：‘狱讼之重，政化为先。太子立年作贰，审时详览，此讯事委以亲决’”。由文惠太子亲自审判该地区案件。《明帝纪》载建武二年（公元 495 年）诏：“三百里内狱讼，同集京师，克日听贤，此以外委州郡讯察。”南齐此项制度用以保证京畿地区司法审判权高度集中于皇帝之手，防止祸起于“辇毂之下”。

其次，南齐时又确立了廉平循吏可审讯附近地区疑案的制度，对于后世“邻县旁推”的司法制度有一定影响。据《梁书・萧景传》南齐建武年间（公元 494—497 年），永宁令萧景“政为百城最”。其上级永嘉太守范述曾也是以“廉平”著称。范述曾“雅服（萧景）为政，乃牓其郡门曰：‘诸县有疑滞者，可就永宁令决’”。

最后，南齐比较重视律学，重视培养司法专门人才。据《南齐书・崔祖思传》南齐建国当年，黄门侍郎崔祖思启陈政事曰：“宪律之重，由来尚矣。……实宜请置廷尉，茂简三官。汉来治律有家，子孙并世其业。……今廷尉律生，乃令史门户，……刑之不厝，抑此之由？”要求重振律学，由士大夫采研法律学、培养律生补充司法官员。这一建议被高帝接受，但施行与否史无明文。以后武帝永明九年修订律注时，据《孔稚珪传》廷尉孔稚珪要求“国学置律学助教，依《五经》例，国子生有欲读者，策试上过高第，即便擢用”。这一建议被齐武帝接受：“诏报从纳。”但是朝廷虽重视律学，即士族官僚仍视此等为不祥之术。“事竟不施行。”晋宋以来士族官僚很少愿意拜廷尉，往往竭力推辞“不就”。而南齐几任廷尉都以清直并精通律学著称，如齐武帝时的廷尉孔稚珪精通律学，主持永明修律活动，撰律注。武帝时另一廷尉孔琇之也以清直著称，是南朝法制史上比较少见的现象。

第九章　南梁政权的法律制度

南梁（公元 502—557 年）亦称萧梁，是南朝由盛而衰的转折时期。南梁初期相当强盛，一度恢复对北朝的攻势，政治局面也相当稳定，在此基础上其法制与宋齐相比，有了较大的变化。南梁打破了宋齐沿用晋律的传统，首先重新订律，并在法律内容上更进一步突出了维护士族统治特权的特点，在整个魏晋南北朝法制史上具有一定典型意义，南梁法制对于后世也有一定的影响。

第一节　南梁的政治、经济概况

一、南梁政权的建立及其政治指导原则

梁武帝萧衍也并非士族出身，与齐高帝萧道成同为侨居南兰陵的素族。然而梁武帝在南齐时为皇族远亲，自己又“博学多通”，尤其擅长文学，与当时著名文人沈约，任昉等齐名，号为“八友”，因此对于士族有一定的号召力，能在南齐末年的战乱中，较容易地取得政权。南朝时开国皇帝大多在夺取政权后不久就死去，只有梁武帝开国后当了四十八年皇帝。

梁武帝根据东晋、宋、齐三朝的历史教训，认为只有东晋全面凭借士族支持得以享国百有余年，而刘宋、南齐力图压服、控制士族，士族集团对其离心离德；而且刘宋、南齐皇室子孙自相残杀、造成政权动荡，因此

国运短促。梁武帝在位期间，就极力恢复、维护士族的种种特权，放手招官，安抚拉拢士族，争取士族门阀对皇权的支持。对于皇族也极力以“骨肉恩爱”来取代宋齐骨肉相残，放纵诸王为非作歹，从不加以处罚。甚至叛乱逃亡也予以宽免，仅给以家教训谕而已。

梁武帝除了采取以上这两项原则为政治基础外，又大兴儒学，制礼作乐，笼络寒族士人，对于北方的士人也有一定的号召力。据《北齐书·杜弼传》，北齐高祖（高欢）曾说：“江东复有一吴儿老翁萧衍者，专事衣冠礼乐，中原士大夫望之以为正朔所在。”梁武帝还提倡佛教，自己亲自撰文鼓吹儒、佛、道三教同源，而以佛为首，并三次舍身同泰寺，多次主持“无遮大合”。

梁武帝力图通过这些措施使统治阶级内部不同阶层，不同集团都能获得利益，来缓和内部矛盾，减少内讧。然而梁武帝又同时大大加重了对于人民的剥削压迫，各级官吏无情搜刮，南方社会经济发展受到阻碍。而城市则作为统治阶级日益奢侈消费中心而畸形繁荣。商业也兴盛一时，海外贸易尤其发达，广州每年都有十几条外国船舶入港，带来大批“蕃货”。

二、士族阶层的腐朽和矛盾

南梁时士族门阀日趋腐朽，成为僵化没落的一个集团，其内部也等级分明，如北方侨姓的王、谢、袁、萧为最尊贵，江南土著士族以朱、张、顾、陆为高。通婚，仕官都以此而定。士族把持政权，北齐人颜之推在《家训》中评论，“梁世士大夫皆尚褒衣、博带、大冠、高履，出则车舆，入则扶持”。“梁朝全盛之时，贵游子弟，多无学术，至于谚云：‘上车不落则著作，体中何如则秘书’。无不熏衣、剃面、傅粉、施朱、驾长簷车，跟高齿屐，坐棋子方褥，凭斑丝隐囊，列器玩于左右，从容出入，望若神仙。明经求第，则顾人答策；三九公宴，则假手赋诗。”宋齐时士族已不能胜任武职，至南梁连文职也无法应付，士族集团已开始丧失其原有的控制社会、参与政治的能力，因此促进了南梁末年的大动乱、大破坏。

三、南梁末年的社会动乱和南梁灭亡

南梁时北魏发生内乱，并分裂为东、西魏对峙局面。梁武帝一度曾举兵攻伐北魏，但都大败而归。公元 547 年，东魏将领侯景因与东魏争权内讧，宣布以其所控制的河南之地投降南梁。第二年侯景被东魏军打败，率败兵八百人南逃，见南梁统治者腐朽不堪，起兵进攻建康，南梁守军及后至的各路援军统帅大多为皇子皇孙，都觊觎皇位，互相猜疑牵制，甚至让开防线，引狼入室。公元 549 年，侯景攻占建康，梁武帝饿死。当时建康是南方最富庶的城市，侯景军烧杀抢掠，建康成为空城。侯景又接连攻占焚掠三吴、会稽、广陵等江南名城，江南社会经济遭到前所未有的巨大破坏。侯景之乱尚未完结，南梁诸王又相互攻击，争夺皇位，并都向北朝政权借兵，不惜称臣纳贡。南朝势力至此一蹶不振，再难与北朝相抗衡。

公元 551 年，湘东王萧绎派遣王僧辨、陈霸先自江陵率军东进，击败侯景，第二年收复建康，侯景为部下所杀。湘东王萧绎在江陵自立为帝，史称梁元帝。公元 554 年西魏攻破江陵。梁元帝被杀。第二年陈霸先在建康杀王僧辨，立梁敬帝，大权独揽，最后在公元 557 年称帝，南梁灭亡。仅盘踞江陵，托庇于西魏的后梁政权尚苟延残喘。

第二节　南梁政权的立法活动

一、梁律、令的修订

宋齐沿用晋律，而晋律本身固有的一些缺陷随着时间的推移日益明显，社会形势的发展也使晋律、晋令的内容显得过时。南齐已对晋律开始整理

改编，但没有正式施行。梁武帝在废齐称帝的当年，即重视法律的制订。《隋书·刑法志》载有梁武帝天监元年（公元502年）八月丁未所下修律诏："律令不一，实难去弊，杀伤有法，昏墨有刑，此盖常科，易为条例。至如三男一妻，悬首造狱，事非虑内，法出恒钧。前王之律，后王之令，因循创附，良各有以。若游辞费句，无取于实，录者宜悉除之。求文指归，可适变者，载一家为本，用众家以附。丙丁俱有，则去丁以存丙。若丙丁二事，注释不同，则二家兼载。咸使百司，议其可不取其可安，以为标例。宜云'某等如干人同议，以此为长'。则定以为《梁律》。留尚书比部，悉使备文，若班下州郡，止撮机要，可无二门侮法之弊。"

从梁武帝这一修律诏中可以看到，修撰《梁律》的动机主要是为了纠正"律令不一"的弊端，与南齐修订晋律律注的出发点相同。对于梁律修撰的重点，此诏也明确指出吕是删除晋律的"游辞费句"，以及对于律注进行修订，修订方法强调"咸使百司，议其可不。"要由朝廷各部门进行讨论。

南梁这次修律直接继承了南齐永明年间修订律注的成果。据《隋书·刑法志》，"时欲议定律令，得齐时旧郎济阳蔡法度，家传律学云。齐武时删定郎王植之集注张、杜旧律，合为一书，凡一千五百三十条，事未施行，其文殆灭。法度能言之，于是以为兼尚书删定郎，使损益植之旧本，以为《梁律》"。可见《梁律》的修撰是以南齐永明律文为底本的。而且南齐律学家蔡法度起了主要的作用。蔡法度在受命修撰该律后，针对梁武帝修律诏中"咸使百司议其可不"的指令，建议"魏晋撰律，止关数人，今若皆咨列位，恐缓而无决"。梁武帝接受这一建议，指派"尚书令王亮，侍中王莹，尚书仆射沈约，吏部尚书范云，长兼侍中柳恽，给事黄门侍郎傅昭，通直散骑常侍孔蔼、御史中丞乐蔼、太掌丞许懋参议断定"。在这些制律参议人中，范云、乐蔼、傅昭等都具有长期基层司法工作的经历。可能在定律过程中起过一定作用。但在《梁书》各本传中并未提及此事，可见主要执笔人是蔡法度。蔡法度《梁书》无传，《文苑英华》卷397

存沈约撰《授蔡法度廷尉制》提到："尚书删定左曹郎中蔡法度，少好律书，明晓法令，世之所废，笃志不怠，至于章句踳滞，名程乖碍，莫不斟酌厥里，允得其门。方欲寄以国刑，开示后学。"可见蔡氏为齐梁时硕果仅存的法学家，删改晋律为梁律的工作主要是由他承担的。《隋书·经籍志》载："《梁律》二十卷，梁义兴太守蔡法度撰。"《唐六典》注释中提到《梁律》，"梁氏受命，命蔡法度、沈约等十人，增损《晋律》，为二十篇，凡定罪二千五百二十九条。"这些记载都将蔡法度作为《梁律》的主要修撰人。且蔡法度因修律有功，被授守廷尉卿之职。看来蔡法度是修律的主要撰定人，其余各官仅咨询顾问而已。

《梁律》的修撰因在南齐时的底本，参与修撰人也较为精练，本身工作量并不很大，自梁武帝天监元年八月丁未诏至第二年四月癸卯蔡法度表上新律、令、科，为时仅八个月。据《梁书·武帝纪》，共修撰完成"《梁律》二十卷，《令》三十卷，《科》四十卷"。

二、梁律、令、科的篇目结构及特点

据《隋书·刑法志》，《梁律》的篇目共有二十篇：一曰刑名，二曰法例，三曰盗劫，四曰贼叛、五曰诈伪，六曰受赇，七曰告劾，八曰讨捕，九曰系讯，十曰断狱，十一曰杂，十二曰户，十三曰擅兴，十四曰毁亡，十五曰卫宫，十六曰水火，十七曰仓库，十八曰厩，十九曰关市，二十曰违制。据《唐六典》注共有二千五百二十九条。与晋律相比，其结构有若干变化，删去了晋律中的"诸侯"一篇，而增加"仓库"一篇。设"仓库"专篇是梁律的一个创造，以前诸律均无此篇，梁律设后，隋唐以至宋元明清律都以"仓库"为篇目之一，梁律对此可称有开创之功。另外《梁律》有的篇目名称比之《晋律》更为明确，如改"请赇"为"受赇"，强调着重处罚官员受赃枉法；将"盗"篇扩大为"盗劫"，"贼"篇扩大为"贼叛"等，进一步扩大篇目法条的覆盖面。《梁律》法条也多于《晋律》，增加了近一千条，这可能是将张、杜律注删省归并后作为律条之故。

《梁令》三十卷，其篇目据《唐六典》注，“梁初，命蔡法度等撰《梁令》三十篇，一户，二学，三贡士赠官，四官品，五吏员，六服制，七祠，八户调，九公田公用仪迎，十医药疾病，十一复除，十二关市，十三劫贼水火，十四捕亡，十五狱官，十六鞭杖，十七丧葬，十八杂上，十九杂中，二十杂下，二十一宫卫，二十二门下散骑中书，二十三尚书，二十四三台秘书，二十五王公侯，二十六选吏，二十七选将，二十八选杂士，二十九军吏，三十军赏”。与《晋令》相比，篇目大为省减，删省了《晋令》中的“军法”六篇，“杂法”两篇，“军水战”“军战”“俸禄”“赎”各一篇，共删去十二篇。而增设“劫贼水火”“军赏”两篇（“军赏”也可能是《晋令》中原有“军法”六篇中之一篇）。总篇目从四十篇减为三十篇。部分篇目的名称也有所调整，如将《晋令》中的“佃”改为“公田公用仪迎”，佃为耕作之意，原晋“佃令”可能是有关耕作公田或官员占有佃客方面的规定。[1] 新设“劫贼水火”令。当为规定发生劫贼水火灾害时的处置办法及连带责任的设定等方面内容。律中改“盗”为“盗劫”，令中又专设此篇，可见南梁对于劫盗罪名的重视。

《梁科》四十卷，其具体篇目条文都已无考。《隋书·刑法志》、《经籍志》及《唐六典》注均作二十卷。据《唐六典》注，“梁易故事为《梁科》三十卷，蔡法度所删定”。而《隋书·经籍志》也称“梁时又取故事之宜于时者，为《梁科》……《梁科》三十卷”。可见到修《隋书》《唐六典》时《梁科》尚存有三十卷。《旧唐书·经籍志》《新唐书·艺文志》则录为《梁科》二卷，是到五代时此书已散佚殆尽。虽然“科”这一法规形式早已出现，但将科条汇编成一部，则为南梁首创。晋立法有《故事》三十卷，南梁是将“故事”汇编改称为“科”，具有一定的历史影响。

以上南梁所立律、令、科，至今已全部散佚，史籍记载中能钩沉的也

① 参见程树德《九朝律考·晋律卷下》。

仅是若干片断，只反映了当时法制状况很少部分的情况。就南梁此次立法活动本身而言，对于总结修正晋以来种种法律制度具有重要的意义。

三、制定礼典

南梁初年还进行了大规模的礼典修撰。据《梁书 · 徐勉传》，南齐时所定五礼在齐末战乱中“其所散失，又逾太半”。梁武帝即位不久，即诏“礼坏乐缺，故国异家殊，实宜以时修定，以为永准”。设五礼学士修撰礼典，又以沈约，张充，徐勉审核，而以徐勉“总和其事”。经几年修订，于天监元年至天监十一年间（公元 507—512 年）陆续完成五礼。《嘉礼仪注》一百一十六卷，五百三十六条；《宾礼仪注》一百三十三卷，五百四十五条；《军礼仪注》一百八十九卷，二百四十条；《吉礼仪注》二百二十四卷，一千零五条；《凶礼仪注》五百一十四卷，五千六百九十三条。《五礼仪注》共一千一百七十六卷，八千零一十九条。于普通六年（公元 525 年）颁行，梁武帝下诏：“经礼大备，政典载弘，今诏有司，案以行事也。”梁朝这部规模空前的礼典，对于后世有很大影响，在当时礼律并重的背景下，也具有一定法规性质。

第三节　南梁的行政法律制度

南梁建立后，对行政机构进行了很多调整，尤其是对于魏晋以来相承日久的中央行政机构进行了整理改动，在行动法律制度上具有一定的承前启后的意义。

一、中央行政机构

尚书台、中书监、门下自魏晋以来久已成为中央决策及发号施令的最重要机构。由于这几个机构在禁中办事，按汉以来的习惯，禁中又称省中，这几个机构也就连带往往称之为“省”。南梁初年改制，将尚书台、中书监、门下都正式统一称省，又将汉魏以来的秘书监也改称秘书省，正式建立尚书省、中书省、门下省、秘书省，从而与其他台监机构相区别，以显示四省的崇高地位。秦汉以来的诸公、光禄、持进、开府等官称都称为虚衔、加官，不具实际权力。

据《隋书・百官志》，四省中以尚书省机构最为庞大，有尚书令、左右仆射，吏部、祠部、度支、左户、都官、五兵六尚书，又设左、右丞，及吏部、删定，三公、比部、祠部、仪曹、虞曹、主客、度支、殿中、金部、包部、左户、驾部、起部、屯田，都管、水部、库部、功论、中兵、外兵、骑兵二十三曹，各设郎。此外尚书省还有令史一百二十人、书令史一百三十人。机构设置与南齐相比增设仪曹、虞曹、骑兵曹等。“尚书掌出纳王命，敷奏万机。令总统之，仆射副令，又与尚书分领诸曹。”左仆射为尚书令为第一副手，与南齐制度相同，右仆射一般兼祠部尚书。其他尚书分领诸曹，略与南齐相同。

南梁对于尚书省的办公规则有明确规定，重大决策必须集会讨论后上奏皇帝批准，诸曹分头执行。《梁书・武帝纪》载，梁武帝大同六年（公元540年），八月诏：“尚书置令、仆、丞、郎，旦旦上朝，以议时事，前共筹怀，然后奏闻。顷者不尔，每有疑事，倚立求决。自今尚书中有疑事，前于朝堂参议，然后启闻，不得习常。其军机要切，前须咨审，自依旧典。”强调按旧制先集议作出决策方案供皇帝裁决，而军机重事仍必须先请示皇帝。

门下省据《隋书・百官志》“掌侍从左右，摈相威仪，尽归献纳，纠正违阙，监合尝御药，封玺书”。设侍中，给事黄门侍郎各四人。门下侍中也是参预决策的重要官职，如《梁书・徐勉传》载，武帝天监二年（公元503年），徐勉为侍中，“时王师北伐，候驿填委。勉参掌军书，劬劳夙夜，动经数旬乃一还宅”。又如《梁书・朱异传》载，中大通元年（公元527年）

朱异为散骑常侍，“代掌机谋，方镇改换，朝仪国典，诏诰敕书，并兼掌之。每四方表疏，当局簿领，咨询详断，填委于前，异属辞落纸，览事下议，从横敏赡，不暂停笔，顷刻之间，诸事便了”。

中书省据《隋书 · 百官志》“掌出内帝命”。有中书监，中书令各一人，侍郎四人，“功高者一人，主省内事。又有通事舍人，主事令史等员。……通事舍人，旧入直阁内，梁用人殊重，简以才能，不限资地，多以他官兼领。其后除通事，直曰中书舍人”。由于魏晋以来中书令、侍郎等权力过大，而宋齐引寒素为中书通事舍人，颇乱朝政，梁武帝有意降低中书省地位，多以他官兼领中书省官职，中书舍人也不再是日夜于皇帝住处值班的亲近臣僚，常以门下散骑侍郎兼中书舍人，相比之下，门下省的地位逐渐有超过中书省的趋势。

秘书省“掌国之典籍图书”，有监、丞各一人，郎四人。秘书省虽非中枢机构，但为文官清誉之最。《梁书 · 刘孝绰传》，武帝曾说：“第一官当用第一人”，以著名文人刘孝绰为秘书丞。又据《梁书 · 张率传》载，天监初年，为笼络江南士族，梁武帝以吴郡张率为秘书丞“掌集书诏策。高祖曰：‘秘书丞天下清官，东南胄望未有为之者，今以相处，足为卿誉’”。可见东晋宋齐来此职一直为侨姓垄断。据《张缅传》，秘书郎“有四员，宋、齐以来，为甲族起家之选，待次入补，其居职例数十百日便迁任”，是士族子弟进身之阶。张缅之弟张缵起家为秘书郎，请求不徙，“欲遍观阁内图籍，如此数载，方迁太子舍人”。

在四省之外，梁初又正式恢复原秦汉时的诸卿官称。《隋书 · 百官志》天监七年（公元 508 年）年，设十二卿，“以太常为太常卿，加置宗子卿，以大司农为司农卿，三卿是为春卿。加置太府卿，以少府为少府卿，加置太仆卿，三卿是为夏卿。以卫尉为卫尉卿，廷尉为廷尉卿，将作大匠为大匠卿，三卿是为秋卿。以光禄勋为光禄卿，大鸿胪为鸿胪卿，都水使者为太舟卿，三卿是为冬卿。凡十二卿，皆置丞及功曹、主簿”。

二、地方行政机构

南梁地方行政机构仍沿袭宋齐旧制，分为州、郡、县三级。依宋齐旧例，仍以皇子出任地方刺史，都督数州军事，皇子左右仍置典签，行事监督辅佐。如《梁书·江革传》载，武帝时江革为武帝第五子，庐陵王萧续长史，兼寻阳太守，行江州府事，“时少王行事多倾意于签帅，革以正直自居，不与签帅等同坐”。《南史·梁武帝诸子传》称武帝四子南康王萧绩死后，其子萧会理嗣王位，又为湘州刺史，“多信左右，行事刘纳每禁之。会理心不平，证以赃货，收送健康。纳叹曰：‘我一见天子，使汝等知。’会理厚送资粮，数遣慰喻，令心腹于青草湖为盗，杀纳，百口俱尽”。《梁书·太宗十一子传》载，大同元年（公元535年）梁武帝孙萧大心出为郢州刺史，其父萧纲（武帝三子，时为晋安王）“戒之曰：‘事无大小，悉委行事，纤毫不须措怀’”。但总的来说南梁典签权势已不若南齐之盛。除皇族之外，地方大员左右不再安置典签，以示尊重士族。

梁武帝对于地方行政机构的议事上奏规则也加以明确规定，《梁书·武帝纪》载，天监九年（公元510年）五月诏：“自今台阁省府州郡镇戍应有职僚之所，时共集议，各陈损益，俱以奏闻。”

三、铨选制度

1. 设立空前复杂的官阶制度

梁武帝为表示优遇士族，尽量以高官厚禄笼络士族官僚，想尽办法多方设官，多方迁升。《隋书·百官志》载，天监初年，武帝命尚书删定郎蔡法度定品秩令，“定令为九品”。武帝亲自“于品下注一品秩为万石，第二第三为中二千石，第四第五为二千石”。天监七年（公元508年），徐勉为吏部尚书，又定班品，“定为十八班，以班多者为贵，同班者，则以居下者为劣”。文官上自丞相、太宰等为十八班，下至东西冶，左右尚方诸令为一班。此外，“位不登二品者又为七班”，三品又有“蕴位”“勋位”之分。州一级官职选拟与朝官同，而“郡守及丞，各为十班。县制七班”。文官的升迁皆以班次定。武官也定下班品，“增置镇卫将军以下为十品，以诘日数；凡二十四班，以法气序；不登十品，别有八班，以象八风；又置施外国将军二十四班，合一百九号”。到大通三年（公元529年）“有司奏曰：‘天监七年，改定将军之名，有因有革。普通六年，又置百号将军，……’”又定制“转则进一班，黜则退一班，班则阶也，同班以优劣为前后”。又定“凡一百二十五将军，二十八班”。如此复杂的班品名号，设下了等级森严的阶梯，诱使统治阶级内部各阶层分子缘梯而上，拥护皇权。

2. 多方吸收士族大姓为官

梁武帝为吸引士族参与政权，巩固皇位，广大招官门路，尽力满足士族大姓参政要求。《武帝纪》中载有不少此类诏书，如天监五年（公元506年）正月诏：“凡诸郡国旧族邦内无在朝位者，选官搜括，使郡有一人。”天监七年二月又诏：“于州、郡、县置州望、郡宗、乡豪各一人，专掌搜荐。”天监十二年又诏“公卿举士”。据《谢朏传》，武帝自己还亲自出马，征召著名大姓谢氏后人谢朏为尚书令，侍中、司徒，“朏辞脚疾不堪拜谒，乃角巾肩舆，诣云龙门谢。诏见于华林园，乘小车就席，明旦，舆驾出幸朏宅，宴语尽欢。朏固陈本志，不许。因请自还东迎母，乃许之。临发，舆驾复临幸，赋诗饯别”。

武帝在位期间，据《武帝纪》统计，下举士诏有十三次之多，其举士标准除了是士族旧姓以外，还强调要通儒家经义。天监四年（公元505年）正月诏：“今九流常选，年未三十，不通一经，不得解褐。若有才同甘颜，勿限年次。”八年又诏：“有能通一经，始末无倦者，策实之后，选可量加叙录。虽复牛监羊肆、寒族后门，并随才试吏，勿有遗隔。”南梁以举秀才、举明经为主要选官途径，举秀才仍要经策试，但选举权力完全掌握于士族手里，寒门人士是很难由策试举士而步入仕途的。《刘昙净传》载武帝太清年间，“诏士姓各举四科”，《扬公则传》言，湘州刺史扬公则，“保己廉慎，为吏民所悦。湘俗单家以赂求州职，公则至，悉断之。所辟引皆州郡著姓。武帝班下诸州以为法”。可见地方官征辟僚属也只能从士族大姓中挑选，寒门士人连地方官职也难以选上。《南史·陈庆之传》总结说：“梁世寒门达者惟（陈）庆之与俞药。”宋齐时尚书五都（殿中都、吏部都、金部都、左右户部都，中兵都）选用寒流士人，而据《隋书·百官志》载，梁帝天监九年（公元 510 年）诏：“尚书五都，职参政要，非但总领政局，出乃方轨二丞，顷虽求才，未臻妙简，可革用士流，每尽时彦，庶同持领，秉此群目。”规定都令史视奉朝请，当年以太学博士刘纳兼殿中都司空法曹参军，刘显兼吏部都，孔虔孙兼金部都司空法曹参军，萧轨兼左户都宣毅墨参军，王颙兼中兵都。从此庶族士人欲为尚书省重要部门令史亦不可。

3. 强调士庶之隔

选官既如此强调门第，造成官场中士庶之隔极为显著。如《庾乔传》载，武帝时湘东王萧绎为荆州刺史，“而州人范兴话以寒贱仕叨九流。选为州主簿”，士族子弟庾乔当时为荆州别驾。“乃属元日，府州朝驾，乔不肯就列，曰：‘庾乔忝为端右，不能与小人范兴话为雁行。’元帝（萧绎）闻，乃进乔而停兴话。兴话羞惭还家，愤卒”。

南梁士庶相隔，为保证士族富门特权，又设谱局，注重谱学，防止寒族挤入士族宗族从而侵犯士族享有的特权。据《通典·乡党》，梁初，尚书令沈约上言，“宋元嘉二十七年始，以七条征发，既立此科，苟有回避，奸庇互起……凡粗有衣食者莫不互相因依，竟行奸货，落涂卑注，更书新籍，通官荣爵，随意高下，以新换故，不过用一万许钱。昨日卑微，今日仕任”。认为宋齐以来寒族纷纷用贿赂手段挤入士族簿籍，“巧伪既多，并称人士，百役不及，高卧私门，致令公私阙乏，是事不举”。沈约建议对士族详加甄别，建立谱系簿籍。“宜选史传学士谙究流品者为左人（应为民）郎，左人（应为民）尚书，专共校勘。所贵卑姓杂谱以晋籍及景平籍在下省者，对共雠校。若谱注通，籍有卑杂，则条其巧谬，下在所科罚。”此建议中“所贵”即所注重，“主要在于”之意，晋籍及景平籍是指东晋及刘宋少帝景平年间（公元 423—424 年），官府所定的士族族谱。士族族谱早在晋代已成为一门专门学问，“晋太元中（公元 376—396 年）员外散骑侍郎贾弼好簿状，大披群族，所撰十八州，百一十六郡，合七百一十二卷。士庶略无遗阙。其子孙代传其业。宋王弘，刘谌并好其书。弘日对千客而不犯一人讳。谌为选曹，始撰百家谱以助铨序，伤于寡略。齐王俭复加，得繁省之衰”。谱学族谱已成为选举官员的主要依据。武帝经沈约建议，“以是留意谱籍，诏御史中丞王僧孺改定百家谱。由是有令史，书吏之职，谱局因此而置。……僧孺为八十卷，东南诸族，别为一部，不在百家之数”。

第四节　南梁的刑事法律制度

梁律基本是一部刑事法典，其主要内容源自晋律，较具特色的有如下几个方面。

一、定罪量刑的基本原则

1. “急于黎庶”

梁律的主要内容都沿自晋律，其刑法主要特色在于刑法适用上“急于黎庶，缓于权贵”。梁初缓刑轻刑仅适用于士族权贵，对于平民百姓则毫不放松。据《隋书 · 刑法志》“武帝敦睦九族，优借朝士，有犯罪者，皆讽群下，屈法申之。百姓有罪，皆按之以法，其缘坐则老幼不免，一人亡逃，则举家质作。人既穷急，奸宄益深”。天监十年（公元 512 年），梁武帝亲祀南郊，途中有棱陵老人拦道上言：“陛下为法，急于黎庶，缓于权贵，非长久之术。诚能反是，天下幸甚。”武帝也感到民怨沸腾，“于是思有以宽之”。第二年下诏：“自今逋负之家及罪应质作若年有志小者，可停将送。”然而实际上并无实效。“帝锐意儒雅，疏简刑法，自公卿大臣，咸不以鞫狱留意。奸吏招权，巧文弄法，货贿成市，多致枉滥。大率二岁刑已上，岁至五千人。是时徒居作者具五任，其无任者著斗械，若疾病，权解之。”大同年间（公元 535—546 年）昭明太子萧统奉命监管京师杂事，上书“切见南北郊坛、材官、车府、太官下省、左装等处上启，并请四五岁已下轻囚助充使役。自有刑均罪等，愆目不异。而甲付钱署，乙配郊坛，钱署三所，于辛为剧，郊坛六处，在役则优。今听狱官详其可否，舞文之路，自此而生。……愚谓宜详立条制，以为永准”。武帝对此亲自手书回答：“顷年以来处处之役，唯资徒谪，逐急充配。若科制繁细，义同简约，切须之处，终不可得。引例兴讼，纷纭方始，防杜奸巧，自是为难。更当别思，取其便也。”[①]萧统建议被驳回。可见当时武帝将在押囚犯当作供政府驱役的主要劳动力来源，根本不想整顿司法，澄清吏治。虽说在天监十一年已规定缘坐罪犯家属不及老幼，然而直到中大同元年（公元 546 年）整整三十四年后又诏“自今犯罪非大逆，父母，祖父母，勿坐”。足以说明在这之前，犯罪者仍是“夫有罪，逮妻子，子有罪，逮父母”。至南梁末年，元帝萧绎“惩前政之宽”，对于百姓严刑苛法予以镇压，公元 554 年，西魏军围攻江陵（元帝因建康被侯景破坏，迁都江陵），“狱中死囚且数千人，有司请皆释之，以充战士。帝不许，并令棒杀之。事未行而城陷”[②]。

2.“缓于权贵”

南梁刑事法律对百姓严加惩罚，对于士族权贵百般维护。宋齐时亦优待士族官僚，但对于犯赃官员仍予以严惩，以稳定统治秩序。梁武帝则予以保护。仅见于《梁书·武帝纪》就有以下数道诏书：大通元年（公元 527 年）正月诏“凡散失官物，不问多少，并从原宥。”大同十年（公元 544 年）九月诏：“凡侵割耗散官物，无问多少，并悉原除。各备台州以文最逋殿，罪悉从原。”中大同元年（公元 546 年）又诏：“凡主守割盗、放散官物及以军

① 《隋书》卷 25《刑法志》。
② 《隋书》卷 25《刑法志》。

粮器下，凡是赦所不原者，起（大同）十一年正月以前，皆悉从恩。”武帝也知道各级官员贪赃枉法，刻剥平民，大同七年（公元 541 年）曾下诏指责“州牧多非良才，守宰虎而傅翼。……至于民间诛求万端，或供厨帐，或供厩库，或遣使命，或待宾客，皆无自费，取给于民。又复多遣游军，称为遏防，奸盗不止，暴掠繁多，或求供设，或责脚步。又行劫纵，更相枉隔，良人命尽，富室财殚。此为怨酷，非止一事。亦频禁断，犹自未已。外司明加听采，随事举奏”。如此腐败吏治，武帝治理方法也仅是命外官“举奏”而已。

3. 纵容皇族子弟

梁武帝鉴于宋齐二朝皇室子孙相互残杀的教训，竭力企图保持皇室内部的稳定和睦。因而放纵皇室子孙胡作非为，从不予以惩治。据《隋书 · 刑法志》“王侯子弟皆长，而骄蹇不法，武帝年老，厌于万机，又专精佛戒，每断重罪则终日弗怿。尝游南苑，临川王（萧）宏伏人于桥下，将欲为逆。事觉，有司请诛之，帝但泣而让曰：‘我人才十倍于尔，处此恒怀战惧。尔何为者？我岂不能行周公之事？念汝愚故也’。免所居官。顷之，复还本职。由是王侯骄横转甚，或白日杀人于都街，劫贼亡命，咸于王家自匿，薄暮尘起，则剥掠行路，谓之‘打稽’。武帝深知其弊，而难于诛讨”。另据《南史 · 临川王宏子正德传》与《正则传》，武帝的孙子西丰侯萧正德、乐山侯萧正则，与建康潮沟董当门子董暹，南岸夏侯夔子夏洪，合称“四凶”，“为百姓巨蠹，多聚亡命，黄昏多杀人于道，谓之‘打稽’。时勋豪子弟多纵恣，以淫盗屠杀为业，父祖不能制，尉逻莫能御”。萧正则藏匿劫盗，“为劫，杀沙门”，只是“削爵徙郁林”。最后萧正则“招诱亡命，将攻州城，”才被处死刑。萧正德“浮虐不革”“志行无悛，常公行剥掠”。一直未加处治，以后因随军出征，作战中“辄弃军委走，为有司所奏下狱”。武帝下诏责备萧正德：“汝以犹子，情兼常爱，故越先汝兄，剖符进郡。往年在蜀，昵近小人，犹谓少年情志未定。更于吴郡杀戮无辜，劫盗财物，雅然无畏。及还京师，专为逋逃，乃至江乘要道，湖头断路，遂使京邑士女，早闭晏开。又夺人妻妾，略人子女。徐敖非直失其配匹，乃横尸道路；王伯敖列卿之女，诱为妾媵。我每加掩抑，冀汝自新，了无悛革，怨雠愈甚。”然而如此大罪累累，只不过处以“免官削爵土，徙临海郡。未至徙所，道所赦之”。

二、刑罚制度

1. 法定刑种

梁律的刑罚制度与晋律有所不同，据《隋书·刑法志》共分为十五等。死刑二等，“大罪枭其首，其次弃市”。耐刑四等，“言各随伎能而任使之也。有髡钳五岁刑，笞二百；收赎绢，男子六十疋。又有四岁刑，男子四十八疋。又有三岁刑。男子三十六疋。又有二岁刑，男子二十四疋”。耐刑是劳役刑种，髡钳五岁刑另须加附笞二百。耐刑以下又有一岁刑，半岁刑，百日刑。鞭杖刑六等，鞭杖二百，一百。五十，三十，二十，一十。

除死刑、耐刑、短期劳役、鞭杖刑以外，又有赎刑十等：“死者金二斤，男子十六疋。赎髡钳五岁刑笞二百者，金一斤十二两，男子十四疋。赎四岁刑者，金一斤八两，男子十二疋。赎三岁刑者，金一斤四两，男子十疋。赎二岁刑者，金一斤，男子八疋。罚金十二两者，男子六疋。罚金八两者，男子四疋。罚金四两者，男子二疋。罚金二两者，男子一疋。罚金一两者，男子二丈，女子各半之。”可见南梁赎刑实际上是包括罚金刑在内的，罚金刑有五等。（据《隋书·刑法志》载，赎刑十等是与死刑，耐刑合为十五等，但赎刑十等加上死刑，耐刑共六等则为十六等，而耐刑以下劳役及鞭杖虽据《刑法志》是“又制九等之差”，但与死刑，耐刑合计则正好是十五等，可能是《刑法志》记载有误。且该志又言：“五刑不简，正于五罚，五罚不服，正于五过，以赎论。”则赎刑不当在正刑之内）。南梁赎刑与耐刑所定收赎的区别在于，收赎是指罪犯已被证明确实有罪行，但因其有各种可适用免于实刑的情况（如士族官僚老幼废疾等），因此可纳绢赎罪。而赎刑所适用的情况是罪犯所犯罪行不能证实，仅为“疑罪”，因此按《吕刑》“墨辟疑赦，其罚百锾，阅实其罪”的说法，由罪犯出金或者绢抵折所疑之罪。

所以赎刑所定耐罪赎绢的数额要比收赎少得多，仅为后者的二分之一到五分之一而已。

梁律对于官员犯罪又特定八等处罚方式。“一曰免官，加杖督一百；二曰免官；三曰夺劳百日，杖督一百；四曰杖督一百；五曰杖督五十；六曰杖督三十；七曰杖督二十，八曰杖督一十。”此外南梁仍沿汉魏以来旧制，“士人有禁锢之科，亦有轻重为差。其犯请议，则终身不齿”。

2. 行刑及刑具制度

据《隋书 · 刑法志》梁律对刑罪及行刑方式都有明确规定：“老小于律令当得鞭杖罚者，皆半之。其应得法鞭杖者，以熟靼鞭，小杖。过五十者，稍行之。将吏以上及女人应有罚者，以罚金代之。其职员应罚，及罪令指名制罚者，不用此令。女子怀孕者，勿得决罚。”关于刑具的规格规定为：“其鞭，有制鞭、法鞭、常鞭，凡三等之差。制鞭，生革廉成；法鞭，生革去廉；常鞭，熟靼不去廉。皆作鹤头纽，长一尺一寸。梢长二尺七寸，广三分，靶长二尺五寸。杖皆用生荆，长六尺。有大杖、法杖、小杖三等之差。大杖，大头围一寸三分，小头围八分半。法杖，围一寸三分，小头五分。小杖，围一寸一分，小头极杪。诸督罚，大罪无过五十、三十，小者二十，当笞二百以上者，笞半，余半后决，中分鞭杖。”所谓制鞭、制（大）杖、法鞭、法杖。“自非特诏，皆不得用。”平时使用常鞭、小杖。责罚数目五十以上的，都要分几次行刑。鞭杖刑“中分”，意为鞭杖刑施鞭施杖各一半，如鞭杖二百，当施鞭一百，施杖一百。

3. 其他刑种

除了梁律所定正刑外，南梁仍沿东晋宋齐旧例，在对几种重罪的处罚中使用补士、补兵刑。如“其谋反、降叛，大逆已上皆斩；父子、同产男，无少长皆弃市。母妻姊妹及应从坐弃市者，妻子女妾同补奚官为奴婢。赀财没官。劫身皆斩，妻子补兵。……其下又谪运配材官冶士、尚方锁士，皆以轻重差其年数，其重者或终身”。这里所言“斩”刑不在律定死罪二等之内。程树德氏《九朝律考 · 梁律考》中认为此斩刑即汉律中之腰斩刑，“今考晋宋南齐各书所载，无处腰斩之刑者，是其废已久，故梁初修律因而删之，而律文犹因而不改，致斩与弃市，律文时有互见。《梁律》之繁芜，亦乎于此窥见一斑”。

在刘宋基础上，南梁还部分恢复了古老的肉刑刑种——墨刑。《隋书·刑法志》载，南梁规定“劫身皆斩，妻子补兵。遇赦降死者，黵面为劫字，髡钳，补冶锁士终身”。至武帝天监十四年（公元 515 年）诏：“前以劓墨用代重辟，犹念改悔，其路已壅，并可省除。”据此则梁初对于劫犯免老者除施墨刑外还并施劓刑。

南梁刑罚体系中占有重要地位的是赎刑。《梁书·武帝纪》载天监元年（公元 502 年）四月诏：“金作赎刑，有闻自昔，入缣以免，施于中世，民悦法行，莫尚于此。……可依周、汉旧典，有罪入赎。外详为条格，以时奏闻。”《隋书·刑法志》载根据此诏所定之科：“凡在官身犯，罚金。鞭杖，杖督之罪，悉入赎停罚。其台省令史士卒欲赎者，听之。”古代每次改朝换代之初都有轻刑省刑之举。但像武帝这样以赎代刑来优待权贵官吏的则很少见。这一赎罪科在天监之年被取消，至大同十一年（公元 545 年）武帝沉迷佛教，又下诏恢复之，“尧舜以来，便开赎刑，中年依古，许罪身入赀吏下。因此不无奸猾，所以一日复敕禁断。川流难壅，人心惟危，既乖内典慈悲之义，又伤外教好生之德。书云：与杀不辜，宁失不经。可复开罪身皆听入赎”。此诏虽说凡罪都可赎刑，但其制度当仍是为天监初年的赎罪科，仍只准士族官吏赎刑。

第五节　南梁的民事婚姻法律制度

一、契约与债

南梁时免除债务的诏令比宋齐要少。《武帝纪》载，天监元年（公元 502 年）即位改元诏中有：“逋布，口钱，宿债勿复收。”大同四年（公元 538 年）八月诏：“南兖、北徐、西徐、东徐、青、冀、南北青、武、仁、潼、睢等十二州既经饥馑，曲赦逋租、宿责。”大同七年（公元541年）十一月诏：“凡厥僣耗逋负，起今年十一月九日昧爽以前，在民间无问多少，言上尚书督所未入者，皆赦除之。”大同十年（公元544年）武帝回兰陵故乡谒陵，诏：“所经县邑，无出今年租赋。监所责民，蠲复二年。”《元帝纪》载，承圣元年（公元552年）即位改元诏也有：“逋租、宿责，并许弘贷。”整个南梁五十五年中共有五次免除及延长偿还期的法令，三次都是限于局部地区。在这一点上，南梁没有沿袭宋齐的传统，很少免放官债。

南梁法律仍承秦汉以来传统，对民间民事财产关系的规定很少。武帝时曾定制限制以不动产为借贷债务抵押。据《南史·梁临川王宏传》临川王萧宏“都下有数十邸，出悬钱立券，每以田宅、邸店悬上文券，期讫，便驱券主，夺其宅，都下东土百姓失业非一。帝后知，制悬券不得复驱夺，自此后贫庶不复失居业”。这种在借贷契约上指定不动产为抵押的债务担保方式当由来已久，称为“悬券”。武帝制不得“驱夺”，则限制债权人不得直接占夺抵押的不动产，但似乎并不是完全禁止以不动产为债务抵押，占夺行为可能要经过某种程序。

以动产质押为债务担保的形式仍很普遍。据《南史·蔡廓传附孙撙》，梁初，蔡撙为临海太守，“百姓杨元孙以婢采兰贴与同里黄权。约生子，酬乳哺值。权死后，元孙就权妻吴赎婢母子五人，吴背约不还。元孙诉，撙判还本主。吴能为巫，出入撙内，以金钏赂撙妾，遂改判与吴。元孙挝登闻鼓诉之，为有司劾。时撙已去郡，虽不坐，而常以为耻，口不言钱”。以婢女为债务质押，婢女所产子被视为质押品的孳息，在债务清偿情况下，皆应还原主，以此推之，当时可能认为质押品孳息应随质押品转移。

南梁时作为债务质押的财产十分广泛，《梁书·处士传》载，新野庾诜“邻人有被诬为盗者，被治劾，妄款。诜矜之，乃以书质钱二万，令门生诈为其亲代为酬备。邻人获免，谢诜，诜曰：‘吾矜天下无辜，岂期谢也’”。《南史·循吏传·甄法崇传附孙彬》载，甄彬“尝以一束苧就州长沙寺库质钱，后赎苧还，于苧中得五两金，以手巾裹之。彬得，送还寺库，道人惊云：‘近有人以此金质钱，时有事不得举而失，檀越乃能见还。’辄以金半仰酬，往复十余，彬坚然不受”。可见当时寺院及民间质库业相当活跃，书籍、束苧、金块等都作为质押品借钱。

古代另一种最主要的契约——买卖契约方面，南梁时关于畜产买卖契约似乎已有瑕疵担保的规定。《梁书·明山宾传》载梁国子监祭酒明山宾“家中尝乏用，货所乘牛，既售，受钱，乃谓买主曰：‘此牛经患漏蹄，治瘥已久，恐后脱发，无容不相语。’买主遽追取钱”。当为后世买卖畜产三日听悔法条的来历之一。

二、婚姻制度

古代婚姻制度受到礼教的指导，很多制度直接源自礼教规定。礼教的发展普及也就直接影响到婚姻制度。南梁时武帝三教并重，儒家礼教一时比较兴盛，较宋齐时略有振兴，礼制的议论颇多，有些影响到婚姻制度。

据《梁书·贺琛传》武帝普通年间（公元520年至526年）昭明太子萧统提出“大功之末，可以冠子嫁女”，身服大功之丧，在服丧期末可以为女主婚，为子行冠礼等吉礼。但“不得自冠自嫁”这一建议已撰为令文，尚书左丞贺琛深究《礼记》中有关论述，以为“若谓小功之文言已可娶，大功之文不言冠，故知身有大功，不得自行嘉礼，但得为子冠嫁。窃谓有服不得嘉礼，本为吉凶不可相干。子虽小功之末，可得行冠婚，犹应须父得为其冠嫁，若父于大功之末可以冠子嫁子，是于吉凶无碍；吉凶礼无碍，岂不得自冠自嫁？若自冠自嫁于事有碍，则冠子嫁子宁独可通？今许其冠子而塞其自冠，是琛之所惑也”。贺琛建议大功丧期内一律不得行嘉礼，而小功丧服之末则耳为之，得到批准，定为令文。

南梁时另一据礼经而定的婚姻制度是婚礼中“见舅姑礼”。《梁书·徐摛传》“晋宋已来，初婚三日，妇见舅姑，众宾皆列观，引《春秋》之义云：‘丁丑，夫人姜氏至；戊寅，公使大夫宗妇觌用币。’戊寅，丁丑之明日，故礼官据此，皆云宜依旧贯”。南梁这一惯例已成制度。中大通五年（公元533年）晋安王萧纲（武帝三子）为子临城公萧大连娶妻，新妇是萧纲正妻王氏之侄女，见舅姑之礼如何安排，王府礼官众说依旧制，中庶子徐摛进言：“《仪礼》云：‘质明赞见妇于舅姑’，《杂记》又云：‘妇见舅姑，兄弟姊妹皆立于堂下。’政言妇是外宗，未审娴令。所以停坐三朝，观其七德。舅延外客，姑率内宾，堂下之议，以备盛礼。近代妇见舅姑，本有戚属，不相瞩看。夫人乃妃侄女，有异他姻，觌见之仪，谓应可略。”妇见舅姑之礼含义是新妇正式加入夫家之家族成为本宗成员的一个仪式，既然新妇是姻亲，与姑本有服卑亲，即不必再行此礼。徐摛建议被萧纲接受。从其建议的议论中也可看到，当时民间已有惯例：“本有亲属，不相瞻看。”对于妇见舅姑之礼有些改正。

随着礼教的普及，南梁进一步以表彰烈女义妇形式，鼓励寡妇守节不再嫁人。如《南史 · 张景仁传》载，“霸城王整之姊嫁为卫敬瑜妻，年十六，敬瑜死，父母舅姑咸欲嫁之，誓而不许，乃截耳置盘中为誓，乃止。雍州刺史、西昌侯（萧）藻嘉其美节，乃起楼于门，题曰：‘贞义卫妇之闾’”。《梁书 · 顾宪之传》，顾为豫章太守，“有贞妇万晞者，少孀居，无子，事舅姑尤孝，父母欲夺而嫁之，誓死不许。宪之赐以束帛，表其节义”。诸如此类的记载相当多，虽寡妇改嫁并不犯法，但却逐渐被认为是违反礼教的行为，为世俗舆论所不容。

第六节　南梁的经济法律制度

一、土地立法

1. 禁止封山占水

东晋以来士族权资封山占水一直是最主要的社会问题之一，宋齐多次立法禁止但都无实效。梁武帝也同样发布一系列诏令，禁止权贵封占山水。

《梁书·武帝纪》天监七年（公元508年）七月诏："薮泽山林，毓材是出，斧斤之用，比屋所资。而顷世相承，并加封固。岂所谓与民同利，惠兹黔首？凡公家诸屯戍见封熂者，可悉开常禁。"但这一诏书并未严禁私人封占。至大同七年（公元541年）十二月又下诏切责地方官"又复公私传、屯、邸、冶，爰至僧尼，当其地界，止应依限守视。乃至广加封固，越界分断水陆采捕及以樵苏，遂致佃民措手无所。凡自今有越界禁断者，禁断之身皆以军法从事，若是公家创内，止不得辄自立屯，与公竞作，以收私利，至百姓樵采以供烟爨者，悉不得禁，及以捕采亦勿诃问。若不遵录，皆以死罪结正"。封山占水罪至处死，为宋齐以来这类法令之最，但从其立法宗旨来看。着眼点并不在私人封占，而是禁止官府和半官方机构（如僧尼寺院；邸为仓储、批发机构；传即驿传，屯为开垦荒地的组织，在当时这些机构多带有官方色彩）限外封占，仍未直接禁止私人封占，显示出纵容士族权贵的立法指导思想。

2. 分配国有荒地给贫民

另一方面，梁统治者为了缓和社会矛盾，又沿用汉以来将公田给予无地农民耕种的政策，时常发布允许贫民取得国有荒地及土地的法令。《武帝纪》天监十六年（公元517）正月诏："尤贫之家，勿收今年三调，其无田业者，所在量宜赋给。"天监十七年正月又诏："民有流徙他境，在天监十七年正月一日以前，可开恩半岁，悉听还本，蠲课三年。其流寓过远量加程日。若有不乐还者，即使著土籍为民，准旧课输。本乡无复居宅者，村司三老及余亲属，即为诣县，占请村内官地官宅，令相容受。"大同七年（公元541年）十一月诏："用天之道，分地之利，盖先圣之格训也。凡是田桑废宅没入者，公创（官府创立经营机构）之外，悉以分给贫民，皆使量其所能，以受田分。如闻顷者豪强富室多占取公田，贵价僦税，以与贫民，伤时害政，为蠹之甚。自今公田悉不得假与豪强，已假者特听不追。其若富室给贫民种粮共营作者不在禁例。"这一诏令对贫民以"量其所能"为单位分给公田，又禁止豪室富家占取公田后再高租价转租给贫民。然而凡已经占取就不再追究，还允许“给贫民种粮共营作”，规定含混，实际上仍默许士族权豪取租公田，役使贫民。

3. 土地兼并的实际情况

南梁社会土地兼并情况极为严重。士族权豪广置田墅，兼并国有山林及贫民土地。《南史 · 临川王宏传附子正德》载，临贺王萧正德在建康城内外大肆兼并，“自征虏亭至于方山，悉略为墅”。《梁书 · 裴邃传附兄子之横》载，由北魏迁徙南方的士族裴氏后代裴之横，“少年时不事产业”，经堂兄激励，“乃与僮属数百人于芍陂大营田墅，遂致殷积”。广置田墅已成为风气所趋。《徐勉传》载武帝时重臣徐勉，“虽居显位，不营产业”，门人故客纷纷劝勉置产，徐勉自称：“显贵以来将三十载，门人故旧亟荐便宜，或使创辟田园，或劝兴立邸宅，又欲舳舻运。”可见当时权贵兼并土地、经商风气之盛。寺院也借政治权力支持大肆兼并。据《梁书 · 王皇后传附王骞》，梁武帝信佛，在建康钟山造大爱敬寺，东晋以来最显贵的士族王氏后代王骞有旧墅在寺院附近，“有良田八十余顷，即晋丞相王导赐田屯。高祖遣主书宣旨，就骞求市，欲以施寺。骞答旨曰：‘此田不卖，若是敕取，所不敢言。’酬对又脱略。高祖怒，遂付市评田价，以直逼还之”。连皇帝也加入帮助寺院兼并土地的行列。

南梁时土地兼并如此之甚，大批农民随之流离失所，流移贫民成为主要社会问题，南梁朝廷频频发布劝慰流民回乡的诏令。从《武帝纪》中可看到不少此类诏令。大通元年（公元 527 年）正月诏：“凡因事流移他境者，并听复宅业，蠲役五年。尤贫之家，勿复三调。”大同十年（公元 544 年）九月诏：“因饥逐食，离乡去土，悉听复业，蠲课五年。”中大同元年（公元 546 年）三月大赦，“其或为事逃叛流移，因饥以后亡失乡土，可听复业，蠲课五年。停其徭役；其被拘之身，各还本郡，旧业若在，皆悉还之”。太清元年（公元 547 年）又诏：“流移他乡，听复宅业，蠲课五年。”这些诏书虽然规定流民返乡，旧有田业要归还原主，但是既被权贵兼并，自然不再会归还农民，这些诏书并无实效。除了流离失所外，更多的农民作为权贵的佃客部曲。另据《贺琛传》武帝时贺琛上书指摘时弊，“今北边稽服，戈甲解息，政是生聚教训之时，而天下户口减落，诚当今之急务。虽是处凋流，而关外弥甚。郡不堪州之控摠，县不堪郡之裒削，更相呼扰，莫得治其政术，皆以应赴征敛为事。百姓不能堪命，各事流移或依于大姓，或聚于屯封。盖不获已而窜亡，非乐之也”。

二、赋役立法

1. 税赋制度

南梁对于东晋以来相沿已久的赋役制度进行了一定的变动。首先，在赋税方面，东晋宋齐一直以“计赀而税”的制度为主，按资产等级征收赋税。由于资产评定存在种种弊病。宋齐以来批评者极多，据《隋书·食货志》南梁建立的当年，天监元年（公元 502 年），“始去人赀，计丁为布”。户调绢布完全根据纳税户人丁而定，不再经复杂而容易被奸吏上下其事的评资。刘宋时已定每户出调布四匹，南梁又进一步计丁为布，户调由资产税转变为人头税。其具体制度按《隋书·食货志》记载（该志此段虽通言东晋及宋齐梁陈，但就其上下文次序及言及赋税以丁男为准，则记载的当为南梁制度），“其课：丁男调布绢各二丈，丝三两，绵八两，禄绢八尺，禄绵三两二分；租米五石，禄米二石，丁女并半之”。另外，“其田，亩税米二斗（另据《通典·赋役》则为二升）”。一个丁男要负担如此繁重的租调，可见南梁对于人民剥削之重。同时也可推断宋齐梁时常提及的“三调”可能就是调布（绢）、调丝、调绵。政府所收正租、正调之外的禄绢、禄绵、禄米是专供各级官吏充为俸禄的。“州、郡、县禄米、绢、布、丝、绵，准其所部文武人物多少，由敕而裁。凡如此。禄秩既通所部兵士给之，其家所得盖少。”另外按亩而税的“税米”不知为何作用，或是作为备荒贮粮也未可知。

2. 苛繁的徭役

南梁的徭役也以苛繁为特色。虽据《隋书 · 食货志》其徭役制度："男丁每岁役不过二十日"，但实际上额外征发极为普遍。南梁初年多次与北魏发生战事，缘边诸州兵役繁重。天监十三年（公元 514 年）武帝接受北魏降人王足的建议，造浮山堰阻断淮水淹魏所占寿阳城。据《梁书 · 康绚传》，当时"发徐、扬人率二十户取五丁以筑之。……役人及战士有众二十万。于钟离南起浮山、北抵巉石，依岸以筑土，合脊于中流。（天监）十四年，堰将合，淮水漂疾辄复决溃。……引东西二冶铁器，大则釜鬵，小则鋘锄，数千万斤沉于堰所，犹不能合，仍伐树为井干、填以巨石，加土其上，缘淮百里内冈陵木石无巨细必尽。负担者肩上皆穿，夏日疾疫死者相枕，蝇虫昼夜声相合。……是冬又寒甚，淮、泗尽冻，士卒死者十七八"。另据《安成王秀传》，南梁法律允许征发徭役可及女丁。"郢州当涂为剧地，百姓贫，至此妇人供役，其弊如此。"《武帝纪》大同七年（公元 541 年）十一月诏："停在所役使女丁。"可见在这之前允许征发女子徭役。妇女之外，奴婢有时也被征。大同九年（公元 543 年）"使江州民三十家出奴婢一户，配送司州"。

三、商事立法

1. 官市、官津制度

南梁对于商业的管理机构主要是官方设立的"市"与津渡。市为官方设立的市场，有市令管理，收取市税与估税。据《隋书 · 食货志》南梁时仅建康附近就有很多市，"淮水（此淮水指建康秦淮河）北有大市，白（当为自字之误）余小市十余所。大市备置官司，税敛既重，时甚苦之"。市税税率及计征方法无考，估税税率当仍沿东晋宋齐之旧。津渡为水路要冲地区设立的官方渡口及检查关卡。"都西有石头津，东有方山津，各置津主一人，贼曹一人，直水五人，以检察猎物及亡叛者。其荻、炭、鱼、薪之属，过津者并十分税一以入官。其东路无禁货，故方山津检察堪简。”津税税率为十分之一。除建康市、津之外，其他城市也有市、津。

南梁津渡税具有通过税性质，税率高于估税，而且津渡对于来往客商又有稽察权，主管官员往往乘机勒索，诬良为盗，种种非法手段层出不穷，对于南方社会经济的发展具有一定的限制、破坏作用。《太平广记》卷120引《还冤记》“梁武帝欲为文皇帝（武帝之父萧顺之）陵上起寺，未有佳材，宣意有司，使加采访。先有曲阿人姓弘，家甚富厚，乃共亲族，多赍财货，往湘州治生，经年营得一栰，可长千步，材木壮丽，世所希有。还至南津，南津校尉孟少卿希朝廷旨，乃加绳墨，弘氏所卖衣裳缯綵，犹有残余，诬以涉道劫掠所得，并造作过制，非商贾所宜，结正处死。没入其材，充寺用”。南梁津渡的设置权归地方。据《安成王秀传》武帝天监六年（公元507年）安成王萧秀（武帝异母弟）为江州刺史，“时盛夏水泛长，津梁断绝，外司请依旧僦度（渡）收其价值。秀教给船而已”。

2. 海外贸易制度与南北贸易制度

南梁时海路对外贸易有很大发展，但朝廷对此并无正式制度，税收、管理全由广州刺史、南海太守自行作主。据《梁书·王僧孺传》梁初，王僧孺为南海太守，“郡常有高凉（今广东雷州半岛以东沿海地区）生口，及海舶每岁数至，外国贾人以通贸易。旧时州郡以半价就市，又买而即卖，其利数倍，历政以为常。僧孺乃叹曰：‘昔人为蜀部长史，终身无蜀物。吾欲遗子孙者不在越装。’并无所取”。另据《南史·梁宗室传》武帝时宗室萧励为广州刺史。“广州边海，旧饶外国舶，至，多为刺史所侵。每年舶至，不过三数。及（萧）励至，纤毫不犯，岁十余至。俚人不宾，多为海暴，励征讨所获生口、宝物、军资之处悉送还占。前后刺史皆营私蓄，方物之贡少登天府。自励在州，岁中数献，军国所须，相继不绝。武帝叹曰：‘朝廷便是更有广州’”。可见当时尚缺乏关于海外贸易管理的正式法律制度。

南梁与北魏虽时有战事，法律禁止南北贸易，但民间南北贸易并不因此停顿。《梁书·张稷传》记“郁州接边陲，民俗多与魏人交市”。公元

537 年，南梁与东魏讲和，遣使交聘，南北贸易得以正常进行。《魏书 · 食货志》记边境上设立互市交易“南垂立互市，以致南货。羽毛、齿革之属，无远不至”。《北齐书 · 崔暹传》载“魏梁通和，要贵皆遣人随聘使交易”。

3. 铁冶制度

南梁时沿宋齐旧例，对铁冶以官营为主，除朝廷少府管下的东、西二冶外，各地也都设立官冶。《梁书 · 张齐传》载天监十年（公元 511 年）张齐为巴西太守，“兴冶铸，以应赡南梁”。《南史 · 梁武陵王纪传》也载武陵王萧纪（武帝八子）为益州刺史十七年，“修耕桑盐铁之功”。在蜀地可能实行了盐官营专卖。南梁官营铁冶业规模也十分可观，前引天监十三年武帝为筑浮山堰，以东西二冶铁器数千万斤沉于堰底以镇兴风作浪的“蛟龙”。足见东西二冶产铁量之多。

4. 权贵经商对法制的破坏

南梁法律并不禁止官僚权贵经商，因而前引徐勉诫子书有“或劝兴立邸店，又欲舳舻运致，亦令货殖聚敛”。官僚权贵以权势经商，牟取暴利。《南史 · 梁邵陵王纶传》载武帝中大通四年（公元 532 年）邵陵王萧纶为扬州刺史，“欲盛器服、遣人就市赊买锦采丝布数百疋，拟与左右职局防阁为绛衫，内人帐幔。百姓并关闭邸店不出。台续使少府市采，经时不能得”。南梁有时还应权贵之请，将一些商税收入赋予私人。《萧颖达传》载功臣萧颖达乞“鱼军税”，被御史中丞任昉弹劾；“伐冰之家争鸡豚之利，衣绣之士受贾人之服。……生鱼典税，先本是邓僧琰启乞，限讫今年五月十四日……仍启乞接代僧琰……一年收值五十万”。任昉与大臣们参议处萧颖达“免所居官”，但“有诏原之”。诸王经商聚敛更是任意横行，《南史 · 临川王宏传》记武帝异母弟萧宏“以介弟之贵，无他量能，姿意聚敛。库室垂有百间，在内堂之后，关籥甚严。有疑是铠仗者，密以闻。武帝于友于甚厚，殊不悦。宏爱妾江氏，寝膳不能暂离，上他日送盛馔与江曰：‘当来就汝欢宴。’唯携布衣之旧射声校尉丘佗卿往，与宏及江大饮，半醉后，谓曰：‘我今欲履行汝后房。’便呼后阁舆，经往屋所。宏恐上见其贿货，颜色怖惧。上意弥言是仗，屋屋检视。宏性爱钱，百万一聚，黄牓标之；千万一库，悬一紫标，如此三十余间。帝与佗卿屈指计，见钱三亿余万。余屋贮布、绢、丝、绵、漆、蜜、纻、蜡、朱沙、黄屑、杂货，但见满库，不知多少。帝始知非仗，大悦，谓曰：'阿六，尔生活大可！'方更剧饮，至夜，举烛而还。兄弟情方更敦睦”。

四、货币立法

魏晋以来各朝货币制度都采用“钱帛并行本位”制，而南方部分地区商品经济已相当发达，部分地区则仍处于自然经济状态，因而造成货币流通情况的复杂性。据《隋书・食货志》“梁初，唯京师及三吴、荆、郢、江、湘、梁、益用钱，其余州郡则杂以谷帛交易，交广之域全以金银为货”。长江流域各州郡用钱币、南岭以南珠江下游地区用金银，其余地区杂用谷帛。

梁朝建立当年即铸造发行五铢钱，《隋书・食货志》载“肉好周郭，文曰五铢，重如其文”。肉是指质地，好指中间方形钱孔，周郭指钱有凸起的周边（防止剪凿），似乎钱币质量很好。然而梁朝在发行这种官铸优质钱币同时，又铸发另一种五铢钱，“除其肉郭，谓之女钱。二品并行”。无凸边的女钱和有凸边的同样称五铢，一比一兑换，但质量不一，形制各异，在民间失去信用。“百姓或私以古钱交易，有直五铢，五铢女钱，太平古钱，定平一百、五铢雉钱，五铢对文等号，轻重不一。天下频下诏书，非新铸二种之钱并不许用。而趣利之徒私用转甚。”一种新的货币要被社会经济生活容纳，并不能单靠刑罚手段，南梁朝廷虽严禁私铸，但政府铸钱额远不能满足流通需要，而且所铸优、劣两种同额钱币，只能加剧货币混乱。因此禁用古杂钱的诏令虽多但无实效。

面对日益混乱的货币状况，南梁朝廷计无所出。至武帝普通年间，统治者决心采用由官府大量铸造发行铁钱的办法来结束古杂钱混用的局面。《南史・梁武帝纪》载，普通四年（公元 523 年）经给事中王子云建议，武帝下诏“始铸铁钱”，同时“罢黜铜钱”。这是中国历史上首次大规模发行铁钱。发行的铁钱也称“五铢”，为铁五铢，背面有四出文，有大吉或大富、大通之类吉祥铭文。然而据《隋书 · 食货志》铁钱发行后，人们以铁贱而易得，“并皆私铸，及大同（公元535年）之后，所在铁钱遂如丘山。物价腾贵，交易者以车载钱，不复计数、而唯论贯”。铁钱价值太低，单个铁币购买力极小，只能论贯（一千文）或陌（一百文）交易。物价随之飞涨，交易动辄成万上亿。如武帝几次舍身同泰寺，群臣以钱亿万奉赎这位“皇帝菩萨”。至侯景之乱时，一斗米价八十万,一条狗上十万。

除了物价上涨外，行铁钱后另一个问题是民间交易使用“短陌”。即不足一百文亦称陌流通，不足一千文亦称贯流通。出现这种现象的原因据《隋书 · 食货志》是“商旅奸诈，因之以求利”。实际上南梁政府也常以短陌钱收购民间商品。另外也是因为铁钱价低体重，携带运输不便而造成短陌。《隋书 · 食货志》说到短陌情况“自破岭（破岗，今江苏丹阳西南）以东，八十为百，名曰东钱；江郢（今江西、湖北一带）已上，七十为百，名曰西钱；京师以九十为百，名曰长钱”。这种情况在民间自然产生，并不构成对社会经济的很大危害。然而武帝视其为一项重罪，《梁书 · 武帝纪》载，中大同元年（公元540年）七月诏：“朝四而暮三，众狙皆喜，名实未亏而喜怒为用。顷闻外间多用九陌钱，陌减则物贵，陌足则物贱，非物有贵贱，是心有颠倒。至于远方，日更滋甚，岂直国有异政，乃至家有殊俗。徒乱王制，无益民财，自今可通用足陌钱，令书行后百日为期，若犹有犯，男子谪运，女子质作，并同三年。”处罚虽重，但从《隋书 · 食货志》记载来看，并无实效，“诏下而人不从，钱陌益少，至于末年，遂以三十五为百云”。

五、手工业法律制度

东晋宋齐以来，南朝官府手工业作坊的主要劳动力是官奴婢及补士刑徒，而官府作坊的技术工匠虽有依附身份，但随着社会商品货币经济的发展，这种依附身份逐步松弛。《南齐书·明帝纪》载南齐建武元年（公元494年）诏“细作、中署、材官、车府、凡诸工可悉开番假，递令休息”。工匠得以轮番休息、轮番至官府作坊服役，获得一定自由身份，开了后世“轮番匠”先例。南梁时进一步立法放松工匠的依附身份，官府营造不再全凭官府工匠，《贺琛传》记梁朝时“凡所营造，不关材官及以国匠，皆资雇借，以成其事”。又开后世“和雇匠”之滥觞。齐梁时手工工匠身份的这些变化，对于后代都有一定影响。

关于官府手工业产品，《南史·梁武帝纪》载武帝于天监十六年（公元517年）诏：“公家织官纹饰锦，并断仙人鸟兽之形。以为亵衣剪裁，有乖仁恕。”这是出于佛家宗教思想影响下而产生的手工业产品方面的一项奇特立法。

第七节　南梁的司法制度

一、司法机关

南梁司法机构基本仍沿宋齐旧制。只是朝廷廷尉改称廷尉卿，为秋卿三卿之一。此外都官尚书及尚书三公曹，比部曹也都有一定司法审判权。御史中丞作为朝廷监察机构负责人，有权弹劾并初审有关官员犯罪案件，并可传召证人到台作证，进行调查。但御史中丞对官员犯罪案件只能初步调查、审理，提出判决意见，正式审判仍须“下廷尉”，由其审理判决报皇帝批准。地方仍分州、郡、县三级，武帝强调州刺史的审判职责，《梁书·武帝纪》载天监二年（公元503年）正月诏：“三讯五听，著自圣典，哀矜折狱，义重前诰。盖所以明慎用刑，深戒疑枉，成功致治，罔不由此。……可申敕诸州，月一临讯，博询择善，务在确实。”州刺史每月必须至少主持一次审判。

南梁对都城建康的司法机构有所创新。过去建康仅设一狱丞。《梁书 · 朱异传》载天监元年（公元 502 年）钱塘士人朱异上书："言建康宜置狱司，比廷尉。"武帝命尚书议详此事，"从之"。据《隋书 · 百官志》载，当年"诏依廷尉之官，置（建康狱）正、监、平，革选士流，务使任职，又令三官更直一日，分受罪系，事无大小，悉与令筹。若有大事共详，三人具辨，脱有同异，各立议以闻"。另据《南史 · 武帝纪》建康狱三官设于天监五年（公元 506 年）"初立诏狱。诏建康县置三官，与廷尉三官分掌狱事，号建康为南狱，廷尉为北狱"。此说时间可能有误（《朱异传》言朱异上书时为二十岁，其出生于公元 483 年，则应为天监元年事）正与《隋书 · 百官志》的记载相合。该志言建康三官与廷尉三官平级，"元会，廷尉三官与建康三官皆法冠玄衣朝服，以监东、西、中华门。手执方木，长三尺，方一寸，谓之执方"。建康县设狱，并置三官与廷尉三官平级对应，主要目的在于加强皇帝对于司法审判的控制。建康狱作为直属皇帝的"诏狱"，隐含有分散廷尉审判权力的意义。同时，加强都城司法机构，对于保证"辇毂之下"统治秩序的稳定也有积极意义。

除了常设的司法机构外，南梁常由皇帝左右近侍官员出使地方审录囚徒。《武帝纪》载天监五年三月诏："朕昧旦斋居，帷刑是恤，三辟五听，寝兴载怀。故陈肺石于都街，增官司于诏狱。……凡犴狱之所，可遣法官近侍，递录囚徒，如有枉滞，以时奏闻。"遣使录囚，也是加强皇帝对于司法审判控制的一项措施。

二、诉讼与审判制度

1. 直诉制度

南梁在诉讼制度上的一个特点是向皇帝直诉的方式较多。除沿用西晋以来登闻鼓制度以外，武帝又附会《周礼》中的说法，在都城建立谤木、肺石，供人鸣冤。并设函受各种上书。见于《武帝纪》有天监元年四月诏：“商俗甫移，遗风尚炽，下不达上，由来远矣。升中驭索，增其懔然，可于公车府谤木、肺石傍各置一函。若肉食莫言，山阿欲有横议，投谤木函。……夫大政侵小，豪门陵贱，四民已穷，九重莫达，若欲自申，并可投肺石函。”谤木函收各种政治建议，肺石函收鸣冤告屈文书。

2. 刑讯制度

古代审讯主要目的是逼取被告口供，刑讯逼供是主要方式。梁律对此建立了测罚制度。据《隋书·刑法志》，“凡系狱者，不即答款，应加测罚，不得以士人为隔”。测罚具体制度不详，就史料分析，约仍为汉代以来的“榜、笞、立”[①]的进一步制度化。因此也称“测立”“测囚”。据《太平御览》卷649引《梁书》，“梁代旧律测囚之法，一上起自晡鼓（申时，即下午三至五时），尽于二更”。命囚站立称测，拷打逼供为罚，“其问事诸罚，皆用熟靼鞭、小杖”。测立与拷罚合称“测罚”。其测立及拷罚都有限制，比之前代具有一定进步性。清末沈家本认为，“测罚之法，惟梁陈用之，上测有时，行鞭有数，以视惨酷之无度者，实为胜之”[②]。

3. 士族官僚特权

梁律优待权贵士族，士大夫不受体罚，据《隋书·刑法志》，“若人士犯罪，违扞不款，宜测罚者，先参议牒启，然后科行。断食三日，听家人进粥二升。女及老小，一百五十刻乃与粥，满千刻而止”。立测拷罚改为以断食逼取口供。《良吏传》载，梁初何远为武昌太守，秋毫无所受。武昌俗皆用江水，盛夏，（何）远患水温，每以钱买民井寒水，不取钱者，则投水还之。其佗（他）事率多如此，迹虽近伪，而能委曲用意焉。车服尤弊素，器物无铜漆。江夏多水族，甚贱，远每食不过干鱼数片而已。然性刚严，吏民多以细事受鞭罚者，遂为人所讼，征下廷尉，被劾数十条。

① 《后汉书》卷3《章帝纪》。

② 《沈寄簃先生遗书甲集》，《刑法分考》卷17。

当时士大夫坐法皆不受立，远度己无赃，就立三七日不款。犹以私藏禁杖，除名。何远自认清白，愿受测立，是士大夫中少有的硬汉。一般士大夫当不受测罚。

士族因案入狱除了不受测罚外，也可不戴戒具。据《隋书 · 刑法志》，“囚有械、杻、斗械及钳，并立轻重大小之差，而为定制”。一般囚徒都戴，“耐罪囚八十已上，十岁以下，及孕者、盲者、侏儒当械系者，及郡国太守相、都尉、关中侯以上、亭侯以上之父母妻子，及所坐非死罪除名之罪，二千石以上非槛征者，并颂系之”。

4. 在诉讼中贯彻礼教原则

南梁诉讼中仍贯彻子不得证父母的原则。《隋书 · 刑法志》载，天监三年（公元 504 年）“建安子任女提女，坐诱口当死。其子景慈对鞫辞云：‘母实行此’，是时法官虞僧虬启称：‘案子之事亲，有隐无犯；直躬证父，仲尼为非。景慈素无防闲之道，死有明目之据，陷亲极刑，伤和损俗。凡气鞫不审，降罪一等，岂得避五岁之刑，忽死母之命！景慈宜加罪辟。’诏流于交州。至是复有徒流之罪”。

南梁各级官员均不以司法审判工作为急务，断狱判案往往不据法律，而凭礼教处断，梁武帝本人即是如此。《南史 · 梁昭明太子传》载昭明太子萧统“年十二，于内省见狱官将谳事。问左右曰：‘是皂衣何为者？’曰：‘廷尉官属。’启视其书，曰：‘是皆可念，我得判否？’有司以统幼，绐之曰：‘得。’其狱皆刑罪上，统皆署杖五十。有司抱具狱，不知所为，具言于帝，帝笑而从之。自是数使听讼，每有欲宽纵者，即使太子决之。建康县谳诬人诱口，狱翻，县以太子仁爱，故轻当杖四十。（萧统）令曰：‘彼若得罪，便合家孥戮。今纵不以其罪罪之，岂可轻罚而已。可付治十年’”。司法审判视同儿戏，轻重全不依法律。

对于涉及礼教的案件，南梁也常屈法申情，《梁书 · 刘季连传》，天监四年（公元 505 年）蜀人蔺道恭为父复仇，在建康建阳门杀死仇人刘季连，“面缚归罪，帝壮而赦之”。《南史 · 孝义传》载，普通七年（公元 526 年）

广平张景仁在公田渚遇杀父仇人韦法，“手斩其首以祭父墓。事竟，诣郡自缚，乞依刑法”。武帝三子萧纲时为雍州刺史，“乃下教褒义之，原其罪”。《南史·滕昙恭传》载建康人张悌与三人结伙行劫。“所得衣物三劫持去，实无一钱入己。县抵悌死罪。悌兄诉称：‘与弟景是前母子，后母唯生悌。松长不能教诲，乞代悌死。’景叹曰：‘松是嫡长，后母唯生悌。若从法，母亦不全。’亦请代死。母又云：‘悌应死，岂以弟罪枉及诸兄。悌亦引分，乞全两兄供养。’县以上谳。帝以为孝义，特降死，后不得为例。”

第十章　南陈政权的法律制度

南陈（公元 557—589 年）是南朝最后一个朝代，为时短暂，统治地域亦是南朝最小的一个朝代。其法律制度基本沿袭南梁而有若干创新，对后世封建法制有一定影响。

第一节　南陈时期的社会发展概况

一、南陈王朝的建立

南梁末年侯景之乱后，诸王纷争，割地称雄，南梁将领陈霸先攻占建康，拥立年仅十三岁的梁元帝第九子萧方智为小皇帝，史称梁敬帝。陈霸先自命尚书令、都督中外诸军事，接着陈霸先先后击败北齐及江南几股割据势力，于公元 557 年废梁敬帝，建立陈朝。

陈朝建立之初，得不到各地将领支持，寒族豪强纷纷作乱，割据一方，自署州郡牧守，不奉陈朝政令。陈武帝（陈霸先）称帝第三年即亡故。陈文帝继位，继续与各地叛将及梁朝残余势力作战，一方面又与北周争夺巴蜀，至公元 561 年，北周撤兵，南陈得以逐一消灭内部反叛势力，切实建立起对江南的统治。

二、南方经济的恢复

陈武帝陈霸先出身微贱，曾为小吏多年，比较了解民间疾苦。继位的文帝及以后的宣帝都能注意留心政事，并都以俭素著称。《陈书・世祖纪》称文帝“起自艰难，知百姓疾苦，国家资用，务从俭约。常所调敛事不获已者，必咨嗟改色，若在诸身。主者奏决，妙识真伪，下不容奸，人知自励矣。一夜内刺闺取外事分判者前后相续，每鸡人伺漏传更签于殿中，乃敕送者必投签于阶石之上，令铪然有声，云：吾虽眠亦令惊觉也”。在其统治时期，梁末以来的战乱逐渐平息，社会经济开始恢复。陈宣帝时经常发布法令减免租税，以江淮间荒地安置贫民。南方社会逐渐稳定，经济也开始恢复。

三、南陈的灭亡

随着南方社会经济的恢复，社会矛盾也日益加剧。《陈书・宣帝纪》载，陈宣帝太建十一年（公元 579 年）诏：“今贵田豪家，金铺玉舄；贫居陋巷，彘食牛衣。称物平施，何其辽远……今可宣敕主衣尚方诸堂署等，自非军国资须，不得缮造众物。后宫僚列，若有游长掖庭启奏，即皆量遣。太子秘戏，非会礼经，乐府倡优，不合雅正，并可删改。……别观离宫，效间野外，非恒飨宴，勿复修治。并敕内外文武，车马宅舍，皆循俭约，勿尚奢华，违我严规，抑有刑宪。所由具为条格，标榜宣示，令喻朕心。”从这份诏令可看出，当时社会贫富差别极大，贵族官僚在社会经济有所恢复后竞相奢华，巧取豪夺，而广大人民生活困苦。宣帝企图抑制奢侈之风，对后宫、东宫、文武官员都予告诫，又以“刑宪”进行威胁，但这一诏令实际效果很差。三年后宣帝死，陈后主即位，一改武、文、宣三朝俭约作风，皇帝带头追求奢靡生活方式，更加剧了社会矛盾冲突。

陈后主是历史上有名的荒淫之君。他大造宫室，建临春、结绮、望仙三阁，金碧灿烂，为江南有史以来最为奢靡的宫殿。后主与宠妃及无聊文人终日游宴，号为“狎客”。据《陈书 · 傅縡传》，傅縡因事下狱，在狱中上书谏劝后主：“陛下顷来酒色过度，不虔郊庙之神，专媚淫昏之鬼。小人在侧，宦竖弄权，恶忠直若仇雠，视生民如草芥。后宫曳绮绣，厩马余菽粟，百姓流离，僵尸蔽野。货赂公行，帑藏损耗，神怒民怨，众叛亲离，恐东南王气自斯而尽。”后主见书大怒，威胁傅縡，“我欲赦卿，卿能改过不？”傅縡回答：“臣心如臣面，臣面可改，则臣心可改。”后主更怒，“遂赐死狱中。”

在南陈政治腐败，社会动荡的同时，北朝政权对南陈压力日益增强。宣帝趁北齐、北周战争频繁，一度放松南征的机会，在平定内部叛乱同时，派兵北伐争夺淮南，至公元 573 年完全收复淮南。但当公元 577 年北周灭北齐后，形势逆转，次年北周在彭城全歼南陈大军，下一年只用了数月就尽取陈江北之地，与南陈共有长江天险。隋代北周后，积极筹备消灭南陈。而后主仍沉靡于花天酒地中。公元 588 年，隋发兵五十一万，以杨广为统帅，一举攻入建康，陈朝灭亡，中国重归统一。

第二节　南陈政权的立法活动

一、陈律、陈令、陈科的制定

南梁末年法制混乱，陈武帝废梁建陈后，“思革其弊”，相当重视法律的制定工作，称帝后第八天就下诏：“朕闻唐、虞道盛，设画象而不犯；夏、商德衰，虽孥戮其未备。洎乎末代，纲目滋繁，矧属乱离，宪章遗紊。朕始膺宝历，思广政枢，外可搜举良才，删改科令，群僚博议，务存乎简。”[①]定下立法的宗旨是“务存平简”，强调法律实用性。在参与立法活动的人

① 《隋书》卷 25《刑法志》。

选上强调“搜举良才”，即要求有司法经验，熟悉法律知识的专门人才进行法律的起草改定。由于南梁时士大夫普遍不以法律为重，各级官吏并不熟悉法律，所以武帝在这一修律诏中规定各级官员只是“博议”，并不直接参与立法。当然他为了笼络各级官僚士族，顺利完成改朝换代，也并不想另搞一套全新的法律，当时政治、社会形势也不允许全盘改造旧有法制。因此武帝对于立法只要求“删改科令”，即只对南梁法律进行一定程度的删改整理而已。

根据武帝此诏所规定的立法指导思想，“于是稍求得梁时明法吏，令与尚书删定郎范泉参定律令，又敕尚书仆射沈钦、吏部尚书徐陵兼尚书左丞宗元饶，兼尚书左丞贺朗参知其事”①。实际立法者有“明法吏”，主持者官衔仍与梁相同，为尚书删定郎，但“参知其事”的官员级别比梁时降低，人数也略减少。除上述四人外，当时任丹阳尹的王冲也曾在范泉受命修律的两年后（永定三年即公元559年，文帝即位），“参撰律令”。王冲为江南首选士族琅琊王氏后代，南梁时已为显官，“性和顺，事上谨肃，习于法令，政在平理，佐藩莅人，鲜有失德，虽无赫赫之誉，久而见思。由是推重，累居二千石”②。可见王冲虽为权贵但尚能留心政事，长期任地方官，具有司法实践经验，又熟悉法律，是参与立法的合适人选。然而主持修订法律的范泉，史传无文，立法完成后也没有如梁的蔡法度一样升为廷尉。另一名参与立法的官员宗元饶，南陈初年为廷尉兼尚书左丞，“性公平、善持法，谙晓故事，明练治体。吏有犯法，政不便民，及于名教不足者，随事纠正，多所裨益”③。总的说来，南陈参与立法的官员大多具有法律才能及司法实践经验。

南陈法律何时修订完毕，史无明文，从永定三年（公元559年）王冲

① 《隋书》卷25《刑法志》。
② 《梁书》卷17《王冲传》。
③ 《梁书》券29《宗元饶传》。

“参撰律令”来看，至少到此时尚未完全完成。南陈废帝天康元年（公元566年）沈洙等议“测囚之法”，已经以范泉删定的律令为据，说明其律令久已成为定法，并在实施中出现了一些问题。看来南陈律及令、科完成删定，颁行全国的时间可能是在文帝天嘉初年（天嘉元年为公元560年）左右。删定律令的时间约从公元557年至公元560年，约三年左右。

二、陈律及陈令的篇目结构

据《隋书·刑法志》，陈初立法“制律三十卷，令、科四十卷。采酌前代，条流冗杂，纲目虽多，博而非要”。另据《唐六典》注：“陈令范泉、徐陵等参定律令，律三十卷，令三十卷，科三十卷。”可以肯定陈律比梁律多了十卷，陈令、陈科的卷帙则二说不同，前者称四十卷，后者称三十卷，从“条流冗杂”“博而非要”的评论来看，陈律、令、科都比前代为多，所以各以四十卷为当。由于南朝典章制度在隋统一后多所散失，尤以南陈为甚，《隋书·经籍志》记“陈律九卷”，即至唐初《陈律》已残缺不全。同书载“《陈科》三十卷，范泉撰”。“《陈令》三十卷，范泉撰”当为唐初各尚存三十卷。

《陈律》的结构，篇目与《梁律》相同。据《隋书·刑法志》，“篇目条纲，轻重简繁，一用梁法”。陈律比梁律多十卷，梁律二十卷有二千五百二十九条，陈律条数当在三千以上。

陈令的篇目可能仍沿南梁三十篇。已知陈令有《官品令》《服制令》等名目，与梁律相合。陈科篇目则已不可考。此外另据《隋书·经籍志》另有《陈新制》六十卷，当为南陈历朝皇帝诏书制科的汇编，但亡佚已久，不复可考，也不能得知南陈时这一《新制》是否具有法律效力。另据《陈书·宣帝纪》太建四年（公元572年）为准备北伐，敕中书舍人毛喜撰《军制十三条》，下诏：“国亡大事，受脤兴戎。师出以律，禀策于庙。……朕既惭暗合，良皆披览（前代兵书）。兼昔经督戎，备尝行陈，齐以七步，肃之三鼓，得自胸襟，指掌可述。今并为条制，凡十三科，宜即班宣，以为永准”。可见《军制十三条》当为兵法军律的混编，具有一定的法律性质。

第三节 南陈行政法律制度

一、行政机构

南陈行政机构基本沿袭南梁成制，中央仍置尚书、中书、门下诸省为政权重要机构，地方仍为州、郡、县三级。据《隋书·百官志》，“陈承梁，皆循其官制。而又置相国，位列丞相上，并丞相、太宰、太傅、太保、大司马、大将军，并以为赠官”。官员品秩班次也一如梁代之旧。“并遵梁制，为十八班，而官有清浊。自十二班以上并诏授，表启不称姓。从十一班至九班，礼数复为一遵，又流外有七班，此是寒微人为之，从此班者，方得而进登第一班”。士庶之隔极为严厉。

南陈尚书省仍为政要机构。“定令，尚书置五员、郎二十一员。”就史料来看，南陈时有吏部、都官、左民、五兵、度支、祠部六尚书名号，所谓“尚书置五员”，当指尚书只能同时有五员，名号可以不同。其中祠部尚书可能依条齐梁旧例并不常置。

中书省历来是中央决策机构，南陈“国之政事，并由中书省。有中书舍人五人、领主事十人，书吏二百人。书吏不足，并取助书”。中书舍人是中书通事舍人简称，掌诏诰。南陈中书令是中书省的挂名长官，《陈书·蔡徵传》载陈后主初年，吏部尚书蔡徵为中书令，“中书清简无事，或云徵有怨言，事闻后主，后主大怒，收夺人马（蔡徵时兼安右将军，收募士卒为部曲近万人）将诛之，有固谏者获免”。中书令已经成为闲职。而中书通事舍人虽仅第八品，但据《隋书·百官志》记载，“分掌二十一局事，各当尚书诸曹，并为上司，总国内机要，而尚书唯听受而已。被委此官，多擅威势”。

二、官、职分离

历代官位与职务往往分离，东晋宋齐梁以来习惯采用监、领、兼、带、守、署、行等方式使官员管理本官以外的职务。南陈时除了这些形式外，又较多使用“知某事”的形式，由其他官位的官员知（管理）某事，在晋宋齐梁时也有，但不普遍，南陈时则较多，并发展出“权知”“总知”“掌知”等多种形式。《陈书·豫章王叔英传》载，后主祯明三年（公元 589 年），司空、骠骑大将军、豫章王陈叔英“知石头军戍事”，组织抵抗隋军。前引《蔡徵传》载，蔡在后主至德初年为左氏尚书，“与仆射江总知撰五礼事”。《姚察传》载姚察以忠毅将军“知著作郎事”，以戎昭将军“知撰《梁史》事”，“知优册谥议等文笔”。《周弘正传》载周弘正“领都官尚书，总知五礼事”。《赵知礼传》载赵知礼“守太府卿、权知将军事”，如此等等不胜枚举。文官可“知”武事，武将也可“知”文事，高官可“知”下层职事，非正官也可再“知”其他事。总的说是上可“知”下事，下不可“知”上事。这种“知某事”形式比旧有方式更为灵活多变，可以修正庞大、僵硬的官僚体制运转不灵的弊病。自南陈广为使用后，对后世职官制度发展具有一定影响。

三、参议政事制度

南陈行政法律制度另一个特点是，更经常使用“会议”“参议”方式，对政治决策进行讨论决定方案。议论的题目从礼制形式到出兵征伐，从预立储君到法律制度，范围相当广泛。南陈初年，武帝、文帝二朝朝臣会议大多是关于礼制形式，宣帝即位后，广泛采用朝臣议政决定政策的形式。《陈书·陆缮传》载太建初年（太建元年为公元 569 年）陆缮再次为尚书左仆射，“别敕令与徐陵等七人参议政事”。尚书省大事都讨论决定。《宣帝记》载，太建十一年（公元 579 年）五月诏：“自今应尚书、曹、府、寺、内省、监司文案，悉付局参议分判。其军国、兴造、征发、选序、三狱等事，前须详断，然后启闻。凡诸辩决，务令清义，约法守制，较若画一，不得前后舛互，自相矛盾，致有枉滞。行意舞文，纠听所知，靡有攸赦。”将遇事会议制度推广到朝廷各部门。这一制度隐有分散尚书及各部门机构长官权力的含意，同时也具有保证决策的可靠性，防止发生重大政治错误的性质。但是这一会议的制度缺乏具体内容，很多情况下会议流于形式，议而不决，大大降低了行政机构办事效率。甚至会议时往往造成朋党互争，意气用事，徒然扰乱政局。《陈书・吴明彻传》，太建四年，“令朝议北伐，公卿互有异同”，久议不决。当时北方齐、周对峙争战，给予南陈一个收复淮南的好机会，南陈名将吴明彻毅然“决策请行”，才得以在第二年收复淮南。据《南史・恩倖传施文庆》，南陈末年，“隋军大举，分道而进，尚书仆射袁宪、骠骑将军萧摩诃及文武群臣共议，请于京口、采石各置兵五千，并出金翅（战船名）二百，缘江上下，以为防备”。但后主所宠信的施文庆、沈客卿恐因此失去已掌握的权力，推说“必有论议，不假面陈，但作文启，即为通奏”，要按制度论议后启奏皇帝，群臣皆以为然。不料二人持奏入见后主，“曰：‘此是常事，边城将帅足以当之。若出人、船，必恐惊扰’”。直到“隋军临江，间谍骤至”，后主又令“付外详议”。继续讨论，久而不决。另据《陈书・任忠传》载，当时领军将军任忠建议“宜且益兵坚守宫城，遣水军分向南豫州及京口道，断寇粮运。待春水长（涨），上江周罗睺等众军，必沿流赴援”。然而“众议不同”。《萧摩诃传》载老将萧摩诃主张与隋会战，文臣赞同，陈军南北列陈长达二十多里。首尾不相呼应，全军覆没。这些事例足见南陈广泛采用会议制度虽防止了大臣专权（皇帝恩倖臣僚掌权与之不同），但却降低了行政效率，并没能保证决策合理化。

四、职官划分清浊

两晋以来官职常有清浊之分，清官原指掌管文书典籍、文学侍从的官职。随着士族全面把持政权，崇文抑武成为时尚，皇帝左右侍从之官职也都被称为清官。尚书、中书、门下官职及御史等都由侍从官发展而来。也都称为清官，班次称清班、清序。南陈时清浊之分更为严格，成为正式制度。因此《隋书·百官志》称南陈“其官唯论清浊，从浊官得微清，则胜于转”。

五、铨选与考课制度

东晋以来士族垄断政治权力，至南陈时已极为腐朽。行政法制逐渐废弛。《陈书·百官志》称铨选官职主要靠“相知表启通举者，每常有之，亦无年常考校黜陟之法。既不为此式，所以勤惰无辨。凡选官无定期，随阙即补。多更互选官，未必即进班秩。……若有迁授，或由别敕，但移转一人为官，则诸官多须改动”。官员不再经过考课，升迁全凭“清誉声望”。其用官式，“吏部先为白牒，录数十人名，吏部尚书与参掌人共署奏，敕或可或不可。其不用者，更铨量奏请。若敕可，则付选，更色别，量贵贱，内外分之，随才补用。以黄纸录名，八座通署，奏可，即出付典名。而典以名帖鹤头板，整威仪，送往得官之家”。另据《陈书·孔奂传》，太建六年（公元 574 年）孔奂为吏部尚书，“时有事北讨，克复淮泗徐豫，酋长降附相继，封赏选叙纷纭重叠。奂应接引进，门无停宾，加以鉴识人物，详练百氏，凡所甄拔，衣冠缙绅，莫不悦伏”。另据《徐陵传》载，在这之前的天康元年（公元 566 年）徐陵迁吏部尚书，领大著作，“陵以梁末以来，选授多失其所，于是提举纲维，综核名实。时有冒进求官，喧竞不已者，陵乃为书宣示曰：‘自古吏部尚书者，品藻人伦，简其才能，寻其门胄、逐其大小，量其官爵。梁元帝承侯景之凶荒，王太尉接荆州之祸败，尔时丧乱，无复典章，故使官方，穷此纷杂。永定之时，圣朝草创，干戈未息，亦无条序。府库空虚，赏赐悬乏，白银难得，黄札易营，权以官阶，代于钱绢，义存抚接，无计多少。致令员外、常侍，路上比肩；谘议、参军，市中无数。岂是朝章应其如此？’”由此可见南朝官员铨选标准是人伦、才能、门第、原职位高低几个方面。而南陈承梁末大乱之后，建朝之初滥封官爵，以代赏赐笼络权贵。职官制度一片混乱，直至建朝后近十年仍为纷杂。朝廷铨选官员主要着眼点是使“衣冠缙绅，莫不悦伏”，并不希望澄清吏治，优进劣斥。因此不再强调职官考课。虽《宣帝纪》载宣帝太建四年（公元 572 年）曾诏：“道示文武：凡厥在位，其莅政廉秽，在职能否，分别矢言，俟兹黜陟。”但看来并未认真实行，况且考课黜陟要专下诏令，更可见其并未形成正常制度。

六、选举制度

南陈官员选举制度也仍沿南梁旧律。《隋书·百官志》载南陈男子三十岁以上才可入仕。官职多为权贵士族垄断，并已形成制度。“诸王子并诸侯世子，起家给事。三公子，起家员外散骑侍郎。令、仆子，起家秘书郎。……次令、仆子，起家著作佐郎，亦为板行参军。此外有扬州主簿、太学博士、王国侍郎、奉朝清、嗣王行参军，并起家官，未合发诏。诸王公参佐等官，仍为清浊，或有选司补用，亦有府牒即授者，不拘年限，去留随意。在府之日，唯宾游宴赏，时复修参，更无余事……其衣冠子弟，多自修立，非气类者，唯利是求，累物乱政，皆此之类。”士族权贵子弟官位唾手可得，无留心政事者，甚至乱政害民，比比皆是。

南陈寒门士人除个别被皇帝看中，得充近侍，执掌实际权力外，绝大多数都只能就任下级官吏。《陈书·傅縡传附章华》载：“吴兴章华，字仲宗，家世农夫。至华独好学，与士君子游处，颇览经史、善属文。侯景之乱乃游岭南，居罗浮山寺，专精习业。欧阳頠为广州刺史，署为南海太守。及欧阳纥败，乃还京师。……后主即位，朝臣以华素无伐阅，竞排抵之。乃除大市令。既雅其非所好，乃辞以疾，郁郁不得志。”章华虽有才能，但无施展机会，以至排挤出官场。后主祯明元年（公元 587 年），章华上书极谏：“今疆场日蹙，隋军压境，陛下如不改弦更张，臣见麋鹿复游于姑苏台矣！”后主览奏，“大怒，即日命斩之”。然而寒门人士若为皇帝宠信，升迁超常，权贵士族对其也不敢予以排斥。《南史 · 恩倖传》载后主宠信的寒门士人施文庆，“不知何许人也。家本吏门”。因后主东宫时为侍从，后主即位命为中书舍人，文庆聪敏强记，“明闲吏职，心算口占，应时条理，由是大被亲幸。又自太建以来，吏道疏简，百司弛纵，文庆皆其力用，无所纵舍，分官联事，莫不振惧”。因得后主宠信，一直任代皇帝立言的中书舍人，官僚百司对之惟恐逢迎不及，权倾一时。另一中书舍人沈客卿也弄权倾国。南陈时素族寒门出仕除为皇帝所宠信之外，武官中寒门素族、出身卑微者较多。武帝时还多用降将，[①] 武将凭军功升迁，很少考虑门第身世。

第四节　南陈的刑事法律制度

一、定罪量刑的特点

1. 处罚官吏赃罪较重

南陈刑法基本内容与梁相近，仅有少数改动。

对于官吏赃罪的处罚有所加重。《宣帝纪》载，太建十一年（公元 579 年）五月诏：“旧律以枉法受财为坐虽重，直法容贿其制甚轻，岂不长彼贪残，生其舞弊？事涉货财，宁不尤切？今可议不枉法受财者，科同正盗。”汉魏官吏赃罪已有枉法、不枉法之分，前者为重罪，后者仍为轻罪。宣帝此诏规定不枉法者“科同正盗”，当指受财不枉法按盗窃罪计赃定罪。这一制度在后世有一定影响。唐律规定受财不枉法罪处罚略重于窃盗罪，当为南陈这一法律基础的发展。

① 《廿二史劄记》卷 12“陈武帝多用敌将”。

2. 官吏犯罪划分出“公坐”

南陈刑事法律制度的又一特点，是官吏“公坐”之罪区分较为明确。公坐为官员执行职务时出现差错，故处罚略轻，以官当徒，以罚金赎刑时也可优待。公事差错坐罪，处罚往往为免官。如《陈书·淳于量传》载淳于量为中军将军、侍中，太建十三年（公元 581 年）“以公事免侍中”。又《杜稜传》载杜稜太建三年（公元 571 年）“以公事免侍中、护军（将军）”。此类记载散见史籍很多，因公事免官者一般很快就能官复原职，与免官抵刑不同。

3. 适用刑法宽猛无常

南陈虽为时短促，但其刑法适用宽猛之别有一发展过程。初年草创建国，虽曾下宽大之诏，颁行大赦，但各地混战未已，常常军法从事。《隋书·刑法志》指出，文帝当政，“性明察，留心刑政，亲览狱讼，督责群下，政号严明。是时承宽政（指梁武帝统治）之后，功臣贵戚有非法，帝咸以法绳之，颇号峻刻”。而宣帝时期，“优借文武之士，崇简易之政，上下便之”。宣帝为示宽大，多次下弛刑之诏，发布大赦，笼络士族权贵。如《宣帝纪》载，太建五年（公元 573 年）诏：“古者反噬叛逆，尽族诛夷，所以藏其首级，诫之后世。比者所戮，止在一身，子胤或存，枭悬自足，不容久归武库，长比月支，恻隐之怀，有仁不忍。维熊昙朗、留异、陈宝应、周迪、邓绪等及今者王琳首，并还亲属，以弘广宥。”废除了南齐以来对反叛头目“漆首藏武库”制度，并将陈以来多名叛逆头目首级归还家属。但宣帝后期与北朝战争多次失利。内部士族横行不忌，“政令既宽，刑法不立，又以连年北伐，疲人聚为劫盗矣。后主即位，信任谗邪，群下纵恣，鬻狱成市，赏罚之命，不出于外（指司法机构）。后主性猜忍疾忌，威令不行，左右有忤意者，动至夷戮。百姓怨叛，以至于灭”[1]。

---

① 《隋书》卷 25《刑法志》。

二、刑罚制度

南陈刑罚制度与南梁相比略有调整。据《隋书·刑法志》，南陈沿用南梁“赎罪之律”，又恢复南梁时一度废除的“父母缘坐之刑”，仍实行“夫有罪、逮妻子，子有罪，逮父母”。重罪罪犯仍补治、补兵，“其获贼帅及士人恶逆，免死付治”，这里“免死付治”，指死罪罪犯在经大赦免死的情况下补治士。这虽是南朝惯例，但陈又有补充规定：“听将妻子入役，不为年数。”南梁曾定补治士各有年限。陈时取消，全为终身，并又允许罪犯携妻子服役。除此之外，南陈律刑罚制度较有特色的还有如下几个方面。

1. 清议和禁锢

据《隋书·刑法志》，南陈“其制惟重清议禁锢之科，若缙绅之族，犯亏名教，不孝及内乱者，发诏弃之，终身不齿”。前代法学家沈家本、程树德都认为东晋南朝诸律都重清议，并非南朝独有。程氏《九朝律考·陈律考》：“按南朝诸律，率事清议，不自陈始。《隋志》‘梁制士人有禁锢之科，其犯清议，则终身不齿。’是梁律已如是。《日知录》：‘宋武帝篡位，诏有犯乡论、清议，赃污、淫、盗，一皆荡涤洗除，与之更始。自后凡遇非常之恩，赦文并有此语。’是宋齐以来，虽未明著律条，而犯清议者，非有赦书，即终身禁锢，久已著为成例。《晋书·卞壶传》：小中正王式付清议，废弃终身。《陈寿传》：居父丧有疾，使婢丸药，客往见之，乡党以为贬议，坐是沈滞者累年。知此例实始于晋，亦不自刘宋始也。”

士大夫犯清议比之犯罪更具严重后果，一般犯罪受刑尚可因大赦而免，但犯清议禁锢者并不能因大赦而解除禁锢，这在东晋已成制度，因此刘宋永初元年武帝即位诏中才特指明荡涤洗除犯乡论清议者。后刘宋时十五次大赦，二十五次曲赦，平均每十三个月就有一次大赦，但规定洗除犯清议的仅元嘉三十年（公元 453 年）四月孝武帝即位大赦与泰始元年（公元 465 年）十二月明帝即位大赦两次。刘宋六十年仅三次大赦洗除清议。南齐二十四年仅建元元年（公元 479 年）高帝即位大赦规定洗除清议，南齐共有二十一次大赦，十三次曲赦，但仅这一次涉及洗除犯清议。南梁四十三次大赦，平均每十五个月多就有一次，但洗除清议的仅天监元年（公元 502 年）即位大赦，太清元年（公元 547 年）郊祀大赦二次而已。南陈二十六次大赦，平均每十四个半月就一次，仅永定元年（公元 557 年）武帝即位大赦一次规定可洗除犯清议者。整个南朝荡涤洗除犯清议者的赦令仅七次，平均二十四年多才有一次机会，相当于一代人的间隔才可“更始”，足见其效力之长久了。南陈也确实不比南朝前三朝更重清议。

2. 创设“官当”制度

南陈另一对后世有很大影响的刑罚制度是“官当”。据《隋书·刑法志》，南陈“五岁四岁刑，若有官，准当二年，余并居作。其三岁刑若有官，准当二年，余一年赎。若公坐过误，罚金。其二岁刑，有官者，赎论。一岁刑，无官亦赎论，寒庶人，准决鞭杖”。这种以官职抵当髡耐刑的制度即成为隋唐律中“官当”制度的滥觞。晋律中已有“免官比三岁刑”的规定，南陈进一步严密，以官当徒从此成为制度。

3. 行刑制度

南陈刑罚制度另一特点是对于行刑制度有较严格的规定。《隋书·刑法志》载：“囚并著械，徒并著锁。不计阶品。死罪将决，乘露车，著三械，加壶手。至市、脱手械及壶手焉。当刑于市者，夜须明，雨须晴，晦朔、八节、六齐、月在张心日，并不得行刑。”另据《陈书·世祖纪》，天嘉元年（公元 560 年）诏：“古者春夏二气不决重罪，盖以阳和布泽，天秩是弘。……自今孟春讫于夏首，罪人大辟事已款者，宜且申停。”汉代已是“季秋论囚”[①]，东晋南朝急刑滥酷，此制形同虚设，南陈恢复旧制，春夏不决死刑。

---

① 《后汉书》卷 76《陈宠传》。

第五节 南陈的民事婚姻家庭法律制度

一、民事法律无创制

南陈在民事法律制度诸方面无所创新，仍沿东晋宋齐梁旧例。

宋齐以来，放免债务的诏令渐渐稀少，据《陈书》各本纪统计，南陈仅初年曾有两次。武帝永定元年（公元557年）即位大赦，诏“逋租宿债，皆勿复收”。武帝后，临川王陈蒨即帝位（即文帝）大赦。“逋租宿债，吏民愆负，可勿复收。”以后不再有类似诏令。

二、婚姻家庭制度

在婚姻家庭制度方面，南陈全盘沿袭儒家礼教规定的传统制度，并更进一步维护宗子作为祖先宗祧继承人的地位。这表现在南陈频繁地颁布诏令，“孝悌力田为父后者赐爵一级”。虽赐爵已不带任何实际利益。但至少是对于继承宗祧的“为父后者”的支持。据《陈书》各帝《本纪》统计，南陈在其三十四年统治期间颁布了十一次对为父后者赐爵一级的诏令，平均三年就有一次，与之相比较，南齐有过四次，南梁五十五年中仅五次。

第六节 南陈的经济法律制度

一、土地立法

南陈初年战乱频仍，统治者无暇考虑土地分配问题。宣帝即位后北方当时齐周对峙，战乱频繁，放松对南朝的压力。南陈趁机北伐，一度将疆界推至淮河两岸。而河淮地区人民纷纷避乱逃往南方，《陈书·宣帝纪》载，太建二年（公元 570 年）八月诏："顷年江介缁负相随，崎岖归化，亭候不绝，宜加邮养，答其诚心。维是荒境自投，有在都邑及诸州镇，不问远近，并蠲课役。若是克平旧土，反我侵地，皆许还乡，一无拘限，州郡县长，明加甄别，良田废村，随便安处，若辄有课订，即以扰民论。"又诏："有能垦起荒田，不问顷亩少多，依旧蠲税。"允许旧主前往管收江淮间因管属变更而导致的无主荒地，不论失地年限长短，这比之以前宋齐梁时无条件将荒地赋予失地流民的法令限制较多，优先强调将荒地交还原主，有余的良田废村才分给流民。太建十一年（公元 579 年）南陈军在与北周交战中失利，"自是淮南之地，尽没于周矣"。宣帝下诏："淮北义人率户口归国者，建其本属旧名置立郡县，即隶近州，赋给田宅，唤订一无所预。"总之是出于战争土地收失的情况而对战争难民给一定的土地。而《后主纪》中陈后主即位后，太建十四年（公元 582 年）诏："其有新辟塍畎，进垦蒿莱，广袤勿得度量，征租悉皆停免。私业久废，咸许占作。公田荒纵，亦随肆勤倪。"是从劝督农业角度允许农民占有无主荒地，荒废公田。

二、赋役立法

南陈赋役制度的细节较难考证。赋税仍以租调为名。与前代有不同，设"夏调"名目。《宣帝纪》载，太建三年（公元 571 年）诏："逋余军粮、禄秩、夏调未入者，悉原之。"太建九年又诏："逋租田米、粟，夏调绵、绢、丝、石、麦等"，"皆悉原之"。似乎当时租调是分别征收的，调、绢、绵、丝都在夏天征收。南梁已"始去人赀，计丁为布"。征收户调绢布全以人丁为计征单位，但南陈却仍有"赀绢"名目，前引太建九年诏中另有"七年逋赀绢，悉原之。"这一诏令既已提到"夏调"，又有"赀绢"，是否后者并非每户都需承担的赋税种类，可能仅是针对某些特定户的赋税。在

“租”方面，南陈有“田税”“丁租”之别。顾名思义，田税应是按土地面积征收，“丁租”应该是按人头征收，但其具体制度不详。

南陈徭役制度的具体细节也很难搞清。南陈职业军队比重较高，经常采用“募兵”补充军队。推测兵役不再占主要地位。《宣帝纪》载太建二年（公元 570 年）诏：“军士年登六十，悉许放还。巧手于役死亡及与老疾，不劳订补。”南朝宋齐梁规定六十一至六十五为服半役，南陈此诏服兵役至六十岁为止，是否停止其他力役，尚不能搞清。

三、商事立法

1. 加收商税

南陈商税制度在后主时有一定变化。《南史 · 陈后主纪》载：“后主税江税市，征取百端。”增加了征收商税的关卡，同时又取消军人士人官员的免除商税的特权，据《南史 · 恩倖传沈客卿》“至德初（至德元年为公元 583 年）以沈客卿为中书舍人，兼步兵校尉，掌金帛局。以旧制，军人、士人、二品清官并无关市之税。后主盛修宫室，穷极耳目，府库空虚，有所兴造，恒苦不给。客卿每立异端，唯以刻削百姓为事。奏请不问士庶并责关市之估，而又增重其旧。于是以阳惠朗为太市令，暨慧景为尚书金、仓令史。二人家本小吏，考校簿领，毫厘不差，纠谪严急，百姓嗟怨。而客卿居舍人，总以督之，每岁所入，过于常格数十倍”。军人、士人、二品清官免商税是东晋宋齐梁以来旧法，后主一时取消，并加重税率，自然引起士族怨嗟。同时也阻碍了东晋以来南方商业发展的势头。

2. 开征盐税和实行酒类专卖

南陈在商事法律制度方面的重大变革，是开始征收盐税和实行酒专卖。据《文帝纪》天嘉二年（公元 561 年）十二月“太子中庶子虞荔、御史中丞孔奂以国用不足。奏立煮海盐赋及榷酤之科，诏并施行”。这一法令具体细节、制度已难考，仅从立科过程的简单记载来看，是对海盐生产征课盐税，又按汉魏制度实行酒专卖。

四、货币立法

1. 禁用铁钱

南梁自武帝普通四年（公元523年）后即铸造发行铁钱代替铜钱，铁钱币值过低，交易不便，私铸又极为容易，造成物价飞涨，经侯景之乱的破坏，社会经济极为凋敝。此外南梁又严法推行铁钱制度，强迫民间使用，激化社会矛盾。据《梁书·敬帝纪》陈武帝在执掌南梁实际政权后，为安定社会局势，在建康拥立梁敬帝后的第二年（太平元年，即公元556年）三月，“班下远近，并杂用古今钱”。显然，所谓“今钱”即梁铸铁钱；“古钱”即被梁法律禁用的铜钱，此令开放铜钱流通之禁，虽不禁铁钱，但一旦开放铜钱，自然铁钱会被铜钱排斥。第二年四月己卯。“铸四柱钱，一准二十。”此四柱钱（据《隋书·食货志》载为“两柱钱”）当为铜钱，四柱确切含意不详。新铸铜钱原定一比二十收兑铁钱，然而仅过十三天，又改制：“改四柱钱一准十”，十三天内使新钱贬值一半，如此立法，简直视同儿戏。同一天，又“复闭细钱”。“细钱”当指前代种种私铸的劣质体轻的钱币。虽立法意图是禁止劣币流通，但政府铸行的“四柱钱”币值如此不稳，难使民间普遍信任。因此陈武帝执政后这项货币改革仅留下一大堆的“后遗症”，未能实际解决什么问题。

2. 多变的币制

南陈初年，铁钱已退出流通，不再起货币作用。市面上流行的是梁末开铸发行的“四柱钱”和一种“鹅眼钱”，一比一兑换，前者较重，质量也较好，《隋书·食货志》载，“于时人杂用，其价同，但两柱（即四柱）重而鹅眼轻，私家多镕钱，又间以锡铁，兼以粟帛为货”。民间镕四柱为鹅眼，或铸锡、铁钱混用，造成货币紊乱，因此才有以粟帛为货币的情况发生。要扭转这种混乱状况，只能靠政府发行优质足额钱币。文帝天嘉三年（公元562年，如据《隋书·食货志》则为天嘉五年）闰二月“改铸五铢钱”，[①]将货币形式改回到历史悠久的五铢钱，以图唤回民间的信用。据《隋书 · 食货志》，此钱“初出，一当鹅眼钱之十”，一比十兑收劣币，但驱逐劣币并不成功。不过至少使市面上有了一种较稳定的钱币，一度保持了市面稳定。然而宣帝时，连年与北朝作战，先胜后败，公元 578 年，南陈十三万大军兵败彭城，第二年仅数月之间南陈丧尽淮南之地。北周军兵临江边，南陈朝廷震恐，形势急迫，财政困窘，当年（太建十一年，即公元 579 年）“又铸太货六铢，以一当五铢之十，与五铢并行”。这种太货六铢法定面额仅比五铢重一铢，实际重四克，虽铸造艺术相当精美，为江南六朝钱币之最，但毕竟不可能值十个五铢钱，南陈政府以此实行货币贬值，进行搜刮，补贴财政，引起社会经济混乱。民间进行抵制，迫使政府不久后就宣布六铢钱与五铢钱一比一兑换。但民间仍然抵制，并诅咒其钱文如“叉腰哭天子”，“乃相与讹言曰：六铢钱有不利县官之象”。两年不到，宣帝去世，似乎证实了这一讹言。后主即位以后，马上下诏废除“太货六铢”钱，恢复五铢形制，但政府已经无力再铸发足够市面流通的货币了。随着政治、经济形势恶化，货币流通再次陷入混乱局面，“其岭南诸州，多以盐米布交易，俱不用钱云”[②]。直至陈亡，货币制度名存实废。

第七节　南陈的司法制度

一、审判制度

1. 建立会审制度

南陈的司法机构仍沿梁旧制，据《隋书 · 刑法志》南陈在建康仍设廷

① 《陈书》卷 3《文帝记》。
② 《隋书》卷 24《食货志》。

尉，建康二狱，“廷尉寺为北狱，建康县为南狱，并置正、监、平”。地方也置州、郡、县三级。但传统的，常设的司法机构的审判职权逐步降低。南梁设建康狱已大大削弱了廷尉卿的审判权。陈又建立了朝廷重官会审制度，进一步削弱了其权力。“又制，常以三月，侍中、吏部尚书、尚书三公郎、部郎令史、三公录冤局令史，御史中丞、侍御史、兰台令史，亲行京师诸狱及治署，理察囚徒冤枉。”每年三月众官会审，除一般诉讼案件外，还复审已经判决执行的刑徒，以防冤滥。这一由中央朝廷各机关长官进行会审制度的正式确立，对后世司法审判制度有深远影响。

2. 他官主审制度

除建立会审制，南陈又时常打破正常的司法审判系统，以其他官员主持司法审判。《陈书・武帝纪》载武帝永定三年（公元 559 年）正月诏：“临川王（陈蒨），省扬、徐二州辞讼。”《陆琼传》载，后主至德元年（公元 583 年）陆琼为度支尚书。“并判廷尉，建康二狱事。”《蔡徵传》载蔡徵为吏部尚书，后主敕以“廷尉寺狱，事无大小，取徵议决”。可见南陈时常指派皇帝信任的官员领导司法机关，主持司法审判。

二、刑讯制度

南陈司法制度另一较有特色的是刑讯制度。据《陈书・沈洙传》，范泉制律，“梁代旧律测囚之法，日一上，起自晡鼓，至于二更。及比部郎范泉删定律令，以旧法测立时久，非人所堪。分其刻数，日再上”。其具体制度据《隋书・刑法志》，“其有赃验显然而不款，则上测立。立测者，以土为垛，高一尺，上圆，劣容囚两足立。鞭二十，笞三十汔，著二械及杻，上垛，一上测七刻，日再上，三七日上测，七日一行鞭。凡经杖合一百五十，得度不承者，免死”。使被告站立土垛，并行鞭杖（前言笞者似为杖之误，现存史料中梁陈刑罚、刑具均无笞之名）约为南梁旧制，南陈律所改动的主要应是测立的时间。南梁测立时间长达七个小时，受鞭伤的被告要在难以立足的土垛上戴着械具连续站立，确实是“非人所堪”。南陈改为一日测立两次，每次七刻，古时一日为百刻，七刻约合今一百分钟四十八秒，每日两次合计约三小时二十分三十六秒，比之南梁确实宽大，时间减少了一半。但南陈很多官员认为此制过轻。《沈洙传》又载光大元年（公元 567 年）为此进行的讨论。“廷尉以为新制过轻，请集八座丞郎并祭酒孔奂、行事沈洙，五（中书）舍人会尚书省详议。”讨论前先由廷尉监沈仲由介绍测立情况：“别制已后，有寿羽儿一人坐杀寿慧、刘磊渴等八人坐偷马仗家口渡北，依法测之，限讫不款。刘道朔坐犯七改偷，依法测立，首尾二日而款。陈法满坐被使封藏，阿法受钱，未及上而款。”都官尚书周弘正认为：“凡小大之狱，必应以情，正言依准五听，验其虚实，岂可全恣考掠，以判刑罪。且测人时节，本非古制，近代已来，方有此法。起自晡鼓，迄于二更，岂是常人所能堪忍？所以重械之下，危堕之上，无人不服，诬枉者多。”建议仍用范泉新制。沈洙则建议依古制四时刻数均平（梁末改冬夏时制，每日刻数有异），并“夜中测立，缓急易欺，兼用昼漏，于事为允”。每日二次测立都放在白天。“朝夕上测，各十七刻。”沈洙建议每日两次各十七刻，则一日测立总时数要超过今八小时，比之南梁更重。是否被定为法律，史无明文，看来沈洙建议如据《隋书 · 刑法志》之言，测立每次为七刻，而非十七刻，则该建议并未被接受。最后“众议以为宜依范泉前制”。仍旧保持一日测立两次，每次七刻的刑讯制度。

第十一章　北魏政权的法律制度

公元 386 年（北魏登国元年），拓跋珪重建代国，改国号为魏，史称北魏。史家把这一年称为北朝的开始。但中国北方的统一直至公元 439 年北魏灭北凉时才实现。后经过农民起义的冲击，北魏分裂为东魏和西魏，不久又分别为北齐和北周所取代。在北齐与北周的不断战争中，北周于公元 577 年灭北齐，从此使中国北方复归统一。公元 581 年，杨坚又取代北周，建立了隋朝。本编所述仅限于北魏、北齐、北周三个封建政权的法律制度。

北朝三个封建政权的法律制度，在中国法律制度史上占有极为重要的地位。整个魏晋南北朝时期，是中国封建法律大变革时代，也是中国法系从初创到最后走上完备的过渡阶段，特别是"北优于南"的北朝法律的制定，起着更为深远的历史作用。

在法典制定方面，北朝出现了《北魏律》、《北齐律》和《周大律》，其中以"法令明审，科条简要"的北齐律为最，成为隋唐法典制定的楷模。从法律形式上，北朝出现了为后世所承继的"格"和"式"。此外如官当、重罪十条、死刑复奏等重要封建立法原则均始于北朝时期。因此说，研究北朝的法律制度是中国法制史上的一项重要课题。

中国北方鲜卑族拓跋珪于公元 386 年正式建立北魏政权。公元 534 年东魏和西魏的建立，宣告了北魏政权的结束。北魏的法律制度在中国法制史上占有一定的地位，其制定的《北魏律》在中国古代法典沿革中具有十分重要的影响。

第一节　北魏的政治、经济概况

一、北魏的建立和北方的统一

北魏系鲜卑族拓跋部所建。拓跋族最初活动于大兴安岭一带，过着游牧生活。

西晋末年，拓跋力微子与拓跋禄官依匈奴旧制分国人为中、东、西三部，禄官自为大酋。公元308年，猗卢总摄三部，控弦骑士四十余万，成为塞上一支强大的力量，晋封其为代王。公元338年，拓跋什翼犍继为代王，国家机构逐步完备，这个时期拓跋部已进入阶级社会。公元340年定都于云中盛乐宫，次年又筑盛乐新城，代国开始有了定居的政治中心。公元376年代国被前秦苻坚所灭。

公元386年，什翼犍之孙拓跋珪乘前秦瓦解之际，在盛乐称代王，重建代国。同年改国号为魏，史称北魏，时为登国元年。拓跋珪在盛乐和河套地区兴立屯田，发展农业，国力日盛。公元398年，拓跋珪定都平城，即皇帝位，为魏道武帝。北魏在征服中原过程中，用汉族地主为官。到明元帝拓跋嗣即位，更是到处网罗汉族“豪门强族”和“先贤世胄”，给予高官要职，使这些人在政治上、经济上支持北魏，为之出谋划策，帮助制定政治、礼仪、法律制度，使北魏逐渐巩固和强盛起来。到了拓跋珪之孙拓跋焘时，灭匈奴族夏赫连氏、北燕冯氏、北凉沮渠氏，尽占黄河流域，从此，中国北方统一于北魏，与江东刘宋王朝对峙，形成了中国南北朝的局面。

二、北魏的社会结构

北魏拓跋珪入主中原以前，仍停留在氏族公社组织继续解体而奴隶制发展极不成熟的阶段，还长期保留着氏族关系。北魏建国不久，拓跋珪下令：“离散诸部，分土定居，不听迁徙，其君长大人，皆同偏户。”[①]北魏统治者在战争中，虏掠了大量牲畜、人口和珍宝，并把牲畜和人口相当一部分赏赐给部下，成为这些人的财产和奴婢。另外还把相当一部分充作隶户和杂户，即分配给官府和贵族、官吏作杂役。这些人身份高于奴婢，低于佃客，为世袭不可迁徙、改业，不得读书、不能做官。这说明北魏立国之初，保留了大量奴婢和杂户，也存在大量自由的农民和牧民，其身份是有区别的。

如果说北魏建国之初还不可避免存在着血缘关系的氏族组织，但由于“分土定居”越久，就会同汉族和其他各族融合起来，不知不觉地变成了地域组织。到了中原地区，因这些地方封建制已经根深蒂固，北魏只能适应它，而不能使之历史倒退。在汉族的影响下，拓跋部本身也在向封建制转变，一些王公贵族逐渐转化为封建贵族，到了孝文帝迁都洛阳尤为显著。孝文帝的变法，就是为了尽快向封建制过渡的一种改革。

三、魏孝文帝时期的改革

北魏初年，对各族人民的经济掠夺是非常惊人的。如田租户调是“天下户以九品混通”，即把中原每一地区的民户分为九等，平均每户出绢三匹。除此之外，还得纳米、粟，明元帝拓跋嗣时每户租额高达五十石。北魏时，官吏均没有俸禄，他们全靠贪污和搜刮民财来维持自己的奢侈生活。政府又经常肆意增加徭役，逼迫百姓用牛车运粟到边塞，劳费甚多。这样的多种负担，人民实在承担不起，处境十分悲惨。

北魏统治者对各族人民的民族压迫则更为残酷。在征服过程中，除了把大量汉人和其他民族的人民变为奴婢和杂户外，在战争中又专门驱使汉族和其他民族的步兵在阵前冲锋，鲜卑骑兵在后督战，步兵如不前进，即

① 《北史·贺讷传》。

为骑兵踩死。由于民族的差异，鲜卑贵族与汉族地主阶级之间也存在尖锐矛盾，如清河大族崔浩为巩固北魏的统治出过大力，只因与拓跋焘意见相左即被杀，随之牵连了一大批汉族门阀豪绅遭灭族之灾，被杀达二千余人。

由于阶级压迫和民族矛盾的不断激化，北魏前期出现了多次各族人民的起义，其中规模较大的是盖吴的起义，参加者达十余万人，这种严峻的时刻一直延续了很长时间。公元 471 年，元宏即位，为孝文帝，但他即位时仅是一个五岁的孩子，大权由祖母冯太后掌握。此时各族人民反抗仍然不断，北魏政府虽然严加镇压，但不仅没有平息，反而激起更多的反抗。鉴于此，北魏政府也认为无法维持下去，唯一办法是改弦更张，以缓和阶级矛盾和民族矛盾。正是在这样的形势下，北魏政权进行了一系列的改革，其主要内容有：

1. 推行均田制

孝文帝太和九年，北魏政府颁布均田令。均田令是在太和元年（公元 477 年）的“计口受田”基础上的发展。规定男子年十五以上受露田四十亩，妇人二十亩，并规定了还授法。而对奴婢也给予授田，官吏给予公田作为俸禄，并颁行了新的三长制和新的租调制度，鼓励开垦荒田等。均田制的推行，农民虽然仍无法摆脱封建地主及政府的剥削，但毕竟占有了一定的土地，对生产力的发展还是有利的。

2. 迁都洛阳

公元 490 年，冯太后死，孝文帝亲政，他办的第一件事就是把都城从平城迁到洛阳。北魏自公元 398 年定都平城后经过近百年的时间，平城已不能适应经济和政治形势发展的需要，经常受到北边柔然的威胁，对于侵略南方又显得较远，特别是经过各族人民起义后，北魏政权迫切要求同南方汉族地主进一步合作，以消除民族隔阂，实行汉化政策。可是平城的鲜卑贵族保守势力非常顽固，反对推行汉化，要求保持鲜卑固有风俗，故反对迁都。但孝文帝坚决主张汉化，要求用一种适合于封建经济的生活方式来代替过去的“胡风国俗”，用汉族的传统方法来统治汉族人民，以巩固其政权，故于太和十八年正式迁都洛阳。

3. 禁鲜卑语

北魏定中原，鲜卑人使用鲜卑语，军中也是用鲜卑语，汉人仕宦也学鲜卑语，政府部门杂用汉语。《北史·咸阳王禧传》载，孝文帝早就考虑“断诸北语，一从正音”。因为鲜卑人口少，虽然政治上以征服者身份暂居优势，但在经济文化特别是语言上，居于劣势。《魏书·高祖纪》载，孝文帝于迁都第二年（太和十九年）六月下诏：“不得以北俗之语言于朝廷，若有违者，免所居官。”把汉语规定为唯一通行的语言。在具体实行过程中，三十岁以上不强求，三十岁以下，在朝廷里不许讲鲜卑语，若违者，降爵黜官。孝文帝此举意欲通过在语言上消除隔阂，逐渐达到汉化的最终目的。

4. 改姓氏

鲜卑族的姓氏多为缀语及二、三字的复姓。孝文帝禁用鲜卑语后，当然也得把复姓改为单姓，以消除与汉族的差异。《资治通鉴·齐明帝建武三年》记，孝文帝于太和二十年下诏，以为“北人谓土为拓，后为跋。魏之先出于黄帝，以土德王，故为拓跋氏。夫土者，黄中之色，万物之元也；宜改姓元氏”。把拓跋氏改姓元，独孤氏改姓刘，步六孤氏改姓陆，丘穆氏改姓穆，拔拔氏改长孙氏，达奚氏为奚氏，乙旃氏为叔孙氏等。同时规定，鲜卑贵族死于洛阳者，即葬洛阳，不得迁葬于平城，并把他们的籍贯改为河南郡洛阳人。孝文帝认为姓氏一改，有利胡、汉贵族的合作、通婚等。

5. 定官制

北魏初年，官吏名称大都是汉、鲜卑杂用，官名用鲜卑话称呼，如皇室子弟称直懃。再如《魏书》有驾部尚书之称，但鲜卑语称尚书为“俟懃地何，驾部称乞银曹”。这时既然禁鲜卑语，也就必须废鲜卑语的官名。后重用来自南朝的世族大地主王肃，釐定官制，完全袭用魏晋和南朝的官制，把鲜卑成分洗刷殆尽，内外官称呼几乎与魏晋南朝没有两样。

魏孝文帝的改革涉及社会政治、经济、生活等各个方面，决心之大，改革汉化之彻底是中国历史上少见，而其中一个很重要的决策是在改革每一制度、习惯时，几乎都是以皇帝诏令这一法律形式加以推行的。

四、北魏的分裂和东西魏的出现

魏孝文帝变法后，北方民族矛盾有所缓和。但是在鲜卑贵族和汉族地主联合压榨下，阶级矛盾较为突出。北魏后期汉化的鲜卑代北门阀在优裕的生活中已经完全腐化，政治日益腐败。孝文帝以后，贪污之风大盛，卖官鬻爵，贿赂公行，如元晖为吏部尚书，公开标价卖官，大郡二千匹，次郡一千匹，下郡五百匹。加上贵族官僚疯狂掠夺土地，迫使广大农民破产，致使均田制名存实亡，农民流亡严重。再者佛教寺院的盛行，使寺院成为剥削、迫害人民的场所。人民忍无可忍，纷纷起来反抗，北方农民起义前后延续达八年之久，席卷河北、山东、内蒙、关陇广大地区。在农民起义的冲击下，北魏政权内部矛盾重重，各地方势力亦乘势起兵割据。

各地方割据势力最大的是东方的高欢和关中的宇文泰。高欢以六镇起义队伍为基础，南下据冀州，在当地门阀地主支持下，进兵洛阳，杀北魏节闵帝，立元修为傀儡。公元 534 年，元修与高欢矛盾，逃奔关中依靠宇文泰，高欢立元善为孝静帝，迁都邺，史称东魏。而元修到关中不久被杀，宇文泰立元宝炬为文帝，建都长安，史称西魏。

东西魏的建立，标志着北魏王朝的结束。

第二节　北魏的法律思想和立法概况

一、北魏的法律思想

北魏立法的指导思想同儒家思想分不开，总的说来继承了汉律的立法思想。就其发展沿革而言，其立法思想应以孝文帝即位作为分界线，分为两个时期。

1. 北魏初期的法律思想

鲜卑拓跋氏在进入中原之前，既无文字，也无法律，保留了原始习俗，所以谈不上什么法律思想。进入中原之后，才开始注意运用法律手段进行统治。

北魏建立之前，法律与军法往往结合在一起，无明显差别，《魏书·刑罚志》载："穆帝时，刘聪、石勒倾覆晋室。帝将平其乱，乃峻刑法，每以军令从事。民乘宽政，多以违命得罪，死者以万计，于是国落骚骇。""昭成建国二年：当死者，听其家献金马以赎；犯大逆者，亲族男女无少长皆斩；男女不以礼交皆死。"这说明当时的法律指导思想是以严刑峻法为主，于是导致国家衰落，人民怨恨。所以拓跋珪第一次正式修律时，其中一项就是"除其酷法，约定科令"[①]。

严刑酷法的指导思想，在拓跋珪之后并未有多大改变。拓跋焘时，令崔浩定律，腰斩、宫刑、轘刑、沈命等酷刑比比皆是，甚至到了太和五年，法律仍有"门房之诛十有六"，死刑达二百三十五条。"门房之诛"起于北魏之初，《魏书·崔浩传》载，拓跋珪杀崔浩，"清河崔氏无远近，范阳卢氏（崔之母族）、太原郭氏（崔之妻族）、河东柳氏、皆浩之姻亲、尽夷其族"。说明这种古代连坐的酷刑在这个时期有了新的发展。

2. 元宏（魏孝文帝）的法律思想

北魏孝文帝由于年幼登基，在其祖母太皇太后冯氏的支持下，拉开了政治、经济、文化诸方面的重大改革的序幕。冯太后死后，孝文帝更积极地推行改革。他本人非常重视法律，其慎刑恤狱思想对改变北魏的司法专横残暴的重刑思想，起了积极的作用。《魏书·良吏传》载："高祖肃明纲纪，赏罚必行，肇革旧轨，时多奉法"。使北魏出现一个政治比较清明、

---

① 《通典·刑法二》。

社会比较稳定的时期。

（1）运用法律手段进行改革

孝文帝在推行汉化，改革鲜卑旧俗过程中，为了使之加快步伐，他运用法律手段，大刀阔斧地进行改革。《魏书 · 高祖纪》载，太和七年，下令同姓间不得婚娶，“有犯者以不道论”。太和十一年，复“乡饮酒”。诏曰：“乡饮礼废则长幼之序乱。孟冬十月，民闲岁隙，宜于此时导以德义。可下诸州、党、里之内，推贤而长者教其里人：父慈、子孝、兄友、弟顺、夫和、妻柔。不率长教者，具以名闻。”至于他推行的一系列改革措施，均用法律手段促进了鲜卑族的封建化过程。孝文帝的这一思想，同他从小好读经史不无关系。

（2）重法律、明法纪

孝文帝以重视法律著称，在其亲政十多年间，先后四次亲自参与立法修律活动，而且亲自执笔定刑。《九朝律考 · 后魏律考序》曰：“孝文用夏变俗，其于律令，至躬自下笔，凡有疑义，亲临决之，后世称焉。”说明孝文帝对法律制定重视的程度，他清楚地认识到“法为治要”，治理国家不能没有法律。《魏书 · 高祖纪》载孝文帝坚持法律“悬赏于朝，而有功者必縻其赏；悬刑于市，而有罪者必惧其辜。斯乃古今之成典，治道之实要”的原则。

除了重视法令外，孝文帝在遵守法律方面还能做到身体力行，当决定从平城迁都洛阳时，太子元恂属于保守派，反对迁都，他和北魏政权中鲜卑族元老穆泰、元丕、陆睿等联合起来与之作对。公元 496 年，元恂企图逃回平城发动叛乱，孝文帝“引恂数罪”，先以杖之，后建议废之，众大臣为之说情，孝文帝说：“卿所谢者，私也；我所议者，公也。古人有言：大义灭亲。……此小儿今日不灭，乃是国家之大祸。”即把其废为庶人。后来元恂不改，仍和左右商量谋反，最后孝文帝将其处死。

（3）慎刑罚，反对滥刑

孝文帝在强调法律为治道之实要时，同样强调“民命为尤”。据《魏书·高祖纪》记载，“廷尉者，天下之平，民命之所悬也。朕得惟刑之恤者，仗狱官之称其任也”。这是孝文帝慎刑思想的具体表现。

北魏之初创设“门房之诛”的酷刑。《魏书·刑罚志》记，孝文帝于太和十一年下诏曰：“前命公卿论定刑典，而门房之诛犹在律策，违失《周书》父子异罪，推古求情，意甚无取，可更议之，删除繁酷。”实际上早在延兴四年，他就已经下诏提及门房之诛的刑罚，使他感到“朕为民父母，深为愍悼”。故规定除谋反，大逆等罪，余者罪止其身。太和三年，又下诏修改律文“除群行劫首谋乃诛，律重者止枭首”。说明在太和十一年前，他已为取消门房之诛刑作准备，而太和十一年更有废除之想法。

孝文帝反对法吏滥施刑具，刑讯逼供。《刑罚志》载：“时法官及州郡不能以情折狱，乃为重枷，大几围，复以缒石悬于囚颈，伤内主骨。更使壮卒迭搏之，囚率不堪，因以诬服。吏持此以为能。帝闻而伤之。乃制：非大逆有明证而不款辟者，不得大枷。”并指令对狱中囚徒要给予一定的人道主义待遇等。孝文帝的这些做法，虽无法消除狱政之暴虐，但在一定程度上反映他的慎刑思想。

（4）强调以礼指导立法和司法

中国封建正统的法律思想自西汉确立之后，儒家的理论不断被引入法律之中。魏孝文帝虽生于北方，但他也继承了这一传统，强调儒家的礼制应在法律中得以体现或直接纳入。

《魏书·礼志》记他曾说过：“夫先王制礼，所以经纶万代，贻法后昆。”《魏书·刑罚志》载，太和元年下诏曰：“刑法所以禁暴息奸，绝其命不在裸形。其参详旧典，务以宽仁。”这是针对当时处死刑，斩者皆裸体受之而发布的诏令。在这里，孝文帝强调“宽仁”二字。他又认为，法律和刑罚的作用是极有限的：“民由化穆，非严刑所制。防之虽峻，陷者弥甚。”说明用法虽严，搞得不好往往起反作用。故在诏书中一再强调“齐之以法，示之以礼者也”。用礼来指导立法和司法活动。

孝文帝对中国传统的礼治了解得非常深刻，特别是对礼的核心内容孝义尤为重视。《魏书 · 刑罚志》载，太和十一年春，下诏曰："三千之罪，莫大于不孝，而律不逊父母，罪上髡刑，于理未衷，可更详改。"言下之意，据当时北魏制，"不逊父母"法律仅处以髡刑，他认为太轻，应予加重为妥，在修改法律时应注意这一点。太和十二年又下诏："犯死罪，若父母，祖父母年老，更无成人子孙，又无期亲者，仰案后列奏以待报，著之令格。"在他看来，如果依法该处死的人，其父母、祖父母年老又无其他亲人赡养，可以在法律规定相当于后世的存留养亲，使之成为一种制度。此目的在于国家法律必须在礼的指导下加以实现。

他还认为，在刑罚运用上也必须体现礼的原则。《刑罚志》载，孝文帝曾说过，死刑分为两种，即斩与绞；斩者伏质，入死者绞。但是往往在处刑时不依法办事，犯死者同入斩刑，并皆裸体而斩。他说，裸体是为了耻之，但人处死了已令人感到可耻，何必再以裸耻之。"去衣裸形，男女媟（意同亵）见，岂齐之以法，示之以礼者也！"他认为这是违反礼的行为，有碍风化。为此，下令"大盗及贼各弃市袒斩，盗及吏受赇各绞，刑踣者诸甸师"。这样既区分了斩、绞的差异，又体现了礼的区别对待原则。

从孝文帝对法制建设的一些思想可见，他的政治、经济、文化等方面的改革，加速封建化的一系列措施，同他在重礼、慎刑的法律思想指导下，用法律手段加以推行是分不开的。这也使我们看到，孝文帝的法律思想，在中国法律文化史上占有一定的地位。

二、北魏的立法活动

《魏书 · 刑罚志》曰："魏初，礼俗纯朴，刑禁疏简。宣帝南迁，复置四部大人，坐王庭决辞讼，以言语约束，刻契记事，无囹圄考讯之法，诸犯罪者，背临时决遣。神元因循，亡所革易。"这说明在入主中原之前，拓跋部尚无文字也无成文法律的制定，用原始习惯来判决犯罪和解决部落中的纠纷，鲜卑族刚跨入阶级社会的门栏，但已出现了政权和法制的萌芽。

从公元 386 年拓跋珪创立北魏，传到最后一代出帝元修（孝武帝）承熙三年（公元 534 年）为止，北魏共十二代，一百四十九年，其间曾经进行了九次修改制定法令的活动，最后出现了北魏律。据《隋书·经籍志》记有“魏律十二卷”，但到唐末即已佚失，故无法准确了解《北魏律》的篇目及具体内容，但据程树德《九朝律考·后魏律考》说，魏律有刑名律、法例律、宫卫律、违制律、户律、厩牧律、贼律、盗律、斗律、系讯律、诈伪律、杂律、捕亡律、断狱律等十五篇。程树德是根据《魏书·刑罚志》、《通典》等史书记载考出的，但从《隋志》及羊衒之所著《洛阳伽蓝记》记载，北魏律当有二十篇。《隋志》也说后魏律二十卷，从北齐律、北周律看，一篇当为一卷。但从晋律、后周律、梁律有请赇、告劾、关市、水火的内容看，这四篇也当为魏律中内容，至于婚姻一篇因北齐律有婚户律一篇。由此观之，此后之五篇也当为北魏律之篇目，但在未断定之前，姑且存疑。

北魏修订法律的过程，现据文献记载叙述如下：

第一次订律在魏太祖拓跋珪天兴元年（公元 398 年）。据《魏书·刑罚志》云：“太祖幼遭艰难，备尝险阻，且知民之情伪。及在位，躬行仁厚，协和民庶。既定中原，患前代刑网禁密，乃命三公郎王德除其法之酷切于民者，约定科令，大崇简易。”从《魏书》记载来看，拓跋珪入主中原，建立北魏，接受了中原地区的先进生产方式，以汉族为榜样来建立自己的政治制度，制定法律。

魏世祖拓跋焘即位之后，于神䴥四年（公元 431 年）北魏第二次修订律令。《魏书·刑罚志》云：“世祖即位，以刑禁重，神䴥中，诏司徒崔浩定律令。”这就是所谓神䴥律令。这次修律的主要内容是：“除五岁四岁刑，增一年刑。分大辟为二科死，斩死，入绞。大逆不道腰斩，诛其同籍。年十四以下腐刑，女子设县官。害其亲者，轘之。为蛊毒者，男女皆斩，而焚其家。巫蛊者，负羖羊（黑色公羊）抱犬沈诸渊。当刑者赎，贫者加鞭二百。畿内富者烧炭于山，贫者役于圊溷（厕所），女子入舂槀；其固疾不逮于人，守苑囿。王官阶九品，得以官品除刑。妇女当刑而孕，产后百日乃决。年十四以下，降刑之半；八十及九岁，非杀人不坐。拷讯不逾四十九。”这次修律令采取了较多的宽刑省罚的措施。沈家本指出，神䴥修律令，参考中国古代法制，“后魏律令，此其一变也”。意思是说北魏律的最后形成，在这次修律中奠定了基础。

太武帝拓跋焘正平六年（公元 451 年）北魏第三次修订律令。《魏书 · 世祖纪》载：“诏曰：‘夫刑网太密，犯者更众，朕甚愍之。有司按律令，务使厥中。自余有不便于民者，依次增损。’诏太子太傅游雅、中书侍郎胡方回等改定律制。”此次修订律令主要原因是拓跋焘认为刑律，尤其是盗律太重，如当时初定盗者，赃至四十匹则处死，后因不止，故改为赃三匹则处死，这样一来判刑的人越来越多，故恢复过去盗赃四十匹才处死之旧制。增加故纵，通情，止舍之法及其他罪，计三百九十一条。虽然恢复了原来的盗法，但总的看来还是相当严厉的。这次修订的律令通称为正平律令，以示区别于前之神䴥律令。

魏高宗拓跋濬登位之时，没有制定法律，而是“遵旧式”。到了太安四年（公元 458 年），北魏第四次修订刑律。《魏书 · 刑罚志》曰：“太安四年，始设酒禁，是时年谷屡登，士民多因酒致酗讼，或议主政。帝恶其若此，故一切禁之，酿、沽饮皆斩之，吉凶宾亲，则开禁，有日程。增置内外候官，伺察诸曹外部州镇，至有微服杂乱于府寺间，以求百官疵失。其所穷治，有司苦加讯恻，而多相诬逮，辄劾以不敬。诸司官赃二丈皆斩。又增律七十九章，门房之诛十有三，大辟三十五，刑六十二。”《通典》也有相同的记载。从高宗文成帝太安四年修律看来，增加了不少法律条章，也就是又增加了犯罪的条款，加强了司法镇压。

北魏在孝文帝太和三年（公元 479 年）第五次修律。孝文帝元宏是北魏时期著名的政治家，对法制建设较为重视，采用慎刑慎罚原则。《魏书 · 刑罚志》曰：“先是以律令不具，奸吏用法，致有轻重。诏中书令高闾集中秘官等修改旧文，随例增减。又敕群官，参议厥衷，经御刊定。五年冬讫，凡八百三十二章，门房之诛十有六，大辟之罪二百三十五，刑三百七十七；除群行剽劫首谋门诛，律重者枭首。”这次修律动作较大，用了两年时间。虽然孝文帝强调慎刑、宽政，但从律修订的内容观之，仍然越来越苛刻，门诛、大辟，比旧律增加了不少。

北魏第六次修律活动也就是孝文帝时的第二次修改律令，时间在太和十五年到十六年之间。据《魏书·高祖纪》说，太和十五年五月乙亥，“议改律令”。十六年四月丁亥朔，“班新律令，大赦天下”。说明这次修律与前次不同，并非对旧律进行某些条文的增损，而是制定一部新律。这次制订新律是魏高祖元宏亲自参预下进行的，并对这次参加制定律令的官员给予不同的赏赐，《魏书·高祖纪》载，十七年“二月乙酉，诏赐议律令之官各有差”。参加这次制定律令的有中书侍郎封琳，侍中南平王冯诞，尚书令怀谦、奉朝清高绰等。

第七次修律在孝文帝太和十九年。此次修律负责人为律博士常景。据唐释道宣所撰《高僧传·卷一》载：“常景，河内人，……太和十九年，高祖擢为修律博士，有诏，令刊定律格，永成道式。景乃商榷古今，条贯科献，即魏律二十篇是也。”

魏世宗元恪正始元年（公元504年），对太和律令进行了修改，此为北魏第八次修律。《通典》载：“宣武帝正始初，尚书令高肇等奏曰：‘杖之小大，鞭之长短，令有定式，但枷之轻重，先无成制。请造大枷长丈三尺，喉下长丈，通颊木各方五寸，以拟大逆反叛。’自是枷杖之制，颇有定准……”说明高肇对于刑具提出建议，开始对刑律的修改提出意见。所以《魏书·宣武帝本纪》曰：“正始元年冬十二月乙卯，诏群臣议定律令。”元恪这次修律目的在于标榜宽政，对刑具规定了法定的定式。这次议定律令人员为尚书殿中郎袁翻、门下录事常景、孙绍、廷尉监张彪、律博士侯坚固、治书侍郎御史高绰等。从议律参加人员看来，系来自各个方面，集思广益，以期垂一王之法，故有“永作通制”之言。

北魏最后一次修律令是在魏出帝元修太昌元年（公元532年）。《魏书·出帝纪》载，五月丁未诏曰："理有一准，则民无觊觎；法启二门，则吏多威福。前主为律，后主为令，历世永久，实用滋章。非所以准的庶品，提防万物。可令执事之官四品以上，集于都省，取诸条格，议定一途，其不可施用者，当局停记。新定之格，勿与旧制相连。务在约道，无致见滞。"这次修律的具体内容不详。

第三节　北魏的行政法律制度

北魏拓跋氏起于北方，起初风俗简陋。《魏书·序纪》载，什翼犍建国二年（公元 339 年）"春，始置百官，分掌众职"。但北魏真正置官是在魏孝文帝时。《魏书·官氏志》记述："太和中，高祖召群寮议定百官，著于令。"说明太和年间颁布过百官令，以法律形式确立百官职位。

一、北魏官之品位

官品之制始于曹魏，为九品中正制。北魏亦分九品，每品中还分正从二等，如一品中有正一品与从一品之分。但在一品之正、从中，又分为上中下，故一品官中又分为六等。到了太和二十三年，高祖孝文帝次《职令》，宣武帝时颁布之，四品以下，正、从各分上、下阶，则一品之中分为四等。

二、北魏的中央行政管理体制

1. 三师与三公

西汉以来，中央设三师（上公）——太师、太傅、太保，到东汉之后，仅存太傅。三国之际，置三公，为太尉、司徒、司空。

西晋时，由于士族地主势力的发展，为了照顾他们的名望及给予一定的政治地位，把汉魏以来之三公发展为八公：太尉、司徒、司空、太宰（原为太师）、太傅、太保、大司马、大将军。这些人地位甚高，其秩甚厚。

据《魏书·官氏志》记载，北魏仍保留太师、太傅、太保（以上为三公，以有勋德之人居之，皆为正一品，作为"以导常、无常职"，下有长史、司马、咨议参军等属官），另设大司马、大将军、太尉（以上掌武事），及司徒（掌民事）、司空（掌水土），均有属官，品秩亦为正一品。但太师、太保、太傅、大司马、大将军为第一品上，而太尉、司空、司徒为第一品中，说明八公之间仍有一些区别。

2. 三省的设置

（1）尚书省

东汉始设尚书台，操政治实权，置于少府之下，但机构不完备。到了魏晋之后，尚书台逐渐脱离少府，分工更为严密。西晋时出现尚书省，尚书令担任宰相之职，开始侵夺九卿、三公之权。

北魏置尚书台，有录尚书事一职，是皇帝之下握有实权的最高职位。北魏宣武帝元恪时，北海王拓跋详录尚书事，"凭寄无替，军国大事，总而裁决"，说明录尚书事权力之大。但录尚书事非常设之官，而尚书省的最高长官经常是尚书令，尚书令为正二品。

尚书省除尚书令外，还有左右仆射辅之，尚书省分设六尚书：吏部（掌全国官吏的铨选）；殿中（掌朝廷礼仪之事）；祠部（相当后来礼部，掌祭祀之事）；五兵（即后来之兵部）；都官（相当于后来刑部，掌军事刑狱）；度支（统度支、仓部、左户、右户、舍部郎中，即隋代之民部，唐代之户部）。尚书省由于有严密的组织体系及分工，成为处理全国各项行政事务的中枢机构。北魏对尚书省非常重视。《魏书·广陵王羽传》载："高祖（孝文帝）谓尚书等曰：'尚书之任，枢机是司，岂惟总百揆，缉和人务而已，朕之得失，实在于斯。'"

（2）门下省

《唐六典》卷八云："自晋始有门下省。"但三国时魏国已有门下之称。门下省长官为侍中，正三品，低于尚书令。侍中，秦汉已有此官，主要是主管皇帝生活事务，汉武帝后参与政治，魏晋以来主要职掌已转向政治，作为进谏之职。北魏北齐侍中主要职责为献纳谏正及进御。侍中下有给事黄门侍郎。黄门侍郎在北魏时的重要职权是起草诏令。《魏书 · 恩幸传 · 徐纥传》载，徐纥在魏宣武帝时任给事黄门侍郎兼中书舍人，“总摄中书门下之事，军国诏令，莫不由之”。

（3）中书省

中书省始于魏晋时代。北魏以中书省为西台，中书省长官谓中书监、中书令，并设中书侍郎四人，职掌机密。中书侍郎下设中书舍人，掌起草文书，但地位没有南朝高，因为当时鲜卑人文化程度低，故中书舍人往往为汉人知识分子担任，但又不予信任。

3. 九卿

北魏自孝文帝太和十五年起，九卿增设少卿一人。到北齐又把诸卿改为寺，称九寺。

太常卿：职管天地，兼掌陵庙、礼乐仪制、天文术数、衣冠等。

光禄勋：掌膳食、帐幕、器物、宫殿门户等事。

卫尉卿：掌管宫门禁卫之事。

太仆卿：负责车辇、马牛、畜产之属。

廷尉卿：职掌司法审判。

鸿胪卿：职掌宾客、朝会、吉凶吊祭之事。

宗正卿：掌皇室属籍。

司农卿：掌仓市薪菜，园池果实事。

太府卿：北魏初无太府，太和中改少府为太府卿，掌金帛府库、营造器物等。

三、北魏的地方行政管理体制

北魏的地方官制亦是受南朝影响。京师长官，北魏初立代尹，后改为万年尹；迁都洛阳后，置河南尹。京畿地区，设置司州牧，统管洛阳诸郡。其他地方分三十七州，置刺史领之，这一制度厘定于孝文帝时。州下设郡，郡下为县。北魏地方政权组织实际上承继了东汉末年的体制。

1. 州

据《魏书·官氏志》载，北魏初，拓跋珪“皇始元年（公元 396 年）始建曹省，备置百官，封拜五等外职则刺史”。说明州刺史之官置于此时。“天赐二年（公元 405 年）……又制诸州置三刺史，刺史用品第六者，宗室一人，异姓二人，比古之上中下三大夫。”孝文帝时改革官制，地方州设刺史，这个时期才确定下来。州刺史为地方最高长官，管理诸郡县。

2. 郡

郡为州下的地方行政机关，北魏京都地区谓河南尹。外郡置太守三人为长官，主全郡政务，称“郡置三太守，用七品者”。三太守为北魏前期所置，但未见到实例。北魏郡太守下设郡中正二人，录事、户曹掾、金曹掾、租曹掾、法曹掾、集曹掾等。

3. 县

《魏书·官氏志》载，天赐二年“县置三令长，八品者”。同三太守一样为北魏前朝所置，但未见实例。郡县的三人共管不像三刺史那样明确为异姓二人，宗室一人的规定。

县为郡下地方行政机关，大县为令，小县为长，令长为一县之长官，下有属官及佐史几十人。

4. 三长制

北魏初，由于一些豪族大地主在地方上建立以宗族为单位的基层组织，称为坞、壁、垒、堡等自卫小城，实行宗主督护制。后来经过大小坞堡之间的兼并，往往在一个地区形成一个强大的坞堡为首的坞堡群，相当于一种割据势力。许多农民也跑到坞堡以求保护，这就出现了众多的荫户。据《魏书·李冲传》说：“民多隐冒，五十、三十家方为一户。”不但不利于中央集权，还严重地影响国家财政收入。为此到了孝文帝时，决心展开从宗主那里争取民户的斗争，于太和十年（公元486年）采纳李冲建议，强化县级以下的地方组织，确立三长制度。

所谓三长制，就是党、里、邻三长。五家为一邻，置邻长一人，五邻为里，置里长一人，五里为党，置党长一人。实际上是与沿行已久的封建什伍组织相同。三长本身充官役。而邻长、里长、党长家里又分别可有一人、二人、三人得免官役。实际上就是一党一百二十五家中免官役达五十六人。

三长制成立后的第一步工作是校比户口，造户籍，孝文帝在确立三长制后，搜括荫户是重点，因而引起大地主的不满，“豪富并兼者，尤弗顾也”。但由于农民因政府授以土地，成为政府的编户农民，当然愿意脱离宗主，这样一来，不但政府收入增加，农民也得到好处，大地主必然要反抗。《魏书·高祖纪》曰，孝文帝于太和十四年（公元490年）十二月下诏：“依准丘井之式，遣使与州郡宣行条制，隐口漏丁，即听附实。若朋附豪势，陵抑孤弱，罪有常刑。”由于依靠王权的力量加上三长得利于免役而卖力检括户口。为均田制的实行奠定了很好的基础。但从行政管理制度而言，三长制的建立实际上是健全了北魏县以下基层组织。

四、北魏官吏的管理制度

1. 官吏的选任

（1）爵勋制度

北魏的爵制，道武帝拓跋珪皇始元年（公元396年），定为王、公、侯、伯、子、男六等之爵制。天赐元年（公元404年）改为王、公、侯、子四等，除去伯、男之号，但后又恢复。孝文帝延兴年间，规定凡假爵而在官无政绩者，取消所假爵位，假爵者不得世袭。所谓假爵者，就是孝文帝在改革官制时，以前镇将与刺史可假与公候等爵，他们与王室爵位不同。《魏书·高祖纪》载，太和十六年（公元492年），规定“诸远属非太祖（拓跋珪）

子孙及异姓为王皆降为公，公为侯、侯为伯，子男仍旧”。太和十八年，对爵等食邑作了规定：“诏王、公、侯、伯、子、男开国食邑者：王食半，公三分食一，侯、伯四分食一，子、男五分食一。”说明封爵制度，北魏也进一步汉化和封建化。

（2）征辟与察举

这一制度是汉代以来选拔人才任官的重要制度，北魏也继承这一制度。《魏书·前废帝广陵王羽纪》记载，晋泰元年（公元531年）节闵帝元恭于“庚寅诏天下有德孝仁贤忠义志信者，可以礼召赴阙，不应召者以不敬论”。

北魏统治集团对贡举人才颇为重视。孝文帝太和十九年十月，诏州郡：“诸有士庶，经行修敏，文思遒逸，才长吏治，堪于政事者，以时发遣。”再如《魏书·肃宗纪》记载，北魏孝明帝孝昌元年下诏：“令第一品以下，五品以上人，各荐其所知，不限素身居职，必使精辩器艺，具注所能，然后依牒简擢，随才收叙。”孝明帝求才采用贡举办法，并强调选官的质量而不限出身。《通典·选举二》也记录了孝庄帝时，被举者以德行、文艺、政事三方面录用。还规定，能举善者三人以上，县令、郡守、刺史可赏一阶，如果举非其人即黜一阶，这样就可以防止滥举现象的出现。

（3）任子制度

任子制起于秦汉之时，北魏亦依汉制，二千石以上高级官吏“得一子解褐”。褐为兽毛或粗麻制成的短衣，古为贫贱人所服，后成为贫贱者之代称。杜预注《左传》时说：“褐，寒贱之人。”解褐就是脱去百姓衣服穿上官服。

（4）买官入仕

西汉就有用钱买官入仕的制度。北魏也实行过买官入仕的办法。如《魏书·肃宗纪》载，孝昌三年（公元527年）为了弥补国家财政困难，曾下诏卖官：“凡有能输粟入瀛、定、岐、雍四州者，官斗二百斛赏一阶；入二华州者，五百石赏一阶。不限多少，粟华授官。”这就是入粟拜官。《魏书·食货志》载孝庄帝时颁布过卖官制度及其价格：“职人输七百石，赏一大阶，授以实官。白民输五百石，听依第出身，一千石，加一大阶；天第者输五百石，听正九品出身，一千石加一大阶。诸沙门有输粟四千石入京仓者，授本州统，若无本州者，授大州都；若不入京仓，入外州郡仓者，三千石，畿郡都统，依州格，若输五百石入京仓，授本郡维那，其无本郡者，授以外郡；粟入外州郡仓七百石者，京仓三百石者，授县维那。”这里规定了不但职官可出粟买官，平民百姓亦可依此为之。北魏甚至出现大臣卖官的记载，《魏书·昭成子孙列传》载，吏部尚书元晖“纳货用官，皆有定价，大郡二千匹，次郡一千匹，下郡五百匹”。

除卖官外，北魏末年还有卖爵的记载，《魏书·食货志》载：“庄帝初，承丧乱之后，仓廪虚罄，遂班入粟之制，输粟八千石，赏散侯；六千石，散伯；四千石，散子；三千石，散男。”从这里看来，爵位最高卖到散侯，王、公之爵位是不出售的。

（5）以资历选用

北魏孝明帝时，吏部尚书崔亮制定了《停年格》，规定武人退役，以停解之日月为断，依年资深浅而定选用的程序。因为当时武人退出军队之后，争相为官。《停年格》的制定解决了这个问题。

2. 官吏的考课

（1）三考黜陟制

《魏书·高祖纪》载，孝文帝太和十八年九月申朔下诏：“三载考绩自古通经，三考黜陟，以彰能否，今若待三考然后黜陟，可黜者不足为迟，可进者大成赊缓，是以朕今三载一考，考即黜陟，欲令愚滞无妨于贤者，才能不壅于下位。各令当曹考其优劣为三等。六品以下者黜之，尚书重问；五品以上，朕将亲与公卿论其善恶。上上者迁之，下下者黜之，中中者守其本任。”孝文帝临朝堂，亲加黜陟。太和十九年十月壬戌，“诏诸州牧：精品属官，考其得失，为三等三种以闻，将亲览而升降焉”。这说明北魏孝文帝改革官制后，非常重视对官吏的考课，规定官吏三年一考定优劣以确定升迁或黜之。但从宣武帝正始二年（公元 505 年）以后就停止实行，直至永平四年（公元511年）宣武帝才又恢复。延昌三年八月甲申，宣武帝临朝堂，考百司而加黜陟。

（2）静郡县为考课重要内容

静，为镇压造反使其社会安宁。孝文帝延兴三年（公元473年），发布奖励守令静郡县的诏令："诏县令能静一县劫盗者，兼治二县，即食其禄；能静二县者，兼治三县，三年迁为郡守。二千石能静二郡，上至三郡，亦如之。三年迁为刺史。"很明显，北魏把镇压造反有功者——静郡县作为官吏考课的重要内容，而所谓劫盗即为无法生活的劳动人民的反抗行为。

3. 官吏的俸禄制度

（1）北魏初官吏无禄

北魏立国后，百官无禄，起初靠战争掠夺来的财富，分赏官兵。进入中原之后，不能再靠战争掠夺，于是统治者任由官吏去贪污受贿和掠夺，出现了官吏多贪赃枉法的腐败局面。史载，孝文帝延兴三年，问其守宰治状，不贪污的没有几个，但孝文帝认为没有办法，只好下诏"特原其罪"。又载，孝文帝由于很清楚贪官污吏引起"贼盗"并兴，"侵劫滋甚，奸宄之声屡闻"，如此下去，必然影响到政权的巩固，放下决心对官制进行改革。

（2）班禄制

太和八年，孝文帝改革官制，进一步汉化，并颁行俸禄。《魏书·高祖纪》曰："八年六月丁卯诏曰，置官班禄，……禄行之后，赃满一匹者死。"《食货志》记载："太和八年，始准古班百官之禄，以品第各有差，……至是，户增帛三匹、粟二石九斗以为官司之禄。"说明北魏的官禄制实行于太和八年，其来源是增加税收，并随之制定惩治官吏贪污条例。自此，北魏的政治开始呈现了清明的景象。《魏书·孝忠传》曰："太和中，军国多事，高祖以用度不足，百官之禄四分减一。"到魏孝庄帝以后，百官又绝禄。

4. 致仕制度

北魏对官吏致仕年龄规定为七十岁。《魏书·肃宗纪》曰："今庶僚之中，或年迫悬车，循礼宜退。但少收其力，老弃其身。言念勤旧，眷然未忍……如此之徒，虽满七十，听其莅民，以终常限。或新解郡县，或外佐始停，已满七十，方求更叙者，吏部可依令不奏。”这一诏令颁于正光四年（公元523年），从这一规定可见，退休年龄为七十岁，但体弱多病者可提前致仕。“但其有高名俊德，老成髦士，灼然显达，为时所知者，不拘斯例。”

第四节　北魏的刑事法律制度

北魏的刑事立法在其法制建设中占有最为重要的地位。早在公元314年，猗卢被封为代王时，北魏就开始出现了刑事立法的萌芽。

北魏建立后，为了统治中原地区的汉族和少数民族，拓跋珪开始注意运用法律手段进行统治。从拓跋珪起，历经焘、浚、宏、恪、修六代皇帝的多次修订法律，到元恪（魏世宗宣武帝）时，北魏出现了一部较为系统的以刑法为核心的《北魏律》，共二十篇，从此“循变协时，永作通制”。

一、北魏刑事立法的主要内容和原则

1. 刑事立法的主要内容

北魏律学习汉族统治者的统治经验，吸取了魏晋法律的许多内容，形成了自己的刑事法律规范。

（1）维护皇帝尊严

为了维护最高统治者的尊严，使臣民效忠尽职，北魏律中有“大不敬”“不敬”“大逆”等罪名的规定。《魏书 · 刑罚志》记载说：“昭成建国二年：当死者，听其家献金马以赎，犯大逆者，亲族男女无少长皆斩。”拓跋焘时，令崔浩定律令。其中对大逆罪作了如下规定：“大逆不道腰斩，诛其同籍。年十四以下腐刑，女子没县官。”拓跋弘时，曾规定：“不以实闻者，

以大不敬论。”《魏书·前废帝纪》曰：“普泰元年，诏天下有德孝仁贤忠义忠信者，可以礼召赴阙，不应召者，以不敬论。”因此，对皇帝的不尊视为一种严重的犯罪行为，处罚极为严厉。北魏法律规定，对“谋反”者一律枭首，“其子孙虽养他族，追还就戮”。

从这些记载可见，对谋反、大逆、大不敬一类犯罪、处罚极重。其他死罪可用金马赎，这些罪不许赎。尽管北魏罢门房之诛，但对这类犯罪者却不在此列。

（2）维护封建等级特权

北魏继承《曹魏律》中“八议”的规定，对贵族官吏给予法律上的特权。《礼志》明确规定“国家议亲之律，指取天子之玄孙”。《北史·景穆十二王传》载：“律云，议亲者，非惟当世之属亲，历谓先帝之五世。”《王叡传》载：“诏叡与东阳王丕同入八议，永受复除。”说明北魏对享有八议之特权者，犯罪可以得到除免的特权。

北魏法律中还有“官当”之规定。《刑罚志》载：“法例律：‘五等列爵在官品令从第五，以阶当刑二岁；免官者，三载之后听仕，降先阶一等。’”实际上，早在拓跋焘时就有类似官当的规定。神麚年间。司徒崔浩定律令，其中就有“王官阶九品，得以官爵除刑”。到元恪时更为明确，具体规定：“自王公以下，有封邑，罪除名，三年之后，宜各降本爵一等，王及郡分降为县公，公为侯，侯为伯，伯为子，子为男，至于县男则降为乡男。五等爵者，亦依此而降，至于散男。其乡男无可降授者，三年之后，听依本品之资出身。”

在执行死刑过程中，北魏对官吏、大臣多不公开执行，太和年间成为定制。如《李彪传》曰：“自太和以降，有负罪当陷大辟者，多得归第自尽。”《李洪之传》亦曰：“高祖亲临教之，以其大臣，听在家自裁。”

（3）加强吏治

官吏是国家机器正常运转的保证，因此，北魏政权比较注意对官吏的管理。魏世祖拓跋焘太延三年（公元437年）曾发布过命令：“诏天下吏民，得举告牧守之不法。”北魏存在过一个严重问题，即官吏贪污成风，势不可止。特别是班禄制实行之前，由于官吏无俸禄，贪赃枉法盛行，人民深受其害。拓跋珪曾遣使巡行天下，举奏守宰不法者，但收效不大。明元帝拓跋嗣继续进行督察，考核官吏守法与否，同时作为官吏升降的条件。高宗拓跋濬时规定“诸司官赃二丈皆斩”。尽管如此，吏治没有多大好转。

孝文帝太和八年实行班禄制，拨给地方官吏以公田和俸禄。班禄之后，法律规定给贪污以重处。《魏书·刑罚志》载：“律：‘枉法十匹，义赃二百匹大辟。’至八年，始班禄制，更定义赃一匹，枉法无多少皆死。是秋遣使巡行天下，纠守宰之不法，坐赃死者四十余人。食禄者跼蹐，赇谒之路殆绝。帝哀矜庶狱，至于奏谳，率从降恕，全命徙边，岁以千计。京师决死狱，岁竟不过五六，州镇亦简。”

班禄之后，无法抑制官吏贪污的欲望，俸外取材现象也大有人在。如河间王元琛，在定州当刺史时贪污受贿，名声很坏，连灵太后都说他“在定州，惟不将中山宫来，自余无所不至”。为此元琛被罢官，但后来仍用“金宝巨万计”贿赂宦官刘腾，不久又被任命为秦州刺史，这说明北魏后期贪污之风越演越烈。

（4）严厉镇压“贼盗”

《北魏律》二十篇，置贼、盗律于第八、九篇，继承了中国先前定律的成果，把贼、盗律置于其中，并以严惩为重要特点。

世祖时，法律规定“八十及九岁，非杀人不坐”。说明此时已严惩杀人，并把杀人看成比大逆罪还严重的罪行。熙平中，《魏书·刑罚志》记载“冀州妖贼延陵王买，负罪逃亡，赦书断限之后，不自归首。……依《贼律》，谋反大逆，处买枭首”。又“汝南王（元）悦坐杀人，免官”。这说明对于“贼”，不管是造反者，还是杀人者都在重处之列，连王室也不例外。

对于贩卖人口的处罚亦较重，在北魏律中归入盗律。《魏书·刑罚志》载，宣武宗元恪时，冀州阜城费羊皮母亡，无力葬之，卖七岁子与张回为婢，张回又转卖给梁定之。按北魏律规定：“掠人、掠卖人、私卖人为奴婢者，死。”因而依律处张回以绞刑。另外，法律还规定“卖子孙者，一岁刑”。又“卖子有一岁刑，卖五服内亲属，在尊长者死，期亲及妾与子妇流”。买人亲属而复决卖，处同掠罪。

《魏书·刑罚志》载：“孝昌以后，天下淆乱……，有司奏立严制：诸强盗杀人者，首从皆斩，妻子同籍，配为乐户；其不杀人，及赃不满五匹，魁首斩，从者死，妻子亦为乐户；小盗赃满十匹以上，魁首死，妻子配驿，从者流。”这里记录了北魏加强对盗贼的处罚，难怪侍中孙腾提出，依律，公私劫盗，罪止流刑。而今滥杀，盗贼更多，说明镇压越严厉无生计之百姓反抗更为厉害。

北魏法律对于盗窃罪的处置，几乎各个时期都有规定。魏世祖拓跋焘太平真君六年（公元445年）春，依《刑罚志》载：“初盗律，赃四十匹致大辟，民多慢政，峻其法，赃三匹皆死。正平元年（公元451年），诏曰：‘刑网太密，犯者更众，朕甚愍之。其详案律令，务求厥中，有不便于民者增损之。’于是游雅与中书侍郎胡方回等改定律制。盗律复旧，加故纵、通情、止舍之法及他罪，凡三百九十一条。门诛四，大辟一百四十五，刑二百二十一条。”这里记载了此前对盗赃三匹即处死，这次修律恢复了赃四十匹处死的规定。孝文帝时，更规定“群行剽劫首谋门诛，律重者枭首”。这是对团伙劫盗加重处罚的规定。魏世宗元恪时也规定“群盗强盗，首从皆同”。

为了阻塞赃物销售渠道，元恪时法律规定：“知人掠盗之物而故买者，以随从论。”具体处罚为：“知人掠良从其宜买，罪止于流。”目的在于“明禁暴掠之原，遏奸盗之本。”

2. 刑事立法的基本原则

（1）矜老恤幼原则

北魏继承了汉代立法原则之一的矜老恤幼的原则，对老人、年幼者及妇女在法律上给予一定的优待。拓跋焘即位时定律，其中有“妇人当刑而孕，产后百日乃决”之规定。又规定“年十四以下，降刑之半，八十及九岁，非杀人不坐”。故宣武帝元恪永平元年（公元508年）秋，元愉之妾李氏将刑，崔光奏曰：“伏闻当刑元愉妾李，加之屠割，妖惑扇乱，诚合此罪，但外人窃云，李今怀妊，例待分产，乞停李狱，以俟育孕。”当时世宗准许产后待决之。

《魏书·高祖纪》曰：“太和十二年正月，诏曰：镇戍流徙之人，年满七十，孤单穷独，虽有一妾，而无子孙，诸如此等，听解名还本。”又曰：“太和十八年八月，诏诸北城人年满七十以上及废疾之徒，校其元犯，以准新律，事当从坐者，听一事还乡，又令一子扶养，终命之后，乃遣归边。自余之处，如此之犯，年八十以上，皆听还。”《魏书·刑罚志》载孝明帝元诩熙平时，据法例律规定：“八十以上，八岁以下，杀伤论坐者上请。”说明八十以上，八岁以下犯杀伤罪时须向皇帝上请方可最后定罪。当时延陵地区有刘景晖者年方九岁，却犯妖言惑众罪，自称为“月光”，依此律必须处死。当时崔纂认为杀之无理，上请灵太后，灵太后同意“可谪略阳民”，不予处死。

（2）诬告反坐原则

《北史·景穆十二王传》记载：“肇、匡并禁，尚书推穷其原，付廷尉定罪。诏曰，可。有司奏匡诬肇，处匡死刑。”元恪时，宗室元匡与尚书令高肇有隙，元匡诬陷高肇，故廷尉认为依法律规定应处元匡死刑。后元恪恕其死，降职为光禄大夫兼宗正卿。不管如何，汉代之诬告反坐原则在北魏时继续适用。《魏书·宋维传》记载，宋弁之子宋维，与元义合谋陷害清河王元怿，致使元怿被囚禁于宫西别馆，灵太后反政之后，寻追其事，于是以诬告反坐而处死宋维。

（3）缓刑免刑原则

北魏刑法也体现了礼法结合的原则，首先出现了类似于“存留养亲”的规定，例同于古代之缓刑免刑原则。《魏书·刑罚志》载，孝文帝太和十二年诏：“犯死罪，若父母、祖父母年老，更无成人子孙，又无期亲者，仰案后列奏以待报，著之令格。”这是依礼，念犯者其亲年老无侍，特免以死刑的规定。至于缓刑的原则可见《魏律·法例律》，其中规定："诸犯死罪，若祖父母、父母七十以上，无成人子孙，旁无期亲者，具状上请。流者鞭笞，留养期亲，终则从流。不在原赦之例。"这说明北魏律法例篇中确有缓刑以留养其亲的规定，后世将其发展为"存留养亲"原则。

（4）发意、再犯从重原则

《魏书·刑罚志》曰："依律：'诸共犯罪，皆以发意为首。'"对再犯之处罚亦从重对待。《魏书·世宗纪》载，延昌二年（公元513年），下诏："其杀人、掠卖人、群强盗首、及虽非首而杀伤财主、曾经再犯、公断道路、劫夺行人者，依法行决，自余恕死。"说明再犯的处罚同于杀人、掠卖人、群强盗首等严重犯罪行为。

（5）疑狱以经义断决

北魏时，断狱也继承了汉代之春秋决狱制度。如《魏书·世祖纪》载，太平真君六年三月，"诏请有疑狱，皆付中书，以经义量决"。《刑罚志》曰："六年春，以有司断法不平，诏请疑狱皆付中书，依古经义论决之。"这些记载表明早在拓跋焘当政时，凡疑狱即以经义量决。据史书记载，为了适应春秋决狱之精神，高允据经义结合法律进行司法审判竟达到三十余年，取得了好的效果。

据《北史·张衮传》记太和初，怀州人伊祁、苟初三十余人谋反，文明皇太后欲尽诛一域人，白泽谏曰，以为《周书》父子兄弟，罪不相及，不诬十室，而况一州。太后听后只好作罢。此例说明春秋决狱精神在当时已贯彻到司法实践中去。

二、罪名

1. 犯上罪

《魏书·显祖纪》曰："不以实闻者，以大不敬论。"《辛雄传》："元匡复欲与棺谏诤，尚书令任城王澄劾匡大不敬，诏恕死为民。"《刑罚志》有

“大逆不道腰斩”的处罚记载。

2. 违制罪

《高宗纪》载，和平四年（公元463年）下诏：“名位不同，礼亦异数，所以殊等级，示轨仪。……今制，皇族师傅王公侯伯及士民之家，不得与百工伎巧卑姓为婚，犯者加罪。”太和二年五月，又下诏重申：“朕今宪章旧典，祗案先制，著之律令，永为定准，犯者以违制论。”看来，北魏对违制罪之规定尚不限定于婚姻关系上。

3. 不孝罪

《魏书·刑罚志》曰：“（太和）十一年春，诏曰：‘三千之罪，莫大于不孝，而律不逊父母，罪止髡刑。于理未衷，可更详改。’”《太武五王列传》曰：“其妻无子而不娶妾，斯则自绝，无以血食祖父，请科不孝之罪。”

4. 侵犯财产罪

关于侵犯公私财产的盗罪前已论及。北魏对此重处，甚至盗牛行为，亦“令笞杀之”。

5. 奸非罪

早在什翼犍时代就规定：“男女不以礼交皆死。”《魏书·刑罚志》载，神龟年间，兰陵公主附马都尉刘辉与县民张智寿妹容妃，陈庆和妹慧猛通奸。门下省处奏皆处死刑。皇帝元诩下诏二女恕死，髡鞭付宫。但尚书三公郎中崔纂却坚持说，虽律无正条，但罪合极法，要求把二女与刘辉一并处死。

6. 蛊毒、妖惑罪

《古弼传》曰：“有怨谤之言，其家人告巫蛊，俱伏法。”《窦瑾传》曰：“有诽谤咒诅之言，与弥陁同诛。”《刑罚志》记拓跋焘时定律令，其中就有“为蛊毒者，男女皆斩，而焚其家。巫蛊者，负羖羊抱犬沉诸渊”的法律规定。说明北魏时对迷信杀人行为处以较重的刑罚。

从《刑罚志》记载的案例可见，熙平中，延陵法权等人说月光童子刘景晖，“妖言惑众”，这位九岁童子据说能变为蛇雉，以此惑众。按常例，“妖言惑众，据律应死”。当时廷尉卿裴延儁主张处死，但崔纂认为景晖九岁小儿，一切行为皆旁人所造，故主张“景晖愚小，自依凡律”。最后恕之免死。

北魏时，常以图谶为妖惑，故历次下诏禁之。太武帝拓跋焘时下诏：“愚民无识，信惑妖邪，私养师巫，挟谶记阴阳图纬方伎之书。又沙门之徒，假西戎虚诞，坐致妖孽……自王公以下，至于庶人，有私养沙门巫及金银工巧之人在其家者，皆遣诣官曹，不得容匿，限今年（太平真君五年）二月十五日，过期不出，师巫沙门身死，主人门诛。”

7. 后期罪

这个罪大多属于军法。《魏书·薛辩传》载，薛为都将，从驾北讨，“以后期与中山王辰等斩于都南”。

8. 发冢罪

《魏书·高宗纪》载，太安四年（公元 458 年）十月，高宗拓跋濬北巡至阴山，发现有故塚被毁废，于是下诏：“自今有穿毁坟垅者斩之”。

9. 诈取爵位罪

《古今图书集成·祥刑典·律令部》：“显祖（拓跋弘）天安元年（公元 466 年）秋七月，诏诸诈取爵位，不以实闻者，论不敬。”

10. 隐匿上恩罪

太安五年（公元 459 年）冬十二月，诏重典司隐匿上恩之罪。指的是皇上恩于百姓，如救济灾民等，而官吏未予实施或实施不力，谓之“隐匿上恩”。

11. 逼民假贷罪

《古今图书集成·祥刑典·律令部》：“和平二年（公元 461 年）春正月，诏禁刺史因发遣逼民假贷，犯者十匹以上皆死。”

12. 婚丧侈靡罪

孝文帝太和二年夏五月，诏禁婚丧侈靡……如发现此情，以违制论。

13. 口误罪

《刑罚志》载显祖即位时，除口误，开酒禁。说明北魏曾列有口误罪。

三、刑名

北魏初入中原，由于经济文化比较落后，因此刑罚较为严酷，正如史书所载："魏之有天下，百余年中，任刑为治，蹉跌之间，便至夷灭。"特别是其族刑的运用范围非常之广。

北魏数经修律，初步确定为新的封建"五刑"制度，即死、流、徒、鞭、杖。当然还有不少特殊刑罚。

1. 死刑

神䴥中，崔浩定律，分大辟为二科死，即斩与绞二种。大逆不道腰斩，害其亲者轘之。如此看来，当时死刑分为：斩、绞、枭首、轘四种。高祖太和三年，改律重者止枭首。这样死刑为三种：斩、绞、枭首。现综合史书记载北魏死刑种类。

（1）轘

《左传》注曰："车裂曰轘。"是一种较为古老的刑罚，周代就已经出现。《邢虬传》曰："时雁门人有害母者，八座奏轘之而潴于室。"

（2）枭首

《说文》曰："枭，不孝鸟也。日至捕枭磔之。从鸟，头在木上。"即磔而悬于木也。《魏书 · 刑罚志》记孝文帝太和定律："群行剽劫首谋门诛，律重者枭首。"

（3）腰斩

腰斩亦称斩腰，古称铁锧。《唐六典》注曰："崔浩定大辟有轘、腰斩、殊死、弃市四等。"

（4）绞

《魏书 · 刑罚志》："盗及吏受赇各绞刑。"

（5）弃市

《汉书 · 景纪》注，师古曰："弃市，杀之于市也。谓之弃市者，取刑人于市，与众弃之也。"崔浩定律有弃市之刑。

2. 流刑

北魏之流刑亦称流徙，为法定刑之一，此时流刑不分远近，统称远流。《魏书》有“恕死从流”的记载。《刑罚志》多次提到流刑。宣武帝时，有张回转卖人子，经多次推究，廷尉少卿杨钧认为：“即状准条，处流为允”。又北魏规定；“卖五服内亲属，在尊长者死，期亲及妾与子妇流”。《魏书·孝文帝纪》记，太和十二年正月，诏曰：“戍流徙之人，年满七十，孤单穷独，虽有妻妾而无子孙，诸如此等，听解名还本。”看来流刑亦非终生。

3. 徒刑

北魏徒刑分五等：五年、四年、三年、二年、一年。徒刑始见于《史记·始皇纪》，是一种有刑期的失去自由的劳役刑。《魏书·杨椿传》有“盗种牧田三百四十顷，依律处刑五岁”的记录。《刑罚志》记永平三年，三公郎中崔鸿认为：“‘知人掠盗之物而故买者，以随从论。’依此律文，知人掠良，从其宜买，罪止从流。……若处同流坐，于法为深。准律斟降，合刑五岁。”又规定“卖子孙者，一岁刑”。《高祐传》有“无事稽命，处刑三岁，以赎论”的记载。

4. 鞭刑

《尚书·舜典》有“鞭作官刑”，说明鞭刑来源已早。北魏鞭刑记载比较零星，多者一百，少者五十。《刑罚志》有杖无鞭。《刘芳传》记：“时有南方沙门惠度，以事被责，未几暴亡，芳因缘闻知，文明太后召入禁中，鞭之一百。”又北魏时规定：“奴则布服，并不得以金银为钗带，犯者鞭一百。”

5. 杖刑

杖刑为古之扑刑。《高允传》曰：“魏初法严，朝士多见杖罚。”从《魏书》记录中看来，其杖有至五十或一百，亦有三十。《刑罚志》载：“理官鞫囚，杖限五十。”但在具体执行上，“有司欲免则以细捶，欲陷之则先大杖”。说明杖有粗细，由执行者视人不同而为之。所以拓跋弘“知其若此，乃为之制。其捶用荆，平其节，讯囚者其本大三分，杖背者二分，挞胫者一分，拷悉依令”。明确规定了法杖的定式。

6. 其他刑

（1）门诛

门诛，即门房之诛。俗称满门诛杀，也是北魏时的一种法定刑。《魏书 · 刑罚志》载，拓跋焘太平真君六年春，改定律制，加门诛四。拓跋濬太安四年，门诛增至十有三。孝文帝延兴四年，罢门房之诛。但到太和三年修订律令，门房之诛又增至十有六。太和十年又诏议门房之诛，删除繁酷，但未说明是否罢门诛。

（2）宫刑

北魏还存在着宫刑这种残害人们生殖机能的酷刑。拓跋焘时，崔浩定律令，就有对犯大逆不道罪之子年十四以下者腐刑的记载。

（3）备

备，即赔，古无赔字。《唐律》有“有赃应备”。《刑罚志》记昭成建国二年，“盗官物，一备五，私则备十”。

（4）谪守边戍

高宗和平末，冀州刺史源贺上言：“自非大逆、手杀人者，请原其命，谪守边戍。”诏从之。

（5）禁锢

《祥刑典》有关于北魏时“若入格检核无名者，退为平民，终身禁锢”的记载。

（6）拷掠

拷掠在北魏实行得很早。《魏书 · 尉古真传》记载，早在拓跋珪时代，贺染干疑尉古真泄密，“乃执拷之，以两轴押其头，伤一目，不伏，乃免之”。拷掠看来非单纯拷打，如崔浩事发，卢度世弃官逃至高阳郑黑家，黑匿之，使者囚其长子，遂被拷掠，至乃火爇其体。鉴于拷掠中死者常见，故太武帝神䴥中定律令，规定：“拷讯不逾四十九。”元恪时，《狱官令》规定拷掠的先决条件必须是对有一定证据而又不坦白交代者方可施行。

第五节　北魏的民事、婚姻家庭法律制度

北朝地处中国北方，又为少数民族政权，其民事法律规范较之历代规定更少，资料也不多，我们只能从比较分散的史料中归纳出这个时期的民事法律关系中的一些规定。

一、北魏的民事法律规范

1. 关于人的身份

（1）士族

魏晋间，门阀制度形成，姓族高卑，士庶区别非常明显。但到了晋王朝崩溃之后，北方一些士族豪门到了江南，只有少数留居故乡，或辗转流徙仍在北方，其中不乏一流高门。

北魏太和十七年（公元494年），孝文帝迁洛之后，为了达到鲜卑贵族和汉士族之间，旧士族和非士族新兴门户之间进一步合作，决定重定士族。其标准便是依据先世官爵来判别姓族之高低。

鲜卑贵族之族姓：据《魏书·官氏志》载曰："太和十九年诏曰，代人诸胄先无族姓，虽功贤之胤，混然未分，故官达者位极公卿，其功衰之亲任，居猥任比。欲制定族姓，事多未就，且宜甄擢随时渐铨，其穆、陆、贺、刘、楼、于、嵇、尉八姓，皆太祖以降，勋著当世，位尽王公，灼然可知者，且下司州、吏部，勿充猥官，一同四姓。"说明这八个姓为鲜卑族的第一等贵族，其标准是因为他们自北魏拓跋珪开国以来，位极王公。故决定姓族的高低是以官爵高卑而定。

汉人士族之确定，大略同于代人，即同于鲜卑人。《新唐书·儒学·柳冲传》记柳芳论氏族云："郡姓者，以中国士人差第阀阅为之。制：凡三世

有三公者曰膏梁，有令仆者曰华腴，尚书、领护而上者为甲姓，九卿若方伯者为乙姓，散骑常侍、太中大夫者为丙姓，吏部正员郎为丁姓，凡得入者谓之四姓。”柳芳的叙述简略说明北魏太和十八年是族姓及四海士族，以汉人先朝官爵及入北魏以后之官爵而定。这里的甲、乙、丙、丁四姓是指从高到低的士族，而孝文帝定士族是以当代官爵为主要标准。这里指的四姓应为高门右姓，并非所有士族之姓。

士族之制定是门阀制度的作用，用于区别士庶，既是阶级的区分（因为所有被统治的劳动人民均为庶族寒门），也是地主阶级不同阶层的等级区分。士族的特权有：优先入官、享受免役、荫庇其家族等法律上的特权。

（2）奴婢

北魏在法律上有关于奴婢的规定。北魏奴婢的来源有籍没的犯罪分子或其家属。《魏书 · 刑罚志》曰：“大逆不道腰斩，诛其同籍，年十四以下腐刑，女子没县官。”另外来源于战争中的掠夺。《魏书 · 张谠传》：“谠妻皇甫氏被掠，赐中官为婢。”还有自卖为奴婢，这些人主要是为生活所迫，破产而沦为奴隶的。如《魏书 · 刑罚志》记载：“冀州阜城民费羊皮母亡，家贫无以葬，卖七岁子与同城人张回为婢。”

北魏法律规定限制卖平民为奴婢。《北魏律 · 盗律》规定：“掠人、掠卖人和卖人为奴婢者死。”说明严禁卖平民为奴婢，不管采取何种方法均处死。

奴婢身份可以免除，其方式是用钱货赎买而改变其身份。如上面所说张谠之妻为皇甫氏掠去为婢，后张谠为刘骏冀州长史，用千余匹布从皇甫氏处赎回。《魏书 · 崔光传》曰：“皇兴初，有同郡二人并被掠为奴婢，后诣光求哀，光乃以二口赎免。”说明一方面掠夺奴婢为合法性，另一方面又可赎免。

奴婢可以用来赏赐，早在什翼犍时，曾赐予许谦僮隶三十户。历仕什翼犍、拓跋珪的王建，因功受赐奴婢数十口和僮隶五千户。《魏书 · 官氏志》记载拓跋珪时规定：“赐王公侯子国臣吏：大郡王二百人，次郡王、上郡公百人，次郡公五十人，侯二十五人，子十二人。皆立典师，职比家丞，总统群隶。”

2. 荫户

《通典·乡党》载：“后魏初，不立三长，唯立宗主督护，所以人多隐冒，五十、三十家方为一户，谓荫附。”荫附户口在北魏初年就存在，而且非常严重。这些荫附户口来源是受地主豪强残酷剥削的农民，被迫“废失农业，遭离水旱”逃亡及一部分流浪户口，其中既有汉人也有鲜卑人，只好投靠豪强大族，成为苞荫人户。据《魏书·食货志》记载，这部分荫户被剥削的情况：“隐荫者皆无官役，豪强征敛，倍于公赋。”他们虽然可以不承担国家赋役，但却成为豪强大户剥削的对象。北魏荫户情况非常之多，魏献文帝检括五州户口，韩均一下子检括出十余万户。宋孝王《关东风俗传》称：“瀛、冀诸刘，清河张、宋，并州王氏，濮阳侯族，诸如此辈，一宗近将万室，烟火连接，比屋而居。”真是达到“百室合户，千丁共籍”的景况。荫户对主人承担的义务除了交纳产品，还要承担在坞堡堡主统率下从事战斗的任务。荫户的地位基本上与魏晋的佃客，南朝的“属名”“程荫”相同。

荫户在北魏颁布均田令，立三长制之后，才逐步从大户中分离出来。孝文帝延兴年间，据《魏书·高祖纪》载，曾派遣“使者十人，循行州郡，检括户口，其有仍隐不出者，州郡县户主，并论如律”。如果不是依法强制，荫户将会继续存在下去。

3. 户籍制度

《南齐书·魏虏传》载，“（永明）三年（即北魏太和九年），初令邻里党各置一人，五家为邻，五邻为里，五里为党。四年造户籍，分置州郡”，说明北魏在太和九年立三长制，太和十年下令在全国编制户籍。

北魏就其拓跋氏本族而言，无所谓户籍制度，因为其社会组织按氏族、部落划分，当然不存在户口登记。后征服的汉族地区，基本保留魏晋以来旧籍。坞堡的建立，荫户、隐民的存在，北魏征收调役只能通过宗主督护以户为单位进行，由于“千户共籍、百室合户”，或“五十、三十家方为一户”，严重影响北魏的户役收入。为此，北魏很想建立起户籍制度。在孝文帝太和五年（公元487年）颁布了“乞养杂户及户籍之制五条”。太和十年，又再一次颁布“定民户籍”的诏令。这次定籍，不仅对一般民户建立户籍，就是逃荒外出的也“遣使者造籍”，不给疏漏。

北魏的户籍制度的目的，正如《魏书·元遥传》所说：“欲税之，以充军用”。在于增加国家的税役。

4. 各种人户的法律地位

北魏还存在各种不同的户种，他们具有不同的社会地位及法律地位。

（1）兵户

当兵的人入兵籍，在魏晋时其家称为兵户，是世袭的。其地位低于一般的编户，没有参政的权利。北魏早期的军队是由本族人组成，当兵是一种权利，可以享受各种优待。但是到了孝文帝改制后，确立新的士族制度，兵户中的府户地位发生了极大的变化。正如《魏书·元深传》载：“及太和在历，仆射李冲当官任事，凉州士人悉免厮役，丰沛旧门，仍防边戍，自非得罪当世，莫肯与之为伍。”从而使府户（因北魏征镇大将所开的府称军府，兵户则称府户）地位“役同厮养”。另外兵户中还有营户，它们来源于俘虏。因此从来没有享受过府户的待遇。营户在北魏部队里除少数充当正规军补充力量之外，大多为服劳役或作其他辅助工作，不能成为部队主力。

（2）平齐户、隶户

平齐户、隶户是来源于战争中俘获的人户，其地位略有不同。

平齐户。北魏拓跋弘皇兴三年（公元469年）攻打青州，占领历城，徙二城民望于下馆，朝廷置平齐郡怀宁、归安二县安置这些“民望”，而其他青州人口全部掠为奴婢；住在平齐郡的青州“民望”称为平齐户，均系汉族地主阶级的头面人物及其家属，虽然有个别人成为北魏上层人物，但大多数平齐户则沦为兵户。

隶户。同样是战争中的俘获人户。是西凉地区被北魏征服后被掠而没入为隶户。这种隶户可以作为赏赐之用，没有人身自由，地位低于平齐户，但又高于一般奴隶，因为他们可以有自己的家庭，只是属于下贱户，不经赦免不可恢复自由人的身份。

（3）杂户

北魏除了一般编户，亦称均田户外，还有杂户。杂户是指具有各种技能、技巧的专业户。古代称为百工伎巧。据载一般编户户籍纸为黄色，杂户却为红色。孔颖达在注《左传·襄公二十三年》的裴豹焚烧丹书条说："近世《魏律》：缘坐配没为工乐杂户者，皆用赤纸为籍。"从古代奴隶制之丹书遗法说明其地位接近奴隶。杂户必须向国家服各种工役。他们不归郡县管辖，直接属中央有关部门。杂户地位只略高于奴隶，但无人身自由，受到歧视，故《魏书·世祖纪下》载："今制王公以下至于卿士，其子息皆诣太学，其百工伎巧，驺卒子息，当习其父兄所业，不听私立学校，违者师身死，主人门诛。"到了以后还规定，有爵、官、士民不得与百工伎巧通婚，犯者加罪。说明杂户是世代相传，其婚娶也受到法律限制。杂户的地位到孝文帝时略有松弛。到北齐、北周才比较大规模解放杂户。

（4）僧户与寺户

由于佛教传入中国，到北朝时，中国历史上出现了第一个佛教发展高峰，佛教寺院广占土地，形成了一个实力雄厚的寺院经济。因此在编户上又出现了寺户的名称。

北魏时规定，僧尼必须入"僧籍"，无籍僧尼要遣之还俗。奴隶不可为僧尼，寺院除了僧籍外，还有一些专供寺院奴役的寺户。这些寺户包括"僧祇户"和"佛图户"。

僧祇户与佛图户来源见《魏书·释老志》记载："昙曜奏：平齐户及诸民，有能岁输各六十斛入僧曹者，即为'僧祇户'，粟为'僧祇粟'。至于俭岁、赈给饥民。又请民犯重罪及官奴，以为'佛图户'，以供诸寺扫洒，岁兼营田输粟。高宗并许之，于僧祇户、粟及寺户遍于州镇矣。"这一记载说明，僧祇户是由平齐户和一般民户转变而来，他们相当于寺院的佃农。而佛图户是由重罪犯和官奴隶转化而来的，成为寺院的奴隶。北魏元宏初，寺院达六千四百七十八所，元恪时，又发展到一万三千七百二十七所。寺户中的僧祇户地位低于平齐户和军户，受尽寺院剥削和压迫，何况依据北魏《内律》，僧祇户不属于任何一个寺院，而属于僧曹，故可任意驱使，史载曾一次造成五十余人自杀的事件。而佛图户地位更低，就是奴隶的一种，不过它是属于寺院的专门奴隶。

5. 债务废除之规定

《魏书 · 孝庄纪》记载，建义二年（公元 529 年）八月庚戌朔下诏："诸有公和债负，一钱以上，巨万以还，悉悉禁断，不得征责。"这是北魏关于债务废除的法律规定。

关于债务及收利的规定在《魏书 · 释老志》中有过这样的记载："若收利过本及翻改初券，依律免之，勿复征责。"说明北魏法律禁止"计利过本"，实为后世"一本一利"的法律之滥觞。

二、北魏的婚姻、家庭和继承制度

1. 关于婚姻的法律规范

北魏系鲜卑族政权，但由于南下之后，特别是孝文帝改革之后，出现了民族大融合情况，汉民族和鲜卑族在文化风习方面有所交流、渗透。加上妇女在一定程度上获得读书学习的机会，并参与一定的社会活动，故婚姻观念有一定的更新。但是由于封建社会儒家思想占主导地位，因此北魏在制定婚姻法律时，无不受到其深刻的影响。

（1）婚龄

南北朝时，法定婚龄皆有所提前。在北魏文成帝拓跋濬以前，诸王于十五岁赐婚，以后更低。太子拓跋晃十五岁生文成帝；献文帝十三岁生孝文帝。以上说明北魏婚龄是相当低的。

（2）良贱不为婚

《魏书·高宗文成帝纪》载，高宗发布诏书曰："夫婚姻者，人道之始，……尊卑高下宜令区别。然中代以来，贵族之门多不率法，或贪利财贿，或因缘私好，在于苟合，无所选择。今贵贱不分，巨细同贯，尘污清化，亏损人伦，将何以宣示典谟，垂之来裔？今制：皇族师傅王公侯伯及士民之家，不得与百工技巧卑姓为婚，犯者加罪。"历史记载，孝文帝为其五个弟弟聘当时中原汉世家大族之女为妻，也可说明北魏法律规定良贱不可通婚。孝文帝在太和二年下诏重申此禁，《魏书·高祖纪》曰："皇族贵戚及士民之家，不惟世族，下与非类婚遇。先帝发明诏，为之科禁，而百姓习常，仍不肃改。朕令宪章旧典，祗案先制，著之律令，永为定准，犯者以违制论。"

（3）禁婚娶侈靡

北魏孝文帝时，曾提出禁婚娶及丧葬之奢侈。《魏书·高祖纪》载，太和二年五月下诏："婚娉过礼则有失时之弊。……故申之以礼数约之，以法禁。"具体为何采取措施，没有更详细的资料说明之。

（4）严禁通奸

《北魏律》承继汉律关于通奸处死的规定。据《魏书·刑罚志》载，什翼健昭成建国二年（公元339年）规定："男女不以礼交皆死。"不以礼交即非夫妻间的性行为。《刑罚志》又载神龟中，刘辉与张智寿之妹通奸，当时门下省奏曰，各入死刑，其兄知情不防限，同处流刑。这样重科较汉律更甚。

（5）纳妾制度

《魏书·太武五王列传》曰："其妻无子而娶妾。斯则自绝，无以血食祖父，请科不孝之罪。"这里记载了大臣元孝友上疏皇帝，说明北魏主张纳妾，条件必须是正妻无子。可是事实并非如此，北魏纳妾现象极为严重。初期妻妾处于同等地位，到了后期对妻妾所生之子区分的非常严格。

（6）自由婚

北魏时，由于玄学异军突起，在人们思想上曾一度起了变化，表现在婚姻问题上就是妇女争取婚姻自由，特别是贵族家庭中。如北魏孝文帝彭城公主，丈夫死后，幽皇后要她改嫁给她弟弟冯夙，并乘文帝南征时迫其成婚。她不肯并带奴婢仆从数十人逃离京城，赶到前线面见文帝，文帝也不同意这门亲事，后嫁与王肃，王肃死，公主（后改封陈留公主）不怕外戚高肇威迫，嫁给自己情投意合的张彝。这类事件在北魏不止一件。因此离婚、改嫁现象很多，这是对"从一而终"的传统伦理道德的冲击。

2. 关于家庭关系的法律规定

（1）不逊父母

《魏书 · 刑罚志》载，孝文帝太和十一年下诏："三千之罪，莫大于不孝，而律不逊父母，罪止髡刑。于理未衷。可更详改。"说明对父母不孝之罪在孝文之前后区别很大，原因在于受汉文化之影响越来越深。

（2）冒哀求仕

《魏书 · 礼志》载："居三年之丧而冒哀求仕，五岁刑。"父母死亡居三年丧，不得外出居官为中国古代法律之规定。北魏承继了这一传统。宣武帝时，偏将军乙龙虎丧父，给假二十七月（三年丧实居二十七个月），而虎并数闰月，诣府求上领军，元珍上言按违制律居三年之丧而冒哀求仕者五岁刑的规定，龙虎未尽二十七月而请宿卫，依律作刑五岁。

（3）卖子有罪

《通典一百六十七》载："卖子一岁刑，五服内亲属在、尊长者卖周亲及与子妇者，流。"说明北魏律规定亲属之间不可卖子及人子等。《刑罚志》记载有费羊皮者，母死不可葬，然后卖子葬母，情可原，故不处刑，而坐买者。

（4）代刑

所谓代刑指犯人子孙兄弟请求代刑。这在法律上无此规定，但往往依此而加以赦免或减刑。故与其说是法律，倒不如说是统治者为了表扬注重伦常孝弟之道的人。据《魏书 · 孝感传》载，长孙虑之母饮酒，其父长孙真呵叱之，又误以杖击其母致死，依法判处其死刑。长孙虑以此乞求代父刑，孝文帝听了上奏之后下诏恕其死罪，改为远流。

（5）禁为亲属复仇

《魏书·世祖纪》载，太延元年（公元435年）下诏："民相杀害，牧守依法平决，不听，私辄杀者诛及宗族，邻伍相助，同罪。"这一规定比魏晋时更为严厉，目的在于维护社会秩序的安定。但在实际执行中，却出入很大。如平原女子孙男玉丈夫为人所杀，孙则追执仇人亲自以杖殴杀之。孙玉男为此被判死刑，可是皇帝元弘却以"男玉重节轻身，以义犯法，缘情定罪，理有可原，其特恕之"。

3. 北魏的继承制度

北魏的皇位继承不限于嫡长子，可以父子相继，也可兄终弟及。袭爵也不限于子孙，《魏书·王洛儿传》载："子长成袭爵，卒无子，弟德成袭爵。"

第六节　北魏的经济法律制度

北魏自拓跋珪后，逐步走上了封建化的轨道，其社会经济也得以发展。特别是到孝文帝元宏时期，对社会政治经济进行了深刻的改革，实行了著名的均田制，解决了土地与农民的结合问题，对发展北魏的经济起了重要作用。除了均田立法以外，北魏对其他经济方面也作了一些法律规定，现分述如下。

一、北魏的土地立法

北魏的土地立法在不同时期有所区别，而最为著名的土地立法无过于均田法的颁布。

1. 土地的占有制度

在实现均田制之前，北魏土地占有大概分为三种，即官府占有制，包括皇帝及各级官府所有的园苑、牧地和耕地；大地主占有制，包括大牧主占有的牧场；个体农民占有，包括牧民占有的小块牧地。另外还有一些归氏族、部落、寺院占有的土地。

北魏拓跋部进入中原后，曾大量掠夺土地作为官府所有，包括继承前代的官田和圈地占有而来。如拓跋珪在平城，圈地达数十里。这种形式的土地有的给假贫民，有的作为赏赐之用。作为皇帝和官府土地，还包括牧场和屯田土地。至于大地主，大牧主占有的土地和牧场，是通过掠夺和北魏皇帝赏赐而来，在土地上耕种和牧场上放牧的有奴隶、僮隶、隶户，也有荫户和隐附人户，后者要向主人交纳“太半之赋”。而个体农民和牧民，可以在自己的土地上耕种和放牧，他们在北魏时期占有相当的数量，主要来自于编户农民，他们是由政府招募而定居，计口授田而得到土地的，但要向封建政府交纳赋役，如拓跋嗣时规定“六部民满百口，输戎马一匹”。至于氏部，寺院的土地，前者保留了原始部落残余，故拥有部落或氏族的共有土地，以经营畜牧业为多。寺院土地在北魏境内很少。

2. 均田制的实施

北魏的土地问题，带有特征性的是均田制的施行。《魏书 · 高祖纪》记太和九年（公元 485 年）十月下诏：“今遣使者循行州郡，与牧守均给天下之田，还受以生死为断，劝课农桑，兴富民之本。”《食货志》记载：“九年下诏，均给天下民田。”说明孝文帝颁布均田法令是在太和九年。

《魏书 · 食货志》记载了这次均田的办法，受田对象，受田的种类和数量及还授之法。

露田为耕作谷物之田，因不栽种树木，故曰“露田”。露田的授受数为：“诸男夫十五以上，受露田四十亩，妇人二十亩，奴婢依良。丁牛一头，受田三十亩，限四牛。所授之田率倍之；三易之田，再倍之；以供耕作（《通典 · 田制》作‘耕休’）及还受之盈缩。诸民年及课则受田，老免及身没则还田。奴婢，牛随有无以还受。诸桑田不在还受之限，但通入倍田分。

于分虽盈，没则还田，不得以充露田之数，不足者以露田充倍。”

桑田指植桑之田，除露田外还授以桑田：“诸初受田者，男夫一人给田二十亩，课莳余种桑五十树，枣五株，榆三根。非桑之土，夫给一亩，依法课莳榆枣；奴各依良。限三年种毕，不毕，夺其不毕之地。于桑榆地分杂莳余果，及多种桑榆者，不禁。诸应还之田，不得种桑榆枣果，种者以违令论，地入还分。”

麻田是栽培麻的田。北魏的田法中除露田，桑田之外，尚有麻田授受之规定：“诸麻布之土，男夫及课，别给麻田四十亩，妇人五亩，奴婢依良，皆从还受之法。”

北魏的职分田为地方官吏的受田，均田法规定：“诸宰民之官，各随地给公田，刺史十五顷，太守十顷，治中、别驾各八顷，县令、郡丞六顷。更代相付，卖者坐如律。”这种职分田象官吏俸禄，因为北魏时官吏常无禄，故有“更代相付”之谓。

最后关于还授之法也作了具体规定：“诸还授民田，恒以正月。若始受田而身亡，及卖买奴婢、牛者，皆至明年正月，乃得还受。”说明还授时间以每年正月计算，不到成丁年龄不得受田，但年老（北魏无具体规定，但应为 66 岁）或身亡就得还授给政府，而奴婢及牛“随有无以还授”。

均田法是北魏时期最重要的土地立法，虽然计口授田、屯田法也起了相当大的作用，但都不能同它相比。

“均天下之田”，把全国的土地收归国有，再行分配，虽然不能完全抑制豪右地主的大土地占有制，但对限制豪强还是起了一定的作用。史载不少官僚如杨椿、崔逻、杨播等人盗种牧田，侵夺田产以及借用民田的情况，他们都受到了免官、判罪的处罚，这正体现了均田法令的存在。

最重要的作用还在于恢复和发展了农业生产。由于通过均田法令的颁布，政府多次把苑囿禁地给予贫民耕垦，政府又鼓励开荒，因此开垦了不少荒地，使农产品大增。北魏的户口数比西晋的户数还多一倍多，可见社会经济得到了较大的发展。

3. 屯田制度

北魏除均田制外，还实行屯田制。北魏在南北边境地区以至河北地区屯田的面积相当广大。

太和初，薛虎子建议在徐州屯田十万余顷。太和十二年，李彪建议“别之农官”，“取州郡户十分之一以为屯民”，“一夫之田，岁责六十斛，蠲其正课并征戍杂役”。孝文帝采纳了这些建议，实行了屯田。说明北魏对屯田很重视，专门设立了农官进行管理，对农业经济的恢复和发展起了较大作用，史载屯田实行后，官民都得到了好处。

4. 私人占有土地

北魏的均田法，表面看在中国北方全面实行了土地国有制，实际上均田制只是把国家掌握的空荒地分配给无地农民，而原有自耕农的小块土地及地主拥有的大片土地，其私有权并未改动。我们看均田令规定“有盈者，无受无还”，其实超过均田令规定的土地分配数量，也不是没收重新分配给他人。加上官僚地主拥有大量奴婢和耕牛，他们仍可通过奴婢、耕牛占有土地的规定，占有更多的土地。这就是北魏均田制之所以能顺利进行而无出现大的阻碍的原因，所以说，北魏实际上存在着国有土地制与私人占有制并行的土地制度。

二、北魏的税赋立法

北魏的赋税立法包括对租调力役之不同规定，其税率在孝文帝施行均田制前后又各有差异。

1. 均田制前的租调

孝文帝改制之前，北魏的赋税制度较为混乱，而且非常苛重，但基本上袭用两晋的以户为征课单位的做法。由于当时战争之需要，在税赋方面也采取了一些应急措施。如元帝永兴五年“诏诸州六十户出戎马一匹”。泰常三年诏“诸州调民租户五十石，积于定、相、冀三州”。泰常六年“调民二十户输戎马一匹，大牛一头”。孝文帝延兴三年，“秋七月，诏河南六州之民，户收绢一匹，绵一斤，租三十石”。同年“冬十月，太上皇帝亲将南讨，诏州郡之民，十丁取一以充行，户收租五十石，以备军粮”。以上说明，除了常赋之外，百姓还得支付临时征取的杂调和横调，而且十分苛重。据计，延兴三年一岁中杂调每户再征达八十石，加上常赋一般为二十石，加起来就要一百石之多。

鉴于以上情况，人民负担沉重，农民起义，百年之中达八十多次。北魏政府不得不考虑这一问题。

2. 均田制后的租调力役

均田制的推行，旧的租调制度已经不能适应新形势的要求，于是太和十年（公元 486 年）颁布了一套新的租调力役制度。据《魏书·食货志》记载：“十年，给事中李冲上言，宜准古五家立一邻长，五邻立一里长，五里立一党长；长取乡人强谨者。邻长复一夫，里长二，党长三。所复复征戍，余若民。……”

“其民调，一夫一妇，帛一匹，粟二石。民年十五以上未娶者，四人出一夫一妇之调；奴任耕、婢任织者，八口当未娶者四耕牛二十头，当奴婢八。其麻布之乡，一夫一妇布一匹，下至牛，以此为降，大率十匹为工调，二匹为调外费，三匹为内外百官俸。此外杂调。”

“民年十八以上，听一子不从役。孤独、癃老、笃疾、贫穷不能自孝者，三长内迭养食之。”

从新的租调力役制度看，它是同均田制相适应的新的赋税制度，因为受田以一夫一妇来计算，纳税也以一夫一妇为单位计算，即实行按丁口（劳动力）征税办法代替过去按户取租税的办法。这样一来取消了宗主督护制，使隐漏丁口成为国家租税负担者，既增加国家收入，又在一定程度上减轻了人民的负担。

3. 北魏的田租

《魏书·食货志》载，魏孝明帝孝昌二年（公元 526 年）冬十有一月，

"税京师田亩，亩五升，借凭公田者，亩一斗"。出现按亩征收田租，在均田制后不久，既按丁收租，又按亩征收田租，是一田两税的做法。但这种做法仅限于京师地区。

4. 北魏其他税制

商税：魏孝明帝孝昌年间，《通典 · 食货》曰："税入市者人一钱，其店舍又为五等，收税有差。"北魏商税名目不多，原因是商业不发达。

盐税：税法不详，但从普泰元年二月下诏："诏……税市及税盐之官，可悉废之。"说明这以前设盐官收取盐税。

三、北魏的手工业和商事立法

1. 北魏手工业立法

北魏手工业和商业虽然均不发达，但也有一套管理方法。

（1）手工业管理机构

北魏手工业管理机构中先设少府，到太和年间改为太府，其长官为卿与少卿，职掌金帛府库、营造器物、统左中右三尚方、左藏，司染、诸冶东西道署，黄藏、右藏、细作、左校、甄官等署令丞。

（2）手工业工匠的身份

北魏进据中原前，工匠缺乏，故立国之后，严格控制手工业并占有手工工匠，法律严格禁止工匠改业。进据中山时，曾"徙长安工巧二千家于京师"，因此对伎作户、绫罗户、细茧户、罗縠户、金银铁作等工匠技巧户严加控制。法律规定不许隐匿占有工匠。太平真君五年（公元444年），拓跋焘下诏："自王公以下，至于庶人，有私养沙门师巫及金银工巧之人在其家者，皆遣诣宫曹，不得容匿。限今年二月十五日，过期不出，师巫沙门身死，主人门诛。"同年又下诏："其百工伎巧驺卒子，当习其父兄所业，不听私立学校。违者师身死，主人门诛。"北魏法律还规定工匠之家不得与士民之家以上通婚。

以上一系列规定说明，工匠必须世袭，禁止转业。手工业一般由官府经营，禁止私人占有工匠。

2. 北魏的商事立法

北魏的商事活动到太和之后才逐渐发达起来，正如《魏书·食货志》所言："魏初至于太和，钱货无所周流。"因为在这以前，主要依靠封建宗法关系建立起来的坞堡，生活上自给自足。加上农村公社的存在，有无相通，贫富相济的习俗大量保存着，使贸易关系很难发展起来。

（1）盐铁专卖政策

北魏的盐铁主要由官府控制，但二者政策略有区别。

盐业专卖：盐业包括池盐和海盐。北魏前期，对河东的池盐采用官府控制，"设立官司，以收税利。"所谓"收税利"，就是制盐由盐户，官府收税，销盐由官府掌握，商民不得自销。孝文帝延兴三年（公元 473 年），"复之监司，量其贵贱，节其赋入，于是公私兼利"。但这一政策于太和二十年（公元 496 年）二月废，"开盐池之禁，与民共之"。宣武帝景明四年（公元 503 年）"诏罢盐池禁"。孝明帝神龟年间，太师高阳王雍等奏："盐池天藏，……请依先朝之诏，禁之为便。"应该说北魏盐业的法律规定有禁有弛，但以禁为主。

铁业专卖：北魏以冶铸兵器为急，铁器主要由官府掌握，"禁山泽"之令比较严格，私人障固山泽之利受到较多的限制，国家设立一定的机构进行管理，如在太府、少府中设诸冶机构，不但管理铁业制造，还包括银、铜矿的开采。

（2）酒禁

北魏高宗拓跋濬太安四年（公元 458 年）春正月，"初设酒禁"，主要在京师禁酒，《北史·列女传》记，胡长命妻张氏"私为酿之，为有司所纠"。禁酒原因是"以庶士多因酒酗致讼，制禁酿酒酤饮皆斩，吉凶宾亲则开禁有程日"。献文帝即位当年，开过酒禁。孝文帝时也开酒禁。

（3）常平仓法

《魏书·高祖纪》载，北魏曾于太和二十年，"置常平仓"。常平仓则由国家掌握粮价，“丰则籴，俭则粜，以利百姓”。

（4）市场管理之规定

北魏对于一些商业城市，专设做买卖的市，如洛阳有大市、四通市、马市、小市。市内设钟鼓，击之以开市、罢市。洛阳的建阳里，有市楼，设有土台，高三丈，上作二精舍，二层楼悬鼓击之以罢市，有钟一口，撞之闻五十里。这在羊衒之所著《洛阳伽蓝记》中作了记载。

（5）度量衡制

北魏孝文帝曾于太和十九年（公元 495 年）戊午下诏：“改长尺大斗，依《周礼》制度，班之天下。”但如何改法无记载。孝明帝时曾改定权衡，以求一致。为了增加剥削，北魏的尺、斗、称日益增大，基本上没有统一过度量衡。

四、北魏的货币立法

1. 北魏货币制度

北魏在孝文帝之前，没有铸过钱，市场交易以绢帛、谷物作为货币，实行物物交换。到了孝文帝太和十九年，北魏开始出现铸币，以后也多次铸币，其法定货币形式有：

太和五铢：《魏书 · 食货志》载：“魏初至于太和，钱货无所周流，高祖始诏天下用钱焉。十九年冶铸粗备，文曰‘太和五铢’，诏京师及诸州镇皆通行之。”太和五铢重三至四公分。

永平五铢：《魏书 · 食货志》曰：“世宗永平三年冬，（公元 510 年）又铸五诛钱。”重 3.4 公分。

永安五铢，《魏书 · 杨侃传》记载，魏孝庄永安二年（公元 529 年）“时所用钱，人多私铸，稍就薄小，乃至风飘水浮，米斗几直一千。济北郡开国公杨侃奏……听人与官并铸五诛钱，……孝庄从之”。永安五铢依当时情况，一斤铜可铸 76 文。

2. 有关货币的法律规定

（1）铜钱质量规定

太和十五年铸太和五铢钱，要求“铜必精炼，百所无杂”，就是百姓私铸也必须按国家规定，用精铜制作，否则不得流行。孝明帝照平元年（公元516年）依任城王元澄之奏，下令“……其不行之钱及盗铸毁大为小，巧伪不如法者，据律罪之”。

（2）铜币铸造权的规定

北魏在发行“太和五铢”时，诏令规定“民有欲铸，听就铸之”，但必须按国家规定，这时官铸与私铸并行，但以官铸为主，私铸甚少。到了孝明帝即位时，私铸严重，钱又不依法式铸造，因而才下令“鸡眼、环凿，依律而禁”。“若盗铸者罪重常宪。”这里对私铸似乎还是允许，只是对不如法式者给予处治，而盗铸者加重处罚。

（3）关于绢与铜币之比值的规定

北魏时绢、钱比值各个时期各不相同。献文帝拓跋弘时，因大旱，绢一匹千钱。孝文帝太和十九年官禄准绢给钱，每匹钱二百。宣武帝永安五铢铸出，向市场抛绢，“绢匹止钱二百，而私市者犹三百”。节闵帝普泰元年又规定“天下调绢四百一匹”。

第七节　北魏的司法、监察制度

一、司法制度

整个三国两晋南北朝的司法制度基本上沿袭汉制，但各个时期又有些变化。

1. 司法机构

中央司法机构。

廷尉：廷尉为六卿之一。《魏书 · 高祖纪》载，太和四年四月乙卯，文帝“幸廷尉，籍坊二狱，引见诸囚。诏曰，廷尉者，天下之平，民命之所悬也”。廷尉既是官署，又是官名，是承袭汉代称呼。从魏孝文帝的“天下之平”可见，北魏廷尉仍是中央最高司法审判机关。北魏廷尉原为第二品上，太和二十三年改为第三品。廷尉少卿辅之，为第四品。下属僚有廷尉正、廷尉监、廷尉评。另有司直、永安二年置，共十人，隶属廷尉，但位在正、监之上，掌理覆治御史检劾事宜。

都官：为尚书省属下，为司法行政机构，长官称都官尚书。

地方司法机关和行政机关合而为一，即行政长官兼理司法诉讼。

2. 北魏政权的诉讼制度

（1）登闻鼓

这是一种直诉制度。《魏书 · 刑罚志》记，世祖拓跋焘时，“阙左悬登闻鼓，人过穷冤则挝鼓，公车上奏其表”。

（2）死刑复奏制

《魏书 · 刑罚志》曰：“当死者，部案奏闻。以死不可复生，惧监官不能平，狱成皆呈，帝亲临问，无异辞怨言乃绝之。诸州国之大辟，皆先谳报乃施行。”这是死刑复奏皇帝的制度。

（3）再审制度

指狱成之后，即案已定，又发现错误，必须重审。《魏书 · 刑罚志》载，北魏法律规定：“狱已成及决竟，经所绾，而疑有奸欺，不直于法，及诉冤枉者，得摄讯复治之。”目的在于防止冤狱之出现。

（4）上请制度

《魏书 · 刑罚志》：“又案《法例律》：‘八十以上，八岁以下，杀伤论坐者上请’”。

（5）诬告反坐

太安元年（公元 455 年）夏六月，文成帝拓跋焘诏使巡行州郡观察典刑。《古今图书集成 · 祥刑典 · 律令部》记录有“诬告以求直反其罪”，说明北魏实行诬告反坐制度。

（6）五听制度

“五听”始于周代，北魏在审理案件时也运用之。《刑罚志》记北魏《狱官令》：“诸察狱，先备五听之理，尽求情之意。”《世宗纪》亦载：“察狱以情，审之五听。”

（7）提倡狱滞

《刑罚志》曰，拓跋弘时刑罚尤重，为此“言及常用恻怆。每于狱案，必令覆鞫，诸有囚系，或积年不断。群臣颇以为言。帝曰‘狱滞虽非治体，不犹愈乎仓卒而滥也。夫人幽苦则思善，故囹圄与福堂同居，朕欲其改悔，而加以轻恕耳’。由是囚系虽淹滞，而刑罚多得其所”。

（8）告不实以其罪罪之

《魏书·韩麒麟子熙传》载，北魏规定：“诸告事不实者，以其罪罪之。”说明在诉讼制度上，限制人们诉讼权利，但亦可防止诬陷好人。

3. 狱政制度

（1）监狱

北魏之初，无囹圄拷讯之法，无系讯连逮之苦，犯罪者皆临时决遣。

北魏一代共设四狱，即廷尉、籍坊、地牢、兽圈等四狱。郡县另有地方监狱。由于北魏几代皇帝，用法残酷，为了控制犯罪者，特设地牢，处罚苛重。

到了孝文帝时，开始作了一些规定，以扭转监狱中的非人待遇。延兴三年九月，据《魏书·高祖纪》载：“诏自今京师及天下之囚罪未分判在狱致死，无近亲者，公给衣衾棺椟葬埋之，不得曝露。”太和四年四月，孝文帝亲至廷尉，籍坊二狱接见囚犯，回宫后下诏，要求廷尉实行恤刑原则，及时处理罪犯，随轻重决遣，以不误农时。要求对旧系多年囚犯，严密加以清查。是年九月天下大雪，气候酷寒，前所未见，孝文帝又下诏：“诸在徽缧及转输在都，或有冻馁，朕用愍焉。可遣侍臣诣廷尉狱及有囚之兽圈周巡省察，饥寒者给以衣食，桎梏者代以轻锁。”但是孝文帝的诏书并未能改变北魏狱政之黑暗。

（2）刑具

刑具是监狱制度的一个重要组成部分。纵观北魏，刑具名目繁多，体现了刑罚的残酷性。其戒具有：

枷。囚犯在狱戴枷始于北魏。《魏书 · 刑罚志》载："时法官及州郡县不能以情折狱，乃为重枷，大几围；覆以缒石悬于囚颈，伤内至骨；更使壮卒迭搏之。囚率不堪。因以诬服。吏持此以为能。帝（孝文帝）闻而伤之，乃制非大逆有明证而不款辟者，不得大枷。"由于府吏用枷无定制，故元恪即位后，于永平元年秋七月，下诏定制。据《刑罚志》记载，尚书令高肇等人上书元恪说："'造大枷长一丈三尺，喉下长一丈，通颊木各方五寸，以拟大逆外叛；……诸台、寺、州、郡大枷，请悉焚之。枷本掌囚，非拷讯所用。'……自是枷杖之制，颇有定准。"此次对枷之定式虽作了规定，可是酷吏并未执行。故《刑罚志》又言"未几，狱官肆虐，稍复重大"。

锁。北魏时囚犯在狱上锁。《刑罚志》："诸犯□年刑以上枷锁。"

杻。即囚犯在狱上杻。杻则梏也（《吏学指南》注桎梏），就是足械。永平元年，法律规定："流徙以上，增以杻械。"还规定"非大逆外叛之罪，皆不大枷、高杻、重械"。说明杻械用于流刑以上囚徒。

械。械应为桎，则手械，亦用于流刑以上囚徒。

二、监察制度

北魏的监察制度基本上依梁制。

1. 监察机构

北魏的监察机构称南台而不叫御史台，其长官称御史中尉，而不称御史中丞。南台主事中丞为三品秩位，但其地位较为显赫，其职责为"督司百僚"。据《通典 · 职官六》载，当时南台主事御史出门，"其出入千步清道，与皇太子分路，王公百辟咸使逊避，其余百僚下马驰车止路旁，其违缓者以棒棒之”。威风得不得了，这同中国古代封建专制帝王为了加强其权力，赋予御史台极大职权有关。

杜佑在《通典》中说：“后魏之制，有公事百官朝会名簿，自尚书令、仆以下，悉送南台。”北魏时出现临洮王等不送簿而受到御史中尉弹劾之事。史载，孝文帝时洛阳令元志与御史中尉李彪争路，吵到孝文帝那里。李彪曰：“御史中尉辟乘华羽盖，驻论道剑鼓，安有洛阳令与臣抗衡？”元志说：“臣神州县主，普天之下，谁非编民，岂有俯同众官，趋避中尉？”当时实行令、丞分路行走，反映了统治集团内的矛盾和斗争。

北魏对御史的选拔颇为重视。《通典》载：“后魏御史甚重，必以对策高弟者补之。侍御史与殿中侍御史昼则外台受事，夜则番直。内台御史，旧式不随台主简代。延昌中，王显有宠于宣武为御史中尉，始请革选。此后踵其事，每一中尉则更简代御史。”说明御史选拔权不在吏部，而由台主。

北魏南台内除长官中丞外，其属下还有治书侍御史八人。殿中侍御史十四人、检校御史十二人、监察侍御史等，另有不定的出巡御史。

2. 监察的职责在于纠劾百官

纠劾百官是监察机构的职责。《通典》曰：“督百僚，自皇太子以下，无所不纠。”连尚书也包括在内。北魏明确规定“督司百僚”，并赋予极大权力。御史台甚至可以“风弹”，即风闻弹劾，不一定有事实根据，只要对百官略有风闻即可弹之而不负责任。连皇亲国戚也得退避三舍。史载孝庄帝时，帝姐寿阳公主出行犯分路之规，当时御史中丞高德穆令执赤棒卒呵斥，公主不止，高即令卒以棒破其车。公主泣诉庄帝，孝庄帝还说高中尉清直，并主动向高作歉意。南台监察百僚，就是皇太子也不例外。

3. 皇帝亲临监察

北魏史上，经常出现皇帝亲巡的情况，其实起了一种监察作用，主要是视察农桑、刑狱及百官职司等。如太平真君五年，世祖拓跋焘“时兴驾数亲征讨及行幸四方”。又如太和四年，孝文帝亲至廷尉，籍坊二狱视察囚犯情况。

4. 鼓励举报不法官吏

《魏书 · 刑罚志》载，太延三年，“诏天下吏民，得举告牧守之不法”。这是一种群众可以举报地方官吏的法律规定。

第十二章　北齐政权的法律制度

公元 550 年，高洋废东魏静帝元善见，自立为帝，建立了北齐政权。到公元 577 年北齐为北周所灭，北齐政权存在了二十七年。

北齐政权的法律制度有自己的特色，经过几代变化，特别是齐武帝时，制定了中国历史上著名的《北齐律》，成为隋唐法典制定的楷模。正如程树德在《九朝律考》中所说："南北朝诸律，北优于南，而北朝尤以齐律为最"。其特色为"科条简要"，并创制了一些为后代所吸取的法律体例、形式、内容及刑罚制度、司法制度。因此，研究北齐法律制度是有极为重要意义的。

第一节　北齐的政治、经济概况

一、北齐的建立

北魏末年，由于阶级斗争的发展，统治阶级内部也矛盾重重，并愈演愈烈。武泰元年（公元 528 年）孝明帝为其母胡太后毒死，胡太后立三岁元钊为帝。契胡酋尔朱荣以此为借口，进军洛阳，立元子攸为帝（孝庄帝），把胡太后与元钊沉于黄河。同时把北魏鲜卑贵族和汉世族大地主消灭殆尽。

尔朱荣专权后，残酷镇压各地人民起义。永安三年（公元 530 年）九月，孝庄帝杀死尔朱荣。尔朱荣从子尔朱兆起兵攻入洛阳，杀孝庄帝，改立元恭为帝，称节闵帝，并杀孝庄帝左右大臣。尔朱氏“割剥四海，极其暴虐”，民不聊生，纷纷起来反抗。后尔朱兆听高欢之言，让高欢带六镇兵民到山东。高欢以此为基地，发展力量。

高欢原名贺六浑，祖父犯法发配六镇中的怀朔镇当兵户，娶鲜卑人匹娄氏为妻。后参加葛荣起义队伍，又叛葛投奔尔朱荣，成为尔朱荣手下一员得力将领。北魏政权曾封高欢为勃海王，并任命他为东道大行台、冀州刺史。高欢又利用尔朱氏内部矛盾，举兵攻尔朱兆，取得节节胜利。普泰二年（公元 532 年）四月，高欢入洛阳立元修为北魏帝（孝武帝，出帝），高欢自为大丞相，专权北魏。高欢为了缓和汉族与鲜卑族之间的民族矛盾，对双方均以安抚，与鲜卑人约定“不得欺汉儿”，又要汉人与鲜卑人和睦相处。

不久，元修与高欢的矛盾突出起来，元修不甘当傀儡，杀高欢亲信高乾，又扶植雍州刺史宇文泰势力，意在与高欢对抗。永熙三年（公元 534 年）五月，元修率大军准备袭高欢，但高欢先发制人，调集二十万之众南下。元修于七月逃离洛阳投奔宇文泰。高欢入洛阳，十月，拥年仅十一岁的元善见为帝，迁都邺城，史称东魏。

公元 550 年，高欢之子高洋废魏孝静帝元善见，自立为帝，建立北齐，为北齐文宣帝。

二、北齐的社会政治概况

东魏，北齐统治集团由六镇鲜卑、契胡的中上层分子和河北汉族地主三部分人组成。但是鲜卑人都歧视汉人，抛弃了北魏孝文帝改革原则，因此民族矛盾比较严重。高欢曾想调和这一矛盾，但却恢复鲜卑语，保留了其落后野蛮的习惯。高洋即帝位后，也曾重用杨愔（高欢女婿），严禁贪污，制定法律，但高洋一死，杨愔即被杀。所以说上层之间的汉与“胡”的斗争在北齐一直没有中断过。如高洋将立汉人李夫人为皇后，就遭到鲜卑贵族的反对，后来还是立为皇后，并生子高殷，于公元 560 年接皇帝位。高洋一死，其弟高演（娄太后生）即废高殷，自立为帝，称孝昭帝。如果说高欢、高洋时还能用汉族士族，得他们的支持，那么齐孝昭帝后，汉族地主的地位就日趋低下，因此民族矛盾更为尖锐。

北齐政权对鲜卑贵族的贪暴给予放纵，政治日益昏乱，吏治败坏。为了借助他们的力量对付南齐和西魏宇文泰，就放任他们贪纵不法，形成从中央到地方贪污成风。高欢时就是这样，史载汉人杜弼曾要求高欢惩治贪污，高欢却说："天下浊乱，习俗已久，今督将家属，多在关西，黑獭（宇文泰）常相招诱，人情去留未定。江东复有一吴儿老翁萧衍者，专事衣冠礼乐，中原士大夫望之，以为正朔所在。我若急作法网，不相饶借，恐督将尽投黑獭，士子悉奔萧衍，则人物流散，何以为国？"

文宣帝高洋时，对内稍加整顿，曾下诏说，豪家大族，鸠率乡部，托迹勤王，规自署置。或外家公主，女谒内成，昧利纳财，启立州郡，离大合小，本逐时宜，剖竹分符，盖不获已。针对魏孝明帝以来，豪家大族，公主勋贵，纷纷建立州郡。甚至一百家的小城，便称一州，三四家的小村，也立一郡，以此谋取刺史、郡守的官职，用来剥削百姓的状况，于天保七年（公元 556 年），齐文宣帝下令省去三个州、一百五十三个郡，五百八十九个县和三个镇，二十六个戍，借以整饬吏治，虽然对北齐内部起了稳定作用，但效果并不十分显著。《北齐书·后主纪》载，到了后主高纬时，情况非常糟糕，他身边一批佞幸，搞得"赋敛日重，徭役日繁，人力既殚，帑藏空竭"，于是放任佞幸卖官，出现州县长官，职司多出富商大贾，当官后更加贪纵，大肆搜刮民财，把整个国家搞得民不聊生。到北齐承光元年（公元 577 年），原来国势比西魏北周强盛的北齐，终于被北周所灭。

三、北齐的社会经济概况

北齐文宣帝高洋在位时期，是北齐国力鼎盛的时期，社会经济有一定的恢复和发展。当时，“王四渎之三，统九州之五”，北齐人口有户三百万，口二千万，占据黄河流域下游的河北、山东、山西、河南及苏北、皖北等广大平原地区。这些地区是中原地区最富庶的产粮地。据统计，仅淮南等屯每年征收到的粮米就有数十万石，幽州等地稻粟也为数十万石，对于保证军粮、对付粮荒有了基本的保证。除此之外，盐也是一项大宗收入。据《魏书 · 食货志》记载，自东魏迁都于邺后，“于沧、瀛、幽、青四州之境，傍海煮盐。沧州置灶一千四百八十四，青州置灶五百四十六，瀛州置灶四百五十二，幽州置灶一百八十，又于邺郸置灶四，计终岁合收盐二十九万九千七百二斛四升。军国所资，得以周赡”。

另外，手工业也得以相当程度的发展。从出土瓷制品可见，青瓷器非常精美，白瓷器胎质细腻。自北魏以来，据《魏书 · 食货志》载：“铸铁为农器兵刃，在所有之，然以相州牵口冶为工。”到北齐，綦毋怀又造宿铁刀，“斩甲过三十札”。冶铁业之发展必然促进农业生产的发展，所以北齐是当时鼎立三个国家中最富庶的一个。

第二节　北齐的立法思想和立法概况

一、北齐统治者的立法思想

1. 儒家“德治”思想

北朝统治集团为了更好地对中原地区进行统治，都不同程度地实行汉化。学习中原汉文化成为北朝政治经济生活中的一个重要部分。如北魏君臣上下的诏谕都喜欢引周公、孔子的话。虽然当时从印度输入了佛法，影响很大，但在法律方面仍然是儒家学说较为得势，特别是儒家的法治思想影响更深。对于北齐说来也不例外。

北齐高洋亲政后，博陵安平人才子李德林策试后而举秀才，而策试的题目为《罢刑狱》,《隋书·李德林传》载："德林射策五条，考皆为上，授殿中将军。"李德林从小熟读经史，博学多才，故于天保八年"举秀才入邺"，而策试题《罢刑狱》本身就是关于法治方面的内容，在《古今图书集成·祥刑典·总部·艺文一》作了详细记载，其问曰："帝王之柄，赏罚为首，虽三代损益，百代可知，未有舍此二途而能弘风阐化，圣贤为治，咸出斯道，明狱讼之来非关叔世。孔子三日而诛少正卯，太公下车而戮华士，康诰文王作罚，刑兹无赦，明措刑。由于用刑非去杀而刑清也。然子产相郑惟杀一人，子文治兵刑遂无用，伯禹引罪自归，武王见辜而泣。虽政治不殊，而理亦相反，朕恭临万国，祇御兆人视之如伤，有同赤子未能以理代刑，舍其律宪亦轻罪，缓死渐就蠲除，去凝脂之纲，收刺骨之怨。临麦秋而惆怅，望穷冬而载怀。思使画服象刑，同唐虞之世，罢狱息罪，等成康之时，循酷俱治，宜有辨析，诚有未遂，想望其中。"由上观之，北齐文宣帝高洋在通篇策试题中，以德主刑辅为中心，引经据典，从三代说起，阐述了德治的重要性及思念其政。可见儒家的法治思想在当时统治阶级中还是有其影响，虽然其司法实践中，北齐与此背道而驰。

2. 主张政刑划一，宜用轻典

《隋书·刑法志》载，天保元年（公元 550 年），齐文宣帝即位，"是时军国多事，政刑不一，决狱定罪，罕依律文，相承谓之变法从事"。为此，文宣帝命群官，议造齐律。目的在于在司法实践中，使司法官员有法可依，改变政刑不一的状况。

到了武成帝即位，他常"思存轻典"。《隋书·刑法志》说："太宁元年（公元 561 年），乃下诏曰：'王者所用，唯在赏罚，赏贵适理，罚在得情。然理容进退，事涉疑似，盟府司勋，或有开塞之路，三尺律令，未穷画一之道。想文王之官人，念宣尼之止讼，刑赏之宜，思获其所，自今诸应赏罚，皆赏疑从重，罚疑从轻。'"

北齐时代，政刑不一现象极为严重，从上到下一般均不依律令办案而随意加刑处决，实行酷法，少有宽简。因此造成社会怨恨，为了扭转这一状况，最高统治阶级不得不考虑政刑合一和施用轻典的问题，并在立法上加以体现，这成为《北齐律》产生的客观原因及指导原则之一。

3. 重刑主义的指导原则

北齐时代，在立法上虽适用轻典，但在司法中重刑主义原则可以说贯穿始终，主要是最高统治者带头破坏法制，施行酷刑。如文宣帝起初还注意依法办案，但据《隋书·刑法志》载，文宣帝"意有不快，则手自屠裂，或命左右臠啖，以逞其意"。上行下效，"时有司折狱，又皆酷法。讯囚则用车辐狗杖，夹指压踝，又立之烧犁耳上，或使以臂贯烧车釭。既不胜其苦，皆致诬伏"。造成北齐末期"上下比附，欲出则附依轻仪，欲入则附以重法，奸吏因之，舞文出没"。司法情况比较黑暗。

二、北齐的立法概况

在论述北齐立法时，我们必须同东魏联系在一起才行，因为它们实际上是一脉相承，都是高氏统治的地区和时代。

1.《麟趾格》

《魏书·孝静帝纪》载："三年……冬十月癸卯，齐文襄王（高洋）自晋阳来朝，先是诏文襄王与群臣于麟趾阁，议定新制，甲寅班于天下。"这里指的是兴和三年（公元541年）的事。《北史·封述传》曰："（封述在）天平中为三公郎中时，增损旧事为麟趾新格，其名法科条，皆述所删定。"另外在《封隆之传》也说："诏隆之参议麟趾阁以定新制。"说明兴和三年所订的新制，应为《麟趾格》。东魏制定《麟趾格》时参加人有封述叔侄及崔暹。格的出现，是汉代以来法律形成的一大变化，也是隋唐法律形式之一——"格"之先河。东魏的《麟趾格》今已失传，现仅存于《北史·窦瑗传》一条，其内容为："母杀其父，子不得告，告者死。"从《隋书·百官志》及北齐制官多循后魏看，其六尚书分统六曹，凡二十八曹，三公曹为殿中四曹之一。从仅存《麟趾格》一条内容之前有"神武丞相府右长史上表曰，臣伏读麟趾新制，至三公曹第六十六条，……"这么几句话，可推断《麟趾格》即以二十八曹为篇目。

北齐文宣帝高洋代东魏，于天保元年（公元 550 年），"始命群官刊定魏朝《麟趾格》"。在《北齐书·文宣帝本纪》载："天保元年……八月……甲午，诏曰：魏世议定《麟趾格》遂为通制，官司适用，犹未尽善，可令群官吏更加讲究适治之方，先尽要切，引纲理目，必使无遗。"从"刊定"二字可知，这次是对原东魏《麟趾格》进行删改、修订，使之更适合于天保年间的社会需要。北齐文宣帝时，除了对东魏《麟趾格》进行修订外，还着手撰定北齐律。《隋书·刑法志》载："司徒功曹张老上书，称大齐受命以来，律令未改，非所以创制垂法，革人视听。于是始命群官，议造齐律，积年不成。其次狱犹依魏旧。"《北史·李浑传》也说："文宣以魏麟趾格未精，诏浑与邢邵、崔㥄、魏收、王昕、李伯伦等修撰。"由此可知，北齐立国之初，就一面援用东魏旧律，一面着手制定新律，但文宣帝时并未完成这一修订新律的任务。

2.《北齐律》

《隋书·刑法志》载："武成即位，思存轻典，大宁元年（公元 561 年）乃下诏曰：'王者所用，唯在赏罚，赏贵适理，罚在得精。然理容进退，事海疑似，盛府司勋，或有开塞之路，三尺律令，未穷画一之道。想文王之官人，念宣尼之止讼，刑赏之宜，思获其所。自今诸应赏罚，皆赏疑从重，罚疑从轻。'又以律令不成，频加催督。河清三年，尚书令、赵郡王叡等，奏上齐律十二篇：一曰名例，二曰禁卫，三曰婚户，四曰擅兴，五曰违制，六曰诈伪，七曰斗讼，八曰贼盗，九曰捕断，十曰毁损，十一曰厩牧，十二曰杂。其定罪九百四十九条。又上新令四十卷，大抵采魏、晋故事。"

这就是著名的《北齐律》的制作与颁行情况。北齐从文宣帝初议定修律未成，到河清三年（公元564年）北齐律完成，业经十余年。据《北齐书 · 崔昂传》曰："奉敕之后，弥自警惕，部分科条，校正古今所增损十有七八。"可知，北齐律的制定是下了一番大功夫。北齐律修订者除崔昂外，另有封述等人参加。封氏世长律学，《北齐书 · 封述传》说："河清三年敕与录尚书赵彦深、仆射魏收，尚书阳休之，国子祭酒马敬德等议定律令。"可见参加者都是一批擅于律学的专家，进行了仔细的推敲。从北齐律篇目条文可见，它是继晋《泰始律》以来，又一次大刀阔斧地对封建法典进行简化，所以在中国封建立法史上具有划时代的意义。

北齐律的显著特点是"法令明审，科条简要"，真是做到了简明扼要，疏而不漏，难怪隋文帝杨坚承北周之业，而当时制订的隋《开皇律》却以北齐律为蓝本，而不以周大律为依据。程树德先生在《九朝律考》上说："南北朝诸律，北优于南，而北朝尤以齐律为最"，不无道理。

北齐律颁布于河清三年三月辛酉，《北齐书 · 武成纪》说："河清三年三月辛酉，以律令班下，大赦。"说明当年不但颁布北齐律，还同时颁布《北齐令》四十卷，其内容主要是对曹魏、晋代的令稍加修订而成。

3. 权令与别条权格

北齐时除颁布《北齐律》外，还颁布过"令"和"格"，与"律"并行，开隋唐律、令、格、式并行之先河。据《唐六典》注，《北齐令》是取尚书二十八曹为其篇名。《隋书 · 刑法志》载："其不可为定法者，别制《权令》二卷，与之并行。"《隋书 · 经籍志》亦曰："北齐权令二卷。"《唐六典》又注："又撰权令二卷，两令并行。"说明齐律未载者，以令形式补充之。

除了《权令》外，北齐还颁行过《别条权格》，《隋书 · 刑法志》载："后平秦王高归彦谋反，须有约罪，律无正条，于是遂有《别条权格》，与律并行。"《北齐书 · 王峻传》有"河清四年春，还京师，坐违格私度禁物，并盗截军粮，有司依格处斩，家口配没"的违格处罚之记载。说明"格"之制定，在于补充"律无正条"。

北齐法典之制定大多完成于武成帝高湛即位之后，说明武帝之初，比较重视法制的建设，而且确有成就，《北齐律》的出现足以说明这点。而且在北齐律颁行之后，“又敕仕门之子弟，常讲习之。齐人多晓法律，盖由此也”。可是从整体上看，北齐在执法上都非常糟糕。从北齐文宣帝开始，就带头破坏法制，史载文宣帝“以功业自矜，恣行酷暴，昏狂酗蒧，任情喜怒”。是个典型的封建暴虐君主，创设了许多残酷的刑罚，任意杀人并令大臣食人之肉，还有“供御囚”“放生”等酷刑以供自己取乐。

第三节　北齐的行政法律制度

《隋书·百官志》曰：“后齐置官，多循后魏。”北齐官制与北魏几乎相同，但《隋书·百官志》只列出北齐官制而无北魏之记载。

一、北齐的中央行政管理机构

1. 三师、二大和三公

《隋书·百官志》曰：“后齐……置太师、太傅、太保为三师，拟古上公非勋德崇者不居次。有大司马、大将军是为二大，并典司武事。次置太尉、司徒、司空是为三公。”

2. 三省

（1）尚书省

北朝尚书正式称为省，始于北齐，亦称北省。《隋书·百官志》载：“尚书省置令、仆射、吏部、殿中、祠部、五兵、都官、度支等六尚书。又有录尚书一人，位在令上，掌与令同，但不纠察。令则弹纠……仆射职为执法、置二则为左右仆射，皆与令同。左纠弹而右不纠弹，录、令、仆射总理六尚书事，谓之都省。其属官左丞、右丞各一人，并都令史八人共掌其事。其六尚书分统列曹，吏部统吏部、考功、主爵；三曹殿中统殿中、仪曹、三公、驾部；四曹祠部统祠部、主客、虞曹、屯田、起部；五曹祠部无尚书，则右仆射摄；五兵统左中兵，右中兵，右外兵，都兵；五曹都官统都官、二千石、比部、水部、膳部；五曹度支统度支，仓部、左户、右户、金部、库部。六曹凡二十八曹吏。”

由此可见，北齐因北魏，尚书省有录尚书、令，左右仆射辅之。尚书省分六曹，即吏部曹，掌全国官吏铨选及封爵事宜；殿中曹掌吉凶礼制、诸曹囚帐、赦日、牛马厩牧及宫廷中帐目供应等事；祠部曹掌诸蕃杂客、籍田、屯田、兴造、工匠等事宜；五兵曹掌全国军政事宜；都官曹掌畿内非为得失、畿外得失、诏书律令、勾检及水事、膳事；度支曹掌全国赋税、钱粮、财政开支、田宅、户籍、度量衡等事，尚书令是事实上的宰相。

（2）中书省

《隋书 · 百官志》曰：“中书省管司王言及司进御之音乐。监、令各一人，侍郎四人，……中书舍人、主书各十人。”北齐中书省“管司王言”，就是负责为皇帝起草诏书的。所谓“司进御之音乐”，说明中书省还担负宫廷音宴之事。北齐因北魏，中书省设监与令。另有中书侍郎在中书监令之下，专为起草文书。《通典 · 职官典》：“中书侍郎，副掌王言，更入直省。”北齐与北魏相同，置中书侍郎四人，职掌机密。中书侍郎之下又设中书舍人及主书。

（3）门下省

《隋书 · 百官志》载北齐设门下省，“门下省掌献纳谏正及司进御之职，侍中、给事黄门侍郎共六人，录事四人，通事令史，主事令史八人，统局六，领左右局，左右各二人，左右直长四人，尚食局典御二人，丞监各四人，尚药局典御及丞各二人，侍御师、尚药监各四人，主衣局都统、子统各二人，斋帅局斋师四人，殿中局殿中监四人”。

以上为门下省的组织系统。门下省在北齐的主要职责是给皇帝进谏，并主管皇帝的生活事务。其长官为侍中，北齐时为正三品，给事黄门郎副之。

3. 九寺

北魏设九卿，北齐因之，但诸卿改为寺，称九寺。

二、北齐的地方行政管理体制

北齐京师长官为清都尹，司州为牧。其他地方建制仍为州、郡、县三级，但北齐自东魏起，占据了黄河下游广大地区及苏北、皖北广大平原。史载“王四渎之三，统九州之王”，人口达二千多万。

北齐州、郡、县以人口多寡分为九等，较北魏多了六个等级，其属官、佐吏皆随高下而异其员数。北齐边缘地区皆与北魏同，置镇都大将，统兵备御，与刺史同，镇将主城隍，仓库。北齐镇戍亦分三等，各置镇将、戍主，专以控扼为重者也。

1. 州

州为地方最高行政机关，州的长官称刺史。北齐把州分为九等，按其不同等级编制不同置属官。《隋书 · 百官志》载：“上上州府州属官佐史合三百九十三人；上中州减上上州十人；上下州减上中州十人；中上州减上下州五十一人；中中州减中上州十人；中下州减中中州十人；下上州减中下州五十人；下中州减下上州十人；下下州减下中州六人。”

由于州刺史既有行政权又握有兵权，皇帝往往派其亲信、子弟担任，或派人前往监督。加上当时战争频繁，州刺史握有兵权，易致疏于政事。本以武人为之者，难以驾驭，其弊无穷，易于形成地方割据。《北齐书 · 高隆之传》载：“魏自孝昌以后，天下多难，刺史、太守皆为当部都督，虽无兵事，皆立佐僚，所在颇为烦扰。隆之表请：‘自非实在边要，见有兵马者，悉皆断之。’”高隆之当过多年刺史，深知其情，故上表高欢陈说刺史权力集中之弊，但事实上并无改变。

2. 郡

北齐地方行政机关，州下为郡。北齐郡之长官称为太守。郡也分为九等。郡之属官佐史则根据不同等级编制人员。据《隋书 · 百官志》载："上上郡太守属官有丞……等员合属官佐史二百一十二人；上中郡减上上郡五人；上下郡减上中郡五人；中上郡减上下郡四十五人；中中郡减中上郡五人；中下郡减中中郡五人；下上郡减中下郡四十人；下中郡减下上郡二人；下下郡减下中郡二人。"

这里应当说明，高氏政权不论在东魏还是北齐，确定鲜卑贵族为第一等级，也就是这一政权的基础。而汉人士族仅作为争取支持的对象。特别是高欢时，为了满足鲜卑勋贵的贪欲，一般都让这些人去当州郡长官。

3. 县

北齐地方国家机关日趋严密，从县的建制已可看到。《隋书 · 百官志》记载了北齐县一级机构的情况，其中县同州郡一样，分为九等，按县之等差分别设置员额不等的属吏："上上县令属官有丞……等员合五十四人；上中县减上上县五人；上下县减上中县五人；中上县减上下县六人；中中县减中下县五人；中下县减中中县一人；下上县减中下县一人；下中县减下上县一人；下下县减下中县一人。"

令为一县之长官，统领一县之政务。

公元五七七年，北周灭北齐，得州五十，郡一百六十二，县三百八十。户三百三万二千五百，人口二千余万，这就是北齐州，郡、县的大概数字，说明北齐一县平均人口在一万户左右。

4. 乡里组织

北齐武成帝河清三年（公元 564 年），颁布了均田令和赋役令，并规定了北齐的乡里组织，《隋书 · 食货志》载："河清三年定令，乃命人居十家为比邻，五十家为闾里，百家为族党。"同北魏三长制比较之，北齐免役人要比北魏少得多，这也是北齐因北魏基础上对乡里组织进行改革，使免役人数减少，增加国家赋役。而北齐完善乡里组织，也在于贯彻均田制，因为在基层具体执行均田制的还是里正一类人员。

三、北齐官吏的管理制度

1. 官吏铨选

高欢在东魏掌权时，为了维护其政权统治，对汉人采取既利用又不信任的态度，形成鲜卑人压制汉人，因此，州、郡官吏大多为鲜卑贵族担任，但是对有声望的汉士族亦进行拉拢。

公元538年，高澄废《停年格》，选拔贤能人补官，所谓贤能者，就是有名望的士族知识分子。北齐还实行过州举秀才的规定。《北齐书·文苑·樊逊传》载："尚书案：旧令下州三载一举秀才。"并记载当时梁刺史刘杀鬼以樊逊有才干，招为录事参军举为秀才。举秀才还必须由皇帝亲自策试。《北齐书·武成帝纪》载："（河清）二年春正月乙亥，帝诏临朝堂策试秀才。"

北齐后期，特别是北齐后主高纬时，政治腐败，公开卖官。《北齐书·后主纪》载："赋敛日重，徭役日繁，人力既殚，帑藏空谒。乃赐诸佞幸卖官，或得郡两三，或得县六七，各分州郡，下逮乡官，亦多降中者，故有敕用州文簿，敕用郡功曹。于是州县职司，多出富商大贾，竞为贪纵，人不聊生。"这就是当时所谓"官由财进"的卖官记录。

2. 官吏品位与俸禄

北齐爵位分王、公、侯、伯、子、男六等。王食邑三分食一，公以下四分食一。

北齐官吏亦分九品，品中分阶，原则同于北魏。

《隋书·百官志》记载，北齐官吏俸禄：官一品，每岁禄八百匹，二百匹为一秩。从一品七百匹，一百七十五匹为一秩。二品六百匹，一百五十匹为一秩。从二品五百匹，一百二十五匹为一秩。三品四百匹，一百匹为一秩。从三品为三百匹，七十五匹为一秩。四品二百四十匹，六十匹为一秩。从四品二百匹，五十匹为一秩。五品一百六十匹，四十匹为一秩，从五品一百二十匹，三十匹为一秩。六品一百匹，二十五匹为一秩。从六品，八十匹，二十匹为一秩。七品六十匹，十五匹为一秩。从七品四十匹，十匹为一秩。八品三十六匹，九匹为一秩。从八品三十二匹，八匹为一秩。九品二十八匹，七匹为一秩。从九品二十四匹，六匹为一秩。

第四节 北齐的刑事法律制度

北齐政权的刑事立法，较之北魏有自己的一些特点。

一、北齐的刑事立法内容与原则

1.“重罪十条”的确立

北齐律在中国法制史上，首先确立了“重罪十条”。这里应指出，重罪十条中的有关的内容早就存在，如汉代的“不道”“大不敬”都列为重罪加以重处。曹魏律中也对“大逆不道”“谋反”“大逆”处于潴、枭菹等重刑。晋律中也有“谋反”“侵犯陵墓”等。至于“叛”“降”“不孝”“不义”从秦汉以降各朝均在立法中确定为重罪，只是《北齐律》作了一个总结性的表述，使之更为条理化。

《隋书 · 刑法志》记载，北齐在制定《北齐律》时，“又列重罪十条：一曰反逆，二曰大逆，三曰叛，四曰降，五曰恶逆，六曰不道，七曰不敬，八曰不孝，九曰不义，十曰内乱。其犯此十者，不在八议论赎之限”。《唐六典》注曰：“又制立重罪十条为十恶。”说明重罪十条后代又演化成十恶，此起于隋律。

反逆：即谋反大逆。指劳动人民反抗封建专制政权的造反行为，当然也包括统治集团内部篡夺政权的行为。

大逆：指毁坏或侵害皇帝的宗庙、陵寝及宫殿的行为。

叛：指背叛封建政权而逃亡外国或敌对政权的行为。

降：降为投降，指在作战中投敌之行为。

恶逆：指谋杀或殴打祖父母、父母等尊长的行为。

不道：据唐律中规定，指杀死一家非死罪三人以上或肢解人的行为，属于违反人道的残酷杀人行为。

不敬：指盗取皇家器物，大祀神物及皇帝车马舆服，伪造皇帝印玺等行为。

不孝：指诅骂祖父母、父母，不奉养祖父母、父母，以及违反服制的行为。

不义：指部下及百姓杀死郡县官吏或丈夫去世而妻子匿不举哀等行为。

内乱：指亲属之间犯奸行为，包括通奸和强奸，如子孙与祖父，父之妾通奸等。

重罪十条制定于法典之中，目的在于维护皇权，即可稳定封建统治秩序，还可以树立封建伦理道德的权威性，维护以父权为中心的家庭关系。正因此，其规定对后世法典影响颇大。

2. 确立封建等级特权制度

封建等级特权制度在封建法中表现为多方面，而其中最主要的是“八议”载入法律之中。北齐律沿用曹魏首次入律的八议制度，并加以发展，使之更为完备。它规定，凡属于严重危害统治阶级利益的“十条重罪”“不在八议论赎之限”。

北齐律还规定对官僚贵族、大地主有利的赎罪制度。《隋书·刑法志》记北齐的赎罪标准：“赎罪旧以金，皆代以中绢。死一百匹，流九十二匹，刑五岁七十八匹，四岁六十四匹，三岁五十匹，二岁三十六匹，各通鞭笞论。一岁无笞，则通鞭二十四匹。鞭杖每十，赎绢一匹。至鞭百，则绢十匹。无绢之乡，皆准绢收钱。自赎笞十以上至死，又为十五等之差。当加减次，如正决法。”说明北齐律对赎刑制度规定得十分具体。但对赎也有一定的限制，《刑法志》曰：“合赎者，谓流内官及爵秩比视、老小阉痴并过失之属。”可见能入赎刑范围内大多是贵族官吏，而用钱赎罪对一般百姓是办不到的。

北齐还规定宗室有人为盗，则不注籍和不加宫刑的法律特权。

3. 重刑主义原则

北齐一朝，虽然在武成帝即位时，曾出现过“思存轻典”的时代，但总的说来，北齐实行的仍为重刑主义原则。早在东魏静帝时，高澄当权时就出现过“军国多事，政刑不一，决狱定罪，罕依律文”的现象。文宣帝高洋建北齐后，仍施行重法，于庭上设刑具，发怒起来就亲杀大臣。因此，仆射杨遂彦，特置死囚于旁，帝欲杀人即是供应之，称为“供御囚”。他又创设“放生”之刑，用活人配以人造翅，命从高山飞下坠死，实为“放死”。上行下效，司法机关断狱皆用酷刑，刑具无奇不有，因而冤狱甚多。

北齐重刑主要是对付那些“贼”“盗”行为，如对“诏书脱误”这种有损于皇权的行为，其官吏一律降职。对“强盗”实行长期流放。对盗牛马者这种侵犯官私财产行为也严加惩处。并广泛使用宫刑、房诛等酷刑。

《隋书 · 刑法志》还记载北齐对“盗及杀人而亡者，即悬名注籍，甄其一房配驿户”。驿户仍北朝杂户一种，实为贱户，是一种身份略高于奴婢的户等。

二、罪名

1. 侵犯皇帝人身及尊严罪

这一罪表现为多方面，如“重罪十条”中有如反逆罪、大逆罪、不敬罪及其他反叛国家行为等均属于这一内容。除此之外，还有一些这方面的罪名，如：

诏书脱误罪。《北齐书 · 阳休之传》有“顷之坐诏书脱误，左迁骠骑将军”的记载。

非所宜言罪。指讲了不该讲的话也构成犯罪，实为古代思想犯罪的内容。这一罪名出现于秦代，主要是对皇帝本人、诏书、命令等不允许议论或非议。《北齐书·王晞传》记:“王曰，卿何敢发非所宜言？须致卿于法。”

2. 枉法罪

指官吏贪赃枉法之罪。《隋书·刑法志》曰:“若受使请赇，犹致大戮，身为枉法，何以加罪？”《祖珽传》:“珽拟补令史十余人，皆有受纳，后其事皆发，缚珽送廷尉，据枉法处绞刑。”

3. 奸非罪

男女以不义之交为之奸，北齐时对此罪处罚颇重。如《刘逖传》载，刘逖为定陶县令，与人通奸，事发免官。女子一般处死，如华山王妃王氏与仓头通奸，事发赐死。

三、刑名

北齐制定《北齐律》时，法定刑沿用北魏的“五刑”之刑名，规定于名例律中，五刑仍为死、流、徒、鞭、杖。在《隋书·刑法志》中记载得较为详细。

1. 法定刑

（1）死刑

《隋书·刑法志》曰，刑名:“一曰死，重者轘之，其次枭首，并陈尸三日，无市者，列于乡亭显处。其次斩刑，殊身首。其次绞刑，死而不殊。凡四等。”死刑四等与北魏有别，而斩、绞作为法定刑为隋唐“五刑”制度所吸取。

（2）流刑

《隋书·刑法志》记，刑名:“二曰流刑，谓论犯可死，原情可降，鞭笞各一百，髡之，投于边裔，以为兵卒。未有道里之差。其不合远配者，男子长徒，女子配舂，并六年。”北齐流刑是仅次于死刑的重刑。北魏、北齐依据“赦死从流”原则，将流刑列为法定刑。从秦汉时看均无流刑之名，汉代以徙、迁为死刑减等之法，主要是对王公大臣的宽免，但作为法定常用刑始于此时。北齐流刑无远近之分，但必须附加鞭、笞和髡刑，实际上是多种刑罚并用，然后送至边境为士卒，犹如后世之充军刑罚。但北齐确定流刑制度作为减死一等法，相对于肉刑说来，是一个很大进步，对于保存劳动力有一定的作用。

（3）徒刑

《隋书 · 刑法志》记载："三曰刑罪，即耐罪也。有五岁、四岁、三岁、二岁、一岁之差。凡五等。各加鞭一百。其五岁者，又加笞八十，四岁者六十，三岁者四十，二岁者二十，一岁者无笞。并锁输左校而不髡。无保者钳之。妇人配舂及掖庭织。"北齐徒刑亦称耐刑，分五等，又加鞭笞。徒刑仍为役刑，夜置于地牢，鞭、笞也成为徒刑之附加刑，徒罪者还得加锁、钳等刑具。

（4）鞭刑

《隋书 · 刑法志》记载："四曰鞭，有一百、八十、六十、五十、四十之差，凡五等。"北齐鞭刑共分为五等，它不但是主刑的一种，而且成为流刑、徒刑的附加刑，这作为刑罚体系说来是极不合理的。鞭刑在执行时为鞭其背部，五十，一易执鞭人。鞭鞘皆用熟皮，削去廉稜。鞭疮长一尺。说明鞭刑执行时有法定鞭及其他一些具体规定。

（5）杖刑

《隋书 · 刑法志》称："五曰杖，有三十、二十、十之差，凡三等。"北齐之杖刑仅为三等。法律规定杖刑之杖有一定的样式："杖长三尺五寸，大头径二分半，小头径一分半。决三十以下杖者，长四尺，大头径三分，小头径二分"。

北齐的法定刑为以上五种，总共为十五个等差。法律规定五种刑罚均可赎，死刑以百匹绢赎之，鞭杖刑每十下以一匹绢赎之。

2. 非正刑

（1）宫刑

北齐仍然使用宫刑这种残酷的刑罚。《北史 · 崔季舒传》记载了"季舒等家属男女徙北边，妻女及子妇配奚官，小男下蚕室，没入赀产”。《后主纪》亦载：“天统五年（公元 569 年）春二月乙丑，诏应宫刑者，普免刑为官口。”

（2）房诛

房诛则为门房之诛、门房诛、门诛。这种满门诛杀的刑罚在北齐仍然保留，盖沿北魏之制。《北齐书·高隆之传》曰：“显祖末年，既多猜害，追忿隆之，诛其子德枢等十余人。”

（3）笞刑

笞刑在北齐律中作为附加刑，适应于流者。法律规定了笞刑执行中的所笞部位及其他。《隋书·刑法志》曰：“笞者笞臀，而不中易人”。

（4）棒杀

《隋书·刑法志》曰：“清河房超为黎阳太守，有赵道德者，使以书属超。超不发书，棒杀其使。文宣于是令守宰各设棒，以诛属请之使。”

（5）配官

《北史·崔昂传》中引用过《北齐律》“妇人年六十以上免配官”。说明北齐有配官之刑。

（6）髡刑

髡刑在北齐时作为流刑之附加刑。《隋书·刑法志》曰：“流刑……髡之，投于边裔，以为兵卒。”

（7）支解

《北齐书·琅邪王俨传》载：“收伏连及高舍洛、王子宜、刘辟强，都督翟显贵于后园，帝亲射之而后斩首，皆支解，暴之都街下，文武职吏尽欲杀之。……”

第五节　北齐的民事、婚姻家庭法律制度

北齐关于民事方面的立法和北魏较之，资料更为缺乏，我们只能作一

些较为简单的阐述。

一、北齐的民事立法

1. 所有权

在中国封建时代，所有权最主要的是指土地所有权问题。由于北齐实行均田制，授以露田、麻田或桑田，法律规定露田不允许买卖，所以这部分土地属于国家所有；而麻田或桑田作为永业田，不在还授之列，因此可以买卖，这也说明这部分田地完全属于私人所有。

北齐实行均田制时，国家所有土地除了露田之外，还有屯田，因此，从实质上看来，属于国家所有的土地占整个北齐政权土地的绝大部分。后来由于地主贵族大肆掠夺公私土地，土地买卖关系的限制放松，法律规定露田不可买卖，但买卖时也未受到重责，因此，正如《通典 · 田制》云："贫户因王课不济，率多货卖田业。"为地主所有制逐步代替之，并成为主要的土地所有权形式。

2. 人的身份

（1）勋贵和士族

高氏的起家是依靠六镇中的怀朔一镇的军官，这批军官以后成为鲜卑族的勋贵，他们"聚敛无厌，淫虐不已"，贪污成风。《北齐书 · 杜弼传》记载，当时杜弼曾请高欢"先除内贼，却讨外寇"。高欢问内贼是谁，杜弼说："诸勋贵掠夺万民者皆是。"可是高欢却说："诸勋人身触锋刃，百死一生，纵其贪鄙，所取处大，不可同之循常例也。"说明北齐政府给予勋贵一定的特权。后来由于搞得实在不像样，高欢曾命儿子高澄在都城邺城重用汉族地主崔暹、崔季，制裁过鲜卑勋贵的贪赃枉法行为。可是高澄死后，高洋执政时就把二崔各鞭二百，充军北边。鲜卑勋贵这种在法律上享有特权，导致北齐政权的腐败到最后灭亡。

北魏时的士族到北齐时依然存在，因为高氏的发家同赵、魏大族封隆之和高乾、高昂兄弟的拥护分不开，这部分中原世族地主也就成为北齐政权的重要支柱，如中原世族地主杨愔还成为高欢的女婿，高洋之妻李太后也是汉族世族地主赵郡李氏之女。高氏统治集团为了巩固政权，对汉族大地主极力拉拢重用，虽然他们和鲜卑勋贵矛盾重重，但同样在法律上享有很大的特权。

（2）奴婢

北齐奴婢大量存在，奴婢的来源主要来自战争俘虏的人口。如天保四年（公元 553 年），高洋掩袭契丹，获十余万口。次年，北破柔然残部，获口三万余。

北齐时对奴婢的占有数有一定的法律规定。据《隋书・食货志》载，河清三年定令：“奴婢受田者，亲王止三百人，嗣王止二百人，第二品嗣王以下及庶姓王止一百五十人，正三品以上及皇宗止一百人，七品以上限止八十人，八品以下至庶人限止六十人。”这既是对不同等级占有奴婢数的限制，也说明庶民也可占有奴婢，高达六十人。奴婢依法可受田，实际上，鲜卑勋贵和汉世族地主往往超过这一定额。如颜之推在《颜氏家训・治家篇》记，邺下有一领军，家中家童八百，誓满一千。其他勋贵就不言而喻了。

（3）礼仪中体现其身份

据《隋书・礼仪志》引用北齐令中规定：“亲王公主太妃及从三品以上，丧者借白鼓一面，丧毕进输，王郡公主太妃仪同三司以上及令仆皆听立凶门柏，历三品以上及五等开国通用方相，四品以下达至庶人，以魌头（打鬼驱疫时用的面具）。旐则一品九旒，（旐旗悬垂之饰物），二品三品七旒，四品五品五旒，六品七品三旒，八品以下达于庶人，唯旐（画龟蛇旗）而已。其建旐，三品以上及开国子男，其长至轸，四品五品至轮，六品至于九品至较，勋品达于庶人，不过七尺。”

3. 民事责任年龄

《通典》引北齐令曰：“男子十八以上六十五以下为丁；十六以上，十七以下为中；六十六以上为老，十五以下为小。”并以此作规定，十八受田，输租调；二十充兵；六十免劳役；六十六退田，免租调。

4. 各种户等

《北齐书 · 文宣帝纪》载，天保二年（公元551年）九月，“诏免诸伎作、屯、牧、杂色役隶之徒为白户”。白户即普通百姓、良人。由此可知，北齐在此之前，存在肩伎作户、屯户、牧户、杂色役隶等贱户，他们的身份很低，到天保二年才下诏提升他们的户等。除此之外，北齐也存在着像北魏时的兵户。北齐的户等具体如何史料无专门记录。

二、北齐的婚姻家庭继承制度

1. 婚龄

北齐法定的婚姻年龄特别早，甚至以严刑强迫人民早婚。据《北齐书 · 后主纪》载:“女子二十以下，十四以上未嫁，悉集省，隐匿者家长处死。”如此法律规定强迫早婚在历史上也是少见的，当然，其目的在于增殖人丁。

2. 婚姻重聘财

颜之推在《颜氏家训 · 治家篇 · 第五》说到北齐时“婚姻素对，靖侯成规，近世嫁娶，遂有卖女纳财，买妇输绢，比量父祖，计较锱铢，责多还少，市井无异，或猥壻在门，或傲妇擅室，贪荣求利，反招羞耻，可不慎欤？”颜之推对当时买卖婚姻给予极大讽喻，认为与市井买卖没有什么区别。据史料载，北齐的聘财标准为：一品，元三匹，纁三匹，束帛十匹，璧一，豹皮二，锦彩四十匹，绢一百四十匹，羔羊一口，犊二头，酒黍稷稻米面各四斛；四品以下无璧；六品以下至从九品改用鹿皮；绢二品以下每品减二十匹；一品至三品用锦彩，每品递减十匹；四匹以下用杂彩，四品十六匹，五品十匹，六七品五匹；四品五品减一犊，六品以下无犊；酒黍稷稻米面四品五品减为二斛，六品以下减为一斛。这里记录应为官僚贵族家庭纳聘的标准，一般平民百姓不可能如此之多。

3. 纳妾制及妾媵制

同北魏一样，北齐也是盛行一夫多妻制和妾媵制。《颜氏家训 · 后娶篇》曰：“江右不讳庶孽，丧室之后，多以妾媵终其家事。”对于妾出之子称庶子，是为人所轻视，正如颜之推所言：“河北鄙于侧出。”庶出与嫡出之间有“士庶贵贱之隔”。

4. 居尊亲丧不得嫁娶

北齐律把十种重大犯罪行为称为重罪十条，确立于法典之中，其中之一为“不孝罪”。而居父母丧而自身嫁娶为不孝行为，属于重罪之一。据《北史·厍狄士文传》记载，应州刺史唐君明居母忧，其时却聘厍狄士文之从妹为妻，于是受到御史的弹劾。

5. 禁止非法性行为

《华山王凝传》载：“妃王氏太子洗马王洽女也，与仓头奸，凝知而不能限禁。后事发，王氏赐死，诏杖凝一百。”高凝乃高欢的十三子，其妃王氏与人通奸，他却视而不见，其妻王氏被处死，由于他放任王氏之行为，作为王族子弟同样也要杖一百，这是根据皇帝的诏令而为之。《刘逖传》也记叙定陶县令刘逖与人通奸，“坐奸事免”，则予以免官的处置。

6. 继承制度

（1）身份继承

北齐的身份继承仅限于嫡子，而妾之子为庶子，两者之间有“士庶贵贱之隔”。

（2）王位继承

北齐王位继承无明确规定，从北齐世系可见，一般是以父死子继为主，但也出现兄终弟及的现象。如高演代其侄高殷之后，其弟高湛又代其位。

第六节　北齐的经济法律制度

北齐在高洋时代国力最为强盛，拥有民户三百万，人口达三千万。由于据黄河下游的广大平原地区，因此粮食非常丰足，加上盐铁业，瓷器等手工业的发展，成为当时中国境内三国鼎立中最富庶的国家。

随着经济上的发展，北齐相应地也在经济立法方面取得一定的成效，有的方面比北魏时期更为周详。下面从几个方面分述一下。

一、北齐的土地立法

北齐承袭北魏施行均田制，同时广行屯田，这些土地立法对北齐农业的发展起了重要的作用。

1. 北齐的均田法

北齐比较完整的均田法令颁布于武成帝高湛河清三年（公元564年）。《隋书·食货志》说："河清三年定令"。其中包括均田令和赋役令。

北齐均田令规定成丁年龄为男子十八岁到六十五岁，十六岁以上、十七岁以下为中丁，六十六岁以上为老，十五岁以下称为小。年龄界限之划分，为授田、还田的年龄依据，十八岁起授田，六十六岁退田还授。

关于授还田的时间，《通典·田制》载："北齐给授田令，仍依魏朝，每年十月，普令转授。成丁而授，丁老而退，不听卖易"。

北齐授田数额为，露田：均田令规定："一夫受露田八十亩，妇四十亩，奴婢依良人，……丁牛一头，受田六十亩，限止四牛。"对奴婢授田，依主人地位之不同有所限制："奴婢受田者，亲王止三百人，嗣王止二百人，第二品嗣王以下及庶姓王止一百五十人，正三品以上及皇亲止一百人，七品以上限六十人。奴婢限外不给田者皆不输。"

从以上规定说明，北齐露田授受年龄比北魏提高三岁，受田数表面上比北魏高一倍，但不另给倍田，故数额相等，奴婢授田者数额和北魏相比作了一定的限制。

桑田：均田令规定："又每丁给永业田二十亩，为桑田。其中种桑五十根，榆三根，枣五根，不在还授之限。非此田者，悉入还受之分。土地不宜桑者，给麻田，如桑田法。"这个规定基本与北魏同。

对官吏受田，均田令规定：“京城四面诸坊以外，三十里内为公田，受公田者，三县代内迁执事官一品以下，逮于羽林武贲各有差。其外畿郡，华人官第一品以下，羽林武贲以上各有差。”说明北齐对代迁贵族官僚与汉人官僚，一品以下到羽林虎贲等卫士，皆可受予田地，不像北魏仅限于地方官可受公田。

北齐均田有异于北魏，但基本上是用官田荒地重新编制劳动人手，把浮游人户固定在土地上从事农业生产。强调“地无遗利，人无游手”。但北齐对豪强之稳占，清理效果远不如北魏，故均田实为不均，效果较差，《通典·田制》引宋孝王《关东风俗传》曰：“其时强弱相凌，恃势侵夺，富有连畛亘陌，贫无立锥之地。”说明豪右不仅侵占民田，还抢占公田。加上北齐对土地买卖限制较松，贫民因课赋不济，只好出卖田业，造成均田制的破坏。

但是，不能由此完全否认均田制的作用。北齐推行均田法后，加强了劝农桑工作，取得了经济情况的好转。如元象，兴和中，“频岁大穰，谷斛至九钱”。天保初“外内充实”。

2. 北齐的屯田

北齐的屯田，《隋书·食货志》记载了武成帝河清三年，“缘边城守之地，堪垦食者，皆营屯田，量都子使以统之。一子使当田五十顷，岁终课其所入，以论褒贬”。说明北齐屯田的土地关系是国有制，设立都子使负责，一个男子可分给五十顷耕种，年末以收成课之，但具体办法不详。

二、北齐的税赋立法

北齐的赋役制度基本上沿袭北魏，但亦有所区别。

1. 租调

北齐租调和其均田法联系在一起，按《隋书·食货志》载：“率人一床（床，即一夫一妇为计算租调单位）调绢一匹，绵八两，凡十斤棉中，折一斤作丝。垦租二石，义租五斗，奴婢各准良人之半。牛调二尺，垦租一斗，义租五升。垦租送台，义租纳郡，以备水旱。”

以上说明，北齐的租调即以一床为计算单位，若未娶妻的“输半床租调”。北齐除了垦租二石外，还得增加义租五斗，绵八两。租调调剂方式同北魏的贫富相通比之，北齐采用“三枭交租法”：“垦租皆依贫富为三枭，其赋税常调，则少者直出上户，中者及中户，多者及下户。上枭输远处，中枭输次远，下枭输当州仓。”而北齐租率也非一成不变，法令规定：“三年一校焉”。

法令上还规定，垦租入台，以粟、米输之。入州饶者，输粟。若以钱代之亦可，以上绢之钱折算。

2. 力役

北齐的徭役，力役并无定法，如东魏孝静帝天平二年为了营造新宫于邺，发役七万六千人。兴和元年九月，又发畿内民夫十万人，做了四十天。高欢在肆州北山筑城，又召夫五万人。文宣帝天保六年，曾发夫一百八十万人去筑长城，长距九百余里。说明徭役，力役比较沉重。

文宣帝天保元年（公元550年）八月，始立九等之户，以“富者税其钱，贫者役其力”。徭役的年龄，武成帝时有规定，男子二十岁充兵，六十免役。

3. 其他税赋

（1）赀税

北齐时，户分九等，富者为六，在武平年间，曾制“境内六等富人，调令出钱”。这属于赀税一类，即征收财产税。

（2）市税

北齐后主时，颜之推奏请立关市，邸店之税，开府邓长颙赞成之，后主（高纬）大悦，以其所入供御府声色之费，军国之用不豫焉，从中可见关市税是专款专用，至于多少钱，不详。但北魏，北周均规定“税入市者人一钱”，北齐可能依之。《北齐书·后主纪》记武平六年（公元575年）闰八月，“以军国资用不足，税关市……”但也未提出具体数额。

三、北齐的手工业和商事立法

由于北齐农业生产的发展，促进了工商业的发展，纺织业、制盐业都有相当的发展，特别是冀、定、沧、瀛、青、幽等州，富商大贾非常活跃，甚至能交通王侯，嘱买官爵。因此，北齐时，手工业和商业方面都有一定的立法。

1. 手工业立法

（1）手工业管理机构

北齐中央管理手工业的机构称为太府寺。《隋书·百官志》："太府寺统左藏，左尚方，内尚方，右尚方，司染、右藏、黄藏，掌治甄官等署，各置令、丞等员。"太府寺长官称卿，少卿辅之，下属部门甚多。分别掌握全国的有关金帛府库，营造器物，织染、冶铸、矿产、乐器、武器等的制造及手工业工场，工人的管理。太府寺也是代表国家颁布有关手工业法规的部门，严格控制手工业生产。

（2）手工业制度

北齐手工业依北魏，主要为官府所控制，但并不很严格。私人手工场依然存在。《北齐书》载崔慰祖家有生产漆器工场，漆器上均题"日"字，称之为"日字器"，不但宫中使用，大臣家用之甚多："流乎远别"。著名的綦母怀文所造宿铁刀，能斩甲五十札，看来也是私人制造的。

2. 商事立法

（1）商人的地位

北齐商人的地位似乎没有受传统的"重农抑商"思想影响，商贾之获利亦为官僚所逐，甚至可以通过钱而得官。《北史》记载齐宗室诸王，选国臣府佐，多取富商群小。当时商贾被铨擢者不少，形成官吏与商人相互勾结，相互利用现象，从中也可以见到北齐商贾社会地位较高。

（2）酒禁

关于酒禁，在东魏孝静帝大统三年（公元537年）九月，"禁京师酤酒"。

说明禁酒仅在京师地区。但次年，高欢回晋阳，即“请开酒禁”。北齐武成帝河清四年（公元 565 年）二月，“以年谷不登，禁酤酒”。北齐后主天统五年（公元 569 年）冬十月，“诏禁造酒”。但到了武平六年（公元 575 年）为了税入的增加，又开了酒禁。

史书记载了北齐关于酒类酤卖的一些法律规定。说明北齐时期关于酒类，依然是有禁有放。但以禁为多，其原因是根据当年粮食生产情况而定，可知酿酒与粮食关系极大。

（3）富人仓

即为常平仓法。《通典 · 食货十二》载：“北齐河清中，令诸州郡皆制置富人仓。初立之日，准领中下户口数，得一年之粮，逐（适）当州谷价贱时，斟量割当年义租充入。（按北齐制度，每年每人出垦租二石，义租五斗，垦租送台，义租纳郡，以备水旱）谷贵下价粜之，贱则还用所籴之物依价籴贮。”由此可见，北齐为了控制粮价，也设常平仓，此时称富人仓。

（4）盐铁

有关北齐盐铁政策甚少，但从北齐后主武平六年，由于军国资用不足，故对许多部门实行税收，其中包括盐铁。由此看来，盐铁当时并非由国家完全控制，民可制销，但必须向国家交纳盐铁税，具体情况不详。

四、北齐的货币立法

北齐境内，由于铜比较缺乏，铸钱就发生原材料困难。东魏时，用北魏孝庄帝时铸的永安五铢钱，但由于民间私铸甚烈，故掌握东魏政权的高欢即于天保四年（公元 553 年）废止永安五铢钱，开始铸造自己的货币。

1. 货币形式

在高欢迁邺之后，“百姓私铸，体制渐别，遂各以为名……交贸者皆以绢布，神武（高欢）乃收境内之铜及钱，仍依旧文更铸，流之四境。未几之间，渐复细薄，奸伪竟起，武定六年，文襄王（高澄）以钱文五铢，应须称实，宜秤钱一文重五铢者所入市用，计一百文重一斤四两二十铢，自余皆准此为数”[①]。说明高澄当政时，鉴于私铸严重，钱币虽以五铢为名，但形式变化多样，故统一了形式和内容，即钱质量必须名副其实。

高澄虽然采取了措施，但未能杜绝私铸，不久入市之钱，有的轻于五铢，有的杂铅镴，钱币日转薄小。《北齐·文宣帝纪》载，文宣帝天保四年（公元 553 年）春正月，“改铸新钱，文曰‘常平五铢’”。常平五铢钱为北齐货币制造上的创造，其钱“重如其文”，实实足足的五铢钱，制造甚为精美，铸价很高，据史载此钱“未行而私铸已兴”。

2. 货币管理的法律规定

（1）允许私铸

东魏时，允许私家铸造货币，但必须依法定货币为标准：“凡有私铸，悉不禁断，但重五铢，然后听用。”允许私铸造成的恶果是钱币混乱。

（2）禁恶钱

北齐由于私铸存在，市场上恶钱泛滥，因此北齐政府曾下令禁恶钱上市。如高澄时，在各州镇郡县市场上，各置二秤，悬于市门，人们可以把钱放在其中校之。对于重量不足，或杂以铅镴者，不得在市场上使用。若有人把恶钱擅自入市，告发者可获此钱。这次发布的禁恶钱命令，其期限分别为：畿内五十日，外州百日为限。

据《通典》载，禁恶钱不能达到预期的目的：“……即有滥恶，虽杀戮不能止。”说明当时可能运用严厉的手段对私铸不合标准的制造者进行惩罚，甚至处死，但收获甚微，原因在于私铸获利甚厚。

整个北齐时代，根本无法用法律手段禁止恶钱的出现，生铁与铜混杂者有之，到北齐灭亡时更甚。

① 《通典·食货志》。

第七节　北齐的司法、监察制度

北齐的司法制度和监察制度虽然基本沿袭北魏，但也有所发展。北齐统治者在总结历代封建统治经验之后，更理解司法机关对加强和维护封建政权的重要作用。因此，北齐的司法制度也同其法典制度一样，被隋唐以及后世封建统治者所吸取。

一、北齐的司法制度

北齐的司法制度从整体上看还是同北魏差不多，同时沿袭汉制，但又有一些很值得注意的变化。

1. 司法机关

中央司法机关。

大理寺。《隋书·百官志》曰："大理寺掌决正刑狱。"大理寺为北齐的中央最高审判机关，它是由北魏的廷尉改名并扩大而来。秦汉以降，中央审判机关均称廷尉，职掌听讼与决狱，原因是古之兵刑同制，凡有关兵事、贼事、纠察之事的官员均用尉名。《太平御览·卷二三一》记韦昭在辨释名时说："廷尉县尉皆古官，凡掌贼及司察之官皆曰尉，尉，罚也，君以罪罚奸非。"这里道出尉之本意、故古代中国中央审判机关称廷尉，长官也称廷尉。东汉正名为廷尉卿，居九卿之一。

北齐时，廷尉改名为大理寺，"寺"为官署，"大理"是最高审判之意。自此，中国封建社会的中央最高审判机关基本上都称大理寺。北齐大理寺比北魏之廷尉有了较大的扩充，主管长官称大理寺卿，为九寺卿之一，并设大理寺少卿一人辅之。除卿与少卿外，尚有大理寺丞一员、功曹、主管簿事。另设大理寺正、监、评各一人，均为六品官秩。另有秩为九品的律博士四人，新增加明法掾二十四人，槛车督二人，掾十人，司直、明法各十人。还有狱丞二人，狱丞掾二人，整个大理寺机关比北魏廷尉增加了四十五人之多。

都官尚书。都官为北齐尚书省下六曹之一，《隋书·百官志》记载其职责为“五曹都官统都官（掌畿内外得失等事），二千石”。

地方司法权仍属地方行政长官，体现了司法与行政合一的传统。

2. 北齐政权的若干诉讼制度

（1）负罪不得告

《隋书·刑法志》载，北齐文宣帝天保七年（公元556年），“豫州使使白擲，为左丞卢斐所劾，乃于狱中诬告斐受金。文宣知其奸罔，诏令按之，果无其事。乃敕八座议立案刻格，负罪不得告人事”。这一规定实际上起了反作用，造成“挟奸者畏纠，乃先加诬讼，以拟当格，吏不能断。又妄相引，大狱动至千人，多移岁月”。造成恶人先告状，好人不得反告的现象，这也是北齐司法黑暗的一个重要原因。

（2）依律令定罪

《魏书·刑罚志》记载：“孝昌以后，天下淆乱，法令不恒，或宽或猛。”说明北魏从孝明帝起法制建设遭到破坏，用法严酷，可是却起了相反的作用：“法令滋彰，盗贼多有”。因此在东魏孝静帝天平年间，侍中孙腾上书给静帝曰：“请诸犯盗之人悉准律令，以明恒宪，庶使刑杀折衷，不得弃本从末。”之后即实行依律令定罪的制度。这一资料记于《魏书·刑罚志》，但无时间记载，因孙腾为天平元年侍中，故应在东魏高澄执政之时，故入于此。

另《北齐书·文宣纪》亦记载，天保元年秋，诏曰：“魏世议定《麟趾格》，遂为通制，官司施用，犹未尽善。可令群官更加论究适治之方，先尽（要）坛（要），引纲理目，必使无遗。”

（3）上下比附

《隋书·刑法志》载：“大理明法，上下比附，欲出则附依轻议，欲入则附从重法。”此乃律无正条，须有约罪，采用上下比附原则。但这一原则的出现，其后果易成为“奸吏因之，舞文出没”，反而破坏了法制。

（4）子孙不得告父母

《北史 · 窦瑗传》曰：“又为神武丞相府右长史上表曰，臣伏读《麟趾新格》，至三公曹第六十六条，母杀其父，子不得告，告者死。”法律规定母杀父，子告也要处死，何况涉及其他事，子更不能告父母。

（5）春秋决狱

春秋决狱始于西汉武帝时代，这种把“春秋”之经义应用于司法实践之中，同样影响到北齐的司法制度。《北齐书 · 瑯琊王俨传》载：“收伏连及高舍洛、王子宜、刘辟强，都督翟显贵于后园，帝亲射之而后斩，皆支解。暴之都街下。文武职吏尽欲杀之，（斛律）光以皆勋贵子弟，恐人心不安。赵彦琛亦云，春秋责帅，于是罪之各有差。”从中可见，赵彦琛以“春秋责帅”为由，认为不同罪者不可皆杀之，应以春秋经义所言的“责帅”处置，则把首犯杀了就可以。可是主犯高俨为皇帝后主之弟，当时与高舍济、王子宜、刘辟强等指示伏连无故杀和士开，帝盛怒之下杀了高舍济之人，却有意开释意在夺权的高俨。后祖珽以周公诛管叔为例说服了后主高纬，才把主犯高俨处死。

3. 狱政制度

（1）监狱

北齐除了中央设狱之外，各州、郡、府均置有监狱，如并州、兖州、太原郡、晋阳县、相国府及临漳狱。

北齐律令制定虽佳，但执法很差。因此出现“大狱动至千人”。说明狱中人满为患，特别是文宣帝后期暴虐，影响到有司折狱皆酷刑，监狱的作用就显得更为重要。

（2）刑具

北齐刑具比北魏更为繁多。有的是系囚之用，有的是讯囚之用，有的是君主一时兴起而为之。

锁。北齐囚犯在狱中有刑罪者，一律要上锁。《隋书·刑法志》有“罪刑年者锁”。赦日时举行赦式：“赦日，则武库令设金鸡及于阊阖门外之右。勒集囚徒于阙前，挝鼓千声，释枷锁焉。”记载了释锁的情况。

杻、械。《隋书·刑法志》曰：“流罪以上加杻械。”

桁。桁者，乃大械也。锢在囚犯颈胫上。应该是用于死刑犯人，所以《隋书·刑法志》中说：“死罪桁之”。

枷。锁与枷之用相同，故有“无锁以枷”的记载。

以上应为法定械具，属于常用刑，主要用于对付未决犯及犯人。另外史书还记载了不少非法定刑具，皆多施酷刑时运用，特别是文宣帝时运用得更多。如：

大镬。镬为古之无足鼎，类似古之烹刑之刑具，属于较为残酷的刑罚。《隋书·刑法志》记文宣帝后期“恣行酷暴”，在宫廷上经常放有大镬及长锯、剉碓等。

长锯。这种切割刀具很早就作为断足之刑具，最早可见于殷商甲骨文中，此时乃用于作刑具。

剉碓。剉乃“锉”锉刀。碓乃石臼。从刑具中可见其酷。

车辐狍杖。狍应为掐，则束紧之意，用车轮压杖于人身上，作为压踝夹指之用，一般用于讯囚。

立烧犁耳。让囚犯站在烧红的犁耳上，相类似的记载有“以臂贯烧车钉”。

屠裂。文宣帝稍有不快，则“手自屠裂”。文宣帝还在杀人之后，让左右大臣生啖其肉。

二、北齐的监察制度

北齐的监察制度基本承袭北魏。

北齐监察机关御史台仍称南台，但主领台政的长官不叫中尉而称中丞。从东魏迁邺后，取消了北魏时御史中丞清道制。但到了武成帝高湛即位后，任命其第三子琅琊王高俨兼任御史中丞，又恢复了清道制，赋予自己儿子更大的权力。《北齐书 · 琅琊王俨传》载："武成欲雄宠俨，乃使一依旧制，初从北宫出将上中丞，凡京畿步骑领军之官属，中丞之威，司徒之卤簿，莫不毕备。帝与胡后在华林园东门外张幕，隔青纱步障观之，遣中贵骤马趣仗不得入，自言奉敕，赤棒应声碎其鞍，马惊人坠。帝大笑，以为善。更敕令驻车传语，良久观者倾京邑。"

从这段史料可知，北齐御史中丞之权力极大，并依北魏立中丞出门的清道制度。另外，皇帝往往任用亲贵为中丞，这正说明中丞位置对于加强皇权的重要性。

北齐南台仍掌纠察弹劾百官之事。其人员编制如《隋书 · 百官志》的记载："御史台掌纠弹，中丞一人，治书侍御史二人，侍御史八人，殿中侍御史各十二人，录事四人，领符节署令一人，符玺郎中四人。"

第十三章　北周政权的法律制度

公元557年，宇文觉废西魏恭帝，建立北周政权，称北周闵帝。公元577年，北周武帝消灭北齐，统一了中国北方。到了公元581年，杨坚取代了北周政权，北周宣告结束。

由于北周政权实际上是西魏政权的继续，都是宇文氏掌权的两个不同时期，因此，本章所涉及的内容就不仅限于北周时期，同时还包含了西魏时期的法律制度。

第一节　北周的政治、经济概况

一、北周的建立和中国北方的统一

公元534年，高欢拥立元善见为皇帝，迁都于邺城，史称东魏。而西据长安的宇文泰也于这一年冬末，拥立元宝炬为帝，史称西魏。从此，北魏王朝分裂成为中国北方的两个封建割据政权。

以宇文氏为首的西魏、北周统治集团，是由贺拔岳领导的武川军人集团和关陇汉族地主组成的。宇文氏原非鲜卑族，由于长期与鲜卑居住在一起，正若《周书·文帝纪》载："鲜卑慕之，奉以为主"。不但鲜卑化，而且成为鲜卑的一部分。宇文泰，字黑獭，世居武川镇，这个集团中的杨忠（隋文帝杨坚之父）、李虎（唐高祖李渊的祖父）等都是武川世居的兵户或府户。宇文泰后占据关陇地区，北魏永熙三年（公元 533 年）七月，适北魏孝武帝元修为高欢所逼迫，自洛阳入关，投奔于他。宇文泰迎元修迁都长安。后又毒死元修，立元宝炬为帝，建立了西魏。宇文泰掌握了西魏军国大权，官居太师、大冢宰。后又得到关陇、河东地区世家大族拥护，其政权基础也就稳固下来。他不但抵御了实力胜于自己的高欢的进攻，还利用侯景乱梁之际。进兵巴蜀、江陵，把西魏统治地区扩大到四川、湖北一带。

公元 556 年，宇文泰病死后掌握西魏政权的宇文护，干脆推宇文觉为帝，建立北周政权，并由宇文护专权。正如《周书 · 晋荡公护传》所说："自太祖（宇文泰）为丞相，立左右十二军，总属相府。太祖崩后，皆受护处分。凡所征发，非护书不行。护第屯兵禁卫，盛于宫阙。事无巨细，皆先断后闻。"因此统治阶级内部斗争异常激烈，宇文护虽名为大冢宰（相当于首相），实际为王，是北周的主宰者。宇文护前后执政十五年，对北周政权起了一定的稳固作用，但北周武帝宇文邕，对宇文护"诸子贪残，素属纵逸，恃护威势，莫不蠹政害民"的现象很不满意，于公元 572 年 3 月，杀宇文护，政由己出。北周武帝精明强干，对北周内政进行了一系列改革，才真正使北周政权稳固下来。

周武帝集权于自己手中，立志统一中原。而统一中原的首要任务就是消灭北齐。由于当时北周地狭民贫，远不如北齐地广国富。因此他在国内进行改革的同时，对外运用外交策略，北与突厥和亲，南通好陈朝，联合突厥与南陈攻伐和牵制北齐。由于北齐政权日益昏暗，经济每况愈下，正如《周书 · 韦孝宽传》所述："齐氏昏暴，政出多门，鬻狱卖官，唯利是视，荒淫酒色，忌害忠良。阖境嗷然，不胜其弊。"周武帝利用此机，于公元 575 年，调集十八万大军进攻北齐，后因病退兵。翌年再度伐齐，至公元 577 年俘虏北齐后主高纬，消灭了北齐。并派兵攻南陈之淮南，一时使北周的疆土不但扩至整个中国北方，还南抵长江沿岸。

北周武帝统一中国北方，使东、西魏分裂以来将近半个世纪的北方，至此复归统一。北周统一北方的意义很大，为以后隋文帝杨坚统一全国打下了基础。

二、北周的改革

宇文氏掌握西魏政权以及北周建立之后，对政治、军事、经济、文化等各方面进行了改革，改革的方向是进一步的汉化，改革的主要谋划者是苏绰。苏绰，武功人，据史载，苏绰“少好学，博览群书，尤善算术”。他由周惠达推荐给宇文泰，见了宇文泰之时，指陈帝王之道，兼述申、韩之要。宇文泰听后，即予重用。苏绰制定了文案程式，制定了一些治国之法，特别是他提出的《六条诏书》更为著名。由于苏绰尽其智能，宇文泰又能推心委任，故在北周进行了一系列改革措施，使原来弱于东魏、北齐的西魏、北周，终于转弱为强。

西魏、北周的主要改革措施有：

1. 内政方面的改革

宇文泰采纳苏绰建议，建立计帐（租赋预算）和户籍制度。《周书·苏绰传》曰：“绰始制文案程式，朱出墨入及计帐户籍之法。”户籍制度是保证国家财政收入的保证，因为它涉及国家赋税收入。这一措施正是符合宇文泰“方欲革易时政，务弘强国富民之道”的需要。

除此之外，苏绰还建议裁减冗官。“置三长”，并“置屯田”，目的在于资军国之用。特别是《六条诏书》也是根据苏绰的提议而制定的。六条为：其一，先治心；其二，敦教化；其三，尽地利；其四，擢贤良；其五，恤狱讼；其六，均赋役。宇文泰不但同意施行《六条诏书》，而且规定：“其牧守令长，非通六条及计帐者，不得居官。”

2. 推行均田制度和均赋役

北周也用严厉的法律手段推行均田制。《隋书·刑法志》记载当时法律规定：“正长隐五户及十丁以上，隐地三顷以上者至死。”由于西魏、北周同东魏、北齐地区比较，地主经济发展比较缓慢，门阀士族力量较弱，吏治相对比北齐清明，因此均田制在法律的保证下推行得比较顺利。

关于赋役方面，北周分丰年、中年、下年三种年成征收，因此规定的“调”与北齐相同，但租却多一倍。由于按三种年成平均数收取，所增之数也不太多,《六条诏书》中所指的“均赋役”，就是平均承担赋役，即“不舍豪强而征贫弱，不纵奸巧而困愚拙”，要求从守令到正长，都要在征收前斟酌得当，以减少农民所受的敲榨之苦。

3. 建立府兵制度

府兵制度是西魏、北周的一项重要创置。府兵制度因设立军事组织单位兵府而得名，它不同于开府设置属员的府。其形式上是采取鲜卑八部之制，也就是以八部组织作为编制新军的蓝本。公元 550 年，宇文泰设立八个柱国大将军，正式开创了府兵制。除了宇文泰是最高统帅，还有西魏宗室广陵王元欣挂个虚名外，实为六个柱国大将军，分统六军，合《周礼》六军之制。六柱国大将军各督二个大将军，共十二大将军。每个大将军督两个开府，共二十四个开府，是谓二十四军。构成了府兵制的完整组织系统。

府兵一般不入民籍，而是另立军籍。当时规定府兵自备弓、刀，有的自备军资，但不负担课役。府兵的发展使六镇军人和关陇大族结合起来。加上不断征集农民入伍，战时打仗，农隙讲武教战，向兵农合一的趋势发展，也日益与均田制相结合。府兵制的创置和发展，对于强化封建中央力量，充实武力，起了重要的作用。

4. 废止佛教

自佛教进入中国之后，到南北朝时期，有了很大的发展。北齐时，寺院更扩大到四万余所，僧侣人数达二百万，占政府编户人数十分之一。北周寺院约万余，僧侣人数占编户人数比例基本与北齐相同。僧侣增多，租调收入当然减少，正如《魏书 · 释老志》曰，僧侣“假慕沙门，实避调役”。严重影响政府的兵源和财源。

周武帝亲政第二年（公元 573 年），关中发生大饥荒，而僧侣地主却趁机举放高利贷，牟取暴利，加强了北周政权的危机。周武帝深深感到，要消灭北齐，务必富国强兵。《广弘明集·二十七》记当时武帝决心是“求兵于僧众之间，取地于塔庙之下”。在建德三年（公元 574 年）五月，下诏禁断佛、道二教，把关、陇、梁、益、荆、襄地区几百年来僧侣地主的寺宇、土地、铜像、资金全部没收，以充军国之用。把近百万僧尼和寺院所属的僧祇户、佛图户编入均田户，把适龄的壮丁编为军队。这样一来不但增加了军事费用和农业生产的劳动力，还扩大了府兵队伍，使人民适当减轻了负担。自废佛之后“民役稍稀，租调年增，兵师日盛”。灭齐之后，武帝继续执行废佛政策。把寺庙赐予王公充当第宅，使编户农民人数大增，北周也更为强盛起来。

5. 释放奴婢

周武帝时还采取过释放奴婢的措施。在灭北齐前后五次下诏解放奴婢和杂户，这是一项比较彻底的措施，对于解放劳动力起了一定的积极作用。

三、北周的灭亡

北周武帝执政时期，在国内进行了一系列有利于增强国力的改革，并取得了较大的成效，对于稳固北周政权起了十分重要的作用，使原来国力弱于北齐的北周最后消灭了北齐，实现了北方的统一大业。所以说北周武帝是当时历史上的一位杰出人物。公元 578 年，武帝病死，其子宇文赟继位，称北周宣帝。宣帝是个不恤政事，荒淫享乐而且非常荒唐的皇帝。他施行峻法，乱杀大臣，利用佞臣，加重了农民的徭役，从而使国力日益衰竭。他死后，其幼子宇文阐继位，大权完全落到杨坚手中。杨坚于公元 581 年杀宇文阐，代周称帝，建立了隋朝，北周至此宣告灭亡。

第二节　北周的立法思想和立法概况

一、北周统治者的立法思想

西魏、北周在法制创建方面逊于北齐，但在其立法思想上有自己的特点。而且宇文泰及北周武帝善于不断吸取汉族文化，利用汉族地主阶级知识分子，协助其完善各种制度，其中包括法律制度。由于他们对法律制度的建设比较重视，虽然没有产生像《北齐律》那样完善的代表性法典，但也在其法律思想影响和指导下，制定了一些宜时的法律。北周统治阶级的法律思想可概括为：

1. 提倡儒家学说，以儒教为先

宇文氏继北魏之后，进行了一系列汉化运动，因而首先必然提倡儒学，宣扬儒家思想。宇文泰执政西魏时，为了学习汉族传统文化，仿《周礼》，设六官之制，置六军之法，甚至有的官名也依西周之称谓。他还命苏绰写《大诰》，以为天下文章之楷模。周武帝时，曾召集名儒及道士和文武百官二千余人，于天和四年（公元 569 年）戊辰，于大德殿讨论三教（儒、道、佛），确立以儒为先，佛教为后的原则。接着又命司隶大夫甄鸾，“详度佛道二教，定其深浅，辨其真伪”，最后掀起毁佛运动。故而说，毁佛虽以经济原因为主，但同宇文氏以儒为先不无关系。武帝还常以儒家礼乐行事，曾召见百官，亲自讲述《礼记》。皇帝如此重视，必然影响到全国上下。

2. 以仁守位，治心为本

宇文泰非常看重苏绰，对其言听计从，辅泰达十二年之久。苏绰的思想主张一定程度上体现了北周统治阶级的意志。苏绰提出的著名《六条诏书》正是以皇帝诏令这一法律形式颁布的。苏绰提出：“盖为治本，不能废督责。”这是针对防止官吏贪虐以乱国而提出，他认为要把国家治理好，首先要“治心”。《周书·苏绰传》载：“其一，先治心。曰，凡今之方伯守令皆受命天朝出临下国，论其尊贵。并古之诸侯也是以前世帝王每称共诏天下者，唯良宰守耳，明知百僚卿尹虽各有所司，然其治民之本，莫若宰守之置重也。凡治民之体，先当治心。”苏绰博学多才，深知民为本的道理，而治民者必先收民心，取得百姓的支持。因此，苏绰进而提出教化的重要性。他说，历代明君中兴，没有只用兵革、刑罚而不用德义、教化的。所以他提出：“教之以孝悌，使民慈爱；教之以仁顺，使民和睦；教之以礼义，使民敬让。慈爱则不遗其亲，和睦则无怨于人，敬让则不竞于物。三者既备，则王道成矣！”苏绰的治心为本实际上还是用儒家礼义来教化人民，用礼法来约束人民的行为，继承了西汉以来正统的儒法结合的法律思想。

苏绰在《六条诏书》中第六为“均赋役”，在说明这一问题时，他指出“以财聚人，以仁守位”的观点，实际上则为经济与政治的关系问题，讲述了经济与政治在巩固国家政权上的两个不同分刈的问题，但总的精神仍然是施仁政。“仁”为孔子学说的核心；仁者，爱人也。苏绰认为均赋役最后还是为了施仁政。施仁政的具体执行者为各级官吏。为此，宇文泰下令各级官吏必须学通《六条诏书》，否则不可居官，道理也在于此。

3. 用法严正，慎恤狱讼

《隋书·刑法志》载：“武帝性甚明察，自诛护（宇文护）后，躬览万机，虽骨肉无所纵舍，用法严正，中外肃然。”这里说的是建德元年（公元572年），周武帝亲政，鉴于宇文护执政时，“欲宽政以取人心”，可是使用官吏不当，造成法律废弛，不足以制奸，官僚勋爵子弟及其僚属，为非作歹，百姓愁怨又无处告诉。所以武帝认为执法不严，不足以惩治犯罪。为了严肃法纪，就是皇室成员犯罪也不能宽纵。用法严正是维护法律的严肃性、依法办事的保证。武帝多次提出慎刑慎罚和轻刑，这与严正用法并不矛盾，恰恰是相辅相成的。

另外，苏绰在《六条诏书》其五曰：“恤狱讼”。《周书·苏绰传》曰：“赏罚得中则恶止而善劝，赏罚不中则民无所措手足，民无所措手足则怨叛之心生。是以先王重之，特加戒慎，戒慎者欲使治狱之官精心悉意推究事源。……使奸无所容，罪人必得。然后随事加刑轻重皆当赦过矜愚，……宰守……唯当率至公之心，去阿枉之志，务求曲直念尽平，当听察之理，必穷所见然后拷讯，以法不苛不恭，有疑则从轻，未审不妄罚，随事断理狱无停滞。……自古以来，设五听、三宥之法者，明慎庶狱之典，此者爱民甚也。”苏绰在这里阐明了恤狱讼之道，提出宽严结合，公心断狱，不制造冤假错案等重大司法原则。并要求司法官员以古之慎刑慎罚为鉴，达到爱民的目的。指出赏罚不当将导致民怨四起，势必危及国家政权的稳固。

二、北周的立法概况

西魏及北周政权都积极开展立法活动。据史载，西魏、北周的主要立法成就如下：

1.《大统式》

据《隋书 · 刑法志》载：“周文帝之有关中也，霸业初基，典章多阙。大统元年，命有司斟酌今古通变，可以益时者，为二十四条之制，奏之。七年，又下十二条制。十年，魏帝命尚书苏绰，总三十六条，更损益为五卷，班于天下。”《周书 · 文帝纪下》也作类似记载：“三月，太祖以戎役屡兴，民吏劳弊，乃命所司斟酌今古，参考通变，可以益国利民、便于适治者，为二十四条新制，奏魏帝行之”。《唐六典》注曰：“十年，命尚书苏绰总三十六条，更损益为五卷，谓之《大统式》。”这就是西魏文帝元宝炬大统十年（公元 544 年）颁行的《大统式》。

《大统式》的制定是由宇文泰所提出，经历了十年时间，最后由苏绰修订完成的。出现“式”这种法律形式，是封建法制史上的又一变化，是为隋唐法律形式之一——“式”的先导。

2.《周大律》

北周建国时仍沿用魏制。到周武帝时，完成了两部法典——《周大律》

和《刑书要制》。

《隋书·刑法志》载："其后，以河南赵肃为廷尉卿，撰定法律。肃积思累年，遂感心疾而死。乃命司宪托拔迪掌之。至保定三年（公元 563 年）三月庚子乃就，谓之《大律》。"《周书·武帝纪上》亦曰："保定三年二月庚子，初颁新律。"但两处记载相差一个月。

《周大律》系由廷尉赵肃及司宪托拔迪先后主持制定。《周书·赵肃传》曰："先是太祖命肃撰定法律，肃积思累年，遂感心疾，去职卒于家。"说明大律在宇文泰时就开始着手制定，后由托拔迪完成，时间为周武帝保定三年，大律制作时间较长。

《唐六典》注曰："后周命赵肃等造律，保定中奏之，凡二十五篇，大凡定罪一千五百三十七条，比之齐律，烦而不当。"《周大律》二十五篇在《隋书·刑法志》中记录较为详备，曰："凡二十五篇：一曰刑名，二曰法例，三曰祀享，四曰朝会，五曰婚姻，六曰户禁，七曰水火，八曰兴缮，九曰卫宫，十曰市廛，十一曰斗竞，十二曰劫盗，十三曰贼叛，十四曰毁亡，十五曰违制，十六曰关津，十七曰诸侯，十八曰厩牧，十九曰杂犯，二十曰诈伪，二十一曰请求，二十二曰告言，二十三曰逃亡，二十四曰系讯，二十五曰断狱。大凡定罪一千五百三十七条。"从中可见，《周大律》比北魏律二十篇多出五篇，比北齐十二篇九百四十九条多出十三篇，五百八十八条。所以《隋书·刑法志》作如此评述："其大略滋章，条流苛密，比之齐法，烦而不要。"从法典制定本身看，《周大律》在中国法制史上的影响及后人对之评价来说，都比不上北魏律和北齐律。

3.《刑书要制》

《隋书·刑法志》载："建德六年（公元 577 年），平齐后，……又以齐之旧俗，未改昏政，贼盗奸宄，颇乖宪章。……为刑书要制以督之。其大抵持仗群盗一匹以上，不持仗群盗五匹以上，监临主掌自盗二十匹以上，盗及诈请官物三十匹以上，正长隐五户及十丁以上及地三顷以上，皆死。自余依《大律》。"《通典·刑法三》记载略同，而"十丁以上"记为"丁五以上”，“地三顷”为“地顷”。由此可见，《刑书要制》是在《周大律》基础上，对强盗、贪污、诈骗、隐户及丁口之类犯罪加重处罚。其原因是灭齐之后，原齐地为新占领地区，社会秩序较乱，周武帝为了维护社会秩序，打击官吏贪污及贯彻均田制，故对周大律加以补充，但又较大律严峻。

4. 诏制九条与《刑经圣制》

公元579年，周宣帝继位，前后颁布了二种法律，前宽后严；前为诏制九条，后者为《刑经圣制》。

《隋书·刑法志》载：“宣帝性残忍暴戾，……及即位，并先诛戮，由是内外不安，俱怀危惧。帝又恐失众望，乃行宽法，以取众心。宣政元年八月，诏制九条，宣下州郡。大象元年（公元579年），又下诏曰：‘高祖所立刑书要制，用法深重，其一切除之。’然帝荒淫日甚，恶闻其过，诛杀无度，疏斥大臣。又数行肆赦，为奸者皆轻犯刑法，政令不一，下无适从。于是又广《刑书要制》，而更峻其法，谓之《刑经圣制》。”

可见，宣帝制定过两种法律，诏制九条内容简要。至于《刑经圣制》是在武帝的《刑书要制》基础上扩大其范围，是一部比《刑书要制》更为严峻的特别法典。具体扩大了那些内容不详。但《隋书·刑法志》作了一些大略记述：“宿卫之官，一日不直，罪至削除。逃亡者皆死，而家口籍没。上书字误者，科其罪。鞭杖皆百二十为度，名曰‘天杖’。其后又加至二百四十。又作礔砺车，以威妇人。其决人罪，云与杖者，即一百二十，多打者，即二百四十。帝既酗饮过度，尝中饮，有下士杨文祐白宫伯长孙览，求歌曰：‘朝亦醉，暮亦醉。日日恒常醉，政事日无次。’郑译奏之，帝怒，命赐杖二百四十而致死。后更令中士皇甫猛歌，猛歌又讽谏。郑译又以奏之，又赐猛杖一百二十。是时下自公卿、内及妃后，咸加棰楚，上下愁怨。”说明《刑经圣制》不论从罪名和刑罚方面都比《刑书要制》大大增加了。

北周的立法是以《周大律》为代表，《刑书要制》亦较为著名。北周建立之初，执法情况要比北齐好。但到了周宣帝时，带头破坏法制，造成统治阶级内部分崩离析。周宣帝死后，静帝继位，而权却在杨坚手中。《隋书·刑法志》载："隋高祖为相，又行宽大之典，略删旧律，作《刑书要制》。既成奏之，静帝下诏颁行。诸有犯罪未科决者，并依制处断。"说明静帝时也颁布过北周最后一部法典，亦称《刑书要制》，比《刑书圣制》要宽大得多，并规定在法律适用上，采用刑法从新从轻原则。

第三节　北周的行政法律制度

北周的行政法律制度与西魏一脉相承，因此，在说明北周行政法律制度时，应与西魏结合一起为妥。

一、北周的官制改革

宇文泰执掌西魏政权时，为了进一步实现汉化，依靠苏绰，在政治、经济、军事、文化等各个方面，进行了一系列的改革。《周书·文帝纪》载，西魏"恭帝三年（公元556年）春正月丁丑，初行《周礼》，建六官。……初，太祖（宇文泰）以汉魏官繁，思革前弊，大统中，乃命苏绰、卢辩依周制改创其事，寻亦置六卿官，然为撰次未成，众务犹归台阁。至是始毕，乃命行之。"这里指的是宇文泰对官制进行了改革，其依据则为《周礼》。应该说，六官的创设当在恭帝三年，此时苏绰已死了十年之久，宇文泰也在这一年死去。但宇文泰改革的六官制度却被其子孙保持下来，直到隋文帝代周称帝（公元581年）结束，实行了二十五年之久。

西周的六官制度是适应西周当时社会情况的一套行政体系。宇文泰实际上也没有把《周礼》那些制度全盘搬过来用，因为不但不必要，也是行不通的。所以在地方组织就保留原来的刺史、郡守、县令等一套组织体系。所以说，北周仅仅是在中央机构上模仿《周礼》，实施六官制。宇文泰的目的在于企图以此提高国家机关的工作效率，加强地主阶级政权机关的职能。另外想以此向人们表示，他是继承中原古代之文化传统，从而最后达到巩固其统治地位。

北周的这一套六官制度，带有浓厚的复古主义色彩，虽然没有像王莽改制那样遭到巨大的灾祸，但也是行不通的。事实也没有根据统治者的愿望达到预期的目的，相反地，北周王朝也仅统治了二十四年就结束了。

二、北周的中央行政管理机构

《通典 · 职官一》曰："后周之初据关中，犹依魏制，及平江陵之后，别立宪章，酌周礼之文，建六官之职。其他官亦兼用秦汉。"其注曰："他官谓将军、都督、刺史、太守之类是也。"所以说六官建制主要是指中央行政管理机关。

1. 三公、三孤

三公指太师、太傅、太保；三孤指少师、少傅、少保。

《唐六典》曰："后周依周官，以太师太傅太保为三公，不置府僚。"《通典》曰："太师，古官。秦及汉初并无，至平帝元始元年初置，……后魏、北齐、北周皆有之。"《通典》又曰："太傅，古官。周成王时，毕公为太傅。汉高后元年，初置太傅，金印紫绶。……晋、宋、梁、后魏、北齐、后周皆有。"又曰："太保，古官。殷大丁时，伊尹为太保。……梁、后魏、北齐、后周皆有之。"北周置太师、太保、太傅各一人，均为正九命。

《文献通考》曰："后周置六卿之外，又改三师官，谓之三公，兼置三孤以贰之。"三孤亦称三少。据《通典》卷二十说："孤，特也，言卑于公，尊于卿。"《北堂书钞》卷五十引许慎《五经异义》曰："天子立三公曰太师、太傅、太保，……又立三少以为副，曰少师、少傅、少保，是为三孤。"说明这些职位低于公，而又尊于六卿。北周之三孤均为正八命。

2. 大丞相

北周设大丞相一人。丞相原为秦官，其职在于"掌丞天子，助理万机"。

汉初设一丞相，又改为相国。汉惠帝、吕后时，设左右丞相。文帝时复为一丞相。及哀帝改丞相为大司徒。建安年间又复之。《通典》曰：“自魏晋以来，相国、丞相，多非寻常人臣之职。”东魏孝静帝大象二年，设左右大丞相，后又合为一大丞相，杨坚曾任大丞相之职。大定元年，大丞相又称为相国，其职为“总百揆”。

3. 六卿

西魏时曾以苏绰、卢辩依周制改中央官制，曾设想置六卿官，但未成功，众务仍归台阁。而六官制度是恭帝三年（公元 556 年）开始实行，一直到杨坚代周称帝结束，而恢复汉魏官制。因此说，六官制度前后共施用二十五年之久。

北周六卿为：天官府大冢宰、地官府大司徒、春官府大宗伯、夏官府大司马、秋官府大司寇、冬官府大司空。现分述之：

大冢宰卿

《周书·卢辩传》曰：“天官府管冢宰等众职。”天官府设大冢宰卿一人，正七命，小冢宰上大夫二人，正六命。下属有司会、宗师、左右宫伯、卿正、纳言、膳部、太医、太府、计部、司内等。

大司徒卿

《周书·卢辩传》曰：“地官府领司徒等众职。”地官府设大司徒卿一人，正七命。小司徒上大夫二人，正六命。其部属有民部、载师、师氏、司仓、司门、司市、虞部等。

大宗伯卿

《周书·卢辩传》曰：“春官府领宗伯等众职。”宗伯原为掌邦礼，以佐王和邦国，还负责宗庙祭祀等，后世以大宗伯为礼部尚书。春官府设大宗伯卿一人，正七命，小宗伯卿上大夫二人，正六命。下属有司宗、守庙、典祀、内史、礼部、太史、乐部、太卜、太祝、司车辂、夏采等。

大司马卿

《周书·卢辩传》曰：“夏官府领司马等众职。”司马仍掌军政和军赋之官员，即后世之兵部尚书。夏官府设大司马卿一人，正七命，小司马上大夫二人，正六命。其属下有军司马、职方、吏部、司士、司勋、左右武伯、兵部、大驭、司右、司射、驾部、武藏等。

大司寇卿

《周书·卢辩传》曰："秋官府领司寇等众职。"即掌刑狱、纠察之事，相当于以后的刑部。秋官府设大司寇卿一人，正七命，小司寇卿上大夫二人，正六命。其属下有司宪、刑部、掌朝、布宪、蕃部、宾部、司要、司调、田正、司隶等。

大司空卿

《周书·卢辩传》曰："冬官府领司空等众职。"司空金文作司工，也有称司城，掌工程之职。冬官府设大司空卿一人，正七命，小司空上大夫二人，正六命。下设工部、匠师、司木、司土、司金、司水、司玉、司皮、司邑、司织、司卉等。

4. 封爵及军事编制

据《隋书·百官志》、《周书》等记载，宇文氏对西魏中央政府组织形式的改组，套上了浓厚的复古主义色彩，采用西周六官制度来改组政府，其始作俑者为苏绰，其完成者为卢辩。宇文氏的做法，在不影响其地主阶级专政的前提下，以华夏正统文化继承者自居，借此取得中原地区大地主阶级的拥护和归向，对于稳固政权作用颇大。因此，"置三公三孤以为论道之官，次置六卿以分司庶务"。甚至有关朝仪、车服器用，多依古礼，革汉魏之法，实行于魏恭帝三年。除了设三公三孤，置六卿之外，还实行封爵制度。

史载，北周之初行周礼，天子称天王，故王爵不以封亲子弟，仅封国公而已。明帝武成元年八月，改天王为皇帝。亲子弟封国公制度仍然不变。直至武帝建德三年（公元 574 年）正月，始封亲子弟为王，但异姓不封王，王之嫡长子称世子。爵分国王、郡王、县王、国公、郡公、县公，以上均为正九命。另有正八命之县侯，正七命之县伯，正六命之县子，正五命之县男。爵位者均可食邑，邑以户计，大小不等。

另外，军事长官之称呼也依周代，如上柱国大将军、柱国大将军等等，正若《通考·兵考》云：周太祖辅西魏时，用苏绰言，始仿《周礼》置六军，筊六等之民，择魁健材力之士为之，首尽蠲租调，而刺史以农隙教之，合为百府。每府一郎将主之，分属二十四军，开府各领一军。大将军凡十二人，每一将军统二开府，一柱国主二大将，将复加持节都统以统焉。凡柱国六员，总不满五万人。

三、北周的地方行政管理机构

北周中央机构仿《周礼》之创制，而地方行政管理机构依东汉末年形成的州、郡、县三级建制。

1. 州

州为地方最高行政单位，而以雍州为最高。州之最高行政长官称刺史，独雍州称为牧。《周书·明帝纪》曰：“二年（公元 558 年）三月，改雍州刺史为雍州牧。”雍州牧长官地位准他州高，州牧为九命；户三万以上州刺史为正八命；户二万以上州刺史八命；户一万以上州刺史正七命；户五千以上州刺史七命；户不满五千以下州刺史，正六命。

州刺史属下有长史、司马、司录、呼药、别驾、治中、主簿、列曹参军，分管州中各项事务，其品位亦依州之大小而不同。

2. 郡

京师郡。京师郡长官称京兆尹，八命。由于他担负京师地区的行政事务，故多以重臣任之，北周时京兆尹级别同刺史差不多。京兆尹下置京兆郡丞、京兆郡主簿。

外郡。外郡地位比京兆郡低，长官称郡守，其级别依所管辖地方之大小有所区别。户一万五千以上郡的郡守为七命；一万以上的为正六命；五千以上的为六命；一千以上的为正五命；不满千户为五命。由此亦可说明北周郡之大小区别甚大。郡守下有丞、主簿。

3. 县

县为地方最低行政机构，县长官称令，其中长安、万年两县县令级别较高，为正五命。而户七千以上县令五命；户四千以上为正四命，户二千以上者为四命；户五百以上为正三命；户不满五百以下的为三命。县令之下设县丞、主簿、博士。

四、北周官吏的管理制度

1. 官吏的选举

（1）察举

《周书 · 宣帝纪》载，宣帝大成年间，下诏制九条，其中第五条曰："孝子顺孙义夫节妇表其门闾，才堪任用者，即宜申荐。"第八条曰："州举高才博士者为秀才，郡举经明行修者为孝廉，上州上郡岁一人，下州下郡三岁一人。"说明法律明文规定各州郡有荐举秀才、孝廉的任务。《六条诏书》其四也有"擢贤良"一条。《周书 · 孝闵帝纪》曰，孝闵帝元年（公元557年）八月甲午诏："帝王之治天下，罔弗博求众才，以乂厥民。今二十四军，宜举贤良堪治民者，军列九人。被举之人，以后不称厥任者，所举官司，皆治其罪。"说明举荐人才是各级长官的一项重要任务，并通过法律手段加以实现，而且规定举人不当还得追究刑事责任。

北周在选官上也沿用九品中正制，但有所变化和区别，主要是选官不那么注重门第出身。正如苏绰在《六条诏书》中所说："惩魏齐之失，罢门资之制，其所察举，颇加精慎。"《通典 · 选举典》记载《六条诏书》指出："今之选举者，当不限资荫，唯在得人。苟得其人，自可起厮养而为卿相，伊尹、傅说是也，而况州郡之职乎！苟非其人，则丹朱商均，虽帝王之胤，不能守百里之封，而况于公卿之胄乎！"说明北周罢门资之制是中国古代选举制的一大变革，所以到隋代之际即废九品中正别，以科举制代之。

（2）对官吏的考课

北周对官吏的考课，基本上是按《六条诏书》规定来进行。其一为“先治心”，二为“敦教化”，三为“尽地利”，四为“擢贤良”，五为“恤狱讼”，六为“均赋役”。宇文泰对苏绰提出的为官必须做到此六条非常赞同，下令施行。并规定“其牧守令长，非通六条及计帐者，不得居官”。说明北周之《六条诏书》仍为官吏考课的主要依据和标准。

（3）地方官吏的任命权

自魏晋以来，刺史多带将军开府，州司与军府各置僚属，州官理民，府官理戎，州府僚属皆长吏自选。北周对此作了改变，把任命权收归中央，刺史府官皆命于天朝，州史并牧守不得自置。

2. 官吏的品级和俸禄制度

北周官制改革之一就是按《周礼》以命为官阶，内外官各分九命，命就是品，不过不是以一品为最高，而是以九命为最高，一命为最低，九命中又各分正命和命二级，即上下阶之意。又正朝之官称内命，诸侯及州县官称外命。由此说来，北周官吏品级为九命十八阶，即正九命、九命；正八命、八命；正七命、七命；正六命、六命；正五命、五命；正四命、四命；正三命、三命；正二命、二命；正一命、一命。这种划分在中国封建社会中属于特殊情况。

北周官之品级分九命十八阶，以谷定秩，禄以当年之收成而定，基本上是上年全给，中年给半，下年颁其一，无年及凶荒之年便不颁禄，因此俸禄无一定的标准。

3. 对北齐留用官员安置办法

北周平齐后，对北齐原官员安置办法作出了具体规定。具体见北周武帝宣政元年八月颁行的“诏制九条”，其中第七条曰：“七曰，伪齐七品以上已敕收用，八品以下爰及流外，若欲入仕，皆听预选，降二等授官”。说明当时并非对北齐地区原有官吏一概不用，如果可以留用者，依原品位降二等用之。这对于吸收北齐官员为新政权服务及稳定政权起了一定的积极作用。

第四节　北周的刑事法律制度

北周的刑事法律虽不及《北齐律》，但在法典制定和法制建设方面有自己的特点。

为了巩固其统治秩序，北周比较重视刑事立法。虽其刑事立法并不出色，但它对中国古代的刑罚制度却作出了颇为重要的改革，为隋代立法所吸收，也为中国封建五刑制度的最后确立开了先河。

一、北周刑事立法的内容和原则

1. 重刑主义原则

南北朝对峙之际，为了对付敌国入侵，往往用严酷之法平定内部，特别对劫及亡叛，表现更为严峻。北周刑事立法亦以重刑主义为指导原则。

北周重法表现在：第一，法典篇目的增加，如北齐律仅十二篇，而《周大律》达二十五篇，条流苛密，定罪条目达一千五百三十七条，这样就扩大了镇压的范围。第二，刑罚的残酷性，如死刑有磬、裂、枭之酷刑。第三，制定专门性的刑事法规，如武帝建德年间的《刑书要制》这是在平北齐之后制定，加强了对北齐地区的镇压。《隋书 · 刑法志》曰：“高祖所立刑书要制，用法深重。”宣帝时又把《刑书要制》扩大范围，成为《刑经圣制》，特点是“更峻其法”。北周特别在宣帝时期，酷法横行。《隋书 · 刑法志》曰：“宣帝性残忍暴戾，……及即位，并先诛戮，由是内外不安，俱怀危惧。”这样一个诛杀无度的暴君，对“宿卫文官，一日不直，罪至削除。逃亡者皆死，而家口籍没。上书字误者，科其罪”。连公卿、妃后也逃不掉受其棰楚的命运。

2. 加强对盗贼的镇压

《隋书 · 刑法志》记载，武帝时制的周大律，对盗贼的处罚为：“盗贼群攻乡邑及入人家者，杀之无罪。……经为盗者，注其籍。”在中国封建社会，所谓盗贼大多是毫无生路的农民。北周时农民不满当局统治，反抗不断，迫使统治阶级严于立法，加强镇压。建德六年十一月初，《刑书要制》颁行，其中又规定：“其大抵持杖群盗一匹以上，不持杖群盗五匹以上，监临主掌自盗二十匹以上，盗及诈请官物三十匹以上，正长隐五户及十丁以上，及地三顷以上，皆死。自余依《大律》。”这次规定对群盗的处罚又加重，并以作为重点打击对象。

《隋书·刑法志》又曰：“盗贼及谋反大逆降叛恶逆，罪当流者，皆甄一房配为杂户。其为盗贼事发逃亡者，悬名注配。若再犯徒、三犯鞭者，一身永配下役。”这里把盗贼与谋反大逆等重大犯罪行为并列，使我们进一步看到北周对盗贼的认定及惩处是相当严厉的。

3. 无重罪十条之目，有重罪十条之实

为了维护皇权及封建纲常礼教、北齐总结了历代立法情况，首次创立了“重罪十条”之目，成为以后历朝法典的重要内容，则与“八议”合为中国封建法典的两根支柱。但北周《大律》制定于北齐律之后。虽不立重罪十条之目，但并非对十条重罪中的行为给予宽恕。《隋书·刑法志》曰：“不立十恶之目，而重恶逆、不道、大不敬、不孝、不义、内乱之罪。凡恶逆，肆之三日。”又“盗贼及谋反大逆降叛恶逆罪当流者，皆甄一房配为杂户”。从中可见，对十条重罪的惩罚是十分苛刻的，有的弃市，有的祸及家属配为杂户。沈家本先生在《历代刑书考》注中说：杂户之名，起于北朝，当时以为贱。

二、罪名

1. 危害封建国家政权及皇权罪

这类的犯罪包括：大不敬罪，即谋反、大逆、降、叛等。《隋书·刑法志》记载了这些罪名对其处罚极重。该书特别记载：“上书字误者，科其罪”。说明尚有“上书字误”罪之称。

2. 违反家庭伦理方面的罪

这类犯罪包括：恶逆、不孝、内乱等。对恶逆罪特别规定“凡恶逆、肆之三日”。对这类犯罪的处罚同于危害国家政权及皇权罪，均属于重罪。

3. 盗贼罪

《周大律》二十五篇，第十二篇为劫盗专篇。其中规定：“经为盗者，注其籍。”对盗贼者事发逃亡者，悬名注配，若再犯徒，三犯鞭，一身永配下役，说明对盗贼如再犯应处徒及鞭者，以累犯计，处终生为役。

4. 报仇罪

《周书 · 武帝纪》记载，保定三年（公元563年）四月，初禁天下报仇，犯者以杀人论。《隋书 · 刑法志》也载，“若报仇者，告于法而自杀者，不坐”，说明犯报仇罪处罪颇重，致使报仇者自杀。

5. 故纵罪

指地方官吏在管辖范围内追捕罪犯不力的行为。《韩褒传》载：“乃悉诏桀黠少年，素为乡里患者，署为主帅，分其地界，有盗发而不获者，以故纵论。”

6. 隐户、隐丁、隐地界罪

北周实行均田制，《隋书 · 刑法志》曰：“正长隐五户及十丁以上、及地三顷以上，皆死。”

7. 诈请官物罪

诈请官物三十匹以上，处死。

8. 举不称任罪

《古今图书集成 · 律令》载，北周孝闵帝元年八月，“又诏举不称任者治罪”。

三、刑名

北周亦定五刑。《周大律》首篇为“刑名”则把北齐律中《名例律》

分为刑名和法例，刑名重新分列为篇，突出了刑名，实为立法中的繁琐。北周之五刑排列顺序与北魏、北齐不同，是由轻至重的排列顺序：杖、鞭、徒、流、死。北周五刑也具有自己的特点和创见。以后隋律的规定，刑名方面基本上吸收北周律，从而为封建五刑制度的最后确立提供了模式。

1. 法定刑

（1）杖刑

《隋书·刑法志》曰：其制罪“一曰杖刑五，自十至五十。”说明北周杖刑分五等：十、二十、三十、四十、五十。宣政元年（公元 578 年）八月，诏制九条，宣下州郡，其中第三条为“以杖决罚，悉令依法。”但依何法却未说明，这里应是按北魏之杖法：“理官鞫狱，杖限五十。”“其捶用荆，平其节，讯囚者其本大三分，杖背者二分，挞胫者一分，拷悉依令。”

（2）鞭刑

《隋书·刑法志》曰：“二曰鞭刑五，自六十至于百。”鞭刑亦分为五等：六十、七十、八十、九十、一百。各等均以十为差等。鞭刑除了作为正刑之外，另外还作为徒刑、流刑的附加刑。如徒刑三等，加鞭六十、七十、八十。流刑五等，加鞭一百。这样一来，北周鞭刑运用的范围较为广泛。鞭刑到隋开皇元年除之。

（3）徒刑

《隋书·刑法志》曰：“三曰徒刑五，徒一年者鞭六十、笞十。徒二年者，鞭七十，笞二十。徒三年者，鞭八十，笞三十。徒四年者，鞭九十、笞四十。徒五年者，鞭一百，笞五十。”可见北周徒刑亦分为五等：一年、二年、三年、四年、五年。每等以一年为差等。徒刑者还得加鞭、笞等附加刑。法律规定，应加鞭笞者，皆先笞后鞭。妇人当笞者，听以赎论，因为笞则笞臀，皆裸之，妇人不宜裸臀，故可听赎。沈家本《历代刑法考·分考十三》注曰：“北周之徒刑即旧日之年刑也。改名为徒，实自周始。”北齐无徒刑之名，称为刑罚，耐罪。前代称作刑，或鬼薪、城旦。这里第一次出现徒刑之名，但沈家本认为这里的“徒”字非徒刑之徒，指的是徒众之徒，北周法律规定，“徒轮作者，皆任其所能而役使之。”说明犯徒者要带枷到一定场所服劳役。

（4）流刑

《隋书 · 刑法志》曰：“四曰流刑五，流卫服，去皇畿二千五百里者，鞭一百，笞六十，流要服，去皇畿三千里者，鞭一百，笞七十。流荒服，去皇畿三千五百里者，鞭一百，笞八十。流镇服，去皇畿四千里者，鞭一百，笞九十。流蕃服，去皇畿四千五百里者，鞭一百，笞一百。”北周流刑的一个特色是首次创造性地把流刑分为五等，而且学习周礼把它分为卫、要、荒、镇、蕃五服。北魏、北齐流刑无远近，称为远流，而北周却分为五等：二千五百里，三千里，三千五百里，四千里，四千五百里。以京城起计算里程，每等以五百里为差等。为后世流刑分等提供了模式。

（5）死刑

《隋书 · 刑法志》曰：“五曰死刑五，一曰磬，二曰绞，三曰斩，四曰枭，五曰裂。”北周死刑分为五等，出现了磬刑，即吊死。《唐六典》把磬写为磔，这与北魏北齐不同。法律还规定。凡死罪枷而拲。

北周法定刑种为五，共五十五等。北周法律规定，五刑二十五等皆可赎。并具体规定赎刑的期限及价格。《隋书 · 刑法志》载：“其赎杖刑五，金一两至五两。赎鞭刑五，金六两至十两。赎徒刑五，一年金十二两，二年十五两，三年一斤三两，四年一斤五两，五年一斤八两。赎流刑，一斤十二两，俱役六年，不以远近为差等。赎死罪，金二斤。”“应赎金者，鞭杖十，收中绢一匹，流徒者，依限岁收绢十二匹，死罪者一百匹。其赎刑，死罪五旬，流刑四旬，徒刑三旬，鞭刑二旬，杖刑一旬，限外不输者，归于法。贫者请而免之。”

从其规定看，北周没有规定赎刑的限制，另外，除了妇人当笞可赎外，附加刑笞没有规定赎条。再者，其赎金绢皆可。还有，超过一定输纳期限不准赎。最后贫者可以请免，但是减免还是全免不详，如可全免则不可理解。

2. 法外刑

除了法定刑罚为常刑外，北周统治者还施法外刑罚。

（1）籍没

《隋书·刑法志》："逃亡者皆死，而家口籍没"。籍没家口一般充当官府奴隶或作其他劳役。

（2）除名

《李穆传》："植诛死，穆亦坐除名。"这是对官吏的一种处罚。

（3）注籍、注配

《隋书·刑法志》："经为盗者，注其籍。""其为盗贼事发逃亡者，悬名注配。"

（4）笞

笞刑作为附加刑，如"徒三年，鞭八十、笞三十"。"流蕃服，……笞一百。"

另外北周还有"刑之加减制度"。北周法律规定刑可加减，其原则"杖十以上，当加者上就次，数满乃坐。当减者，死罪流蕃服，蕃服以下俱至徒五年。五年以下，各以一等为差"。说明加减刑限制在一等之内。

第五节　北周的民事、婚姻家庭法律制度

北周的民事方面法律规定的资料也同样欠缺，但北周武帝的毁佛释奴在中国古代是非常有特色的行为。

一、北周的民事立法

北周大律是其代表性法典，共二十五篇，其中涉及民事方面有其专门的篇目，如婚姻、户禁、水火、兴缮、市廛、厩牧、毁亡等，说明此时对

民事方面的立法给予重视。

1. 所有权、赁贷借权

北周继北魏、北齐实行均田制，据《隋书 · 食货志》记载："有室者田百四十亩，丁者田百亩"。从这其中可见，丁者受田百亩，与北齐的露田八十亩，桑田二十亩的数目相等，所以每丁可享有桑田二十亩，这部分田应属于永业田，则为私人所有，说明北周的编户农民有私有土地存在，另外还有宅地，根据每户人口之多少分别为五亩、四亩、三亩。

除了二十亩桑田之外，其余八十亩露田丁死后还授给国家，属于国家所有的土地，而私人对国家的关系说来，应属于赁贷借权。农民在耕植收成之后，必须向国家缴纳一定数量的租调，即通过税收形式交纳。

2. 废除寺院土地所有权

北周建德三年（公元 574 年）五月，下诏废佛，其诏曰："初断佛道二教，经像悉毁，罢沙门、道士，并令还民。""三宝福财，散给臣下，寺观塔庙，赐给王公。"从中可见，令沙门、道士改变其身份，成为编户农民；把寺院土地、财产、寺观塔庙的所有权，改成为国家、大臣、王公之所有。周武帝在灭北齐之后，又再一次在原北齐境内进行废佛运动，从而大大地增加了编户人口，税收也为此大增，减轻了其他编户农民的负担。

3. 释放奴婢，放免杂户

中国古代的奴隶从未在身份上取消过，东汉时，光武帝曾下令释放过奴婢。但自魏晋以来仍然存在着大量奴婢，还制定户等，把许多人编入所谓下贱户，如杂户、客户、平齐户等，他们的身份低于一般编户农民，过着奴婢一样的生活。北魏、北齐仍然存在这种情况，而且有所发展，把大量罪犯家属、战争中俘虏的人口变成奴隶。而到了北周武帝宇文邕却在灭北齐前后，五次下诏释放奴婢，此举在中国历史上影响很大。除了释放奴婢外，还放免了具有奴隶身份的"杂户"，从而削弱了当时奴隶制残余形态，对封建关系的发展起了促进作用。

《隋书 · 刑法志》载："自魏、晋相承，死罪其重者，妻子皆以补兵。

魏虏西凉之人，没入为隶户。魏武入关，隶户皆在东魏，后齐因之，仍供厮役。建德六年，平齐后，帝欲施轻典于新国，乃诏凡诸杂户，悉放为百姓。自是无复杂户。”这一记载说明到建德六年，北方的杂户全部放免。

《周书·武帝纪》记载了建德六年武帝下诏放免杂户，释放奴隶的内容：“诏自永熙三年七月以来，去年十月以前，东土（指北齐地区）之民被抄略在化内为奴婢者及平江陵之后良人没为奴婢者，并宜放免所在附籍一同民伍。若旧主人犹须共居，听留为部曲及客女。”

又：“自伪武平三年以来，河南诸州之民，伪齐被掠为奴婢者，不问官私并宜放免。其住在淮南者亦即听还，愿往淮北者可随便安置。其有癃残孤老饥馁绝食不能自存者，所在给其衣食，务使存济。”说明奴婢释放之后可以返回原被掠地区，对老残之人要予特别照顾。从记载中可见，这次放免奴婢比较彻底，不论官私一律放免。当然，诏书说明奴婢释放后可以免为良人，也可以留为部曲、客女，和主人共居，即共籍。他们和晋代的佃客一样没有独立户口，只附注于主人户下。其身份高于奴婢，但却不能一同民伍。这也说明这次放奴运动不是非常彻底，仍然保存着部曲和客女，但同奴婢比较，他们在法律上的身份要好得多。

4. 户籍管理

北周在苏绰的《六条诏书》中有“党族、闾里正、长之职，皆当审择，各得一乡之选，以相监统”的记载，说明北周继北魏之后实行过三长制。其重要原因在于清查户口。苏绰去西魏时就制定过“计帐及户籍之法”，以检查户口，征收租调，具体做法不详，但从天齐之后，制定的《刑书要制》规定：“正长隐五户及丁十以上，隐地三顷以上者，至死”，说明北周严格户籍制度，重视清查隐漏户口，收效比北齐好得多。

北周的籍帐情况如何？史载甚略，只知其名，不知其实。但从发现的敦煌户籍残卷，经考证，为西魏大统十三年（公元 547 年）之残卷，有的人认定为户籍，又有人认定为计帐，而日人池田在《中国古代籍帐研究》一书中认为是计帐，不管如何，它反映了西魏、北周的户籍、计帐情况。

此籍帐分两部分，一为户口、受田和租调的合计帐。二为按户登记户口、受田和交租的记录，其中包括已受田者、受田数、欠田数和应交租调数。这一籍帐真实地反映西魏实施均田制及户籍管理的情况。说明北周对户籍管理非常严格，值得注意的是，《六条诏书》是作为国家法律颁布于世的，说明北周的户籍及计帐是有严格的法律规定，并得以贯彻。

二、北周的婚姻家庭继承制度

1. 婚龄

北周对婚龄的法律规定比北魏、北齐更为低。《周书・武帝纪》载周武帝建德三年下诏曰：“自今以后男年十五，女年十三以上，爰及鳏寡所在军民以时嫁娶。”但没有像北齐那样以处死家长相威胁。

2. 禁娶母同姓为妻妾

《周书・武帝纪》载，建德六年“诏曰，同姓百世婚姻不通，盖惟重别，周道然也。而娶妻买妾，有纳母氏之族，虽曰异宗，尤为混杂。自今以后悉不得娶母同姓以为妾。其已定未成者，即令改聘”。这里不但规定同姓不为婚，同时扩大为与母同姓者也不可为妻妾。但应看到，这里主要是禁止娶母亲同族之女，而非指凡与母同姓者皆不可为婚。因为到了宣帝时，曾有诏制九条下达于州郡，其中第二条曰“母族绝服外者听婚”。这里指的是与其母血缘关系在五服之外的可以聘娶。实际上是对武帝时的命令放松一下，有的学者认为，到了南北朝时期，破除了同姓不婚的禁令。另外我们从宣政元年八月，武帝所颁行的“诏制九条”第二条就明确指出“母族绝服外者听婚”之规定，完全可以说明武帝建德六年所颁布的“不得娶母同姓以为妾”的规定应该是指禁娶母亲同族之女子为妾，至于为妻者似乎未禁。

3. 提倡孝子、顺孙、义夫、节妇

在家庭关系上，北周提倡做孝子、顺孙、义夫、节妇，也就是提倡孝道。“诏制九条”第五条为“孝子、顺孙、义夫、节妇，表其门闾，才堪任用者即宜申薦”。这样的诏制下达，目的在于强调“齐家”，有才干者可以任官。

4. 继承制度

北周的王位继承体现兄弟、父子均可继承的制度，父子相继不一定按嫡长子继承制。

第六节　北周的经济法律制度

西魏及北周的改革包括多方面，其改革的目的正如宇文泰所言：“亏欲革易时政，务弘强国富民之道。”为的是在经济上得到更快的发展。

由于在经济上采取了一系列措施，多方面进行改革，北周就以此日益强大起来，为日后统一北方创造了有利的条件。

为了搞好经济的发展，北周也相应地在经济方面运用法律手段进行调整、现分别说明如下。

一、北周的土地立法

北周的土地立法，最主要的是继承北魏之后实行均田法，但在办法上有若干区别，其他土地政策也具有自己的特点。

1. 北周的均田立法

（1）北周均田法的主要内容

西魏时宇文泰就推行过均田制，至北周时沿用。《通典·田制》记载：“后周文帝（宇文泰）霜政之初，创置六官，司均掌田里之政令，凡人口十以上，宅五亩；口七以上，宅四亩；口五以下，宅三亩。有室者田百四十亩，丁者田百亩。”《隋书·食货志》的记载与此相类似：“周太祖作相，创制六官，司均掌田里之政令，凡人口十以上，宅五亩；口九以上宅四亩；口五以下宅二亩。有室者百四十亩，丁者田百亩”，但两处记载在于“口七以上”及“口九以上”之别，“口五以下宅三亩”与“口五以下宅二亩”之差。看来“口七以上”比较合乎道理。

（2）北周均田法的特点

北周均田制同北魏、北齐较之，具有自己的特点。

北魏规定十五岁以上即受田，北齐为十八岁，北周未见有年龄规定。但从规定十八以上至六十四岁为负担赋役的年龄观之，北周受田也应在十八岁，这样受田年龄比北魏提高三岁。

北魏规定男夫受露田四十亩，妇人二十亩，加上倍田，一夫一妇之家，可受露田及桑田一百二十亩。北齐无倍田之规定，但一夫一妇受田可达一百四十亩。而北周有室者受田一百四十亩；丁者百亩，则应为减去妇人四十亩，而且无倍田之规定，因此受田数应是与北齐同而高于北魏。事实上很多地方，特别是狭乡受田均不足。

另外，北魏、北齐均有官吏受田数，而北周未对此进行规定，原因不详。

（3）北周推行均田的法律规定

为了执行均田制，北周还具体规定了一些法律条文，《周书 · 武帝纪》记载：“正长隐五户及十丁以上，隐地三顷以上者至死。”因为隐户、隐丁、隐地必然影响到均田法的执行，故以重法治之。

2. 北周的屯田

北周的屯田收效比较大。早在西魏时，苏绰协助宇文泰在北周进行各项改革中，就建议宇文泰要“并置屯田，以资军国”。这些土地不在均田之内，属于完全国有的土地。

北周屯田初由司农寺掌管，官制改革之后划归大司徒主管。由于屯田较多，当时同州夏阳县就有二十屯，屯中设监。而这些屯田收益甚大，如宇文贵“表请于梁州置屯田，数州丰足”，说明屯田不但供应军需，而且有多余粮食满足数州粮食的需求。

3.《六条诏书》中关于土地方面的规定

《六条诏书》关于土地及发展农业生产方面为第三条“尽地力”。诏书中提出：“人生天地之间，以衣食为命，食不足则饥，衣不足则寒，饥寒切体，而欲使民典行礼让者，此犹逆坂走丸，势不可得也。是以古之圣王知其若此，故先足其衣食，然后教化随之。夫衣食所以足者，在于尽地利。”苏绰在这里依据中国传统的重农思想，肯定了衣食对百姓的重要性，若要衣食足，关键在于尽地力，没有这一物质基础，所谓精神教化也就谈不上了。

尽地利首先在于劝课农桑、其中规定了若干劝课办法：

其一，“诸州郡县，每至岁首必戒敕部民，无问少长，但能操持农器者，皆令就田垦发以时，勿失其所及。布种既讫，嘉苗须理，麦秋在野，蚕停于室。若此之时皆宣少长悉力，男女并功……使农夫不废其业，蚕妇得就其功。若有游于怠惰早归晚出，好逸恶劳不勤事业者，则正长牒名郡县守令，随事加罚罪。”说明每年岁首，地方官要戒劝百姓尽农事之业，违反者要对其加以惩罚。

其二，“单劣之户，及无牛之家，劝令有无相通，使得兼济。三农之隙及阴雨之暇，又当教民种桑植果，艺其菜疏，脩其园圃，畜育鸡豚，以备生生之资，以供养生之具。”诏书中明确指出，为了及时布种及收获，对无牛之家，可用人力换工。令民在搞好粮食生产同时，搞好副业生产，增加收入。

以上一些规定，实际上是一些劝农法令，它是同均田法令相辅而行，目的都是为了发展农副业生产。

二、北周的税赋立法

1. 田租与租调

据《隋书·食货志》载，宇文泰为西魏相，创制司赋与司役官，“司赋掌功赋之政令。凡人自十八以至六十有四，与轻癃者，皆赋之。其赋之法，有室者，岁不过绢一匹，棉八两，粟五斛；丁者半之。其非桑土，有室者布一匹，麻十斤；丁者有（又）半之。半年则全赋，中年半之，下年三之（《通典》作“一之”），皆以时征焉。若艰凶札，则不征其赋”。

北周征调的年龄是从十八岁到六十四岁，轻微残废者不予免除。从这一赋税立法看来，调与北齐相同，均为绢一匹，棉八两。而租却为北齐的一倍，北周为五斛，则五十斗。而北齐仅为垦斛二石，义租为五斗，共二十五斗。不过北周把征收的年成分为丰、中、下三种，假如按其平均数收取，也不会比北齐多。

《六条诏书》第六条为“均赋役”，其指导思想为“以财聚人”和“以仁守位”。强调“无财位不可守”。诏书中说：“征税之法，虽轻重不同而济用一。……不舍豪强而征贫弱，不纵奸巧而困愚拙，此之谓均也。”在这里可以看出，从守令到正长，在征收税赋时要得当，不可专征贫弱而让豪强得利，这样，贫苦百姓可以从中少受一些压榨。因此，北周的租调实际上不比北齐重。

2. 力役

北周的力役经常存在，如《周书 · 宣帝纪》载，周宣帝大象元年（公元 579 年）二月，诏以洛阳为东京，“于是发出东诸州兵，增一月功为四十五日役，起洛阳宫。常役四万人，以迄于晏驾”。“六月，发出东渚州民修长城。”

北周设司役掌力役之政令。《隋书 · 食货志》曰：“司役掌力役之政令。凡人自十八起以至五十有九，皆任于役。丰年不过三旬，中年则二旬，下年则一旬。凡起徒役，无过家一人。其人有年八十者，一子不从役；百年者，家不从役；废疾非人不养者，一（《通典》‘一’下有‘人’字）不从役。若凶札，又无力征。”

从这一法令规定说明，《六条诏书》中的“均赋役”之“役”，在北周不算太重。从役年龄比北齐提早二年，但早免一年。力役以年成好坏分三种服役，这样也体现了“均”，并对家中起役的人数作了限制，一家不可同时二人服役，北周不像北齐规定“富者税其钱，贫者役其力”。

北周的力役在武帝保定元年（公元561年）三月，“改八丁民（民丁分为八番，递上就役）为十二丁役（分为十二番，月上就役），率岁一月役”。但有时也不执行，如上述宣帝大象元年发山东渚州兵，由一月功为四十五天役。

3. 其他税收

（1）盐税

宇文泰创制掌盐官，掌四盐之政令。一曰散盐，煮海以成之；二曰盬盐，引池以化之；三曰形盐，物（一作掘）地以出之；四曰饴盐，于戎以取之。凡盬盐形盐，每地为之禁，百姓取之，皆税焉。这一法令记载于《隋书·食货志》，时间当为西魏文帝大统元年（公元535年）左右。

（2）市租税

北周静帝大象元年，“初税入市者一钱”。到了五月又“罢入市税钱”，说明市税时兴时废。因为早在周闵帝时，曾除市门税，宣帝时复入市之税，当时也是“入市者人一钱”。

三、北周的手工业和商事立法

1. 手工业立法

（1）手工业管理机构

北周官制改革，中央管理手工业部门，六卿中为冬官司空卿总之，成为其职责部门之一。具体部门较多，如：

工部中大夫：《通典·职官》：“后周有工部中大夫二人，承司空之事，掌百工之籍，而理其禁令。”

匠师中大夫：即将作大匠，《通典·职官》：“后周有匠师中大夫一人。”其职责掌营造之事。

司木中大夫：《通典·职官》：“后周有司木中大夫，掌木工之政令。”

司土中大夫：这个司土非司徒之称，乃负责陶瓷器生产的主管部门，故下属机构有陶工中士，涂工中士等。

司金中大夫：《考工记》："凡攻金之工六，筑、冶、凫、栗、段、桃。"属冶铸之类。

司色下大夫、司织下大夫：掌染织，《唐六典》："后周有司织下大夫一人，掌凡机材之工。"

（2）"匠则六番"制

北周对手工业人实行轮番服役制度，进行轮番休息。实际上仍是被束缚在官府，充当徭役的劳动者。这一制度同于南朝的规定。

2. 商事立法

（1）统一度量衡

《北史 · 魏文帝纪》载，西魏大统十年秋七月，更权衡量度。具体情况不详，但《隋书 · 律历志》："魏斛大而尺长，王莽斛小而尺短，梁陈依古，齐以古升五升为一斗，开皇以古斗三升为一升。"

史记周武帝保定元年（公元 561 年）五月，造仓时得古玉斗一只，因此，保定五年诏改制铜律度，遂致中和。铜斗为内径七寸一分，深二寸八分，重七斤八两。此铜斗于天和二年（公元 567 年）经核定，移地官府为式，天下以此为准。除了有玉斗外，庾信还为晋国公宇文护进过玉律、秤、尺、斗、升。据甄鸾算术说："玉升一升，得官斗一升三合四勺。"说明玉升比当时官斗大。

周武帝建德六年（公元 577 年）八月壬寅，曾议定权、衡、度、量，颁于天下，其不依新式者，悉追停。这就是用法律手段统一全国度量衡，以有利于全国商业、货物之流通。据现有资料看：北周玉尺，合今 0.2675 米；北周铁尺，合今 0.2458 米；北周市尺，合今 0.296 米。说明度量衡器在不同时期，不同地方也略有差别。

（2）司仓

北周设过司仓以储备粮食，供国之用，用足则以粟贷人，春颁之秋敛之。这种做法应属于常平仓之类。司仓首创于宇文泰相西魏时。《隋书·食货志》曰："掌辨九谷之物，以量国用。国用足，即蓄其余，以待凶荒；不足则止。余用足，则以粟贷人。春颁之，秋敛之。"《周书·武帝纪》记，周武帝建德三年（公元574年）春正月，"诏以往岁年谷不登，民多乏绝，令公私道俗，凡有贮积粟麦者，皆准口听留，以外尽粜"。这里以诏令形式下达，全国不论何种身份，除了留下口粮外，余者皆由国家收购，以防凶年之需。

四、北周的货币立法

1. 货币形式

北周之初也是沿用北魏钱，到武帝保定年间开始铸造货币，但西魏时也曾铸造过。

西魏文帝大统六年二月，铸五铢钱。

西魏文帝大统十二年三月，铸五铢钱。

以上说明在西魏文帝时，曾两次铸造过五铢钱。

"布泉"：《通典·食货九》载："武帝保定元年，乃更铸布泉之钱，以一当五，与五铢并行。"布泉应为北周自己铸造的钱币，除了用布泉外，五铢钱仍然通行，其比值为：一布泉为五铢钱五。这个时候，虽然新钱铸出发行使用，但梁、益之境，杂用古钱。河西诸郡，还有用西域金银钱，官府也不禁止。说明北周钱币使用比较混乱。到了建德五年"以布泉渐贱而人不用，遂废之"。

"五行大布钱"：《隋书·食货志》曰："六月，更铸五行大布钱，以一当十，大收商估（贾）之利，与布泉钱并行。"这里指的是周武帝建德三年（公元574年）的事。起初以一当十，后价格低落，人们不复使用。

"永通万国钱"：《周书·宣帝纪》载，北周宣帝大象元年（公元579年）十一月，"初铸永通万国钱，以一当十，与五行大布并行"。《北史·周纪》

为“以一当千”,《通典》亦是。《隋书·食货志》为“当十”。另《隋书·食货志》有“与五行大布及五铢，凡三品并用”的记载。《通典》亦说三品并行。永通万国钱为北周有记载的最后一次铸钱，铸造得非常精美，为魏晋以来之冠，但推行未久，北周就灭亡了。

2. 有关货币的法律规定

（1）禁盗铸

周武帝建德三年铸“五行大布钱”，以一当十（五行大布钱一枚抵布泉十枚使用），比值不合，所以边境地区盗铸非常严重，因而北周发布禁盗铸令:“私铸者绞，从者远配为户（一作民）。”

（2）禁钱出入四关

五行大布钱使用后，由于盗铸严重，为了杜绝边境盗铸，故下令“不得出入四关”，但对布泉“听入不听出”，因为布泉出关，盗铸者可改铸为五行大布再入关牟利。

第七节　北周的司法、监察制度

为了适应司法镇压的需要，北周在颁布《大律》之后，又制定了《刑书要制》和《刑经圣制》，皆以严法为是，成为武帝后期及宣帝时期施行峻法之依据。

一、北周的司法制度

1. 司法机关

北周仿《周官》之制，因此中央最高司法审判机关称司寇。《周书·卢辩传》:“秋官府领司寇等众职。”

秋官府的设置:大司寇卿，一人，正七命。属六卿之一，掌刑邦国。

小司寇上大夫，二人，正六命，辅佐大司寇。

大司寇卿下属官有：司宪中大夫，共二人，正五命。其属官又有司宪上士，司宪中士，司宪旅下士。《唐六典·御史中丞职》：“后周秋官置司宪中大夫二人，掌丞司寇之法，以左右刑罚”。司宪中大夫似乎应列入监察官员之类。

刑部中大夫，正五命。《通典·职官典·大理卿职》曰：“后周有刑部中大夫，掌五刑之法，附万民之罪，属大司寇。”刑部中大夫职责为审判职能。

此外还有掌朝下大夫，布宪中大夫、蕃部中大夫、宾部中大夫、司要下大夫、司调下大夫、田正下大夫、司隶下大夫等属官。

从北周司寇管理机关的组织我们可以看到，第一，北周秋官司寇府机构很为庞大，管理范围大大超过历代的管辖内容。第二，说明北周定罪范围同样广泛，实为加强对各方面的强制力。第三，北周官府机关硬性学习周礼，时过境迁，造成一种混乱的不伦不类的制度。

2. 诉讼制度

（1）先于法而自杀不坐

《隋书·刑法志》：“若极化，先于法而自杀之，不坐。”即自杀者，属于犯禁报仇罪者，就不再追究刑事责任。

（2）判决执行书其姓名

《隋书·刑法志》：“狱成将杀者，书其姓名及其罪于恭，而杀之市。”即公开宣布处死刑者姓名及其罪行，然后公开处决。

（3）依法审理判决

《隋书·刑法志》：“诸有犯罪未科决者，并依制处断。”这里的“制”即杨坚秉周政时，“删略旧律，作刑书要制”之制。又，“刑书所不载者，自依律科”。这里的刑书指《刑书要制》，律则周大律。

（4）皇族、有爵者隐狱

《隋书·刑法志》曰：“唯皇族与有爵者隐狱。”即不公开执行。

（5）不得纠赦前事

《通鉴·一百六十七卷》："周诏有司无得纠赦前事，唯厩库仓廪与海内所共，若有侵盗，虽经赦宥免其罪，征备如法。"

3. 狱政制度

（1）监狱

北周监狱同北齐，亦分布于各郡、府、州、县，对狱之管理非常严格，并形成一定的制度，如《裴政传》记，允许处极刑的囚犯之妻子入狱就之等。

（2）刑具

北周的刑具亦是多种多样，除了一般常用刑具外，还创造了一些法外刑具，名目繁多，体现了司法镇压方面的残酷性，其刑具主要有：

枷。自北魏首创枷具后，北朝均予沿用。《隋书·刑法志》有"死罪枷而拲，流罪枷而梏，徒罪枷"之记载，说明枷在北周用于死、流、徒的囚犯身上。

拲。两手同械，郑玄注《周礼·秋官·掌囚》曰："拲者，两手共一木也。"两手在梏中如拱手之状。北周定死罪之囚除枷外，还得加拲。

梏。最常用的刑具，"流罪枷而梏"。

桎。同梏一样是最常用的刑具，《隋书·刑法志》中记曰："鞭罪桎"。桎用于轻罪。

散。散即松系，可活动。《隋书·刑法志》曰："徒以下散之。"另"杖罪散以待断"，说明散用于最轻的杖罪，皇族及有爵者徒以下即可散之，享受了在法律上的特权。

锁。《隋书·刑法志》："皇族及有爵者，死罪以下锁之。"

以上几种刑具为北周常见的刑具，另据史书还可查阅北周的一些刑具：

捶楚。同棰楚，杖打之，楚为牡荆，即用荆条杖打囚犯。《隋书·刑法志》曰："是时下自公卿，内及妃后，咸加捶楚。"

礔砺车。不知何物。《隋书·刑法志》："又作礔砺车，以威妇人。"从记载可见是为了恐吓妇人的刑具。

天杖。《隋书·刑法志》载，北周宣帝时，制定《刑经圣制》，加重刑罚，其中“鞭杖皆百二十为度，名曰天杖。其后又加至二百四十”。而据北周律规定，杖刑最高为五十，故天杖为法外重刑，超过法定杖的一倍到五倍。同宣政元年所颁《诏制九条》之三“以杖决罚，悉令依法”大相径庭。从这里也可看出不依法者首先来自统治集团的最高层。

二、北周的监察制度

北周的监察制度在领属关系上作了一定的变革，其主要原因在于宇文泰掌西魏大权之际，以《周礼》为标准，对官制进行改革，设三公，三师、六卿，御史台归属六卿之一的秋官府。

北周御史台改为司宪，台主御史中尉、中丞亦改称司宪中大夫。《通典·职官六》曰：“后周有司宪中大夫二人，掌司寇之法，辨国之五禁亦其任也。”说明司宪中大夫共二人，秩为正五命。司宪中大夫下有司宪上士二人，正三命，司宪中士，正二命。司宪旅下士，八人，正一命。说明司宪属于秋官府司寇管辖，职位较低。

司宪中大夫曾成为北周定律的主要负责人，如北周廷尉卿赵肃定周律，积年不成而疾，《隋书·刑法志》记：“司宪大夫拓拔迪撰定法律至保定三年三月乃就，谓之大律。”另《唐六典》记，司宪中大夫掌丞司寇之法，以左右刑罚。由此说明，北周的监察机关直接参预司法工作。但主要是对司法工作进行监督，则“察狱讼之辞，以诏司寇断狱弊讼致邦令”。